標準世界史年表

はじめに

1950年に「世界歴史対照年表」を出してから，早くも10年あまりの歳月が流れた。書名はその後「世界史年表」と改まり，内容もまた幾変遷したが，かわるところなく御利用をいただいていることは，編者の限りない喜びである。

ところが「世界史年表」は携帯には便利であり，検索にも簡易ではあるが，収載量や文字の大きさにおいて，必ずしも満足とはいえなかった。それはA5判という判型の制約上，止むをえないことではあったが，当然そこから拡大判の要望がしきりに寄せられた。編者もまたその必要を痛感し，かねてから編集を手がけてきたが，身辺の多忙から思わずも数年が過ぎてしまった。ようやくここに本書の完成をみることができたのは、ひとえに学校方面の切望や，多くの読書家の激励のお蔭に外ならない。深く感謝するところである。

本書においては何よりもまず東西学界最近の研究成果を十二分に採り入れることに努力したが，さらに従来はとかく東洋史・西洋史と並立的に排列されていたのを，本書では世界史という総合的観点から，人類の全歴史を世界各地域にわたってできるだけ広く見うるように配慮した。すなわち地域を細分し，収載事項を豊富にする一方，表現方法にも新しい工夫を加えて，政治史・文化史・社会経済史など各般にわたって縦横に理解できるようにした。同時に年表というともすれば無味乾燥になりがちなものを，見て楽しいものにすることができたと思っている。

なお，付録の一部は「世界史年表」から流用したものであるが，逐次改善を加えてゆくことは勿論，今後さらに大方諸賢の御叱正をえて全般にわたり増補改訂を行ってゆきたいと思う。よりよい年表として育成するよう諸賢の御批判を仰ぐ次第である。

1962年2月

編者陣容の強化にあたって

本書は大方の御賛助のお蔭により年々声価を増大してきたが，学界の進運と急転変する世界情勢に対処し，さらに使用諸賢の御期待に背かないようにするために，このたび編者陣容の強化をした。すなわち新たに林健太郎が参加し，編者一同協力して全面的に内容の再検討に当った結果，随所にわたって少からず改訂を加え，ここに面目を一新した新版を世に送ることとなった。今後は一層の充実を計り，ますます本書の存在意義を高めてゆきたいと考える。一段の御賛助を賜わりたいと念願するところである。

1968年2月　　編　者

JN035300

世界史対照年表

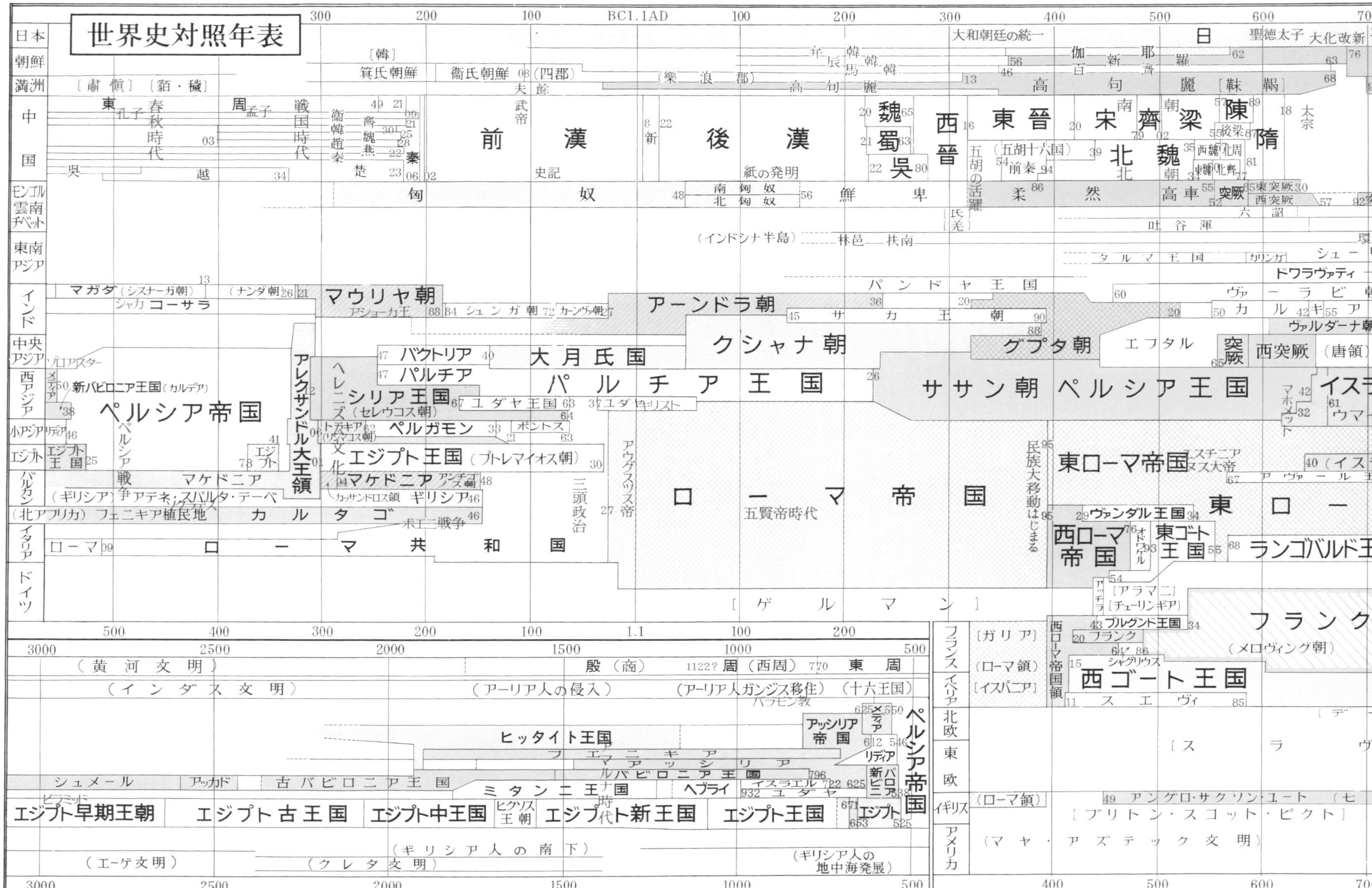

各国・各王朝の幅は必ずしもその領土の大きさに比例しない。左より右へ向って，左端の概略の地域範囲を基準にその興亡盛衰を表わしてあるが，表示の便宜上若干くいちがうところもある。本表の略号は次の通りで

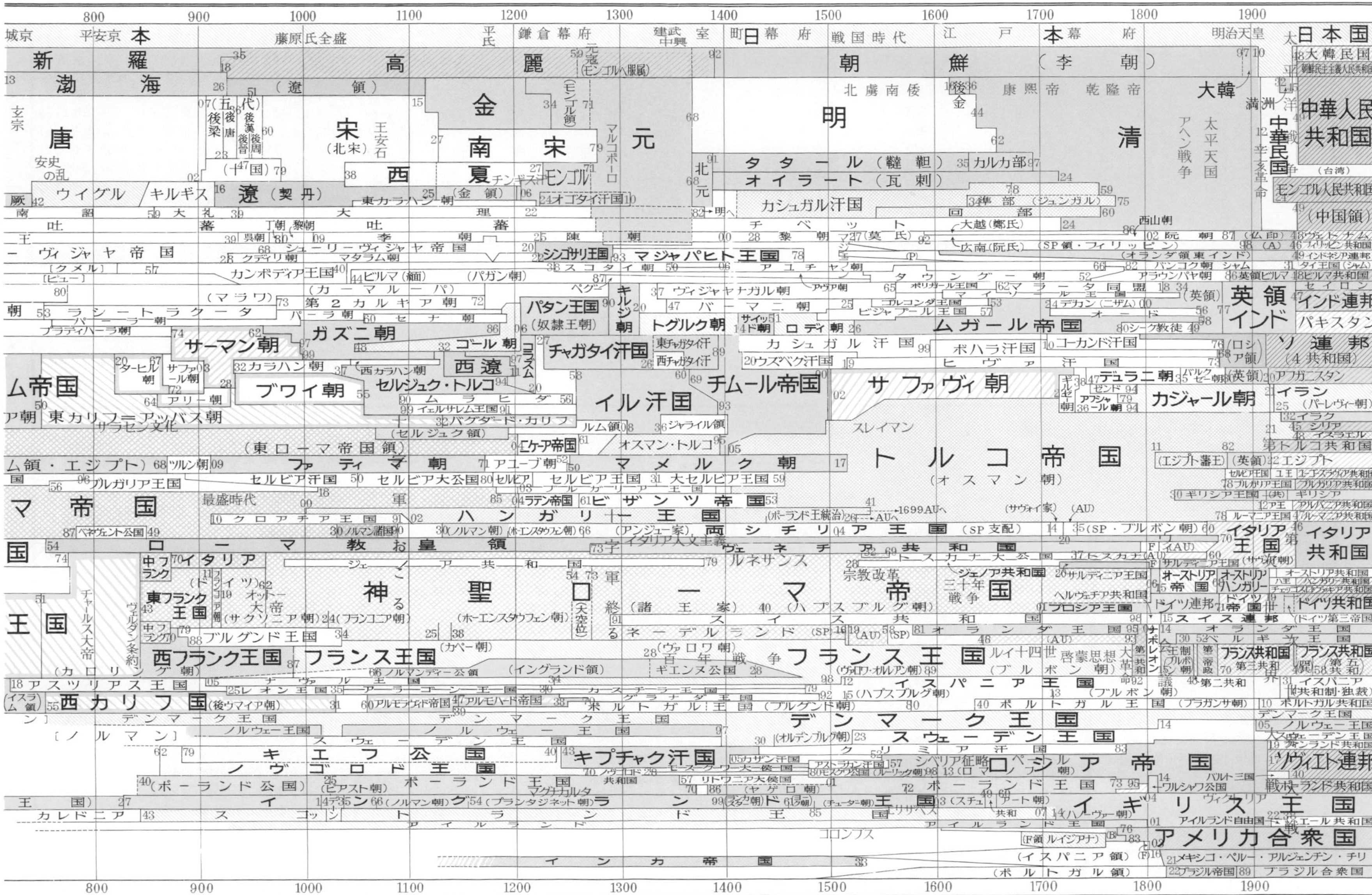

最近十年余にわたる政体の変化については複雑となるためそのままとした(一九八〇年記)

ある。A＝アメリカ合衆国。 AU＝オーストリア。 B＝イギリス。 F＝フランス。 P＝ポルトガル。 SP＝イスパニア。 ユ王・ア王・ハ王は，ユーゴースラヴィア・アルバニア・ハンガリーの各王国。

日　本　年　号　一　覧

五十音順に配列
末年は改元の年を含む
●印のあるのは北朝の年号

安永 1772～81
安元 1175～77
安政 1854～60
安貞 1227～29
安和 968～70
永延 987～89
永観 983～85
永久 1113～18
永享 1429～41
永正 1504～21
永承 1046～53
永祚 989～90
永治 1141～42
永長 1096～97
永徳●1381～84
永仁 1293～99
永保 1081～84
永万 1165～66

永暦 1160～61
永禄 1558～70
永和●1375～79
延応 1239～40
延喜 901～23
延久 1069～74
延享 1744～48
延慶 1308～11
延元 1336～40
延長 923～32
延徳 1489～92
延文●1356～61
延宝 1673～81
延暦 782～06
応安●1368～75
応永 1394～28
応長 1311～12
応徳 1084～87

応仁 1467～69
応保 1161～63
応和 961～64
嘉永 1848～54
嘉応 1169～71
嘉吉 1441～44
嘉慶●1387～89
嘉元 1303～06
嘉承 1106～08
嘉祥 848～51
嘉禎 1235～38
嘉保 1094～96
嘉暦 1326～29
嘉禄 1225～27
寛永 1624～44
寛延 1748～51
寛喜 1229～32
寛元 1243～47

寛弘 1004～12
寛正 1460～66
寛政 1789～01
寛治 1087～94
寛徳 1044～46
寛仁 1017～21
寛文 1661～73
寛平 889～98
寛保 1741～44
寛和 985～87
観応●1350～52
久安 1145～51
久寿 1154～56
享徳 1452～55
享保 1716～36
享禄 1528～32
享和 1801～04
慶安 1648～52

慶雲 704～08
慶応 1865～68
慶長 1596～15
建永 1206～07
建久 1190～99
建治 1275～78
建長 1249～56
建徳 1370～72
建仁 1201～04
建保 1213～19
建武 1334～36
建暦 1211～13
乾元 1302～03
元永 1118～20
元応 1319～21
元亀 1570～73
元久 1204～06
元慶 877～85

元亨 1321～24
元弘 1331～34
元治 1864～65
元中 1384～92
元徳 1329～31
元仁 1224～25
元文 1736～41
元暦 1184～85
元禄 1688～04
元和 1615～24
康安●1361～62
康永●1342～45
康応●1389～90
康元 1256～57
康正 1455～57
康治 1142～44
康平 1058～65
康保 964～68

康暦●1379～81
康和 1099～04
興国 1340～46
弘安 1278～88
弘化 1844～48
弘治 1555～58
弘長 1261～64
弘仁 810～24
弘和 1381～84
斉衡 854～57
至徳●1384～87
朱鳥 686～96
寿永 1182～84
正安 1299～02
正応 1288～93
正嘉 1257～59
正慶 1332～33
正元 1259～60
正治 1199～01
正中 1324～26
正長 1428～29

正徳 1711～16
正平 1346～70
正保 1644～48
正暦 990～95
正和 1312～17
昌泰 898～01
承安 1171～75
承応 1652～55
承久 1219～22
承元 1207～11
承徳 1097～99
承平 931～38
承保 1074～77
承暦 1077～81
承和 834～48
昭和 1926～89
神亀 724～29
神護景雲 767～70
大永 1521～28
大化 645～50

大正 1912～26
大治 1126～31
大同 806～10
大宝 701～04
治安 1021～24
治承 1177～81
治暦 1065～69
長久 1040～44
長享 1487～89
長寛 1163～65
長元 1028～37
長承 1132～35
長治 1104～06
長徳 995～99
長保 999～04
長暦 1037～40
長禄 1457～60
長和 1012～17
貞永 1232～33
貞観 859～77
貞応 1222～24

貞享 1684～88
貞元 976～78
貞治●1362～68
貞和●1345～50
天安 857～59
天永 1110～13
天延 973～76
天応 781～82
天喜 1053～58
天慶 938～47
天元 978～83
天授 1375～81
天正 1573～92
天承 1131～32
天治 1124～26
天長 824～34
天徳 957～61
天仁 1108～10
天平 729～49
天平感宝 749

天平勝宝 749～57
天平宝字 757～65
天平神護 765～67
天福 1233～34
天保 1830～44
天明 1781～89
天文 1532～55
天養 1144～45
天暦 947～57
天禄 970～73
天和 1681～84
徳治 1306～08
仁安 1166～69
仁寿 851～54
仁治 1240～43
仁和 885～89
仁平 1151～54
白雉 650～54
白鳳 672～85

文安 1444～49
文永 1264～75
文応 1260～61
文亀 1501～04
文久 1861～64
文化 1804～18
文正 1466～67
文政 1818～30
文治 1185～90
文中 1372～75
文保 1317～19
文明 1469～87
文暦 1234～35
文禄 1592～96
文和●1352～56
平治 1159～60
平成 1989～2019
保安 1120～24
保延 1135～41
保元 1156～59
宝永 1704～11

宝亀 770～81
宝治 1247～49
宝徳 1449～52
宝暦 1751～64
万延 1860～61
万寿 1024～28
万治 1658～61
明応 1492～01
明治 1868～12
明徳●1390～94
明暦 1655～58
明和 1764～72
養老 717～23
養和 1181～82
暦応●1338～42
暦仁 1238～39
霊亀 715～17
令和 2019～
和銅 708～15

中　国　年　号　一　覧

五十音順に配列
末年は改元の年を含まず
太数字は紀元前の年代

晏平(蜀成) 306～12
永安(呉) 258～63
永安(北涼) 401～11
永安(北魏) 528～29
永安(西夏)1098～00
永嘉(後漢) 145
永嘉(晋) 307～12
永漢(後漢) 189
永熙(晋) 290
永熙(北魏) 532～34
永徽(唐) 650～55
永建(後漢) 126～31
永建(西涼) 420～21
永元(後漢) 89～04
永元(西涼) 320～23
永元(南斉) 499～00
永光(前漢) **43～39**
永光(宋) 465
永興(後漢) 153～54
永興(晋) 304～05
永興(魏) 350～52
永興(前秦) 357～58

永興(北魏) 409～13
永興(北魏) 532
永弘(西秦) 428～31
永康(後漢) 167
永康(晋) 300
永康(後燕) 396～97
永康(西秦) 412～19
永始(前漢) **16～13**
永寿(後漢) 155～57
永淳(唐) 682
永初(後漢) 107～13
永初(宋) 420～22
永昌(東晋) 322
永昌(則周) 689
永昌(李自成) 1644
永泰(南斉) 498
永泰(唐) 765
永定(陳) 557～59
永貞(唐) 805
永徳(渤海) 809～13
永寧(後漢) 120
永寧(晋) 301

永寧(後趙) 350
永平(後漢) 58～75
永平(晋) 291
永平(北魏) 508～11
永平(五蜀) 911～15
永明(斉) 483～93
永明(隋魏) 617
永楽(前涼) 346～53
永楽(明)1403～24
永隆(隋梁) 617～19
永隆(唐) 680
永隆(五代ー閩) 939
永暦(明)1647～61
永和(後漢) 136～41
永和(東晋) 345～56
永和(後秦) 416～17
永和(北涼) 433～39
永和(五代ー閩) 935
延熹(後漢) 158～66
延熙(蜀) 238～57
延熙(後趙) 333～34
延慶(西遼)1124～26

延光(後漢) 122～25
延康(後漢) 220
延興(北魏) 471～75
延興(南斉) 494
延興(隋梁) 619～20
延載(則周) 694
延初(前秦) 394
延嗣寧国(西夏)1049
延昌(北魏) 512～15
延祚(西夏)1038～48
延平(後漢) 106
延祐(元)1314～20
延和(北魏) 432～34
延和(唐) 712
延興(蜀) 263
燕元(前燕) 349～51
燕元(後燕) 384～85
応乾(南漢) 943
応順(後唐) 934
応天(五燕) 911～13
応天(西夏)1206～09
応暦(遼) 951～68

河瑞(前趙) 309
河清(北斉) 562～64
河平(前漢) **28～25**
嘉禾(呉) 232～37
嘉熙(南宋)1237～40
嘉慶(清)1796～20
嘉興(西涼) 417～19
嘉靖(明)1522～66
嘉泰(南宋)1201～04
嘉定(南宋)1208～24
嘉寧(蜀成) 346～47
嘉平(魏) 249～53
嘉平(北漢) 311～14
嘉平(南涼) 408～14
嘉祐(北宋)1056～63
開運(後晋) 944～46
開運(西夏)1034
開禧(南宋)1205～07
開慶(南宋)1259
開元(唐) 713～41
開興(金)1232
開皇(隋) 581～00

開成(唐) 836～40
開泰(遼)1012～20
開平(後梁) 907～10
開宝(北宋) 968～75
開明(隋鄭) 619～21
開耀(唐) 681
会昌(唐) 841～46
会同(遼) 938～46
甘露(前漢) **53～50**
甘露(魏) 256～59
甘露(呉) 265
甘露(前秦) 359～64
甘露(契丹) 926～37
咸安(東晋) 371～72
咸熙(魏) 264
咸亨(唐) 670～73
咸康(五蜀) 925
咸淳(南宋)1265～74
咸清(西遼)1136～41
咸通(唐) 860～73
咸寧(晋) 275～79
咸寧(後梁) 399～00
咸平(北宋) 998～03
咸豊(清)1851～61
咸雍(遼)1065～74

咸和(東晋) 326～34
咸和(渤海) 830～57
漢安(後漢) 142～43
漢興(蜀成) 338～43
熹平(後漢) 172～77
熙平(北魏) 516～17
熙寧(北宋)1068～77
義熙(東晋) 405～08
義和(北涼) 431～32
儀鳳(唐) 676～78
居摂(前漢) 6～ 7
久視(則周) 700
竟寧(前漢) **33**
玉恒(蜀成) 335～37
拱花(西夏)1063～67
景雲(唐) 710～11
景炎(南宋)1276～77
景元(魏) 260～63
景初(魏) 237～39
景泰(明)1450～56
景定(南宋)1260～64
景徳(北宋)1004～07
景福(唐) 892～93
景福(遼)1031
景平(宋) 423～

景明(北魏) 500～03
景祐(北宋)1034～37
景耀(蜀) 258～62
景龍(唐) 707～09
景和(宋) 465
慶元(南宋)1195～00
慶暦(北宋)1041～48
建安(後漢) 196～20
建炎(南宋)1127～30
建熙(前燕) 360～70
建義(西秦) 385～87
建義(北魏) 528
建元(前漢) **140～35**
建元(東晋) 343～44
建元(前秦) 365～70
建元(南斉) 479～82
建光(後漢) 121
建康(後漢) 144
建衡(呉) 269～71
建弘(西秦) 420～27
建興(蜀) 223～37
建興(呉) 252～53
建興(晋) 313～16
建興(後燕) 386～95
建興(渤海) 818～29

建国(代) 338～76
建始(前漢) **32～29**
建初(後漢) 76～83
建初(後秦) 386～93
建初(西涼) 405～16
建昭(前漢) **38～34**
建中(唐) 780～83
建中靖国(北宋)1101
建徳(北周) 572～77
建寧(後漢) 168～71
建武(後漢) 25～55
建武(東晋) 317
建武(後趙) 335～48
建武(西燕) 386
建武(斉) 494～97
建武中元(後漢) 56～57
建平(前漢) **6～ 3**
建平(後燕) 398
建平(南燕) 400～04
建文(明)1399～02
建明(北魏) 530
建陽(朝鮮)1896
建隆(北宋) 960～62
建和(後漢) 147～49

建和(南涼) 400～01
乾化(後梁) 911～14
乾元(唐) 758～59
乾亨(南漢) 917～24
乾亨(遼) 979～82
乾興(北宋)1022
乾定(西夏)1223～26
乾貞(呉) 927～28
乾道(西夏)1068～69
乾道(南宋)1165～73
乾統(遼)1101～10
乾徳(五蜀) 919～24
乾徳(北宋) 963～67
乾寧(唐) 894～97
乾符(唐) 874～79
乾封(唐) 666～67
乾明(北斉) 559
乾祐(五楚) 948～49
乾祐(西夏)1170～93
乾隆(清)1736～95
乾和(南漢) 943～57
顕慶(唐) 656～60
顕徳(後周) 954～59
玄始(北涼) 412～27
元延(前漢) **12～09**

元嘉(後漢) 151～52
元嘉(宋) 424～53
元徽(宋) 473
元熙(前趙) 304～07
元熙(東晋) 419
元康(前漢) **65～62**
元康(晋) 291～99
元興(後漢) 105
元興(呉) 264
元興(東晋) 402～04
元光(前漢) **134～29**
元光(金) 1222～23
元朔(前漢) **128～23**
元治(前漢) **1～5**
元璽(前燕) 352～56
元狩(前漢) **122～17**
元初(後漢) 114～19
元寿(前漢) **2～1**
元象(東魏) 538
元鼎(前漢) **116～11**
元貞(元) 1295～96
元徳(西夏) 1119～26
元統(元) 1333～34
元符(北宋) 1098～00
元平(前漢) **74**
元封(前漢) **110～05**
元鳳(前漢) **80～75**
元豊(北宋) 1078～85
元祐(北宋) 1086～93
元和(後漢) 84～86
元和(唐) 806～20
鴻嘉(前漢) **20～17**
光化(唐) 898～00
光熙(西晋) 306
光啓(唐) 885～87
光寿(前燕) 357～59
光大(陳) 567～68
光宅(則周) 684
光定(西夏) 1211～22
光緒(清) 1875～08
光始(前燕) 401～06
光天(五蜀) 918
光天(南漢) 942
光武(大韓) 1897～06
光和(後漢) 178～83
黄初(魏) 220～26

広運(北漢) 974～79
広順(後周) 951～53
広政(後蜀) 938～65
広徳(唐) 763～64
広明(唐) 880
皇慶(元) 1312～13
皇建(北斉) 560
皇建(西夏) 1210
皇興(北魏) 467～70
皇初(後秦) 394～98
皇始(前秦) 351～54
皇始(北魏) 396～97
皇泰(隋) 618
皇統(金) 1141～48
皇祐(北宋) 1049～53
孝建(宋) 454～56
孝昌(北魏) 525～27
庚子(西涼) 400～04
更始(西燕) 385
更始(西秦) 409～11
洪熙(明) 1425
洪武(明) 1368～98
康熙(清) 1662～22
康国(西遼) 1127～35
康定(北宋) 1040
康徳(満州) 1934～45
弘光(明) 1645
弘佐(呉越) 942
弘昌(南涼) 402～07
弘始(後秦) 399～15
弘治(明) 1488～05
弘道(唐) 683
興安(北魏) 452
興元(唐) 784
興光(北魏) 454
興定(金) 1217～21
興寧(東晋) 363～65
興平(後漢) 194～95
興和(東魏) 539～42
後元(前漢) **88～87**
五鳳(前漢) **57～54**
五鳳(呉) 254～55
五鳳(隋夏) 618～21
至元(元) 1264～94
至元(元) 1335～40
至順(元) 1330～32

至正(元) 1341～67
至治(元) 1321～23
至大(元) 1308～11
至道(北宋) 995～97
至徳(陳) 583～86
至徳(唐) 756～57
至和(北宋) 1054～55
始元(前漢) **86～81**
始光(北魏) 424～27
始建国(新) 9～13
嗣聖(唐) 684
収国(金) 1115～16
寿光(前秦) 355～56
寿昌(遼)又は寿隆 1095～00
淳化(北宋) 990～94
淳熙(南宋) 1174～89
淳祐(南宋) 1241～52
初元(前漢) **48～44**
初始(前漢) 8
初平(後漢) 190～93
勝光(大夏) 428～31
升平(東晋) 357～61
昇元(南唐) 937～42
昇明(宋) 477～79
承安(金) 1196～00
承聖(梁) 552～54
承玄(北涼) 428～30
承光(北斉) 577
承明(北魏) 476
祥興(南宋) 1278～79
昌達(隋楚) 618
昌武(大夏) 418～31
紹熙(南宋) 1190～94
紹興(南宋) 1131～62
紹興(西遼) 1142～53
紹聖(北宋) 1094～97
紹泰(梁) 555
紹定(南宋) 1228～33
章武(蜀) 221～22
章和(後漢) 87～88
上元(唐) 674～75
上元(唐) 760～61
朱雀(渤海) 813～17
順義(五呉) 921～26
順治(清) 1644～61
順徳(寧王) 1519

神亀(北魏) 518～19
神功(則周) 697
神冊(契丹) 916～21
神爵(前漢) **61～58**
神璽(北涼) 397～98
神瑞(北魏) 415
神鼎(後涼) 401～03
神鳳(呉) 252～53
神龍(唐) 705～06
神䴥(北魏) 428～31
真興(大夏) 419～24
秦興(隋末秦) 617
人慶(西夏) 1144～48
仁寿(隋) 601～04
垂拱(則周) 685～88
綏和(前漢) **8～7**
成化(明) 1465～87
正光(北魏) 520～24
正元(魏) 254～55
正始(魏) 240～48
正始(後燕) 407～08
正始(北魏) 504～07
正大(金) 1224～31
正統(明) 1436～49
正徳(西夏) 1127～34
正徳(明) 1506～21
正平(北魏) 451
正隆(金) 1156～60
正暦(渤海) 795～08
清泰(後唐) 934～35
清寧(遼) 1055～64
聖暦(則周) 698～99
征和(前漢) **92～89**
政和(北宋) 1111～17
靖康(北宋) 1126
赤烏(呉) 236～50
青龍(魏) 233～36
青龍(後趙) 349
先天(唐) 712
宣政(後周) 578
宣統(清) 1909～11
宣徳(明) 1426～35
宣和(北宋) 1119～25
崇禎(明) 1628～44
崇徳(清) 1636～43
崇寧(北宋) 1102～06

崇寧(金) 1212
崇福(西遼) 1154～67
総章(唐) 668～69
大安(西夏) 1075～85
大安(遼) 1085～94
大安(金) 1209～11
大観(北宋) 1107～10
大業(隋) 605～16
大慶(西夏) 1036～37
大順(唐) 890～91
大成(北周) 579
大世(隋末劉) 614
大象(北周) 579～80
大中(唐) 847～59
大中祥符(北宋) 1008～16
大通(梁) 527～28
大定(後梁) 555～61
大定(金) 1161～89
大同(梁) 535～45
大同(遼) 947
大同(満洲) 1932～33
大統(西魏) 535～51
大徳(西夏) 1135～39
大徳(元) 1297～07
大宝(梁) 550
大宝(南漢) 958～71
大明(宋) 457～64
大有(南漢) 928～41
太安(晋) 302～03
太安(前秦) 385
太安(後涼) 386～88
太安(北魏) 455～59
太延(北魏) 435～39
太熙(晋) 290
太極(唐) 712
太建(陳) 569～82
太元(呉) 251
太元(前涼) 324～45
太元(東晋) 376～96
太康(晋) 280～89
太康(遼) 1075～84
太興(東晋) 318～21
太興(北燕) 431～36
太始(前漢) **96～93**
太始(前涼) 355～56

太始(渤海) 818
太初(前漢) **104～01**
太初(前秦) 386～93
太初(西秦) 388～06
太初(南涼) 397～99
太上(南燕) 405～10
太清(梁) 547～49
太清(前涼) 363～76
太寧(東晋) 323～25
太寧(後趙) 349
太寧(北斉) 561
太平(呉) 256～57
太平(北燕) 409～30
太平(南梁) 556
太平(隋楚) 616～22
太平(梁) 1021～30
太平興国(北宋) 976～83
太平真君(北魏) 440～50
太宝(梁) 550
太暦(唐) 766～79
太和(魏) 227～32
太和(後趙) 328～29
太和(蜀成) 344～45
太和(東晋) 366～70
太和(北魏) 477～99
太和(唐) 827～35
太和(五呉) 929～34
泰始(晋) 265～74
泰始(宋) 465～71
泰昌(明) 1620
泰常(北魏) 416～23
泰定(元) 1324～27
泰予(宋) 472
泰和(金) 1201～08
端拱(宋) 988～89
端平(南宋) 1234～36
地皇(新) 20～22
地節(前漢) **69～66**
致和(元) 1328
治平(北宋) 1064～67
中元(前漢) **149～44**
中興(西燕) 386～94
中興(南斉) 501
中興(渤海) 794
中興(南唐) 958

中大通(梁) 529～34
中大同(梁) 546
中統(ﾓﾝｺﾞﾙ) 1260～63
中平(後漢) 184～89
中和(唐) 881～84
長安(則周) 702～05
長慶(唐) 821～24
長興(後唐) 930～33
長寿(則周) 692～93
長楽(後燕) 399～00
重熙(遼) 1032～54
重和(北宋) 1118
調露(唐) 679
通政(五蜀) 916
通文(閩) 936～38
貞祐(金) 1213～16
貞観(唐) 627～49
貞観(西夏) 1101～13
貞元(唐) 785～04
貞元(金) 1153～55
貞明(後梁) 915～20
禎明(陳) 587～89
天安(北魏) 466
天安礼定(西夏) 1086
天嘉(陳) 560～65
天会(北漢) 957～74
天会(金) 1123～37
天監(梁) 502～19
天漢(前漢) **100～97**
天漢(五蜀) 917
天紀(呉) 277～80
天禧(北宋) 1017～22
天禧(西遼) 1168～01
天儀治平(西夏) 1086～89
天慶(遼) 1111～21
天慶(西夏) 1194～05
天啓(明) 1621～27
天眷(金) 1138～40
天顕(契丹) 926～37
天康(陳) 566
天興(北魏) 398～03
天興(隋定) 617～20
天興(金) 1232～34
天賛(契丹) 922～25
天冊(呉) 275

天冊萬歳(則周) 695
天賜(北魏) 404～08
天賜礼盛国慶(西夏) 1070～74
天璽(呉) 276
天璽(北涼) 399～00
天順(元) 1328
天順(明) 1457～64
天成(後唐) 926～29
天成(梁) 555
天聖(北宋) 1023～31
天盛(西夏) 1149～69
天正(梁) 551～54
天聡(清) 1627～35
天造(隋漢) 622～23
天祚(呉) 935～36
天徳(五殷) 942～44
天徳(金) 1149～52
天授(則周) 690～91
天授(高麗) 918～44
天統(北斉) 565～69
天統(元夏) 1363～65
天宝(唐) 742～55
天宝(呉越) 908～23
天保(北斉) 550～58
天保(後梁) 562～85
天福(後晋) 936～43
天福(五漢) 947
天復(唐) 901～03
天平(東魏) 534～37
天輔(金) 1117～23
天鳳(新) 14～19
天命(清) 1616～26
天祐(唐) 904～07
天祐垂聖(西夏) 1050～52
天祐民安(西夏) 1090～97
天暦(元) 1328～29
天和(北周) 566～71
登国(北魏) 386～95
統和(梁) 983～11
道光(清) 1821～50
同光(後唐) 923～25
同治(清) 1862～74
唐隆(唐) 710
徳祐(南宋) 1275

徳寿(元漢) 1363～64
如意(則周) 692
寧康(東晋) 373～75
白雀(後秦) 384～85
白龍(南漢) 925～27
普通(梁) 520～26
普泰(北魏) 531
福聖承道(西夏) 1053～56
武成(北周) 559～60
武成(五蜀) 908～10
武義(五呉) 919～20
武泰(北魏) 528
武徳(唐) 618～26
武定(東魏) 543～50
武平(北斉) 570～75
文徳(唐) 888
文明(唐) 684
宝祐(南宋) 1253～58
宝応(唐) 762
宝慶(南宋) 1225～27
宝元(北宋) 1038～39
宝鼎(呉) 266～68
宝暦(唐) 825～26
鳳翔(大夏) 413～17
鳳凰(呉) 272～74
鳳凰(前涼) 370
保大(南唐) 943～57
保大(遼) 1121～25
保定(北周) 561～65
保寧(遼) 969～78
本始(前漢) **73～70**
本初(後漢) 146
万歳通天(則周) 696

万暦(明) 1573～19
明昌(金) 1190～95
明政(隋呉) 619～21
明道(北宋) 1032～33
明徳(五蜀) 934～37
鳴鳳(隋梁) 617～18
雍熙(北宋) 984～87
雍正(清) 1723～35
雍寧(西夏) 1114～18
陽嘉(後漢) 132～35
陽朔(前漢) **24～21**
隆安(東晋) 397～01
隆熙(大韓) 1907～10
隆化(北斉) 576
隆慶(明) 1567～72
隆興(南宋) 1163～64
隆昌(南斉) 494
隆武(明) 1645
隆和(晋) 362
龍紀(唐) 889
龍啓(閩) 933～35
龍興(公孫述) 25～26
龍朔(唐) 661～63
龍昇(大夏) 407～12
龍徳(後梁) 921～22
龍飛(後涼) 395～98
麟嘉(後涼) 389～95
麟徳(北漢) 316～17
麟徳(唐) 664～65
和平(前涼) 354
和平(後漢) 150
和平(北魏) 460～65

備 考

単に(宋)とあるものは南朝の宋。(蜀成)は五胡の成。(則周)は則天武后の周。(五蜀),(五燕),(五楚),(五呉),(五殷)はそれぞれ五代の蜀，燕，楚，呉，殷。(隋魏),(隋梁),(隋鄭),(隋夏),(隋楚),(隋呉),(隋漢),(隋定)はそれぞれ隋末の魏，梁，鄭，夏，楚，呉，漢東，定揚。(元漢),(元夏)はそれぞれ元末の漢，夏。

〔1〕考古学上の推定年表

年代 紀元前	地質年代	概略時代区分	アメリカ大陸 南米	アメリカ大陸 北米	西ヨーロッパ	北ヨーロッパ	中央ヨーロッパ	東ヨーロッパ バルカン半島	アルプス地域	イタリア半島	シチリア	マケドニア	ギリシア 本土	キクラデス	クレタ	アナトリア
600000	新世代第四紀 洪積世 ギュンツ氷期 第1間氷期 ミンデル氷期 第2間氷期	旧石器時代 前期			クローマー プレ＝シェル文化 クラクトン文化 シェル文化 ルヴァロワ文化 アブヴィル文化		ホモハイデルベルゲンシス マンモス等の生存		大氷河 〈洞窟狩猟〉							
200000	リス氷期 第3間氷期	中期			アシュール文化〈洞窟〉 タヤック文化		アシュール文化〈洞窟〉 ムスティエ文化 ネアンデルタール人	クラピナ人								
100000	ヴュルム氷期	後期	（アジアからの人類の移住?）	（アジアからの人類の移住?） クロヴィス	オーリニャック文化 ソリュートレ文化 マドレーヌ(マグダレン)文化		クロマニョン人 ヴィレンドルフのヴィーナス人 森林時代	アヴァス文化 シウィーデル文化 メジン		グリマルディ人						（西）（中央）（南）
10000	現世代第四紀 沖積世 プレーボレアル期 ボレアル期 アトランチック期	中石器時代 前期 中期 後期	石期〈打製石器〉	石期 フォルサム スコッツブラフ	タルドノワ前期文化 アジール文化（前期） アジール文化（後期）	クロステル＝ルンド文化 マグレモーゼ文化 〈貝塚〉	オルデンドルフ文化 カルレンハルト文化 タルドノワ前期文化 ドゥフェンゼー文化 タルドノワ中期文化	セレタ文化 クレアノフ文化					セディ文化			
5000	アトランチック期	新石器時代 後期	古期	コチセ文化	タルドノワ文化〈洞窟〉 カンピニー文化	フォスナ文化 エルテベレ文化	タルドノワ後期文化〈櫛目文土器〉 ドナウⅠ文化	農耕民 スタルチェヴォ文化	タルドノワ文化〈櫛目文土器〉							XXXIII メルシン XXV XXIII XX XIX XVII メルシン
3500	サブ＝ボレアル期	新石器時代	古期〈磨製石器〉	古期	巨石文化 ウィンドミル＝ヒル文化 セーヌ＝オワーズ＝マルヌ文化	先ドルメン文化	〈彫刻縄文土器〉 バーデン文化 レッセン文化 ミハエルスベルグ文化 ドナウⅡ文化	ケレス文化 ヴィンチャ文化 レンジェル文化 ブトミール文化 ボイアン文化 クク－テニ文化	〈刺突文土器〉〈湖上住居〉 ケルン＝リンデンタール ミハエルスベルグ文化 コルタイロド文化	洞窟文化 ラゴッツァ文化 〈彩色土器〉〈ドルメン〉〈石棺墓〉	ステンティネロ文化 モルフェッタ＝マテラ文化	セスクロ文化 青銅器時代 前期	セスクロ文化 農耕 ディミニ セスクロ 前期ヘラディック Ⅰ Ⅱ Ⅲ（ヘラス文化）	前期キクラデス Ⅰ Ⅱ Ⅲ	新石器時代 前期ミノア Ⅰ Ⅱ Ⅲ	クム＝テペ トロヤ Ⅰ Ⅱ Ⅲ Ⅳ Ⅴ アリシャル 19～15 アラチャ＝ヒュユク Ⅳ アリシャル 1 Ⅲ タルソス XIV XIII XII
2500	サブ＝ボレアル期	金石過渡期	ワカ＝プリエッタ 農耕文化 原始農耕	古期 アナサジ文化	鐘形杯文化 ドルメン メンヒル ストーンサークル						カステルチョ文化					ボガズキョイ 5
2000	サブ＝アトランチック期	青銅器時代	先形成期 コトシュ文化	アナサジ文化		北方石室墳文化 古青銅器文化	〈漏斗状杯〉〈細文陶器〉 アウニエチッツ文化 アドラーベルグ文化 ラウジッツ文化 高塚墳文化（中期青銅器文化）〈骨壺〉 モンテウル文化 〈火葬墳〉 フン文化	バーデン文化 グリナ文化 ヴチェドル文化	ローヌ文化 青銅器文化（前期） 高塚墳文化（中期青銅器文化） 緑の森 〈湖上住居〉〈火葬墳〉	ポラーダ テラマーレ パドゥス文化 レメデロ アペニン文化 青銅器文化	シクリ文化 タプソス文化 ラウジッツ	中期 晩期	中期ヘラディック アケーア? 前期ミケーネ 中期ミケーネ 後期ヘラディック（ミケーネ）	中期キクラデス Ⅰ Ⅱ Ⅲ 後期キクラデス 後期ミケーネ	中期ミノア Ⅰ Ⅱ Ⅲ 後期ミノア Ⅰ Ⅱ Ⅲ 晩期ミノア	Ⅵ Ⅶ a b 〈カッパドキア陶器〉 アリシャル Ⅱ ヒッタイト 〈鉄器〉 Ⅳ メルシン XI キリキア メルシン X IX
1000	サブ＝アトランチック期	鉄器時代	形成期 チャビン期 開花期 古典期 前期ナスカ期	形成期	青銅器文化 ハルシュタット文化 ラテーヌ文化 ローマ	新青銅器文化 早期鉄器時代 ゲルマン	後期青銅器文化 〈火葬墳〉〈シレジア彩陶〉 ハルシュタット文化（ケルト人） ラテーヌ文化 ゲルマン	グラシナック文化 ローマ	ハルシュタット文化 ラテーヌ文化	エステ＝ヴィラノーヴァ文化 エトルスク ローマ	パンタリカ文化 カルタゴ	鉄器時代	〈幾何文様式陶器〉 ポリス成立期 ギリシア古拙文化 ギリシア古典文化 ヘレニズム文化			Ⅷ フリギア アッシリア 古王国 ペルシア Ⅸ アリシャル Ⅴ
500																
B.C. 1																

考古学上の推定年代にはさまざまな説があって，世界的にこのような年表をつくることは本来危険であるが，かりにこのように作って見た。将来，新しい発見や新しい研究が出されるに従って補正してゆきたいと考えている。
地質年代及び概略時代区分は，ヨーロッパにおける研究基準に従った。それは世界各地域によって異るわけであるが，だいたいのよりどころにするのに便利であるし，またたしかによりどころとしても誤りの少いものである。

〔1〕考古学上の推定年表

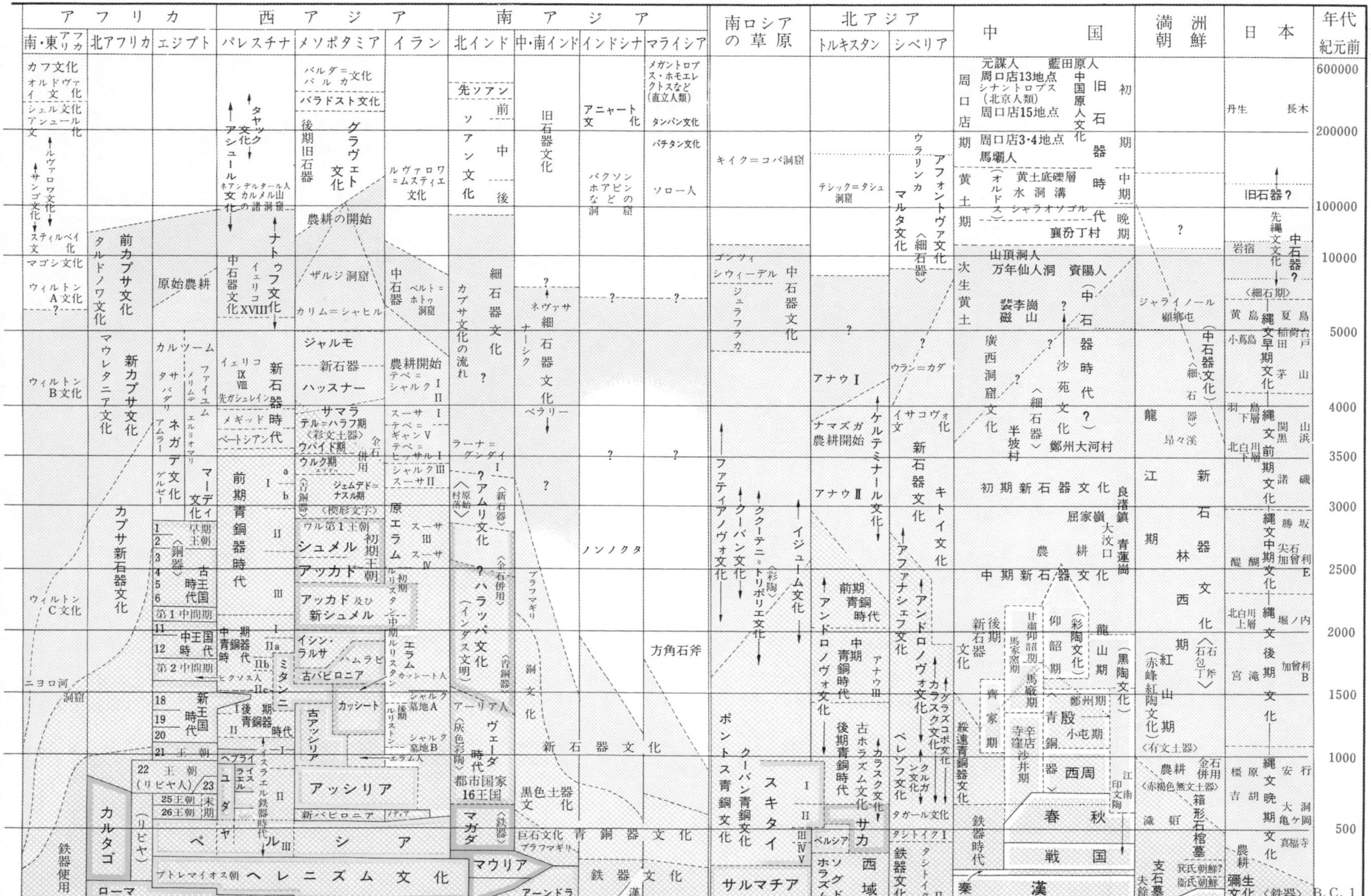

名づけられた文化期の称呼は多くの場合，特色ある遺跡の地名(または地域名)を冠している。しかし中にはその遺跡にそれほど顕著な文化系統を示すことがないことがわかってきてもなお以前からの名称を使用しているものもある。

日本の縄文時代の編年はラディオカーボン(放射性炭素)測定法による測定の結果を参照して一応このように表記した。本表で周囲を濃い色調でくくったところは原史および歴史時代の国家・民族または地域であることを示した。

人名対照表

英語	ドイツ語	フランス語	ラテン語	その他
アルバート Albert	アルフレヒト Albrecht	アルベール Albert	アルベルトゥス Albertus	アルベルト Alberto (I,Sp)
アレクサンダー Alexander	アレクサンダー Alexander	アレクサンドル Alexandre	アレクサンデル Alexander	アレッサンドロ Alessandro (I)　アリェクサンドル Aleksandr (R)　アレクサンドロス Alexandros (Gr)
アン ○Ann, Anne	アンナ Anna	アンヌ Anne	アンナ Anna	
アントニー Antony	アントン Anton	アントワヌ Antoine	アントニウス Antonius	アントニオ Antonio (I,Sp)
オーガスティン Augustine	アウグスティン Augustin	オーギュスト Auguste	アウグスティヌス Augustinus	
ベネディクト Benedict	ベネディクト Benedikt	ブノワ Benoît	ベネディクトゥス Benedictus	ベネデットー　ベニト Benedetto, Benito (I)
バーナード Bernard	ベルンハルト Bernhard	ベルナール Bernard	ベルナルドゥス Bernardus	ベルナルディノ Bernardino (I)
ボニフェース Boniface	ボニファーツ Bonifaz	ボニファース Boniface	ボニファキウス Bonifacius	ボニファチヨ Bonifacio (I)
シーザー Caesar	ツェザール Cäsar	セザル César	カエサル（ケーザル） Caesar	チェザレ Cesare (I)
キャサリン ○Catharine	カタリナ Katharina	カトリーヌ Catherine	カタリナ Catharina	エカテリーナ Ekaterina (R)
チャールス Charles	カール Karl	シャルル Charles	カロルス Carolus	カルロ Carlo (I)　カルロス Carlos (Sp,P)　カロル Carol (Ru)
クレメント Clement	クレメンス Klemens	クレマン Clément	クレメンス Clemens	クレメンテ Clemente (Sp)
ドミニック Dominic	ドミニクス Dominikus	ドミニック Dominique	ドミニクス Dominicus	ドメニコ Domenico (I)　ドミンゴ Domingo (Sp)
エドワード Edward	エドゥアルト Eduard	エドゥアール Edouard	エドアルドゥス Edoardus	
エリザベス ○Elizabeth	エリザベト Elisabeth	エリザベト Elisabeth	エリザベタ Elisabetha	イザベル Isabel Isabella } (Sp)　エリザベタ Elizabeta (R)
イサベラ ○Isabella	イザベラ Isabella	イサボー Isabeau		
エマニュエル Emmanual	イマヌエル Immanuel	エマニュエル Emmanuel	エンマヌエル Emmanuel	エマヌエレ Emanuele (I)　マヌエル Manuel (Sp)
アーネスト Ernest	エルンスト Ernst	エルネスト Ernest	エルネストゥス Ernestus	
フェルディナンド Ferdinand	フェルディナント Ferdinand	フェルディナン Ferdinand	フェルディナンドゥス Ferdinandus	フェルナンド Fernando (I, Sp)
フランシス Francis	フランツ Franz	フランソワ François	フランキスクス Franciscus	フランチェスコ Francesco (I)　フランシスコ Francisco (Sp)
フレデリック Frederick	フリートリヒ Friedrich	フレデリック Frédéric	フレデリクス Fredericus	フレデリク Frederik (D)
ジョージ George	ゲオルク Georg	ジョルジュ George	ゲオルギウス Georgius	ホルヘ Jorge (Sp)
グレゴリ Gregory	グレゴール Gregor	グレゴワール Gregoire	グレゴリウス Gregorius	グレゴリオ Gregorio (I)
ガスタヴァス Gustavus	グスタフ Gustav	ギュスターヴ Gustave	グスタヴス Gustavus	グスタフ Gustaf (Sw)
ヘンリ Henry	ハインリヒ Heinrich	アンリ Henri	ヘンリクス Henricus	エンリコ Enrico (I)　エンリケ Enrique (Sp)　ヘンリケ Henrique (P)
イノセント Innocent	インノツェンツ Innocenz	イノサン Innocent	インノケンティウス Innocentius	インノチェンテ Innocente (I)
ジェームス James	ヤコプ Jakob	ジャック Jacques	ヤコブス Jacobus	ジャコモ Giacomo (I)
ジェーン ○Jane	ヨハンナ Johanna	ジャンヌ Jeanne	ヨハンナ Johanna	ファーニァ Juaña (Sp)
ジョン John	ヨハン Johann	ジャン Jean	ヨハンネス Johannes	ジョヴァンニ Giovanni (I)　ファン Juan (Sp)　イヴァン Ivan (R)
ジョゼフ Joseph	ヨーゼフ Joseph	ジョゼフ Joseph	ヨセフス Josephus	ジュセッペ Giuseppe (I)　ホセ José (Sp)
ジューリアス Julius	ユリウス Julius	ジュール Jules	ユリウス Julius	
ロレンス Laurence Lawrence	ラウレンツ Laurenz ローレンツ Lorenz	ローラン Laurent	ラウレンティウス Laurentius	ロレンツォ Lorenzo (I)
レオ，レオン Leo, Leon	レオ Leo	レオン Léon	レオ Leo	レオーネ Leone (I)　レオン Leon (Gr)
レナード Leonard	レオンハルト Leonhard	レオナール Léonard	レオナルドゥス Leonardus	レオナルド　リオナルド Leonardo, Lionardo (I)
レオポルド Leopold	レオポルド Leopold	レオポール Léopold	レオポルドゥス Leopoldus	レオポルド Leopoldo (I)
ルイス Louis, Lewis	ルードヴィヒ Ludwig	ルイ Louis	ルドヴィクス Ludovicus	ルドヴィコ Lodovico (I)　ルイス Luis (Sp)
ルイザ ○Louisa	ルイゼ Luise	ルイズ Louise エロイーズ Héloïse		ルイサ Luisa (I,Sp)
モードリン ○Magdalen	マグダレナ Magdalena	マドレーヌ Madeleine Madelène	マグダレナ Magdalena	マグダレナ Magdalena (Sp)
マーガレット ○Margaret	マルガレーテ Margarete	マルグリート Marguerite	マルガレータ Margareta	
メアリ ○Mary	マリア，マリエ Maria, Marie	マリー Marie	マリア Maria	マリア Maria (I,Sp,Gr)
モーリス Maurice	モリッツ Moritz	モーリス Maurice	マウリティウス Mauritius	マウリッツ Maurits (D)
マイケル Michael	ミヒャエル Michael	ミシュル Michel	ミカエル Michael	ミゲル Miguel (Sp,P)　ミハイル Mikhail (R)
ニコラス Nicolas	ニコラウス Nikolaus	ニコラ Nicolas	ニコラウス Nicolaus	ニッコロ Niccolo (I)　ニコライ Nikolai (R)
オソー Otho	オットー Otto	オットン Othon		
ポール Paul	パウル Paul	ポール Paul	パウルス Paulus	パオロ Paolo (I)　パヴェル Pavel (R)　パウロス Paulos (Gr)
ピーター Peter	ペーター Peter	ピエール Pièrre	ペトルス Petrus	ピエトロ Pietro (I)　ピョートル Pyotr (R)　ペトロス Petros (Gr)
フィリップ Philip	フィリップ Philipp	フィリップ Philippe	フィリップス Philippus	フィリッポ Philippo (I)　フェリペ Felipe (Sp)　フィリッポス Philippos (Gr)
パイアス Pius	ピウス Pius	ピー Pie	ピウス Pius	ピオ Pio (I)
トレミー Ptolemy	プトレメウス Ptolemäus	プトレメ Ptolémée	プトレメウス Ptolemaeus	プトレマイオス Ptolemaios (Gr)
リチャード Richard	リヒアルト Richard	リシャール Richard	リカルドゥス Richardus	リカルド Riccardo (I)　「イストヴァン István (H)
スティーヴン Stephen	ステファン Stefan	エティエンヌ Etienne	ステファヌス Stephanus	ステファノ Stefano (I)　エステバン Esteban (Sp)
テリーサ ○Theresa	テレーゼ Therese テレジア Theresia	テレーズ Thérèse	テレーサ Theresa	テレザ Teresa (I)　テレサ Teresa (Sp)
ウィリアム William	ヴィルヘルム Wilhelm	ギョーム Guillaume	グリエルムス Gulielmus	グリエルモ Guglielmo (I)　ウィルレム Willem (D)

○印を附したものは女性名。D=オランダ，Gr=ギリシア，H=ハンガリー，I=イタリア，P=ポルトガル，R=ロシア，Ru=ルーマニア，Sp=イスパニア，Sw=スウェーデン

欧亜暦年対照表

ヨーロッパ	中国		日本	イスラム圏
ユリウス暦				
前46. 1. 1	前漢	初元 2 (前47).11.21		
〃45. 1. 1	〃	〃 3 (〃46).12. 2		
後1. 1. 1	〃	元寿 2 (〃 1).11.20		
50. 1. 1	後漢	建武25 (後49).11.21		
100. 1. 1	〃	永元11 (99).12. 4		
150. 1. 1	〃	建和 3 (149).11.16		
200. 1. 1	〃	建安 4 (199).11.28		
225. 1. 1	魏	黄初 5 (224).12. 5		
250. 1. 1	〃	嘉平元 (249).11.11		
275. 1. 1	晋	泰始10 (274).11.17		
300. 1. 1	〃	元康 9 (299).11.23		
325. 1. 1	〃	太寧 2 (324).11.29		
350. 1. 1	〃	永和 5 (349).12. 6		
375. 1. 1	〃	寧康 2 (374).11.12		
400. 1. 1	〃	隆安 3 (399).11.18		
425. 1. 1	宋	元嘉元 (424).11.25		
450. 1. 1	〃	〃 26 (449).12. 2		
475. 1. 1	〃	元徽 2 (474).12. 8		
500. 1. 1	斉	永元元 (499).11.14		
525. 1. 1	梁	普通 5 (524).11.20	継体18 (524).11.20	
550. 1. 1	〃	太清 3 (549).11.26	欽明10 (549).11.26	
575. 1. 1	陳	太建 6 (574).12. 2	敏達 3 (574).12. 2	
600. 1. 1	隋	開皇19 (599).12. 8	推古 7 (599).12.10	イスラム暦
622. 7.16	唐	武徳 5 (622). 6. 2	〃 30 (622). 6. 3	1. 1. 1
625. 1. 1	〃	〃 7 (624).11.14	〃 32 (624).11.17	3. 7.15
650. 1. 1	〃	貞観23 (649).11.20	大化 5 (649).11.23	29. 4.21
670. 1.29	〃	総章 2 (670). 1. 2	天智 9 (670). 1. 3	50. 1. 1
675. 1. 1	〃	上元元 (674).11.27	天武 3 (674).11.29	55. 1.27
700. 1. 1	〃	聖暦 2 (699).12. 3	文武 3 (699).12. 6	80.11. 4
718. 8. 3	〃	開元 6 (718). 7. 1	養老 2 (718). 7. 3	100. 1. 1
725. 1. 1	〃	〃 12 (724).12. 9	神亀元 (724).12.13	106. 8.11
750. 1. 1	〃	天宝 8 (749).11.15	天平勝宝元(749).11.19	132. 5.17
767. 2. 6	〃	大暦 2 (767). 1. 2	天平神護3(767). 1. 3	150. 1. 1
775. 1. 1	〃	〃 9 (774).11.21	宝亀 5 (774).11.25	158. 2.22
800. 1. 1	〃	貞元15 (799).11.27	延暦18 (799).12. 2	183.11.29
815. 8.11	〃	元和10 (815). 7. 2	弘仁 6 (815). 7. 3	200. 1. 1
825. 1. 1	〃	長慶 4 (824).12. 5	天長元 (824).12. 9	209. 9. 7
850. 1. 1	〃	大中 3 (849).12.11	嘉祥 2 (849).12.15	235. 6.12
864. 2.13	〃	咸通 5 (864). 1. 2	貞観 6 (864). 1. 3	250. 1. 1
875. 1. 1	〃	乾符元 (874).11.16	〃 16 (874).11.20	261. 3.19
900. 1. 1	〃	光化 2 (899).11.22	昌泰 2 (899).11.26	286.12.25
912. 8.18	後梁	乾化 2 (912). 7. 3	延喜12 (912). 7. 4	300. 1. 1
925. 1. 1	後唐	同光 2 (924).11.29	延長 2 (924).12. 4	312.10. 2
950. 1. 1	後漢	乾祐 2 (949).12. 5	天暦 3 (949).12.10	338. 7. 8
961. 2.20	北宋	建隆 2 (961). 2. 2	天徳 5 (961). 2. 3	350. 1. 1
975. 1. 1	〃	開宝 7 (974).11.11	天延 2 (974).11.16	364. 4.14
1000. 1. 1	〃	咸平 2 (999).11.17	長保元 (999).11.22	390. 1.20
1009. 8.25	〃	大中祥符2(1009).8. 3	寛弘 6 (1009). 8. 3	400. 1. 1
1025. 1. 1	〃	天聖 2 (1024).11.23	万寿元 (1024).11.29	415.10.27
1050. 1. 1	〃	皇祐元 (1049).11.29	永承 4 (1049).12. 6	441. 8. 4
1058. 2.28	〃	嘉祐 3 (1058). 2. 2	天喜 6 (1058). 2. 3	450. 1. 1
1075. 1. 1	〃	熙寧 7 (1074).12. 6	承保元 (1074).12.12	467. 5.10
1100. 1. 1	〃	元符 2 (1099).11.12	康和元 (1099).11.18	493. 2.16
1106. 9. 2	〃	崇寧 5 (1106). 8. 2	嘉承元 (1106). 8. 3	500. 1. 1

ヨーロッパ	中国		日本	イスラム圏
1125. 1. 1	北宋	宣和 6 (1124).11.18	天治元 (1124).11.25	518.11.23
1150. 1. 1	南宋	紹興19 (1149).11.24	久安 5 (1149).12. 1	544. 8.29
1155. 3. 7	〃	〃 25 (1155). 2. 3	久寿 2 (1155). 2. 3	550. 1. 1
1175. 1. 1	〃	淳熙元 (1174).11.30	承安 4 (1174).12. 7	570. 6. 5
1200. 1. 1	〃	慶元 5 (1199).12. 6	正治元 (1199).12.13	596. 3.12
1203. 9.10	〃	嘉泰 3 (1203). 8. 3	建仁 3 (1203). 8. 4	600. 1. 1
1225. 1. 1	〃	嘉定17 (1224).11.14	元仁元 (1224).11.21	621.12.19
1250. 1. 1	〃	淳祐 9 (1249).12.20	建長元 (1249).11.27	647. 9.25
1252. 3.14	〃	〃 12 (1252). 2. 2	〃 4 (1252). 2. 3	650. 1. 1
1275. 1. 1	〃	咸淳10 (1274).11.26	文永11 (1274).12. 3	673. 7. 2
1300. 1. 1	元	大徳 3 (1299).12. 2	正安元 (1299).12. 9	699. 4. 7
1300. 9.16	〃	〃 4 (1300).⑧. 3	〃 2 (1300). 8. 3	700. 1. 1
1325. 1. 1	〃	泰定元 (1324).12. 8	正中元 (1324).12.16	725. 1.15
1349. 3.22	〃	至正 9 (1349). 3. 3	正平 4 (1349). 3. 3	750. 1. 1
1350. 1. 1	〃	〃 9 (1349).11.14	〃 4 (1349).11.22	750.10.20
1375. 1. 1	明	洪武 7 (1374).11.21	文中 3 (1374).11.29	776. 7.27
1397. 9.24	〃	〃 30 (1397). 9. 3	応永 4 (1397). 9. 3	800. 1. 1
1400. 1. 1	〃	建文元 (1399).11.27	〃 6 (1399).12. 5	802. 5. 3
1425. 1. 1	〃	永楽22 (1424).12. 3	〃 31 (1424).12.12	828. 2.10
1446. 3.29	〃	正統11 (1446). 3. 3	文安 3 (1446). 3. 2	850. 1. 1
1450. 1. 1	〃	〃 14 (1449).12. 9	宝徳元 (1449).11.19	853.11.17
1475. 1. 1	〃	成化10 (1474).11.15	文明 6 (1474).11.24	879. 8.22
1494.10. 2	〃	弘治 7 (1494). 9. 3	明応 3 (1494). 9. 3	900. 1. 1
1500. 1. 1	〃	〃 12 (1499).11.21	〃 8 (1499).12. 1	905. 5.29
1525. 1. 1	〃	嘉靖 3 (1524).11.28	大永 4 (1524).12. 8	931. 3. 6
1543. 4. 6	〃	〃 22 (1543). 3. 3	天文12 (1543). 3. 3	950. 1. 1
1550. 1. 1	〃	〃 28 (1549).12. 4	〃 18 (1549).12.14	956.12.12
1575. 1. 1	〃	万暦 2 (1574).12.10	天正 2 (1574).⑪.19	982. 9.18
グレゴリオ暦				
1582.10.15	明	万暦10 (1582). 9.19	天正10 (1582). 9.19	990. 9.18
1591.10.19	〃	〃 19 (1591). 9. 3	〃 19 (1591). 9. 2	1000. 1. 1
1600. 1. 1	〃	〃 27 (1599).11.16	慶長 4 (1599).11.15	1008. 6.14
1625. 1. 1	〃	天啓 4 (1624).11.23	寛永元 (1624).11.22	1034. 3.21
1640. 4.23	〃	崇禎13 (1640). 3. 2	〃 17 (1640). 3. 3	1050. 1. 1
1650. 1. 1	清	順治 6 (1649).11.29	慶安 2 (1649).11.29	1059.12.27
1675. 1. 1	〃	康熙13 (1674).12. 6	延宝 2 (1674).12. 6	1085.10. 4
1688.10.26	〃	〃 27 (1688).10. 3	元禄元 (1688).10. 3	1100. 1. 1
1700. 1. 1	〃	〃 38 (1699).11.12	〃 12 (1699).11.12	1111. 7.10
1725. 1. 1	〃	雍正 2 (1724).11.17	享保 9 (1724).11.17	1137. 4.15
1737. 5. 1	〃	乾隆 2 (1737). 4. 2	元文 2 (1737). 4. 2	1150. 1. 1
1750. 1. 1	〃	〃 14 (1749).11.23	寛延 2 (1749).11.23	1163. 1.22
1775. 1. 1	〃	〃 39 (1774).11.30	安永 3 (1774).11.30	1188.10.28
1785.11. 4	〃	〃 50 (1785).10. 3	天明 5 (1785).10. 3	1200. 1. 1
1800. 1. 1	〃	嘉慶 4 (1799).12. 7	寛政11 (1799).12. 7	1214. 8. 4
1825. 1. 1	〃	道光 4 (1824).11.13	文政 7 (1824).11.13	1240. 5.11
1834. 5.10	〃	〃 14 (1834). 4. 2	天保 5 (1834). 4. 2	1250. 1. 1
1850. 1. 1	〃	〃 29 (1849).11.19	嘉永 2 (1849).11.18	1266. 2.16
1873. 1. 1	〃	同治11 (1872).12. 3	明治 5 (1872).12. 3	1289.11. 2
1875. 1. 1	〃	〃 13 (1874).11.24	〃 8 (1875). 1. 1	1291.11.23
1882.11.12	〃	光緒 8 (1882).10. 2	〃 15 (1882).11.12	1300. 1. 1
1900. 1. 1	〃	〃 25 (1899).12. 1	〃 33 (1900). 1. 1	1317. 8.28
1912. 1. 1	民国	宣統 3 (1911).11.13	〃 45 (1912). 1. 1	1330. 1.10
1925. 1. 1	〃	民国14 (1925). 1. 1	大正14 (1925). 1. 1	1343. 6. 4
1931. 5.19	〃	〃 20 (1931). 5.19	昭和 6 (1931). 5.19	1350. 1. 1
1950. 1. 1	〃	〃 39 (1950). 1. 1	〃 25 (1950). 1. 1	1369. 3.10

この表の見方と暦の概観

1. この表はヨーロッパ・中国・日本及びイスラム圏の暦日の相違を示したものである。
2. 各欄の数字はそれぞれ年月日を示している。例えば，1375.1.1は1375年1月1日である。
3. 摘出した年次は西暦200年以後を25年ごととし，その1月1日が他の暦法でそれぞれ何日にあたるかを示した。また西暦25年ごとの間に，イスラム暦50年ごとの1月1日をえらび，その日が逆に西暦及び日本・中国では何日にあたるかを示した。これによって同じ日ではあっても，暦法の相違によりその日付はみな異なることがよくわかるであろう。
4. 中国・日本の欄で(　)内に示した数字は，その年号の年の大部分の日数が属する年次を，機械的に西暦にあてはめた場合の西暦年数である。たとえば，西暦50年1月1日は，中国では建武25年11月21日に当るが，その建武25年の大部分は西暦49年の中に含まれていることを示しているものである。
5. 暦は大別して太陽暦・太陰暦・純太陰暦の3種に分かれる。
6. 太陽暦は，本文の年表にも掲げたように前2781年，エジプトにおいて創始された。これに幾多の改良が加えられたのち，前46年ユリウス・カエサルによってローマの公用暦となった。これがユリウス暦である。ところが13世紀頃になってこの暦法には実際の1太陽年との間に誤差が生ずることが問題にされはじめ，これを調整するために教皇グレゴリウス13世が暦法改正を行った。すなわち1582年10月5日をもって同15日とし，閏年のおき方などが訂正されたのである。これがグレゴリオ暦であり，現行のいわゆる太陽暦である。
7. 太陽暦は太陽と地球との関係に基づいて作成されたので，毎年の季節はほとんど同じ日にめぐってくる。これに対して純太陰暦は，最も原初的なものであり，専ら月の運行に基準がおかれ，その満ちかけを1カ月とし，12カ月を1年とした。この方法によると，暦日と季節とは順次くいちがってゆくから，農耕生活者にとっては甚しく不便である。そこで古代人はその解決に苦心したが，マホメットがイスラム暦を制定するにあたっては一切それを考慮せず，単純にこれを採用した。イスラム暦の1年の日数は，太陽暦のそれより大体10日ほど少なく，3年目には1カ月のずれを生ずる。本表にみるように月の数え方が西暦と比べて殆んど異なっているのはこのためである。イスラム暦は通常A.H.と略記される。
8. 純太陰暦に1太陽年を符合させようとして考案されたものが太陰暦であり，前8世紀頃からメソポタミア地方で，いちじるしく発達した。これはギリシア暦やインド暦の規範となったが，これらとは別に中国で創始されたものが，太陰太陽暦である。これは陰陽暦とも呼ばれ厳密にはメソポタミアの太陰暦とは異なるけれども，やはりふつう太陰暦といっている。毎月の日数は月の運行に基づいて算出されるから，日の数え方だけでみると，ほぼイスラム暦に合致する。しかし1年の日数は毎年の四季に適合させるために閏月を置いて調節したから，閏月を設けた年は13カ月となり，日数もそれだけ多くなっていた。日本ははじめ中国の暦法を輸入して使用したが，861年以後はずっと宣明暦を用い，1684年に至って貞享暦(元の授時暦をもとに渋川春海が自主的に作成)が採用され，その後二三の改暦があった。一方中国では唐宋時代にしばしば改暦され，また元・明・清とも革命ごとに改暦したので，同じ系統の暦ではあっても日本と中国との間にもいくらかのくいちがいがある。なお，本表で⑧⑪などとあるのは閏8月，閏11月のことである。
9. 日本は明治5年に至って太陽暦を採用することになり，ここに示したようにその年の12月3日をもって翌明治6年1月1日とした。また中国でも辛亥革命に際し宣統3年11月13日をもって民国元年1月1日とし，以後両国とも太陽暦によって今日に及んでいる。

〔2〕

大勢	年代	ヨーロッパ	イタリア	エーゲ海：ギリシア本土	エーゲ海：キクラデス	エーゲ海：クレタ島	小アジア	エジプト王国
エジプト古代文明／	3000 B.C.〜2000	○新石器時代 ○イベリア・サハラ・アルメニア古拙文化 3300頃〜1000頃 西ヨーロッパ巨石文化 ○ドルメン ○メンヒル ○ストーンサークル ○東ヨーロッパ前・中期トリポリエ文化 ○西南フランス・イスパニア・マウレタニアの洞窟文化 2500頃〜1800頃 南ヨーロッパ青銅器文化 ○村落文化 ○後期トリポリエ文化		3000頃 エーゲ文明はじまる 3000頃〜2000頃 初期ヘラディック文明 2000頃 イオニア人の南下	3000頃〜2200頃 初期キクラデス文明 ○メロス島の住居跡 2200頃〜1500頃 中期キクラデス文明	3000頃〜2200頃 初期ミノア文明 ○モクロスの出土品 ○シリアとの交通 2500頃〜1800頃 クレタ第1期 ○クノッソス宮殿 2200頃〜1550頃 中期ミノア文明	〔トロヤの文化〕 ○前期青銅器文化 ○クムテペ 3500頃〜2400頃 トロヤ第1市 2400頃〜2000頃 トロヤ第2市 2300頃 アラジャ・ヒュユクの王墓 ○アリシャル2世(彩陶) **ヒッタイト王国**	2850頃〜2650頃 チス時代(早期王朝) 2850頃〜2750頃 第1王朝 2850頃 メネス王(ナルメル)，上下エジプト統一 2781 太陽暦の創始 ○神聖文字(ヒエログリフ) 2750頃〜2650頃 第2王朝 2650頃〜2200頃 **古王国時代**(首都メンフィス)＝メンフィス時代 2650頃〜2600頃 第3王朝 2650頃 ゾゼール ○サッカラの階段式〔ピラミッド 2600頃〜2480頃 第4王朝 2570頃 クフ 2500頃 ケフレ 2440頃 メンカウレ(ミケリヌス) ○ギゼーの大ピラミッドの建設 ○パレルモ石(王名板) 2480頃〜2350頃 第5王朝 2350頃〜2200頃 第6王朝 2200頃〜2050頃 第1中間時代(第7〜10王朝)
エーゲ文明／	2000〜1500	1800頃 西ヨーロッパ青銅器文化に入る ○セーヌ・オワーズ・マルヌ文化 ○ドナウ川流域の青銅器文化		2000頃〜1550頃 中期ヘラディック文明 1800頃 アケーア人の南下 1600頃〜1400頃 前期ミケーネ文化	○クレタ文化，キクラデス諸島に及ぶ 1500頃〜1300頃 後期キクラデス文明(クレタの文化に従属)	○クノッソス宮殿の崩壊(地震?) 1600頃〜1400頃 クレタ文化の最盛期 1580頃 クノッソス王の統一 ○ハギアトリアダの離宮，クノッソス王宮の復興 1550頃〜1400頃 後期ミノア文明 ○線状B文字	1900頃 第1王朝おこる 1800頃 アニッタス大公(首都クスサル) 1680頃〜1650 ラバルナス 1600頃 首都ハットゥサス造営(今のボガズキョイ) 1580〜1550 ハットゥシュリシュ1世 ○鉄器文化	2050頃〜1778頃 **中王国時代** 2050頃〜1991頃 第11王朝(テーベよりおこり，全エジプトを統一) 1991頃〜1778頃 第12王朝(ヌビア地方をも征服) 1840頃〜1792頃 アメネムヘット3世 1778頃〜1570頃 第2中間時代(第13〜17王朝) 1670頃〜1570頃 ヒクソス時代(ヒクソス人の支配) 1570〜715 **新王国時代** 1570〜1345 第18王朝 1502〜1448 トトメス3世 ○オベリスク
古代東方諸国の盛衰／	1500〜1000	○フェニキア人，イベリア半島に到達 ○西ヨーロッパ鉄器時代に入る ○鉄武器の出現	**イタリア** 1100頃〜800 エステ・ヴィラノヴァ文化(プロト・エトルリア文化)	1550頃〜1100頃 後期ヘラディック文明 ○ティリンス城塞 1400頃 アケーア人，クレタ文化を破壊して，ギリシアの主となる(余波，小アジア等に及ぶ)。いわゆる海島民族の地中海東部一帯への進出 1400頃〜1100頃 後期ミケーネ文化 1200頃 ギリシア人の小アジア植民はじまる **1200頃 トロヤ戦争** 1200頃 テッサリア人・エオリア人の移動 1100頃 ドーリア人の南下(ギリシア諸族各地に定住)			○トロヤ第6市 1480頃 メギッドの戦(エジプトのシリア支配) ○トロヤ第7市 ○ヒッタイトの混乱時代 1430頃〜1200頃 新王国 ○エジプト・ハッチ両王の交戦 1298〜1266 ハットゥシュリシュ3世 1280頃 カデッシュ条約 1190頃 ヒッタイト王国崩壊	○メムノンの巨像 ○カルナクのアモン神殿 1377〜1358 アメンホテプ4世(イクナトン) **○アマルナ時代** ○宗教改革と新都(アケトアテン)の造営 1358〜1349 ツタンカーメン ○王陵の谷 1345〜1200 第19王朝 1301〜1234 ラムセス2世 ○カルナクの百柱殿 1230頃 モーゼ，エジプトを脱出する(出エジプト) 1200〜1085 第20王朝 1197〜1165 ラムセス3世 ○海島民族の撃退 ○アジア領の喪失 1085〜950頃 第21王朝(首都テーベ及びタニス)(祭祀国家)
ギリシア人の地中海進出／	1000〜900		○ティレニア・エトルリア人の移住	○ミケーネ文化の滅亡 950頃 イオニアの十二市(ドデカポリス)の建設 **ギリシア** ○ギリシア文化の曙光 ○幾何学様式の陶器			**フリギア王国** 1000頃 フリギア王国おこる(〜700) (フリギア人は，1200頃トラキア方面より移住)	○エジプト衰勢期に入る 950〜720 第22王朝(リビヤ人の支配) 950〜929 シェションク1世(首都ブバスティス) ○シリアへ出兵
	900〜800	○フェニキア人，ウチカ及びヒッポを建設 ○西ヨーロッパ，ハルスタット期(9〜5世紀鉄器時代前期) ○フェニキア人，サルディニア・バレアレス島等に植民 814頃 カルタゴ市建設	900頃 エトルリア人の文化活動はじまる ○南イタリアにギリシア人植民の初め(マグナ・グラエキア)	900頃 スパルタ市誕生 **○ギリシア人の地中海植民はじまる**			○岩窟都市 ○キベレの信仰	○上エジプトに土着のヌビア王国おこる(首都ナパタ) 817〜720 第23王朝……内乱，無政府時代
アッシリアの統一	800〜700		○ギリシア植民市キメの建設 **753 ローマの建国(伝承による)** 750頃〜540 エトルリア文化隆盛 741 ナクソス，740 シラクサ，735 ツァンクレ，717 ミレ }ギリシア諸市の創立 ○ポプロニアの円墓	776 第1回オリンピア競技 760頃 アミクレ陥落 ○叙事詩人 800? ホメロス「イリアス」「オデュッセイア」 700? ヘシオドス「労働と日々」 736〜716 第1メッセニア戦争			**リディア王国** 730頃 リディア人おこる(西部小アジアを支配) 720頃 キンメリア人の侵入はじまる	○デモティック文字(民衆文字)の発生 751〜663 エチオピア王朝(第25王朝) 751〜715 ピアンキ1世 715〜332 **後期王朝** 720〜715 第24王朝 715〜668 クッシート人の支配
	700〜600		690 ゲラ市創立 648 ヒメラ市 628 セリヌンテ市 600頃 マッシリア市 }ギリシア諸市の創立 600頃 カプア市設立(エトルリア人)	○ギリシア，アルカイック文化 ? イソップ(寓話作家) 700? アルキロコス(諷刺詩人) 650? ステシコロス 667 メガラ人，トラキアに植民 650〜630 第2メッセニア戦争(スパルタのペロポネソス制覇) ○僭主政治時代 620頃 ドラコンの法律 ○黒絵式陶器 ○イオニアの古典文化おこる			680〜640 ギゲス(首都サルデス) ○貨幣を創始したと伝える 652〜547 メルムナード朝(ギゲスによりはじめられる)	690〜663 タハルカ 675 アッサルハッドン，ペルシウムを攻撃 670 アッサルハッドン，エジプトを征服 663〜525 第26王朝(サイス王朝)(首都サイス) | 667 アッシュルバニパ 663〜609 プサメティク1世 653 アッシリア人を国外に駆逐 ○ギリシア人，ナウクラティス市を設立 609〜594 ネコ2世 605 カルケミッシュの戦(ネコ王，ネブカドネザルに敗れる)

ドルメン＝Dolmen（ブレトン語でDolは机，menは石）。メンヒル＝Menhir（同じくMenは石，hirは長いの意）。ミノア文明＝Minoan civilization（ミノス＝Minos）。○太陽暦の創始は，旧説ではB.C.4241年とする。
ストーンサークル＝Stone circle（環状列石）。ハルスタット期＝Hallstatt culture。ヘラディック文明＝Helladic civilization。**マグナ・グラエキア**＝Magna Graecia（大ギリシア）。ヒエログリフ＝Hieroglyph。

〔2〕

オリエント

大シリア

3000頃～2000頃　前期青銅器時代

2000頃～1500頃　中期青銅器時代

フェニキア

1500頃～1300頃　後期青銅器時代

○アルファベットのはじめ
○ウガリット陶板
1350頃　ミタンニ族の侵入
1300頃　シドン市の全盛
1200頃～1080　フィリステルなどの海島民族の侵寇
1200頃　鉄器時代に入る

1000頃～732　ダマスクスを中心とするアラム人の王国
969～936　ティルス王アラヒム1世

900頃～700頃　ティルス市の全盛
○フェニキア人の地中海活動さかん
887～856　ティルス王イトバール
875～625　アッシリア軍の占領
815頃　カルタゴ市の建設

732　アラム国滅ぶ

701　センナヘリブ，フェニキア及びパレスチナへ進攻　○アッシリアのオリエント統一

677　シドン市破壊
672　ティルス市占領
ル，エジプトを征服

630　フェニキア人のキレネ進攻

612　メディア王キヤクサレス，バビロニア王ナボポラッサルと連合してニネヴェを陥落。アッシリア帝国滅ぶ(4王国の並立)

ヘブライ

1230頃　モーゼ，エジプトを脱出
1020～932　イスラエル統一王国
1020～1004　サウル
1004～965　ダビデ
965～932　ソロモン
932　王国分裂

ユダ	イスラエル
(932～586)	(932～722)
851～845　ヨラム	871～852　アハブ
845～839　アタリア	853　アッシリア，カルケミッシュを陥し，パレスチナ進出
742～725　アハズ	851～845　ヨラム
○預言者イザヤ	845～818　エヒウ
639～609　ヨシア	732～724　ホセア
○預言者エレミヤ	722　サルゴン，イスラエル王国を滅ぼす

メソポタミア

2800頃　初期王朝おこる　○青銅器時代
2500頃　**ウル第1王朝**　○彩文土器
○キシュ・ウルク等の諸王朝　○円筒印章
2350頃～2180頃　**アッカド時代**
2350頃～2294頃　アッカド王サルゴン
2270頃～2233頃　ナラムシン(四界の王)　○勝利の石柱
○叙事詩ギルガメッシュ
2150頃～2070頃　グチウム族の支配
2060頃～1950頃　ウル第3王朝　○マリの遺跡　2100頃　エラム人，バビロニアを侵す
2000頃　シュルギ法典
1960頃～1735　イシン王朝
○リピト・イシュタル法典
1960頃～1698　ラルサ王朝

バビロニア王国

1830頃～1530頃　**バビロン第1王朝**
1728頃～1686頃　ハムラビ
○**ハムラビ法典**
1530頃～1150頃　カッシート人の支配
1530頃　ハッチ王ムルシュリス1世バビロンを攻略
1160～1028　イシン第2王朝
1148～1114　ネブカドネザル1世

ミタンニ王国

1700頃　フルリ人の移住，ミタンニ王国のはじめ
1475頃　ミタンニ隆盛
1475頃　シャウシュシャッタル(トトメス3世と交戦)
1350頃　ミタンニ・フルリ2国に分裂
1270頃　アッシリア，ミタンニを滅ぼす

アッシリア

1450頃　自立
1362～1327　アッシュル・ウバリト1世
1272～1243　サルマナッサル1世
1240頃　バビロニアを征服
1141　ネブカドネザル，アッシュルを攻略
1112～1074　ティグラトピレゼル1世　○バビロン復興

アッシリア帝国

933～782　第1隆盛期
910～889　アダド・ニラリ2世
883～859　アッシュルナジルパル2世(首都ハラン)
○ダマスクス占領
858～824　サルマナッサル3世
841　ダマスクス征服
839/37　タバル遠征
829　ウラルツ(アルメニア)遠征
810～782　アダド・ニラリ3世(摂政セミラミス)　796　バビロニア王を捕え，ティグリス以東に遠征
745～625　第2隆盛期
745～725　ティグラトピレゼル3世(729　バビロニア王)
722～706　サルゴン2世
714　ウラルツ(アルメニア)占領
706～681　センナヘリブ(首都ニネヴェ)
694　ニネヴェの城壁完成
681～669　アッサルハッドン
669～626　アッシュルバニパル
○アッシュルバニパル文庫(クユンジク蒐集)
667　エラム人バビロニアへ侵入
646，640　アッシリア軍エラムを侵しスーサを破壊

987～981　エラム人の王，バビロニアを支配
827～815　マルドゥバラトシュイグビ

新バビロニア(カルデア)

625　新バビロニア王国おこる
625～605　ナボポラッサル
605～562　ネブカドネザル2世

イラン　アルメニア

2500頃　初期ルリスタン文化おこる
2450頃～2250頃　エラム人のアワン朝
2100頃　中期ルリスタン文化おこる
○馬匹現わる
1600頃　アーリア人の侵入さかんとなる
1450頃～1050頃　後期ルリスタン文化
○グデア人とルルメア人の活動
○ウラルトゥ国さかんとなる
○スキタイ文化の影響
○ウラルトゥ国の最盛期
715頃　ディオセス，メディアを興す
660頃～583頃　ゾロアスター　655　スキタイ人の侵入

メディア王国

625　メディア建国
625～585　キヤクサレス

インド

2500頃～1500頃　古代インダス文明(ハラッパ文化)
モヘンジョ＝ダロ，ハラッパ(都市)
チャンフ＝ダロ，アムリ等(農村)
1800頃　この頃インダス文明衰退
1500頃　この頃よりアーリア人の西北インド移住はじまる
○バーラタ戦争はじまる
1200頃～700頃　彩画灰陶文化
○リグ・ヴェーダの成立
1000頃　この頃よりアーリア人ガンジス川流域に移る
○**ガンジス川流域に都市国家おこる**
○バラモン教(ヒンドゥ教)の成立
○**四姓(カースト，階層制度)の発生**
○ウパニシャッド哲学・六派哲学おこる
○十六王国併立時代(マガダ・ヴァッツァ・ヴィデーハ・コーサラ・クル・パンチャヤラ等7国強盛)

北アジア

○バイカルのキトイ文化(新石器時代)
○櫛目文土器文化
1700頃～1300頃　バイカルのグラズコボ文化(金石併用期)
○ミヌシンスクを中心とするアンドロノヴォ文化
○青銅器の使用
○ザバイカル・モンゴル地方のベレゾフ文化
○カラスク文化
1300頃～900頃　バイカルのシベロ文化
○タガール文化
○スキタイ文化の影響

中国

5000以前　○細石器文化(沙苑文化)
○打製磨製石器
4000頃　初期仰韶文化はじまる
2500頃～　**仰韶文化**(彩陶文化)**前期**(仰韶期)
仰韶，馬家窯
○**仰韶文化中期**(馬廠，半山)
1700～1400頃　**龍山文化**(黒陶文化)
城子崖
○卜占の風習

殷

1400頃(1300頃?)～1027頃(1122?，1066?)殷王朝
1400頃　この頃より青銅器時代に入る(鄭州期)
1300頃～1000頃　青銅器時代(安陽期)
1300頃　安陽遷都(盤庚)　○甲骨文字
1027頃　帝辛(紂王)自殺し，殷滅ぶ

周(西周)

1027頃(1122?)～771　西周(周封建制の時代)
1027頃～1025頃　武王(首都鎬京)
1027頃　武王，殷を滅ぼす
1025頃～1005頃　成王　○東都雒邑を造営。周公摂政
1000頃～967頃　康王　康王の6年，斉の太公望死
967頃～948頃　昭王(南征してかえらずという)
948頃～928頃　穆王　穆王の13年，西征の物語
928頃～908頃　共王
908頃～900頃　懿王　○辛村の遺跡
898頃～888頃　孝王
888頃～858頃　夷王
○楚の熊渠，王を称すると伝えられる
858頃～842　厲王
842　厲王暴虐により国人叛す，王彘に走る
841　周公・召公政治を執り行い共和と号す(～28)
828　厲王死，太子静(宣王)立って王となる
828～782　宣王　○周・召二公輔政
782～771　幽王　幽王の3年，褒姒をめとる
771　申侯締，夷戎を率いて幽王を驪山の下に殺す

周(東周)

771～720　平王　770～403　覇者時代(春秋時代)
771　東周おこる(都を洛邑に遷す，周室の東遷)
770　秦はじめて諸侯に列せられる
722「春秋」この年より始まる。720～697　桓王
697～682　荘王
685～643　斉の桓王(651　覇者となる)
682～677　僖王　677～652　恵王
671～626　楚の成王　650～637　宋の襄公
652～619　襄王　659～620　秦の穆公
638　泓の戦(楚の成王，宋の襄公を討つ，宋襄の仁)
635～628　晋の文公　651　葵丘の盟
632　城濮の戦(晋の文公，楚軍を破る)。践土の盟
627　殽函の戦(秦の穆公，晋を討ちかえって敗る)
613～591　楚の荘王(606　周室の鼎の軽重を問う)

日本

縄　文　文　化

年代

3000 B.C.　2000　1500　1000　900　800　700　600

大勢

メソポタミア、インダス、黄河の各古代文明／アーリア人の移動／中国殷周王朝／アッシリアの盛衰

ハムラビ王(Hammurabi)の在位年代は諸説一定せず，最近では1728～1686年などが有力視されている。**四姓**(バラモンBrahmana＝司祭者，クシャトリヤKsatriya＝王・貴族，ヴァイシャVaisya＝平民，シュードラSudra＝奴隷の4階層)
○**古代の七不思議**＝エジプトのピラミッド，ハリカルナッソスのマウソレイオン，エフェソスのアルテミシオン，バビロンの空中庭園，オリンピア大神殿のゼウス神像，ロードスの巨像，アレクサンドリアのファロス灯台。

〔3〕

大勢	年代	ヨーロッパ	エトルリア	ローマ	ギリシア	ギリシア	エジプト	メソポタミア	小アジア
			エトルリア	ローマ			エジプト王国	新バビロニア王国	リディア王国
東方四国の対立とペルシアの統一	600 B.C.	○鉄器時代，西ヨーロッパ，ハルシュタット期 581　アクラガス市創立 ○エトルリアとカルタゴ同盟	○エトルリア古拙文化期（8～5世紀）（アルカイック） 534　エトルリア人，アラリアの海戦でギリシア人を破り，コルシカ島を領有 ○タルキニイの王墓 ○エトルリア美術の開花	578～534　セルウィウス・トゥッリウス 534～510　タルクィニウス・スペルブス 530　プテオリ市創立 **ローマ共和国** **509　王政くつがえり，共和政治**（レス・プブリカ）**はじまる（伝承）**	○ギリシア哲学 イオニア学派 タレース　624頃～546頃 （585　日食を予言） ヘラクレイトス　500頃 アナクシマンドロス　611～547頃 アナクシメネス　585～528 その他の哲学者 クセノファネス　565頃～500頃 ○抒情詩人 サッフォー（女）　612頃～? ピンダロス　522頃～442頃 シモニデス　556～468 アナクレオン　520頃～460頃 ピタゴラス　582頃～497頃（哲・数） ヒッポクラテス（コスの）　460頃～377（医）	594～561　アテネのソロン（640～560） **594　ソロンの新法** ○コリントの僭主ペリアンドロス（～585） 590頃　アルテミス神殿 560～527　アテネの僭主ペイシストラトス ○赤絵式陶器はじまる 527　ペイシストラトスの子ヒッピアス及びヒッパルコス，僭主政治の局に当る（～14） 514　ヒッパルコス殺される。ヒッピアス暴政を行う 510　ヒッピアス追放される。僭主政治の終末 508～07　クリステネスの改革（民主政治の初め） 506　スパルタ人アテネ遠征，敗退 500～493　イオニア植民地の反乱	609～594　ネコ2世 594～588　プサメティコス2世 588～568　アプリエス 568～526　アーメス2世 528　カンビセス，エジプトに侵入，ペルシウム・メンフィスの戦 526～525　プサメティコス3世 525　ペルシアに服属 515　イェルサレム寺院再建	605～562　ネブカドネザル2世 587　イェルサレム破壊 586　ユダ王国滅亡（ユダヤ人のバビロン幽囚，～38） 573　ティルスを攻陥 556～538　ナボニドス 538　新バビロニア王国滅亡 **ペルシア** 530～522　カンビセス **525　ペルシアのオリエント統一** **521～486　ダリオス1世** 512　ダリオス，トラキア遠征，イステル川を渡る 497　ペルシアのキプロス島占領	605頃～560頃　アリヤッテス 590頃　キュアクサレス，585（5.28.，当日日食）キュアクサレスとの休戦（ハリス川） 546　サルデス陥落 リディア滅亡
／ペルシア戦争／アテネの全盛	500	○西ヨーロッパ，ラテーヌ期（5～1世紀） 480　ヒメラ沖の海戦 474　シラクサのヒエロン，エトルリアをキメに破る	453　コルシカ・エルバ両島を失う	494　庶民のローマ退去（ローマの庶民，モンスサケルに退去） 493　ラティニ同盟と盟約，これよりラティニ諸市，しだいにローマの権下に入る 479　ファビウス軍の全滅 472　平民会設置 465　タレントゥム，ヤピゲル族を破る **451／50　十二表法成る**	○三大悲劇作家 アイスキュロス　525～456 ソフォクレス　495～405 エウリピデス　480～406 ○喜劇作家 アリストファネス　448頃～385 ○ソフィスト プロタゴラス　500頃～420頃 ゴルギアス　484頃～375頃 ヒッピアス　460頃～400頃 ○哲学者 パルメニデス　500頃 エンペドクレス　493頃～433頃 レウキッポス　440頃 456頃　オリンピアのゼウス神殿	**500～479　ペルシア戦争** 493／92　アテネのアルコン，テミストクレス　493　ダリオスのイオニア反乱の鎮定 テミストクレスの造艦計画とピレウス軍港の建設 492　ペルシア軍の第1回ギリシア遠征（マルドニオスの出征） 490　ペルシア軍の第2回ギリシア遠征（ダティスとアルタフェルネスの遠征） 490　マラトンの戦（アテネのミルティアデス，ペルシア軍を撃破） 483　アテネ，ラウリオン銀山を経営 480　ペルシア軍の第3回ギリシア遠征（クセルクセスの親征） **480　テルモピレーの戦**（スパルタ王レオニダス戦死）。アルテミシオンの海戦 アテネ市兵火にかかる。**サラミスの海戦**。クセルクセス退却。ヒメラ沖の海戦（シラクサのゲロン，カルタゴを破る） **479　プラテーエーの戦**。ミカレ海戦（ギリシア軍大勝，ペルシア海陸軍の敗退） 477　デロス同盟成立（アリスティデスの献策）。アテネ，ギリシアの覇権を握る 472（470）テミストクレス，陶片追放に処せられる 468　エウリメドンの戦（キモンの勝利）　466　イオニアのギリシア植民地独立（ペルシアのイオニア喪失） 463　アテネのアレオパゴス（高等法院）の勢力失墜，アテネの民主化　460　貴族派キモン，陶片追放に処せられる 454　デロス同盟の金庫をアテネに移す（アテネの帝国主義）	484　エジプトの反乱の鎮定 460～454　エジプトの反乱	486　ダリオス1世死 ○ナクシ・ルスタムの王碑 486～465　クセルクセス1世 464～425　アルタクセルクセス1世 462　ヒスタスペスの反乱	
／ギリシア古典文化	450	405～367　シラクサのディオニュシオス1世	406　ローマ，ヴェイイ攻撃開始	449　庶民の第2回ローマ退去 445　貴族・庶民間の通婚禁止の廃棄 444／43　ペリクレスによるトゥリイ市の創立（総ギリシア植民地） 431　アルギドゥス山でアエクィ人を破る 421～20　サムニテ族，カプアとキメ占領	447　パルテノンの造営はじまる ○ギリシア古典文化の黄金時代 438　パルテノン完成 ○フィディアス作アテナ・パルテノス像 ○芸術家 フィディアス　490頃～430頃（彫刻） イクティノス　480頃～410頃（建築） ポリグノトス　475頃～447頃（絵画） ミロン　470頃～420頃（彫刻） ポリクレイトス　452頃～405頃（彫刻） ○歴史家 ヘロドトス　484～425頃 トゥキディデス　461頃～400頃 クセノフォン　431～354	449　キプロス島のサラミスでアテネの艦隊，ペルシア軍を破る 448　カリアスの平和（アテネ，ペルシアと和約，ペルシアのエーゲ世界放棄） **443～429　ペリクレスの執政（アテネの全盛）** 435　アクティオンの戦 433　アテネ，コルキラを援助 431　スパルタ，コリントを助け，アテネと開戦 **431～404　ペロポネソス戦争** 429　アテネにペスト猖獗，ペリクレス死 421　ニキアスの平和（アテネ・スパルタ50年の和） 418　マンティネアの戦（スパルタの制覇） 415～13　アテネのシチリア遠征（アルキビアデスの反覆） 413～04　デケレア戦争 410　キジコスの海戦（ペロポネソス艦隊敗亡） 406　アルギヌセーの戦。アテネの将軍処刑 405　エゴスポタミの戦　404　アテネ降伏 400　クセノフォンの率いるギリシア軍「1万人の退却」（アナバシス）	415～404　エジプトの反乱 411　フェニキア人エウアゴラス，キプロス島を奪取 405　ペルシア，エジプトを喪失 404　サイスのアミルルタイオス，エジプトの自由を回復	425　王族間の帝位争奪戦 424～404　ダリオス2世 404～359　アルタクセルクセス2世 401　王弟キロス叛す。クナクサの戦	
／ペロポネソス戦争	400	397　東ガリア人の移動 390　ガリア人のローマ侵略（一説388，387）	**396　ローマ，ヴェイイ占領**（エトルリア人衰亡の初め） ○エトルリアに最初のラテン＝コロニアを設ける ○エトルリア古典美術（4・3世紀）	**367　リキニウス法**（この後，貴族庶民の権利しだいに平等となる） 358　ラティニ同盟の再編成 354　ローマ・サムニテ同盟	399　ソクラテス死（469～哲学者） ○雄弁家 リシアス　445～380頃 イソクラテス　436～338 デモステネス　384～322 370頃　プラトン，アカデミアを創立 ○彫刻家 スコーパス　400～340頃 プラクシテレス　385～320頃 リシッポス　380頃～318頃 ○自然科学者 デモクリトス　460～370（原子論者） 350頃　ミレトスのアポロン神殿	399～394　スパルタ，ペルシアと戦う 394　クニドスの海戦（スパルタの艦隊，アテネ人コノン指揮のペルシア軍に破られる） 395～387　コリント戦争　394　コロネーアの戦 387　アンタルキダスの和約（一名，大王の和約） 382　スパルタ貴族政治を強要　379　第2アテネ同盟 371　レウクトラの戦（テーベの制覇）。アルカディア同盟成立 362　マンティネアの戦，エパミノンダス戦死し，テーベ覇権を失う 356　テーベの破壊 356～346　神聖戦争 351　デモステネスの第1フィリッピカ **マケドニア王国** 359～336　フィリップ2世 356　フィリップのギリシア干渉の初め	**エジプト王国** 378～361　ネクトヘルヘブメリアメン（首都セベニトス） ○王棺の彫刻 359～342　ネクトネブフ	359～338　アルタクセルクセス3世 351　シドン市の反乱とその壊滅	
	350								

ラテーヌ期＝La Tène culture。**十二表法**＝Law of 12 Tables。ソフィスト＝Sophist。**アルコン**＝archon（第一人者，執政）。**僭主（テュランノス）**＝Tyrant（Tyrannos）。**陶片追放**＝Ostracism（Ostrakismos）。
アレオパゴス＝Areopagos。ギリシアの7賢人，（一例）＝ミレトスのThales，アテネのSolon，プリエネのBias，ミチレネのPittakos，リンドスのCleobros，コリントのPeriandros，スパルタのChilon。

〔3〕

メディア王国	ペルシア	インド	北アジア	燕・魯	斉・宋	周（東周）	晋	鄭・衛・呉・楚・越	秦	日本	年代	大勢
625～585 キュアクサレス リディアを攻めるリヤッテスと戦(両国国境は 550 キロス，エクバタナを占領 メディア滅亡 帝国 521 ゾロアスター教僧ゴーマタの反乱	○ゾロアスター教成立 583頃 ゾロアスター死 〔アケーメネス朝〕 559～530 ペルシア王キロス2世(大王) 537～30 東イラン占領 521頃 ベヒストゥン磨崖碑	○十六王国併立時代 ○マガダ・コーサラ・アヴァンティ及びヴァッツアの4王国強盛となる ○バーガヴァルタ教の成立(デヴァキープトラ) 550頃 マガダ国シスナーガ朝はじまる 540頃～491頃 マガダ王，ビンドゥサーラ 566頃～486頃 シャカ(ゴウタマ・シッダールタ)(一説，463～383) ○仏教のおこり 521 ダリオスのパンジャブ及びシンド征服 518 ダリオス，ガンダーラ攻略	○ミヌシンスク・クルガン文化はじまる	○鉄器の使用しだいにひろがる ○**覇者時代(春秋時代)** 536 斉，燕を討つ 500 孔子，魯の大司寇となる	595 楚，宋を囲む 561 楚，宋を侵す 550 斉の荘公，衛及び晋を討つ 546～545 斉の慶封専権 ?～500 晏嬰	607～586 定王 593 晋の景公，夷狄を献じる 586～572 簡王 572～545 霊王 553 諸侯，澶淵に会盟 546 諸侯の大夫，宋に会盟(弭兵の会) 545～520 景王 529 晋，諸侯と平丘に会盟 520～476 敬王	599～581 景公 597 楚の荘王，晋の景公を邲に破る 588 六軍を作る 571 虎牢城を築く 513 鉄を以て刑鼎を鋳る	612～591 楚の荘王 595 楚，宋を囲む 570 楚，呉を討つ 561 楚，宋を侵す 549 楚，呉を討つ 538 楚，斉の慶封を殺す 525 楚，呉と長岸に戦う 514～496 呉王闔閭 511 呉，伍子胥の計により楚を侵す 506 呉，楚の平王を破り郢を陥落		縄	600 B.C.	中国覇者時代（春秋時代）／ゾロアスター教、仏教、儒教の発生／中国、戦国時代に入る
		491頃～459頃 マガダ王，アジャータシャトル ○マガダ国，ガンジス流域を統一(首都，ラージャグリハ〔王舎城〕) 477頃 第1回仏典結集 468頃 ジャイナ教の祖マハーヴィラ(ヴァルダマーナ)死	○スキト＝シベリア文化の成立(スキタイ文化北アジアにひろがる)	497 孔子，魯を去り諸国を歴遊(～484) 484 魯・呉，艾陵に斉を討ち，かえって敗退 481 獲麟の年(孔子の「春秋」終る) 466 魯の三桓このころ威最も盛ん ○**儒家思想の成立** 551～479 孔子(儒家の祖，一説，552～479) 521～481 顔回(一説，514～483) 520～450頃 子貢 507～420頃 子夏	487 宋，曹を滅ぼす	476～469 元王 473 越王勾践，北上して諸侯を徐州に会盟 469～441 貞定王	482 呉王夫差，淮河を渡り北上して晋の定公と潢池に戦う 457 晋の知伯荀瑤，専権 455 知伯，韓・魏両大夫と趙襄子を晋陽に囲む 453 趙・韓・魏の大夫，晋王に叛し知伯を滅ぼして，地を分かち，三晋と称する	496～465 越王勾践 496 呉・越，檇李に戦い闔閭戦死(夫差の臥薪) 495～473 呉王夫差 494 夫差，夫椒に勾践を破る(勾践の嘗胆) 487 呉，刊溝を開く 473 越王勾践，呉を滅ぼす，呉王夫差自殺 478 楚，陳を滅ぼす 521頃～440頃 子遊(儒家)	461 西戎を討ち大荔を滅ぼす 451 南鄭に築城する	文	500	
405 メディアの反乱		413 マガダ国，ナンダ朝はじまる(～326)	○オルドス青銅器文化	542～480 子路 505～436? 会参 483～402頃 子思 455?～395? 李克 **403～221 戦国時代**	○墨子(墨家)480?～390? 405 内乱	441～440 哀王 440 哀王，弟の思王に殺され，思王また弟の孝王に殺される 440～426 孝王 426～402 威烈王 403 **三晋それぞれ自立し韓・魏・趙，諸侯に列す**(これより以後を戦国時代という)	452 晋の出公，楚に走る 437 三晋盛んとなり，晋王は絳の周辺を保有するのみとなる 419 魏，少梁に築城 413 晋の魏斯，李悝を用い初めて平糴法を行う。魏，中山を滅ぼす	447 楚，蔡を滅ぼす 445 楚，杞を滅ぼす。領土を泗水にひろげる 440頃～381頃 呉起「呉子」 450～375 列子 431 楚，莒を滅ぼす 414 越，滕を滅ぼす 413 越，郯を滅ぼす	444 義渠戎を討つ 441 秦の南鄭叛す 430 義渠，秦を伐つ 418 秦・魏戦う	文	450	

イラン	インド	北アジア	（燕・魯）	（斉・宋）	東周	（韓）	（趙）	（魏）	（鄭・衛・楚・越）	（秦）	日本	年代
			394 斉，魯を討つ		401～376 安王	400 三晋，楚を討ち，桑丘に至る。鄭，韓の陽翟を囲む					化	400
	377頃 第2回仏典結集 ○マガダ国，都をパータリプトラ〔華子城〕に移す 350頃 パーニニ(文法家)の文典なる		380 斉，燕を討ち桑丘を取る 373 魯，斉を討ち陽関に入る 395?～? 宋鈃(宋子) ○燕の下都城 ○魯城(曲阜)	390 斉，魏の襄陽を取る 386 斉の田氏その主に代る(田斉) ○斉城(臨淄) 353 斉，魏を桂陵に破る(孫臏の兵法)	○洛陽城 376～369 烈王 369～321 顕王 368 韓・趙連合して周を攻める 367 西周，東周の二小国に分裂 353 韓・東周を襲う	375 韓，鄭を滅ぼし，都を陽翟にうつす(鄭の滅亡) 366 秦，韓・魏と洛陽に戦う 364 三晋，秦と戦う	386 邯鄲に都す 376 韓・魏・趙，晋主を廃す ○邯鄲城 354 魏・趙の邯鄲を囲む。趙，楚に救援 353 邯鄲，魏に降伏(351 邯鄲，趙に復す) 352 諸侯，魏の襄陽を囲む	371 魏，楚を討ち魯陽を取る 361 大梁遷都 360 魏，河水を導入して圃田に入る	399 楚，楡関を鄭に譲る 398 楚，鄭を囲む 381 楚，貴族呉起を攻めて殺す ○滕城	395 諸縣を討つ 387 蜀を伐つ 383 櫟陽城を築く 375 戸籍相伍を作る 364 秦，三晋を石門に破る 362～338 孝公 359 (356?) 商鞅，秦の政治改革 354 秦，魏の少梁をとる 350 咸陽遷都		350

ジャイナ教＝Jainism（ジナ Jina＝修行完成者の教え）。クルガン文化＝Kurgan culture（クルガンとは「高塚」の意）。シャカムニ(釈迦牟尼)とはシャカ族の聖者の意。また仏陀とは覚者の意である。その生没年については数説があって決定しがたい。**春秋十二諸侯**＝魯・衛・晋・鄭・曹・蔡・燕・斉・宋・陳・楚・秦。**春秋五覇**は数説があるが，その2例＝斉の桓公・宋の襄公・晋の文公・楚の荘王・呉越王，また呉越王の代りに秦の穆公を加える。

〔4〕

大勢	年代	北アフリカ	西ヨーロッパ	ギリシア	エジプト	小アジア	西アジア
マケドニアの勃興／アレクサンドルの東征と大帝国の建設／ディアドコイ諸国の抗争／ヘレニズム文化	350 B.C.	カルタゴ（フェニキアの植民地） 317 シラクサの僭主アガトクレス(361～289)，全シチリア征服を企て，カルタゴと戦う(～306)	348 ローマとカルタゴとの第2条約 305 アガトクレス，王を称する **ローマ共和国** 343～341 第1サムニテ戦争 **340 ローマ，ラティニを制圧(ラテン同盟解消)(～338)** 337 ローマの庶民はじめて執政官となる 336 ローマ，カンパニア征服 326 ポエテリウス法 326～304 第2サムニテ戦争 312 ローマ，エトルリア諸市と交戦 **312 アッピア道着工** 311 水道の建設はじまる 306 ローマ，ロードスと条約	347 プラトン死(427～) 346 イソクラテスのフィリッポス(ギリシア統一思想鼓吹) 344 デモステネスの第2フィリッピカ(マケドニア弾劾演説) 339 第2アッティカ同盟 338 ケーロネアの戦(フィリップ，アテネ・テーベ同盟軍を撃破) 337 コリント同盟(フィリップ盟主) ○エピダウロスの円形劇場 335 アレクサンドルのテーベ市破壊 ○ハリカルナッソスのマウソレイオン 331 アンティパトロスのメガロポリス戦勝 ○修辞家アナクシメネス380頃～320頃 323～322 ラミア戦争(アテネ独立を策す) 322 アリストテレス死(384～) 317 アテネ，カッサンドロスの手に帰す 307 アンティゴノスの子デメトリオスのアテネ入城 306 デメトリオス，プトレマイオスをキプロス島のサラミスに破る 305 デメトリオス，ロードス包囲に失敗 302 デメトリオスによるコリント同盟更新 **マケドニア王国** 359～336 フィリップ2世 344 フィリップ，テッサリア同盟の盟主となる 342頃 アリストテレス，マケドニアに赴く 336～323 アレクサンドル大王 334 大王の東征開始。グラニコス川の戦。ゴルディオンの冬営 333 イッソスの戦(大王，ダリオスの軍を潰滅) 332 大王，ティルス市占領，エジプトを征服。アモンの神託を感得 331 アレクサンドリア市建設。アルベラ(ガウガメラ)の戦(ペルシア領土の併合)。 323 アレクサンドル大王，バビロンで病死 321 アンティパトロスの摂政 ○大王の将軍間に勢力争い起る(**ディアドコイ戦争**) 319 ポリペルコンの摂政 318～316 エウメネス帝国総司令 316 アンティゴノス，西アジアに勢威をふるう 312 プトレマイオスの対セレウコス勝利(ガザ) 301 **イプソスの戦**(アンティゴノス諸将に敗れ戦死，アレクサンドルの遺領分割)	**エジプト王国** 341 ネクトネブフ王，エチオピアに逃亡し，エジプト再びペルシア領となる	**ペルシア** 359～338 アルタクセルクセス3世 338～336 アルセス 336～330 ダリオス3世 330 ペルセポリス炎上	330 ダリ 330～328 大王の東イラン 325 ネアルコスの航海 **シリア** **305～64 セレウコス朝** 312～280 セレウコス1(305 王号)
	300	269～215 シラクサの僭主(のち王)ヒエロン2世 **264～241 第1ポエニ戦争** 260 ミレ沖海戦(ローマ戦勝) 256 エクノモスの海戦 252 ローマ，リパラ島占領	298～290 第3サムニテ戦争 295 センティヌムの決戦 290 サムニテを制圧，中部イタリアを征服 287 ホルテンシウス法(階級闘争の終止) 280 エピロス王ピロスの南イタリア侵入，ヘラクレアの戦 282～72 タレントゥムとの戦争 275 ピロス帰国。ベネヴェントゥム陥落 **272 タレントゥム占領。ローマ，イタリア半島を統一** 270 レギウム占領 269 銀貨鋳造	301 デメトリオス失脚(～294) アテネの離反 ○新喜劇作家 メナンドロス 342～291 294 デメトリオス，アテネ占領 287 アテネの自由復活 280 アケーア同盟再建 ○哲学者 ゼノン 335～263(ストア派) エピクロス 342～271 267 クレモニデス戦争(～261,アテネのクレモニデス，エジプトの援助を得て,マケドニアと戦う) **マケドニア王国** 301～297 カッサンドロス(アンティパトロスの子) 294～168 アンティゴノス朝 294～287 デメトリオス 290 エトリア同盟結成 287 マケドニア分割(リシマコスとエピロス王ピロス間) 283～239 デメトリオスの子アンティゴノス・ゴナタス 277 アンティゴノス，リシマキアでケルト人撃破 263 アンティゴノス，アテネ占領 258頃 コスの海戦(アンティゴノス，プトレマイオスを破る，エジプトの制海権衰亡) 255 アンティゴノスとプトレマイオス2世との和議	**エジプト王国** 305～30 ラゴス朝＝プトレマイオス朝 323～283 プトレマイオス1世(305王号) 288 プトレマイオス，リュシマコス，セレウコス3王の対デメトリオス同盟 283～247 プトレマイオス2世 280 前王の子プトレマイオス・ケラウノス，セレウコス1世を暗殺 ○マネトン「エジプト誌」 273 ローマと友好条約 ○医学者ヘロフィロス	**トラキア王国** 306～281 リシマコス(306王号) 290 ポントス王ミトリダテス3世，パフラゴニア・カッパドキア侵入 280～261 アンティオコス1世 274～271 第1シリア戦争(プトレマイオス2世，アンティオコス1世にシリア・キリキアを要求して戦う) 262 ペルガモン独立 261～247 アンティオコス2世 260～255 第2シリア戦争(シリア対エジプト)	299 アンティオキアを ○ベロッソス「バビロニ
	250	251 パノルムスの戦(ローマ，カルタゴ軍を破る) 248～242 シチリア南部における交戦(242 マルタ占領) 241 エガデス沖の海戦(ローマ，シチリアを属領とする) 240 サルディニア，カルタゴに離反 237～228 ハミルカル・バルカスのイスパニア内地の開発 229 ハミルカル死 228 ノヴァカルタゴ建設 221 ハミルカルの子ハンニバル将軍となる **218～201 第2ポエニ戦争(ハンニバル戦争)** 218 ハンニバル，アルプスを越え，イタリアに侵入 217 トラシメヌス湖畔の戦(ローマ軍大敗) 216 カンネーの戦(ローマ軍戦死7万と伝える) 218～206 ローマ軍，イスパニアのカルタゴ根拠地奪取 215～205 第1マケドニア戦争(ローマ，カルタゴと交戦。ハンニバル，マケドニア王フィリップ及びシラクサ王ヒエロニモスと同盟) 215 ノラの戦(ハンニバル，アプリアに敗走) 212 ローマ，シラクサを領有。イスパニアのローマ軍大敗 211 ハンニバル，ローマに迫る。カプアの戦 210 コルネリウス・スキピオ，イスパニア侵入。シラクサ王国滅ぶ 207 メタウルス河畔の戦 205 スキピオ，ノヴァカルタゴを占領 ○ローマの疲弊 **202 ザマの決戦**(スキピオ，ハンニバルを破る)	237 ローマ，コルシカ・サルディニアを領有 ○文学者 ナエウィウス 269～199 リウィウス・アンドロニクス 270頃 229～228 第1イリリア戦争 225 テラモンの戦(ローマ，ガリア人を破る) 220 フラミニア道着工 219 第2イリリア戦争 214～210 シチリア戦争(シラクサを包囲) 212 ローマ，エトリア同盟・スパルタ・アテネ・メッセニアと結び，マケドニアに対抗 200～197 第2マケドニア戦争	221 セラシアの戦(アンティゴノス，スパルタ王クレオメネス3世を破る) 220 ギリシア同盟戦争(マケドニア，アケーア同盟を助けて，エトリア同盟と戦う，～217) 217 ナウパクトスの平和 239～229 デメトリオス2世 229～179 フィリップ5世(229～221 アンティゴノス・ドーソン摂政) 223 アンティゴノス・ドーソン，ヘラス同盟組織 215 フィリップ，ハンニバルと同盟 201 キオス島沖の海戦	○アレクサンドリア市全盛(ヘレニズム文化) 247～222 プトレマイオス3世 ○数学者 エウクレイデス 300頃 アルキメデス 287～212 アポロニウス 295～215頃 ○地理学者 エラトステネス 275～194頃 ○ヘレニズム文化の最盛期 222～205 プトレマイオス4世 ○カリマコス(文学者) 221～217 第4シリア戦争 217 ラフィアの戦(プトレマイオス，アンチオコスを破る) ○アレクサンドリアの博物館(ムゼイオン)・天文台・動物園など ○ロードスのアポロニオス(叙事詩人) 295～214 205～181 プトレマイオス5世	247～226 セレウコス2世 246～241 第3シリア戦争(シリア軍エジプト侵入) **ペルガモン王国** 241～197 アッタロス1世(ガリア人の侵寇を撃滅，小アジアに領土を拡大。大カッパドキア王国) ○ペルガモンのヘレニズム彫刻 201 アッタロス1世，ローマに遣使	240頃 パルティア王アルスの軍を破る 225～223 セレウコス3世 223～187 アンティオコス3世(大王) 212～209 アンティオコ 205 アンティオコス3世
	200						

カルタゴ＝Karthagoとは新市の意。**ポエニ戦争**＝Punic War，ポエニPoeniというのはラテン語でフェニキア人のことをいう。**ホルテンシウス法** lex Hortensia de plebiscitis（ローマの身分闘争に終止符を打った法律）。
ディアドコイ＝Diadochoi，アルクサンドルの後継者の意。なお第2代の後継者たちをエピゴノイEpigonoiという。ヘレニズム＝Hellenism，Hellenisticは「ギリシア風の」の意で，「ギリシアの」のHellenicに由来する。

〔4〕

大勢	年代	日本
中国の内戦つづく（戦国時代）／インド、マウリヤ朝の盛世／仏教の発展／秦帝国の中国統一と滅亡	350 B.C.・300・250・200	縄文文化／弥生文化

日本: ○北九州に弥生文化おこる

中国

○諸子百家，学術思想の発達　403～221 戦国時代

燕
334 蘇秦，燕に合従策を説く
333 蘇秦の合従策成る。蘇秦ついで6国（燕・趙・韓・魏・斉・楚）の相となる。6国の軍協同して秦を攻め，かえって函谷関に破られる
333～321 易王
321～312 噲
318 韓・魏・趙・楚・燕の5国連合して秦を攻め，かえって破られる。316
312～279 昭王
311 昭王，東北地方へ進出し5郡を置く。長城を築く
284 6国合従して斉を攻む。燕の将軍楽毅，斉都臨淄を取る
279～272 恵王
279 斉，燕を攻めて地を復す
258～255 孝成王
255～222 喜
250 斉の田単，燕を囲む
244 趙武，遂方城を取る
222 燕滅ぶ

斉
355～320威王
○老子（道家）
○稷下の学。学芸盛ん
380?～320? 孫臏（兵家）
321 斉の薛公田文，孟嘗君と称する
320～300宣王
317 楚秦殺さる（合従策）
314 燕を伐って降す
300～284湣王
289頃 孟子死（儒家，372～）（一説，390～305）
286 宋を滅ぼす
284 湣王その臣に殺される
284～265襄王
265～221王建
○鄒衍（陰陽家）
○田駢（道家）
221 斉滅ぶ

楚
370～340 宣王
340～329 威王
334 越を滅ぼす
329 魏に陘山に破られる
329～299 懐王
○楊子（楊家）
319 広陵に築城
306 越を滅ぼす
299 懐王，秦に捕えられる
299～263 頃襄王
285 秦に29城を奪われる
○屈原，汨羅に投じ自殺（「楚辞」）（343頃～277頃（290，299），一説，340～278）
284 斉の淮北の地を取る
278 秦将白起，楚都郢を占領
263～238 考烈王
263 黄歇を春申君に封じる
256 東周の赧王諸侯に令して秦を討たせる。秦軍入京し赧王をして地を献じさせ，周室滅ぶ。これより天子なし
255 荀子，蘭陵の令となる
249 魯を滅ぼす
247 秦，魏を攻撃，魏の信陵君5国の兵を以てこれを破る
241 楚・趙・魏・韓・衛の5国合従して秦を攻撃しかえって函谷関に破られる
241 寿春に遷都
238～228 幽王
228 哀王
228 負芻，哀王を殺して自立
223 楚滅ぶ

韓
346 衛王を侯におとして三晋に属させる
337 申不害死（法家，400?～）
333～312 宣恵王
370?～310? 恵施
312～296 襄王
303 秦，韓の武遂及び魏の蒲坂・晋陽・封陵等の地を奪取
298 斉・韓・魏，秦を函谷関に攻める
296～273 僖王
273～239 桓恵王
264～262 秦軍侵入
249 秦，三川郡を設置
239～230 安
230 韓滅ぶ

魏
370～319 恵王
344 恵王，王を称す。逢沢に会す
340 秦，魏を討ち，その河西の地を割かせる
魏，大梁に遷都
329 楚を陘山に破る
328 秦に上郡15県を与える
322 張儀相となる
319～296 襄王
309 張儀死（連衡策）
296～277 昭王
290～285 秦しきりに魏の河東の地を侵し，これを略取
277～243 安釐王
276 公子無忌を信陵君に封じる
258 秦軍，趙の邯鄲を囲む（257 魏の信陵君，大いに秦軍を破り，邯鄲の囲みを解く）
254 国政を秦に委ね，その令に従う
248 秦の蒙驁，趙の太原を占領し37城を取り，翌年上党諸城を陥れ太原郡を設置
243～228 景閔王
228～225 仮
225 魏滅ぶ

趙
370頃～300 荘子（道家）
○慎到（道家）（365?～290?）
325～299 武霊王
武霊王はじめて騎馬戦術を採用
魏，蜀の地を併合
320頃～250頃 公孫龍（名家）
299～266 恵文王
296 中山を滅ぼす
293 秦の将軍白起，韓・魏の軍を伊闕に破り，斬首12万人に及ぶ
284 斉の昔陽を取る
283 藺相如，秦に使いする
271 藺相如，斉を攻む
266～245 孝成王
260 秦，趙と長平に戦いその降虜を坑殺（生き埋め）
○荀子（儒家）（298頃～235頃）（一説，340?～245?）（また，320頃～230頃）
246 趙の晋陽を取る
245～236 悼襄王
236～228 幽穆王
233（一説，234）韓非子，秦に殺される（法家，280?～）
228 趙滅ぶ

東周
369～321 顕王
321～315 慎靚王
315～256 赧王
256～250 東周君
恵公

秦
362～338 孝公
350 咸陽遷都，31の地に県を置く
348 はじめて賦をつくる
340 衛鞅，商君と号する
338～311 恵文王
338 商鞅，刑死（法家，390?～）
336 はじめて銭を用いる
328～322 はじめて相国をおく。張儀，秦の相となる
325 恵文王，はじめて王を称する
385?～305? 淳于髡
311 **張儀の連衡策成るも同年連衡崩れ去る**
311～307 武王
307～251 昭襄王
299 秦，楚の懐王を捕う。斉の孟嘗君，秦の相になる
285 楚の29城を取る
280 司馬錯，楚を討つ
278 白起，楚都郢を占領し南郡を設置
277 楚の巫・黔中を略取
270 義渠を滅ぼす
257 白起殺される
250 孝文王
250～247 荘襄王
249～237 呂不韋，秦の相となる
249 **秦，東周を滅ぼす。**
246 政即位（始皇帝）（文信公執政）
242 魏の20城を取り東郡を置く
237 文信公罷免。李斯を登用　235 呂不韋死（290?～）
230 韓を滅ぼす。228 趙を滅ぼす
225 王賁，魏を滅ぼす。223 楚を滅ぼす
222 王賁，燕・代を滅ぼす。江南を平定し会稽郡を置く
221 王賁，斉を滅ぼす。**秦の統一成る**

秦（221～206）
221～210 始皇帝　221 秦，中国を統一し36郡を置く（**郡県制度**）。政，始皇帝と称す。諸国の富豪12万戸を首都咸陽にうつす
○**中央集権的専制君主制はじまる**。○**度量衡制・貨幣制を定める**。220 咸陽を中心として道路建設。220～215 始皇帝各地を巡遊する
219 始皇帝東巡して泰山をまつる。218 張良，始皇帝を博浪沙に狙撃して果さず
215 秦の蒙恬，匈奴を討つ。214 蒙恬，匈奴を駆逐して河南の地を占領。**長城の修築はじまる**。南越を征略し南海・桂林・象3郡を置く。李斯，丞相となる
213～212 李斯の奏言を容れ，**焚書坑儒を行い**，挟書律を設ける
210 始皇帝，沙邱にて死。丞相李斯・宦官趙高等，少子胡亥を立て（210～207 2世皇帝），扶蘇・蒙恬を殺す。始皇帝を驪山に葬る
【楚】209 陳勝，兵を起し，楚王と称する　209 劉邦，挙兵して沛公と称する
208 李斯（280頃～）殺され，趙高，中丞相となる。208 陳勝その部下に殺される。項羽，懐王を立てて楚王とする。劉邦，張良を登用
207 楚の将項羽，秦軍を破る。懐王，劉邦をして西秦を討つ。趙高，皇帝を殺し，子嬰（207～206 3世皇帝）を立てる
206 項羽，懐王を尊んで義帝と称する。項羽，西楚の覇王と称する。子嬰，劉邦に降り，**秦滅ぶ**

【楚】205 項羽，懐王（義帝）を殺す　【漢】207 劉邦，漢王と称し南鄭に都する
205 漢王劉邦，義帝のために西楚王項羽を討つ。これより漢楚の抗争つづく（～202）
203 漢楚中分（中国両分）の約。202 項羽，劉邦に破られる（垓下の戦）。前漢の成立

漢（前漢）（202B.C.～8A.D.）

北アジア
匈奴
○匈奴の活躍はじまる
○アルタイ地方のパジルク文化
209～174 ボクトツゼンウ（冒頓単于）
○匈奴の月氏攻撃
201 匈奴，山西を侵す
200 平城の戦（劉邦，匈奴に敗る）

インド
マハーバーラタとラーマーヤナの原形成る
326 ナンダ朝滅ぶ
○このころアンドラ朝起る

中央アジア
マウリヤ朝
317頃 **マウリヤ朝成立**
317頃～297頃 チャンドラグプタ
ドラ=グプタ撃退
300頃～288 シリアの使節メガステネス，インドに滞在（「インド誌」）
300頃 カウティリヤ（チャンドラグプタの宰相）の「アルタ・シャーストラ」成る
273頃～232 アショーカ
○仏教，南インド地方にもひろまる
○アショーカ王，仏教伝道師をシリア・エジプト・マケドニア等に派遣
261頃 東南のカリンガを征服
244 第3回仏典結集（三蔵結集）

バクトリア
250頃 自立？ディオドトゥス（ギリシア系）（～230）
230頃～
190頃 エウティデモス，王位を奪う
206 アンティオコス3世のインド侵入，ガンダーラ占領

ア（西アジア）
帝国（アケーメネス朝）
オス3世臣下に殺され**ペルシア帝国滅亡**
征略。327 アレクサンドル大王の軍，パンジャブを征服　326 ヒダスペス川の戦

王国
世（ニカトール）
（首都バビロン）
305～303 セレウコス，インド侵入，チャン
首府とする
ア誌」

パルティア
250頃？ 自立（一説247）
247頃～214 アルサケス2世
サケス，セレウコ
○首都ヘカトンピロス
パルティア征服
214～196 アルサケス3世
ス3世，バクトリアを討つ
206 シリアとの和
のインド遠征からの退却

アショーカ王　Aśokaの在位年代には諸説がある。一説（269頃～232）。そのカリンガ討伐は即位後第9年目と伝えられる。**戦国の七雄**＝東部に斉，北部に燕，南部に楚，西部に秦，中部に韓・魏・趙があり，これを七雄と称する。実際には7国の他にもなお小国があった。諸子百家は学者が多く出たとの意で，百家は正しい意味の数ではない。九家といって儒家・陰陽家・法家・名家・墨家・従横家・農家・雑家をかぞえるが，その他兵家なども重要である。

〔5〕

大勢：ヘレニズム諸国の衰勢／ローマの地中海世界の統一／ローマ共和制の変貌／共和政から元首政へ

年代	北アフリカ カルタゴ	西ヨーロッパ ローマ共和国	東ヨーロッパ ギリシア	東ヨーロッパ マケドニア王国	小アジア ペルガモン	エジプト エジプト王国	エジプト ハスモン朝／ユダヤ王国	西アジア シリア王国
200 B.C.	195 法制改革 195 ハンニバル, シリアに奔る 183 ハンニバル自殺(246〜) 182 ヌミディア王マシニッサ, カルタゴを侵す 179 ローマ, ヒスパニア・キテリオルの征服 153 カルタゴ, ヌミディア王に敗る	200〜197 第2マケドニア戦争 198 アケーア同盟, ローマと結ぶ 197 キノスケファレの戦(マケドニア大敗, 覇権を失う) 196 ローマの将フラミニヌス, ギリシアの自由宣言, ギリシア諸邦独立 192〜188 シリア王アンティオコスとの戦争(ギリシア諸邦・マケドニア等, ローマに協力) 190 マグネシアの戦(ローマの将スキピオ兄弟, シリア軍を破る。シリア, 小アジア等の地を失う) 188 アパメアの平和(シリアと和す) 181 アクィレイア市創設 ○ヘレニズム文化の流入 ○喜劇作家 プラウトゥス 254〜184 カエキリウス ?〜166 テレンティウス 195〜159 171〜168 第3マケドニア戦争 168 ピドナの戦(エミリウス＝パウルス, マケドニアを破る) 168 ローマ, マケドニア・イリュリアを属領とする 157 ルシタニア首長ウィリアトゥスの対ローマ解放運動 ○大カトー 234〜149 詩人エンニウス 239〜169	○メガロポリスの歴史家ポリビオス 200頃〜120	229〜179 フィリップ5世 179〜168 ペルセウス 168 マケドニア滅亡	241〜197 アッタロス1世 197〜159 エウメネス2世 185 シリアよりフリギアの地を奪う ○学芸美術の隆盛	205〜181 プトレマイオス5世 ○ビザンティオンのアリストファネス(文献学者, 257〜180) ○アリスタルコス(文献学者) 217〜145 181〜146 プトレマイオス6世(母后クレオパトラ摂政) 171 ペルシウムの戦 ○テオクリスト(詩人)	ハスモン朝 165〜135 マッカベアの反乱。ユダヤ人解放, ユダヤの一時的独立(142〜63)	223〜187 アンティオコス3世 198 アンティオコス, エジプト征討 192〜188 ローマとの戦 190 マグネシアの戦 188 アパメアの平和 187〜176 セレウコス4世 175〜164 アンティオコス4世 164 パルティア, 164〜162 アンティオコス5世 162〜151 デメトリオス1世(セレウコス朝衰亡に向う)
150	149〜146 第3ポエニ戦争 149 ヌミディア王マシニッサ死 146 カルタゴ滅亡。カルタゴの住民を奴隷とし, アフリカ州を設置。 118 ヌミディアの王位継承問題起る 112 ヌミディアのユグルタ, 首都キルタを囲み, 王を殺す	149 ローマ軍, ウチカ上陸 143〜133 ルシタニア(イスパニア)における戦争(一名, ヌマンティア戦争) ○諷刺詩人 ルキリウス(180〜102) 135〜132 シチリアの奴隷の反乱(第1奴隷戦争) 133 イスパニア全土の領有 133〜121 グラックス兄弟の改革(護民官ティベリウス・グラックス, ローマの新貴族に対しリキニウス法の実施を唱え, 132殺される) ○貧富の差はなはだしく, 階級闘争激化する。ローマ共和政の動揺 123 ガイウス＝グラックス護民官となり, 憲法の改革を図る(121 グラックス殺される) 121 属州ナルボネンシス創設 113〜101 キンブリ族とテウトニ族の侵入と撃退 111 ローマ, ユグルタに宣戦(ユグルタ戦争〜05) 107 庶民党マリウスの軍制改革, 第1期コンスル(統領)。マリウス, ユグルタを破る 105 アラウジオの惨劇(キンブリ族のため, ローマ軍全滅) 104 マリウスの第2期コンスル, 以後5回重選(〜100) 103〜99 第2次シチリア反乱(第2奴隷戦争) 102 マリウス, アクアエ・セクスティアエでテウトニ族を, また101 ヴェルケレでキンブリ族を大いに破る ○ヘレニズムのローマ文化社会浸潤	149〜148 第4マケドニア戦争(マケドニアのアンドリスコス, ローマに叛す) アケーア戦争, コリント市破壊。ギリシアをローマの属領アケーア州とする	146 マケドニア, ローマの属州となる	183〜133 アッタロス3世 133 アッタロス3世死し領土をローマに譲る(129属州アジアとなる) ポントス王国 121〜63 ミトリダテス6世	146 プトレマイオス6世シリアで死 145〜117 プトレマイオス7世 117〜107 プトレマイオス8世 107〜89 プトレマイオス9世	105〜78 アレクサンドロス・ヤンネウス	15〜1146 アレクサンドル・バラス1世 137〜129 アンティオコス7世 130 アンティオコス 129 バビロニアを 128〜126 デメトリオス2世 125〜96 アンティオコス8世 124 内乱起り, セレウコス家衰える
100		91 護民官ドルースス, ローマ市民権を同盟都市に開放しようとして殺される 91〜88 同盟都市(ソキイ)戦争, ソキイ結束してイタリア共和国(首都コルフィニウム)を建設し, ローマに離反。 89 ユリウス法(統領カエサル, ローマに忠順なイタリア人に市民権を与う。ローマ公民権全イタリアに普及の初め) 88〜82 マリウス・スラの両軍閥巨頭戦争(残虐な内乱) 86 スラのアテネ市掠奪 86 マリウス死(157〜) 83 スラ, 対ミトリダテス戦争より凱旋。ついで第2ミトリダテス戦争おこる(〜81) 82〜79 スラの独裁 78 スラ死(138〜) 73〜71 スパルタクスの大乱(第3奴隷戦争) 70 ポンペイウスとクラッススのコンスル 63 キケロ, コンスルとなる。カティリナの陰謀を弾劾 60 第1回三頭政治(ポンペイウス・カエサル・クラックス) 58〜51 カエサルのガリア征服(ガリア戦争) 55 カエサル, ブリタニア征行 52 ガリア, 属州となる 50 ローマ元老院, カエサルを召還	88 エフェソスの大虐殺 88〜84 第1ミトリダテス戦争 86 カイロネイアの戦 74〜64 第3ミトリダテス戦争 72〜69 ルクルスのオリエント経略 65〜63 ポンペイウス, ミトリダテス6世と戦う 67 ポンペイウス, 地中海全域の海賊を討滅しキリキアを併合 64〜63 ポンペイウス, 西アジア諸国を悉くローマ領に編入 59 テレンティウス死(喜劇詩人) 55 ルクレティウス死(詩人哲学者, 94頃〜) 54頃 カトゥルス死(抒情詩人)		96 カッパドキアを侵す 92 ミトリダテスのガラティア征略 74 ビテュニア併合 62 ポントス滅ぶ	80 プトレマイオス10世 80〜51 プトレマイオス11・12世共治 55 エジプト内乱, プトレマイオス11世追放 51〜30 クレオパトラ, プトレマイオス13世と共治	95 フィリステル人を駆逐 63 イェルサレム陥落 53 クラッススのパルティア征略	95〜69 セレウコス6世 90〜88 無政府状態となる 69〜65 アンティオコス13世 64 シリア, ローマの属領となる 51 パルティアの兵, シリ
50		49 カエサル, ルビコン川を渡る 49〜46 カエサルと元老院との内乱 48 ファルサロスの戦(カエサル, ポンペイウスを敗走させる)。ポンペイウス, エジプト王に殺される 46 タプソスの戦 45 カエサル, ユリウス暦を作る 45 ムンダの戦(カエサル, 反対党を滅ぼす) 45 カエサル, 終身ディクタトルとなり, インペラトルの称を用いる 44 カエサル元老院で暗殺される(102〜) 43 第2回三頭政治(オクタウィアヌス・アントニウス・レピドゥス)。キケロ殺される(折衷哲学者, 106〜) 42 フィリッピの戦(オクタウィアヌス・アントニウス, ブルートゥスを破る。ブルートゥス自殺) 38〜36 シチリア戦争 35 サルスティウス死(歴史家, 86〜) 32 ローマ元老院, クレオパトラに宣戦 ○伝記作者ネポス(99頃〜24) 31 アクティウム沖海戦(オクタウィアヌス・アントニウス, クレオパトラの連合軍を破る)。オクタウィアヌスの独裁はじまる。 29 オクタウィアヌス, ローマ凱旋 ○メーケナス 70頃〜8(アウグストゥスの腹心, 文芸の保護者) 27 パンテオン創建, のち雷火を受けハドリアヌス帝のとき再建。 27 ヴァロ死(文人, 学者, 116〜)				48〜47 アレクサンドリア戦争(カエサル出征) 47 クレオパトラ独裁 41 クレオパトラとアントニウスのタルソスの会見。アントニウス, エジプトに入る 35 オクタウィアヌスのイタリア征行 34 アントニウス, クレオパトラと結婚 30 アントニウス・クレオパトラ自殺。エジプト, ローマ領となる(エジプト王国滅ぶ)	ユダヤ王国 37〜4 ヘロデ王イェルサレム君臨	41 オロデス2世の 39〜36 パルティア(第2パルティア戦争)
		ローマ帝国						ローマ領
B.C. 1		27B.C.〜14A.D. アウグストゥス(オクタウィアヌス)——初代ローマ皇帝 27〜25 アウグストゥスのガリア及びイスパニア征行 20 アグリッパのガリア及びライン渡河征行 12〜9 ドルースス, エルベ河畔まで進撃 ○ラテン文学黄金時代 ウェルギリウス 70〜19 オウィディウス 43〜17A.D. ホラティウス・フラックス65〜8					4頃 B.C.キリスト生れる	20 アウグストゥ

属州(プロヴィンキア)＝Province (Provincia)。**護民官(トリブヌス)**＝Tribune (Tribuni Plebis)。**コンスル**＝Consul (執政または統領。行政・軍事の長官)。**貴族(パトリキ)**＝Patrician (Patrici)。庶民(プレブス)＝Plebeian (Plebs)。**三頭政治**＝Triumvirate (Triumviri)。**ソキイ**＝Socii (ローマに服属する他のイタリア諸邦)。**元老院(セナトゥス)**＝Senatus。**ローマの独裁者ディクタトル**＝Dictator。**インペラトル**＝Imperator (もと将軍の称, 皇帝)

〔5〕

ジ　ア		中央アジア	南アジア(インド)		北アジア	東　アジア			年代	大勢
パルティア王国	バクトリア		マウリヤ朝	南インド	匈奴	前漢 (202B.C.~8A.D.)	朝鮮	日本		
214~196　アルサケス3世 170~138　ミトラダテス1世 シリアを侵す ○パルティアの極盛期	190頃~167　デメトリオス 190頃　デメトリオスの北西インド進出。タクシラ占領 ○バクトリア，最大領土時代 167　デメトリオス戦死 176頃　月氏，匈奴に逐われて西方にうつる 163頃　メナンドロス(ミリンダ)王の即位，パンジャブ地方に君臨 162頃　エウクラティデス，王を称す　160頃　サカ(塞)族の移動開始		180頃　マウリヤ朝滅ぶ **マガダ王国** 187頃　シュンガ朝おこる	**アーンドラ朝** (シャタヴァーハナ朝)	209~174　冒頓単于 200　平城(白登)の戦(高祖，匈奴に破られる)。 198　漢，匈奴と和す。 182　匈奴の漢攻撃はじまる 177　匈奴，漢に侵入，漢の丞相灌嬰，匈奴を撃退 174頃　匈奴，月氏を伐つ 174~160頃　老上単于 166　匈奴，蕭関に侵入し甘泉宮に迫る 160~126　軍臣単于 158　匈奴，上郡・雲中に侵入し長安をおびやかす	202~195　高祖(劉邦) 都を長安に定める(190　長安城成る)　198　未央宮成る 斉，楚の大族を関中に移す　196　韓信・彭越殺される。趙佗を南越王とする。英布反乱(95死) 195~188　恵帝(呂太后専制)　193　蕭何死　194頃　衛満，朝鮮に亡命， 188~184　少帝恭(呂太后称制)　○商賈の律を弛める　190　曹参死　189　張良死 184　少帝恭を殺し，少帝弘(184~180)を立つ(呂太后称制)　183　南越王趙佗，南越武帝と称し，勢力を増す。呂太后死し，呂氏一族滅ぼされる 易学の興隆 180~157　文帝　178　陳平死。藉田を開く 174　賈誼，治安策を上る　○儒学の再興 {申培(申公)／韓嬰「易博」「韓故」／孔安国(古文学)} 173　四銖銭を更造して半両銭を鋳る 169　周勃死　168　肉刑を除く 164　諸博士をして王制を作らせる 163　文帝，後元年 ○賈誼　201(一説，200)~168「新書」 157~141　景帝　**154　呉楚七国の乱**(周亜夫これを平定)　○陸賈「新語」「楚漢春秋」 150　周亜夫，丞相となる(~147)。諸侯を圧迫	箕子朝鮮を滅ぼす。衛氏朝鮮成立 支	(前 弥	200 B.C.	中国における中央集権的統一国家(前漢帝国)の成立／東西交渉のはじまり／北方民族の移動と活躍
142　バビロニア占領 139　サカ族セイスタン移住 138~127　フラテス2世 7世パルティア遠征で大敗 パルティアに奪われる 127~124　アルタバヌス(124　大月氏と戦い戦死) 124~88　ミトラダテス2世(大王) 117／16　エジプトからインドへの直接航路開始	140頃　烏孫，月氏を追い伊列(イリ)占領 139頃　トカラ(トハラ)人(大夏)，バクトリアを滅ぼす **大月氏国** 140　大月氏国おこる 【サカ】129~115　サカスタン王国 【サカ】○サカ族，インダス川下流に定住		150頃　サカ族，インドに入る	145頃~01　セイロン王エラーラ＝チョーラ ○バラモン教の復興	144　匈奴，雁門・武泉・上郡に侵入。 **139頃~126　漢の張騫，西域に遣使** 135　匈奴，漢に和親を乞う。 133　馬邑の戦(匈奴侵入，和親破る) 129　匈奴，上谷に侵入，衛青これを討つ。 127　武帝の匈奴攻撃はじまる。オルドスを取り朔方・五原2郡を設置 124　匈奴，朔方郡を侵す。衛青を大将軍に任じ，匈奴を討たせて勝つ。 **121　驃騎将軍霍去病(衛青の甥，117死)，匈奴を討つ。**匈奴の渾邪王，漢に降伏。 126~114　伊稚斜単于 114~105　烏維単于 105~103　児単于 101~96　且鞮侯単于 100　蘇武を匈奴へ遣わす(81年に帰る)　99　李陵，匈奴に降る	大いに官名を改める　143　周亜夫獄死。酒酤の禁を弛む　○嚴忌(荘夫子，文人) 141~87　武帝　140　年号の初め(建元元年)。董仲舒，対策を上る。三銖銭を行う 137　南越王趙佗死　136　五経博士を置く(儒教の国教化) 閩越を征す 130　西南夷を征す 渭渠をうがち長安と黄河とを結ぶ 127　主父偃の策を用い，諸侯の領土を子弟に分割(推恩令)。国内の富豪を長安付近に移す 123　武功爵をおく 122頃　左官律　122　淮南王劉安，叛を謀ってあらわれて自殺(179~，「淮南子」) 公孫弘死(199~，儒家，政治家) 119　塩鉄官を置き，緡銭・舟・車に課税。白鹿皮をもって皮幣を作る 119~117　塩鉄の専売を実施　118　五銖銭を行う　117　司馬相如死(179頃~，文人) 115　酒泉・武威の2郡を置く。均輪官をおく。張騫を烏孫に遣わす 112　酎金令の施行　111　南越を征して9郡を置き，西南夷を征して5郡を置く。張掖・敦煌の2郡を置く　110　平準法の制定　109　滇国を討ち，益州郡を置く 106　衛青死　104　太初暦を作る。李広利の大宛国(フェルガナ)遠征(~102) 97　司馬遷「史記」成る	128　朝鮮に蒼海郡を設置する 石 墓 109~108　衛氏朝鮮を滅ぼして朝鮮に4郡(楽浪・玄菟・真番・臨屯)を置く	生	150	
○アルメニアを属国とする 76~70　サナトロイケス1世(メソポタミア，ローマ領となる) 70~57　フラテス3世 57　ミトラダテス3世 57~37　オロデス1世 ○首都クテシフォン の企図，カレーの戦(クラッスス敗死) ア侵入	【サカ】80頃　サカ族，インダス川を北上してガンダーラ地方に拠る 70　大月氏，アム川南方に領域を拡大 65　月氏五王国の成立(休密・貴霜(クシャナ)・雙靡・肸頓・高附)(ただしこれらの5族は原住民で月氏そのものではないといわれる)		72頃　シュンガ朝衰え，カーンヴァ朝起る 58頃　アーンドラ朝，ウジャインを占領	○マヌ法典の基本なる	96~85　狐鹿姑単于 90　匈奴，五原・酒泉に侵入，李広李，匈奴に降る 85~69　壺衍鞮単于 72　田広明・常恵等，烏孫の兵とともに匈奴を討つ(71　田広明，功ならずして自殺) 67　鄭吉，西域の車師王の軍を破る 68~60　虚閭権渠単于 60~58　握衍朐鞮単于。匈奴の日逐王，漢に降る。 58~31　呼韓邪単于 57　匈奴乱れ五単于分立 56~36　郅支単于 53　烏孫乱る　54　呼韓邪単于，郅支単于の勢力に服す	98　初めて酒の専売を行う(酒酤に権す)　93　董仲舒死(179，また170頃~120頃，176頃~104頃，儒家) 95　白渠を開き田を灌漑 91　宮廷の内紛(巫蠱の獄，衛皇后及び太子據自殺)　92頃　司馬遷死(王国維説，145~，一説135~93頃／86頃) 87~74　昭帝　81　塩鉄の論議おこる。酒の専売を止める 77　楼蘭王を謀殺し地を鄯善と改める　75　遼東城・玄菟城を築く 74~49　宣帝(霍光(68死)に擁立される。70　霍光の女皇帝となる) 66　霍氏の乱。霍氏滅び，皇后霍氏廃せられる 61　趙充国，先零羌を討つ。羌族多く降る 西域都護を置く(鄭吉，西域都護となる)。 60　蘇武死(139頃~) 54　はじめて常平倉を置く	82　臨屯・真番2郡を廃す 75　玄菟郡を西に移す。朝鮮半島には楽浪郡のみとなる 文 ○夫餘国の成立 ○楽浪文化	文 期)	100	
ローマ東方領侵入 戦争(アントニウスのパルティア遠征) 37~2　フラテス4世 ス，フラテスと交戦 2　王妃ムサ，王を殺す	20頃　クシャナ(貴霜)侯ヘラウスの統一事業はじまる		25頃　カーンヴァ朝滅ぶ デカン以北を統一 26頃~20　ローマのアウグストゥスへの遣使	44頃~29　タミール王によるセイロン支配 ○この頃南インドのパンドヤ王国盛んとなる 28頃　アーンドラ朝，北インドを併わせ， ○南インドにローマ人の居留地できる(アリカメドゥなど)	44　西匈奴郅支単于，康居に走る 36　漢の陳湯・甘延寿ら，郅支単于を康居に襲い，これをタラス河畔に殺す **33　王昭君，匈奴の呼韓邪単于に嫁す** 31　呼韓邪単于死 29~20　復株累単于 19~11　捜諧単于 12~8　車牙単于 8~13A.D.　烏珠留単于	49~33　元帝 48　戊己校尉を置き車師に屯田する　44　塩鉄官，常平倉を罷める 42　隴西羌反す，馮奉世これを破る　41　塩鉄官を復置する 33~7　成帝(王鳳，政をたすく) 29　中書の宦官をやめて，はじめて尚書をおく 27　王氏5人を列侯とする 22　潁川地方の反乱 18~17　広漢の鄭躬等の乱 16　王莽，新都侯に封じられる　77~6　劉向(古文学)「新序」「説苑」 9　司隷校尉をやめる 8　王莽，大司馬となる(翌年罷免，三公の官をおく)　7　劉歆，「七略」を奏す 7~1　哀帝　53~18A.D.　楊雄(文学・思想家) 3　関東の飢民，長安に入り掠奪　○このころ讖緯説おこる 2頃　仏教，中国に伝わる(一説，67A.D.) 1~5A.D.　平帝(中山王)(王莽，政をたすける)　諸国の入朝さかん	化 37頃　高句麗の成立 27　高句麗，北沃沮を滅ぼす	化 (中期)	50 B.C. 1	

バクトリアは中国の史書にみえる「大夏」に比定されていたが，近ごろ大夏はトカラ人であることがほぼ明らかにされた。**支石墓**＝朝鮮ではドルメンDolmen形の墳墓を支石墓という。日本でも発見されている。
サカ(塞)族＝Sacae，Saka（イラン系遊牧民)。**単于(ゼンウ)**＝匈奴の首長の称号で，広大の意。**呉楚七国**＝呉・楚・趙・膠西・膠東・淄川・済南。**塩鉄官**＝塩官と鉄官。生活必需品である塩鉄の経営を司った官職。

〔6〕

大勢	年代	北ヨーロッパ（ゲルマニア）	西ヨーロッパ（ガリア・イスパニア）（ローマ帝国）	南ヨーロッパ（主としてイタリア）（ローマ帝国）	東ヨーロッパ・エジプト（ローマ帝国）	西アジア：ユダヤ王国	西アジア：パルティア王国
アウグストゥス時代／ローマ帝政の隆昌と五賢帝／ゲルマン人との闘争／苦難の道―キリスト教	A.D. 1	4～5 ティベリウス，エルベ遠征(第2ゲルマニア戦争) 6 ローマの将センティウス・サトゥルニヌス，マルコマン二族を征討 9 **トイトブルグ森の戦**(ローマ軍惨敗。ローマ，ゲルマニア制圧を断念) 10 ローマ，パンノニアを領有 11 ローマ，ラインのほとりにリメス(城壁)を築く(ライン長城のはじめ) 14～16 第4ゲルマニア戦争(ゲルマニクス出征) 17 エルツ山中の戦 21 アルミニウス暗殺される(ケルスキ族の首長，17B.C.～) 28～29 第5ゲルマニア戦争(フリーシ族の反乱) 39～40 第6ゲルマニア戦争(カリグラ，ガリアの海岸地方を征す) 41 第7ゲルマニア戦争 44 クラウディウスのブリタニア征行 50～51 第8ゲルマニア戦争(ハッチ族の征討)	○ユリウス・クラウディウス家の皇帝 42 ローマ，マウレタニアを併合 ○ガールの水道橋	27B.C.～14A.D. アウグストゥス(63B.C.～14A.D.) 4 ティベリウス，アウグストゥスの養子となる ○ウェルギリウス「アエネアス」 ○ローマに大土木工事をおこす (9～12 第3ゲルマニア戦争) ○地理学者 ストラボン 68B.C.～19A.D.「地理志」 13 ローマ，国勢調査を行う 14～37 ティベリウス(クラウディウス・ネロ) ○歴史家 {ティトゥス・リウィウス 59B.C.～17A.D. / ウェレイウス・パテルクス 19B.C.～31A.D.頃} 23～31 ティベリウスの臣アエリウス・セイヤヌス，帝国の実権を握る(31 刑死) 23 セイヤヌス，ティベリウスの子ドルーススを毒殺 ○法学者 {ラベオ(プロクルス派の祖) 50B.C.頃～18A.D. / カピト(サビヌス派の祖) ?～22A.D.} 37～41 カリグラ 41～54 クラウディウス ○法学者 {サビヌス(64頃死) / プロクルス(?)} ○諷刺詩人 ペルシウス 34～62 48 クラウディウス，妃メッサリナを処刑し，姪アグリピナと結婚	○アンキラ碑文(アウグストゥス功業記) 2～4 第3パルティア戦争 6 ユダヤ，ローマに降る 17 カッパドキア，ローマの属州となる 17 ゲルマニクス，オリエント総督となる 19 ゲルマニクス，アンティオキアで急死 28 ユダヤ太守ポンテオ＝ピラト(ユダヤ人からは不評) ○キリスト教の成立 32 アンティオキアにおけるキリスト者の集り 37 パルチア王アルタバヌス3世，ローマと和しアルメニアを放棄 ○アレクサンドリアの哲学者フィロン(25B.C.～50頃) 43 リキア，ローマの属州となる 44 モエシア，ローマの属州となる。ユダヤ王国，ローマ領となる 46 トラキア，ローマの属州となる 48 イェルサレムの使徒会議 50 パウロ，アテネに伝道	4B.C.～39A.D. ヘロデ・アンチパス 23頃 キリスト受洗，洗礼者ヨハネの斬首刑 30頃 キリスト刑死(4B.C.頃～) 41 ユダヤ独立 41～44 ヘロデ・アグリッパ	2B.C.～5A.D. フラテス5世 1 パルティア，アルメニアより退く 2～4 第3パルティア戦争(ローマとの戦い) 10～40 アルタバヌス3世 40～45 ヴァルダネス1世 45～51 ゴダルゼス 50 ゾロアスター教典の結集
	50	51 ブリタニアの首長カラタクス，ローマに捕われる 58 第9ゲルマニア戦争 61 ブリタニアのイケニ族の女王ボヤディケア，ローマに叛す。ロンディニウム(後のロンドン)大火 62 スエトニウス・パウリヌス，ブリタニア討平 69～71 第10ゲルマニア戦争(バタヴィ族の征討) 77～86 アグリコラ(タキトゥスの義父)のブリタニア・カドレニア征略 83 第11ゲルマニア戦争 83 ライン・ドナウ両河間に長城(リメス)着工 83 ライン左岸の上・下ゲルマニアをローマ属州とする 86～90 第12ゲルマニア戦争	68 ヴィンデクスの乱 ○フラウィウス家の皇帝	54 クラウディウス，妃アグリピナに毒殺される 54～68 ネロ(クラウディウス・ドルースス) 56頃 ガラス器の製造はじまる 59 ネロ，母后アグリピナを殺す 60 パウロ，ローマに伝道して捕われる(63 許される) 62頃 ネロの劇場成る 62 ネロ，妃オクタウィアを殺す **64 第1回キリスト教徒迫害(ローマ大火と暴帝ネロ)** 65 ネロの師哲学者セネカ(4B.C.～)・叙事詩人ルカヌス(セネカの甥，39～)処刑される。ギリシア，オリンピア競技 68 ネロ自殺 68～69 ガルバ 69～79 ウェスパシアヌス(東方の軍隊により擁立される) 71 ティトゥスの凱旋門成る 79～81 ティトゥス ○著述家(大)プリニウス 23～79「博物誌」 **79 ウェスウィウス火山大爆発，ポンペイ・ヘルクラネウム市埋没** 80 コロセウム完成 81～96 ドミティアヌス 85～89 ダキア人しきりに帝国領に侵寇 95 (96) キリスト教徒迫害 96～98 ネルウァ(元老院の推挙)	51～57 パウロの伝道 58～63 第4パルティア戦争(ローマ，パルティア・アルメニアと戦う) 59 パウロ，イェルサレムで禁錮される 63 皇帝ネロ，パルチア王ヴォロゲセス1世と和す 65頃 ペテロ(十字架刑)・パウロ(斬首)の殉教 66 イェルサレム暴動(66～70 ウェスパシアヌスのユダヤ戦争) 67 ガリラアのユダヤ義勇軍全滅(司令官ヨセフス捕われる) 67 ネロ，アケーアを解放 70 イェルサレムの破壊 ○ユダヤ人の歴史家 ヨセフス 37頃～100 86～90 第1ダキア戦争 ○哲学者 テュアナのアポロニオス ?～96頃		51～77 ヴォロゲセス1世 ○パルティアの威光再び西アジアに振う 77 ゾロアスター教典の結集 77～79 ヴォロゲセス2世 79～96 パコロス2世 90 クシャナ朝カドフィセス2世，パ
	100	93 第13ゲルマニア戦争 120～140 ブリタニアに長城建設 122 ハドリアヌスのブリタニア巡幸。イスパニアの組織改革 150 ゴート族，黒海岸へ南下	**○ローマ帝国全盛時代** ○五賢帝(一名，養子皇帝時代) 119 ガリアの組織改革	98～117 トラヤヌス(イスパニア出身，最初の皇帝) 107 キリスト教徒迫害 ○著述家 {(小)プリニウス 62～114 (112～14 小プリニウスのビテュニア・ポントス太守) / スエトニウス 65頃～130「皇帝伝」} 113 トラヤヌス大円柱成る(～114) 117～38 ハドリアヌス ○ラテン文学の白銀時代 118 キリスト教徒迫害 120頃 ローマのパンテオン完成(再建) ○歴史家 {プルタルコス(プルターク) 46頃～120以後，「対比列伝」(英雄伝) / タキトゥス 55～120「ゲルマニア」} ○諷刺詩人 ユウェナリス 67頃～130 ○法学者 サルウィウス 60頃～130 135 ローマにアテネウム建立 138～61 アントニヌス・ピウス 146 マルクス・アウレリウスの第1回コンスル 161～80 哲人皇帝マルクス・アウレリウス・アントニヌス	101～03 トラヤヌスのダキア遠征(第2ダキア戦争) 105 シリアにパルミラ王国おこる 104～06 第3ダキア戦争(ダキアのローマ化) 113 トラヤヌスのアルメニア及びパルティア遠征 114～117 トラヤヌスのメソポタミア大遠征(第5パルティア戦争) **○ローマ帝国の領土最大** 117 エウフラテス川をローマ・パルティアの国境とする 117 トラヤヌス，キリキアにおいて客死 122 パルティア，ローマと和す 130頃 新アテネ市建設(ハドリアノポリス) ○ハドリアヌス記念門 130 ハドリアヌス，イェルサレム再建 132～35 イェルサレムにユダヤ人暴動 135 ユダヤ人の流浪生活(ディアスポラ)はじまる ○帝政時代ストア派の三哲人 {セネカ 4B.C.～64A.D.(前出) / エピクテトス(55頃～135頃) / マルクス・アウレリウス(皇帝)} ○アレクサンドリアの天文・地理学者プトレマイオス 150 ゴート族南下し黒海岸に移住をはじめる		106～30 オスロエス(コスロー，アルサケス25世) 130～47 ヴォロゲセス2世 134 アラン人の侵寇 148～92 ヴォロゲセス3世(アルサケス28世)
	150						

アウグストゥス Augustusは本来尊称で，尊厳とか偉大なるとかの意であったが，のちにローマ皇帝の称となった。アウグストゥスはインペラトル・統領・護民官などの官職を兼ねて文武の政権を一身に集めたが，彼は自らは好んでプリンケプスPrinceps（元首）と称した。なお，帝政初期の政治体制は通常元首制(Principatus)という。**リメス** Limes＝もと境界の意，ゲルマン人のために作った防塞をリメスと呼び，のちに土塁・城壁などが作られた。

〔6〕

大勢: インド、エジプトの海上交渉／匈奴の分裂／後漢の全盛とその西域再支配／クシャナ朝の隆盛

年代: A.D.1 — 50 — 100 — 150

中央アジア

大月氏国

○月氏諸侯の分裂時代

【サカ】
20B.C.頃～50A.D.頃
サカ族の王ゴンドファルネス

クシャナ朝

45 クシャナ朝起る。トカラ人クジュラカドフィセス(カドフィセス1世)，45～77。(ヘラウスの子または孫)
○夏首都カーピサ(いまのベグラーム)

77～101 ウィマカドフィセス(カドフィセス2世)

【サカ】
78 サカ族の王，クシャナのサトラップ(太守)としてウジャインに勢力を確立

90 西域地方に出兵し，後漢の班超の軍と戦う
ンジャブのパルティア人を征服し西北インドに覇権を確立
○使節をローマに派遣
101 カドフィセス2世の死により，有力なサトラップ(太守)が各々独立割拠し，分裂状態となる

? フヴィシュカ1世

? ヴァーシシュカ

144頃(143)～173頃 カニシュカ
○領土の再統一と，クシャナ朝の領土の最大時代。東はガンジス平原の東部からデカン高原の一部に及ぶ。
○冬首都プシュカラーヴァティ(いまのペシャワールの北)
○大乗仏教起る

150頃 第4回仏典結集

南アジア(インド)

アーンドラ朝

○季節風の発見とインド・エジプト貿易の発達
○サーンチー第1塔のらんかんと塔門成る
○仏説話集「ジャータカ」(本生譚)ほぼ成る
○ヒンドゥ教の聖典「バガヴァット・ギーター」成る

○マヌ法典の整備

90頃～120頃 ガウタミープトラ
○首都プラティシュターナ

119～124 ナハパーナの強盛

130～150 ルドラダーマン1世

150 ギルナール碑文(アーンドラ王功業碑)

サカ(塞)王朝

145 インダス川の下流域にサカ族建国(この後，390年まで継続)

南インド

○この頃，南インドにパンドヤ王国隆盛

○マドゥラの文芸院サンガムの設立とその繁栄

○タミール文学の興隆

北アジア

匈奴

8B.C.～13A.D. 烏珠留単于
6 西羌，漢地を攻めてとる
○ノインウラの古墳
10 匈奴，中国の内紛に乗じて漢の保護下にある車師国を奪い，中国を攻撃。王莽，孫建ら12将に匈奴を討たせる
14～18 烏累単于
19～46 呼都而尸道皐単于
29 竇融，西域諸国を服属させる
35 馬援，塞外諸国を招撫す
45 鮮卑，遼東を侵す
46 烏達鞮侯単于
48 匈奴，南北に分裂

北匈奴

46～83 蒲奴単于
48 匈奴，南北に分裂

南匈奴

48～56 日逐王比(祖父名の呼韓邪単于を称す)
48 南匈奴，漢に降り，塞内に移る。遼西の烏桓，内附する。烏桓，漢に服属する。鮮卑人，後漢に遣使

50 北匈奴，南匈奴を攻める
52 北匈奴，後漢と和親する
54 鮮卑，漢に朝す
【西域】61 コータン王，ヤルカンドを併合
62 北匈奴，五原・雲中に入寇，南匈奴の単于これをしりぞける
【西域】73 クチャ王，カシュガルを併合
72 後漢の耿秉・竇固ら，北匈奴を討ち，伊吾盧の地を取る
63～88 伊屠於閭鞮単于
73 竇固，北匈奴を追って天山に至り，呼衍王を追撃して蒲類海に至る。この年北匈奴また雲中に入寇
74 後漢の班超(班彪の次子)，西域を討つ。西域戊己校尉を置く
78 班超，西域で活動をはじめる
84 北匈奴，互市を乞う，漢これを許す
86～87 班超，カシュガル・ヤルカンドを降す
87～91 右賢王単于
87 鮮卑，北匈奴を破る
89 後漢の竇憲(章帝の后兄)，北匈奴を討ち，燕然山を占領
91 竇憲，金微山に北匈奴を破る

北匈奴，キルギス方面へ移る 94 遺衆20万漢に降る

91～93 於除鞬単于
94～122 逢侯
○北匈奴は西走。4世紀後半，ヨーロッパに現われるフン族は，匈奴と関係があるといわれる。

98～124 萬氏尸逐鞮侯単于

鮮卑

93頃 北匈奴の故地に鮮卑起る
101 鮮卑，右北平を侵す
109 南匈奴，鮮卑・烏桓と共に入寇
115 鮮卑，遼西を侵す 117～18 鮮卑，上谷に入寇
120 この年より鮮卑，連年中国の北辺を襲う。再び西域都護及び屯田を置く
132 後漢の耿曄，大いに鮮卑を破る。

東アジア

前漢

1 B.C.～5 A.D. 平帝 1 王莽自ら太傅となり安漢公と称す。以後連年改革を行う 4 王莽，宰衡となり諸侯王の上に位す 5 王莽，平帝を殺し，仮皇帝と称す
6～9 孺子嬰 7 王莽，銭貨を鋳造
○文学者 {揚雄 53B.C.～18「法言」 劉歆 53B.C.～23

新 (8～23)

8 王莽(～23)**自ら新皇帝と称す**。五等爵をおく
9 孺子嬰を廃す。官制田制の大改革
10 王莽，宝貨を鋳造。五均，六筦をおく
12 王莽，高句麗王騶を殺させる。高句麗，中国に入寇
14 益州の叛 17 新市・緑林の兵起る。18 赤眉の賊起る
22 劉秀，舂陵に挙兵 23 隗囂・公孫述おのおの挙兵
23 劉玄，帝を称す(更始帝)。昆陽の戦，劉秀，王莽の兵を破り，新滅ぶ。国内乱る 24 公孫述，蜀王と称し，25年帝を称す 25 赤眉，長安に入り，更始帝を殺す。劉秀，帝を称し洛陽に入る

後漢 (25～220)

25～57 光武帝(劉秀)(首都洛陽) 26 彭寵叛し，翌年燕王と称す(29 その臣に殺される) 30 これより連年官制改革
32 高句麗，漢に入貢し王と称す
34 隗囂の子隗純降り，隴右平定
36 公孫述を滅ぼし蜀を平定。竇融入朝し河西平定
37 高句麗，楽浪郡を襲う
37 光武帝，中国を平定統一 39 各州郡に度田(検地)を命じる
40 五銖銭を復す 42 馬援，交趾を討つ
37B.C.～43 厳光
48 馬援，武陵蛮を討つ(馬援，14B.C.～49)
49 高句麗，右北平・漁陽を侵す。
天余，後漢に入貢
56 高句麗，東沃沮を討つ
57 倭の国王，後漢に遣使
57～75 明帝
3～54 班彪(史家)
58 祭肜，東北塞外を平定
65～67 蔡愔を西域に遣わして仏典を求めさせる。迦葉摩騰・竺法蘭らを同道
69 哀牢夷内附する，よって永昌郡を置く
68 白馬寺建立
69～70 汴河を修治する
75～88 章帝
76 武陵の漊中蛮叛す
79 諸儒を白虎観に会し五経の異同を議させる(白虎通)
85 四分暦を制定
88～105 和帝(竇太后臨朝)
27～104頃(一説，101)王充「論衡」
88 塩鉄禁を廃する
91 班超を西域都護とする(亀茲に駐屯)
92 宦官鄭衆の謀により竇憲殺される。班固獄死(班彪の長子)(「前漢書」未完成，妹の班昭により続成)
94 班超，焉耆を討つ，西域50余国服属
97 甘英をローマ領に派遣(パルティア・ペルシア湾岸に至って帰る)
100頃 許慎「説文解字」成る(50頃～121)
101 賈陸死(「古文尚書訓」「国語注」)
102 安定羌を滅ぼし，西海郡を置く。班超死(32～) 103 涿郡故安の鉄官を復す
105～06 殤帝 105 蔡倫が紙を発明したと伝わる(121死)
105 高句麗の復興。高句麗，遼東を侵す
106～25 安帝 106 第2玄菟郡を新城に移す(第3)
107 西域諸部の反乱により西域都護及び伊吾・柳中の屯田を廃し撤退
107 倭面土国王，後漢に遣使
114 羌族，漢中を荒らす 115 旧渠を修す
118 高句麗の兵玄菟郡を侵す
120 夫余王の嗣子，尉仇台の入朝
121 高句麗また玄菟城を囲む
121頃 高句麗王遂成
123 班勇(班超の子)，西域長史となる
124 班勇，匈奴を討つ
125 少帝 125～44 順帝 125 宦官19人，侯となる。宦官の勢力起る
127 後漢，カシュガル(疏勒)を回復
78～139 張衡(賦詞・儒学者，「周官解詁」「五都賦」)
132 選挙令を充実する 133 疏勒国，獅子を献じる
132頃 高句麗王伯固
136 五経博士を置く 137 象林蠻(武陵蠻)叛す
○班昭(班固の妹)「前漢書」完成
138 羌族，金城を侵す，馬賢，これを撃破する
140 会稽の鏡湖塘を乾し，田9000余頃を得る
141 馬賢，羌族と戦い敗死
○王符「潜夫論」
144～45 沖帝
145～46 質帝
146～67 桓帝
144 日南蠻の叛。九江の徐風の叛
○武氏祠石室
148 パルティアの僧安世高，洛陽に来って仏典を訳す

朝鮮

支石墓文化

日本

弥生文化(中期)

サトラップ＝Satrap，その管理地域はSatrapy。**マヌ法典**＝Manu Smrti，マヌは伝説上の人物，前代のバラモン法思想を統一編集され，後のインド諸法の規範となった。階級法・王法・司法・贖(しょく)罪法・解脱法から成る。
大乗仏教＝旧来の伝統的・保守的な仏教に対して，一般民衆及びその指導者の側から起こされ，積極的実践の方法として諸仏・諸菩薩への絶対帰依を説いた。西域を経てのちに中国・朝鮮・日本へと伝えられ，北方仏教ともいわれる。

〔7〕

大勢	年代	北ヨーロッパ	西ヨーロッパ（ガリア・イスパニア）	南ヨーロッパ（主としてイタリア）	アフリカ（エジプト）	東ヨーロッパ	西アジア
ローマ帝政の驕りと文弱／軍人皇帝時代／農村の疲弊と軍隊の蛮民化／新興ペルシアの強勢	150	ゲルマニア	ローマ帝国				パルティア王国
			152 リヨン教会の優位 ○ブリタニアにおけるローマ領有権の北進	138～61 アントニヌス・ピウス（敬虔） 154／55 スミルナのポリカルポス，ローマで殉教死	152／53 エジプト暴動	○歴史家 ニコメディアのアリアノス 95頃～175	148～92 ヴォロゲセス3世
		162～63 第14ゲルマニア戦争		161～80 マルクス・アウレリウス・アントニヌス（121生，後期ストア哲学者） （161～69 ルキウス・ウェルスの共治）	161以後 東方にしばしば反乱おこる	162 パルティアのローマに対する宣戦布告（162～65 第6パルティア戦争）	
		165～68 第15ゲルマニア戦争 165 軍隊が持ちこんだ西アジアからのペスト病，帝国領土の大半にひろまる				165 ローマ軍のクテシフォン侵入	
		167 マルコマンニ族のイタリア侵寇つづく（～80）				166 パルティアに対するローマの勝利（パルティアの和）	
		169～74 第16ゲルマニア戦争（マルクス・アウレリウス，クゥディ族を討つ）					
		177 ゲルマン諸族，パンノニアを侵す		176 アウレリウス大円柱の建設（ローマ）		172～73 サルマティア人征討 175～76 シリアの知事アヴィディウス・カシウスの乱	
		178～80 第17ゲルマニア戦争	177～78 リヨンの司教イレネウス（南ガリアのケルト人に布教する）	（177～80 コンモドゥスの共治） 101頃～177 ヘロデス・アッティクス ○旅行家 パウサニアス 120頃～90（史跡・古文化財の現地調査と記述）			
		180～84 第18ゲルマニア戦争		180～92 コンモドゥス（「暴虐帝」） ○法学者 スケーヴォラ 130～200 パピニアヌス 145～212		182 ダキア遠征 ○詩人 ルキアノス 125～90 ○医学・哲学者 ガレノス 129頃～99	
		○この頃よりゲルマン人の帝国内在住はじまる		192 コンモドゥス，一闘技士に殺される	○神学者 クレメンス 150～215 オリゲネス 182～253｝アレクサンドリア学派		192～98 ヴォロゲセス4世
			197 ガリアの僭帝クロディウス・アルビヌス	○軍人皇帝時代 193～284（より正しくは235以後をいう） 193～211 セプティミウス・セウェルス（軍隊により擁立される） （198～211 カラカラ共治） ○カルタゴの宗教家テルトゥリアヌス 160頃～222	197～99 セプティミウス・セウェルスのパルティア征行，クテシフォン略奪（第7パルティア戦争）		198～209 ヴォロゲセス5世
	200	208 セプティミウス・セウェルスのカレドニア進出企図（挫折）			202 セプティミウス・セウェルス，パルティアのハトラ包囲		
				211～17 カラカラ（アントニヌス。もとバッシアヌス） （211～12 ゲタの共治） 一暴政 ○この頃，ローマ人の頽廃（グラディアトルの惨虐な果し合いと公共浴場の耽溺）			209～26（28） アルタバヌス5世
		213～14 第19ゲルマニア戦争（アラマニ征討）		212 アントニヌス法（降伏者を除いた帝国内の全自由民に公民権を賦与する勅令。これよりローマ公民権，帝国全土に普及）			
				216 カラカラ浴場成る 217～18 マクリヌス（マルクス・オペリウス） 218～22 ヘリオガバルス（シリア生れ。一説にカラカラの庶子）	215 アレクサンドリアの暴動	216～17 ローマ，パルティアを討つ（第8パルティア戦争） 217 カラカラ，カレー附近で暗殺される。アルタバヌス，ローマ軍に大勝	
				222～35 アレクサンデル・セウェルス ○ウルピアヌス（170頃～228）・パウルスらの法学者を登用し文治主義の政治を行う		220頃 ゴート族，東西に分裂	220 アルデシールの反乱 226 パルティア滅ぶ
		220年以後，ゲルマン人のガリア・イタリア侵寇つづく					ササン朝ペルシア
		234～37 第20ゲルマニア戦争				226 ローマの対ペルシア宣戦	226～41 アルタクセルクセス（アルデシール1世） （226 パルティアを滅ぼし，ササン朝を興す）
		235 アレクサンデル・セウェルスの軟弱な対ゲルマン融和政策により，セウェルス，ライン河畔で味方の軍隊に暗殺される		235～38 マクシミヌス・トラックス（兵卒出の最初の皇帝，以後軍隊による皇帝廃立27人に及ぶ） 236～50 ローマの司教ファビアヌス			
					232 ペルシアのアルデシール，アレクサンデル・セウェルスと交戦。アルメニアを略取		230 ゾロアスター教を国教とす
				｛238 ゴルディアヌス1世 238 ゴルディアヌス2世｝共治（アフリカで擁立される）｝対立皇帝｛238 バルビヌス 238 プピエヌス・マクシムス｝共治		235～37 東ゴート族征討	
		241 フランク族の侵寇		238～44 ゴルディアヌス3世（44 フィリップスに殺される）		237 ローマ，東ゴートと和す	236 ゴート族，トラペズス占領 241～73 シャープール1世
						241～44 ローマ，ペルシアと戦う	
		249 ブルグンド族，アルト川にヴァンダル・ゴート諸族のために破られる		244～49 フィリップス・アラブス		○哲学者 プロティノス 205～69（新プラトン派）	○ニシャプール・シャープール等の都市を建設
				249～51 デキウス 250～304 キリスト教徒に対する大迫害時代		248 東ゴート征討	
	250	251～52 第21ゲルマニア戦争		251 カルタゴの宗教会議。シリストリアの戦（デキウス，東ゴート族と戦い敗死）			
		254 マルコマンニ族，パンノニア侵寇		251～53 ガルス		253～69 ゴート人，小アジア侵寇	
		255～60 第22ゲルマニア戦争		253 エミリアヌス 253～60 ウァレリアヌス		260 シャープール1世，カレー・ニシビスを占領し，エデッサに迫る。ヴァレリアヌス，欺かれてペルシアに捕えられて死す	
				260～68 ガリエヌス 258 キプリアヌス及びヤプリアヌスの殉教死		264 第1アンティオキア宗教会議 267 ヘルリ族，ギリシア侵入	261 シャープール1世，カッパドキアに進出
		258 ガリエヌス，ゲルマン人の侵入を防ぐ		260 ガリエヌスのキリスト教寛容の布告			
		260～67 第23ゲルマニア戦争（サクソン族征討）	○この頃，ガリア・ブリタニア・アフリカ等に対立皇帝続出，いわゆる三十僭主時代（ローマ帝政の危機）		268 パルミラ女王ゼノビア，小アジア及びエジプト占領	268 第2アンティオキア宗教会議	273 ホルムズド1世
		263 フランク族，ピレネーを越えてタラコネンシスに至る		268～70 クラウディウス・ゴティクス（ゴート征服者）	270 アトス岬の戦（ローマ軍，ゴート族を破る）		273～76 バハラム1世
				270～75 アウレリアヌス（世界再建者） 271 アウレリアヌスの城壁成る（ローマ）		270～71 ドナウ地方征討	273頃 マニ（215頃～）処刑される（マニ教の創始者）
		268～69 第24ゲルマニア戦争		271 パヴィアの戦（マルコマンニ族侵入，ローマ軍惨敗）	271 パルミラ独立	271～335 ゴート王アラリック	276～93 バハラム2世
		270～71 第25ゲルマニア戦争（ドナウ地方征討）		275～76 タキトゥス 276～82 プロブス	272 アウレリアヌス，パルミラの女王ゼノビアを捕える		280 ペルシア，ローマと平和条約
		274～78 第26ゲルマニア戦争		282～83 カルス		○哲学者ポルフィリオス 233～304，ティルス生れ	
				283～84 ヌメリアヌス 283～85 カリヌス｝共治 283～96 ローマの司教ガイウス （284～85 東のディオクレティアヌス共治）……284～305 ディオクレティアヌス（ペルシア風専制政治のはじめ）（首都ニコメディア）			283 カルス，クテシフォンに侵入し戦死
		286～87 第27ゲルマニア戦争（アラマニ及びブルグンド族征討）		286～305 マクシミアヌス（東のディオクレティアヌスと共治）		（帝都の東遷）	
				293 ディオクレティアヌス帝の帝国四分統治策（2人の正帝（アウグストゥス）と正帝の下に各1副帝（カエサル）を置き，この4人で帝国を四分割して統治した）	288 アレクサンドリアの暴動		
		294～95 第28ゲルマニア戦争（スエヴィ族征討）			295 エジプト州を廃し，オリエンス州に隷す 296 エジプトの反乱 296 ディオクレティアヌスのマニ教徒迫害		293 バハラム3世 293～302 ナルセス
	300				296～97 ペルシアと戦い，ローマ，メソポタミアを領有（ペルシア，ティグリス以西を割譲）		

アントニヌス法＝Constitutio Antoniniana。**帝国の四分**＝ガリア・オリエンス・イリリア・イタリアの4道（プレフェクトゥラPraefectura）に分ち，その下に12のディオエケシスdioecesis（州，地方），101のプロウィンキアProvincia（県）を設けた。**カエサル**＝Caesar，ローマ皇帝の称に流用される。ドイツのカイゼルKaiser，ロシアのツァーTsarの語原である。ディオクレティアヌス以後は皇帝の称にDominusが併用され，その専制独裁機構をDominatusと呼ぶ。

〔7〕

大勢：東西交渉のはじまり／ガンダーラ美術／中国における三国の対立抗争（三国時代）と晋の統一

年代	中央アジア：クシャナ朝	インド：アーンドラ朝	インド：南インド	北アジア：烏桓・鮮卑	東アジア：後漢（魏・蜀・呉・晋）	東アジア：朝鮮	東アジア：日本
150	144頃～173頃 カニシュカ ○仏教詩人アシュヴァゴーシャ(馬鳴) ○仏教詩人マートリチェータ ○ガンダーラ美術隆盛 ○カニシュカ大塔 ○天文学の発達 ?～182頃 フヴィシュカ2世 ○医学者チャラカ ?ヴァースデーヴァ ○大乗仏教運動の大成	165頃～195頃 ヤジュニャシュリー ○アーンドラ仏教美術 ○叙情詩人ハーラ王「サッタサイー」		**156 鮮卑の首長檀石槐，北匈奴を撃破してモンゴル高原を統一。** 159 鮮卑の中国北辺攻撃 156～81 檀石槐 ○鮮卑の支配地域最大 168 烏桓の勢力伸びる 173 鮮卑，漢の幽州・并州に侵入 177 鮮卑，遼西に侵入，趙苞これを撃退 181 檀石槐死し，鮮卑の統一乱る 186 鮮卑，漢の幽州・并州を侵す 187 烏桓大人丘力居，勢をうる 199 袁紹，烏桓の蹋頓に単于の印綬を与える	**後漢** 146～67 桓帝 151 崔寔，「政論」を著わす ○訓詁学何休 127～182（「春秋公羊解詁」） 馬融 79～166（「周易注」「尚書注」） 蔡邕 133～92 荀悦 138～209 154 蜀郡及び泰山・琅邪に群盗おこる 157 九真・長沙の蛮夷，乱をおこす 鮮卑，雲中に侵入 159 天竺国使来る 160 西羌，張掖に侵入。泰山の賊，都尉を殺す 162 武陵蛮の叛軍に大勝する 165 はじめて田畝の税賦を徴す **166 党錮の獄おこる。大秦王安敦（ローマ皇帝マルクス・アウレリウス）の使者，中国に来る** 167～89 霊帝 168 竇武，大将軍となる。竇武，陳蕃・李膺等を用いて宦官を除こうとし，謀もれて殺される。 ○このころより西域における漢の勢威しだいに衰える 169 鉤党の獄おこる 175 石経を太学門外に立つ（熹平石経） 178 鴻都門学を置く 181 交趾乱れる。朱儁，交趾を討ってこれを平定 **184 黄巾の賊**（張角）乱を起こす。曹操，黄巾の賊を破り，張角死す 189 袁紹，多くの宦官を殺す。董卓，帝弁（189 少帝）を廃す 189～220 献帝 190 遼東太守公孫度，自立して侯を称す ○経学者 鄭玄 127～200（「五経注」「毛詩譜」） 盧植 ?～192 訓詁学の大成 190 関東の州郡，袁紹を盟主として兵を起す。董卓，都を長安に移す 191 孫堅，董卓を攻めて洛陽に入る 192 董卓，暗殺される。**曹操，兵を挙げる** 196 曹操，献帝を許昌に擁す。曹操，司空となる。曹操，屯田をひらく 197 袁述，寿春に帝を称す 199 曹操，袁紹を討ち黎陽に進む。劉備，曹操を攻む 200 曹操，袁紹を官渡に破る 192 孫堅，劉表を攻め戦死 198 孫策，呉侯となる 199 孫策，江南を領有 200 孫策死し，弟の権代る	玄菟郡の太守，高句麗を討つ 198 高句麗，丸都城を築く	弥 （後 生
200	○ササン朝ペルシアに隷従 242頃 クシャナ朝衰退 ○バクトリア喪失	○ナーガルジュナ（龍樹）180頃～240頃 ○アーリヤデヴァ（提婆）190頃～260頃 230頃 アーンドラ朝滅ぶ ○インド分裂状態となる		207 曹操，烏桓を白狼山に破る。 216 南匈奴呼厨泉単于，魏に朝す 224 鮮卑の軻比能，河北に侵入 235 鮮卑の軻比能，魏に刺殺される。	202 袁紹死し，子袁尚代る 201 曹操，劉備を汝南に撃ち，劉備，荊州に走る 204 曹操，袁尚を破る。遼東の公孫度死し，子の康たつ。 205 曹操，袁尚を烏桓に走らす 207 公孫康，袁尚を斬る 207 劉備，諸葛亮を相とする ○仲長統 179～220 **208** 曹操，丞相となる。**赤壁の戦**（劉備・孫権の連合軍，大いに曹操の軍を破る。曹操，身をもって逃れる） 216 曹操，魏王となる 217 王粲死す 209 劉備，荊州の牧となる 210 孫権，ほぼ嶺南を定める 220 曹操（154～）死し，子曹丕つぐ 214 劉備，成都に入り益州の牧となる 212 孫権，建業（南京）に移る **220 魏，九品中正制度を布く** 215 劉備・孫権，荊州を分って湘水を境界とする 220 曹丕，献帝を廃し皇帝を称す。**後漢滅ぶ** 219 劉備，漢中王を称す 217 孫権，山越（安南）を平定 219 孫権，関羽を斬る。孫権，荊州の牧となり南昌侯となる **魏**（220～265） 220～26 文帝（曹丕）（**首都洛陽**） **○屯田法を布く** ○詩人 曹植 192～232（文帝の弟） 226～39 明帝（曹叡） ○建安七子 228 公孫淵，遼東に自立する 229 律博士をおき，新律を刪定する 魏，洛陽宮を営む 237 公孫淵自ら燕王と称す 238 司馬懿により公孫淵滅ぼされる。遼東の領有 239～54 斉王（曹芳）（太傅司馬懿） 244 毌丘倹，高句麗を討つ ○老荘及び易学（王弼 226～49「周易注」 何晏 ?～49） 249 政権司馬氏の手にうつる 250 呉軍を大いに江陵に破る **蜀（漢）**（221～263） 221～23 昭烈帝（劉備）（**首都成都**） 223～63 後主（劉禅） 225 諸葛亮の南征 227 諸葛亮，「出師表」を上り，魏を討つ 234 諸葛亮，五丈原にて没（孔明，181～）。蒋琬，国事を行う 239 蒋琬，大司馬となる 245 蒋琬死し，後主親政 **呉**（222～280） 222～52 大帝（孫権）（孫権を封じて呉王とする） 225 顧雍，丞相となる 226 山越及び交趾方面を経営 229 孫権，皇帝と称す。首都を建業（いまの南京）に定める 231 武陵蛮を平らげる 236 大銭を鋳造 242 珠崖・夷洲を討つ 244 陸遜，丞相となる 247 太初宮を営む 250 魏と江陵に戦い敗れる	204頃 遼東の公孫康，帯方郡を置く 209 高句麗，都を丸都に移す **○三韓時代（南朝鮮）** 馬韓 弁韓（弁辰） 辰韓 辰王の台頭 238 魏，公孫氏を滅ぼし帯方郡を支配 242 高句麗，魏の西安平県を侵す 244 魏の毌丘倹，高句麗を討ち丸都城を抜く 245 韓人，魏に叛す，魏に鎮圧される	期） 文 239 倭の邪馬台国の女王卑弥呼，帯方郡及び魏に遣使 243 卑弥呼，魏帝に貢物を贈る 245 魏の斉王芳，倭国使に物を与う
250	?～? ヴァースデーヴァ2世 ○タントラーキヤーイカ（説話集） ?～? カニシュカ2世 ○「カーマ・スートラ」（性愛の経典） クシャナ朝分裂	250頃～590頃 デカン地方にカダンバ朝 300頃～500頃 ベロール地方にヴァカタカ朝		○鮮卑諸部族集団の分裂（宇文・慕容・段・乞伏・拓跋・禿髪などの諸氏） 261 拓跋力微，魏に朝貢 268 鮮卑の降人，雍州・涼州定住 277 拓跋力微死 289 慕容廆，晋に服す 290 匈奴の劉淵，匈奴五部大都督となる 294～96 慕容廆，高句麗を討つ	251 司馬懿死し子の師かわって大将軍となる 253 蜀の衛将軍姜維，魏を討ち狄道に囲む 254～60 高貴郷公髦 255 司馬師死し弟の昭これに代る 260～65 常道郷公奐（元帝） 262 司馬昭，嵆康（223～）を殺す 263 魏将鄧艾，陰平より進んで蜀を攻める。蜀の後主，魏に降り，蜀滅ぶ 263 司馬昭，晋公となり翌年，晋王を称す 263 阮籍死（210～） ○清談の流行 ○竹林の七賢 265 司馬昭死し，子炎これに代る。司馬炎，位を奪い，魏滅ぶ （蜀）○経学 譙周 201～70 256 姜維，大将軍となる （呉）252～58 会稽王（廃帝，孫亮）（太傅，諸葛恪） 258～64 景帝 264～80 烏程侯（帰命侯） 265 都を武昌に移す 266 都を建康（建業）に復す 267 昭明宮を営む 271 交趾を取る **晋**（西晋）（265～316） 265～90 武帝（司馬炎） 277 諸王侯をして封地に赴かせる 279 匈奴の劉淵を将として呉を討ち，大いに呉軍を破る（280 魏将杜預，呉を討ち，呉滅ぶ。**晋，中国統一**） 280 占田法・課田法の発布 283 山濤死（205～） 284 杜預死（223～，学者・武将，「春秋左氏経傳集解」） 286 月氏の僧竺法護，晋に来り，正法華経等210部を訳す 290～306 恵帝 ○陳寿 233～97「三国志」 ○詩人 陸機 261～303（詩賦） 陸雲 263～303 **300 八王族の乱おこる**	261 韓人，魏に入貢 286 高句麗，帯方郡を襲う 294 鮮卑の慕容廆，高句麗を攻撃し，大棘城を占拠	化 266 倭の女王壱与（台与），晋に遣使（以後147年間，中国との国交，史書に見えない）
300							

宦官（かんがん）＝去勢された男子で，宮廷に奉仕使役された宮内官。はじめは小官にすぎなかったが，常に皇帝の側近に侍していたので，のちには政治に口を入れることが多かった。**訓詁**（くんこ）**学**＝古典を解釈し注釈を施す学問。**建安七子**＝魏時代の代表的詩人，孔融・陳琳・王粲・徐幹・阮瑀・応瑒・劉楨の7人をいう。**竹林の七賢**＝世俗を厭って清談をこととした隠者，嵆康・阮籍・山濤・向秀・劉伶・阮咸・王戎の7人をいう。

〔8〕

大勢	年代	北ヨーロッパ	西ヨーロッパ	南ヨーロッパ		東ヨーロッパ・エジプト	西アジア
		ゲルマニア	ローマ帝国				ササン朝ペルシア
			(ガリア道)	(イタリア道)	(イリリア道)	(オリエンス道)	
キリスト教の勝利／ローマ教会の教理の統一	300	308～13 第29ゲルマニア戦争(コンスタンティヌスのフランク族征討) 320 第30ゲルマニア戦争 ○アリウス派キリスト教，ゲルマン諸族の間に弘まる 340頃 ウルフィラス，ゴート語訳聖書	286～305，306～08 マクシミアヌス ○首都トリエル 307～13 マクセンティウス 312 サクサ・ルブラの戦(コンスタンティヌス，マクセンティウスを破る)。 314 アルルの宗教会議	○首都ミラノ 305～06 コンスタンティウス・クロルス 306～07 セウェルス 306～37 コンスタンティヌス1世(大帝) 311 キリスト教寛容令(セルディカの信仰容認勅令，十字旗の制定) 313 マクセンティウス，テヴェレ川に溺死 313 キリスト教信仰の公認(ミラノ勅令) 323 クリソポリスの戦(コンスタンティヌス1世，リキニウスを破る) 324 コンスタンティヌス1世東西を統一 ○帝国の機構改革ほぼ完成さる 330 ローマのサンピエトロ大寺建立 337～50 ローマの司教ユリウス1世 337～40 コンスタンティヌス2世 340～50コンスタンス，西方を統治 341 いけにえの禁 347～48 コンスタンスのキリスト教徒迫害	○首都シルミウム 305 ディオクレティアヌス退位しスパラトの離宮に隠棲(316頃死) 308～24 リキニウス	284～305 ディオクレティアヌス ○首都ニコメディア 303～04 ニコメディアにおける最後的キリスト教徒大迫害 305～11 ガレリウス 308～13 マクシミヌス コンスタンティヌスの回心 ○カエザレアの司教(313来)エウセビオス「教会史」 313 ヘラクレアの戦(マクシミヌス，リキニウスに敗れタルソスで戦死) 313 アレクサンドリアの司教アレクサンデル 318～81 アリウス派の紛争(異端論争) 324 リキニウス処刑される 324 首都コンスタンティノープルの起工 325 ニケーア公会議(アタナシウス派を正統とする) 326頃 ベツレヘム誕生寺成る 328 アレクサンドリアの司教アタナシウス 330 コンスタンティノープル奠都 331 アンティオキアの八角堂寺成る 332 コロナート土地定着強制法の発布 335 アタナシウスの第1回罷免(337帰) 336 アリウス死 337～50 コンスタンス 337～61 コンスタンティウス2世 340 エウセビオス死(264～) 346 ギリシア神殿の閉鎖令	293～302 ナルセス 302～09 ホルムズド2世 ○ホルムズド2世のアラビア攻撃 309～79 シャープール2世 ○ミトラ崇拝の最盛期 ○アゼルバードゥによる聖典「アヴェスタ」の再編 333 シリア大ききん 338 シャープール2世，ニシビスを包囲 339 キリスト教徒迫害のはじめ 348 シャープール2世，メソポタミア侵入。シンガラの戦 350 シャープール2世，コンスタンティウスを破る
／ゲルマン民族の大移動のはじめ	350	354～60 第31ゲルマニア戦争(コンスタンティウスのスエヴィ族征服) 357 ストラスブルグの戦(ユリアヌス，スエヴィ族を破る) 366～72 第32ゲルマニア戦争 366 メッツ・シャロンの戦 374～75 第33ゲルマニア戦争 374 フン族，ヴォルガ川を渡り東ゴートに迫る **375 ゲルマン民族大移動の発端** 384～85 第34ゲルマニア戦争	350～53 マグネンティウス(簒奪者)(フランク人の元近衛司令官。コンスタンスを殺して帝位につく) 367 ヒラリウス死(元ポワティエの司教，310頃～) 383 グラティアヌス，リヨンにて暗殺される 383～88 マクシムス(ブリタニアで帝を称す)	353 コンスタンティウス2世，マグネンティウスを降して帝国を統一 355 ミラノの公会議(アリウス派，アタナシウス派を排斥) 364～75 ウァレンティニアヌス1世 366～84 ローマの司教ダマスス 374 ミラノの司教アンブロシウス(教会博士，339～97) 375～83 グラティアヌス 384～99 ローマの司教シリキウス 387 マクシムス，ミラノに入り，ヴァレンティニアヌスを逐う 388 マクシムス暗殺されヴァレンティニアヌス復位 388 キリスト教徒とユダヤ人との異宗婚を死罪とする 392～94 エウゲニウス 392 キリスト教を国教に昇格させる。 395 テオドシウス大帝死，二子東西両帝国を分領し，これより**ローマ帝国，完全に東西に分立**	364～66 僭帝プロコピウス **375 西ゴート族，ドナウ川の南のモエシアに移る(民族大移動の発端)** 376 西ゴート族モエシア占領 378 西ゴート族南下。**アドリアノープルの戦**(ヴァレンスの戦死) 381 西ゴート王アラリックたつ	361～63 ユリアヌス(背教者) 363 ユリアヌス，ペルシアのクテシフォンを攻撃包囲，守備固くして抜けず，退却の途次に戦死 363～64 ヨウィアヌス 363 アンティオキアの宗派分裂 364～78 ヴァレンス 367 西ゴート王アタナリックを討つ 373 アタナシウス死 376 ローマ，ペルシアと和し，ティグリス川以西の5州，ペルシア領となる 378 (375)～92 ヴァレンティニアヌス2世 379 西ゴート族のマケドニア・トラキア滞留 379～95 テオドシウス1世(大帝) 379 カッパドキアのバシリウス死(331～) 380 サンピエトロ大寺成る(バシリカ式) 381 コンスタンティノープルの公会議(ニケーア信仰箇条) 385 アレクサンドリアの司教テオフィルス 390 テサロニカの反乱(テオドシウスの惨虐) 389 ローマ，ペルシアと和す セラペイオンの破壊 394 古代最後のオリンピア競技	359 シャープール2世，メソポタミア侵入，アミダ占領 359～64 ローマ，ペルシアと戦い敗退。ペルシアの領土西に拡がる 379～83 アルデシール2世 383～88 シャープール3世 388～99 バハラム4世

大勢	年代	北ヨーロッパ	西ローマ帝国	ローマ教会	東ローマ帝国	西アジア
			395～423 ホノリウス(首都ミラノ，のちラヴェンナ) 400 トゥールの聖マルタン死 400 西ゴート王アラリック，イタリアを侵す	(以下この項の赤字は教皇を示す)	〔テオドシウス朝〕395～408 アルカディウス(首都コンスタンティノープル) 395 西ゴート王アラリック，ギリシアに侵入 398 コンスタンティノープルの総主教ヨハネス・クリソストモス	399～420 ヤズデギルド1世 399 キリスト教徒迫害
／ローマ帝国の東西分裂	400	405～07 第35ゲルマニア戦争(ゲルマン諸族のイタリア侵入とスティリコの撃退) 406 スエヴィ・ヴァンダル・アラン諸族のイスパニア侵入 420 フランク族，ラインを渡る **フンの帝国** 434 アッティラ，フン王となる	406 ブルグンド族，ライン中流に定住 410 西ゴート王アラリックのローマ侵入。帝室のラヴェンナ遷都。アラリック死。アラリックの義弟アタウルフつぐ(～415) **スエヴィ** 411 北西イスパニアに建国 (585滅亡) **西ゴート** 415～19 ワリア 418 南ガリアに建国 419～66 テオドリック (首都トロサ) 413 ブルグンド族，ライン上流にうつる 420 フランク族，ライン川を渡りベルギカへうつる 423～25 ヨハンネス1世 425～55 ヴァレンティニアヌス3世 354～430 アウグスティヌス(聖)	402～17 インノケンティウス1世 406 ラテン語聖書(ヴルガータ)成る(西方教会の定訳聖書) 411 ペラギウス宗論 413～36 「神の国」(アウグスティヌスの主著) 418～22 ボニファティウス1世 340頃～420 ヒエロニムス(ヴルガータの訳者) 422～32 ケレスティヌス1世 432～40 シクストゥス3世	408～50 テオドシウス2世 410 セレウキア会議 ○ギリシアの詩人 ノンノス 415 アレクサンドリアの哲学・数学者ヒュパティア(女)殺される ○モザイク工芸さかんとなる 420～21 東ローマ，ペルシアと戦う 425 首都コンスタンティノープルに大学設置 427 ヴァンダル族，アフリカを侵す 428～33 ネストリウス派の宗論 431 エフェソスの公会議(ネストリウス派，異端とされる) 435 ネストリウス派の追放 438 テオドシウス法典 439 コンスタンティノープルの城壁を構築 **ヴァンダル** 428～77 ガイセリック 429 カルタゴの故地に建国 439 カルタゴに奠都	420～38 バハラム5世 421 ローマと和す 425 エフタルの侵入はじまる 435 ネストリウス派の採用 438 フン族の侵入と撃退 438～57 ヤズデギルド2世
	440					

公会議＝Synod, Synodus，宗教会議ともよばれ，キリスト教会の会議をいう。325年のニケーア公会議を最初とする。全体的(いわば全ローマ教会的)なものはConcilium oecumenicumと呼ばれ全司教を召集した。これに対して地方的なものはConcilium provincialeと呼ばれた。**民族大移動**＝Migration of Races, Völkerwanderung。**総(大)司教**＝archbishop (総主教)，**司教**＝bishop (主教)，司教の下に**司祭** presbyter，**補祭** deaconがおかれた。

〔8〕 大勢：北方諸族の移動と活躍（五胡十六国）／江南の開発と江南文化の展開／仏教文化の開花

年代：300 — 350 — 400 — 440

中央アジア

クシャナ朝

? ヴァーズデーヴァ3世

○大乗仏教学者
マイトレヤ(弥勒)
アサンガ(無着)
310頃〜390頃
ヴァスバンドゥ(世親)
320頃〜400頃
(「唯識説」)

? キダーラ

○ガンダーラ以北の5国を征服
○ハッダの仏教芸術

○エフタル人活躍をはじめる
○5世紀中頃クシャナ朝崩壊

南アジア

○インド分裂時代

○デカン地方にヴァカタカ朝繁栄

グプタ朝

320 **マガダ地方にグプタ朝おこる**
320〜35 チャンドラグプタ1世
○首都パータリプトラ
335〜75 サムドラグプタ
○デカン地方を討ちキストナ川以北を併合
○岩窟寺院の掘りはじめ
{アジャンター・エローラなど
○ヴァーツヤーヤナの「カーマ・スートラ」成る
○ブダガヤ大塔の創建
375頃〜413 チャンドラグプタ2世(超日王)
○サンスクリット文学の黄金時代
○ナーガルージュナ大塔の建設
390 サカ王朝を滅ぼし，グプタ朝の領土最大
○サンスクリットの詩聖カーリダーサ「シャクンタラ」
○チャンドラグプタ2世の南征
413〜55 クマーラグプタ
○ナーランダ寺院の建立
○ヒンドゥ教の成立

東アジア（中国）

晋（西晋）(265〜316)

290〜306 恵帝　**300〜06 八王族の反乱**　301 張軌，涼州刺史となる
302 竺法寂・竺法蘭，放光般若経の訳出　○鮑敬言「無君論」
303 江夏に流民の暴動おこる　○道家 葛洪 ?〜334頃「神山伝」
306〜13 懐帝　307 石勒，鄴を陥れる
307 琅邪王司馬睿，都督揚州江南諸軍事として建鄴に軍鎮を移す
310 王如，流民を率いて南陽に蜂起。仏図澄，洛陽に入る
311 漢の劉聡，弟の劉曜に命じ洛陽を陥れ，懐帝を捕える(永嘉の乱)
313 劉聡，懐帝を殺す，建鄴を建康と改める　314 張軌死し，子張寔つぐ
313〜16 愍帝　316 劉曜，長安を陥れ，**西晋滅ぶ**

②《成》(前蜀)
304 李雄成都王を称す
306 李雄大成皇帝と称す

《漢》
338 李寿その主李期を殺して自立
346 晋の桓温，漢を討つ
347 漢滅ぶ

東晋 (317〜420)

317 東晋おこる(晋室の南渡)。祖逖の北伐はじまる
317〜22 元帝(司馬睿)(首都建康)
322〜24 王敦の乱　○学者 郭璞 276〜324
322〜25 明帝　325〜42 成帝　孔衍 ?〜320
327〜29 祖峻・蘇峻の乱　330 王導死(宰相，267〜)
331 度田(検地)して十分の一税賦課
334〜39 庾亮の北伐　339 後趙の軍南下し，邾城において大いに庾亮の軍を破る　○仏図澄の活動
342〜44 康帝　344〜61 穆帝
348 仏図澄死(232〜，西域の仏僧)
○江南の窯業しだいに発達(越州窯)
○般若学説{道安 312〜85(本無義)　支道林(遁) 314〜66(即色義)　竺法深 ?〜74(本無義)　竺法温 ?(心無義)
353 王羲之らの蘭亭の雅会　354 桓温の第1回北伐(灞上その他を攻め敗退)。秦の将姚襄叛し燕に降る
356 桓温の第2回北伐(伊水に秦の姚襄を破る)。姚襄，襄陽に拠る
360 謝安，征西司馬となる
361〜65 哀帝
364 土断法(戸籍法・庚戌土断法)制定。
364 建康に瓦官寺創建
365〜70 廃帝(海西公，奕)　369 桓温の第3回北伐(枋頭の戦。敗退)
370〜72 簡文帝　371 桓温の第4回北伐(壽春陥落。糧食尽きて退く)
372〜96 孝武帝　373 桓温死(312〜)
○書家{王羲之 321〜79(一説307頃〜65頃)　王献之 44〜88(羲之の次子)}二王
○賈弼，姓氏簿状(諸家譜)を編集　379 前秦の軍南下して盱眙を陥落　382 西域諸国を討ち服属させる
383 **淝水の戦**(前秦の苻堅，大軍を率いて南下，晋の謝石・謝玄これをむかえ撃ち，大いに前秦軍を破る。苻堅，敗走)
384 西域人の僧摩羅難陀，百済に仏教を伝える
385 司馬道子らの専権はじまる。謝安死(320〜)
390 慧遠，廬山の東林寺に白蓮社を結ぶ
○詩人{陶淵明(潜) 365〜427　顔延之(延年) 384〜456　謝霊運 385〜433}
396〜418 安帝　稽含 ?「南方草木状」
398〜402 孫恩の乱
402 桓玄(桓温の子)叛し，建康占領
403〜04 桓帝(桓玄の簒奪)
404 盧循，乱を起す。劉裕，桓帝を殺す。安帝，位に復す
○画家，顧愷之 344〜406「女史箴図」
410 劉裕，南燕を滅ぼす。盧循を討つ
411 盧循，交州へ逃げ自殺
413 土断法の施行
413 朱齢石，後蜀を討ち，これを滅ぼす
416 慧遠死(334〜，浄土教)
417 劉裕，後秦を滅ぼす　418〜20 恭帝
420 劉裕，恭帝を廃し，晋を滅ぼして宋を興す

〔後蜀〕
405 譙縦成都に自立

〔南朝〕宋 (420〜79)

420〜22 武帝(劉裕)
424〜53 文帝　430 四銖銭を鋳る

五胡十六国

<漢>
304 匈奴の劉淵自立，大単于と称する
308 劉淵，大漢皇帝と称する
309 平陽に遷都。洛陽を侵寇
310 劉淵死し，子劉聡つぐ
317 劉琨死(270〜，「詠史詩」)
318 劉聡死しその支配権分裂

①《前趙》
319 劉曜趙皇帝と称す(首都長安)
319〜21 晋の祖逖，北軍撃破
328 劉曜，石勒に敗れる。石勒，劉曜を殺す
329 前趙滅ぶ　330 石勒，趙皇帝と称す
333 石勒死
334 石虎自立　335 石虎，鄴に遷都
349 漢人梁犢蜂起，中原地方の混乱。石虎死。石鑒，その主石遵を殺して自立。漢人冉閔たち後趙を滅ぼす
〔魏〕350 冉閔，魏王を称す(冉魏)

③((後趙))
319 石勒自立し趙王と称す(首都襄国)

⑤〔前涼〕
345 張寔の孫張駿，涼王と称する
349 張重華，涼王と称する

⑥《前秦》
351 苻健自立
352 苻健，皇帝を称す(〜55)
357 姚襄殺される。苻堅たつ
359〜75 王猛の宰相
365〜69 前燕，前秦を攻めて洛陽を占領
366 敦煌の石窟掘りはじめ(一説353)
370 苻堅，鄴を陥れ，前燕を滅ぼす
372 前秦，はじめて僧順道および経典を高句麗に送る(高句麗に仏教伝来の初め)
376 前涼の張天錫，前秦に降り滅ぶ。**前秦の華北統一**。代王その臣に殺され国滅ぶ。
前秦，代を併わせその地を二部に分つ
384 前秦の支配権崩壊

⑨【西秦】
385 乞伏国仁自立
⑩《後涼》
386 呂光自立
⑪【南涼】
397 禿髪烏孤自立
⑫〈北涼〉
397 沮渠蒙遜自立
⑭【西涼】
405 李暠自立
414 西秦，南涼を滅ぼす
420 北涼，西涼を滅ぼす
431 夏，西秦を滅ぼす。夏，吐谷渾に滅ぼされる
439 北涼，北魏に滅ぼされる

⑧〈後秦〉
384 姚萇自立
385 姚萇，苻堅を殺し皇帝を称す
394 前秦滅ぶ
403 後涼を滅ぼす
405 鳩摩羅什，後秦の国師となる(仏教盛んとなり，経典の翻訳つづけられる)
413 羅什死(三論宗の祖)
417 後秦，東晋に滅ぼされる

⑮〈夏〉
407 赫連勃勃自立(〜425)
413 統万城を築く
418 赫連勃勃，長安を陥落

⑦【後燕】
384 慕容垂自立
【西燕】384 慕容永自立
394 後燕，西燕を滅ぼす
⑬【南燕】
397 慕容徳自立
410 東晋に滅ぼされる
⑯〔北燕〕
409 馮跋，後燕を滅ぼして自立

423〜52 太武帝(拓跋燾)　430 洛陽を抜く
431 魏の崔浩，姓族を明らかにしようとし罪せられる　439 北魏，華北をほぼ統一

北アジア

鮮卑

302 宇文単于，慕容廆と戦い敗れる
307 慕容廆(〜333)，大単于と称する
319 遼東を奪取。石虎，鮮卑を破る

【代】
310 拓跋猗盧，代公大単于となる
315 猗盧代王を称する
338〜76 什翼犍(首都盛楽)

④【前燕】
336 慕容皝，遼東併合
337 燕王と称す
342 龍城に遷都。前燕，高句麗を討ち，丸都城に入って荒らす
344 宇文氏を滅ぼす
350 趙の薊城を取り都を移す
352 慕容儁，冉魏を滅ぼし，自ら燕皇帝と称する
357 慕容儁，鉄勒(チュルク)を伐つ

【北魏】
386 拓跋珪自立して代王を称す
398 平城遷都
398〜409 道武帝(珪)
399 北魏，高車を攻め四散させる
399〜412 法顕のインド旅行(仏国記)
409 後燕を破り黄河以北を併合
409〜23 明元帝
422 法顕死(337〜)
423 長城を修築
423〜52 太武帝
425 太武帝，柔然を討つ
427 夏の統万を陥る
429 北魏，柔然をトラ河畔に破る
436 北魏，北燕を滅ぼす。燕王馮弘，高句麗に走り翌年殺される

〔北朝〕【北魏】

柔然

○ジューゼン(柔然，蠕蠕，茹茹)モンゴル高原を支配
○高車人(トルコ系)おこる
394 柔然の酋社侖たつ
402 社侖漠北により可汗(ハガン)を称す
414 大檀たつ

東アジア

朝鮮

302 高句麗，晋の玄菟郡(撫順)を攻撃
313 高句麗，楽浪郡を滅ぼす。このころ帯方郡も韓・濊族らに滅ぼされる
319 高句麗，慕容廆を攻めて敗れる
331 高句麗美川王死
○輯安(通溝)附近の角抵塚・舞踊塚

（三国時代）

343 高句麗，国内城に遷都
346 百済おこる(近肖古王)
356 新羅おこる(奈勿王)
367 百済の使者日本に至る
369 高句麗，百済を攻めてかえって敗れる。倭軍，新羅を破り，朝鮮半島の南端を勢力下におく
371 百済，高句麗を討ち故国原王を殺す
377 高句麗・新羅，前秦に入貢
384 東晋より百済へ仏教伝わる
391〜412 高句麗，好太王(広開土王)
391 百済・新羅，倭に服す
392 高句麗軍南下
397 百済，太子を倭に質とする
399 新羅，百済に救援
400 高句麗，新羅を援けて倭軍と戦う
404 帯方郡の故地にて，倭軍，高句麗軍と戦う
413〜91 高句麗，長寿王
○好太王碑
427 高句麗，平壌遷都

日本

古墳文化

413 倭王讃(仁徳?)東晋に遣使
425 宋に入貢
430 宋に入貢
438 倭王珍(履仲?)宋に遣使

八王＝晋室の王族である8人の王，斉王冏・楚王瑋・長沙王乂・成都王穎・汝南王亮・趙王倫・河間王顒・東海王越。五胡＝5種の胡人，匈奴・鮮卑・羯・氐・羌。**五胡十六国時代**(316〜439)＝このとき華北では五胡などによる16カ国が次々と興亡したが，このページではその種族を次のように示し，また16国を①②③……で示した。**種族別の符号**＝匈奴〈　〉，鮮卑【　】，羯((　))，氐《　》，羌｜　｜，漢人〔　〕。**可汗**は，匈奴の単于と同じく遊牧民の首長の称。

〔9〕

大勢	年代	ブリタニア	西ゴート王国	西ローマ帝国（ブルグンド）	西ローマ帝国（フランク王国）	東ゴート王国／ランゴバルド王国	ローマ教会	フンの王国／ゲピデ王国／アヴァール王国	ヴァンダル	東ローマ帝国	ササン朝ペルシア
ゲルマン民族の諸国家／フランク王国の発展／キリスト教会の動揺／東ローマの盛世とビザンツ文化	440	イングランド	419～66 テオドリック ○西ゴート，スエヴィ族ともにアリウス派	425～55 ヴァレンティニアヌス3世 ブルグンド 443 ブルグンド族ローヌ上流に建国(その前住地にアラマニ族が定住) 443～73 グンディオク	440 ヴァンダル族の艦船，シチリア・下イタリアを荒らす		440～61 レオ1世(大教皇) ○教皇権の主張	433～53 アッティラ 441 パンノニア侵入 442 マケドニア劫掠 447 アッティラ，コンスタンティノープルに迫る	428～77 ガイセリック ○アリウス派	408～50 テオドシウス2世 448 コンスタンティノープルの公会議 449 エフェソスの「盗賊」公会議	438～57 ヤズデギルド2世 441 フン族，シリアに侵入 450 **エフタル**のペルシア攻撃
	450	**449 アングロ・サクソン族のブリタニア侵入** 457 ケント族征服される ○七王国時代はじまる 477 南サクソン人の侵入 488～514 サクソン王エラ	466 エウリック，テオドリックを殺す 466～84 エウリック 470 イスパニアの大半を征服 ○西ゴート法典の編纂 484～507 アラリック2世 ○アラリック，東ゴート王テオドリックの女と結婚	(首都ジュネーヴ) ○アリウス派 473 三子の分割統治 473～516 グンドバード(501統一)	**451 カタラウヌム原頭の戦** 455 マクシムス5世(殺される) 455～57 アウィトゥス 456～72 リキメルの専制 464～86 シアグリウス 457～61 マヨリアヌス 475～76 ロムルス・アウグストゥルス **476 西ローマ帝国滅ぶ** フランク王国 481～511 クロヴィス1世 〔**メロヴィング朝**〕486～751 **486 ソワソンの戦**(シアグリウスを破り，フランク王国を建設) 496 クロヴィスのアラマニ征行。カトリックに回心 498 クロヴィス，ランス大寺で受洗	476～93 オドアケル，イタリア君臨 東ゴート王国 488 東ゴート王テオドリック，イタリアに移る(～89，アクィレイアの戦) 493 王国建設 493～526 テオドリック	452 教皇レオ，アッティラを退く 455 ヴァンダル族のローマ占領(14日間) 461～68 ヒラルス 468～83 ミンプリキウス 483～92 フェリクス2世 484 東西教会の分離(～518) 498～514 シンマクス	**453 アッティラ死，フン帝国瓦解** 454 ネダオ河畔の戦 ゲピデ王国 454 ダキア地方に建国	455 14日間ローマを荒らす 468 ボナ岬の海戦(レオ1世，ヴァンダルを討ち，その艦隊はかえって破られる) 477～84 フネリック 494 ヴァンダル人マルタ島占領	450～57 マルキアヌス 451 カルケドンの公会議(キリスト単性説しりぞけられる) 454 東ゴート族，パンノニアに移る 457～74 レオ1世 465 コンスタンティノープル大火，大半焼失 474～91 ゼノン ○ギリシアの哲学者プロクロス 410～85 482 ゼノンのヘノティコン(統一勅令) 487 東ゴート王テオドリック，イタリア回復を命ぜられる 491～518 アナスタシウス(単性論者) 497 イサウリア人の反乱 499 ブルガル人の侵寇	457～59 ホルムズド3世 459～84 フィールーズ(ペローズ) ○エフタル人，メルヴ・ヘラ 484 フィールーズ，エフタル 487 クバード1世(488ジャーマスプに王位を追われる) 487～501 ジャーマスプ 487 ハザールを討つ。ゾロアスター教僧マズダクの活動(一種の共産思想)
	500	514～34 ケルディク 526 ノーサンブリア，ウェセックスを征服 ○この頃数十年にわたりコルンバ，修道院運動をスコットランド・アイルランドに起す	507 フランクのクロヴィス，西ゴートをピレネーの彼方に退ける(ヴィイェの戦。アラリック2世敗死) 508 トロサを失い，西ゴートの領土はイスパニアに限る 508～31 アマラリック(首都トレド) 511 バルセロナの戦 542 セウタ占領 549～54 アギラ	501 ブルグンド法典 516～23 シギスムンド 516 カトリックに回心 523～34 グンディマル 532／34 フランク，ブルグンド王国を併合 536 プロヴァンスを併合	502 マラマニ征討 508 トロサ占領 510頃 サリ法典 511 クロヴィス，王国を四子に分領させる 511～33 ㋐テウデリック1世 531 チューリンギアを併合 533～48 ㋐テウデベルト1世 546 ランゴバルド族，パンノニアに侵入 548～55 ㋐テウデバルド1世	○首都ラヴェンナ ○アリウス派 508 プロヴァンスを併合 523 ブルグンドを一時占領 524 哲学者ボエティウス死 535 ユスティニアヌスの東ゴート攻撃 541～52 トティラ 544～49 ベリザリウスのイタリア遠征	480～543 ヌルシアの聖ベネディクトゥス 520頃 ベネディクトゥス，ベネディクト教団規約の制定 529 モンテカッシノ修道院創立(ベネディクト教団の成立) 536～37 シルヴェリウス 536 ベリザリウスのローマ占領 537～55 ヴィギリウス	○ランゴバルド王タート自立(アリウス派) 546頃 ランゴバルドのゲピデ攻撃	523～30 ヒルデリック 530～34 ゲリメル 534 トリカメロンの戦(ヴァンダル王国滅ぶ)	517 スラヴ人のバルカン侵寇 〔**ユスティヌス朝**〕518～610 518～27 ユスティヌス1世 518 教会分離終る 520 アント人のバルカン侵寇 524 東ローマとペルシアの戦闘再開 525 フン族のオグルタ，カトリック回心 527～65 **ユスティニアヌス1世**(大帝) 527～65 異教学派禁圧 528 ダラスの戦(ペルシア軍敗退) 529／33 ユスティニアヌス法典(ローマ法大全) 529 アテネのアカデミア閉鎖。ギリシアの学者ペルシアに逃る 532 ニカの反乱 535 シチリア征略 536 コンスタンティノープルの公会議 537 サンタソフィア寺院の完成 ○モザイク工芸の全盛 546 法学者トリボニアヌス死(480頃～) 550頃 スラヴ人，ドナウ下流に迫る	501～31 クバード1世復位 502 クバード1世，アルメニア侵寇 513 エフタルの侵 531～79 コスロー1世(アノーシールワーン) 531 マズダク刑死とその党 533 東ローマとペルシア和す ○名宰相ブズルグ・ミヒル 540 コスロー1世，アンティオキアを占領 549 東ローマとの戦闘開始(～62)
	550	560～616 ケント王エセルベルト 575 東アングリア王国建設 597 修道士オーガスティン，ケント地方を教化。老コルンバの死	554 イスパニア南部，ビザンツ領となる 554～68? アタナギルド 568頃～86 レオヴィギルド ○イスパニア南部を回復 586～601 レカレド 584 ビザンツ軍のためコルドバ陥落 585 スエヴィ王国併合 589 カトリックに回心		558～61 クロタール1世(王国統一) 561 再び王国四分(諸子間の紛争，分割相続) 561～75 ㋐シギベルト1世 561～84 ㋧ヒルペリック1世 566 アヴァール人との衝突 567 フランク王国三分 575～96 ㋐ヒルデベルド2世 ○宮廷内における陰謀惨劇つづく 584～628 ㋧クロタール2世(613統一) ○トゥールのグレゴリウス 540頃～95(「世代記」の作者) 590 アヴァール人の侵入 591頃 小コルンバ，リュクシユ修道院創設 592～612 ㋐テウデベルト2世	552 タディネの戦(ナルセス，東ゴート軍を破る。トティラ敗死) 553 モンスラクタリウスの戦 553 東ゴート王国滅び，イタリア，東ローマ領に帰属(～68) 554～67 ナルセスの軍政 ランゴバルド王国 **568 北イタリアにランゴバルド王国おこる** 568～73 アルボイン 574 パヴィア奠都 584～91 アウタリ(王権を強化) 590～616 アギルルフ	561～74 ヨハネス3世 586 ラブラの福音書 590～604 グレゴリウス1世(教皇の尊称の普遍化)	566 ゲピデ滅ぶ アヴァール王国 567 アヴァール人の建国 581 アヴァール人，シルミウム占領 590 アヴァール人の西方進出		553 コンスタンティノープルの公会議(両性説否認) 554 イスパニアの南部を奪還(ベリザリウスの征略) 558 アヴァール人，下ヴォルガに現われ，西進して562年，ゲピデに侵入 564 「新勅法彙集」 565～78 ユスティヌス2世 565 ベリザリウス死(505頃～) 568 突厥の使節，コンスタンティノープルに至る 576 西突厥の軍，クリミアのビザンツ諸市を包囲。東ローマ，カスピ海を制圧 578～82 ティベリウス2世 582～602 マウリティウス 584 南イスパニアを攻撃し，コルドバを陥れる 585 **スラヴ人の移動はじまる** 591 ビザンツ軍，アルメニアを奪取 592～602 東ローマ，スラヴ及びアヴァール人をドナウの線に防守	○首都クテシフォンに医学・哲学等の研究機関設立 562 コスロー1世のエジプト・アラビア遠征 575? ペルシアの勢力，イエーメン地方に及ぶ 579 メリテネの戦 579～90 ホルムズド4世 581～91 ペルシア，ビザンツ軍と戦う 588 西突厥の軍，ヘラット 590～91 バハラム＝チュービンの反乱 590～628 コスロー2世 598 西突厥軍，バクトリアに
	600										

七王国＝Heptarchy，ノーサンブリア・メルシア・東アリングア・エセックス・ウェセックス・ケント・サセックスの7国をいう。**東ローマ帝国**をその首都の古名に因んで**ビザンツ帝国** Byzantine Empire という。
フランクの分割統治＝㋐はアウストラシア王，㋧はネウストリア王を示す。修道院＝monastery．**サリ法典**＝Lex Salica，サリ族がフランクの中心勢力であったため，サリ部族の法典が主軸となって編纂された。

〔9〕

大勢: 中国文化の東伝／貴族政治の成立／インド分裂時代／華北の分裂と隋の統一／日本、飛鳥文化の開花

年代: 440 / 450 / 500 / 550 / 600

中央アジア

エフタル

○クシャナ朝崩壊
さかんとなる
456 北魏へ入貢
460頃 エフタル，ガンダーラに侵入
? トーラマーナ
ット攻撃
に敗れ戦死
○西域地方へ進出
○エフタルのグプタ朝攻撃
略 終 る
515頃 ~550頃 ミヒラクラ
519 宋雲，エフタル王に謁見
の弾圧 533 エフタル，カナウジ王ヤショダルマンに破られ退く
563/67 エフタル，西突厥に討たれて全く衰える

突厥領

585 突厥分裂
を攻撃
侵入

南アジア

グプタ朝

413~55 クマーラグプタ
○ディグナーガ(方便唯識説) 400頃~80
455~70 スカンダグプタ
○セイロンのシギリヤ壁画
470頃 グプタ朝の支配権，マルワ及びベンガル・ビハールに分裂
○天文数学者 {アーリアバタ / ヴァラーハミヒラ ?~587「ブリハット・サンヒター」}
○ヴァカタカ朝の勢力の北進
490 西インドにヴァラビ朝おこる(~743)
○抒情詩人バルトリハリ ?~651頃
○アジャンターのヴァカタカ王碑文
520頃 グプタ朝分裂
○インド分裂時代
550 西インドにマンドール朝おこる(~860)
○ダルマパーラ(方便唯識説) 530~61
○中観派仏教哲学 ブッダパーリタ470頃~540頃 バヴィヤ490頃~570頃
○ナーガルージュナ(龍樹)(密教の祖)

カルキヤ朝

550 南インドにカルキヤ(チャルキア)朝おこる(~642)
550頃~67 プラケシン
567~91 キールティヴァルマン
575頃 南インドにパラヴァ朝おこる(~883頃)

東アジア（中国）

〔南朝〕 宋 (420~479)

424~53 文帝……**元嘉の治** ○貴族政治
444 劉義慶死(404?~，「世説新語」)
445 范曄殺される(398~，「後漢書」)
445 元嘉暦を用いる
450 文帝の北征，宋・魏，大いに滑台・関中等において戦う
453~64 孝武帝
454 四銖銭を鋳造 ○詩人 {顔延之 385~456 / 鮑照 421頃~465頃}
461 明堂を建てる ○画家 陸探微
465 王廷の内紛 ○四六騈儷体の流行おこる
465~72 明帝
469 臨海の農民暴動(首領田流)おこり鄞県を占領
472~77 後廃帝 477~79 順帝
479 蕭道成自立，宋滅ぶ

斉 (南斉) (479~502)

479 **斉おこる** 479~82 高帝(蕭道成)
480 民籍を検定 ○永明体の詩おこる
482~93 武帝 ○竟陵の八友
485 三呉の人民蜂起し銭塘を占領
494~98 明帝 ○詩人 謝朓 464~99
○画家 謝赫
441~513 沈約(「宋書」「四聲譜」) ○天台僧 慧文
502 蕭衍，和帝(501~)を廃し，斉滅ぶ

梁 (502~557)

502 **梁おこる** 502~49 武帝(蕭衍)
503 新律頒布。扶南・中天竺の使者来る
504 仏教を国教とする ○文人 任昉 460~508
505 五経博士を置き学校を建つ(南朝経学の興起)
517 宗廟の供物を菜果に改める
520 劉勰死(464頃~)(文学論「文心彫龍」)
527 菩提達磨，広州に至る
○画家 張僧繇 ○南京附近の石獅子像
489~537 蕭子顕(「南斉書」)
501~531 昭明太子(武帝の子，蕭統，「文選」)
536 陶弘景死(452~，学者)
546 武帝自ら仏書を同泰寺に講じる
○宗懍?~561/4「荊楚歳時記」
549~51 簡文帝 ○詩文 {徐陵 507~83 / 庾信 513~81}
549 東魏の降人侯景，乱を起し，健康を陥落
551 侯景，簡文帝を殺し，自ら漢帝と称する
552 侯景死し，簡文帝の弟蕭繹(元帝)即位
552~54 元帝
557 陳覇先，帝を称し，梁滅ぶ

西梁

555 後梁王蕭詧帝を称する
555~62 宣帝
562~85 明帝
581 顧野王死(519~，「玉篇」)
587 西梁滅ぶ

陳 (557~589)

557 **陳おこる** 557~59 武帝
559~66 文帝
579 北周，陳の江北を取る
583~89 後主
○陳の内政乱る
589 陳滅ぶ

〔北朝〕 北魏 (後魏)

423~52 太武帝(拓跋燾) 476~542 曇鸞
443 これより連年，西域を討つ
○道教の成立 寇謙之 ?~448 (新天師道)
446~52 仏教弾圧
452~65 文成帝
457 西域50余国入貢 460頃 西域に高昌国おこる
460 雲岡の石窟掘りはじめ(僧曇曜の指揮=曇曜五窟)
465~71 献文帝(拓跋弘)
466 太后馮氏の称制
467 漢人の反乱。献文帝親政。平城永寧寺五重塔成る
471 献文帝譲位，太上皇帝と称する
471~99 孝文帝(拓跋宏)
○北魏の仏像彫刻さかん
481 新律制定
483 同姓通婚の禁止(漢化政策)
485 **均田法の実施** 486 初めて中国式の冠服を着用
493 洛陽に遷都
495 五銖銭を鋳造。族姓を分定(鮮卑族の功臣を漢人と同格とする)。龍門古陽洞の掘りはじめ(~575)
500 龍門賓陽洞の掘りはじめ(~523)
499~515 宣武帝 502頃 麦積山石窟の掘りはじめ
504 北辺に九城を築く。国学を創立
○賈思勰「斉民要術」
509 宣武帝自ら仏教を講じる 510頃 炳霊寺石窟掘りはじめ
515~28 孝明帝
518 宋雲・慧生，インドに向う
523 北辺六鎮の人民蜂起 523頃 嵩山嵩岳寺甎塔成る
524~25 鎮軍の大暴動 ○真諦三蔵 499~569 (三論宗)
526~28 葛栄，農民を率いて暴動
527 酈道元死(?~，「水経注」) 528~30 孝荘帝
529 徐遵明死(?~，)(北朝経学の大成) 532~34 孝武帝
534 宇文泰，孝武帝を殺し，北魏滅ぶ 535 東西に分裂

西魏

535~51 文帝(宇文泰の擁立)
539 礼楽制定
542 六軍を置く 543 両魏，邙山に戦う
550 府兵制を布く
553~57 恭帝
557 西魏滅ぶ

東魏

534~50 孝静帝(高歓の擁立)
○響堂山石窟を開く
550 東魏滅ぶ

北斉

550 高洋，孝静帝を殺し，帝を称する
550~58 文宣帝(高洋)
506~72 魏収(「魏書」)
561~65 武成帝
573 文林館を置く

北周

557 宇文覚自立
557~59 明帝 560~78 武帝
573 楊堅，帝の外戚となる
574 仏教弾圧 577 北周，北斉を滅ぼす
578 楊堅，大司馬となる
581 北周倒れ，隋おこる。駝山石窟の掘りはじめ

隋 (581~618)

581~604 文帝(楊堅) 581 五銖銭を鋳造 582 雲門山石窟の掘りはじめ
583 大興城(長安)遷都 584 突厥を攻撃して勝つ。広通渠を開く。新律更定
585 義倉を置く。**長城の修築はじまる** 586 党項(タングート)・吐谷渾を降す
589 **隋の中国統一成る** 590 **府兵制度を整備**。番禺夷を平定 591 郡を廃し州の下に県をおく
592 均田法を行う 594 関中の大ききん，文帝これを救済せず。○顔之推(531~，「顔氏家訓」)
595 仁寿宮成る 597 雲南の南寧蛮を平定。智顗死(538~，天台宗)
598 高句麗，遼西に侵入 600 晋王広を太子とす。仏像の破毀を禁ず 599 義成公主を突厥の啓民可汗に嫁す

北アジア

柔然

443 北魏の軍，柔然を攻撃
444 処羅可汗たつ
449 柔然，北魏に討たれて衰える
464 処羅可汗死
485 豆崙可汗たつ
485頃 高車人西走し，天山北麓に移住
488 柔然，北魏に従属
508 高車人，柔然を破る
521 柔然分裂，魏に降る
540 柔然，西魏を侵す
545 突厥，西魏と通交
552 突厥の攻撃をうけて壊滅

突厥帝国（チュルク）

552 突厥帝国成立
552~53 トメン(土門，イリ可汗)
554頃~72 木杆可汗
555 柔然を滅ぼす
568 東ローマの返使ゼマルクス，突厥庭に入る
582 突厥，隋に侵入
583 突厥，東西に分裂
587~609 東突厥，啓民可汗

東アジア

朝鮮

413~91 高句麗，長寿王
○慶州金冠塚
450 高句麗，新羅を討つ
475 高句麗，百済の都漢城を陥落。百済，熊津遷都
489 高句麗，新羅の孤山城を陥落
494 扶余，高句麗に降る
503 新羅の智証王初めて王を称す
512 百済に伽耶の4県を割く
513頃 百済，倭に五経博士を送る
513~40 新羅，法興王
520 新羅律令を分ち百官公服制定
523~54 百済，聖王(聖明王)
528 新羅，仏教盛んとなる
532 新羅，伽耶の金官国を取る
538 百済，扶余(泗沘)遷都
544 新羅，興輪寺成る
551 新羅，高句麗の10郡を割取
554 百済の聖王，新羅と戦い敗死
562 伽耶，新羅に滅ぼされる
568 新羅，皇龍寺成る
574 皇龍寺の丈六仏像成る
579~632 新羅，真平王
589 新羅の僧円光隋に入る(~600)
598 高句麗王嬰陽隋の遼西に侵入

日本

443 倭王済(允恭?)，宋に遣使
462 倭王済死に，子興(安康?)立つ。興，宋に遣使
478 倭王武(雄略?)，宋に遣使
487 紀生磐，百済に反乱
502 梁の武帝，倭王を征東大将軍とする
527~28 筑紫国造磐井の反乱
531~71 欽明天皇
538頃 百済より仏教伝わる
544 粛慎人，佐渡に来る
552 百済王，仏像経論を献じる
585 物部守屋，仏像を投棄
587 物部氏滅ぶ
588 蘇我馬子，法興寺創建
592~628 推古天皇
593~622 聖徳太子の摂政
593 四天王寺創建
600 隋に遣使

六朝(りくちょう)＝呉(三国の)・東晋・宋・斉・梁・陳の江南に君臨した六朝をいう。**南北朝時代**＝439~589年の約150年間をいい，南朝は六朝の宋以下四朝を指し，北朝は北魏及びその後継諸朝を指している。
南北朝時代の仏教諸宗派＝三論・律・成実(じょうじつ)・涅槃(ねはん)・浄土・禅など。竟陵の八友＝斉の武帝の子竟陵王蕭子良の邸に集まった文人，謝朓・任昉・沈約・陸倕・范雲・蕭琛・王融・蕭衍をいう。

サラセン帝国という呼び方が，ヨーロッパ側からの他称であることから，近年はこれを避けて「**イスラム帝国**」という語を用いるようになった。ただし，学説的には，正統カリフ時代(622~661)と，前ウマイヤ朝時代を「**アラブ帝国**」といい，それ以後，10世紀までを「**イスラム帝国**」という。945年にカリフが政権を失い，他方チュニジアに起ったファティマ朝がカリフを称して969年エジプトに進出するに至ったことによる。

〔10〕

大勢：ゲルマン諸国の発展／イスラム教の成立とイスラム帝国の領土拡張／ビザンツ帝国とイスラムの抗争

年代	西ヨーロッパ：イングランド	西ヨーロッパ：西ゴート王国	西ヨーロッパ：フランク王国	中央ヨーロッパ：ランゴバルド	中央ヨーロッパ：ローマ教会	東ヨーロッパ：アヴァール	東ヨーロッパ：東ローマ帝国	西アジア：ササン朝ペルシア／イスラム帝国
600	○イギリス七王国(ヘプターキー)時代 615 小コルンバ死 624~33 ノーサンブリア王エドウィン	601~03 レオヴァ2世 603~10 ヴィテリック 612~21 シシブート ○セビリヤのイシドルス 560頃~636 621~31 スウィンチラ	592~612 ㋐テウデベルト2世 613~28 クロタール2世(王国統一) ○宮宰を創設 614 サンガレン修道院創立 622 フランク王国第3次分割(三分) 623 王国二分。フランク人サモ，ボヘミア王国を建つ 623~38 ダゴベルト1世 623~39 宮宰ピピン(1世)(カロリング家の祖)	603 カトリックに回心 604 ランゴバルド法典の編纂 616~26 アダロアルド(アリヴァルド)	590~604 グレゴリウス1世 ○グレゴリオ聖歌 608~15 ボニファチウス4世 615~18 デウスデディツス 619~25 ボニファチウス5世 625~38 ホノリウス1世	619 アヴァール人，ビザンツ領侵寇 625~29 クロアート人の帝国領内移住	582~602 マウリティウス 602~10 フォーカス，帝位を奪う 606 ペルシア軍，小アジアに入る 610 ヘラクリウス父子のフォーカス帝に対する革命 〔ヘラクリウス朝〕610~717 610~41 ヘラクリウス(子) 614~15 ペルシア軍，ダマスクス・イェルサレム占領 ○屯田兵区制時代 617 ペルシア軍，コンスタンティノープルに迫る，カルケドン占領 622 ヘラクリウス，イッソスに上陸してペルシアを襲う 623 ヘラクリウス，アゼルバイジャン侵入	590~628 コスロー2世 603~10 ペルシア，東ローマと戦う **616 ペルシア，エジプト遠征** **イスラム帝国** 571(一説570)~632 ムハンマド(マホメット) 610頃 イスラム教成立(ムハンマド，天の啓示を受ける) 615 メッカのムハンマドの同情者に対する迫害さかんとなる 619 ムハンマドの妻と，伯父アブ・ターリブの死 622 **ヒジュラ(聖遷)元年**(ムハンマド，メディナに逃れる) 625 ウフドの戦(メッカ軍のため，ムハンマド敗れる)
625	627 エドウィンの受洗 633 オスワルドのアイルランド解放 633~55 メルキア王ペンダ	631~36 シシナンド 633 トレドの公会議 636~40 キンディラ 641~52 キンダスウィント	○サンドニ寺院創建 632 ヴェンド人を撃退 632~56 ㋐シギベルト3世 632~38 アウストラシア宮宰アンセギサル(司教アルヌルフの子，ピピンの女婿) 638~56 ㋧クロヴィス2世 639 宮宰ピピン死，子グリモアルド1世つぐ(~57殺される) 641 メッツの司教アルヌルフ死 650頃 アウストラシアとネウストリアとの分離	636~52 ロタリ 643 ロタリ法典	640 セヴェリヌス 640~42 ヨハネス4世 642~49 テオドルス1世 649~55 マルチヌス1世 649 ラテラノの公会議(キリスト単性論を排斥)	626 スラヴ・アヴァール・ペルシア諸族，コンスタンティノープルを包囲 ○7世紀中頃クロアート人キリスト教に帰依	627 ニネヴェの戦(ヘラクリウス，コスロー2世を破る) 628 ヘラクリウス，ペルシアの国都クテシフォン城門に迫る。コスロー2世殺される 636 ビザンツ軍，ヤルムクでイスラム軍に降伏 638 エクテシス(信仰告示) 639 シリア・メソポタミア失陥 641~68 コンスタンス2世 646 カルタゴ太守の反乱 650 ラヴェンナ太守の反乱	628~29 クバード2世 629 ペルシア，東ローマと和す 629~30 アルデシール3世 632~42 ヤズデギルド3世 636 ヤルムークの戦(東ローマ軍に打撃を与える) 642 ネハーヴェントの戦 **642 ササン朝倒れる。**イスラム軍，エジプト征服 628 フダイビヤ条約(メディナの教徒，メッカと休戦) 630 ムハンマド，メッカ帰還 632 ムハンマド，別離の巡礼 632~34 アブー・バクル(初代カリフ) 634頃 全アラビア統一 634~44 ウマル(オマール) 635 イスラム軍，ダマスクス占領 635 カデシアの戦。クテシフォン占領 644 ウマル暗殺される 644~56 オトマン(ウスマーン) 647 チュニジア征服 649 キプロス攻略
650	664 ホイットビーの宗教会議 669 カンタベリの司教タルソスのテオドルス 675~704 メルキア王エルレッド	654 リベル・ユディコルム(裁判法典，フエロ・フスゴ。国王と西ゴート貴族との慣習法の調停を主目的とする) 672~80 ヴァンバ	656~70 ㋧クロタール3世 657~81 宮宰エブロイン 660~73 ㋐ヒルデリック1世 670 ヒルデリック，王国統一 671~95 ㋐クロヴィス3世 673~98 ㋧テウデリック3世 674 エブロイン，王位の紛争を鎮む	653~61 アリベルト1世 662~72 グリムヴァルド 672~86 ペルクタリット	654~57 エウゲニウス1世 657~72 ヴィタリアヌス 672~76 アデオダツス		653 教皇マルティヌス1世を処罰 655 リキア沖の海戦(ビザンツ艦隊敗滅) 663~68 コンスタンス2世の西方隠棲 667 カリニクス，ギリシア火(武器)を発明 667~69 イスラム軍，シチリアを攻撃 673~78 イスラム軍，コンスタンティノープル包囲(ビザンツ軍，ギリシア火で撃退)	650 イシュタクル(ペルセポリス)占領 651 ヤズデギルド3世殺されササン朝名実ともに滅ぶ 651 コラサン占領 651／53 第2回コーラン結集 656~61 アリ(ムハンマドの女婿) ○首都クーファに移る 657 スィッフィンの戦(イスラム教団分裂の萌芽) 661 アリ，クーファで暗殺される(正統カリフ時代終る) 〔ウマイヤ朝〕661~750(首都ダマスクス) 661~80 ムアヴィア1世 ○カリフを世襲制とする ○カイロのアムル・モスク
675	685~88 ウェセックス王ケドウァラ 688~727 ウェセックス王イネ 694 イネ，ケントを征服 ○叙事詩「ベオウルフ」	680~87 エルウィク 687~701 エギカ 694 ユダヤ人を迫害	678 エブロイン実権を握る。ピピン2世，アウストラシアの独立を企図 681 ピピン2世，エブロインを殺す 687 テルトリの戦。宮宰ピピン2世(1世の外孫，アンセギサルの子)，実権を握る 689 ピピン，フリース人を破り，西フリースランドを併合 695~711 ㋐ヒルデベルド3世 698 ヒルデベルド3世，ネウストリア王を兼ねる	680頃 ビザンツとの和平 697 ヴェネツィア初代ドージェ選立(一説713?)	676~78 ドヌス 678~81 アガツス 681 教会の教義統一再び成る 682~83 レオ2世 686~87 コノン 687~701 セルギウス1世 690頃 ウィリブロルドのフリース伝道	677 アヴァール人，テサロニカ占領 **ブルガル汗国** 679 ブルガリア人の建国 679~? アスパルフ(イスペリフ)	680／81 コンスタンティノープルの公会議(教会の教義統一，一名万国公会議) 685~711 ユスティニアヌス2世(695革命で廃位，705重祚) 692 イスラム軍のため惨敗 695~716 無政府状態 697 ビザンツ軍，イスラム軍と戦う(イスラム，北アフリカのビザンツ領を奪う) 698~705 ティベリウス3世(簒位者)	676 イスラム軍，サマルカ 678 ムアヴィア，ビザンツと和す(イスラムの最初のつまずき) 680~83 ヤジド1世 680 フセイン(アリの次子)の乱とその死(シーア派形成の端緒) 680 カイルワーン市創立(チュニジア) 683~85 マルヴァン1世 685~705 アブドゥルマリク 687 シーア主義者ムクタール殺される 688~91 イェルサレム岩窟寺院建設(岩のモスク) 692~93 小アジア・アルメニアを侵略 696 イスラム貨幣鋳造の初め。アラビア語，公用語となる 697 カルタゴ占領 698 カルタゴ破壊。ユースフ，イラク総督就任 700 イスラム軍，北アフリカの大西洋岸到達 699 イスラム軍，
700								

宮宰＝Major Domus。**屯田兵**＝themes。この世紀，東ローマ帝国では大土地所有者が発展して，自由民が没落し，国庫の収入が激減したので，コロヌスを解消してかれらに土地を与え，これを屯田兵としたが，その区制がそのまま行政上の地方単位となった。**イスラム教**＝Islamism。**カリフ**＝Caliph，予言者の後継者の意。**エクテシス**＝Ecthesis，キリスト単性論を定義(教義解釈)した告示。

〔10〕

大勢: 隋、唐の対外発展／唐の世界帝国の完成／東西文化の交流／新羅の朝鮮半島統一

年代: 600 / 625 / 650 / 675 / 700

中央アジア

西突厥

○達頭可汗
○薛延陀，西突厥の地に移る
○処羅可汗
○射匱可汗
○アルタイ方面を征す
612 西突厥二分
619頃～28 統葉護可汗
625 統葉護可汗，唐に婚を請い許さる
628～32 肆葉護可汗
634～40 沙鉢羅咥利失可汗
639 西突厥南北に分裂
651～57 沙鉢羅可汗
657 沙鉢羅可汗，唐軍に捕えられ，2可汗分立
ンド占領
682 阿史那車簿，唐に叛し弓月城を囲む。唐の王方翼，車簿をイリ川に破る
カーブル占領

南アジア

ヴァルダーナ朝（ターネサル朝）
606～47 ハルシャ＝ヴァルダーナ（戒日王）
○首都カンヤクブジャ（カナウジ）
612 北インドを統一
620 ヴァルダーナ，南征を企図する。カルキヤ朝，これを阻止
650頃 詩人バーナ，「ハルシャ王行伝」（散文小説）を作る
○天文学者ブマーマグプタ
630頃～60 パラヴァ王ナラシナヴァルマン
632 吐蕃の宰相トンミ・サンボータ，インドに遣使
641 ヴァルダーナ，唐に遣使
643 玄奘，カナウジを訪れる
647 ヴァルダーナ死，国土分裂。宰相阿羅那順専権
648 唐の王玄策，阿羅那順に逐われ，吐蕃に逃れる。
○ヒンドゥ文芸／ヒンドゥ美術 の繁栄
655 カルキヤ朝復活，この後約1世紀間つづき，パラヴァ朝と争覇
655 カルキヤ王ヴィクラマーディチアたつ
○タミール地方にヴィシュヌ教詩人おこる
○スマトラにシュリーヴィジャヤ国おこり，パレンバンを中心に仏教さかん
○ヴェーダンタ哲学の発展
ゴウダパーダ 640頃～90「マーンズーキヤ頌（聖伝書）」

カルキヤ

609～42 プランケシン2世
○タミール文学興隆に向う
642 カルキヤ朝滅び，南インドのパラヴァ朝，デカンに君臨

北アジア

突厥帝国（東突厥）

587～609 啓民可汗（センガン）
601 突厥の部衆，隋に降る
603 達頭可汗，吐谷渾に走る
609 啓民可汗死
609～19 始畢可汗
615 始畢可汗，煬帝をその巡幸地雁門に囲む
619～？ 処羅可汗
？～30 頡利可汗
○突厥の支配力回復する
627 鉄勒諸部おこる
628 薛延陀のイネル，真珠可汗と称し，北モンゴルを統一
629 唐の李靖，突厥を討つ。
630 東突厥散ず
635 李靖ら，吐谷渾を討つ。
638 吐蕃，松州に侵寇。
641 文成公主を吐蕃に嫁す。
643 魏徴死（580～）
646 李勣ら，薛延陀を降す
648 王玄策，インドに遣使。
649～84 高宗
670 薛仁貴，吐蕃を討ち，かえって大非川に大敗。
吐蕃と青海に戦い敗退
696 王孝傑・婁師徳，突厥を討ち，素羅汗山に大敗
698 狄仁傑，突厥を討つ

吐蕃（トボット）

629 吐蕃盛んとなる
629～50 ソンツェン・ガンポ（572～）
638 吐蕃，松州に侵寇。
641 文成公主を吐蕃に嫁す。
○吐蕃文字の創製
吐蕃に逃れる。ついで阿羅那順を攻め破り，彼を捕える
670 薛仁貴，吐蕃を討ち，かえって大非川に大敗。
678 李敬玄，吐蕃と青海に戦い敗退
679～703 器弩悉弄（チデーツロン）
680 吐蕃の勢威，東トルキスタンに振う

東突厥

682 突厥の復興
682～94 クトゥルク（骨篤禄）
ウトケン山地方を回復
694～716 カパガン（黙啜可汗），唐と和す

東アジア（中国）

隋（589～618）

581～604 文帝（楊堅） 601 太学を置く。陸方言らの「切韻」成る
603 隋，林邑を討つ
604 晋王広，父帝を殺して帝位につく
604～18 煬帝（楊広）
605 東都洛陽を建設。 大運河建設の進行（通済渠）。西苑を築く
608 律令を改修し，初めて進士科（試験制度）を置く。永済渠を開く
610 流求を討つ。江南河を開く 611 山東に農民暴動，諸方に反乱。煬帝の第1次高句麗遠征，失敗
612 煬帝の第2次高句麗遠征（煬帝，遼水に至る。宇文述らの軍，薩水において高句麗軍に大敗）
613 楊玄感らの反乱おこる。 614 煬帝の第3次高句麗遠征
615 始畢可汗，煬帝をその巡幸地雁門に囲む 616 諸方に反乱おこる。以後群雄各地におこる
617 唐公李淵挙兵，長安を陥る。王通（文中子）死（584～，「中説」）
618 煬帝，江都において殺され，**隋滅ぶ**（618～19恭帝）。李淵，皇帝を称する

○画家｛展子虔／鄭法士／董伯仁｝
○学者｛劉焯（士元）／劉炫（光伯）／姚文安／秦道静｝

唐（618～907）

618 唐おこる 618～26 高祖（李淵）
621 開元通宝を鋳造。長安・洛陽等に祆教（ゾロアスター教）寺院の建立を許す
623 吐谷渾・党項，河州に拠る。 吉蔵死（550～，三論宗の大成者）
624 新律令を頒布し，**均田法・租庸調法**を定める
626 玄武門の変（李世民，太子建成を殺す）
626～49 太宗（李世民）……**貞観の治**
627 国内を十道に分つ
628 群雄最後の梁師都を滅ぼし，**唐の中国統一成る**
629 唐の李靖，突厥を討つ。房玄齢・杜如晦，僕射となる。629～45 玄奘のインド旅行（「**大唐西域記**」）
630 杜如晦死（585～） 632 長孫無忌，司空となる
635 ペルシア人オロボン（阿羅本），景教（ネストリウス派キリスト教）を伝える
635 李靖ら，吐谷渾を討つ。高祖死 637 新律令の制定（貞観令）
638 吐蕃，松州に侵寇。氏族志の編纂。波斯寺（大秦寺）建立 639 王珪死（571～）
640 侯君集を遣して高昌国を滅ぼし，交河城に**安西都護府**を置く
641 文成公主を吐蕃に嫁す。薛延陀，突厥を攻める，李勣，薛延陀を討つ
643 魏徴死（580～） 644 スマトラのマラユ入貢。王績死（585頃～，詩人） 644 太宗の第1次高句麗遠征
645 太宗の第2次高句麗遠征。太宗，遼東城を陥落。安市城を囲みて勝たず，兵をかえす
646 李勣ら，薛延陀を降す 647 燕然都護府を置く 648 慈恩寺建立（大雁塔現存） 647～48 李勣，高句麗遠征
648 王玄策，インドに遣使。褚遂良，相となる 649 李靖死（571～）
649～84 高宗 649 長孫無忌・褚遂良，政をたすける
650 単于（雲中）・瀚海（ウトケン山）都護府を置く
651 イスラムの使者至る。このころイスラム教伝わる
654 長安の外郭を築く ○西域文化の流入
655 皇后王氏を廃し，昭儀武氏（則天皇后）を立つ
657 蘇定芳，西突厥を討ち，その可汗を捕える。洛陽を東都とする
658 亀茲国を滅ぼし，そこに安西都護府を移す
659 長孫無忌（?～）自殺。政権ようやく武后にうつる
662 薛仁貴，鉄勒を征服。**唐の勢力圏最大**となる
663 燕然都護府をウイグルに移して瀚海都護府とする
雲中・定襄両都護府を雲中都護府に統括 664 雲中都護府を単于都護府と改める。宰相上官儀殺される（608～）
666 老子を泰山に祀り，太上玄皇帝と諡号す……○道教の尊崇 666 李勣の第2次高句麗遠征。泉蓋蘇文死
669 瀚海都護府を受降城に移して安北都護府と改める。興教寺玄奘塔成る 668 李勣の第3次高句麗遠征。平壌陥落し**高句麗滅ぶ**。平壌に安東都護府を置く
670 薛仁貴，吐蕃を討ち，かえって大非川に大敗。シュリーヴィジャヤ入貢
671～95 義浄のインド旅行（「南海寄帰内法伝」）
672～75 龍門最大の奉先寺仏洞石刻 674 ペルシア王子ペローズ（卑路斯）来朝して援を求める
679 安南都護府を置く
680 裴行倹，黒山に突厥を討つ。吐蕃，河源に侵寇
682 薛仁貴，大いに突厥のクトゥルクと戦う
684 高宗死。中宗・睿宗（～690）。皇后武氏，政権をとる
688 武后，唐室の有力者を殺す
【周】690～705 則天武后，実権を握り，国号を周と称す
691～92 狄仁傑，相となる
693 武后自ら金輪聖神皇帝と称す
694 僧懐義，突厥を討つ。中国にマニ教伝わる
695 王孝傑，突厥を討ち退く。僧懐義殺される
696 王孝傑・婁師徳，突厥を討ち，素羅汗山に大敗
697 狄仁傑，相となる
698 狄仁傑，突厥を討つ 700 狄仁傑死（630～）

○書家｛欧陽詢 557～641／虞世南 558～638（詩人）／褚遂良 596～658（政治家）｝
○学者｛陸徳明 ？～627／孔穎達 574～648（「五経正義」）／房玄齢 578～648（「晋書」）／顔師古 581～645｝
○仏教の興隆｛灌頂 561～632（天台宗）／道宣 596～667（律宗）／弘忍 ？～674（禅宗）／玄奘 602～664（法相宗）／善導 618～681（浄土宗）／窺基 632～682（唯識宗）／義浄 635～713（律宗）｝
○詩文（初唐の四傑）｛王勃 647～675（溺死）／盧照隣 641頃～676頃／駱賓王 ？～684／楊炯 ？～705｝
○仏教｛慧能 638～712（律・禅宗）／賢首（法蔵） 643～712（華厳宗）｝
○画家｛閻立徳（立本の兄）／閻立本？～673（668宰相）（「歴代帝王図巻」）／尉遅乙僧（西域の人）（陰影法・壁画）｝
○学者｛令狐徳棻 ？～666（「後周書」）／劉知幾 661～721（「史通」）｝
○詩人｛沈佺期 650頃～713／宋之問 656～712／陳子昂 661～702／張九齢 678～740｝
詩人四友｛杜審言 645頃～707／蘇味道 ？／李嶠 644～713／崔融 ？～706頃｝

東アジア（朝鮮・日本）

高句麗

590～618 嬰陽王
607 高句麗，
618～42 栄留王
625 使を唐に遣わして仏法を求める
629 新羅，高句麗を攻める
631 長城を築く（約16年間）
642 泉蓋蘇文，国王を殺す
654 契丹を攻め，破られる
659 唐の薛仁貴，高句麗を横山に破る
660 唐の蘇定芳，百済を討つ。百済の扶余陥落
663 唐の攻撃により百済滅ぶ。この時百済を援けて日本軍，唐軍と戦う（**白村江の戦**）
674 唐の劉仁軌，新羅を討つ
676 唐の朝鮮半島放棄。**新羅の統一時代はじまる**
677 安東都護府を遼東に移す

渤海

698 靺鞨人大祚栄，震国を建てる，後に渤海と改める

新羅

579～632 真平王
602 百済，新羅を侵して敗れる
百済を侵し大いに破る
616 新羅，百済を攻める
623 百済，新羅を侵す
627 百済，新羅を攻める。新羅，救いを唐に求める
632～47 善徳女王
634 芬皇寺成る
642 公主を薛延陀に嫁す
649 初めて唐服を用いる
654～61 武烈王
661～81 文武王
675 新羅，百済を併合
676 浮石寺成る
681～92 神文王
682 国学を建つ
685 九州五京の制を定める
687 文武官の職田を定める
689 官の禄邑を廃し，租を給する
692～702 孝昭王

百済

600～41 武王
634 王興寺成る
641～61 義慈王
661～63 豊璋
663 百済滅び，地は唐軍占領

日本

593～628 推古天皇（**摂政，聖徳太子**）
603 冠位十二階を制定
604 憲法十七条を制定
607 小野妹子，隋に使いを送る。法隆寺創建
616 掖久人帰化
622 聖徳太子死
○天寿国繍帳
628～41 舒明天皇
630 遣唐使の初め（犬上御田鍬）
641～45 皇極天皇
642 蘇我入鹿専権 大安寺造営
645 蘇我氏滅ぶ。大化改新（大化元年，年号の初め）
645～54 孝徳天皇
652 班田収授法を行う
658 阿部比羅夫，蝦夷を討つ
654～61 斉明天皇
661～71 天智天皇
667 大津京遷都
669 藤原鎌足死
670／71 庚午年籍
671 近江令を頒つ
671～72 弘文天皇
672 壬申の乱
672～86 天武天皇
672 飛鳥浄御原宮に遷都
682 多褹島服属
684 八色の姓を定める
686～97 持統天皇
689 浄御原令を頒つ
694 藤原京に遷都
697～707 文武天皇
698 薬師寺創建

唐代の三異教＝祆教（ゾロアスター教）・景教（ネストリウス派キリスト教）・マニ教。**均田制**＝均田制は北魏の孝文帝の時（485）に始められ，北朝歴代に行われたが，隋の統一とともに全国的に施行されることになった。唐の均田法では18歳以上の成年男子に口分田80畝と，永業田20畝を給し，前者は一代限り，後者は世襲として，土地の均等配分をねらったのである。なお女子には給せられなかった。この際，貴族の支配する私有地は除外されて大土地所有は増大した。

11

大勢	年代	北ヨーロッパ	西ヨーロッパ		中央ヨーロッパ			東ヨーロッパ		西アジア
		ノルマン	イングランド	西ゴート王国	フランク王国	ランゴバルド	ローマ教会	ブルガル汗国	東ローマ帝国	イスラム帝国
イスラム軍のヨーロッパ侵寇／イスラム帝国の東西分裂／フランクの発展とカール戴冠	700	600頃 ノルマン人，西ドヴィナ河口に現われる	688～727 ウェセックス王イネ 710 コーンウォールの戦(イネ，ウェールスを破る) 716～57 メルシア王エセルバルド	701 ウィチザの独裁 710～11 最後の西ゴート王ロデリック(ロドリゴ) **711 イスラムの将タリク侵入。ヘレスの戦。西ゴート王国滅ぶ** **イスラム領** 712 トレド陥落 713 セビリヤ陥落 714 サラゴサ陥落 718 西ゴート人，アストゥリアス王国をたてる 721 イスラム軍，トゥールーズを陥落	695～711 ヒルデベルド3世 709～12 ピピン(2世)，アラマニ征行 711～15 ダゴベルド3世 712 ピピン(2世，中ピピン)死 714 カール・マルテル(ピピン2世の子)，宮宰となる 715～20 ヒルペリック2世 717 マルテル，ネウストリアを服す 717～19 ㋐クロタール4世 719 ソワソンの戦 720～37 テウデリック4世 720 イスラム人，ナルボンヌを奪う	701～12 アリペルト 710 ユスティニアヌス，ラヴェンナを攻略 712～44 リウトブラント ○ベネヴェント・スポレト両公領を併合	715～31 グレゴリウス2世 719 ボニファティウスのゲルマニア伝道の初め	703 ユスティニアヌス，ブルガリア逃亡。イスラム軍，アルメニアに侵入 ○ブルガル汗テルベル 712 テルベル，コンスタンティノープルに迫る 718 テルベル汗死	698～705 ティベリウス 705 ユスティニアヌス帰国，重祚(～711) 708 イスラム軍，ボスポロスに進撃 711～16 フィリッピクス 712 イスラム軍，アマシア侵入 716～17 テオドシウス3世 **〔イサウルス朝〕**717～867 717～41 レオ3世 717～18 イスラム軍のコンスタンティノープル包囲とその徹底的敗退	685～705 アブドゥル・マリク 705～15 アル・ヴァリド1世 ○ダマスクスの大モスク 711～712 クタイバの中央アジア 713 イスラム軍，フェ 715～17 スレイマン 717～20 オマール2世(ウマール2世，イブン・アブドゥル・アジズ) ○オマール2世の平和的伝道 720～24 ヤジド2世 724～43 ヒシャム(ヴァリド2世)
	725		727 エセルバルド，ブリタニアの盟主となる ○イギリス文学の父アダム・ビード 673～735 ○八世紀のブリタニアはおおむねノーサンブリア・メルシア・ウェセックス3国の対立	725 イスラム軍，ローヌ西岸を北上してリヨンを襲う ○イスパニアの大半，イスラムの治下に入る(～1492) **732 トゥール・ポワティエの戦(カール・マルテル，イスラム軍を撃退)** 735 フランク軍，南フランスからイスラム軍を撃退 750 ダマスクスの前ウマイヤ朝滅ぶ	727～88 バヴァリア公国 730頃 マルテル，アラマニ併合 ○メルゼブルグの呪文 737 ナルボンヌ奪回 741 マルテル死 742～52 ヒルデリック2世 742 フランクフルト国民宗教会議 744 ソワソンの公会議 744 フルダ修道院創立 745 ケルン大司教座，747 マインツ大司教座設立 ○ドイツ伝道の使徒ボニファティウス 675頃～754 749 ピピン短躯(3世，マルテルの子)，全フランクの宮宰となる	**○ランゴバルドの全盛時代** 739 リウトブラント，ローマを包囲 744～49 ラトキス 749～56 アイストゥルフ	**726～843 聖像問題に関する紛議** 731～41 グレゴリウス3世 731 聖像敵対者を呪逐 741～56 ザカリアス ○コンスタンティヌス大帝贈遺文書の偽造	739～56 コルミソシュ	726 聖像禁止令 727 ギリシア及びイタリアの反乱 729 総大司教ゲルマノスの罷免 732 ローマ教皇との対立激化 737 ドン川下流にアラビア人現わる 740 アクロイノスの勝利 741～75 コンスタンティヌス5世 741 アルタヴァスドスの暴動 745 シリア攻撃 746 キプロス島回復 747 帝国内に悪疫はびこる	○北アフリカのベルベル族，イスラムに改宗 728 神秘主義者バスラのハサン死 732 フランクへの遠征軍敗退(トゥール・ポワティエの戦) 733 詩人アル・ファラズダック死 740 アクロイノスの敗北 744 ヤジド3世 744～50 マルヴァン2世 747 アブー・ムスリムの乱 749 ムスリム，メルヴを攻陥，占領 **750 アブル・アッバス，シーア派をそそのかしてウマイヤ朝を滅ぼす** **〔アッバス朝〕**(都クーファ) 750～1258
	750		757～96 メルシア王オッファ2世	**コルドバイスラム国(後ウマイヤ朝)** **756 コルドバに後ウマイヤ朝興る(～1031)** 756～88〔エミール〕アブデル・ラーマン1世 **○イスラム帝国の東西分裂**(バグダードのアッバス朝に対して，コルドバの後ウマイヤ朝を一般に西カリフ国ともいうが，実際にカリフを称したのは926年からである)	**〔カロリング朝〕**751～843 751～68 ピピン(ペパン)(3世短躯王) 754 ピピン，ランゴバルド王アイストゥルフと戦う **756 ピピン，ラヴェンナ太守領を教皇に寄進(フランクと教会との結託成る)** 765 ピピン，バグダードに遣使 768～814 カールシャルル1世(大帝，シャルルマーニュ) 770 フランク・ランゴバルド同盟 771 カールの単独統治時代始まる 772～804 サクソニア戦争 774 カール，ランゴバルドを滅ぼしイタリア王を兼ねる	751 ランゴバルド，ビザンツ領ラヴェンナを攻略 **754／56 ローマ教皇領の初め** 756～76 デシデリウス	752～57 ステファヌス3世 754 ボニファティウス殉教 772～95 ハドリアヌス1世	756～75 東ローマ帝国の対ブルガリア人戦争 759 マルケライの戦 763 アンキアロスの戦 764 ブルガリアとの和 772 ブルガリア人との戦争再開	751 アルメニア進軍 753 ヒエリアの聖像破壊派会議 758 マケドニアにおけるスラヴ人の反乱 765 聖像擁護派に対する迫害 767 総大司教コンスタンティヌス処刑される 775～80 レオ4世	750～54 アブル・アッバス 751 イスラム軍，唐の高仙芝とタラス 工，イスラム軍に捕えられ，製紙法伝の初め) 754～75 アル・マンスール 755 アブー・ムスリム謀殺される 756 シーア過激派シンバス処刑 757 文学者イブヌル・ムカッファ死 762 新都**バグダードの建設**はじまる 765 バルマク家のハーリッド，タバリスタン太守となる 767 法哲学者アブ・ハニーファ死 ○バグダードの金門宮殿・アル・マンスールのモスクなど建設 769 歴史家イブン・イスハーク死(「ムハンマド伝」)
	775	789頃 ノルマン人はじめてイングランドに侵入 780 ミスク・モンク，新宣教地を求めてアイスランドに赴く 793 ノルマン人，リンディスファーン諸僧院を劫掠	○神学者アルクィン 730頃～804(フランクに招かれる) 796～819 エルシア王ケヌルフ	777 サラゴサ知事の反抗 778 ロンスヴァルの戦(フランク軍敗れる。ローランの歌の主題) 785 コルドバのメスキータ(モスク)起工 788～96 ヒシャム1世 788 モロッコのイドリース朝分立(～921，985) 794 カールのイスパニア出征。フランクフルト公会議 795 ロンスヴァルの戦敗退。この年，辺境成立の説もある	777／78 パーデルボルンの国会 778／801 イスパニア辺境の成立 780 キリスト教信奉条令 ○ヒルデブラントの歌 785 サクソニア地方キリスト教帰依 787 ベネヴェントを降す 788 バヴァリア公国併合。ブレーメン司教区創設 791 アヴァール人，バヴァリア侵寇，チャールス親征 791 ミュンステル司教区創設 794～99 第2次サクソニア戦争 795 カール，アヴァール人の本拠を急襲。パーデルボルン司教区創設 798 ザルツブルグ大司教座設立 **800 カール，ローマで戴冠**		795～816 レオ3世	777～802 カルダム 787 ハザール人の侵寇 791／95 ブルガリア人に対する優位 796 アヴァール王国滅ぶ	778～80 シリア進撃 780～96 コンスタンティヌス6世(摂政，母后レイネ) 782 イスラムと屈辱的和約 787 ニケーアの公会議(聖像問題の休止) 794 フランクフルト公会議 796～802 イレネ(帝位を奪う) 800 セルビア人キリスト教帰依	775～85 アル＝マハディ 776～83 コラサン地方にムカンナアの乱 777 神秘主義者イブラヒム・ビン・アザム死 785～86 アル・ハーディ 786～809 ハルン・アル・ラシッド ○宰相，バルマク家の登場(ペルシア人) **○アッバス朝の極盛時代** ○イスラム文化全盛 793頃 言語学者シバワイ死 795 法学者マリク・イブン・アナス死
	800									

ノルマン人＝Normans。**ピピンの寄進**＝The Donation of Pepin。**カール大帝**＝Charles the Great（英語），ドイツ語でカールKarl der Grosse，フランス語でシャルルマーニュCharlemagne。**シーア派**＝Shiah，正統カリフのアリの血統こそカリフをつぐべきものとする一派で「アリの一党」Shiat Aliの省略形による。これに対し歴代カリフの正統性を主張する大部分のイスラム教徒は**スンニ派**(正統派または伝承主義者) Sunniと呼ばれる。

〔11〕

中央アジア 西突厥	南アジア インド	南アジア 東南アジア	チベット 吐蕃	東アジア（中国） 唐（618～907）	北アジア 東突厥	北アジア 渤海	東アジア（日本・朝鮮） 新羅	東アジア（日本・朝鮮） 日本	年代	大勢
遠征。イスラム軍，シンド侵入 ルガナに突入 714 西突厥，唐に服す 717～38 突騎施の可汗スールク（蘇禄）（忠順可汗）	700頃 抒情詩人アマル（恋愛詩「アマル・シャタカ」） ○パラヴァ朝衰える ○無相唯識説 シャーンティラクシタ680頃～740頃 カマラシーラ 700頃～750頃 725 マルワ地方にプラティハーラ朝おこる（～1036）	○7世紀頃，安南の南部にチャンパ（林邑）国おこる 750頃 真臘（クメール人），水陸二部に分れる	679～703 器弩悉弄 703 南吐蕃乱れ，器弩悉弄出征の途中に死す。后妃，政を執る 705?～55 チデ・ツクツェン	【周】690～705 則天武后 701 慈恩寺大雁塔改築 702 庭州に北庭都護府を置く ○詩人｛陳子昂 661～702／張九齢 678～740｝ 704 張東之，相となる 705 張東之，張昌宗らの奸臣を除き，中宗（705～10）をたて，国号を唐に復す 705 則天武后死（624～）。中興寺建立 708 受降城を築く 710 皇后韋氏，中宗を殺す。李隆基，韋后を殺して父睿宗（710～12）をたてる。幽州節度使を置く 711 河西節度使を置く（逐次，十道節度使を置く）。青龍寺建立 712～56 玄宗（李隆基）……玄宗の開元の治 712 姚崇，相となる 716 姚崇退き，宋璟・蘇頲，相となる ○文人｛張説 667～730／蘇頲 670～727（政治家）｝ 716 インドの無畏三蔵（善無畏），長安に来る 720 インドの金剛智，セイロンの不空三蔵とともに長安に来る。趙県安済橋建設 721 姚崇死（651～） 722 傭兵を長安の守備に任じる（傭兵制の開始） ○宮廷工芸の盛行 ○唐三彩・白磁（邢州窯）—— ○唐詩の全盛 ○詩人｛孟浩然 689～740／王之渙 695～?／王維（摩詰）701頃～761頃／王昌齢 ?～755?	694～716 カパガン（黙啜可汗） 716 カパガン，鉄勒征討中戦死 716～34 ビルゲ（毗伽可汗）（キュル・テギンの輔佐）	698～719 高王（大祚栄） 713 大祚栄，渤海郡王となる ○首都中京顕徳府 719～37 武王 726 黒水靺鞨，唐に通じる	702～37 聖徳王 713 開城に築城 717 医博士・算博士を置く 718 漏刻博士を置く 721 北境に長城を築く 722 百姓に丁田を給する	697～707 文武天皇 **701 大宝律令成る** 707～15 元明天皇 708 和同開珎を鋳造 **710 平城京に奠都** 712 「古事記」成る 713 「風土記」撰上の詔 715～24 元正天皇 718 養老律令成る 720 「日本書紀」成る **723 三世一身の法** 724～49 聖武天皇 ○奈良仏教の隆盛 ｛行基 668～749／鑑真 688～763／良弁 689～773｝	700	唐文化の全盛と爛熟／イスラム勢力の東進／日本，奈良文化／中国における荘園制の発展
736 蘇禄，唐に大敗 738 蘇禄暗殺される 739 西突厥滅ぶ **唐　領** 744 西域における唐の勢力，再び確立 747～50 唐の高仙芝，パミールを征服	730頃～40 カナウジの王ヤショヴァルマン ○エローラ石窟，再び掘り始められる ○哲学者シャンカラ 700頃～750頃 743 ヴァラビ朝滅ぶ 746 ヴァラビ附近にチャーボトカタ朝おこる（～934） 747～753頃 カルキヤ王キールティヴァルマン2世 750頃 マガダ地方にパーラ朝おこる	732頃 ジャワにヒンドゥ教徒のサンジャーヤ王国おこる 734 日本の遣唐使船，崑崙国に漂着 ○スマトラのシュリーヴィジャヤ国盛んとなる	727 唐の王君㚟，吐蕃を青海の西で破る 727 吐蕃，公州を陥落。トカラの使者来りイスラムの圧政を訴える 741 吐蕃，唐に侵寇し達化縣・石堡城を陥落	728 開元大衍暦を行う 733 国内を十五道に分ち，采訪使を置く 734 張九齢，中書令となる。裴耀卿らの漕運路改革 737 宋璟死（663～）。張九齢，讒にあい，左遷される。開元律令格式成る 738 南詔の族酋，皮邏閣を雲南王とする（蒙帰義と号す。国都大和城） 738 石壁山玄中寺の鉄仏成る 742 安禄山，平盧節度使となる 744 詩人李白，杜甫と親交を結ぶ。 **745 玄宗，楊太真を貴妃とする。**安禄山，契丹を討つ 747 安西節度使高仙芝，吐蕃の進出を防ぐ。張彦遠「歴代名画記」 748 宦官高力士，驃騎大将軍となる 748 南詔王閣邏鳳建つ（～779） 750 南詔の離反 李白 701～762（溺死）／杜甫 712～770／高適 ?～765／岑参 715～770／元結 723～772｝ ○仏教の隆盛｛善無畏 637～735／金剛智 669～741／不空 705～774／一行 683～727｝開元の三大士（密教） 荊渓湛然 711～82（天台宗） ○書家｛李邕 678～747／張旭 ?～750頃（詩人）｝	731 キュル・テギン（闕特勤）死 ○オルコン突厥碑文 742 モンゴル高原の支配権ウイグルに移る 744 東突厥滅ぶ **ウイグル（回紇）**	727 渤海の使者，初めて日本に至り，京に入る 732～33 唐との間に紛争あり 737～94 文王（大欽茂） 739 第2回目の使節を日本に送る。以後渤海，日本との通交絶えず（～919） ○諸制度を整備 ○唐文化の摂取	735 唐より浿水以南の地を獲得 737～42 孝成王 742～65 景徳王 742 慶州石窟庵創建 749 天文博士を置く	728 日本の送使引田虫麻呂，渤海に至る 733 出羽の柵を秋田に移す ○歌人｛柿本人麻呂／山部赤人／山上憶良／大伴家持｝ 740 藤原広嗣の乱 741 諸国に国分寺を建てる 743 墾田の永世私有を許す 749～58 孝謙天皇	725	
河畔に戦う（唐の紙を伝える＝製紙法西 **イスラム領** カルルク 766頃 カルルク人，タラス盆地を支配	751 唐僧悟空，インドに入る 753 南インドのカルキヤ朝滅び，ラシートラクータ朝おこる ○インドの仏僧シャーンタラクシタ（寂護），吐蕃に入り，仏教を伝える（ラマ教の原形） 768～72 ラシートラクータ王クリシュナ1世 ○インドの仏僧パドマ・サンバヴァ（蓮華生），吐蕃に入る（チベットにおけるラマ教の創始者）	756 林邑，国号を環王と改める ○ジャワにボロブドゥールの造営	755～86 チスロン・デツァン 763～65 吐蕃入寇し長安を陥落。 768 吐蕃，霊武に侵寇	751 高仙芝の軍，西域のタラス河畔でイスラム軍に敗れる。王之渙・王昌齢・高適らの吟遊 752 楊国忠，右相となる 754 鑑真，日本に渡り帰化 **755～63 安禄山・史思明の乱** 755 安禄山，范陽に叛し，河北諸郡を従える 756 安禄山，燕皇帝と称す。玄宗，西南に走る。楊国忠・楊貴妃（719～）殺される。太子亨即位（粛宗 756～62） 757 安慶緒，父禄山（?～）を殺す。郭子儀，長安を回復 759 史思明，安慶緒を殺す。史思明，燕王を称す 761 史朝義，史思明（?～）を殺す 762～79 代宗 763 李懐仙，史朝義を殺し，乱漸く収まる 763 郭子儀，吐蕃を撃退 764 五紀暦を行う。**青苗銭**を行う 765 蜀地乱る 770 阿倍仲麻呂，唐にて死（701～） 773 魏博節度使田承嗣，相となることを乞う 775 田承嗣の乱 ○画家｛呉道玄 680～750／周昉 780頃／韓幹 750頃／李真 780頃｝ ○散文｛蕭穎之 717～780／李華 ?～766／独孤及 725～777｝ ○書家｛顔真卿 709～785／李陽冰 770頃／僧懐素 760頃｝	744～45 キュル・ビルゲ（懐仁可汗） 747～59 葛勒可汗（英武可汗） 759～80 キュルク・ビルゲ・カガン（牟羽可汗）（英義可汗） 762頃 ウイグル人にマニ教はいる ○首都カラバルガスン	○首都上京龍泉府 762 唐，大欽茂を渤海国王とする	754 華厳寺舎利塔成る。皇龍寺鐘を鋳造 757 官の租をやめ禄邑を復活 765～80 恵恭王 768 吉湌大恭の乱（貴族の反乱の初め） 770 大阿飡金融の乱	752 東大寺成り，大仏開眼供養 756 筑前怡土城起工 758～64 淳仁天皇（淡路廃帝） ○「万葉集」 759 日本の新羅征討の議 759 唐招提寺創建 764 恵美押勝の乱 764～70 称徳天皇（孝謙重祚） 765 道鏡，太政大臣禅師となる 770～81 光仁天皇	750	
780頃 カルルク人，天山北路を支配	770頃～815 パーラ王ダルマパーラ 775～800 プラティハーラ朝ヴァツァ・ラージャ ○カシュミルにシヴァ教おこる（ヴァスグプタ「シヴァ・スートラ」） 794～813 ラシートラクータ王ゴーヴィンダ3世（ラシートラクータの全盛期，東カルキアの服属）	775 シュリーヴィジャヤのマライ征服 778 ジャワに仏教徒のシャイレンドラ朝おこる ○ジャワ系海洋民族，チャンパ（環王）に侵寇 ○ビルマにピュー（驃）国おこる（古代プローム王国）	783 唐・吐蕃と国境を画定 789 韋皋，西南の吐蕃を破る 791 吐蕃，霊州を攻む，所在のウイグル人敗退 794 南詔王異牟尋，吐蕃に攻め入る 796 吐蕃，嶲州に侵寇 797～838 チ・ツク・デツェン	**○均田制の崩壊すすむ** ○伝奇小説 沈既済「枕中記」 779～805 徳宗 779 異牟尋，南詔王となる（～808，南詔の極盛時代） 780 楊炎の議により，**両税法**を行う（戸税と地税） 781 郭子儀死（697～）。楊炎，讒にあい死を命ぜられる（727～） 781 「景教流行中国碑」の建設。781～86 河朔・河南節度使の反乱 783 間架税・除陌銭を行う。朱泚，叛して長安に拠る（～84） 785 顔真卿死（政治家・書家） 792 これより宦官を軍政専権 797 宦官を宮市使とする 798～800 呉少誠の乱 ○詩人｛孟郊 751～814／陸贄 754～805（政治家）／韓愈 768～824／柳宗元 773～819（儒者）／李賀 791～817｝ ○地理学者 賈耽 730～805（「古今郡国県道四夷述，道里記」）	780～89 アルプ・クトゥルク・ビルゲ（武義可汗） 787 イスラムと結んで吐蕃の進出に備える 791～95 クトゥルク・ビルゲ（奉誠可汗） 795～808 キュリュク・ビルゲ・カガン（懐信）	○首都東京龍原府 794 大元義 794 成王（大華璵） 794～809 康王	780 金志良の乱。金良相挙兵し王を称す（宣徳王） 780～85 宣徳王 785～99 元聖王 788 初めて読書出身科を定める 790 全州碧骨堤の修築 799～800 昭聖王 800～809 哀荘王	770 道鏡を配流し，諸政の刷新を計る 780 陸奥，伊治呰麻呂の乱 781～806 桓武天皇 784 長岡京に遷都 785 大伴家持死 788 最澄，延暦寺創建 **794 平安京に奠都** 795 大極殿成る 797 「続日本紀」成る	775 800	

ヒンドゥ教の三派＝ヒンドゥ教の3神のうち，どれを主神とするかによって，ヴィシュヌVaishunu，シヴァSiva，シャクティSaktiの3派に分れるが，それらの本格的な発展は11世紀以後である。**重祚**＝重ねて位につくこと。
ラマ教＝チベットに入った仏教が民間信仰と融合し変化したもの。ラマblmaとは師，高僧の意。**節度使**＝唐代外辺枢要の地においた武官。のち軍民両政を掌って次第に権を増し，安史の乱後は中国内地にもおかれて，禍根は永くつづいた。

〔12〕

大勢：イスラム帝国の繁栄（アラビアン・ナイトの時代）／フランク王国の全盛と分裂／ノルマン人の活躍

年代：800／825／850／875／900

○この頃より約200年間ノルマン人，ヨーロッパ，各地をあらす

北ヨーロッパ — ノルマン

804～10 デーン王ゴドフレド（810暗殺される）
811 アイデル河畔の平和（デーン王ヘミング，カール大帝と国境を協定）
820頃 デーン人アイスランド到達
825 デーン王ハラルド，皇帝ルイとの協約
830頃 ヴァイキングのブリタニア攻撃
839 ヴァイキングのトゥルゲイス，アイルランドに建国
845 デーン王ラレク，ハンブルグ占領
850頃 デーン人のイングランド侵入はじまる
850～60頃 スウェーデン王エリク，フィンランド出征
870 デーンローの成立（デーン人の法慣習による定住地）
872～930 ノルウェー王ハラルド（美髪王）
874 ヴァイキング，アイスランド植民
878 ウェドモーアの和議（デーンはデーンローを保有，デーン王グスラン（グットルム）受洗，アルフレッドの優位）
○ルーン文字
886 アルフレッド，デーン人よりロンドンを奪還
○戯曲エッダ
890 デーン王グスラン死
892～96 アルフレッド，デーン人の侵寇を撃退
900頃 ヴァラング人南ユトランド（デンマーク南部）占領

西ヨーロッパ — イングランド

802～39 ウェセックス王エグバート
829 エグバートのイングランド統一（アングロサクソン王国の成立）
829～31 司教ヤンスガル
839～58 エセルウルフ
858～60 エセルバルド
860～66 エセルベルド
866～71 エセルレッド1世
871～99 アルフレッド（大王）
○哲学者エリウゲナ（ヨアンネス・スコトゥス）810頃～877頃
○宮廷学校の設立とラテン書の英訳
882 アルフレッド，艦隊を創設
○アングロサクソン年代記編纂の初め
899～924 エドワード1世

西ヨーロッパ — コルドバイスラム国

796～822 ハカム
800 カイルワーン（チュニジア）にアグラブ朝分立（～909）
822～52 アブデル・ラーマン2世
844 ノルマン人，リスボン・カディスを侵す
852～86 モハメッド1世
886～88 アル・ムンディル
888～912 アブデラー
899 サンティアゴ・デ・コンポステラ市建設（キリスト教の巡礼寺院）

フランク王国

768～814 カール大帝（シャルルマーニュ）　○首都アーヘン
803 ミンデン司教座創設
806 ニーメンゲンの公会議　○文学者｛ピサのピエトロ／テオドゥルフ
○カール大帝の学問奨励（カロリング・ルネサンス）
○エコール・ド・パレ（宮廷学校）・図書館などの設置
810 オスナブリュック司教座創設
812 アーヘン条約（ビザンツ皇帝による西ローマ皇帝の承認）
814 カール大帝死
814～40 ルイ1世（敬虔王）　○歴史家｛パウル・ディアコヌス／アインハルト 770～840
817 ルイ，ランスで戴冠。領土を3子に分封
822 ロタール，イタリア王を兼ねる
823 ランス大司教エボの伝道の旅
828 オストマルクの設置（のちのオーストリアの地）
830 ルイの諸子謀叛
834 ノルマン人，ロワール沿岸をあらす
840～55 ロタール1世
841 フォントノワの戦。ストラスブールの誓い
843 ヴェルダン条約（王国三分，フランス・イタリア・ドイツの基）

西フランク王国（フランス）

843(40)～77 シャルル1世
848 ノルマン人ボルドーを焼く

中フランク王国

843 皇帝ロタール，中フランクを領す（東西フランクの間＝ロタリンギア及びイタリア）
855～75 ロドヴィコ（ルイ）2世（皇帝）

東フランク王国

843～76 ルードヴィヒ（ルイ）
846 ラスチスラフ，大モラヴィアの支配権を得る
○神学者ラバヌス・マウルス 780頃～856
863／68 オトフリート「福音書」

（共通）

○封建的土地所有制（荘園制）の進行
870 メルセン条約（ロタリンギアを東西フランクに分割）
875 イタリアのカロリング朝断絶
875 シャルル1世，皇帝となる（カール2世，～877，禿頭王）
877～79 ルイ2世
879～82 ルイ3世
879～84 カールマン
877～80 イタリア王カルロマン
876～87 カール3世（肥満王）
880 ルードヴィヒの歌
879 南ブルグンド王国独立（皇帝ロドヴィコの女婿ボソ，王となる）
880 リブモン条約（ドイツ，ロタリンギア北西部を領有）
○荘園の発生
880 カール3世，イタリア王を兼ねる
881 カール3世，皇帝となる（～87）
884 カール3世，フランス王を兼ね（シャルル2世），一時帝国統一
885 ノルマン人，パリを包囲
887 トリブルの国会（アルヌルフのクーデター）
888～962 諸侯争覇
888～924 ベレンガリオ1世
887～99 アルヌルフ（95戴冠）
888～98〔パリ伯〕オドー（ウード）の在位
888 北ブルグンド王国独立（ユラ伯ルドルフ，王となる）
891 ノルマン人をルーヴェンに撃退
898～923 シャルル3世
893 マジャール人ハンガリー侵入
896 マジャール人モラヴィア進出
899 マジャール人イタリア侵寇

ローマ教会

795～816 レオ3世
815 サンタ・ソフィア寺の公会議（コンスタンティノープルにおける聖像破壊）
816～17 ステファヌス5世
817～24 パスカリス1世
824～27 エウゲニウス2世
827～44 グレゴリウス4世
843 コンスタンティノープルの公会議（聖像崇拝の許可）
846 イスラム人ローマに入り使徒墳墓を掠奪
849 イスラム軍，ナポリ・アマルフィ・ガエタ等の艦隊と戦い，オスティア沖に敗北
858～67 ニコラウス1世
858 コンスタンティノープルの総大司教イグナティウスの廃位とフォティウスの就任
○偽イシドルス文書をたてとして教皇権を強化
863 ミカエル3世を破門
867 コンスタンティノープルの長老会議，ローマと衝突
869 コンスタンティノープルの万国公会議
872～82 ヨハネス8世
879 コンスタンティノープルの公会議
879～93 ビザンツ皇帝，ローマ教皇と絶縁
882～84 マリヌス1世
891～96 フォルモス
○東西教会分離問題の進行
897 フォルモスの墓あばかる

東ヨーロッパ — ブルガル汗国

802～14 クルム
809 クルムのビザンツ侵寇
811 皇帝ニケフォルスの戦死
813 クルム，コンスタンティノープル肉薄
814 レオ5世のブルガリア人撃退
814～31 オモルダク
836～52 プレシアン
840【ポーランド】ピアスト朝おこる
852～88 ボリス
862【ロシア】ルーリックのノヴゴロド王国創建（伝承）
864 ボリスの正教帰依
882【キエフ】ノヴゴロドのオレーグ，キエフ公国を建てる
889～93 ウラディミル
889 ブルガリア人の対ビザンツ宣戦
893～927 シメオン

東ヨーロッパ — 東ローマ帝国

802～11 ニケフォルス1世
806～15 コンスタンティノープルの総大司教ニケフォロス
811～13 ミカエル1世
813～20 レオ5世
820～29 ミカエル2世
822～24 トマス反乱
825 ルス人，ハザールから独立
826 スチュディオンのテオドロス死
827 イスラム軍のシチリア攻撃はじまる
829～42 テオフィルス1世（聖像破壊者）
830 イスラム軍，シチリアに侵入
830 ペチェネッグ人現われる
831 イスラム軍，パレルモ占領
832 聖像擁護派に対する苛烈な弾圧（総大司教ヨハネスの実施）
838 アモリオン失陥
842～67 ミカエル3世
844～63 ビザンツ軍，イスラム軍と和戦をくりかえす
○ビザンツ文化の復興
853 小アジアにてビザンツ・イスラム両軍はげしく戦う
860 スラヴ人コンスタンティノープル攻撃
861 ビザンツの将軍フォーカスのクレタ島奪回
863～85 キリロス及びメトディオスのモラヴィアへの福音伝道
〔マケドニア朝〕867～1081
867～86 バシリウス1世（帝位簒奪者）
872 バシリウス，イスラム軍を追撃して，国境をエウフラテス川上流にうつす
886 エパナゴーゲ（慣習法提要）
886～912 レオ6世（賢人）
887～93 バシリカ諸法公布
○ビザンツ文化の全盛（マケドニア・ルネサンス）

エジプト・西アジア — イスラム帝国

786～809 ハルン・アル・ラシッド
○イスラム帝国の国勢及び文化の全盛時代
803 宰相バルマク家の没落
○バグダードの繁栄
809～13 アル・アミーン
810 詩人アブ・ヌワース死（756頃～）
813～33 アル・マームーン
813～19 カリフの地位をめぐって混乱つ
○マームーンのペルシア化政策
817～37 アゼルバイジャン地方にバーベ
818 イマーム・レザー死
820 法学・哲学者イドリース・アル・シャーフィイ死（767～）
823 歴史家アル・ワーキディ死（747～）
826 クレタ占領（東地中海の海上権を掌握）
○「千夜一夜物語」の原形成立
832 バグダードに哲学研究の学校を建てギリシア文献の翻訳を奨励
833～42 アル・ムッタシム
836 サマッラに遷都（～892）
842～47 アル・ワーシク
844／48 イブン・フルダーズビフ「道と国の書」
845頃 伝記作者イブン・サード死
846頃 数学者アル・クワリズミ死
847～61 アル・ムタヴァキル
854 サマッラのバルクワラ宮殿起工
855 哲学者イブン・ハンバル死（780～）
857 医学者マーサワイ死
861～70 国情の混乱（地方分権化の進行）
861 天文学者アル・ファルガニ，ナイル川の験水器を新造
864 タバリスタンにアリー朝おこる
868 バスラの文学者ジャーヒス死（776頃～）
868～83 ザンジの乱
870～92 アル・ムタミッド
870 地理学者イブン・コルダード・ベイ死。ビザンツ帝バシリウスの攻勢
878 シラクサ占領
879～988 カルマット派の活躍
885 アルメニアにバグラート朝おこる（アニ帝国，～1020頃）
892～902 アル・ムタディド
892 バグダード還都
896頃 歴史家ディーナワリー死（?～，「長史」）
897頃 ヤクービ死（「世界史タリーク」）

エジプト・西アジア — ツルーン朝

868 エジプトにツルーン朝おこる
868～83 アーマッド・イブン・ツルーン
872 カイロに病院を建設
883～95 フマーラワイヒ・イブン・アーマッド
896～904 ハルーン・イブン・フマーラワイヒ

ノルマンの3派＝ノルウェーのノルマンはヴァイキングVikings，スウェーデンのノルマンはヴァラングVarangians（ロシア語でヴァリャーグVaryagi），デンマークのノルマンはデーンDanesという。
ヴェルダン条約＝Treaty of Verdun。**ルイ**＝Louis（フランス語。英語では同じ綴りでルイスと読む），ドイツ語でルードヴィヒLudwig，イタリア語でLodovico。**封建制度**＝Feudalism。**荘園**＝Manor，Grundherrschaft，Seigneurie。

〔12〕

ア	中央アジア	南アジア		チベット	東アジア（中国）	北アジア		東アジア（日本 朝鮮）		年代	大勢
国	カルルク	インド	東南アジア	吐蕃	唐 (618〜907)	ウイグル	渤海	新羅	日本		
づく クの反乱 ターヒル朝 820 ターヒル，コラサン太守となる（〜22，ターヒル朝のおこり）(イスラム領内での最初の分立)	○ウイグルの勢力，シル河畔に及ぶ 西ウイグル	○ラシートラクータ朝の最盛時代 ○パーラ朝の仏教（密教）及び仏教美術の隆盛 815頃〜77 ラシートラクータ王アモガヴァルシア 820頃 パラマラ朝さかんとなる（〜1200頃）	802 カンボディア国さかんとなる ○ビルマのドワラヴァティ国さかんとなる ○シャイレンドラ朝，シュリーヴィジャヤの支配者となる 825頃 ビルマにペグー（白古）国おこる	801 唐の韋皐，大いに吐蕃の軍を破る 797〜838 チ・ツク・デツェン 812 吐蕃，涇州に侵寇 821 唐，吐蕃と同盟(唐蕃会盟碑)。李宗閔，左遷される。大和公主(穆宗の実妹?)，崇徳可汗に嫁す	779〜805 徳宗 801 杜祐の「通典」成る 805 順宗 805〜20 憲宗 ○儒者｛柳宗元（子厚） 817〜819／韓　愈（退之） 768〜824（詩人） 807 大雲光明寺建立（マニ教寺院） 808 チャンパ（占城）王ハリヴァルマン，交州を侵す 808 牛僧儒・李宗閔らの登用 ○文学者｛王建 768頃〜830?／張籍 765頃〜830? 811 李吉甫，相となる ○節度使の勢力さかんとなる 814 李吉甫死（758〜，「元和郡縣図志」） 819 仏舎利を宮廷に入る，韓愈いさめて左遷される（潮州流謫） 820〜24 穆宗 822 宣明暦を行う 823 牛僧儒，相となる。韓愈，京兆尹・吏部侍郎となる 824〜26 敬宗 825 牛僧儒退官	795〜808 懐信可汗 ○ウイグルの勢力中央アジアに及び，その領土最大時代 808〜21 アルプ・ビルゲ（保義可汗） ○唐との交渉密接 821〜23 クチュルク・ビルゲ（崇徳可汗）	794〜809 康王 809〜13 定王 813〜17 僖王 817〜18 簡王 819〜31 宣王（大仁秀）渤海国の中興	800〜809 哀荘王 802 伽耶山海印寺創建 809 金彦昇，哀荘王を殺し自ら王位につく（憲徳王） 809〜26 憲徳王 815以後 農民暴動の頻発 822 金憲昌の乱	781〜806 桓武天皇 801 坂上田村麻呂，蝦夷を討つ 804 最澄・空海入唐（遣唐使に随行） 805 最澄帰朝し天台宗を創める 806〜09 平城天皇 806 空海帰朝し真言宗を創める 809〜23 嵯峨天皇 810 蔵人所を置く 816 検非違使庁を置く 822 最澄死（767〜） 823〜33 淳和天皇	800	唐帝国の衰勢と外民族の勢力回復／唐，イスラム帝国内における分権化の進行／東南アジア諸国の勃興
○詩人バードギース・ハンザラなど	○ウイグルの主力，中央アジアにうつる	831 ブンデルカンドにチャンデラ朝おこる（〜1203） 843〜90 プラティハーラ朝ボージャ（首都カナウジ，プラティハーラ朝，北インドに威を振う）		841〜46 ダルマ（ランダルマ） 843 仏教を弾圧しポン教を復興 849 吐蕃，隴右を放棄して退く。李徳裕死（787〜）	826〜40 文宗 ○仏教｛澄観 738〜839／宗密 780〜841｝（華厳宗） 829 李宗閔また相となる。南詔，成都に侵寇 830〜44 党錮の獄（牛僧儒・李宗閔ら相争う） 833 李徳裕，相となる（〜34） 835 宦官の専権はなはだし 837 国子監石経成る ○詩人｛韋応物 741頃〜835／劉禹錫 772〜842／白居易（楽天） 772〜846／元　稹 779〜831／賈　島 793頃〜865／杜　牧 803〜852／段成式 ?〜863 840〜46 武宗 840 李徳裕，再び相となる 843 劉沔，ウイグルを破り大和公主を迎え帰る 845 会昌の仏教弾圧。マニ教弾圧。唐におけるイスラム教も衰える 846〜59 宣宗 847 牛僧儒死（779〜，「玄怪録」）。李徳裕失脚	823〜32 アルプ・ビルゲ・カガン（昭礼可汗） ○ウイグル内紛 832〜39 アルプ・キュルク・カガン（彰信可汗） ○ウイグル碑文 840 キルギス人ウイグルを攻めて破る ○ウイグル人の西遷，天山南麓を支配 848 ウイグル残部の潰滅	○五京十五府の制 831〜57 大彝震（以下，王の諡号不明）	826〜36 興徳王 826 浿水の長城300里を築く 828 唐より茶を移植 837 金明叛し，自ら王を称す（閔哀王） 839 金裕徴叛し自ら王を称す（神武王） 839〜57 文聖王 846 弓福の乱	○三筆｛嵯峨天皇／空　海／橘逸勢 ?〜842 833「令義解」の撰上 833〜50 仁明天皇 835 空海死（774〜） 838〜39 最後の遣唐使（大使藤原常嗣，円仁ら随行） 842 承和の変 ○地方官の遙任はじまる 850〜58 文徳天皇	825	
864 サマルカンド・フェルガナの支配者アヘマッド（サーマン朝の始祖）死，ナスルつぐ 872 滅亡 サファール朝 867 イランにサファール朝起る	○ウイグル人，高昌に拠る サーマン朝 874 サーマン朝起る	○南インドのチョーラ王国さかんとなる（王ヴィジャヤーラヤ）。首都タンジョール	853 スマトラのジャンビ国，唐に朝貢 ○安南のインドラプラにチャンパ（占城）の新王朝おこる 863〜66 南詔，交趾を占領 864 ジャワにマタラム王国おこる（シヴァ教徒）	851 唐の張義潮，河湟地方の吐蕃を駆逐 ○吐蕃東部領における諸将の分立 866 論恐熱殺される	853 張戣「刑法統類」成る ○詩人｛温庭筠 812〜860／李商隠 812〜858 ○書家 柳公権 778〜865 南詔 859 南詔王酋龍，帝を称し，国号を大礼と改める 859〜77 景荘帝世龍（酋龍） 870 南詔軍，成都を包囲 859〜73 懿宗 859〜73 農民暴動の頻発 860頃 ウイグル人の一部，甘粛地方に定住 ○仏教 禅宗の発達｛黄檗希運（黄檗宗） ?〜855頃／臨済義玄（臨済宗） ?〜867／洞山良价（曹洞宗） 807〜869／仰山慧寂（潙仰宗） 814〜890 863 南詔王酋龍，交趾に進出しこれを占領 866 高駢，大いに南詔軍を破り，交趾を回復 868 龐勛，乱を起す。金剛経陀羅尼仏説法図（初期版画） 869 龐勛，自ら天冊将軍と称す。龐勛溺死し乱平定 873〜88 僖宗	｛甘州ウイグル／沙州ウイグル ○西ウイグル人高昌に拠る キルギス	857〜70? 大虔晃 870頃〜93 大玄錫	857〜61 憲安王 861〜75 景文王 866 伊飡允興の乱 868 伊飡金鋭の乱 873 皇龍寺の塔成る 875〜86 憲康王	○班田制の崩壊 857 五紀暦を行う 858〜76 清和天皇 858 藤原良房，摂政となる（藤原氏摂政の初め） 864 円仁死（794〜，天台宗） 866 応天門の変（古代の名族伴（大伴）氏の没落） 867 京都に常平所を置く	850	
872 ターヒル朝を滅ぼしコラサンを奪取 867〜78 ヤークブ・ビン・ライス 878〜900 アムル 889 歴史家イブン・クタイバ死 900 イスマール，アムルを討ち，コラサンを取る	874〜92 ナスル1世 892〜907 イスマール・ビン・アヘマッド	877〜913 ラシートラクータ王クリシュナ2世 ○インド西海岸地方のジャイナ教徒によるカナラ文学 ○チョーラ王国，パラヴァ王国を滅ぼし，南インドを征服	880〜908 カンボディア王スリ・ヤソヴァルマン ○アンコール・トムの建設	○吐蕃衰える ○以後近世まで中央チベットの情勢は明らかでない	南詔：877〜97 宣武帝法（隆舜） 897〜901 孝哀帝（舜化貞） 901 宰相漢人鄭買嗣の簒奪，南詔滅ぶ 875 王仙芝，乱を起し，黄巣これに応じる 875〜84 黄巣の乱 ○唐の紀綱乱れ，国内各地の節度使割拠の勢い起る 878 曽元裕，王仙芝を殺す 880 黄巣，長安に入り，帝を称し，国名を斉と号する 883 李克用，黄巣を破り，長安を復す 884 黄巣死 ○画家｛李真 ?〜880頃／貫休（禅月大師） 832〜912（羅漢図）／荊浩（浩然） ?（山水画の祖） 888〜904 昭宗 889 朱全忠，東平郡王となる 891 王建，成都を陥れ，そこに留まる（903 蜀王） 894 李克用，吐谷渾を破る 895 董昌，自ら皇帝と称する。李克用，晋王と称する 896 董昌殺される ○詩人｛韋荘 836〜910（「秦婦吟」）／司空図 837〜908（自殺，「二十四詩品」）		882 使節悲廼を日本に送る 893〜906 大瑋瑎	886〜87 定康王 887〜97 真聖女王 888 辟幸事を登用，国政乱る 891 弓裔挙兵 892 甄萱挙兵 895 弓裔，王建を鉄円郡太守とす 896 赤袴賊起る 897〜912 孝恭王 898 弓裔，松岳に都をおく 900 甄萱，国を後百済と号す	876〜84 陽成天皇 878 出羽夷俘の乱（元慶の変） ○巨勢金岡「先哲絵像」 884〜87 光孝天皇 887〜97 宇多天皇 887 藤原基経，関白となる（藤原氏関白の初め） 891 円珍死（814〜，天台宗） 894 遣唐使を廃止 897〜930 醍醐天皇 ○菅原道真 845〜903	875 900	

インド史上の年代は，10世紀になってイスラム勢力が及ぶようになるまでは殆んど推定である。これは中国のように歴史の編纂が正確に行なわれなかったためで，その歴史は碑文や断片的な史料と，中国の史書及びイラン（ペルシア）やギリシア側の史書によって組立てられる。○9世紀の前半，**吐蕃とウイグルが強大**になり，唐の脅威であったが，後半に入るとともに衰え，唐もまた衰亡の道をたどる。しかし**北方民族の圧力**はますます中国の上に覆いかぶさって行く。

〔13〕

大勢	年代	北ヨーロッパ：ノルマン	西ヨーロッパ：イングランド	西ヨーロッパ：イベリアのキリスト教諸国	西ヨーロッパ：コルドバ	西ヨーロッパ：フランス王国	中央ヨーロッパ：東フランク王国（ドイツ）	中央ヨーロッパ：イタリア	中央ヨーロッパ：ローマ教会	東ヨーロッパ：ロシア（キエフ公国）	東ヨーロッパ：ブルガル汗国	東ヨーロッパ：東ローマ帝国	北アフリカ：チュニジア	北アフリカ：エジプト
ノルマンの活動／キリスト教団の改革／スラヴ人の台頭／神聖ローマ帝国の成立／封建制への転化	900	○ノルウェー王ハラルドによるノルウェー王国の創建	899～924 エドワード1世 905 デーン人の侵寇を撃退 924～40 エセルスタン	914～ レオン王オルドニョ2世 ○イベリアのキリスト教徒とコルドバのカリフとの不断の抗争(912～1002)	888～912 アブデラー 912～61 アブデル・ラーマン3世	898～923 シャルル3世 910 クリュニー修道院成る 911 デーンの酋長ロロをノルマンディ公に封じる(ノルマンディ公領の成立) 922～23 ロベール1世 923 ソワソンの戦(ロベール，シャルルと戦い陣中に死す) 923～36 ロドルフ 924 マジャール人，プロヴァンスに侵入 924 ロドルフ，イタリアを侵す。イタリア皇帝ベレンガリオ1世暗殺される 925 ロートリンゲンをドイツに編入	900～11 ルードヴィヒ4世 906 コンラード派・バーベンベルグ派の紛乱 907 オストマルク喪失 911 ドイツのカロリング朝断絶 〔フランコニア家〕 911～18 コンラード1世 〔サクソニア家〕919～1024 919～36 ハインリヒ1世 921 対立王バヴァリアのアルヌルフ屈伏	○イタリア諸侯，互に王を称し並立 910 マジャール人，上イタリアを侵す 916 ベレンガリオ1世戴冠(～24) 922 マジャール人，南イタリアのアプリア地方侵寇	902 イスラム，シチリア占領 904～11 セルギウス3世 911～12 アナスタシウス3世 914～28 ヨハネス10世 914～63 教皇庁の娼婦政治(テオフィラット伯家の専制)	882～912 オレーグ 907 オレーグ，コンスタンティノープルを攻撃 911 ビザンツ，オレーグと講和し通商条約を結ぶ 912～45 イーゴリ(イゴール)1世 921 ヴォルガ河畔のブルガル人イスラムに改宗	893～927 シメオン 913～17 シメオン再びビザンツ領を攻撃 918 シメオン皇帝の称をとる ○第1帝国の盛世時代	886～912 レオ6世 904 イスラム軍，サロニカを攻撃占領 912～59 コンスタンティヌス7世 919～44 ロマヌス・レカペヌス1世(簒奪者)	アグラブ朝 800～909 ファティマ朝 909 ファティマ朝おこる 909～34 アル・マハディ 920 首都アル＝マハディア建設	ツルーン朝 896～904 フマラワイヒ 904～05 アハマッド 905 滅ぶ ○ユダヤ教哲学者サーディア・アル・ファイユミ 892～942
	925	○エセルスタン，デーン人よりデーンローを奪還しそのイギリス化をはかる 935～61 ノルウェー王ハーコン 940～85 デンマーク王ハラルド(青髪王) 950 ハラルドのキリスト教公認	○イングランドの政治的統一進行 940～45 エドマンド 946～55 エドレッド	930頃 カスティリャ王国の起源	西カリフ国 926 アブデル・ラーマン3世初めてカリフを称す(コルドバの最盛期)	○封建的諸侯の割拠の形勢成る 933 南北【ブルグンド】王国合併(首都アルル)(いわゆるアルル王国) 936～54 ルイ4世 946 オットー1世，フランスの内政に干渉し出兵 ○農奴制の成立	○サクソニア・チューリンギア地方に対マジャール城塞を築く(924～32) 929 ハインリヒ1世のプラーグ進撃(ボヘミア侯の臣従) 933 リアデの勝利(対マジャール) 936～73 オットー1世(大帝) 938～39 諸侯の内乱を鎮圧 ○封建的体制の成長 948 ブランデンブルグ司教座設置 ○サンガレン修道院長・詩人エッケハルト 900頃～73	925～45 ウゴ(プロヴァンス侯) 930～44 フーゴー(南ブルグンド王) 945～50 ロタール3世 950～61 ベレンガリオ2世	928 テオドラの娘マロツィアの専権 928～31 ステファヌス8世 931～35 ヨハネス11世 936～39 レオ7世 946～55 アガペツス2世	941 イーゴリのビザンツ遠征 944 キエフとビザンツとの第2次通商条約 945～72 スヴャトスラフ	924 シメオン，コンスタンティノープルに迫る ○首都プレスラフ 927～68 ピョートル	928 ビザンツ軍小アジアに進撃し，テオドシオポリスを奪回。ブルガリア禍よりの解放 934 メリテネ占領 ○イスラムの衰徴による対イスラム闘争着々成果上る 944 コンスタンティヌス7世の復位。ニシビス・エデッサ等占領	934～45 アル・カイム 945～52 アル・マンスール	イフシード朝 935 イフシード朝興る 935～46 イブン・トゥグジ
	950	○この頃北欧伝説詩「古エッダ」成る	959～88 カンタベリ大司教ダンスタン 959～75 エドガー 975～78 エドワード2世(殉教者)	955 カリフ，レオン王と和す 970～1035 ナヴァル王サンチョ3世(大王)	961～76 アル・ハカム2世	954～86 ロテール3世 ○このころの有力封建諸侯 フランドル伯 ノルマンディ公 パリ伯(カペー家) シャンパーニュ伯 アクィテーヌ公 アンジュー伯 トゥールーズ伯 ブルゴーニュ(ブルグンド)公など ○神学・数学(幾何)者ジェルベール 940頃～1113(のちの教皇シルヴェステル)	951～52 オットー1世の第1次イタリア遠征 953 スワビア大公の乱 955 レヒフェルトの戦(マジャール人服従) ○文学・歴史家リウトプランド 961～64 オットー1世の第2次イタリア遠征 神聖ローマ帝国(ドイツ帝国) 962 オットー(大帝)，ローマで戴冠(僧俗の領邦並立の初め) 966～72 オットーの第3次イタリア遠征 968 マクデブルクを東部植民の根拠地とする(マクデブルク大司教座設置) 972 オストマルク回復，オットー2世，ビザンツ皇女と結婚 ○修道女・詩人ロスウィタ 973～83 オットー2世		955～64 ヨハネス12世 963～65 レオ8世 965 マジャール人のカトリック回心	957 オルガの受洗(スラヴ最初のキリスト教徒) 966【ポーランド】王のカトリック回心 969 ペチェネッグ人のキエフ攻撃 970 スヴャトスラフのブルガリア占領 971 シリストリアにおけるキエフ軍の敗北。ビザンツ軍の進撃とブルガリア併合		957 アミダ占領 959～60 ロマヌス2世 960～63 バシリウス2世 963～69 ニケフォルス2世 964 修道院の新設と修道院への土地寄進を禁ずる布告 965 キリキア征略 969 ニケフォルス暗殺される 969～76 ヨハネス1世 971 小アジアに封建的反乱 974 ニシビス地方併合	952～75 ムイズ・アブ・タミーム・マード 969 ファティマ朝，エジプト征服。カイロ市建設 970 カイロのアズハル礼拝堂成る(大学の初め) 972 チュニスにザイリ朝おこる(～1148)	
	975	980 デーン人のイングランド侵入再び活発となる 981 ノール人グリーンランド発見(985／6 植民) 995～1000 ノルウェー王オラフ1世 1000 ノール人，ヴィンランド到達	978～1016 エセルレッド2世 994 デーン人，ケント地方を侵す	○キリスト教徒の国土回復運動盛んとなる 997 ナヴァル王のオポルト奪還	976～1009 ヒシャム2世 981～1002 宰相ハジブ(アル・マンスール)の支配期 ○後ウマイヤ朝衰徴の初め	978 ロテール，ロートリンゲンを侵略，オットー2世これを撃退し，かえってパリに進軍 ○神学者シャルトルのフュルベール 960～1028 986～87 ルイ5世 987 フランスのカロリング朝断絶 〔カペー朝〕987～1328 987～96 ユーグ・カペー(首都パリ) 996～1031 ロベール2世 997 奴隷の反乱	976 オストマルク辺境伯領の成立。シチリアのイスラム軍，南イタリア侵寇 ○修道士・詩人コルヴァイのヴィンドキルド 980～81 オットー2世，南イタリアのイスラム軍を撃退 983 エルベ・オーデル間のスラヴ人の反乱 983～1002 オットー3世 983～91 母后テオファノの摂政 991～96 祖母后アデルハイドの摂政 992 ヴェネツィアの商人，ビザンツ皇帝より貿易上の特権を獲得 996～99 ドイツ人最初の教皇グレゴリウス5世 996 オットー3世の第1次イタリア遠征と戴冠 998 オットー3世の第2次イタリア遠征 1000【ハンガリー】ステファン，教皇より王号を許される 1000 聖誕1000年に当りキリスト教徒のローマ巡礼さかん		985～96 ヨハネス15世 999～1003 シルヴェステル	980～1015 ウラディミル1世 988 キエフ大司教座の設置 988 ビザンツ，キエフより傭兵を譲り受ける。964年の布告を撤廃。ウラディミル，ビザンツ皇妹と結婚。ロシア人のギリシア正教帰依	976～1014 サムエル 996 ギリシアより撤兵	976 ヨハネス1世のシリア遠征 976～1025 バシリウス2世の重祚 978 アトス山のイヴィロン修道院の建設 986 サムエルのバルカン荒掠 986～1018 対ブルガリア三十年戦争 987～89 バルダス・フォカスの反乱 995 バシリウスのシリア遠征(アレッポ・ホムス等占領) 996 大貴族の横領を抑圧する勅令	975～96 アル・アディス 981 ファティマ朝，バグ領 ○チュニジアを放棄しエジプトの経営に専念 ○この頃サハラの南にガーナ王国隆盛(首都クンビ) 996～1020 アル・ハキム	
	1000													

西カリフ国＝West Caliphate，コルドバのカリフ国は正式には926年にはじまる。それまではその主はエミールEmirと称していたが，ふつうは756年，後ウマイヤ朝の開始をもってバグダードに対立する西カリフ国として扱っている。**フランスの称**はカペー家の所領イル・ド・フランスIle de France（パリ周辺）に基づく。**国土回復運動**＝Reconquista（とくにイスパニアのそれをいう）。**神聖ローマ帝国**＝Holy Roman Empire of the German Nation。

〔13〕

大勢：唐及び新羅の滅亡／五代の乱離と武断政治／中国における地方文化の発達／イスラム諸国の隆替／宋の中国統一

年代	西アジア：イスラム帝国(東カリフ国)	西アジア：サファル朝／ブワイ朝	中央アジア：サーマン朝／ガズニ朝	南アジア：インド	東南アジア	東アジア(中国)：唐・十国	東アジア(中国)：五代・宋	北アジア：契丹(遼)	北アジア：渤海	東アジア(日本朝鮮)：新羅・高麗	日本
900	902~05 カルマット教派の反乱 902~08 アル・ムクタフィ 908~32 アル・ムクタディル 912頃 地理学者イブン・ホルダド・ベイ死 922 スーフィ派のアル・ハラージュの処刑 923 歴史家タバリ死 925 医学者アル・ラーズィー死(865頃~)	900~03 ターヒル 903 イスマール，サファル朝よりコラサンを奪う 908／12 サファル朝滅ぶ	892~907 イスマール・ビン・アヘマッド 907~13 アフマッド 913~42 ナスル2世（イブン・アフマッド） ○【東トルキスタン】のウイグル人さかん 920／60 セルジュク・トルコ族のイスラム改宗	908~1192 アジミールのチャフマーナ朝 914頃~40 プラティハーラ朝マヒーパラ(首都カナウジ)	901 南詔(蒙氏)滅ぶ。南詔の宰相鄭買嗣，大長和国を建つ(~920頃) ○カンボディアの隆盛時代 ○シャイレンドラ国，スマトラ及びマライをも支配する	唐 (618~907) 901 朱全忠，東平郡王となる。李茂貞，岐王となる。903 朱全忠，梁王となる 904~07 哀帝(昭宣帝) **907 朱全忠，哀帝を廃して自ら皇帝を称し，唐滅ぶ** 十国・〔分裂時代〕(907~960)・五代 902 楊行密，呉王を称する ①(呉，902~937) 907 朱全忠，鏐銭を呉越王とする ②(呉越，907~978) 907 朱全忠，高季昌を荊南節度使とする ③(荊南，907~963) 907 蜀王王建，帝を称する ④(前蜀，907~925) 909 王審知，閩王となる ⑤(閩，909~945) 917 劉龑，南漢王を称する ⑥(南漢，917~971) 925 後唐，前蜀を滅ぼす	①【後梁】907~923 907~12 太祖(朱全忠) (首都汴京＝開封) ○対立者{895~908 晋王，李克用／901~924 岐王，李茂貞} 908 李克用(856~)死，子存勗つぐ 911 李存勗，柏郷に後梁軍を破る 912 朱友珪，父帝を殺す 913 朱友珪殺される 913~23 末帝(朱友貞) 921 契丹，幽州，涿州を抜く 923 晋，唐(後唐)と改める。後唐，後梁に勝ち，末帝自殺して後梁滅ぶ ②【後唐】923~936 ○山水画家 関同 923~26 荘宗(李存勗) (首都洛陽) 924~25 契丹の西征	907~26 太祖(耶律阿保機＝ヤリツ・アボキ) **916 耶律阿保機，帝を称する(契丹国おこる)** 918 臨潢奠都 920 契丹文字を創始 契丹の西征 924 渤海人，契丹の遼州を襲う	906~26 大諲譔(末王) ○国内に内争おこる 919 34回目の使節を日本に送る，日本遣使の最後	新羅 897~912 孝恭王 901 弓裔，王を称する 904 弓裔，国号を摩震と称する 911 弓裔，国号を泰封と改める 912~17 神徳王 917~24 景明王 高麗 **918 王建，弓裔を倒して高麗をおこす** 918~43 太祖(王建)	897~930 醍醐天皇 902 最初の荘園整理令 905 古今和歌集成る ○歌人{紀友則／紀貫之／大江音人／清原元輔} 914 三善清行，意見封事十二条を奉る ○書家{小野道風／藤原佐理／藤原行成}三蹟
925	928~29 カルマット教徒のメッカ占領 929 数学者アル・バッタニ死 932 西イランにシーア派によるブワイ朝おこる(アリ) 934~40 アル・ラディ 945 ブワイ朝，バグダードに入り，アミール・ウマッラー(大将軍)の称をうけ，カリフより政権を奪い，カリフは教権のみとなる 946~74 アル・ムティ	ブワイ朝 949~83 アズアド・ダウラ	928 タバリスタンのアリー朝滅び，ズィヤール朝起る(~1042) 940 カラハン朝起る 942~54 ヌフ1世	○劇作家ラージャシェーカラ ○シヴァ教学者アビナヴァグプタ	928~50 ジャワのマタラム王シンドック 937 雲南に大理国おこる(段思平) 939 安南の呉権，王を称する(~50)	927 馬殷，楚王となる ⑦(楚，927~951) ○詞曲の興隆 ○呉越の磁器工業(秘色青磁) ○花鳥画家{黄筌(鉤勒法，黄氏体)(?~965)／徐熙(没骨法，徐氏体)} 934 孟知祥，蜀帝と称する ⑧(後蜀，934~965) 937 呉の徐知誥，帝を称し，国を唐と号し，呉滅ぶ ⑨(南唐，937~975) 941 南唐，田制を定める ○人物画家 周文矩 945 南唐，閩を滅ぼす ○山水画家 董源・巨然	926 荘宗，伶人に殺される 926~33 明宗 ○禅宗の発達{○雲門文偃 ?~949(雲門宗)／○法眼文益 885~958(法眼宗)} 932 石敬瑭，河東節度使となる 933~34 閔帝 934~36 末帝(李従珂) ○仏教{道舟 864~941／智朗 871~947／師会 880~946} **936 石敬瑭，帝命を拒否し，救いを契丹に求む，契丹，石敬瑭を立てて晋帝とし，燕雲十六州を収奪** ③【後晋】936~46 936~42 高祖(石敬瑭) (892~) (首都汴京) 939 造仏寺の禁 940 趙崇祚「花間集」 944 契丹軍大挙進出，出帝これをふせぐ 943~46 出帝 946 杜重威，契丹を討ち敗れて降る。契丹，汴京を陥れ，後晋滅ぶ。契丹，国号を遼と改める ④【後漢】947~50 947~48 高祖(劉知遠) (首都汴京) 947 遼の太宗，汴京に入り，帰路死す 948~50 隠帝 950 郭威自立し，後漢滅ぶ	926 契丹，渤海を滅ぼし故地を東丹国とする 926~47 太宗 928 東丹国を遼陽に移す 930 東丹国消滅 938 官名を定め，三京を置く 947~51 世宗		919 首都松岳 930 太祖，甄萱を破る 935 太祖，新羅を滅ぼす **936 後百済を滅ぼし，高麗の朝鮮半島統一** 940 役分田を定める 945 王位継承の内紛 949~75 光宗	927 延喜式の撰上 930~46 朱雀天皇 935 呉越王入貢 938 空也，念仏宗を創める(浄土思想) **939 天慶の乱(平将門・藤原純友の乱)** **○地方武士の興起** ○紀貫之「土佐日記」 946~67 村上天皇 ○「伊勢物語」 ○「竹取物語」
950	950 哲学者アル・ファラビ死(900頃~) 956 歴史家マスーディ死(「黄金の牧場」) 974~91 アッターイ	961 アルプテギン，コラサン太守となる ○詩人{ルーダーキー ?~954／ダキーキ ?~975}	954~61 アブデル・メリム1世 961~76 マンスール1世 ガズニ朝 962~63頃 アルプテギン(**ガズニ朝を創始**)	973 ラシートラクータ滅ぶ 西カルキア朝始まる(タイラパ，973~97)	951 安南の呉昌文，王を称し国号を南晋という(~65) 968 安南の丁部領自立(大越または瞿越と号す~80) 981 安南の黎桓，皇帝と称す(黎朝，~1005)	951 楚，南唐に降り滅ぶ。劉崇(劉知遠の弟)，晋陽に北漢皇帝を称す⑩(北漢，951~979) 954 高平の戦(後周の柴栄，北漢軍を破る) 954~59 世宗 955 後周，後蜀・南唐を討つ。私に僧尼となるを禁じる。仏像をつぶして，銭を鋳る 955 呉越，八万四千宝塔を鋳造 ○画家 郭忠恕 ?~970頃 956 後周の趙匡胤，南唐を討つ。欽天暦を行う 958 南唐，江北の地を後周に譲り，その帝号を止む。959 後周の世宗の北伐，燕南地方を占領 ○詞人{李璟(南唐主) 916~61／李煜(南唐主) 937~78／馮延己 903~60} ○南唐の宮廷画院 ○蜀地の文化の新展開と経書の印刷 ○名墨家 李廷珪	⑤【後周】951~960 951~54 太祖(郭威) (首都汴京) 953 九経の版成る。王溥(917~77)，相となる 959~60 恭帝 960 趙匡胤，帝を称し，後周滅ぶ 宋 (北宋) (960~1126) **960 宋おこる(北宋)** 960~76 太祖(趙匡胤) (首都汴京) **○君主独裁的官僚制国家の成立(貴族の没落)** 963 山西の鎮国寺萬仏殿成る 965 諸路運転使を置く	○世宗の南伐 951~69 穆宗 ○内政乱れ，反乱起る 969 穆宗暗殺される 969~82 景宗		951 奉恩寺創建 956 奴婢按検法 958 初めて科挙を行う 960 開京(開城)に奠都 963 宋に服属 973 墾耕法(勧農政策) 975~81 景宗	954 私に武器を帯びることを禁じる 960 天徳内裏歌合 ○荘園ますます増大 967~69 冷泉天皇 969~84 円融天皇 969 安和の変(源高明の失脚)
975	ダード占 991~1031 アル・カディル	976~97 ヌフ2世 ○【東トルキスタン】のイスラム化進む 992~1012 カラハン朝ナスル・イリクハンの時代 997~99 マンスール2世 999 マームゥド，サーマン朝を滅ぼす	976~97 スブクテギン 986 ガズニ朝のパンジャブ攻撃 997~1030 マームゥド(はじめてスルタンを称する)	985~1014 チョーラ王ラージャラージャ1世	992 ジャワのマタラム国，シュリーヴィジャヤに侵入。以後，両国争う 993 宋，黎桓を交趾郡王とする 1000 チャンパ，黎桓のためヴィジャヤに遷都	971 南漢，宋に降り，国滅ぶ。南唐，国号をおとして宋に入貢。972 初めて殿試施行 975 江南(もとの南唐，主李煜)，宋に降り滅ぶ 976~97 太宗 978 呉越王俶，宋に降り滅ぶ。宋，崇文院を建つ(蔵書8万巻) **979 北漢の主劉継元，宋に降り滅ぶ。宋の中国統一成る。**宋，北伐を開始。遼，宋軍を高梁河に破る 980 役法を定める 981~85 王延徳，ウイグルに遣使 ○学者{薛居正 912~81(「旧五代史」の編纂)／李昉 925~96(「太平広記」「太平御覧」等の編纂)／范仲淹 989~1052} 991 趙普死(921~，文治主義) 992 常平倉を置く ○華北諸窯の勃興(白磁) 997 全国の州郡を十五路に分つ 997~1022 真宗 999 翰林侍読学士を置く	○仏教{延寿 904~75(法眼宗)／義寂 919~87(天台宗)／賛寧 919~1002(天台，南山律宗)} 980 遼，瓦橋関を侵す 985 李継遷，銀州に拠る。遼，女真を討つ 986 遼軍侵入，岐溝の戦に宋軍敗れ，楊業戦死。遼軍大いに宋を掠む 988 遼軍侵入し，涿州・祁州を陥落 ○道士 陳摶(図南) 885頃~989 990 李継遷，遼より西夏王に封じられる ○北宋画院(院画の発達) ○画家{石恪(水墨的人物・禅画の祖)／李成(山水画) 919~67／范寛(中正)(山水画)／黄居寀(黄筌の子)(花鳥画)} 996 宋，李継遷を討つ	982~1031 聖宗 982 国号を契丹に復す 993 遼の高麗攻撃始まる ○慶陵(聖宗・興宗・道宗の三帝陵)の築造はじまる		976 職散官各品田柴科を定める(土地制度の整備) ○青磁工芸さかんとなる 981~97 成宗 982 官制改革 987 兵器を没収し農具を造る 994 高麗，遼に服属 995 十道を定む 996 鉄銭を鋳造 997~1009 穆宗 997 高麗人，九州を侵す	978 藤原兼家の東三条殿成る(寝殿造) 980 宋との交通始まる 984~86 花山天皇 985 源信「往生要集」 986~1011 一条天皇 989 尾張の郡司・百姓等，国司を訴える 995 藤原道長，内覧となる(~1016) **○藤原氏全盛時代**
1000											

カルマット教派＝Qarmat，シーア派の1派で秘密結社的な存在であった。874頃から起り，11世紀までアッバス朝にとっての一脅威であった。**五代十国**＝本表では五代の歴朝を①②……とし，十国を①②……の番号で示した。

スルタン＝Sultan，イスラム教徒の首長の意，厳密な用法上の区別はないが，だいたい10世紀頃からはカリフは教権の，スルタンは国政上の主権者と考えられた。**後三国**＝新羅と，甄萱の後百済と，弓裔の摩震(泰封国)を後三国という。

大勢	年代	北ヨーロッパ：北欧三国	西ヨーロッパ：イングランド	西ヨーロッパ：西カリフ国	西ヨーロッパ：イベリアのキリスト教諸国	西ヨーロッパ：フランス王国	中央ヨーロッパ：神聖ローマ帝国（ドイツ）	中央ヨーロッパ：ローマ教会	中央ヨーロッパ：ポーランド・ハンガリー	東ヨーロッパ：キエフ公国	東ヨーロッパ：ブルガリア	東ヨーロッパ：東ローマ帝国	エジプト：ファティマ朝
東西カリフの衰亡／ローマ教皇権の至上主義／教皇とドイツ皇帝との紛争／ノルマン征服／十字軍のはじまり	1000	995～1000 ノルウェー王オラフ1世 1003 ヴァイキング，ヘルランドに到達 1014～35 デンマーク王カヌート 1016 カヌートのイングランド支配（～35）〔デーン家〕 1016～28 ノルウェー王オラフ2世	978～1016 エセルレッド2世 1001～04 デーン人の侵入 1016 エドマンド2世	976～1009 ヒシャム2世 ○短期のカリフ14人あいつぐ 1012～90 グラナダのザイリ朝 1016～57 マラガのハンムード朝		996～1031 ロベール2世（敬虔王） 1009 サンマルタン・デュ・カニグー寺（ロマネスク式）	1002～24 ハインリヒ2世（バヴァリア侯） 1004 ハインリヒのイタリア遠征 1004～18 ポーランド公ボレスラウとの闘争 1013～14 ハインリヒの第2次イタリア遠征（ローマで戴冠，バンベルグ大寺を造営，イタリア王ハルドゥイン廃位） 1016 ジェノア・ピサ両市，イスラム艦隊を破る 1021 ハインリヒの第3次イタリア遠征 1024 マインツの諸侯会議 〔フランコニア（サリ）家〕1024～1125 1024～39 コンラード2世	1002 ハンガリーのステファン，教皇より加冠される 1012～24 ベネディクトゥス8世 ○この頃，しばしば「神の平和」「神の休戦」の布告 1024～32 ヨハネス19世	1002～38 ハンガリー王ステファン（イストヴァン）（キリスト教に帰依） 1025～34 ポーランド王ボレスラウ	980～1015 ウラディミル1世 1016～54 ヤロスラフ（賢公）	976～1014 サムエル 1000～14 ビザンツの対ブルガリア戦 1014 キンバロングーの戦（ブルガリア大敗，サムエルの死） 1018 ブルガリアの服従	976～1025 バシリウス2世 1010 南イタリアの反乱 1021／22 アルメニア併合 1025～28 コンスタンティヌス8世	996～1020 アル・ハキム 1009 イェルサレムの聖墳墓教会破壊 1012 カイロのアルハキム・モスク成る 1020～35 アザヒール
	1025	1035～42 デンマーク王ハルディカヌート 1035～46 ノルウェー王マグヌス1世 1046～66 ノルウェー王ハラルド3世 1047～76 デンマーク王スヴェンド2世〔ウルフ家〕	1027 カヌート王のローマ訪問 1033～1109 カンタベリのアンセルム（初期スコラ派） 1035～40 ハロルド1世 1042～66 エドワード（懺悔王）〔サクソン系〕 1050頃 ウェストミンスター寺起工	1027～31 ヒシャム3世 1031 カリフ家分裂，後ウマイヤ朝滅亡 1031～68 グラナダのジャーワル朝 1035～85 トレドのズン・ヌーン朝 アルモラヴィド帝国	1035 アラゴン王国独立	1030～32 全土のききん 1031～60 アンリ1世 1033 イタリアに対するフランスの圧力減少 1035～66 ノルマンディの権力発展（ウィリアム1世） 1038 リモージュに「平和農民兵」制設置 1040頃 「アレクシス聖者伝」（フランス最初の文学）	○宮廷騎士の叙事詩「ルーオトリーブ」 1033／34 ブルグンド王国を併合（ブルグンドのルドルフ家断絶） 1033 ヒルデスハイムの聖ミハエル教会 1038 ライヌルフをアヴェルサ伯に封じる 1039～56 ハインリヒ3世 1041 ボヘミアのブラチスラフ臣従 1042 ハンガリー征服 1046 ハインリヒ3世のイタリア遠征 ○帝国の勢威強盛となる	○ノルマン人の南イタリア進出 ○教会権力増進の典拠として「偽イシドルス文書」 1045 シルヴェステル3世 1048 ヒルデブラント，枢機官となる 1049～54 レオ9世	1034～56 ポーランド王カシミール1世 1046～60 ハンガリー王アンドレアス1世	1037 キエフのソフィア教会成る 1043 キエフ公子ウラディミルのコンスタンティノープル攻撃		1028～34 ロマヌス3世 1032 ギリシア人のエデッサ占領 1034～41 ミカエル4世 1040 ブルガリアの背叛 1041～42 ミカエル5世 1042 コンスタンティノープルの革命 1042～50 女帝ゾエ（ロマヌスの后） 1042 セルビア大公自立 ゲオルギオス・マニアケスの乱 1045 コンスタンティノープル法学校設立 1050 セルビア大公ミカエル，王号を称す（～84）	1035～94 アル＝ムスタンシル
	1050	1060 ルンド司教座創設 1066.10.14 ヘースティングスの戦（ノルマンディ公ウィリアムのイングランド征服）	1066 ハロルド 1066 スタンフォード橋頭の戦 〔ノルマン朝〕1066～1154 1066～87 ウィリアム1世（征服王） 1068 ヨーク城の修築 1070 ロンドン橋の架設	1056 サハラのタワーリク族アルモラヴィド朝をおこす 1056～87 イブン・ヤーシン 1071 詩人イブン・ザイドゥーン死	1072 カスティリャ・レオン・ガリシア合同	1054 モルトメールの戦（ノルマンディ公の自立） 1060～1108 フィリップ1世（王位世襲権の基礎固まる） ○「聖女フォワの物語」（1060?頃） 1070 フィリップのフランドル征行 ○トルヴェール（北フランスの北方詩人たち）	1052 ハンガリー，帝国の外藩となる 1055 ハインリヒ3世の第2次イタリア遠征 1056～85 ノルマンのロベール・ギスカール，シチリア・南イタリア支配 1056～1106 ハインリヒ4世（母后アグネス摂政・ケルン大司教アンノの後見） 1063 ピサの海軍，サレルノ沖で，イスラム軍を撃破 1065頃 ヴィリラム訳「ソロモン雅歌」 1065 ハインリヒ4世の親政はじまる 1072 ブレーメンのアダルベルト死 1073 サクソニア等大諸侯の離反 1075～1122 僧職叙任権に関する争議	1054 東西教会（ギリシアとローマ）全く分離する 1059 ラテラノ会議（教皇選任制の規定） 1061～73 アレクサンデル2世 1073～85 グレゴリウス7世（ヒルデブラント） 1075 教皇の告論	1063～74 ハンガリー王サロモン	○キエフ国家分裂を始める		1054～56 女帝テオドラ 1056～57 ミカエル6世 〔コムネヌス朝〕1057～1185 1057～59 イサーク1世 1059～67 コンスタンティヌス10世 1060 ノルマン人，トロイア占拠 1064 セルジュク・トルコ，アニ占領 1067～71 ロマヌス4世 1070頃 ヨハネス武士団の前身 1071 マンジケルトの戦（トルコ族の小アジア侵略）。ノルマン人，バリ占領 1071～78 ミカエル7世	1073 アルメニア人バドルジャマーリを登用し国政を改革
	1075	1080～86 デンマーク王カヌート4世 1093～1103 ノルウェー王マグヌス3世	○カンタベリ寺造営（1067罹災，その後数次にわたり改修理の工おこる） ○王政庁成立（王権強化） 1086 ソールズベリの誓い。土地台帳の作成 1087～1100 ウィリアム2世	1076 アフリカ西南のガーナの都クンビを荒らす，ガーナ衰微の初め 1087 アルモラヴィドのイベリア半島征略 1087～1106 ユースフ	1072～1104 カスティリャ王アルフォンソ6世 1076 アラゴン・ナヴァル合同 1085 カスティリャ，トレド奪回	○トルバドゥール（南フランスの吟遊詩人たち） 1080 ポワティエ本寺成る（ロマネスク式） 1084 シャルトリューズ教団成る ○ローランの歌 1088 クリュニー修道院完成（ロマネスク式） 1095 クレルモンの公会議（十字軍遠征を決定） 1095 アミアンのピエール，十字軍を勧説 1096～99 第1回十字軍 1098 シトー教団創設 1099 武勲詩「ギヨームの歌」	1076 ウォルムスの公会議（ハインリヒのグレゴリウス罷免，教会のハインリヒ破門） 1076 トリブルの国会（ハインリヒ廃位の決議） 1077 カノッサの屈辱（ハインリヒ，破門赦免を教皇に哀訴） 1077～80 ドイツ諸侯の内乱 1081～84 ロベール・ギスカールのエピロス侵入 1081～85 ハインリヒ4世の第2次イタリア出兵 1084 ハインリヒ4世，教皇グレゴリウスをサンタンジェロに包囲，ロベール・ギスカール，教皇を救援 1088頃 ボロニヤ大学創立 ○十字軍時代 1096～1291	1085 グレゴリウス7世，サレルノで憤死。ヴェネツィアの艦隊，ノルマン海軍を破る。ロベール・ギスカールの死 1086～87 ヴィクトル3世 1088～99 ウルバヌス2世 ○スコラ哲学おこる	1077～95 ハンガリー王ラスロー1世 1089／91 ハンガリー，クロアチアを併合	1078～93 フセヴォルド 1093～1113 スヴャトポルク		1076 クロアチア人の独立 1078～81 ニケフォルス3世（纂奪者） 1081～1118 アレクシウス1世 1082 ヴェネツィア，ビザンツ帝より東地中海の商業権を獲得 1089 グルジア王ダヴィド（建設王），グルジアを統一し，セルジュクと争う 1091 ペチェネッグ人を撃退（レブルニオン河岸の勝利）。セルビアの一時的独立（～94） 1097 十字軍士，ニケーアを占領 1099 十字軍士，イェルサレム王国を建設	1085 カイロのアルジュユーシー・モスク成る 1094～1101 アル・ムスタリー
	1100												

ノルマンのイングランド征服＝Norman Conquest of England。王政庁（クリアレギス）＝Curia Regis。偽イシドルス文書＝Pseudo-Isidorian Decretals。神の休戦（トレウガ・デイ）＝Treuga Dei。
土地台帳＝Domesday Book。ウィリアム＝William（英），フランスでギヨームGuillaume，ドイツでヴィルヘルムWilhelmという。十字軍＝Crusades。神の平和（パックス・デイ）＝Pax Dei。スコラ哲学＝Scholasticism。

〔14〕

大勢：遼の強盛／宋の文治政策と宋学の興隆／宋代産業及び技術の発達／セルジュク・トルコの西アジア征覇／王安石の改革

年代	西アジア イスラム帝国	西アジア ブワイ朝	中央アジア カラハン朝(イリク/ハン朝)	中央アジア ガズニ朝	南アジア インド・東南アジア	東アジア(中国) 宋(北宋)(960~1126)	西夏	北アジア 契丹(遼)	東アジア(日本朝鮮) 高麗	日本
1000	991~1031 アル・カディル 1007~56 クルディスタンにカークワイ朝 ○光学者 ハイサム 965~1039頃 1025頃 詩人フィルドゥシー死(「王書」の完成者)	○トルコ人の活躍始まる 1006 カラハン朝のコラサン侵入 ○歴史家ミスカワイ(?~1030)	1008 マームゥド,カラハン軍を撃破 1016 ガズニ軍,サマルカンド・ボハラ攻略 セルジュク・トルコ(1037~1157)	997~1030 マームゥド 1001 **ガズニ朝のインド侵略始まる** 1004 ガズニ朝,パンジャブ征服 1010 ゴール地方占領 1014 ガズニ軍,ターネサール攻略 1019 カナウジ占領(プラティハーラ朝の滅亡) 1024 ガズニ軍,グジャラート攻撃	1001~1326 南インドにカーカティア朝 1005 チョーラ,セイロン征服 1009~1225 安南の李朝(1010 宋,李公蘊を交趾郡王とする。李公蘊,都を昇龍(ハノイ)に定める,大越国成立) ○チョーラ王国全盛 1010~49 マタラム王エィルランガ,東部ジャワ統一 1022~1342 南インドにホイサラ朝	997~1022 真宗 ○山水画家 燕文貴 1002 タングート人李継遷叛し霊州を陥る(西夏の基) 1004 寇準,宰相となる(~06) ○花鳥画家 徐崇嗣・李吉 1006 諸州に常平倉を置く ○北方山水画家 許道寧・宋廸 1007 楽史死(930~) 1008 「大宋重修広韻」(陳彭年ら) ○儒学者 荊昺 932~1010 ○定窯の白磁さかん 1012 義県奉国寺大雄殿成る 1013 「冊府元亀」成る ○技術の発達{羅針盤・火薬の発明 / 木版印刷の一般化} ○仏教{○臨済宗{汾陽善昭 947~1024 / 楊岐方会 996~1049 / 黄龍慧南 1002~1069} / ○律宗{允堪智円 976~1022 / 元照大智}} 1022~63 仁宗(1022~33 劉太后執政) 1023 益州に交子務を置く。寇準死(961~) ○詩人(西崑体){楊億 974~1020 / 劉筠 ? ~1024} 1025 王欽若死(?~,政治家)		982~1031 聖宗 1004 真宗,契丹と和す(澶淵の盟) 1005 宋,歳幣を契丹に贈る 1010 契丹軍の高麗侵入,開京陥落,顕宗羅州に逃れる 1013~15 高麗を侵す 1015~19 契丹軍,高麗を侵略。 1018 高麗の姜邯讃,亀城に契丹軍を撃退(1020 和成る)	997~1009 穆宗 1009 康兆の乱,穆宗廃位,顕宗を擁立 1009~31 顕宗 1013 文武両班の田税を定める 1016 また宋の年号を用いる 1022 契丹の年号を用いる	986~1011 一条天皇 ○僧兵の闘争さかんとなる ○清少納言「枕草子」 1011~16 三条天皇 1014? 紫式部死(975~,「源氏物語」) 1016~36 後一条天皇 **1017~18 太政大臣藤原道長** 1019 刀伊の賊(女真)九州を侵す ○「和漢朗詠集」 1022 法成寺金堂成る ○本地垂迹説さかん
1025	1031~75 アル・カイム 1038 数学者アルハゼン(イブヌル・ハイサム)死(965頃~) 1045 セルジュク軍,アルメニア進撃	1027 マームゥド,セルジュク・トルコ軍と戦う 1034 セルジュク族,コラサン支配開始。1037 セルジュク軍,ニシャプール占領,セルジュク帝国の成立 1037 哲学・医学者アヴィケンナ(イヴン・シーナー)死(980~) 1042 セルジュク軍,コラズム併合 1047 カラハン朝,東西に分裂。	1037~63 トゥグリル・ベグ 1040 セルジュク軍,ガズニを破る(ダンダーナカンの勝利)	1030~40 マスード ○物理数学者アルビルニ(973~1048) 1040~48 モードード 1042 ズィヤール朝を滅ぼす	1030 チョーラ王ラージェンドラ1世(1014~42),シュリーヴィジャヤ征服(後者の衰退) 1037 クシェーメンドラの説話集「ブリハット・カター・マンジャリー」 1044 安南,チャンパを討つ。ビルマにパガン朝おこる(~1287) 1045 ジャワ,ケディリ朝(1045~1222)とジャンガラ	1027 西域の僧法吉祥来朝,梵書を献じる 1028 李継遷の孫李(趙)元昊,ウイグルを攻め,甘州を取る 1030 解塩通商法を復す。ウイグル,李元昊に降る 1032 張士遜,宰相となる ○詩人 蘇舜欽 1008~48 1033 仁宗の親政はじまる……**慶暦の治** 1035 李照,雅楽を重定 ○花鳥画家{崔白 / 呉元瑜} ○詞人{柳永 ?~1040頃 / 范仲淹(文正) 989~1052 / 張先 990~1078 / 晏殊 999~1055} 1039 狄青,西夏を討つ 1041 韓琦,范仲淹を経略安撫招討使とす(対西夏策) 1042 権塩法を復す。大名府を北京とする。富弼,遣使して契丹と和す(宋,遼に歳幣を増す) 1043 磨勘法・蔭子法を更定 ○書家 蔡襄 1012~67 1048~51 宰相,文彦博 ○畢昇,活版印刷法発明(実用化されず) 1049~53 儂智高の乱 1050 龍興寺摩尼殿成る	西夏(1038~1227) 1032 李元昊立つ(タングート人) 1038~48 景宗(李元昊),皇帝と称する ○西夏文字の創製 1048~67 毅宗(李諒祚)	1027 遼使,ガズニに至る 1027 ウイグルを討ち敗退 ○白塔子の白塔 1031~55 興宗 1034 法天太后の陰謀 1037 契丹の水軍,鴨緑江を侵す 1044 「契丹国史」の撰。五京を定める。西夏を討つ 1049 興宗の西夏親征	1024 開京の五部坊里を定める 1029 開京の羅城成る 1031 姜邯讃死 1031~34 徳宗 1033~44 契丹に備え長城修築 1034~46 靖宗 1039 賤者随母法 1042 寧朔・樹徳2鎮を置く 1046 興永鎮築城 1046~82 文宗 1049 両班の功蔭田柴法を定める	1027 藤原道長死(966~) 1028~31 平忠常の乱 1035 園城寺・延暦寺の僧徒争う 1036~45 後朱雀天皇 1045~68 後冷泉天皇 1045 寛徳の荘園禁令 1047 清原守武を入宋私貿易により処罰
1050	**1055 セルジュク軍,バグダード入城,西アジアの支配者となる**(ブワイ朝滅亡) 1058 トゥグリル・ベグ,アミル・アル・ウマル(元帥)の称を取り,スルタンを称す 1067 バグダード大学創立 1071 マンジケルトの戦(ビザンツ帝を捕う) 1071 イェルサレム占領,キリスト教徒に対する迫害はじまる 1075~94 アル・ムクタディ	1049 詩人アブル・ハイル死 1063~72 アルプ・アルスラン 1072~92 マリク・シャー ○首都レイ		1048 ゴールに**ゴール朝おこる** 1052~59 ファルクザード 1059~99 イブラヒム 1061 ゴール軍,ガズニ市攻撃	朝に分裂 ○チベットの密教改革者アチーシャ(980~1052) ○テルグー文学 1054 安南の李朝,国号を大越と称する 1057 パガン朝のアノーラタ王,タトウンを略し,カンボディアを征服 1060 詩人パラマラ王ボージャ死 ○ベンガル地方にセーナ朝おこる 1070 シュリーヴィジャヤ独立回復	○儒学の興隆{宋学=道学 / 復古主義}{周敦頤(濂渓) 1017~73(「太極図説」) / 張載(横渠) 1020~77 / 程顥(明道) 1032~85 / 程頤(伊川。明道の弟) 1033~1107 / 呂大防 1027~97} 1055 文彦博・富弼,宰相となる ○北宋の陶磁工芸おこる 1058 韓琦,宰相となる 1060 欧陽修らの「新唐書」成る 1063~67 英宗 ○文人学者{蘇洵(老泉) 1009~66 / 欧陽修 1007~72 / 曽鞏(南豊) 1019~83 / 劉敞 1019~68 / 司馬光 1018~86} 1067~85 神宗 1068 王安石を登用 **1069** 三司条例を設く。**王安石の改革はじまる**(新法=均輸法・青苗法) 1070 新法=保甲法・募役法 1071 呂誨死(1014~,政治家) 1072 新法=市易法・保馬法・方田均税法 1073 熙河路を置く。軍器監を置く 1074 手実法 1075 韓琦死(1008~)	○首都興慶 1050 契丹と相攻める 1058 宋より蜀版大蔵経伝わる 1067~86 恵宗	1055~1101 道宗 1056 王族耶律重元を兵馬大元帥とす 1060 国子監を置く 1062 上華厳寺大雄宝殿成る 1063 耶律重元の乱 1063 契丹,高麗に大蔵経を贈る 1066 再び国号を遼と改める 1071 燕京に十三層八稜塔を建つ 1075 耶律乙辛,蕭后を謀殺	○高麗青磁の初期 1067 興王寺創建 1069 新宮を南京に営む。量田尺の標準を定める	1051~62 前九年の役(源頼義,安倍氏を討つ) 1053 平等院鳳凰堂成る ○「更級日記」 1057 仏師定朝死 ○「今昔物語集」 1068~72 後三条天皇 1069 記録荘園券契所を置く 1072~86 白河天皇 1073 院蔵人所を置く 1075 宋の神宗より経論等を贈り来る
1075	1075 バグダード天文台建設 1077/78 スレイマン,ルムの総督となる 1079 新暦制定(ジャラリー暦) 1082頃 カイ・カウース「カーブス書」(道徳教訓書)。1084 セルジュクのシリア・小アジアの征服終る 1086 スレイマン,大セルジュクより独立を宣す 1094~1118 アル・ムスタディル 1098 対十字軍戦争はじまる 1099~1187【イェルサレム王国】	1077~97【コラズム・シャー国】始祖アヌシテギン 1090 ハサン・サッバーフ,アラムトにイスマイル派の勢力結集(アサシン暗殺団) 1092 ニザーム・アル・ムルーク暗殺される 1092~94 マフムード 1094~1104 バリキヤールク 1097 クトゥブ・ウッディン,コラズム・シャーを称する(~1127,首都グルガンジュ) 1099 アラムト山城を攻略		1089~1111 カシュミル王ハルシャ	1074 東カルキヤ王ラージェンドラ3世,チョーラ王となり領土拡張 ○時輪タントラの成立(イスラムに対する仏教・ヒンドゥ教の連合) 1081 ソーマデーヴァの説話集「カター・サリット・サーガラ」 1084 タライン族,ビルマに侵入 ○ジャイナ教の哲学者ラーマヌジャ 1016~91 ○マライ,政権の回復 1099 雲南,大理国再興(~1254)	1076 交趾(安南)軍入寇。王安石失脚 ○墨竹画家 文同 ?~1079 ○山水画家 郭熙 趙大年(令穣) 1081 大名より瀛州に河堤を築く。東ローマ皇帝ミカエル7世の使節来朝 1083 富弼死(1004~)。織匠500人を募り成都転運使の錦院を拡充(錦綾工芸の隆盛) 1084 司馬光「資治通鑑」完成(1065~) 1085~1100 哲宗(祖母宣仁太后摂政,~93)…**元祐の治** **1086 司馬光,宰相**となり新法を廃す。王安石死(1021~)。司馬光死(1019~) ○詞人 秦観 1049~1100 1087 洛蜀朔3党の党争おこる ○文人(詩・書・画の一体化){蘇軾(東坡) 1036~1101 詩 / 蘇轍(欒城) 1039~1112} 1094 章惇,宰相となり新法を復す {黄庭堅(山谷) 1045~1105 詩画 / 楊時(亀山) 1053~1135 / 米芾(南宮) 1051~1107 書画 / 李公麟(龍眠) ? ~1106 画} 1097 文彦博死(1006~) 1099 三舎法を行う 1100~1125 徽宗	1081 西夏内乱,宋,李憲をして興慶を攻撃し失敗 1082 宋の永楽城を陥落 1086~1139 崇宗 1096 西夏入寇 1099 宋,西夏と通交。	1083 耶律乙辛殺される	1076 官制改革 1077 其人(地方官吏の子弟を人質として在京させる)の法を定める 1082~83 順宗 1083~94 宣宗 1085 義天,経を求めて宋に行く(天台宗) 1095 献宗 1095~1105 粛宗 1097 海東通宝等を鋳造	1083~87 後三年の役(源義家,清原氏を討つ) 1086~1107 堀河天皇(院政,白河) 1086 院政はじまる 1086 法界寺阿弥陀堂 1091 源義家への荘園寄進を禁じる ○高野山聖衆来迎図 ○源氏物語絵巻
1100										

アヴィケンナ(イブン・シーナー)や**アルハゼン**(イブヌル・ハイサム)とよばれる言い方はラテン語化されたもの。科学上の名称に**アラビア語伝来の言葉**があるのと同様早くからヨーロッパ人に知られたためである。
スルタン=Sultan王者・支配者の意。**ハシシン**=Hashishin, 英語のassashin(暗殺者)はこれから出た語。唐宋八大家=韓愈・柳宗元・欧陽修・曽鞏・王安石・蘇洵・蘇軾・蘇轍。**両班**=文武官僚。**功蔭田柴法**=土地恩給法。

15

大勢	年代	北ヨーロッパ: 北欧三国	西ヨーロッパ: アルモラヴィド帝国	西ヨーロッパ: イベリアのキリスト教諸国	西ヨーロッパ: イングランド	西ヨーロッパ: フランス王国	中央ヨーロッパ: 神聖ローマ帝国（ドイツ）	中央ヨーロッパ: ポーランド・ハンガリー	中央ヨーロッパ: ローマ教会	東ヨーロッパ: キエフ公国	東ヨーロッパ: 東ローマ帝国	エジプト: ファティマ朝
情熱の十字軍／騎士の時代／ドイツ社会の封建化／皇帝のイタリア政策と帝国の栄光／中世都市のおこり	1100	1101 ルンド大司教座設置 1103~15 ノルウェー王オラフ4世（エイステン1世~23~，と共治）	1118 アラゴン，サラゴサを占領	1104~34 アラゴン王アルフォンソ1世 1112~85 ポルトガル伯アフォンソ 1120 サラマンカのカテドラル成る	1100~35 ヘンリ1世 1106 チンケブレーの戦（ノルマンディ公ロベールを捕う） 1121 ウェールス征略 1123 ノルマン貴族の乱	1060~1108 フィリップ1世 ○シャルトルの司教 イヴォ 1040頃~1117 1108~37 ルイ6世 ○モワサック本寺成る ○都市コンミューンの乱しきりにおこる（自治権の要求） ○1100~1400 この時代各地に都市おこる（遠隔地商業はじまる） 1124頃 唯名論者ロスケリヌス死	1056~1106 ハインリヒ4世 1105 ハインリヒ5世挙兵，父帝を拘禁 1106~25 ハインリヒ5世 1106 スパイエル本寺成る 1110 ハインリヒ5世のイタリア遠征 1114 イングランドの王女マチルダとハインリヒ5世との結婚 1122 ヴォルムス協約（僧職叙任権問題解決） 1125~37（サクソニア公）ロタール3世（ヴェルフェン家バヴァリア侯ハインリヒと協力して，スタウフェン家と争う）	1102 ハンガリー，ダルマチアを取る 1106~38 ポーランド王ボレスラウ3世	1099~1118 パスカリス2世 ○ピサ本寺 1117 ヴェネツィアのサン・マルコ寺院成る 1120 聖ヨハネ騎士団正式認可 1123 ラテラノ公会議	1113~25 ウラディミル・モノマフ（決闘公）（キエフ国家の再興） 1125~32 ムスチスラフ	1081~1118 アレクシウス1世 1107~08 ノルマン王ボヘモンドとの交戦 1116 フィロメリオンの戦（対トルコの勝利） 1118~43 ヨハネス2世 1122 ペチェネッグを撃退 1122~26 ヴェネツィアと交戦 1124 イコニウムを降す。ハンガリーに干渉 1126 ハンガリーとの和	1101~30 アル・アミル
	1125	1130~57 ノルウェー諸王併立時代 1134~50 スウェーデン王スヴェルケル（多くの修道院・司教座等を設置）	1130 北アフリカにアルモハード国おこる **アルモハード帝国** 1146 アルモハード軍，イベリア侵入 1147 ポルトガル，リスボン占領 1147 アルモラヴィド滅亡	1126~57 カスティリャ王アルフォンソ7世 1138 アラゴン，バルセロナ伯領を併合 1139 ポルトガル伯，王位を承認される	1133 ダラム本寺成る 1135~54 スティーヴン（ブロワの） 1138 スタンダードの戦（スティーヴン，スコットランド人追撃） 1141 リンカーンの戦（ヘンリ1世の女マチルダ，スティーヴンを捕う，6カ月）	1127 アクィタニア公ギヨーム9世死（1071~，抒情詩人） 1132 オータン本寺成る 1137~80 ルイ7世 1140 サンスの公会議でアベラール（スコラ哲学者 1079~1142）の合理主義弾劾される 1144 サンドニ修道院成る（ゴチック） 1147~49 第2回十字軍	1127 ノルマンのシチリア伯ロジェロ2世，南イタリア領有 1128 御堂（テンプル）騎士団正式認可 1132~33 ロタール3世のイタリア遠征 1134~1320 アスカニエル家の辺境伯（ブランデンブルグ辺境伯の起源） 〔スタウフェン家〕1138~1254 1138~52 コンラード3世 ○ギベリン党とゲルフ党の抗争はじまる 1140 ワインスベルグの戦 ○東方と東北方面への発展さかんとなる ○ブランデンブルグ及びポメラニアの回心 1143 リューベック市建設 ○吟遊詩人の「アレクサンデルの歌」「ローラントの歌」など	1135 ポーランド・ボヘミア・ハンガリー，ドイツ皇帝の主権を認める 1146~73 ポーランド王ボレスラウ4世	（1130両シチリア王国創建，首都ナポリ） 1130~43 インノケンティウス2世 1139 第2ラテラノの公会議 1143 ローマに反教皇の乱おこる 1145~53 エウゲニウス3世 ○パルマ本寺（ロマネスク式）	1136 ノヴゴロド市共和制となる 1138「ネストル年代記」 1146~54 イジャスラフ	1131~43【イェルサレム】王フルコ〔アン 1134 小アジアの大部分をトルコから奪還 1137~38 ヨハネス・コムネノスのキリキア及びシリア遠征 1143~90 マヌエル1世 1146 イコニウム包囲 1147~49 シチリア王ロジェロとの交戦 1149 コルフ島奪還 1151 アンコナの勝利	1130~49 アル・ハーフィーズ 1149~54 アザフィル
	1150	1150~60 スウェーデン王エリク9世 1155 エリク9世，フィンランド侵入 1157~82 デンマーク王ワルデマル1世 1162~84 ノルウェー王マグヌス5世 1163 ウプサラ司教座設置	○製紙法伝わる 1162 医学者アヴェンゾアル（イブン・ズール）死（1091~）	○武勲詩「わがシッドの歌」 1157 アルカンタラ騎士団成立 1158 カラトラバ騎士団成立 1158~1214 カスティリャ王アルフォンソ8世 1162~96 アラゴン王アルフォンソ2世 1171 サンティアゴ騎士団成立	〔プランタジネット朝〕1154~1399 1154~89（アンジュー伯）ヘンリ2世 ○アーサー王物語，この頃成る 1166 クラレンドン条令（農民の共同責任・陪審制規定） 1167／68 オックスフォード大学の初め 1170 トーマス・ベケットの殉教 1171 アイルランド侵略の初め（ヘンリの親征）	1153 クレルヴォーのベルナール死（1090~，シトー教団創立者） 1155頃「ブルート物語」 1160~1207 ランス本寺 1163~1240 パリのノートルダム建設（ゴチック） 1167 カタロニア伯，南仏プロヴァンスを支配 1170頃 パリ大学起る ○トーマ「トリスタンとイズー物語」	1152~90 フリードリヒ1世（赤髯） 1154~55 イタリア干渉，フリードリヒ1世の第1次イタリア征行 1156 オーストリア単独の公国となる（大公ハインリヒ獅子，1156~80）。 1157 ポーランド遠征，シレジアに植民 1158 フリードリヒの第2次イタリア征行（~62）。フリードリヒの大憲章 1162 ミラノ市破壊 1163 シレジア，ポーランドより分離 1163 フリードリヒの第3次イタリア征行 1166~68 第4次イタリア征行 1167 ロンバルディア都市同盟成立（ミラノ市再建） 1168 バンベルグの国会 1171 フライブルグの銀山開掘 1174~77 第5次イタリア征行 1176 レニャノの戦（ハインリヒ獅子，救援に応じず，フリードリヒ，ロンバルディア同盟軍に惨敗） 1177 ハインリヒ獅子，ヴェネツィアにおいて皇帝と和解	1152~54 ビザンツ軍，ハンガリーと戦い，これを撃破 1162~73 ハンガリー王イストヴァン3世 1173~96 ハンガリー王ベラ3世（ビザンツ皇帝に従属）	1155 ブレッシアのアーノルド焚刑 1159~81 アレクサンデル3世 1159~77 教会の分裂 1160 パヴィアの公会議 1172 ヴェネツィアに大評議会成立 1173 サレルノ大学創立	**ウラディミル公国** 1167~74 アンドレイ・ボゴリプスキイ 1169 キエフ占領	1156 ハンガリーとの和 1158 シリア遠征 1163 ステファン・ネマンヤをセルビア王とする 1165~68 ハンガリーと交戦 1168 ハンガリーよりダルマチアを奪う 1171 ヴェネツィアとの国交断絶 1176 ミリオケファロンの惨敗（対イコニウム戦）	1154~60 テル・フィジド 1160~71 アル・アジド 1171 ファティマ朝滅ぶ **アイユーブ朝** 1169 アイユーブ朝おこる 1171 サラディン，エジプト王となる
	1175	1182~1202 デンマーク王カヌート6世 ○アイスランドにサーガ文学おこる 1200頃 リガ市建設	1198 アヴェロエス（イブン・ロシュド）死（1126~，アラビアの哲学者，コルドバで活躍）	1185~1211 ポルトガル王サンチョ1世 1187 クレモナのゲラルド死（アラビア医学のラテン語訳，1114~） 1196~1213 アラゴン王ペドロ2世	1175~84 カンタベリ本寺再建（ゴチック，初英式） 1180 ソールズベリのジョン死 1189~99 リチャード1世（獅子心） 1192 リンカーンの本寺成る 1199~1216 ジョン（失地王）	1180~1223 フィリップ2世（王権の強化） 1182~1324 ブールジュの大寺建設（ゴチック） ○聖母奇蹟劇おこる 1189~92 第3回十字軍 1190 フィリップ大法令 1194 アンブロワーズ「聖戦史」 1194~1260 シャルトル大寺の建設（ゴチック） 1199 フィリップ2世，英領の奪回をはかる	1180 ゲルンハウゼン国会（ハインリヒを追放，ハインリヒ，イギリスへ亡命） 1183 皇帝フリードリヒとロンバルディア都市同盟とのコンスタンツにおける和議 1184 フリードリヒの第6次イタリア遠征。長子ハインリヒ（6世）イタリア王となりシチリア王女と結婚。マインツの大国典 1190 フリードリヒ，十字軍遠征の途次，小アジアのサレフ川で溺死 1190~97 ハインリヒ6世 1190~1274 バンベルク大寺建設（ゴチック） 1170頃~ 13世紀終頃まで「ニーベルンゲンの歌」他，諸名作中世詩人多く出る 1190 ドイツ騎士団の基（99 騎士団公認） 1194 ハインリヒ，両シチリア王を兼ねる	1194~1201 ポーランド空位時代	1179 第3ラテラノの公会議 1181~85 ルキウス3世 1185~87 ウルバヌス3世 1187~91 クレメンス3世 ○モデナ本寺 1198~1216 インノケント3世	1176~1212 フセヴォルド 1187「イーゴリ遠征物語」 ○キエフ国家の分裂と諸公国の自立 ○キリル「説教」	1180~83 アレクシウス2世 1183~85 アンドロニクス1世 1185 ノルマン人テサロニカ占領 〔アンゲルス朝〕1185~1204 1185~95 イサーク2世 1195~1203 アレクシウス3世 **ブルガリア** 1185 ワラキア・ブルガリア王国建設（第2ブルガル汗国，~1393） 1197~1207 ヨハニッツァ	1174 シリア進出 1183 アレッポ占領 1187 サラディ取(虐殺・暴 1193 サラディン死 1193~98 ウスマーン
	1200											

カテドラル＝Cathedral。ギリシア語のカテードラ Kathedra（司教座）に由来し，司教の椅子，さらに大聖堂のことをいう。**協約**＝Concordat 教皇と帝王間の政教協定。**フリードリヒ**＝Friedrich（ドイツ語），英語でFrederick。ゴチック式・ゴチック芸術＝Gothic Art, Gotische Kunst, L'Art Gothique。元来，野蛮の寓意ある称でゴート人の様式という意から出た。**ギベリン党**＝Ghibellines，皇帝党。**ゲルフ党**＝Guelfs，教皇党。

〔15〕

年代	西アジア: イスラム帝国	西アジア: セルジュク・トルコ	コラズム（クヮリズム）	中央アジア: カラハン朝 / カラキタイ（西遼）	南アジア: ガズニ朝	ゴール朝	インド 東南アジア	東アジア(中国): 西夏	北宋 (960~1126) / 南宋（南朝）（1127~1279）	北アジア: 契丹（遼） / 金（北朝）（1115~1234）	東アジア(日本朝鮮): 高麗	日本	大勢
1100	○十字軍士の国家 {エデッサ伯領 1099~1144 イェルサレム王国 1099~1187 アンティオキア公国 1098~1268} 1111 アルガゼル（イブン・ガザーリ）死（1058~，神学） 1118~35 アル・ムスタルシド 1124 ハッサン・サッバー死（ハシシン暗殺団組織者）	1104~17 ムハンマッド 1117~57 マリト・センゼル 1121頃 アットゥグラーイ死（政治家・錬金） 1123頃 ウマル・ハイヤーム死（科学者・詩人）			1099~1114 マスード3世 1118~52 バーラム・シャー		1112~62 カンボディア王スールヤソヴァルマン2世（アンコール・ワットの建設） ○ナーラーヤナの寓話教訓集「ヒトーパーデシャ」 ○ヴェーダンタ哲学者ラーマヌジャ 1017~1137	1086~1139 崇宗 1105 西夏，涇原に侵寇 1116 西夏，また涇原に侵寇 1124 金に服属	1100~25 徽宗 ○定窯白磁の精品生る 1102 新法党の蔡京，相となる（~06） 1103 塩鈔法を改める。州県に党人の碑を立てる 1107 徽宗画「桃鳩図」 ○儒者{羅従彦 1072~1135 / 胡安国 1074~1138 / 李延年 1088~1158} 1110 李明仲「営造方式八巻」 1111 燕京回復の議おこる ○詩人{葉夢得 1077~1148 / 呂本中（紫微） 1084~1138 / 陳与義（簡中） 1090~1138} 1113 新燕楽をわかつ 1117 房山雲居寺南塔 1118 馬政を金に遣わし，遼を挟撃しようとする ○徽宗，宣和画院を置く ○詞曲 周邦彦1056~1121 1120~21 方臘の乱 1120 宣和書譜・宣和画譜成る 1125~27 欽宗 ○女流詞人 李清照 1084~1141 1126 北宋，金に滅ぼされる（靖康の難，徽宗・欽宗，金に捕えられる）	1101~25 天祚帝 1102 蕭海里叛し，完顔部に逃入し，殺される 1114 女真軍，寧江州に遼を破る 1124 耶律大石西に走る 1125 金，遼を滅ぼす **金** 1115 女真人，金建国（首都上京会寧府） ○猛安・謀克制 1115~23 太祖（完顔阿骨打） 1119 女真文字の創製 1123~35 太宗	1101 義天死（文宗の子，1055~） 1105~22 睿宗 1105 覚行法親王，仏典を高麗に求める 1107 尹瓘九城の役（女真攻撃） 1122~46 仁宗 1123~27 李資謙政権を握る	1086~1107 堀河天皇 1106 源義家死（1041~）。京都に田楽流行 1107~23 鳥羽天皇 1111 大江匡房死（漢学者，1041~） 1117 平泉毛越寺庭園 1123~41 崇徳天皇 1124 良忍，融通念仏宗をはじめる	金の興起と遼の滅亡
1125	1134 ルムの首府をコニヤに定める ジュー家（王国の全盛）] 1135~36 アル・ラシッド 1136~60 アル・ムクタフィ	1136~1225 アゼルバイジャンにアタ・ベグ朝 1141 西遼，カトワンに，セルジュク軍を破る 1144 エデッサを占領しイェルサレムに迫る	1127~56 アチーズ 1137 西遼，コージェントを取る ○首都，グルガンジュ	1132 西遼おこる 耶律大石（徳宗，~41）グルカーンを称す 1142~50 感天皇后執政 1150~63 仁宗		1148 自立 1149~61 ジャハンソーズ	○ジャイナ教の哲学者ヘーマチャンドラ 1089~1173 1143~72 グジャラートの王クマーラ・マーラ（ジャイナ教を保護） 1147 カルハナの叙事詩「ラージャ」 ○天文・数学者バースカラ	1137 河湟地方を併合 1139~93 仁宗	1127 宋の復興（南宋）。金，宋人張邦昌に【大楚国】を作らせる（35日で消滅） 1127~62 高宗（趙構） 1130 宋人劉予に【斉国】を作らせる 1131 秦檜，宰相となる。和尚原の戦 1134 仙人関の戦 ○臨済宗{圜悟克勤 1063~1135（「碧巌録」） / 大慧宗杲 1089~1151（能書）} ○曹洞宗－宏智正覚 1091~1151 1135 張浚，相となる（~37） 1138 臨安（杭州）遷都 1139 宋・金，一時和議 1140 李綱死（1085~）。岳飛，金軍を朱仙鎮に破る 1141 秦檜，岳飛を殺す 1142 宋，金と和し，大散関・淮河の線を国境とする 1145 諸郡の雑税を寛にする	1135~49 熙宗 1137 斉国を滅ぼす 1149~61 海陵王（迪古乃，完顔亮）	1126 金に服属。拓俊京，王宮を焼く。李資謙，王位をうかがう 1128 妙清，西京遷都を進言 1135~36 妙清，西京に乱を起す 1145 金富軾「三国史記」成る 1146~70 毅宗	1126 中尊寺落慶供養 ○院司と朝臣との争いおこる （1129~56 院政，鳥羽法皇） 1133 宋の商船来着，平忠盛，院宣と称してその貨物を奪う 1140 鳥羽僧正覚猷死（鳥獣戯画を描いたと伝える） 1141~55 近衛天皇	宋室の南渡と江南の発展
1150	1160~70 アル・ムスタンジド 1146~73 シリアのアターベク，十字軍と戦う 1170~80 アル・ムスタジー	1157 センゼル死。大セルジュク朝衰える 1157~92 ルムのキリチアルスラン2世 1174 詩人スザーニ死	1156~72 イルアルスラン（イランに勢力を拡張） 1165 西遼軍，バルクを掠奪 1172 西遼，コラズム汗位の継承に干渉 1172~99 トクシュ	○首都ベラサグン 1163~78 承天太后	1152~60 コスロー・シャー 1161~86 コスロー・マリク	1161 ゴール軍，ガズニ市占領 1163~1202 シハーブ・ウッディン・ムハマッド 1173 ガズニ朝，インドに逐わる 1175 ゴールの将ムハマッド，ムルタンを占領	○シヴァ派哲学者バサヴァ（リンガーヤタ派） 1168~99 セーナ朝の王ラクシュマナ・セーナ（文人） ○ジャヤデーヴァの抒情詩「ギータ・ゴーヴィンダ」		1146 曽慥「楽府雅詞」 1151 韓世忠死（1089~） ○南宋官窯 ○臨安の繁栄と江南の経済的発展すすむ 1155 秦檜死（1090~），その一族斥けられる ○道教 王嚞（重陽） 1113~70（全真教） ○画院の山水画家，李唐・米友仁・馬公顕 ○詞人 張孝祥 1129?~1166 1161 采石の戦（金，南宋に侵入，宋の虞允文，金軍を破る，海陵王，部下に殺される） 1162~89 孝宗 1163 史浩，宰相となる。張浚，枢密使となり，ついで相となる（翌年死） 1165 宋，金と和し，金に歳貢を送る 1171 朱熹，社倉を立つ ○画院{山水画家 馬遠・夏珪・閻次平・劉松年 / 花鳥画家 李迪・李安忠} ○歴史家{袁枢 1131~1205 / 鄭樵 1104~1162 / 李燾 1114~1183}	1153 燕京（今の北京）に遷都（中都） 1155 【モンゴル】テムジン生れる（一説1162） 1161 契丹人の反乱 1161 汴（汴京，今の開封）に遷都 1161~89 世宗（完顔雍） 1164 通験推排をはじめる ○金代の庶民文芸「院本」「諸宮調」 1173 女真人が漢姓に改めることを禁じる	1157 毅宗政を見ず。大いに土木を興す 1162 農民暴動 1164 文官権を専らにし，武人時世をなげく 1170 大将軍鄭仲夫のクーデター（庚寅の乱） 1170~97 明宗 1174 趙位寵叛し北部乱る。南部に草賊蜂起し全国的一揆始まる	1155~58 後白河天皇 1156 保元の乱 1158~65 二条天皇 （1158~79 院政，後白河法皇） 1159 平治の乱 1164 蓮華王院（三十三間堂）なる 1165~68 六条天皇 ○厳島神社平家納経 **1167 平清盛，太政大臣となる** 1168~80 高倉天皇 1175 法然，浄土宗を開く	コラズム（クヮリズム）の勃興
1175	1180~1225 アン・ナーシル ン，イェルサレムを奪 行を行わず） 1192 シリア派暗殺団の首領シナーン死 1192 ルムのカイキロス1世	1184~1213 グルジアの女王タマーラ 1185 詩人ハカーニー死（1106~） 1194 セルジュク，イランを全く失う	1176 ゴール軍，ヘラット占領 1181 コラズム汗兄スルタン・シャー，西遼の助力でコラサンを支配（~93） 1199~1220 アラー・ウッディン・ムハマッド	1178~1211 チュルク（直魯克）		1181 ゴール朝，パンジャブ征服 1186 ガズニ朝，ゴール朝の手に落ちる 1187 ゴール朝盛んとなる 1190~92 ゴール軍，ラジープト族・チャフマーナ朝と交戦 1191 西インド征服 1192 タラインの戦 1193 北インド征服（インドのイスラム化） 1197 東インド征服	1173~1220 ホイサラ王ヴィーラバララ2世 1181 カンボディアのジャヤヴァルマン即位（最盛期） 1190 セイロン仏教，ビルマに伝わる 1191~1318 南インドにヤーダヴァ朝 1199 プールナドラの広本「パンチャ・タントラ」	1193~1206 桓宗	1177 朱熹「四書集註」成る 1179 朱熹，上書して時事を論じる 1183 道学の禁 1187 高宗死（1107~） ○儒者（宋学の大成） 陸子{陸游（放翁） 1125~1209（詞） / 陸九齢 1132~1180 / 陸九淵（象山） 1139~1192} 朱子{朱熹（晦庵） 1130~1200「通鑑綱目」（朱子学） / 呂祖謙（東莱） 1137~1181} 1189~94 光宗 1190 道学の誹議を禁じる 1194~1224 寧宗（韓侂冑の専権） ○詩人{楊万里（誠斎） 1124~1206 / 范成大（石湖） 1125~1193（画家）} 1196 偽学（朱子の道学）の禁（1198厳禁） 1200 韓侂冑，太傅となる	1176 府学及び女真学を置く 1177 河北・山東の租税を免じる 1187 女真人の漢服着用を禁じる 1189~1208 章宗 1190 はじめて制挙及び宏詞科を置く 1193 禁地の民の耕種をゆるめる 1193~97 宰相，胥持国 1198 承安宝貨を鋳造 ○董解元「西廂記諸宮調」	1179 鄭仲夫殺される 1183 武人李義旼政権をとる（武人の専権時代） ○高麗陶磁の盛期 1193 農民の大暴動おこる 1196~1258 崔氏（崔忠献）権力を握る 1197~1204 神宗 1198 奴婢の蜂起	1177 鹿谷の密議 1180~85 安徳天皇 1180 源頼朝挙兵 （1181~92 院政，後白河法皇） 1185 壇ノ浦の戦（平氏滅ぶ） 1185~98 後鳥羽天皇 1185 頼朝，諸国に守護・地頭を置く 1187「千載和歌集」 1189 頼朝の奥州征伐，奥州藤原氏滅ぶ 1191 栄西，帰朝し，禅宗（臨済宗）を広める **1192 源頼朝，征夷大将軍となり，鎌倉に幕府を開く** 1199 頼朝死（1147~）	インドのイスラム化／鎌倉開府
1200													

十字軍士は第1回十字軍のあとシリア沿岸にいくつかの**封建国家**を建てたが第3回十字軍のあと，さらに**キプロス王国**（1192~1489）を建てた。**完顔（ワンヤン）氏**＝金の王室の姓，なお耶律（ヤリツ）氏は遼の王室の姓であった。
コラズム＝Khorazm（ホラズム），またはKhwarizm（**クヮリズム**）。**猛安（もうあん・ミンアン）・謀克（ぼうこく・モング）**＝金の国初以来の女真人の部族統治制度で行政・軍事両面を兼ね，300戸を1謀克とし，10謀克を1猛安とした。

〔16〕

大勢	年代	北ヨーロッパ：北欧三国	西ヨーロッパ：アルモハード帝国／グラナダ王国	西ヨーロッパ：イベリアのキリスト教諸国	西ヨーロッパ：イングランド	西ヨーロッパ：フランス王国	中央ヨーロッパ：神聖ローマ帝国	中央ヨーロッパ：【イタリア諸邦】	中央ヨーロッパ：ローマ教会	中央ヨーロッパ：ポーランド・ハンガリー	東ヨーロッパ：ウラディミル公国／キプチャク汗国	東ヨーロッパ：ブルガリア	東ヨーロッパ：東ローマ帝国／ラテン帝国／ニケーア帝国
ローマ教皇権の極盛／モンゴル族の東ヨーロッパ侵寇／ゴチック芸術／ヴェネツィアの隆盛／イギリス議会の起源	1200	1202～41 デンマーク王ワルデマル2世(バルト海南岸を制圧) 1217～63 ノルウェー王ハーコン4世	1212 カスティリャ, トロサにイスラム軍を破る	1209頃 パレンシア大学創立 1213～76 アラゴン王フアメス 1217～52 カスティリャ王フェルナンド3世 1221 聖ドミニクス死(1170～)	1199～1216 ジョン(失地王) 1204 フィリップ, 英領ノルマンディを奪回 1205～13 教皇との紛争 1208 フィリップ, ポワトゥーを奪回 1209 ジョン, 教皇より破門される 1214 ブヴィーヌの戦(フランス, 英独連合軍を破る) 1215 **マグナカルタ(大憲章)制定** 1216～72 ヘンリ3世(ウィリアム・マーシャル摂政, ～1219)	1180～1223 フィリップ2世 1202～04 **第4回十字軍** 1208～13 アルビジョワ・ワルドー派に対する十字軍 1209～29 アルビジョワの乱 1212 児童十字軍出発, 失敗 1218～70 アミアン大寺(ゴチック) 1220 シャルトル本寺 1223～26 ルイ8世 1226～70 ルイ9世(聖)	1198～1215 オットー4世 1206 ワッセンベルグの戦 1214 デンマークに, エルベ彼岸の地を譲る 1215～50 フリードリヒ2世(兼, 両シチリア王)	○ヴェネツィア, 繁栄に向う(統領エンリコ・ダンドロ, 1108頃～1205) 1208 ヴェネツィア, アレッポと通商条約 1222 パドヴァ大学創立 1224 ナポリ大学創立	1198～1216 インノケンティウス3世 1216 **ドミニクス教団成立**(イスパニア)。第4ラテラノ公会議) 1223 **フランチェスコ托鉢僧団成立**(イタリア) 1226 アッシジの聖フランチェスコ死(1182～)	1201～38 ポーランド王ヘンリク1世(シレジア侯) 1205～35 ハンガリー王エンドレ2世 1217～21 ハンガリー王首唱の十字軍	1212～16 ユーリー 1216 ノヴゴロド市の自治権強まる 1221 ニジニ・ノヴゴロドの建設 1223 カルカ川の戦(モンゴル軍, 南ロシアを荒らす, ～24)	1197～1207 ヨハニッツァ 1206 ラテン人をアドリアノープルに破る 1207～18 ボリル 1218～	**東ローマ帝国** 1202 帝位継承の内紛 1203～04 イサーク2世 1204 第4回十字軍, コンスタンティノープルを陥落(帝都荒廃)。帝国分裂 **ラテン帝国** 1204～05 ボードワン1世 1205～16 アンリ 1222 エピロス移住のギリシア人, テサロニカを奪回(ギリシア帝国) **ニケーア帝国** 1206～22 テオドルス・ラスカリス 1222～54 ヨハネス3世
	1225	1240 スウェーデンの将ビルゲル, ノヴゴロド攻撃 1241 スノッリ・ストゥルルソン死(サーガ文学者)	1225 アルモハード帝国崩壊 1229～35 アラゴン, バレヤレス征服(地中海進出の初め) **グラナダ王国** 1230 グラナダにナスル朝おこる 1232～73 ムハンマド1世	1226頃 ブルゴス大寺起工(ゴチック) ○詩人 ベルセーオ 1230 カスティリャ・レオン両王国の合同 1236 コルドバ占領 1248 セビリヤ・カルタヘナ占領 1243 サラマンカ大学創立	1220～66 ソールズベリ大寺(ゴチック, 初英式) 1236 ヘンリ3世, プロヴァンスのエレヤノルと結婚 1209／33 ケンブリッジ大学創立 1245～1370 ウェストミンスター・アベ建設(文飾式)	1210～1434 ランス大寺(ゴチック) ○ギヨーム「ばら物語」 1229 トゥールーズ伯レイモン降る。プロヴァンスを王領に編入。 トゥールーズ大学創立 1234 シャルトル・ブロワを王領に編入 1246 プロヴァンス, アンジュー家領となる 1248 パリのサンシャペル大寺 1248～54 第6回十字軍 1250～1381 メッツのサンテティエンヌ寺建設	1226 プロシアの回心 1227 ドイツ騎士団の干渉により, ポメラニア, ポーランドより分離 1228～29 第5回十字軍(イェルサレム等を回復) 1230 ドイツ騎士団, プロシア征服 1234 マインツ本寺成る 1235～83 ストラスブルグ本寺 1241 **モンゴル軍シレジア侵入, リーグニッツ(ワールシュタット)の戦** 1241 **ハンザ同盟成る** 1242 サルディニア, ドイツ帝権下に入る 1245 リヨンの公会議(フリードリヒ破門廃位の宣言と対モンゴル軍対策) 1248～1322 ケルン大寺 1250～54 コンラード4世	○トスカナ地方に清新体派の詩おこる 1250頃 数学者フィボナッチ死(1174頃～)	1227～41 グレゴリウス9世 1243～54 インノケンティウス4世 1245 教皇, プラノ・カルピニをモンゴルに遣わす	1235～70 ハンガリー王ベラ4世 1243～79 ポーランド王ボレスラウ5世	1237 モンゴルの将バトゥ, モスクワ占領 1240 バトゥ, キエフ占領。ノヴゴロド軍, ネヴァ河畔にスウェーデン軍を破る **キプチャク汗国** 1243 **バトゥ, キプチャク汗国を建てる** 1243～55 バトゥ 1246 キエフ・チェルニゴフ戸口調査	1218～41 イヴァン・アセン2世 1230 ブルガリア, テサロニカのギリシア帝国を滅ぼす 1236 ブルガリア・ニケーア両君主, 同盟してコンスタンティノープルを攻撃 1241～46 カリマン1世 1246～57 ミハイル・アセン	1228～61 ボードワン2世 1246 ニケーア帝国, テサロニカを獲得 1254 ニケーア帝国, エピロスを服す 1254～58 テオドルス2世
	1250	1250～66 スウェーデンの大宰相ビルゲルの執政時代 1262 ノルウェー, アイスランド征服 1262～99 ノルウェー王エリク(ハンザに特権を供与) 1266～75 スウェーデン王ワルデマル(ビルゲルの子, **フォルクング朝の初め**)	1251 カスティリャ王国, グラナダを除きすべてのイスラム国を駆逐。ポルトガルもその領土の拡大終る ○アルハンブラ宮殿の建設 1269 アルモハード全く滅ぶ 1273～1302 ムハンマド2世	1252～84 カスティリャ王アルフォンソ10世(賢公) 1256 セビリヤ大学創立 ○散文の発達 ○イスパニアのゴチック{トレド寺, ブルゴス寺, レオン寺}	○農奴の解放化と**自営農民層(ヨーマン)**の成立 1258 オックスフォードの条規 1264 ヘンリ3世, 貴族と争う(～67) 1265 **下院の基(シモン・ド・モンフォールの議会)**。シモン敗死 1272～1307 エドワード1世 1275 第1ウェストミンスター法令	1253／57 ソルボンヌ大学創立 ○エティエンヌ・ボワロー「ギルド法典」 ○王室会議より, 財政庁・高等法院の分立 1270 第7回十字軍(ルイ9世, チュニスに客死, 遠征中絶) 1270～85 フィリップ3世勇胆	1250～51 イタリア遠征 1254 ライン都市同盟成立 1256～73 **大空位時代** ○ルクセンブルグ・ハプスブルグ・ホーエンツォレルン等の諸家おこる ○抒情詩人ラインマル・ヴァルター・モールンゲンの三巨星 1268 ホーエンスタウフェン家断絶 1273～91 ルドルフ1世(**ハプスブルグ家の皇帝の初め**)	○教皇庁, イタリア諸邦の紛争にまきこまれて, 世俗的勢力の拡張につとめる ○ヴェネツィアでガラス鏡の発明 1266 アンジュー家, 両シチリアを支配 1271 **マルコ・ポーロ, 東方旅行に出発** 1274 第2リヨンの公会議 1274 トマス・アクィナス死(1225～, スコラ哲学体系大成者)	1250～1326 シエナ本寺(ゴチック) 1261～64 ウルバヌス4世 1265～68 クレメンス4世		1252 ダニール, モスクワを領する(封建侯国の初め) 1253 首都をサライに定める 1257～66 ベルゲ 1258 ノヴゴロドの戸口調査 1265 ノガイ, ブルガリア遠征 1266 ミカエル8世の女, ベルゲ汗と結婚。ベルゲ及びノガイのアゼルバイジャン攻撃(ベルゲ戦死) 1266～80 マング・ティムール 1269 ハイドゥを援助のため出兵, アム河畔にチャガタイ軍を破る	1258～77 コンスタンチン	1259 ミカエル8世, ニケーア帝位を奪い, エピロスのミハイルをペラゴニアに破る **東ローマ帝国** 1261 ニムファイオン条約。帝国の復興[**パレオログス朝1261～1453**] 1261～82 ミカエル8世 1267 アンジュー家のシャルル, エピロスに進出(ヴィテルボ条約)
	1275	1282 デンマークの大憲章		1276～1344 バレヤレス諸島マホルカ王国を形成 1282～1409 アラゴン王, シチリアを支配(ナポリはアンジュー家の手に残る) 1290 リスボン大学創立 1295／1326 アラゴン王, サルディニアを支配下に入る	1284 **ウェールズ併合**。ギルド条令 1285～1307 数次にわたるスコットランド征討 1290 ユダヤ人追放 1294 ロージャー・ベーコン死(1214～, 実験科学・反スコラ哲学者) 1295 **模範議会** 1296 ダンバーの戦(スコットランド王バリオルを捕える)	1285～1314 フィリップ4世美麗 1289 モンペリエ大学創立 ○色ガラス・びんガラス等の製造はじまる 1295 フランス艦隊, ドーヴァー攻撃 1296～1303 フィリップ4世と教皇ボニファティウス8世との紛争	1278 マルヒフェルデの戦(ボヘミアのオットカル敗死) 1280頃 アルベルトゥス・マグヌス死(万有博士, スコラ哲学者) 1283 ハンザ同盟, 諸侯とロストック盟約 1291 **【スイス】独立のはじめ(原初3州)** 1292～98 アドルフ〔ナッサウ家〕 1298 ゲルハイムの戦(アルブレヒト, アドルフを敗死させる) 1298～1308 アルブレヒト1世〔ハプスブルグ家〕	1279 フィレンツェのサンタマリア寺成る 1282 シチリア島民の大反乱(**シチリアの夕べの祈り**) 1283 リヴォルノの戦(ピサ, ジェノヴァに完全敗北) 1298 クルゾラの戦(ヴェネツィア, ジェノヴァに大敗) ○シチリアの芸術抒情詩 1299 マルコ・ポーロ「東方見聞録」成る 1300頃 画家チマブーエ死(?～)	1277～80 ニコラウス3世 1289 モンテコルヴィノ, モンゴルに使いす 1294～1303 ボニファティウス8世 1294～1534 教皇庁の世俗化時代 1296 教書クレリコス・ライコス	1277～90 ポーランド王ヘンリク4世 1279～1333 ポーランド諸王併立時代	1280 ブルガリアを服属する 1280～87 トゥダ・マング 1287～90 トゥラ・ブカ 1287～99 ノガイ, キプチャク汗国の実権を握る 1290 トクタイ, トゥラ・ブカを謀殺 1290～1312 トクタイ 1299 ノガイ殺される	1280 テルテリ1世	1277 エピロスのシャルル, アルバニア王を称す 1281 ミカエル8世, ベラットにシャルル軍を破る 1282～1328 アンドロニクス2世(ミカエル9世と共治) 1291 アッコン失陥(イェルサレム王国滅亡) 1299 小アジアにオスマン・トルコおこる(オスマン1世)
	1300												

マグナカルタ＝Magna Carta＝The Great Charter。文飾式＝Decorated style。**高等法院(パルルマン)**＝Parlement。**托鉢僧**＝Mendicant friar。**大空位時代**＝The Great Interregnum。**自営農民＝ヨーマン(ヨーマンリー)**＝Yeoman, Yeomanry。**模範議会**＝The Model Parliament。**第4回十字軍後のラテン国家**＝ラテン帝国の下に, テサロニカ王国(1204～22)・アテネ公国(1205～1388)・アケーア大公国(1205～1430)等があった。

エジプト	西アジア		中央アジア		南アジア		東アジア（中国）			北アジア	東アジア（日本朝鮮）		年代	大勢
アイユーブ朝	セルジュク＝トルコ	イスラム帝国	コラズム（クワリズム）	西遼	ゴール朝	南インド東南アジア	南宋（1127～1279）	西夏	金（1115～1234）	モンゴル	高麗	日本		
1198～1218 アブー・バクル 1218～36 ムハンマド 1219 イェルサレム王ジョン，ダミエッタ攻陥 1220 十字軍士，カイロを焼く 1221 十字軍エジプトと和す	1194 セルジュク国分裂，事実上滅亡（その領土の大半はコラズムに帰し余類，小アジアに拠る，～1302） 1219～24 チンギス汗の西征	1180～1225 アン・ナーシル 1203 詩人ニザーミー死（ハムサの著者） 1225～26 アザヒル	1199～1220 アラー・ウッディン・ムハマッド 1204 コラズム軍，ヘザラスプにゴール軍を破る 1206 コラズム，西遼攻撃 1210 西遼軍をタラス河に破る ○サマルカンドに遷都 1220 チンギス汗，コラズムを滅ぼす（1231全亡）	1208 ナイマン王子クチュルク西遼来投 1211 クチュルク，西遼の王位を奪う 1218 滅亡	1202～60 ムハマッド 1203 ヴィクラマシラ寺院の破壊（インド仏教の衰滅） 1206 ゴール朝分裂 **パタン王国** 1206 アイバック（～10） 北インド征服 1210～36 イルトトミシュ	1220～38 ホイサラ王ヴィラ・ナラシンハ 1222 ジャワにシンガサーリ朝おこり，ケディリ朝滅ぶ 1223 大越の政権，陳氏にうつる（陳朝） 1225～1400 安南（大越）の陳朝	1194～1224 寧宗 1201 臨安大火 1202 偽学の禁をゆるむ。韓侂冑を太傅とする 1203 澉浦に水軍を置く 1206 韓侂冑，金と開戦 1207 史彌遠，韓侂冑を殺す 1208 金と和す 1219 金軍侵寇。紅巾の賊おこる 1220 南宋，西夏と連合して金を討つ，勝たず ○臨済宗｛破庵祖先 1211死／無準師範 1249死｝ ○山水画家 梁楷・馬鱗 1224～64 理宗 1224～33 史彌遠の執政	1206～11 李安全（襄宗） 1209 モンゴル軍侵入，襄宗降る 1211～23 神宗 1223～26 献宗 1224 西夏，金と和す 1226～27 李睍	1202 王庭筠死（1151～，書画文人） 1208～13 衛紹王 1213～23 宣宗 1214 汴に遷都 1215～33 蒲鮮万奴，東真国を建つ 1223～34 哀宗 ○詞人 元好問 1190～1257	1206 テムジン，ナイマン部を滅ぼし，チンギス汗と称す 1206～27 チンギス汗（太祖） 1211 華北への侵入はじまる 1215 モンゴル軍，燕京を抜く 1219～24 チンギス汗の西征 ○道士 丘処機 1148～1227（全真教）	1196～1258 崔氏の専権時代 1204～11 熙宗 ○詩人 李仁老 1152～1230「破閑集」 1211～13 康宗 1213～59 高宗 1216 契丹人入寇 1219 崔忠献死し子瑀つぐ 1223 倭寇の名，初めて現わる 1224 金の年号を止む	1198～1210 土御門天皇（院政，後鳥羽上皇～21） 1205「新古今和歌集」 1210～21 順徳天皇 1212 鴨長明「方丈記」 1213 和田義盛敗死 1219 源氏滅び北条氏の執権政治始まる 1220 慈円「愚管抄」 1221 仲恭天皇 1221 承久の乱。六波羅探題を置く 1221～32 後堀河天皇 1224 親鸞「教行信証」	1200	モンゴル族の勃興と西夏及び金の滅亡／モンゴル族の高アジア征服／南宋の滅亡／モンゴル大帝国の成立
1229 ヤークート死（1179～，「大地理辞典」） 1249 フランスのルイ9世，カイロ攻撃 1250 アイユーブ朝滅ぶ **マムルーク朝**	1234 歴史家イブン・アスィール死（1160～） 1243 モンゴル軍，ルム・セルジュクをクザダグに破る	1226～42 アル・ムスタンシル ○ミニアチュール（細密画）最盛 1242～58 アル・ムスタシム	**モンゴル領** 1227?～1241? チャガタイ **チャガタイ汗国** 1243? チャガタイ汗国成立 1252～61 太妃オルガーナ	**オゴタイ汗国** 1224～29 オゴタイ封ぜらる（首都エミール） 1229 オゴタイ，チンギス汗の後を承く（太宗） 1229～46 クユク 1245～1389 アフガンのカルト朝	1221 モンゴル軍侵入 ○クトゥブ・ミナールの建設 ○インドのイスラム化の進行 1229 イルトトミシュ，カリフよりスルタンの称を得る 1236～39 ラージャ 1239～41 バフラーム（ラージャの妹）	○インドの説話集「死屍鬼二十五話」 1236 宋，陳日煚を安南国王とする（～84） ○インドの哲学者ガンゲーシャ（新ニーヤ派）マドヴァ	1225～31 李全の乱 1227 李全，モンゴルに降る ○道学｛魏了翁（鶴山） 1178～1237／真徳秀 1178～1235｝ 1232 モンゴル，宋と謀って金の挟撃を試みる 1234 宋軍，汴に進む ○曹洞宗 天童如浄 1228死 1237 臨安大火 1240 孟珙，四川宣撫使となり屯田を興す 1241 モンゴル軍，四川に入る ○詞人｛周密 1232～1299／王沂孫 ?～1290?／張炎 1248～1320｝	1227 チンギス汗，西夏を滅ぼし東帰の途次，六盤山に死す 1235 首都カラコルム（和林）を建設，諸国の民，居住す 1236 交鈔を行う。淮水以北で戸口調査を行う 1236～43 バトゥ及びスブタイの東ヨーロッパ征服 1241 中央アジア人（色目人）による徴税請負制成る 1241～46 皇后 脱列哥那の称制（監国） ○「元朝秘史」 1243 中書令耶律楚材（ヤリツソザイ）死（1190～） 1246 アルメニア王及び教皇使カルピニ来る 1246～48 クユク（定宗） ○数学者 李冶 1178～1265 1248～51 皇后 海迷失の称制（監国）「測円海鏡」	1228 金将陳和尚，元軍を大昌原に破る 1233 モンゴル軍，汴京を陥れ，后妃を捕う 1234 モンゴル，金を滅ぼす，哀宗死	1229～41 オゴタイ（太宗） 1231 モンゴル軍（撒里台），高麗に侵入	1225 崔瑀，政房を作る 1226 日本人，高麗の沿岸を侵す（～27） 1232～35 江華島（江都）遷都 1237 李延年の乱 ○文人 李奎報 1168～1241 1239 モンゴル，王に入朝を命ず 1247 モンゴル軍侵入 1250 江都中城を築く	1224～42 執権北条泰時 1227 道元，宋より帰朝（曹洞宗） 1232 貞永式目制定 1232～42 四条天皇（院政，後堀河上皇，～34） 1242～46 後嵯峨天皇 1246～59 後深草天皇（院政，後嵯峨上皇） 1246～56 執権北条時頼 1247 三浦氏滅ぶ	1225	
1250 マムルーク朝おこる（バフリー・マムルーク朝，～1390） 1250～57 アイバク 1260～77 バイバルス 1259～60 フラーグ，シリア遠征（失敗） 1260 マムルーク朝，シリア征服 1268 アンティオキア占領 1272 シリアのハシシン暗殺団壊滅	1253～58 フラーグ，西南アジア征服 1256 フラーグ，イスマイル派の本拠攻略 1258 アッバス朝倒れ，イスラム帝国消滅 **イル汗国** 1258～65 フラーグ ○首都マラガ ○中国工人の移住 1265～82 アバガー 1267 ローマ教皇に書信を呈す 1271～95 マルコ・ポーロの東方旅行		1261～66 アルグ 1266 ハイドゥ（オゴタイの孫），フビライと戦う 1267～69 ハイドゥ，イリ及びカシュガルを占領（ハイドゥの反乱，～1301） チャガタイ汗国，ハイドゥに臣従 1269 オゴタイ・チャガタイ・キプチャクの同盟	1261?～1301 ハイドゥ	1246～66 ナシル・ウッディン 1266～86 ギヤース・ウッディン・バルバン ○ヴィシュヌ教，ヴァダガライ派とテーンガライ派との分裂	1253 大理滅ぶ 1257 シャムにスコータイ朝おこる。モンゴル軍，安南侵入 1267 南インドのパンドヤ王国，チョーラ王国を滅ぼす 1268～1292 ジャワ，ケルタナガラ王	○書家張即之 1186～1256頃 ○数学者張文謙 1216～1283 楊輝 ?～1261頃 1259 フビライ，鄂州を囲む ○詞人 呉文英 ○画家（界画）牧渓（釋法常） 1264～74 度宗 ○儒者 王應麟 1223～1296 1268 義役法を行う 1268～69 モンゴル軍，襄陽包囲 1270 河北曲陽の北嶽廟 1270 范文虎，襄陽のモンゴル軍を攻む（1272 襄陽奪還） 1273～74 元軍，南下し，樊城・襄陽をとる 1274 劉秉忠死（1216～）。元軍，高麗軍を率い日本に遠征失敗（文永の役） 1274～76 恭帝 1275 文天祥，反モンゴル義勇軍を起す ○画家 玉澗	1251～59 メンゲ（憲宗） 1252 戸口調査（壬子年籍） 1253 フビライ，大理を滅ぼし，吐蕃を服す。モンゴル軍の高麗侵入つづく 1254 ウィリアム・ルブルク訪れる。姚枢を起用 1257／58 将ウリャンガタイ，安南を降す 1258 モンゴル，高麗の和州以北をとり双城総管府を置く。崔氏滅ぶ 1259 メンゲ，合州に陣歿。1259～64 アリクブカの乱 1260～94 フビライ（世祖）（首都上都＝開平で即位） 1260 中統元宝交鈔（紙幣）を印造 1266～1301 ハイドゥの乱 1269 パスパの新字創作 **元（モンゴル帝国）（1271～1368）** 1271 元朝はじまる（首都大都，いまの北京） 1271 グリエルモ・ニコライの中国伝道			1236～52 高麗版大蔵経開板 1259 モンゴルに服属，太子，モンゴルに赴く 1260～74 元宗 1270～73 三別抄の乱 1270 モンゴル，慈悲嶺以北の地を割取 1274～1308 忠烈王	○鎌倉の大仏 1253 日蓮，法華宗（日蓮宗）をはじめる。建長寺創建 1259～74 亀山天皇 1262 親鸞死（1173～，浄土真宗） 1268～84 執権北条時宗 ○金沢文庫創立 1274～87 後宇多天皇（院政，亀山上皇，～87）	1250	
1279～90 カラウーン 1280 マムルーク軍，パレスチナ侵略 1281 アバガー，アレッポを侵略しシリアに進出 1293～94 ムハンマド 1299 エジプト領シリア攻撃	1272 トランスオクシアナ遠征 1273 詩人ルーミー死（1207～） 1282～84 アハマッド・タクダル 1284～91 アルグン 1287～88 ラッバーン・バール・サウマ，ヨーロッパへ派遣される 1291 詩人サアディ死（1184～） 1291～95 ガイカートゥー 1294 紙幣を発行 1295～1304 ガザーン ○首都タブリーズ		1274～1306 ドゥワ 1277 ハイドゥ，カラコルムを攻撃 1287 ハイドゥ，対フビライ大同盟を結成 1289 フビライのハイドゥ遠征 1293 元将バヤン，中央アジア遠征，ハイドゥの軍を破る 1298 ドゥワ，元の北辺をおびやかす 1301 ハイドゥ死		1287 カイクバード **キルジ朝** 1290 キルジ朝おこる 1290～95 ジャラールディン 1294 デカン高原遠征	○スマトラのイスラム時代はじまる 1287 ビルマにタウングー朝起る（～1752） 1285 コナラク寺院成る 1287 ビルマのパガン朝分裂し下ビルマにペグー国起る 1292～93 元軍，ジャワ遠征，シンガサリ軍これを退く 1293～1513 ジャワにマジャパヒト王国	1275 范文虎，元に降る。宋の宰相賈似道，元に殺さる。マルコ・ポーロ，世祖に会見 1276 元将バヤン（伯顔），臨安を陥れ，恭帝を捕える。石君宝死「曲江池」 1276 文天祥，福州に端宗（～78）を奉ず 1278～79 衛王（帝昺） 1279 厓山の戦（元，南宋を滅ぼす） 1282 南宋の臣文天祥，獄中（3年間）に死す（1236～，「正気之歌」） ○医学者 李杲 1284 元将トガン（フビライの子），安南・チャンパを討つ（～85） ○儒者 許衡 1209～1281 1285 江南27翼の漢軍万戸府を配置 1287 再び安南を討つ。至元鈔を行う。ナヤンの乱。ビルマのパガンを攻略 1287 安南軍，元軍を白藤江に破る 1289 会通河を開く。ハイドゥ，カラコルムに進撃，世祖のハイドゥ親征 ○儒学｛謝枋得 1226～89／胡三省 1230～87｝ 1292 恵河を開く。マルコ・ポーロ，中国を去る 1294～1307 成宗（上都で即位） 1294 バヤン死（将軍，太傅） 1294～1328 大司教コルヴィノ，インドより来り中国伝道 1299 元，僧一寧一山を日本に遣わし和好を求める（一寧一山ついに日本に永住）	1277 元軍，ビルマ（緬国）を討つ（ニャサウンギャンの戦）。ハイドゥ，カラコルムを攻撃 1280 姚枢死（1219～）。パスパ死（1239～） 1281 元軍の日本再遠征とその失敗（弘安の役） ○画家 顔輝「寒山拾得圖」 ○詞人 薩都剌 1290 元，高麗の東寧府をやめ西北諸州を返す ○院体画｛家錢選（舜擧）／王淵（若水）／係君澤・盛懋｝		○ラマ教の隆盛	1278 モンゴルの服装に変えることを命じる 1282～94 戦艦の修造 1289 一然死（1206～，「三国遺事」） 1290～91 哈丹賊の侵寇 1300 金法慶死	1276 筑前の海岸に石塁を築く 1282 日蓮死（1222～） 1285 安達泰盛の一族滅ぶ。円覚寺舎利殿成る 1287 両皇統迭立の議おこる 1287～98 伏見天皇（院政，後深草上皇，～90） 1297 永仁の徳政令 1298～1301 後伏見天皇（院政，伏見上皇）	1275 1300	

モンゴルの四汗国＝オゴタイ（ウゲディ）（窩闊台）汗国1224～1309，チャガタイ（察合台）汗国1243?～1326?分裂，キプチャク（金帳汗，欽察）1243～1480，イル（伊児）汗国1258～1393。**三別抄の乱**＝モンゴルへの服属を嫌い反対した軍士の反乱。
マムルーク（マメルク）＝Mamluk，Mameluk，アラビア語で主として白人奴隷を意味し，首長が奴隷出身であったのでこう呼ばれる。**インドの奴隷王朝** 1206～90も同様であるが，本表ではパタン王国（アフガン族の意）とした。

大勢	年代	西ヨーロッパ				中央ヨーロッパ			北ヨーロッパ	東ヨーロッパ			小アジア
		グラナダ王国	イベリアのキリスト教諸国	イングランド王国	フランス王国	神聖ローマ帝国	ローマ教会・イタリア諸邦	ポーランド・ハンガリー	北欧三国	キプチャク汗国	ブルガリア	東ローマ帝国	オスマン・トルコ
商業都市の発展とその自治権の取得／英仏間の百年戦争／農民の地位の向上／ドイツ帝国の分権化	1300	1302～09 ムハンマド3世 1309～14 ジュユーシュ 1314～25 イスマイル1世 ○アラビア文化の隆盛	1303 小説「騎士シファール」成る 1307 コインブラ大学創立 ○羅針盤の発明 1312～50 カスティリャ王アルフォンソ11世 1315 レイムンドゥス・ルルス死（1235～，錬金術）	1272～1307 エドワード1世 1306～29 スコットランド王ロバート1世（ブルース） 1307～27 エドワード2世 1308 ドゥンス・スコトゥス死（1266～） 1311 王権の制限 1314 バノックバーンの戦（スコットランドの独立） ○ヨーク本寺（ゴチック）成る	1285～1314 フィリップ4世 **1302 三部会おこる。**拍車の戦（クルトレーでフランス精騎兵に対するフランドル市民軍の勝利） 1312 テンプル騎士団廃止 1314～16 ルイ10世 1315 王領の農奴解放 1316 ジャン1世 1316～22 フィリップ5世	1298～1308 アルブレヒト1世 1307 ルッカの戦（アルブレヒト，ボヘミアをうかがいかえって敗る） 1308～13 ハインリヒ7世〔**ルクセンブルグ家**〕 1309 スイス同盟の結成 1314～47 ルードヴィヒ4世〔**ウィッテルスバハ家**〕 1315 モルガルテンの戦	**1302 教書ウナム・サンクタム** 1303 教皇ボニファティウスの**アナニの屈辱**。ローマ大学創立 1304／08 ダンテ「神曲」（地獄編） 1305～14 クレメンス5世（1309 アヴィニョンに移される） **1309～ 教皇のアヴィニョン在位（いわゆる教皇のバビロン幽囚）** 1314 テンプル騎士団長処刑	1308～87 アンジュー家，ハンガリーを支配 1316～41 リトアニア大公ゲディミン（リトアニア強大の初め） 1320 ポーランド王国統一（首都クラカウ）	1286～1319 デンマーク王エリク6世 1290～1318 スウェーデン王ビルイエル 1299～1319 ノルウェー王ハーコン5世 1320～65 スウェーデン王マグヌス7世（兼ノルウェー王）	1290～1312 トクタイ 1301 白帳汗バヤン即位 1312 トクタイ，カッファのジェノヴァ植民地包囲 1313～40 ウズベク（金帳汗）（黄金時代） 1318 ロシア公のモスクワ遷都		1282～1328 アンドロニクス2世 1305～07 カタラン大船隊，コンスタンティノープル包囲 1310～1522 聖ヨハネ騎士団，ロードス島占拠 ○このころ，クリミア半島沿岸にジェノヴァの植民市建設 1319～88 ネオパトラス公国	1299(91) オスマン・トルコ国の建設 1307～26〔エミール〕オスマン1世
	1320	1325～33 ムハンマド4世 1333～54 アブドル・ハッジャージ 1340 リオ・サラドの戦（アフリカからの脅威消滅）	1323 アラゴン，サルディニアを征服 1335 フアン・マヌエル「ルカノール伯爵」（散文） 1336～87 アラゴン王ペドロ4世	1322 議会，王に迫って立法参与権獲得 1325 王妃イサベラ，フランスに走る 1327 イサベラ，ロジャー・モーティマーと計りイギリスへ侵入，エドワード2世を捕える 1327～77 エドワード3世（母后イサベラの執政，～30） 1330 モーティマー処刑 1330 スコットランド，フランスと結ぶ。ハリドン丘の戦 1337.11.イギリスの対フランス挑戦状 1338 英王，ノルマンディ上陸 **1338～1453 英仏間の百年戦争** 1339 ギエンヌ・カンブレー等に戦闘開始。グルノーブル大学創立 1340 スロイスの海戦	1322～28 シャルル4世 1328 カペー朝断絶〔**ヴァロワ朝**〕1328～1498，1328～50 フィリップ6世	○神秘主義 ゾイゼ 1295～1366 タウラー 1300?～61 エックハルト 1260頃～1327 1326～33 ドイツ騎士団，ポーランドと戦う 1327～30 ルードヴィヒのイタリア遠征 1332～53 スイス，4州を加え7州となる 1338 レンゼの選挙侯会（皇帝選立に教皇の認可を不要とする）	1316～34 ヨハネス22世 ○イタリア人文主義 ダンテ 1265～1321 ペトラルカ 1304～1374 ボッカチオ 1313～1375 1320 ペルジア大学創立 ○年代記作者 コンパーニ ?～1323 ヴィラーニ 1276頃～48 1334～42 ベネディクトゥス12世 ○画家 ジョットー 1266（1276?）～1337 ○解剖学者ルッチのモンティノ 1276～1328	1326 キエフ・西ロシア，リトアニア領となる 1333～70 ポーランド王カシミール3世（大王）	1333 スウェーデン，ホルスタイン伯よりスコーネを買収 1340～75 デンマーク王ワルデマル4世	1325～41 イヴァン1世（1328モスクワ大公となる） 1327 トヴェル市民，モンゴル官吏を虐殺 1340～57 ジャニベグ	1330 ブルガリア人セルビアに大敗 **セルビア** 1331 大セルビア王国おこる 1331～55 ステファン・ドゥシャン 1340 セルビア軍，エピロス進出	1321～28 アンドロニクス2世とその孫アンドロニクスとの戦（帝国の荒廃） 1326 トルコ軍，ブルサを占領し，これを首都とする 1328～41 アンドロニクス3世 1330 トルコ軍，ニケーア占領	1326～59 オルハン・ベイ 1334 ブルサにモスク建設
	1340	1354～59 ムハンマド5世	1341 ポルトガル人，カナリア諸島に至る 1346 バリャドリード大学創立 1350～69 カスティリャ王ペドロ（残忍） 1351 詩人フアン・ルイス死「よき愛の書」 1357～67 ポルトガル王ペドロ1世	1343 議会，上下両院に分る ○重商主義的経済政策（羊毛工業発達） 1346 クレシーの戦（仏軍敗北） 1347 英軍，カレー占領 **1347～51 このころ全ヨーロッパにペスト（黒死病）流行し人口の大減少** 1349 ガーター勲章制定。オッカムのウィリアム死（1300頃～，スコラ哲学者） 1358 母后イサベラの死（1292～）	1341 ブルターニュ侯継承に関する紛争 1349 ドーフィネ領有 1350～64 ジャン2世 1351 大勅令（経済的問題処理令） 1356 ポワティエの戦。エティエンヌ・マルセルの改革運動（～58） 1358 ジャッケリの農民一揆	1343 ドイツ商人，スウェーデン・ノルウェー王マグヌス3世より商業特権を得，ベルゲンを根拠地とする 1347～78 カール4世〔**ルクセンブルグ家**〕 1348 プラーグ大学創立 1350頃 シュワルツ，火薬発明と伝わる **1356 金印勅書（皇帝の選挙制度確立＝七選挙侯）**	1342～52 クレメンス6世 1347 コーラ・ディ・リエンツォの革命企図 1350 ピサの鐘塔（のちに斜塔）成る 1352 ボッカチオ「デカメロン」 1354 リエンツォ処刑 1357 散文作家ヤコポ・パサヴァンチ死（1302～）	1341 リトアニア・ポーランドの勢力，南ロシアに及ぶ 1342～82 ハンガリー王ラヨシュ1世（ルイ大王） 1345～77 リトアニア大公オリゲルド	1343～80 ノルウェー王ハーコン6世（1362～64兼スウェーデン王。デンマーク女王マルグレーテと結婚）	1342／43 タナ・カッファ等のヴェネツィア・ジェノヴァ人の駆逐企図 1353 ロシアに黒死病流行 1355～58 アゼルバイジャンを領有 1359～89 モスクワ大公ドミトリー・ドンスコイ（モンゴルの支配に対する反撃）	○セルビアの全盛 1345 ステファン，マケドニアを征服 1346 ステファン戴冠 1356～71 ウロシュ5世	1341～51 ヘシカトス派の論争 1340～76 ヨハネス5世 1342～49 テサロニカの暴動 1346 ジェノヴァ，キオス島を領有 1348 ミストラ専制国の建設 **1353 トルコ軍のヨーロッパ侵入はじまる** 1355 ジェノヴァ，レスボス島を領有 1360 トルコ軍，ワラキア急襲	1359～89 ムラート1世
	1360	1362～91 ムハンマド5世（復位） 1374 歴史家イブヌル・ハチーブ死（1313～）	○諷刺詩 セム・トブの「格言集」 1367～83 ポルトガル王フェルナンド1世 1369～79 カスティリャ王エンリケ2世 1372 ラロシェルの戦（カスティリャ海軍，イングランド海軍を破る） 1379～90 カスティリャ王ファン1世	1360 ブレティニーの和約 1370 エドワード黒太子，リモージュ占領 1371 スチュアート家の初め 1376 エドワード黒太子死 1377～99 リチャード2世 1378 ウィクリフの教会・教義批判はじまる。聖書を英訳	1361 ブルゴーニュ公領成立 1364～80 シャルル5世 1367 ショーリアック「大外科学」 1370 パリの市域拡張 1377 詩人マショー死 1378～94【アヴィニョンの教皇】クレメンス7世	1365 ウィーン大学創立 1367 ハンザ77市のケルン連盟。フッガー家，アウクスブルクに移る 1370 ストラルズンド和約（ハンザの勢力バルト海制圧）。ド・ヴィック「歯車時代」 1376 スワビア（シュワーベン）都市同盟成立 1377～89 南ドイツ都市戦争 1377～1471 ウルム本寺 1378～1400 ウェンツェル〔**ルクセンブルグ家**〕	1361 パヴィア大学創立 1362～70 ウルバヌス5世 1370～78 グレゴリウス11世 **1378～1417 教会の大分離** 1378 チオンピの乱 1378～89 ウルバヌス6世 1378～81 ヴェネツィア・ジェノヴァ交戦	1364 クラカウ大学創立 1370 ポーランド，ピアスト朝(840以来）断絶 1377～1434 リトアニア大公ヤゲロ	1361～63 デンマークの第1次ハンザ戦争 1368～70 デンマークの第2次ハンザ戦争 1370 ストラルズンドの和約 1376～87 デンマーク王オラフ（母后マルグレーテ摂政，1380兼ノルウェー王）	1360～80 ママイ，キプチャクの実権を握る 1371 以後ロシアの諸侯，サライに朝貢せず 1380 クリコヴォの戦（モスクワ大公の対キプチャク最初の勝利）	1372 ヴァルダル渓谷占領 1372～89 ラザル	1363 マリッツァ川の戦 1363 ヴェネツィア，セリゴ島を領有 1365 トルコ軍，アドリアノープルを占領，コンスタンティノープル孤立化する 1363 ヴェネツィア，エウボイア島占領 1371 第2マリッツァ川の戦 1373 ヨハネス5世の，対スルタン臣従 1375 ヴェネツィア，ケファロニア占領 1376～79 アンドロニクス4世	1369 首都をアドリアノープル（エディルネ）に移す
	1380												

フランスの三部会（エタ・ジェネロー，等族会議）＝Etats généraux，僧侶・貴族・平民の三部より成る。人文主義（人間主義）＝Humanism。**教会の大分離**＝Great Schisma。**中世末期の三大発明**＝印刷術・火薬・羅針盤。
金印勅書（黄金文書）＝Goldene Bulle（ドイツ語），ラテン語でBulla Aurea。**七選挙侯**＝マインツ・ケルン・トリエル各大司教・ボヘミア王・ファルツ伯・サクソニア公・ブランデンブルグ辺境伯

大勢：モンゴル諸汗国の抗争と分裂化／イル汗国のイスラム化／日本、南北朝の争乱／東西交通の発達／漢民族の中国回復

年代	エジプト	西アジア	中央アジア		南アジア		北アジア・東アジア	東アジア	
	マムルーク朝	イル汗国	チャガタイ汗国	オゴタイ汗国	キルジ朝	南インド・東南アジア	元 (1271～1368)	高麗	日本
1300	1298～1308 ムハンマド(重祚) 1303 イル汗軍，シリアでエジプト軍に敗れる 1309～40 ムハンマド(三祚)	1295～1304 ガザーン(自らスルタンと称す) 1304～17 ウルジャイト(オルジェイト) 1308 ルーム・セルジューク朝を滅ぼす 1313 スルタニエのウルジャイト廟成る ○地理学者ヤクート 1317～34 アブー・サイード 1318 ラシード・ウッディーン死(政治家・歴史家，1310／11「集史」)	1274～1306 ドゥワ 1303 ドゥワ・チャパルともに元朝と和す 1306 ドゥワ，チャパルを討つ 1309～26 ケベク 1309／10 オゴタイ汗国を滅ぼす 1318～20 部将ヤッサウルの乱	1301～10 チャパル	1295～1315 アラー・ウッディン・ムハマッド 1307～13 キルジ朝の南インド遠征 1311～58 イスラム教徒，パンドヤの首都マドゥラを占領 トゥグルク朝 1320～25 トゥグルク1世(首都トグラカバード)	1200～1309 ジャワのマジャパヒト王ラーデンヴィジャヤ ○ビルマに国民的文学おこる 1313 暹人，占城を侵す	1294～1307 成宗 ○臨済宗 中峰明本 1263～1323 1301 高麗の征東行省を廃す(1306復置)。ハイドゥ，カラコルムを攻め，敗れて退却の途次戦死 ○水墨画 {高克恭(房山) 1248～1310 / 雪窓(普明) ?} 1302 渾河堤を築く 1303「大元一統志」成る ○書家 {鮮于枢 1257～1302 / 柯九思 ?(水墨画)} 1305 天寿万寧寺を建てる 1307～11 武宗 1308 白蓮社を禁ず ○数学・暦学 郭守敬 1231～1316(「授時暦」) 1309 至大銀鈔を行い銭を鋳る 1311～20 仁宗 ○儒学者 {呉澄(草廬) 1249～1333 / 趙孟頫(子昂) 1254～1322(詩文・書画・音楽) / 管仲姫(子昂の妻) 1262～1319} 1313 はじめて科挙を行う(3年1回) 1314 官民車服の制を定める 1315「農桑輯要」印行 1317 郡県に義倉を置く 1311/20 朱思本「輿地図」 ○戯曲(雑劇)(北曲四大家) {関漢卿「竇娥冤」 / 馬致遠「漢宮秋」 / 白樸(仁甫)「梧桐雨」 / 鄭光祖「倩女離魂」} 1320～23 英宗	1274～1308 忠烈王 1302～03 忠烈王元廷訪問(元室と通婚) 1308～13 忠宣王 1310 諸司州郡を改称 1313～31 忠粛王 1314 田賦を改定 1318 済州(済州島)の民反乱	1301～08 後二条天皇(院政，後宇多上皇) 1308～18 花園天皇(院政，伏見上皇～13) (1313～18 院政，後伏見上皇) 1317 一山一寧死(1247～，元の帰化僧，禅) 1317 文保の和談 1318～39 後醍醐天皇(院政，後宇多上皇～21)
1320	1328 チムール・ターシ，エジプトで殺される	1322 チュバンの子チムール・ターシの乱 1324 宰相アリ・シャー死 1327 貴族の長老チュバン死 1335～36 アルパー 1336 ムーサー 1336 バグダードにジャライル朝おこる(～1393)。**イル汗国分裂** 1337 コラサンにサルバダール朝おこる(～1382)	1321 東西に分裂 1326～33? タルマシリン 西チャガタイ汗国 ○首都サマルカンド	東チャガタイ汗国 1334頃～38 ジェンクシ ○ネストル教会堂建設 ○首都カシュガル ○トゥリク	1325～51 ムハンマド 1327 ムハンマド，ホイサラ朝の首都ドラサムドラを破壊 ○ベンガル地方，トゥグルク朝の支配から離れる	1331 マジャパヒトの勢力，ジャワ島の外に伸張 1336 南インドにヴィジャヤナガル王国おこる(～1647)	1321 武宗の子トブチムール左遷される ○「全相平話三国志」などの平話の刊行 1323～28 晋宗(泰定帝) ○その他の北曲 {王実甫「西廂記」 / 張国賓「汗衫記」 / 喬吉甫「金銭記」 / 高明(則誠)「琵琶記」} 1324 周徳清「中原音韻」成る 1325 トブチムール，懐王と称し建康に封じる 1328～29 明宗(武宗の長子クシャラ) 1328～29 元帝室の内紛，政権，南北に分立 1329～32 文宗(懐王) 1329～33 ヤンチムール，政権を独占 1332 寧宗 ○元代の道教 {華北――全真教 / 江南――正一教} 1333～70 恵宗(順帝) 1333 バヤン(伯顔)を太師右丞相，サツン(撒敦。ヤンチムールの長兄)を太伝左丞相とする 1335 バヤン，皇后を殺す。科挙を止める ○儒学者 鄭玉(師山) ?～1357 ○詩人の四大家 {虞集 1271～1348(書) / 楊載 1271～1323 / 范椁 1272～1330 / 掲傒斯 1274～1344} 1339 バヤン，大丞相となる 1340 バヤン失脚，左遷の途次死。科挙を復す	1325 忠宣王，元に客死 1331 忠恵王 1331～39 忠粛王(重祚) 1339～44 忠恵王(重祚)	1321 院政を廃す 1322 虎関師錬「元亨釈書」 1324 正中の変 1325 幕府，建長寺船を元に遣わす ○吉田兼好「徒然草」 1331～34 元弘の兵乱 **1333 鎌倉幕府滅ぶ** **1334 建武の中興** 1336 湊川の戦(楠木正成戦死)。後醍醐天皇，吉野に潜幸 **〔室町幕府〕** 1338～1573 1338 足利尊氏，征夷大将軍となる
1340	1342～45 イスマイール 1345～46 シャーバーン 1346～49 西アジア・エジプトに，黒死病流行 1347～51 ナーシル	1355 キプチャク軍，アゼルバイジャンを侵す 1357 ファールスにムザッファル朝おこる(～1393)	1343～46? カザン(ヤッサウルの子) 1346／47 ガスガン，カザンを殺す 1347頃～57 ガスガン(汗位はブヤン・クリ，1348～58) 1357～60 アブダラー	1347～63 トグルク・テムル(イスラムに改宗) ○首都 タシュケント	○ヒンドゥ詩人ナームデーヴ 1351～88 フィルーズ・シャー ○ベンガル文学おこる	1343 マジャパヒト，バリ島に進出 ○マーダヴァ「全哲学綱要」(ジャイナ教) 1347 デカンにバーマニ王国おこる(～1525，初代の王，アラー・ウッディン1347～58) 1350頃 シャムにアユタヤ朝おこる(～1767，初代 ラーマティボディ1世，1350～69) 1360 ヴィジャヤナガルとバーマニの抗争	1341 湖広・山東に反乱おこる。元朝の支配権ようやく衰える ○水墨画家 方従義(方壺)・子庭祖伯・呉太索・張雨 ○道釈画家 劉貫道・因陀羅(壬梵因) ○歴史家 欧陽玄 1283～1357 ○医学者 朱震亨 1281～1358 1346 イブン・バトゥータ，大都に来る ○フィレンツェの商人ペゴロッティの中国旅行 1348 台州の賊方国珍挙兵 ○楊朝英「太平楽府」刊行 ○元末四大画家 {黄公望(大痴道人) 1269～1354 / 呉鎮(梅花道人) 1280～1354 / 倪瓚(雲林子) 1301～1374 / 王蒙(黄鶴山樵) 1298～1385} **1351 紅巾の賊おこる** 1352 紅巾の賊，漢陽・武昌・杭州を陥落 1353 張士誠，高郵に拠り呉王と称する。朱元璋挙兵 1355 朱元璋，太平路を取る 1356 方国珍降る。朱元璋，呉国王と称す。張士誠，杭州を陥落 1357 明玉珍，蜀地に拠る ○詩人 {楊維楨(鉄崖) 1296～1370(書) / 高啓(青邱) 1336～1374} 1358 紅巾の賊，上都を焼く	1341 玄孝道の乱 1344～48 忠穆王 1347 整治都監を置き量田実施 1348～51 忠定王 1350 倭寇さかんとなり，高麗の被害甚大(庚寅の倭寇) 1351～74 恭愍王 1354 この頃倭寇，高麗の全羅道を侵掠 1356 王の外戚奇氏滅ぶ。柳仁雨ら，北辺(双城等)を回収。元の年号を止む。鴨緑江江西八站を攻略	1339～68 後村上天皇 1341 足利直義，造天龍寺船を元に遣わす 1342 五山十刹の制 1351 夢窓疎石死(1275～，臨済宗) 1354 北畠親房死(1293～，「神皇正統記」)。 1354 近江土一揆 1358 足利尊氏死(1305～) ○「増鏡」
1360	1363～76 シャーバーン(重祚) 1332～1406 イブン・ハルドゥーン(歴史家，チュニスに生れ，カイロに死す) 1376～81 アリー	○神秘主義詩人 アーシク・パシャ ○抒情詩人 {ネシーミー / アフメディ / ハーフィズ・シラーズィー 1320～89} 1303～77 イブン・バトゥータ(旅行家，モロッコ生れ，広汎に各地を旅行) 1378 黒羊朝・白羊朝おこる	1360 東チャガタイ汗国，西チャガタイ汗国を滅ぼす。ティムール，ケシュに封ぜられる 1363 トグルク・テムル死 1365～68 ティムールと，バルフの首長ホセインの争闘 ティムール帝国 **1370 ティムール帝国成立** 1369～1405 ティムール 1370 サマルカンドに都を定める 1373～79 コラズム攻略戦 1375～77 イリ河谷に進撃 1380 ティムールのインド侵入はじまる			1369 シャン族，アヴァに建国し上ビルマを支配。マルタバンの王，ペグーに遷都 1371 バーマニ軍，ヴィジャヤナガルに侵入し大虐殺を行う 1371 占城の兵，ハノイを侵す 1371 アユタヤ朝，スコータイ朝を攻撃 1373 アユタヤ朝，テナセリム建設 1377 シュリーヴィジャヤ滅ぶ 1378 ヴィジャヤナガル，マドゥラを滅ぼす 1378 アユタヤ朝，スコータイ朝を滅ぼす	1359 陳友諒，紅巾の首領徐寿輝を江州に遷し，自ら漢王と称する。紅巾の賊高麗に入寇(～62)。開京陥落 1363 明玉珍，夏帝を称する。朱元璋，鄱陽に陳友諒を滅ぼす 1364 朱元璋自立(呉王) 1367 朱元璋，平江に張士誠を滅ぼす 1368 朱元璋，明帝を称する。**元倒れモンゴル高原に退く** 北元：1368 元帝漠北に逃れ北元成立(首都カラコルム) 1378～88 トクスチムール 明 (1368～1644，1662)： **1368 朱元璋，明を興す(首都金陵＝南京応天府)** 1368～98 太祖(朱元璋，洪武帝)(一世一元の制) 1369 明軍，上都占領。武将常遇春死(1330～) 1370 徐達，沈児峪に元将ククチムールを破る 1371 伝友徳・湯和等，夏を滅ぼし蜀地を平定。遼東を支配下に入れる **○君主独裁制の確立** 1372 明軍，北元遠征，敗退 ○学者 {劉基 1311～75(詩人) / 宋濂 1310～81(「元史」)} 1373 大明律の制定 1374 大明日暦成る ○小説 {羅貫中「三国志演義」 / 施耐庵「水滸伝」} 1375 大明宝鈔を発行 1379 元の遺臣伯顔，明帝の招きを拒否し自殺 1380 胡惟庸の乱。中書省廃止。皇帝の独裁権強化	1364 李成桂，女真を討つ。元より綿種輸入 1366 日本に倭寇の禁を乞う 1366 辛盹の専権(～17 伏誅) 1370 明の年号を用いる 1374～88 李仁任の専権(王を弑す) 1374～88 辛禑 1376 倭寇のため貢租の輸送不可能となる 1377 火熕都監を置き火薬を戦術に用いる。鄭夢周を日本に遣わす 1380 李成桂，倭寇を雲峰に破る	1364 正平版論語板行 1367 細川頼之，管領となる 1368～83 長慶天皇 1368～94 将軍足利義満 1369 この頃明の沿岸を侵すものあり ○「太平記」 ○荘園制の解体はじまる 1378 足利義満，室町新第に移る
1380									

モンゴルの四汗国のうち，オゴタイ汗・チャガタイ汗はそれぞれその始祖の名を冠しているが，イル汗というのはトルコ語で「国王」の意であり，キプチャクというのは南ロシアのクマン人に対するイスラム側の呼び名であるといわれる。イスラム系の人名にはマホメット・ムハマッド・メヘメットなど類似した発音の名称がみられるが，これは国語による母音変化の相違によるもので，本来は同一名に発し，子音だけ並べるとMHMDまたはMHMTであることがわかる。

〔18〕

大勢	年代	西ヨーロッパ ポルトガル	西ヨーロッパ アラゴン カスティリャ	西ヨーロッパ グラナダ王国	西ヨーロッパ イングランド王国	西ヨーロッパ フランス王国	中央ヨーロッパ 神聖ローマ帝国	中央ヨーロッパ ローマ教会・イタリア諸邦 イタリア・ルネッサンス	中央ヨーロッパ ポーランド ハンガリー	北ヨーロッパ 北欧三国	東ヨーロッパ キプチャク汗国	東ヨーロッパ 東ローマ帝国
ローマ教皇権の失墜／封建諸侯の没落／イタリア・ルネッサンスの開花／トルコ族のヨーロッパ侵寇	1380	1375 土地開墾法 1367~83 フェルナンド 〔アヴィス朝〕 1385~1580 1385~1433 ジョアン1世 1385 アルジュバロダの戦（ポルトガル，カスティリャ軍を破り，完全独立） 1386 ウィンザー条約（イギリスと永久同盟） 1387 ジョアン1世，イギリスの王族ジョン・オヴ・ゴーントの女と結婚	1336~87 アラゴン王ペドロ4世 1379~90 カスティリャ王フアン1世 1386 グッダルーペ調停宣言（農奴解放） 1387~95 アラゴン王フアン1世 1390~1406 カスティリャ王エンリケ3世 1392 カスティリャのユダヤ人虐殺。マホルカの農民一揆	1392~1407 ムハンマド7世	1377~99 リチャード2世 1381 農民一揆（ワット・タイラーの乱） 1384 ウィクリフ死（1320頃~，神学者，先駆的宗教改革提唱者） ○ロラード運動おこる ○詩人 ラングランド ○金納地代の普及 1395 ロラード派の議会に対する12条の建白 1396 英仏，20年間休戦。仏王女イザボー（イサベラ），リチャード2世と結婚 1399~1402 ばら物語論争 〔ランカスター家〕 1399~1461	1380~1422 シャルル6世 1381~88 マルムーゼの王政後見 1382~83 パリにマイヨータンの反乱 1384 ブルゴーニュ公，コンテ等を併合 1392 王発狂，内乱（ルイ・ドルレアンとジャン・ド・ブルゴーニュの暗闘） ○フランドル美術の勃興	1378~1400 ウェンツェル 1381 小銃の発明。ライン・スワビア両都市同盟結ぶ フランドル・フランシュ 1385／86 ハイデルベルク大学創立 1386 センパハの戦（スイス民兵の勝利） 1388 ネーフェルスの戦 1388頃 ケルン大学創立 1389 南ドイツ都市戦争終る ○ザーツ「ボヘミアのアッカーマン」（教訓詩） 〔ファルツ家〕 1400~10 ループレヒト	1378~1417 教会の大分離 1378~89 ウルバヌス6世 1381 トリノ和約（ヴェネツィア，ジェノヴァと和し，優位を得る） ○東ローマの使節 クリソロラス（フィレンツェにギリシア学輸入，1355頃~1415） 1386 ミラノ大寺起工 1389~1404 ボニファティウス9世 1389~1454 ヴェネツィア，北イタリアに領土拡張 1391 フェララ大学創立 1395 ヴィスコンティ家，ミラノ侯となる（ミラノ世襲侯国の初め）（侯ジャン・ガレアッツォ，1351~1402） 1396 ニコポリスの戦い	1386 ポーランド王女ヘドウィクとリトアニア大公ヤゲロ（ウラディスラウ5世）との結婚（ポーランド・リトアニア合同） 1387~1437 ハンガリー王ジギスムント〔ルクセンブルグ家〕（1411 ドイツ皇帝兼摂）	1380~87 ノルウェー王オラフ5世 1387~1412 デンマーク及びノルウェー女王マルグレーテ 1389 マルグレーテ，兼スウェーデン王 1397 カルマルの統一（北欧三国の合同）	1380~1406 トフタミシュ 1382 トフタミシュ，モスクワを襲う 1388 金帳汗・白帳汗の統一 1387~98 トフタミシュとティムールとの抗争 1395 ティムールの南ロシア侵寇 1396~1400 ティムール・クトゥルク	1379~90 ヨハネス5世 1388 ヴェネツィア，ナウプリアを領有 1389 コソヴォポ大勝） 1390~91 ヨハネス7世 1391 トルコ軍， 1391~1425 マヌエル2世 1396 ニコポリカン制圧，ハン
	1400	1402／05 カナリア諸島探検 1415 王子エンリケ，セウタ攻略。サグレス岬に航海学校を設ける 1415 カナリア諸島探検 1419／20 ジョアン・ゴンザレス，マデイラ諸島発見	1395~1410 アラゴン王マルティン1世 1403 セビリヤのカテドラル 1406~54 カスティリャ王フアン2世 1412~16 アラゴン・シチリア王フェルナンド1世 1416~58 アラゴン・両シチリア王アルフォンソ5世	1407~17 ユースフ3世 1417~27 ムハンマド8世	1399~1413 ヘンリ4世 1400 チョーサー死（1340頃~，「カンタベリ物語」） 1401 異端者焚殺令（ロラード派，地下にもぐる） 1407 マーチャント・アドヴェンチュラーズ，特権を獲得 1411 セントアンドリューズ大学創立 1413~22 ヘンリ5世 1414 上下両院対等 1415 英仏戦争再開。アザンクールの戦 ○地代の金納，一般化 1417 ウィクリフの徒オールドキャッスル処刑 1420 トロワ和約（ヘンリ5世，仏王女カタリンと結婚，仏王の後継者となる）	1402 パリに最初の常設劇場生る 1407 ルイ・ドルレアン暗殺される 1409 王とブルゴーニュ公とのシャルトルの和 1410 シャルル・ドルレアン，アルマニャック公女と結婚 ○歴史家 フロワサール 1337頃~1410頃 1413~14 カボシアンの乱 1415 神学者プチ処刑 1417 王妃イザボー（バヴァリア公女）の摂政 1419 ジャン・ド・ブルゴーニュ暗殺	1402 ドイツ騎士団，ハンガリーよりノイマルクを獲得 1403 フス，宗教改革を企図（プラーグ大学より追放される） 1409 ライプチヒ大学創立 〔ルクセンブルグ家〕 1410~11 三帝対立 1411~37 ジギスムント（兼ハンガリー王） 1414~18 コンスタンツの宗教会議 1415 ホーエンツォレルン家のブランデンブルグ辺境伯の初め 1419 ロストック大学創立 1419~36 フス党の反乱	○ルネサンス前期 1404 トリノ大学創立 1406 フィレンツェ，ピサを征服 1406~15 グレゴリウス12世 1409 ピサの公会議。三教皇並立 1415 フスの焚殺 1417 教会の大分離終止。教皇のローマ復帰 1417~31 マルティヌス5世 ○フィレンツェのルネッサンス ○フィレンツェ本寺 1420~36 ○建築家 ブルネレスキ 1377~1446	1406~08 モスクワ公国，リトアニアと戦う 1410 タンネンベルクの戦（ドイツ騎士団ポーランド王に敗れその外藩となる） 1411 第1回トルンの和約	1412~39 エリク9世	1400~07 シャディ・ベク 1418 ノヴゴロド民衆の貴族に対する大反乱	
	1420	1427 セビリヤのディエゴ，アゾレス諸島再発見 1431 ゴンザロ・ヴェリョ・カブラル，アゾレス諸島探検 1433~38 ドゥアルテ 1433 リスボン遷都 1434 ジル・エアネス，ボハドル岬発見 1438~81 アフォンソ5世		1427~32 ムハンマド8世（復位） 1432 ユースフ4世 1432~44 ムハンマド8世（3たび復位）	1422~61 ヘンリ6世 1424 ヴェルヌイの戦 ○ウォーリック伯リチャードの専権 1428 英軍，オルレアンを囲む 1431 ヘンリ6世，パリで戴冠。 1436 フランス軍，パリ奪回，シャルル7世の内政改革，英仏また休戦	1422~61 シャルル7世（アルマニャック貴族の支持） ○オランダ画派創始者 ファン・アイク兄弟 1370~1426，1380頃~1441 1429 ジャンヌ・ダルク出現。シャルル，ランスで戴冠 ジャンヌ・ダルク焚殺される 1435 王とブルゴーニュ公とのアラスの和 1438 ブールジュ宗教令 1439 オルレアン法令（常備軍設置）	1421 ジギスムント，ボヘミアを討ち敗退 1424 フス党の勇将ジシュカ死，プロコピウスつぐ 1431~49 バーゼルの宗教会議 1434 プロコピウス敗死 1437~39 大きさん 〔ハプスブルグ家〕 1438~39 アルブレヒト2世	○フィレンツェの彫刻家 ギベルティ 1378~1455 ドナテルロ 1386~1466 ルカ・デラ・ロッビア 1400~1482 ○人文学者 プレトン（ギリシア人）1355頃~1450頃 1431~47 エウゲニウス4世 1433 アカデミア・ポンタニアナの創設 1434~94 フィレンツェ，メディチ家の執政期（コジモ，~64） 1435 ナポリ女王死し，アラゴン・アンジュー両家王位紛争 ○フィレンツェの画家 マサッチヨ 1401~28 フラ・アンジェリコ 1387~1445 フィリッポ・リッピ 1406~69 ゴッツォーリ 1420~97 1439 フィレンツェの宗教会議（両教会合一宣言，不履行）	1434~44 ポーランド王ウラディスラウ3世 1437~39 ハンガリー王アルベルト（ボヘミア王） 1440 ポーランド王，ハンガリー王を兼ねる	1440~48 クリストフェル3世	1423~59 クチュク・モハメッド 1425~62【モスクワ】大公ヴァシリ2世 1430 クリミア汗国独立	1422 トルコ軍ル包囲 1423 ヴェネツィアにテサロニカを売渡す 1425~48 ヨハネス8世 1430 トルコ人，ィアより奪う ○歴史家 フランツェス 1401~78頃（政治家） 1439 フィレンツェの公会議
	1440											

ロラード運動 Lollard Movement（1382頃~1521）＝イギリスにおけるウィクリフ派の貧乏僧による教会改革運動で後の宗教改革の先駆となる。ルネッサンス＝Renaissance，イタリア語ではRinascimento，復活を意味する。
1400年代（**クワトロチェント**＝Quattrocento，イタリア語で十五世紀の意），この言葉はいわばルネサンスの代名詞ともされる。**フアン**＝Juan（イスパニア語），**ジョアン**＝João（ポルトガル語）は英語のJohnである

〔18〕

パ	小アジア	エジプト	西アジア・中央アジア	南アジア	南アジア	北アジア	東アジア	東アジア	東アジア	年代	大勢
セルビア ブルガリア	オスマン・トルコ	マムルーク朝	イル汗国 / ティムール帝国 / 東チャガタイ汗国	トグルク朝	**南インド 東南アジア**	北元	明 (1368〜1662)	高麗	日本		
1282 セルビア人,ウスクブを占領 リエの戦(トルコ軍 1389〜1427 ラザレヴィチ フィラデルフィア占領 1393 ブルガリア占領 1394 スルタンを称す の戦(トルコのバルガリーを破る)	1359〜89 ムラート1世 1389〜1402 バヤジット1世	1382〜1517 ブルジー・マムルーク朝 1382〜98 ザーヒル・バルクーク 1398〜1405 ファラジ	1369〜1405 ティムール ○首都 サマルカンド 1387 ティムール,ムザッファル朝を滅ぼす。 ティムール,明に遣使 1389頃 詩人ハーフィーズ死 1389 東チャガタイ汗国を滅ぼす 1393 イル汗国を滅ぼす 1394 グルジアへ侵入 **1395 ティムール,西アジアを統一し,キプチャク・東チャガタイの諸汗を征服** 1396 ティムール,明使を抑留する 1398 ティムール,インドに侵入しデリーを掠奪	1351〜88 フィルーズ・シャー 1388 王位継承の紛争おこる	1390頃 ペグー王ラーザーダリ,下ビルマに威をふるう 1392 マジャパヒト王国分裂の初め 1393 カンボディア王シャムに侵入,シャムこれを撃退 1397 安南,都を清化(タノア)にうつす 1398 ヴィジャヤナガル,バーマニ攻撃 1400〜07 安南の陳朝滅ぶ。黎季犛,帝を称し,姓を胡,国を大虞と号す	1378〜88 トクスチムール 1387 元将ナハチ,明に降る。 1388 ブユルノールの戦(北元の勢力壊滅) 1391 北元滅ぶ **オイラート タタール** 1401 オイラートのマームード,カラコルム占領	1368〜98 太祖(洪武帝) 1381 傅友徳,胡元の梁王を滅ぼし雲南を平らぐ。里甲制を布き,賦役黄冊を制定 1382 科挙を復活。都察院官制を更定 1384 湯和,倭寇防衛策を献じる 1385 武将徐達死(1331〜) 書家 宋克(仲温) 死(1327〜) 1389 東北にウリャンハイ三衛を置く ○画院の大家 戴進(文進,静庵) ?〜1410頃 浙派 1392 太子標死。景徳鎮に官窯を置く 1393 天下の田土を丈量。藍玉,罪を以て殺される 1394 藍玉に連坐し傅友徳・王弼殺される 1395「皇明祖訓」を頒布。湯和死(1326〜) 1397頃 瞿佑「剪灯新話」刊行 1398〜1402 恵帝(建文帝) ○書家 沈度(自楽) 沈粲(民望) 解縉(大紳) 1399 燕王棣,挙兵,**靖難の役**おこる 1400 盛庸等大いに燕王を破る	1374〜88 辛禑 1383 李成桂,女真を破る 1388 崔瑩,遼東を攻める。李成桂,威化島の回軍 1389 辛昌(李成桂の擁立) 1389〜92 恭譲王(同上) 1389 官制改革。量田はじまる。高麗人,対馬を侵す 1391 科田法を定める **朝鮮(李朝)** 1392 **李成桂**(太祖,1392〜98)**の即位** 1393 国号を朝鮮とする 1394 漢陽に遷都 1398 鄭道伝の乱 1398〜1401 定宗	1368〜83 長慶天皇 1383〜92 後亀山天皇 ○五山文学の盛行 中巌円月 1300〜75 春屋妙葩 1311〜88 義堂周信 1325〜88 絶海中津 1336〜1405 1391 明徳の乱(山名氏清敗死) **1392 南北両皇統の合一** 1392〜1412 後小松天皇 1394〜95 太政大臣足利義満 1397 義満,金閣造営 1399 応永の乱(大内義弘敗死)	1380	明の君主独裁制の確立/明の対外発展/李氏朝鮮の発展/ティムール帝国の盛衰/トルコ帝国の興隆
1402 アンゴラの戦(ティムール,トルコ軍を破る。バヤジット捕虜となり,トルコ一時潰滅) **トルコ帝国** 1405 オスマン・トルコ再興 1405〜21 ムハメット1世 1413 ムハメット1世の統一		1401 イブン・ハルドゥーン,ティムールに仕官 1406〜12 ファラジ(復位) 1412 アル・ムスタイン〔アッバス家〕 1412〜21 アル・ムヤイヤ・シャイフ	1404 ティムール,中国遠征に出発 1405 ティムール,途上オトラルで死 1405〜09 ハリル・シャー ○首都ヘラット 1405頃 アッ・ダミーリー死(動物学者) 1406 カラ・ユーフス,アゼルバイジャンに拠る(黒羊朝) 1408 ミラン・シャー戦死 1409〜47 シャー・ルク(ロフ) 1411 イル汗国の残党を滅ぼす 1418 シャー・ルク,アゼルバイジャン遠征 1419 カラ・ユーフス戦死 1419 シャー・ルク,明に使を送る 1420 黒羊朝のイスカンダル,アゼルバイジャンに根拠を置く	1399〜1412 マームッド・シャー 1401 グジャラート独立 1412 ダウラットカン **サイッド朝** 1414 サイッド朝おこる(ティムールに臣従) ○サイッド朝及び次のロディ朝は地方の一政権	**1405〜3 鄭和の南海遠征(前後7回)** 1406〜08 張輔の安南遠征 1407〜13 安南後陳朝 1411〜15 張輔の南海遠征 1413 安南,明に服属(〜27) ○マジャパヒト王国の衰退 ○マラッカ王国起る **○ジャワのイスラム化はじまる** **○スマトラ,イスラム化すすむ** 1418 安南の黎利挙兵 1419 マリクイブラヒム(ジャワ王)	1405〜10 タタールのオルジャイト 1407 明軍のタタール北征,ケルレン河畔で敗れる 1410〜14 オイラートのマームード **1410 永楽帝のタタール親征**(オノン河畔の戦) 1414 永楽帝のオイラート親征(フランフシグンの戦)	1401 燕王の軍,大挙南下,京師(南京)に迫る 1402 恵帝焚死。燕王即位(成祖)。方孝孺殺される(1357〜) ○このころ「四書大全」の編纂 1402〜24 成祖(永楽帝) **1405〜07 鄭和の第1次南海遠征**(インドのカリカットに至る) 1406〜08 張輔の安南遠征 ○墨竹画家 王冕(老村) 1335〜1407 王紱(九龍) 1362〜1416(能書) 夏昶(玉峰) 1388〜1470 1408〜11 鄭和の第2次南海遠征。○「永楽大典」 1411 安南帝季拡を交趾布政使とする。倭寇沿海侵掠 1411〜15 張輔の南海遠征 1412〜15 鄭和の第3次南海遠征(本隊はホルムズまで,支隊はアフリカ東岸に至る) 1413 貴州布政使を置く 1416〜19 鄭和の第4次南海遠征 ○李禎「剪灯余話」刊行 1419 劉江,倭寇を望海堝に破る 1420 山東の妖婦唐賽児の乱	1399 開城に遷都 1400 議政府を置く。私兵廃止 1401 楮幣を行う 1401〜18 太宗 1403 活字を鋳造 1405 漢陽復都。土田を改量 1407 第1次仏教改革 1411 五部学を置く 1413 国内を八道に分つ。号牌法を定める(戸籍登録) **○官僚制中央集権国家の確立** 1418〜50 世宗 1419 寺田・寺奴婢を没収。倭寇,朝鮮を侵す。朝鮮,李従茂をして対馬を侵す。朝鮮,日本人居留地として三浦(乃而浦・富山浦・塩浦)を開く	1402 義満,明の国書(日本国王)を受く 1404 明と通商条約(明の勘合符を得る) 1408 足利義満死(1358〜) 1412 内裏に猿楽を行う 1412〜28 称光天皇 1413 諸国に段銭・棟別銭を課す ○山水画家 明兆 1352〜1431 周文 ? 〜 ? 1418 世阿弥「花伝書」(能楽の完成)	1400	
1421〜51 ムラート2世 のコンスタンティノープ 1423 モレア遠征 1427〜56 セルビア王ブランコヴィッチ テサロニカを,ヴェネツ		1422〜38 バルス・ベイ 1438〜53 ユースフ	(イラク及び西部イランに勢力を確立) 1425 ウルグ・ベグ,中国遠征に出発(失敗) 1427 シャー・ルク 刺傷を受く 1428 サマルカンドに天文台建設 1428 シェイバニ朝おこる(アブル・ハイル,汗を称し,ウズベク族の勢力強まる。〜1468) 1429頃 歴史家ハーフィーズ・アブルー死 1433 能書家バーインソンゴル・ミルザ死 1434 シャー・ルク,アゼルバイジャン遠征 1437頃 シャー・ルク天文表成る	に転落,僅かにデリー周辺を支配するに過ぎなくなる (1451 サイッド朝滅びロディ朝おこる)	1420 黎利,明軍を破る 1424 黎利,大いに明軍を破る。明,乂安を固守する 1426〜46 ヴィジャヤナガル王デーヴァ・ラーヤ2世 1427 明,安南の独立を承認 1428 黎利,帝を称し国を大越と号する(黎朝,〜1527) 1431 シャム軍,カンボディアのアンコール占領,カンボディア王,プノンペンに逃れる 1433 アラカンの王ナラメイラ,新都ムロハウン建設	1422 永楽帝の第2次タタール親征(殺胡原に戦う) 1424 永楽帝の第3次タタール親征。永楽帝,陣中に死す 1433 オイラートのトゴン(マームードの子),トクトブハを汗に推し,自ら実権を握る(1439頃 トゴン死) 1438 明,大同に馬市を開き,オイラートと通商	1421 北京に遷都(北京順天府) 1421〜22 鄭和の第5次南海遠征(本隊はスマトラ・ジャワ,支隊は東アフリカ・ペルシア湾へ) 1424 鄭和の第6次南海遠征(パレンバンまで) 1424〜25 仁宗(洪熙帝) 1425〜35 宣宗(宣徳帝) 1426 漢王高煦叛す,帝親征して平定 ○画院の花鳥画家(禁中の三絶)蒋子成・趙廉・辺文進 ○画院の山水画家 李在 1430 開平衛を独石に移す(北方を放棄)。鄭和の第7次南海遠征(〜33,支隊はメッカに至る) 1431 安南の黎利の独立を許す ○景徳鎮官窯の盛行(宣徳青花) ○宣徳銅器。景泰藍(七宝) 1435〜49 英宗(正統帝) 1436 金花銀を行う(田賦の銀納) ○詩人(台閣体) 楊栄 1371〜1440 楊士奇 1369〜1444 楊溥 1372〜1446 1439 麓川の叛蛮思任発を討つ	1423「高麗史」編集 1424 第2次仏教改革(仏教諸派を禅・教両宗に統一)。朝鮮通宝を発行 1429「農事直設」を編修(鄭招) 1434 六鎮の経営に着手。「三綱行実図」を頒つ 1435 対馬の宗貞盛,朝鮮貿易の特権を得る 1437 北辺六鎮を設置(豆満江以南の地を収める)	1420 大ひでり,餓死者多数 ○五山文学 岐陽方秀 1361〜1424 瑞渓周鳳 1392〜1473 1426 近江馬借一揆 1428 山城の正長土一揆 1428〜64 後花園天皇 1433 糺河原の勧進能 1434 勘合貿易の初め 1438 勅撰和歌集の終り 1439 永享の乱(足利持氏父子自殺)	1420 1440	

ティムール Timur,あだ名はタメルラン。これは彼が少時受けた傷で足が不自由になったからであり,Timur langがなまってTamerlaneと呼ばれるようになった。**威化島の回軍**=李成桂が征明の軍に加わりながら,その不利を知って鴨緑江上の威化島からにわかに自ら軍をひきかえした事件をいう。**オイラート**=Oirat,瓦剌・衛拉などと書かれ,清代には衛拉特などと書かれる。瓦剌はワラまたはウェラなどとも呼ぶ。**タタール**=Tatar,塔々児・韃靼などと書かれる。

〔19〕

大勢	年代	西ヨーロッパ　ポルトガル（地理上の発見）	西ヨーロッパ　アラゴン・カスティリャ（地理上の発見）	西ヨーロッパ　グラナダ王国	西ヨーロッパ　イングランド王国	西ヨーロッパ　フランス王国	中央ヨーロッパ　神聖ローマ帝国	中央ヨーロッパ　ローマ教会・イタリア諸邦　イタリア・ルネッサンス	中央ヨーロッパ　ポーランド　ハンガリー	北ヨーロッパ　北欧三国	東ヨー　キプチャク汗国
近世の開幕―ルネッサンス盛期／フランス、イギリス、イスパニアの国家的統一／海洋の開拓（地理上の発見）	1440	1438～81　アフォンソ5世 1441　ヌニョ・トリスタム，ブランコ岬発見。アントニオ・バルトロメウ，ヴェルデ岬諸島発見 1445　ジョアン・フェルナンデス，ヴェルデ岬発見 1446　アフォンソ法典成る 1456　カダモスト，ヴェルデ岬諸島に至る 1460　王子エンリケ死（1394～いわゆる航海親王）	1416～58　アラゴン王アルフォンソ5世 1406～54　カスティリャ王フアン2世 1442　アルフォンソ5世，ナポリ王を兼ねる ○「バエーナ詩歌集」等のカンシオネーロ詩歌集 1454～74　カスティリャ王エンリケ4世 1458　ロペス・デ・メンドーサ死（1398～，詩人） 1458～79　アラゴン王フアン2世	1446～53　ムハンマド10世 1453～61　アル・ムスタイン	1422～61　ヘンリ6世 1442　フランス軍，ガスコーニュ奪回 1449　英仏，戦争再開 1450　グラスゴー大学創立 1453　カスティヨンの戦。フランス，ギエンヌを回復。百年戦争（1338～）終る。イギリス僅かにカレーを保つ。ヘンリ6世発狂 1455～85　ばら戦争 1455　セント・オールバンズの戦 1460　ノーザンプトンの戦（ヘンリ6世捕われる）	1422～61　シャルル7世 1441　ボルドー大学創立。 ○アルヌール・グレバン「受難聖史劇」 1450　フォルミニーの戦，フランス，ノルマンディを回復 1456　ジャック・クール死（財政家，1395～） ○詩人シャルル・ドルレアン　1394～1465 ヴィヨン　1431頃～1463頃	1440～93　フリードリヒ3世 1445　恋愛詩人ヴォルケンスタイン死（1367～） 1445頃　グーテンベルグ活版印刷術を発明 1449～53　第2次南ドイツ都市戦争 ○天文学者　レギオモンタヌス　1436～76 1453　オーストリア公領，大公領に昇格 1456　グライフスワルド大学創立 1457　ドイツ騎士団，ケーニヒスベルグに移る	1431～47　エウゲニウス4世 ○ルネッサンス盛期 1447～55　ニコラウス5世（ヴァチカン図書館設立者） 1447　ミラノ侯ヴィスコンティ家断絶 1449　宗教会議中心の改革運動終る。教皇首位権の確立 1450　スフォルツァ家，ミラノ侯となる（初代フランチェスコ，～66） ○諸芸に秀でたアルベルティ　1404～1472（ジェノア人） 1455～58　カリストゥス3世 ○人文主義者　フラヴィオ・ビオンド　1388～1463　ポンターノ　1426～1503 1458～64　ピウス2世 ○フィレンツェの人文主義　フィチノ　1433～1499（詩人）　ポリツィアノ　1454～1494	1434～44　ポーランド・ハンガリー王ウラディスラウ3世 1444～47　ポーランド無政府状態 1446～52　ハンガリー摂政フニャディ（軍人） 1447～92　ポーランド王カシミール4世 1454～66　ポーランド・ドイツ騎士団戦争 1458～90　ハンガリー王マティアス・コルヴィヌス（国力を回復）	1397　以来，北欧三国統一王国 1440～48　クリストフェル3世 1443　首都コペンハーゲン（デンマーク） 1448～81　クリスチャン1世〔デンマーク，オルデンブルグ家〕（1450兼ノルウェー王，ノルウェーは1814までデンマーク王統治） 1457～64　スウェーデン王クリスチャン1世 1460　デンマーク，シュレスウィヒ・ホルスタイン併合	1423～59　クチュク・モハメッド 1445　カザン汗国独立 1460～81　アーメッド
	1460	1463　カサブランカ占領 1469　フェルナンドポー，フェルナンドポー島に到達 1470　黄金海岸到達 1471　タンジェル占領。ポルトガル船，赤道を通過 1480　アルカソバス条約	1469　カスティリャ王女イサベルとアラゴン王子フェルナンドとの結婚 1474～1504　カスティリャ女王イサベル 1477　カスティリャ，カナリア諸島占領 **イスパニア王国** 1479　カスティリャ・アラゴン合同（イスパニア王国の初め）アラゴン王フェルナンド（～16），イサベルと共治	1461～82　アブル・ハサン	1461　第2次セント・オールバンズの戦。タウトンの戦（ヨーク家の制覇） 〔ヨーク家〕1461～85 1461～83　エドワード4世 1466　ヘンリ6世ロンドン塔に幽閉される 1470　ランカスター家の功臣ウォリック伯，ヘンリ6世を復位。エドワード4世，フランスに亡命 1471　エドワード帰国，バーネットの戦，ウォリック伯戦死　ヘンリ6世殺される 1471　詩人マロリ死 1476　カクストン，活字印刷を始める	1461～83　ルイ11世 1464フランス諸侯のビアン・ピュブリック同盟 1466　ブールジュ大学創立 1467　シャルル勇猛，ブルゴーニュ公となる（～77） ○ブルゴーニュ宮廷の文学さかん 1476　ムルテンの戦 1477　ナンシーの戦｝中世騎士軍に対する近世的農民軍の勝利。ブルゴーニュ公の敗死。フランス王，ブルゴーニュを併合。ドイツのハプスブルグ家，ブルゴーニュ公領ネーデルランド相続 1480　ルイ11世，アンジュー・メーヌを回復	1460　フライブルグ大学創立 ○哲学者　ニコラウス・クザーヌス　1401～64（スコラ哲学と近世哲学の過渡） 1466　第2回トルンの和約（ドイツ騎士団，地をポーランドに割き，東プロシアを封土とする） 1476　マインツ大学創立	1464　コジモ・デ・メディチ死（1389～）子ピエロつぐ ○画家　ベリニ・ジェンティレ　1429～1507　マンテーニャ　1431～1506　ペルージノ　1446～1523 1470　ヴェネツィア衰徴の初め 1471～84　シクストゥス4世 1472　哲学者ベッサリオン死（1403～） 1474　トスカネリ「世界地図」作製（1482死，1397～） 1474頃　フィレンツェのアカデミア・プラトニカ創設 ○フィレンツェの彫刻家　ヴェロッキョ　1436～1488 1478　パッチの陰謀失敗。メディチ家の独裁体制固まる（ロレンツォ，～92）	1463　ボスニア，トルコ帝国の一州となる 1466　第2回トルンの和約 1471～1516　ボヘミア王ウラディスラウ2世	1460　スウェーデン，印刷工場設立 1470～1503　スウェーデン摂政大スツーレ 1475　コペンハーゲン大学創立 1477　ウプサラ大学創立	1462　【モスクワ】大公イヴァン3世たつ 1466　アストラカン汗国独立 1472　イヴァン3世，ビザンツ帝妹ソフィアと結婚 1478　イヴァン，ノヴゴロドを攻略 1480　キプチャク汗国の支配終る
	1480	1481～95　ジョアン2世 1481　ブラガンザ公を処刑 1482～84　ドイツ人マルチン・ベハイム，コンゴ河口に至る 1488　バルトロメウ・ディアス，喜望峰到達（1487.8～88.12） 1495～1521　マノエル1世 1498　ヴァスコ・ダ・ガマのインド航路の発見 1500　カブラル，ブラジル海岸発見	1492.1　グラナダ陥落，ナスル朝滅び，イスパニアの統一完成 1492.8～93.3　コロンブスの第1回航海（92.10バハマ諸島到達。アメリカ発見） 1493　フランスとナルボンヌ条約。教皇の斡旋でポルトガルと分界線協定 1493～96　コロンブスの第2航海 1494　トルデシリャス条約（ポルトガルと分界協定。ヴェルデ岬諸島の西370レグヮを，両国の分界線とする） 1498～1500　コロンブスの第3航海	1482～92　ムハンマド11世（ボアブジル）	1480　スコットランドと戦う 1483～85　リチャード3世 1483　バッキンガム公の反乱 1484　マロリの詩印行 1485　ボスワースの戦（ばら戦争終る） 〔チューダー朝〕　1485～1603 1485～1509　ヘンリ7世（チューダー朝の専制君主権確立） 1486　ランカスター・ヨーク両家の結合 1487　ウォリック伯シムネル，王位をうかがう 1495　ドロゲダの法令 1497　ジェノア人ジョン・カボット，北米海岸を発見	1482　ブルゴーニュ公家断絶。アラスの和（オーストリア大公子マクシミリアン（ハプスブルグ家）フランスと和し，ブルグンド・フランドル・ルクセンブルグ3公領を領有） 1483～98　シャルル8世 ○フランス王権による国土の統一進む 1486　ジャン・ミシェル「受難聖史劇」 1492　イングランドとエタープル条約（ブルターニュを併合） 1494　イタリア戦争はじまる。シャルル8世イタリア遠征，フィレンツェ入城。メディチ家に代り，サヴォナローラの熱狂的市政浄化（98刑死） 1494　画家メムリンク死（1430～） 〔ヴァロワ・オルレアン家〕　1498～1589 1498～1515　ルイ12世 1498　ルイ12世のミラノ遠征	1491　プレスブルグ和約（ボヘミア王，ハプスブルグ家の皇帝権を容認） 1492　マルティン・ベハイム，地球儀を作製 1493～1519　マクシミリアン1世 1495　ヴォルムス帝国議会（ドイツ永久平和宣言。帝国大審院設置） 1499　スイス同盟，ドイツの支配を離脱	1481～99　ルドヴィコ・モーロ，ミラノ侯となる ○フィレンツェの画家　ボッティチェリ　1440～1510　ギルランダイヨ　1449～1494 ○ミラノの建築家　ブラマンテ　1444～1514 ○諸芸に秀でたレオナルド・ダ・ヴィンチ　1452～1519 1492～1503　アレクサンデル6世 1492　ロレンツォ死（1449～） 1494　人文学者ピコ・デラ・ミランドラ死（1463～） 1494／97　ダ・ヴィンチ「最後の晩餐」 1495　イタリア諸侯の対仏大同盟結成 1500　キリスト降誕1500年祭執行。教皇庁，免罪符発売	1487　ルーマニアのステファン大侯，トルコと結んでポーランド軍を撃破 1490　ボヘミア王ウラディスラウ，ハンガリー王を兼ねる 1492～1501　ポーランド王ヤン1世 1495　リトアニアのアレクサンデル大公，イヴァン3世の長女エレナと結婚 1500　モスクワ軍，リトアニア・リヴォニアを攻撃	1481～1513　デンマーク王ハンス（1497～1501，スウェーデン王としてはヨハン2世） 1497　北欧王国同盟成る	**モスクワ大公国** 1480　モスクワ大公国自立 1462～1505　イヴァン3世（はじめてツァーの称を用いる） 1485　トヴェル公国を服属 1489　ヴィヤトカを併合 1491　金銀貨幣鋳造 1497　イヴァンの法令集
	1500										

ヴァスコ・ダ・ガマ　Vasco da Gamaは1497.7　出発，98.3　モザンビークを経て，5.　カリカットに到着，1499.8末帰着。**バルトロメウ**＝Bartolomeu（ポルトガル語），英語でBartholomew，イタリア語でBartolomeo。**ジョン＝カボット**　John Cabotは，子Sebastianとともに1498年　さらに第2回北米海岸探検をいずれも英王の命で行った。**トルデシリャス条約**＝Demarcation Treaty of Tordesillas。**エンリケ**＝Henriqueはポルトガル語で，英語のHenryに同じ。

ヨーロッパ		小アジア	エジプト	西アジア 中央アジア	南アジア		北アジア	東アジア			年代	大勢
東ローマ帝国	トルコ帝国		マメルク朝	ティムール帝国	インド	東南アジア	オイラート タタール	明 (1368~1662)	朝鮮（李朝）	日本		
1425~48 ヨハネス8世 1444 ヴァルナの戦（トルコ軍，ヨーロッパの連合軍を破る）。セゲディン条約 1446 トルコ軍，モレア侵入 1448~53 コンスタンティヌス11世 1451 トルコ，ボスポロス北岸に要塞を築く（ルメリ・ヒッサル） 1452 サンタソフィアの宗教一揆 **1453 トルコ，コンスタンティノープルを陥落，東ローマ帝国滅ぶ** 1455 カッパドキア併合 1459 セルビアを併合 1460 ギリシア全土を併合（ミストラ専制王国の滅亡）	1421~51 ムラート2世 1451~81 ムハメット2世		1438~53 ユースフ 1453~60 イナール	1409~47 シャー・ルク 1445 大学林建設（ハーフの遺跡） 1447~49 ウルグ・ベク（ウルウ・ベイ，天文学者） 1449~50 アブドル・ラティフ 1450~52 アブドゥッラー・ミルザ 1452~67 アブ・サイド 1452 黒羊朝のジャハン・シャー，ファールス・ケルマンに進出 1453 白羊朝のウズン・ウズ・ハサン，汗位につく	1414~1451 デリーのスルタン領サイッド朝 1448 チトールの塔城成る 1451 デリーのサイッド朝滅び，ロディ朝おこる（1451~89 ブフル・ハーン） ○ヒンドゥ語詩人 宗教改革者ラーマーナンド 1400~1470 ○女流詩人 ミーラーバーイ 1403~1470	1442 シャム王ボロモラージャ2世，シェンマイ（ラオ族）を攻撃して失敗 1451 シェンマイ軍，シャムを攻撃し敗退 1455 シャム軍，マラッカ遠征 1455 「大越史記」成る	1440頃~54 オイラートのエセン（也先）汗活躍時代 1449 オイラート軍，明に侵入，英宗を捕える（土木の変） 1450 明軍，エセンを宣府に破る。英宗帰国し，南宮に入る 1451 エセン，トクトブカを倒し大元可汗を称す（1454殺される） 1456 オイラート，ウズベク族と戦う 1459~61 タタールのボライ，安辺営を侵す	1435~49 英宗（正統帝） 1441 王驥をして再び麓川の思任発を討つ ○均徭法を行う（雑役軽減・徭役銀納） 1443 王直，吏部尚書となる。3度麓川を討つ 1444 福建・浙江の銀場を開く ○北京に智化寺創建 1448 麓川の思機発（任発の子）を討滅 1449 于謙，兵部尚書となる 1449~57 代宗（景泰帝） ○南画家 陳汝言・馬琬・文徴明 1455 朱熹の子孫朱挺を翰林院五経博士とし以後歴代世襲とする ○儒学及び学術思想 呉與弼（康斎）1391~1469／薛瑄（敬軒）1392~1464／丘濬 1420~1495／婁諒（一斎）1422~1491 1457~64 英宗（重祚，天順帝） 1457 于謙，殺される（1489 忠愍とおくり名） 1458 「大明一統志」の編修	1418~50 世宗 1442 測雨器を作る 1443 ハングル創製 1443 北辺四鎮を増置。正統癸亥条約（対馬の宗氏，歳遣船の数を定める） 1444 田制を詳定（貢法） 1445 「医方類聚」成る 1446 訓民正音を頒布 1450~52 文宗 1451 「高麗史」撰修 1452~55 端宗 1453 李澄玉の乱 1455 癸酉靖難（世祖のクーデター） 1455~68 世祖 1456 成三問ら6臣の陰謀発覚殺される 1458 「四朝寳鑑」撰 1460 オランカイ，会寧に入寇	1428~64 後花園天皇 1441 嘉吉の変（赤松満祐，将軍足利義教を殺す） 1443~73 将軍足利義政 1447 山城西岡の徳政一揆 1451 奈良の徳政一揆 1452 一条兼良「連歌初学抄」 1454 享徳の大一揆 1455 足利成氏，古河に走る（古河公方） 1457 太田道灌，江戸城を築く。義政，弟政知を伊豆堀越に置く（堀越公方）	1440	トルコ帝国の発展／西アジアの混乱／北方民族の勢力復活／日本戦国乱世の始まり／明代文化の発達
1461 トラペズス帝国を滅ぼす 1462 ワラキアへ侵入 1463~79 ヴェネツィアと戦う 1464 ワラキア占領 1466 コニアの征略（小アジアの征服成る） 1471 アゾフ占領 1472 白羊朝，トルコに対して開戦 1474 トラペズス（トレビゾンド）附近の戦いに，トルコ軍，白羊朝を破る 1475 クリミア攻略（クリミア汗国トルコに臣従） 1478 アルバニア略取 1479 エピロス略取 1480 ヴェネツィア海軍を破る			1461~67 フーシュカダム 1468~95 カイト・ベイ（カフカズ出身） 1477 ウズン・ハサン，エジプト軍を破る ○カイロのカイトベイ教会	1453 詩人シャーヒ・ザブザワリー死 1465 ガザック人興る（大汗ユヌス） 1467~93 アハマッド 1468 シェイバニ朝アブル＝ハイル死，シェイバニ朝一旦崩壊 1469 黒羊朝滅ぶ 1478 ウズン・ハサン死，白羊朝の支配権衰える	○宗教家 カービール 1440~1518 1469 マルワ，デカンと和す ○哲学者 ヴァースデヴァ（ナヴァドヴィパ派） 1476 ロディ朝，シャウンプール回復	1461 シェンマイ軍，シャムのスコータイ攻略（~62） 1470 チャンパ，安南の大越国に倒される 1472~92 ペグー王ダンマゼディ（インドに遣使） 1474~96 シャム，シェンマイと攻争	1465 カザック人おこる 1467 タタールの毛里亥入貢 1473 トルファンのスルタン・アリ，哈密（ハミ）に拠る 1478 アリ死，子アヒマつぐ 1480 明の王越，タタールを威寧海子に破る	1460頃~90頃 西安文廟大成殿の建設 ○南詞（南曲） 朱權「荊釵記」・作者未詳「白兔記」／施君美「拝月亭」・徐仲由「殺狗記」 1464~87 憲宗（成化帝） 1465 荊襄の反乱おこる。韓雍，猺族を大藤峡に破る 1467 建州女真を討つ（成化3年の役） ○画院 山水画家 周臣／水墨画家 林良 1469 韓雍，両広総督となる（~74） 1471 漕粟長運法を定める。鈔関を増設 ○花鳥画家 呂紀（黄氏体） 1474 王越，延綏・甘粛・寧夏の三辺を総制 1476 荊襄の乱ようやく収まる 1477 西廠を置き，大監汪直これを領する（~82） 1478 遼東に馬市を開く 1479 朝鮮軍，明軍とともに女真と戦う 1480 勢家の民田を占侵することを禁じる	○山水画家 安堅 姜希顔 1419~67 1460 野人女真を攻撃 1465 円覚寺成る 1466 科田制廃止，職田制を定める 1467 建州女真を討つ。李施愛の乱 1468~69 睿宗 1469~94 成宗 1471 経国大典刊行 1471 「海東諸国記」成る 1474 「五禮儀」成る 1481 「東国輿地勝覧」成る（87刊）	1459 京都七口に関を設け，税を課す 1464~1500 後土御門天皇 1466 周鳳「善隣国宝記」 **1467~77 応仁・文明の大乱（戦国時代はじまる）** 1472 兼良「花鳥余情」 1473 山名宗全死（持豊，1404~）。細川勝元死（1430~）。加賀一向一揆さかんとなる 1479 棟別銭・段銭を課す	1460	
1481~1512 バヤジット2世 1483 ヘルツェゴヴィナ併合 1484 ヴチャック（南ベッサラビア）を略取 ○バルカン半島の大部分を領有 1485~91 トルコ，マメルク朝としばしば戦う 1492~98 ヴェネツィア・ハンガリーとの交戦 1495 王子ジェム，チェーザレ・ボルジアに殺さる。ロシア使来朝 1499~1503 ヴェネツィアとの戦争			1495~98 ムハンマッド 1498~99 カーンスー 1499~1500 ジャーンバラード	1484 ユヌス汗，ティムール朝の実権を握る（~87）。アハマッド，僅かにサマルカンド周辺を保つ 1492 詩人ジャーミー死 1493~94 マハムード 1494 フェルガナ王オマル（アハマッドの弟）死，子バーブルつぐ 1498 歴史家ミール・ホンド死 **1500 ティムール帝国滅ぶ**	1481 バーマニの宰相マフムード・ガーワーン処刑され，以後内紛つづく 1486 ヴィジャヤナガル第2王朝起る（~1505） 1489~1517 ロディ朝シカンダル 1490 南インドにビジャプール王国創建。バーマニ朝の分裂はじまる **1498 ポルトガル人ガマ，カリカットに到着（インド航路の発見）**	1486 安南軍，チャンパを侵す 1488 シャム軍，タヴォイ占領（ビルマとの抗争始まる） 1499 シャム，大仏立像建造（1767破壊される）	1482 哈密の罕愼，哈密を回復 1482頃~1524頃 タタールのダヤン（達延）汗活躍時代 1486 ダヤン汗，臨洮に拠る 1488 トルファンのアリマ，忠順王を殺し哈密に拠る（~91） 1489 ダヤン，宣府に拠る 1493 トルファン王また哈密に拠る（~95） 1495 タタール族，威を振い，3たび遼東を侵す 1496 哈密の民甘粛に逃る 1500 タタール小王子，大同に侵入，王杲に破られる	1482 「御製文華大訓」成る 1483 汪直・王越罷免される 1484 罕愼を封じて哈密国王とする ○儒学 陳献章（石斎）1428~1500／胡居仁（敬斎）1438~1484／羅欽順（整庵）1465~1547 1487~1505 孝宗（弘治帝） 1487 丘濬「大学衍義補」成る 1488 哈密王罕愼（哈商）を忠順王に封じる 1488 均徭法を全国的に行う 1490 予備倉を設置。政事上書を命じる 1492 黄河決潰 1493 黄河決潰，劉大夏らの修復事業 ○明の四大画家（画院） 沈周（石田）1427~1509（書）／唐寅（六如）1470~1523／仇英（十洲）？~？／文徴明（衡山）1470~1559（詩書） 1498 王越，賀蘭山にタタール小王子を破る 1500 律令更定	○儒者 鄭麟趾 1396~1478／金宗直 1431~1492 1484 「東国通鑑」成る 1487 韓明澮死 1488 史家徐居正死（1420~） 1489 儒教の典籍を諸道に頒布 1491 野人女真を攻撃 1493 文人金時習死（1435~，「金鰲新話」）。「楽学軌範」成る 1494~1506 燕山君 1498 戊午の士禍（史禍，党争の初め）	1480 兼良「樵談治要」 1481 一休死（宗純，1394~，臨済宗，大徳寺住持）。一条兼良死（1402~） 1483／89 義政，銀閣（慈照寺）を創建 1488 一向一揆，守護富樫氏を滅ぼす 1490 足利義政死（1435~）。京都・大和に一揆起る 1494 東常縁死（1401~，歌人） 1495 宗祇「新撰菟玖波集」。北条早雲，小田原に拠る 1497 本願寺蓮如，大坂石山本願寺を築き，勢威をふるう 1500~26 後柏原天皇	1480 1500	

黒羊朝（カラ・クユンリュ）＝Qara Quyunlu。**白羊朝（アク・クユンリュ）**＝Aq Quyunlu。**ティムール帝国の末期**，その汗位はトランスオクシアナの一州を領するにすぎず，やがて1500年を前後してサファヴィ・ムガール・シェイバニ諸国に分割された。**この時代の東トルキスタン**ではカシュガルやトルファンの諸国が活躍していた。ハングル＝Hangul，朝鮮の表音文字で，現在は母音10字，子音14字があり，これを組合わせて表記する。**女真**は女直とも記す。

大勢	年代	アメリカ大陸 地理上の発見	西ヨーロッパ ポルトガル	西ヨーロッパ イスパニア王国	西ヨーロッパ イングランド王国	西ヨーロッパ フランス王国	中央ヨーロッパ 神聖ローマ帝国 宗教改革	中央ヨーロッパ ローマ教会・イタリア諸邦	中央ヨーロッパ ポーランド ハンガリー	北ヨーロッパ 北欧三国
教会の腐敗と宗教改革ののろし／イスパニア及びポルトガルの世界海洋制覇／トルコ軍の脅威	1500	15世紀頃 アズテック帝国・インカ帝国の繁栄 1460頃 マヤ文明の衰微 1501／02 アメリゴ・ヴェスプッチ，ブラジル海岸踏査 1502～04 コロンブスの第4航海 1507 新大陸アメリカと呼ばれる（主として南米につき）	1495～1521 マヌエル1世（ポルトガルの黄金時代） 1505～09 初代インド総督アルメイダ 1509～15 インド総督アルブケルケ	1474～1504 イサベラ（1474～1516 フェルナンド5世の共治） 1503 西インド貿易に関し商務庁を設置 1504 イサベラの死 1504～06 フェリペ1世（～16ファナ共治） 1506 コロンブス死（1451～） 1506～16 フェルナンド5世（2世） 1509 ヘンリ8世，アラゴンのカザリンと結婚	1485～1509 ヘンリ7世 1502 スコットランド王ジェームス4世，ヘンリ7世の女マーガレットと結婚。 ウェストミンスターのヘンリ7世礼拝堂の建設（～20，垂直式） ○道徳劇の盛行 1509～47 ヘンリ8世	1498～1515 ルイ12世 1502 ナポリ占領，イスパニアと対立 ○アルプス以北の人文主義おこる 1504 ナポリ放棄，イスパニア，ナポリを領す 1506 セントローレンス湾の探検（ジャン・ドニ及びカマール） 1508 カンブレー同盟（ドイツ皇帝・フランス王・教皇・イスパニア王の対ヴェネツィア同盟） ○フランスのルネサンス	1493～1519 マクシミリアン1世 1502 ウィッテンベルグ大学創立 1505 フッガー家，東インド貿易を始める 1506 フランクフルト（・アン・デル・オーデル）大学創立 ○ルネサンスの風潮次第に伝わる 1509 マクシミリアンのパドヴァ包囲と失敗。 エラスムス「愚神礼讃」	1502～03 教皇アレクサンデル6世の子チェーザレ・ボルジア，教皇領拡大の政略戦 1502 シニガリアの惨劇（虐殺） 1503～13 ユリウス2世 1504 ナポリ，イスパニア領となる 1505～34 フェララのエステ家アルフォンソ1世 ○詩人 アリオスト 1474～1533 1507 ボルジア戦死（1475～） 1510 教皇，カンブレー同盟より脱退	1501 ポーランド・リトアニア同君連合（アレクサンデル 1501～06） 1506～48 ポーランド王ジクムント1世	1503～12 スウェーデン摂政ストゥーレ
	1510	1511／15 ベラスケス，キューバを征服 **1513 バルボア，太平洋を発見** 1516 ソーリス，ラプラタ川を発見 1519／21 **コルテス，メキシコを征服，マヤ・アズテック文明の滅亡** **1519～22 マジェラン一行の世界周航**	1510 ゴアを占領 1511 スマトラ・ジャワ発見 1518 セイロン島占領	1511 カスティリオ「大詩歌集」 1512 ブルゴス法（植民地統治法）。ナヴァルを併合 1516 フェルナンドの乱 〔ハプスブルグ家〕 1516～56 カルロス1世（ドイツ皇帝としてカール5世） ○イスパニア演劇の始まり	1513 フロッデンの戦（スコットランド王ジェームス4世敗死） 1515 トマス・ウルジー，宰相枢機卿として，政教両界に専権。囲い込み制限法を布く 1516 トマス・モア「ユートピア」 1520 ドイツ皇帝を敵とする英仏王のカレー会見	1511 教皇とヴェネツィアの対ドイツ・フランス神聖同盟 1513 ノヴァラの敗戦（神聖同盟，スイスの援けを得てフランスを破る） 1515～47 フランソワ1世 1515 マリニャーノの勝利（ミラノ占領） 1516 フリブール条約（スイスと和す） ○聖書の翻訳盛ん	1512 ケルンの国会 1514 マインツ大司教アルベルト，ドイツの免罪符を管理（フッガー家これに関係する） ○画家｛ハンス・ホルバイン（父） 1460～1524／デューラー 1471～1528／クラナッハ 1472～1537｝ 1515 フッテン「蒙昧者の書簡」 **1517 ルターの95カ条（宗教改革のいとぐち）** **1518 ツウィングリ，スイスで宗教改革を唱える** 1519～56 カール5世（イスパニア王としてカルロス1世，1516～56） 1519 教皇，ルターを破門	1512 メディチ家フィレンツェ復帰 1513～21 レオ10世（メディチ家） 1513 マキアヴェリ「君主論」 ○ヘレニズム遺品の発掘 ○画家｛バルトロメオ 1472～1517／ジョルジョーネ 1478～1510／ラファエロ 1483～1520／サルト 1486～1531／コレジョ 1494～1534／ベリニ 1497～1535｝ ○彫刻家サンソヴィノ 1460～1529 ○古典の註釈家ベンボ 1470～1530	1511 ポーランド農奴制のはじめ 1514 リトアニア，スモレンスクを喪失 1516～26 ハンガリー王ルヨス2世	1513～23 デンマーク王クリスチャン2世〔オルデンブルグ家〕 1520 クリスチャン2世スウェーデン征略（～23）。ストックホルムの血浴（虐殺）
	1520	1521 マジェラン，フィリッピンのマクタン島で殺される（1480頃～）	1521～57 ジョアン3世 1525 ニューギニア発見 1529 サラゴサ協定	1522 マジェランの部下エル・カノの帰国（乗員18人） 1525 パヴィアの戦（ドイツ軍，イスパニアと協力してフランス軍を破り，フランソワ1世を捕う）。 1526 マドリード和約 1529 フランスとカンブレーの和約	1521 ヘンリ8世，教皇より「信仰擁護者」の称を受ける 1529～32 大法官トマス・モア 1530 ウルジーの失脚と死（1471～） 1533 王，宮女アン・ブーリンと結婚，カザリンを離別	**1521～44 ドイツ・フランス両君主間のイタリア戦争** 1526 マドリード和約。コニャック神聖同盟 1528 フェルネル，地球の大きさを測定 1529 カンブレー和約（貴婦人和約） 1530 コレージュ・ド・フランス創設	**1521 ウォルムス国会（新教を禁止）** 1521 再洗礼派の起り 1522～23 騎士の乱 1522 ロイヒリン死（1455～，人文主義者） 1524 農民12カ条の要求。農民戦争（～25） トマス・ミュンツァーの敗死。騎士団長ブランデンブルグのアルブレヒト，プロシア公を称す 1526 モハッチの戦。第1回スパイエル国会 1527 ドイツ軍のローマ劫掠。メディチ家，フレンツェを追われる 1529 トルコ軍の第1次ウィーン包囲。第2回スパイエル国会，新教徒抗議（プロテスタントの称おこる）。ジェノア共和国の初め 1530 アグリコラ「鉱山学」 **1530 アウグスブルグ国会（メランヒトン起草のアウグスブルグ信仰告白）**	1523～34 クレメンス7世（メディチ家） ○詩人｛サンナツァラ 1458～1530／ヴィダ 1480～1566｝ 1526 カール5世に対するコニャック神聖同盟（旧教の擁護） 1527 マキアヴェリ死（1469～）	1522 トルコ軍のハンガリー攻撃はじまる 1526 ルヨス2世，トルコ軍とモハッチに戦い敗死 1526～64 フェルディナント1世（ハプスブルグ家，カール5世の弟）ハンガリー王位をつぐ	1523 スウェーデン独立（カルマルの合同の解消） 1523～60 スウェーデン王グスタフ1世〔ヴァーサ家〕
	1530	1532 ピサロ，ペルー征服 **1533 インカ帝国滅ぶ** 1534 ベナルカーサルのキトー遠征 1535 ノヴァ・イスパニア（メキシコ）副王領成立 1537 アルマグロ，チリ征服 1538 アルマグロ，ピサロに殺される	1536 宗教裁判の採用 1539頃 劇作家ジル・ヴィセンテ死	1532 新大陸からの銀の輸入激増（価格革命起る） ○レオンのサンマルコ寺 1517／49 1535 ミラノ侯国，イスパニアの支配下に入る。チュニス征服 ○イスパニアの人文主義 バルデス？～1541 ゲバーラ 1480頃～1545	**1534 首長令発布（イングランド教会成立，イギリスの宗教改革はじまる）** 1535 トマス・モア刑死（1478～） 1536 アン・ブーリン（エリザベス1世の母）処刑（29歳）。シームア第3后となる（翌年エドワード6世を産んで死）	1531 カッペルの戦（ツウィングリ戦死，1484～） 1532 ラブレー「パンタグリュエル」 1533 カルヴァンの新教回心 1534～41 カルチエのカナダ探検 1536 カルヴァン「キリスト教綱要」 1537 ルフェーヴルの死（1455～）	**1531 シュマルカルデン同盟成る** 1532 ニュルンベルグ宗教平和。トルコ軍ウィーンに迫る。ブルンフェルス「植物生態図」 1534～35 ミュンステルの再洗礼派，過激改革 1536 オランダの人文主義者エラスムス死（1465～）。人文学者ウルリヒ・ツァジウス死 1537 史学・数学者カリオン死（1499～） 1538 ニースの和議（ドイツ，フランスと和す） 1538 セバスチアン「世界史」 1539 ブランデンブルグ，新教を導入	アレッサンドロ・デ・メディチ，フィレンツェ公となる（ドイツ勢力下に入る） 1534～49 パウルス3世 **1534 イエズス会の創立（パリで）**（ロヨラ・ザビエルなど）（1540公認） 1535 ミラノ侯フランチェスコ死，スフォルツァ家断絶，ミラノ侯国，イスパニアの治下に入る 1537 フィレンツェ公コシモつぐ ○ルネサンス後期 1538 プレヴェザの戦い 1540 ギッチャルディニ死（1483～，「イタリア史」）	1529 リトアニア法（大侯国にポーランド式の郡県制を布く） 1534～37 リトアニア・ロシア戦争	1523～33 デンマーク王フレデリク1世 1534～59 デンマーク王クリスチャン3世 1537 グスタフ1世，リュベックと和し，バルト海域のハンザ同盟の商業権を奪う。
	1540	1542 インド新法 1544 ペルー副王領成立 1545 ポトシ銀山の開発 1549 ブラジル，総督制となる（トメ・デ・ソーザ，任に就く）	1543 ポルトガル人，種子島に至る ○神学者｛グラナダのルイス 1504～1588／スアレス 1548～1617／イグナティウス・ロヨラ 1491～1556／セルヴェトゥス 1511～1553／フランシスコ・ザビエル 1506～1552｝	1542 インド新法公布（インディアン奴隷の保護）。詩人ボスカン死	1542 アイルランド王国成立 1542～87 スコットランド女王メリー・スチュアート 1547～53 エドワード6世（新教） 1547 幼王の摂政サマセット公（シーモアの兄）の国教推進（49 ロンドン塔禁錮，52 刑死） 1549 国教統一令	1543 ヴェザリウス「人体の構造」（ベルギー人） 1544 詩人クレマン・マロ死（1496～） 1547～59 アンリ2世 1549 デュ・ベレー「フランス語の擁護と顕揚」	**1541 ジュネーヴにおけるカルヴァンの宗教改革**（神裁政治～64） 1541 パラケルスス死（1493～，哲学・医化学） 1542 カール5世，フランスと開戦，フランスに侵入 1544 クレピーの和議（イタリア戦争終る。イタリアにおけるドイツ・イスパニアの優位） 1543 画家ハンス・ホルバイン（子）死（1497～） 1544 ケーニヒスベルグ大学創立 1546～47 シュマルカルデン戦争 1546 ルター死（1483～，宗教改革者） 1547 ミュールベルグの戦（カール5世，サクソニア公フリードリヒを捕える） 1548 アウグスブルグ国会（新旧両教の調和を図る） 1550 ネーデルランド宗教裁判所設立	1542 宗教裁判所設立 1543 禁書目録を作る 1545～63 トリエント宗教会議（旧教信仰箇条決定） ○代表的芸術家（諸芸） ミケランジェロ 1475～1564 ○画家〔ヴェネツィア派〕｛ティツィアーノ 1477～1576／ティントレット 1518～1594／ヴェロネーゼ 1528～1588｝ ○文筆家 ヴァサリ 1511～1574	1541／47 トルコ，ハンガリーの大半を収める 1543 コペルニクス，地動説発表（「天体軌道回転論」の刊行，この年死，1473～） 1548～72 ポーランド王ジクムント2世	デンマーク，ルター派を国教とする 1550 ヘルシンキ市建設
	1550									

アメリカの古代文明＝トルテック文明（10世紀頃～1370頃）・アズテック文明（1370頃～1521）・マヤ文明（320頃～1460頃）・インカ帝国（1200頃～1533）。**イエズス会（ジェスイット，ヤソ（耶蘇）会）**＝Society of Jesus。
フェリペ＝Felipe（イスパニア語），英語のPhilip。**カルロス**＝Carlos（イスパニア語），英語のCharles，ドイツ語のKarlに同じ。**首長令**＝Act of Supremacy。**信教統一令**＝Act of Uniformity。**宗教改革**＝Reformation。

大勢：明における宦官勢力の発展／北虜南倭／ヨーロッパ人の来航／ムガール帝国の興起／明代庶民文芸の発達

年代	東ヨーロッパ（モスクワ大公国・ロシア帝国）	小アジア・エジプト（トルコ帝国）	マメルク朝	西アジア	南アジア（インド）	東南アジア	北アジア（オイラート・タタール）	東アジア 明（1368～1662）	朝鮮（李朝）	日本
1500	1462～1505 イヴァン3世 1502 クリミア汗，サライ市破壊（キプチャク汗国消滅） 1505～33 ヴァシリ3世 1510 最後の共和都市プスコフを併合	1481～1512 バヤジット2世 1503 ヴェネツィアと和す ○トルコ文学の黄金時代 ○詩人 ザーティー ハヤーリー フズーリー バーキーなど	1500～16 グーリー	1500～99 中央アジアにウズベク人のシェイバニ朝 1502 白羊朝滅ぶ サファヴィ朝 1502 イラン人イスマイル（～24），**サファヴィ朝建国**（首都タブリーズ） ○12イマーム派，国教となる 1506 ヘラットのスルタン・ホサイン・バイカラの死（イラン文芸の愛好者）	1501 サマルカンド王バーバル，ウズベク族に追われる 1502 ガマ，コーチンに商館を開く 1504 バーバル，カーブルに拠る 1505 大地震。ポルトガル，マスカット占領 1509～29 ヴィジャヤナガル王クリシュナ・デーヴァ・ラーヤ（最盛期）	○ジャワ，デマークのスルタン国 1507～10 シャム，シェンマイと交戦 1509 ポルトガル人シケイラ，マライ王と争う	1501 タタールのダヤン汗，寧夏を陥れオルドスに侵入	1487～1505 孝宗（弘治帝） 1502 大明会典成る 1504～10 四川の群盗の暴動 1505～21 武宗（正徳帝） ○画家（画院，道釈人物画，北画） 呉偉（小仙） 1459～1508 ○詩人・書家 李東陽 1447～1515 1508 王恕死（1416～，政治家） 1509 正徳会典成る 1510 安化王の乱。武宗，自ら大慶法王と称す。馬文升死（1426～，政治家）	1494～1506 燕山君 1502 西北の人口稀薄の地に，南方人を移住させる 1504 甲子の士禍。夷三族法を立つ 1505 燕山君の淫虐 1506 燕山君廃位 1506～44 中宗 1506 中宗の粛正（中宗反正） 1510 三浦（薺浦・塩浦・釜山浦＝日本人居留地）の乱	1500～26 後柏原天皇 1502 宗祇死（1421～，連歌） 1504 徳政条目を頒布 1504 雪舟等楊死（1420～，画家） 1507 越後の長尾為景その主上杉氏に代る 1508～21 将軍足利義稙
1510	1514 スモレンスク併合	1512～20 セリム1世 1514 チャルディランの戦（イラン，トルコ軍に敗れる） 1516 マルジダビクの戦（エジプト軍敗走） 1517 トルコ，エジプトを占領，マムルーク朝の滅亡。セリム1世，カリフの称号をとり，スルタン＝カリフ制成立 1520～66 スレイマン1世（大帝）		1515 ポルトガル人のホルムズ占拠 1519頃 中央アジアにヒヴァ汗国（～1873）おこる。建設者イルバルス（1512～1525）	**1509 ディウの海戦**（ポルトガルのインド洋制覇） 1510 ポルトガルの総督アルブケルケ，ゴア・コロンボ占領 1512 ゴルコンダ王国おこる ○ヒンドゥ教僧詩人チャイナニヤ 1485～1533 1519 バーバル，パンジャブに進出，占拠 ○デカン地方の5王国，割拠抗争	1510 ビルマ，タウングー市建設 1511 ポルトガル，マラッカ占領。安南，武庸「大越通鑑通考」。莫登庸，武川伯となる 1513／15 シェンマイ軍，スコータイ等に掠奪 1513／18 スルタン・デマーク，マジャパヒト帝国を倒しイスラム時代に入る	1513～14 トルファン王，また哈密に拠る	1511 宦官の専権甚しい 1513 寧王宸濠，書院を建て離宮を僭称 ○詩人（弘正の四傑） 李夢陽 1472～1529 何景明 1483～1521 徐禎卿 1479～1511 辺貢 1476～1531 1516 劉大夏死（1436～） 1517 ポルトガル人，広東附近に入る 1517 武宗自ら軍事を統轄 1519 寧王挙兵。王守仁，寧王の乱を平らげる	1512 三浦の日本人居留地を廃す（対馬と壬申条約）。禅・教両宗をやめ円覚寺を破壊し慶州の銅仏をこわす 1513 朴文永の乱 1518 賢良科を設置 1519 己卯の士禍（趙光祖以下76名殺される）。賢良科を廃す	1512 撰銭令を下す 1514 山崎宗鑑「犬筑波集」 1516 北条早雲，三浦義同（道寸）を滅ぼす 1519 北条早雲死（1432～）
1520	1521 リヤザン併合	1521 ベルグラード占領 1522 ロードス占領 **1526～32 トルコ軍のオーストリア侵略** 1526 モハッチの戦。オーフェン占領 1529 第1次ウィーン包囲		○シェイバニ朝とボハラ汗の対立 1524～76 タハマスプ1世 1527 イラン人，ウズベグ族を撃退	○南インド，テルグー文学の隆盛 ムガール帝国 **1526 第1次パーニーパットの戦。ロディ朝滅び，ムガール帝国の基礎定まる** 1526～30 バーバル	王国さかんとなる **1519～22 マジェランの世界周航** 1521 マジェラン，フィリピンにて殺される 1522 大越の莫登庸，権を振う ○ボルネオにイスラム教ひろがる 1527 大越の莫登庸，帝を称する（莫氏の簒奪，～32）。シャン族，上ビルマの支配権を握る	1520 タタール，大同に侵入。寧王宸濠殺される 1523頃 ダヤン汗死 **○中国に対するモンゴル族と倭寇の脅威（北虜南倭）** 1528 トルファン入寇，明ついに哈密を放棄	1521～66 世宗（嘉靖帝） ○崑曲の創始 魏良甫 梁辰魚 1524 大礼集議を定める ○詩書画 祝允明（枝山） 1460～1526 周天球（公瑕） 1514～1595 1528 王守仁，両広諸蕃を平定する 1528 王守仁（陽明）死（1472～，陽明学の祖） 1530 北京に天壇・方丘・日壇・月壇を建設	1523 野人，閭延等の地を侵す 1524 全羅道を量田。「新増東国輿地勝覧」成る 1526 諸道疫病流行	1521～46 将軍足利義晴 1521 播磨の浦上村宗その主赤松氏に代る 1523 大内・細川両氏，対明貿易で争う 1525 土佐光信死（1434～，画家） 1526～57 後奈良天皇 1526 今川氏家法33条 1530 美濃の斎藤竜興その主土岐氏に代る
1530	1533～84 イヴァン4世（母后エレナの摂政～，1538）	1532 トルコ軍，再びウィーンに迫る 1534 スレイマン1世，イラン侵入，バグダードを攻撃 1535 フランスと同盟し，恩恵貿易を許す 1536 イラン，メソポタミアを奪回 1538 イスラム帝国，アッバス朝の血統断絶。プレヴェザの戦い		○歴史家 ホーンダミール ?～1434 1534頃 ミニアチュール画家ビヒザード死（?～）	1530～56 フマユン ○シーク教の始祖 ナーナク 1469～1538 1530 ポルトガル，ボンベイを占領 1536 ポルトガル，ディウを占領 1540～45 シェル・シャー，帝位を奪う	1528 カンボディア，王都をロヴェクにうつす 1531～50 タウングー朝の王タビンシェティ（ビルマの統一） 1533～1789 安南の後期黎朝 1533以後 ポストガル人，ビルマの海岸を荒らす 1537～41 安南，莫登庸の乱 1538 シャム，ポルトガル人の傭兵により近衛兵組織 1539 下ビルマのペグー王国分裂		1533 大同の兵乱，総兵官李瑾殺される ○儒学 王艮（心斎） 1483～1540 楊慎（升庵） 1488～1559 鄒守益（東廓） 1491～1562 欧陽徳（南野） 1496～1554 銭徳洪（緒山） 1496～1574 ○茅元儀「武備志」 1536 宮廷の仏殿を破壊 1537 安南，莫氏の難を訴える ○花鳥画 陳淳（道復） 1483～1544 陸治（叔平） 1492～1576	1532～33 明人ひそかに威化島に定住，明，これを還付 1536 「国朝宝鑑」の続纂 1538 大内義隆，朝鮮に大蔵経・儒書を求める	1531 一向一揆，越前に朝倉教景を破る 1535～50 皇室の式微最も甚しい 1536 伊達氏「塵芥集」 1537 三条西実隆死（1455～） 1540 諸国疫病流行，天皇宸筆心経を諸国一宮に奉納
1540	1547 モスクワ大火 ロシア帝国 1547 イヴァン4世，初めて公式に全ロシアのツァール（皇帝）と称す 1550 帝国会議を召集。イヴァンの法令集	1541 ハンガリー及び，アルジェリアを征服（ハンガリーの大半，トルコ領となる） 1546 イェーメンを経略（イェーメンは1635独立を回復） 1550 トルコ，イランと交戦		1544 フマユン，イランに亡命（～45）	1542 ザビエル，インドに来る 1545 シェル・シャー死，子シャーフ・スールつぐ（～54） ○宗教哲学者 ラグナータ 1475～1550頃	1541 莫登庸死。タビンシェティ，ペグー併合 1544 タビンシェティ，上ビルマを併合 1545 シャム軍，シェンマイを一時占領。安南の功臣阮淦，毒殺される 1547 ビルマ軍，アラカンを攻撃し失敗 1548 ビルマ軍，シャムのアユタヤ包囲。シャム王位の寵臣クーン・オラオングサの王位簒奪（～49）	1542 アルタン汗，大いに山西を荒らす 1542頃～82 タタールのアルタン汗活躍時代 1546 アルタン汗，寧夏侵略。張廷齢殺される 1548 アルタン汗，大同侵略。夏言殺される（1482～） 1550 アルタン汗，古北口より侵入し北京を包囲	1541 安南都統使司を置く 1542～62 厳嵩，枢機に参じ専権 1544 北京城の外城の建設 1545 張璧死 ○南曲（明曲） 鄭若庸 ?～1530頃（「玉玦記」） 陸采 1495～1540（「明珠記」） 李開先 1501～1568（「断髪記」） 1549 倭寇，浙江を侵す。朱紈，逮東を侵す	1541 薺浦の日本人専行 1543 周世鵬（土林派），白雲堂書院を設置 1544 蛇梁の倭変 1544～45 仁宗 1545 乙巳の士禍 1545～67 明宗（母后尹氏摂政） 1547 壁書の獄 1550 書院の賜額はじまる	1541 北条氏綱死（1486～） **1543 ポルトガル人，種子島に来る**（鉄砲の伝来） 1546～68 将軍足利義輝 1547 武田信玄の民政55カ条 1549 ザビエル，鹿児島に来り，キリスト教を伝える
1550										

南インド，デカン地方のイスラム5王国＝バーマニ朝分裂後，ベラール（1484～1574）・ビジャプール（1490～1686）・アーマドナガル（1490～1633）・ビダール（1492～1619）・ゴルコンダ（1512～1687）の5王国に分れ，割拠抗争した。
ツァール＝Tsar（ロシア皇帝の称）。**シーク教**＝Sikhism。**ムガール帝国**＝Mughal Empire，ヨーロッパではMogulと呼ばれ，チンギス汗以後，西北よりの移住者に対して与えた俗称Mughulから出た語，モンゴル族のみに限らない。

21

大勢：フランス、イギリスなどの宗教紛争のあらし／イスパニアの極盛／オランダの独立／ドイツの国勢の沈滞

年代	アメリカ大陸	西ヨーロッパ：イスパニア王国 ポルトガル王国	西ヨーロッパ：イングランド王国	西ヨーロッパ：フランス王国	中央ヨーロッパ：神聖ローマ帝国（イスパニア領ネーデルランド／オランダ）	中央ヨーロッパ：神聖ローマ帝国	中央ヨーロッパ：ローマ教会 イタリア諸邦	中央ヨーロッパ：ポーランド ハンガリー	北ヨーロッパ：北欧三国
1550	1553 ヴァルディヴィアのチリ遠征（1540～） 1554 サンパウロ市建設 1557 サントーメのチリ遠征 1560頃 ヨーロッパにたばこを伝える	1516～56 イスパニア王カルロス1世 1554 英女王メリーとイスパニア王子フェリペ（のちの2世）との結婚 1556～59 イスパニア，フランスと戦う 1556～98 イスパニア王フェリペ2世 1557～78 ポルトガル王セバスティアン 1559 フェリペ，フランス王女エリザベトと再婚 1559 イスパニア，フランスとカトー・カンブレジ条約（イタリア戦争の結末）	1547～53 エドワード6世（新教） 1551 42カ条の公布（信仰箇条） 1553～58 女王メリー1世（旧教） 1556 カンタベリ大司教クランマー焚殺される（1489～） 1558 グレシャムの法則 1558 イングランド，フランスのカレーを失う（ギーズ公の奪回） 1558～1603 女王エリザベス1世（新教）	1547～59 アンリ2世 1551 シャトーブリアン勅令，新教禁止 1552 パッサウ和約。 1552 カール5世の失地回復企図。 1553 ラブレー死（1484?～，医学・人文学者） 1556～59 対イスパニア戦争 1557 サンクワンタンの戦 1558 グラーヴリーヌの敗戦	1519～56 カール5世（イスパニア王カルロス1世） 1551 ゲスナー「動物学」 アンリ2世，メッツ・ツール・ヴェルダンを取る ドイツ・フランス戦争（～53） 1554 サクソニア鉱業法 **1555 アウグスブルグ宗教平和（ルター派の自由公認）** 1556 ハプスブルグ家の二分（ドイツ系・イスパニア系），カール5世引退（58死） 1556～64 フェルディナンド1世（カール5世の弟） **イスパニア領ネーデルランド**	1558 イェナ大学創立 1559 再洗礼派のメノ・シモンズ死。帝国通貨令 1560 メランヒトン死（1497～，人文学者・改革者）	1550～55 ユリウス3世 1555～59 パウルス4世（1557イスパニアに屈する） 1556 ロヨラ死 1559～60 ピウス4世 1560 ナポリにアカデミア創立	1548～72 ジクムント2世 1551 トルコ軍ハンガリー侵入 1557～82 リヴォニア戦争（ロシア	1560～68 スウェーデン王エリク14世
1560	1562 フランスの提督コリニーのユグノー植民地建設企図 1565 リオデジャネイロ市建設。イスパニア人，フロリダのユグノー植民を殺す 1569～81 ペルー総督ドレド 1570～73 英人ドレークの第1航海（西インドのイスパニア領を襲う）	1560 マドリード，イスパニアの首都となる 1563 エスコリアル宮の工事はじまる **○イスパニアの極盛** 1566 宗教裁判所設立 1568 フェリペ2世，太子カルロス暗殺 1569～71 モリスコスの反乱	**1559 信教統一令。国王至上法** 1560 幣制統一（グレシャム建言） 1563 39カ条の公布，国教の実行。各種の非国教派おこる 1564 スコットランド女王メリー，従兄弟ヘンリー・ステュアート（ダーンリ卿）と結婚 1566 ロンドン取引所の初め 1567 メリー・スチュアート，ボスウェルと結婚。ダーンリ暗殺 1568 メリー廃位，ジェームス6世（メリーの子）即位	1559～60 フランソワ2世 1560～74 シャルル9世（母后カトリーヌ・ド・メディシス摂政） 1560 ギーズ公に対するアンボワーズの陰謀失敗 1562 ギーズ公のヴァッシーの虐殺 **1562～98 ユグノー戦争** 1563 新教徒，ギーズ公フランソワを暗殺 1564 カルヴァン死（1509～） 1567 新教徒，モンモランシー将軍を暗殺	1556 ネーデルランド，イスパニア領となる 1564 パルマ女公マルガレーテのネーデルランド総督。解剖学者ヴェザリウス死（1514～） 1566 ネーデルランド市民の蜂起 1567 アルバ公総督着任 1568 エグモント伯・ホールン伯処刑 1568～1648 ネーデルランドの自由（独立）戦争 1569 画家ピーテル・ブリューゲル死（1525～）	1561 ポーランド，ドイツ武士団領の大部分を領有し，ドイツ騎士団領ほとんど壊滅 1562頃 小説家ヴィクラム死（1520頃～） 1564～76 マクシミリアン2世 1566 ドイツ・スイス新教教会信条確立 1567 ブルンバッハ処刑	1564 ミケランジェロ死 1565 ラ・ヴァレット，トルコに抗してマルタ島死守。歴史家ヴァルキ死（1503～） 1566～72 ピウス5世	1561 ヴィルナ協定（沿バルト地域の 1562／66 トルコ，ハンガリーのシゲト領有 1569 ルブリンの合同（ポーランド共和制王国の成立） 1570 ロシア，リトアニアと休戦（リ	1568～92 スウェーデン王ヨハン3世
1570	1572 イエズス会のアメリカ伝道 1576 英人ラブラドル，ハドソン湾地方探検 **1577～80 ドレークの世界周航**	**1571 レパントの海戦（対トルコの勝利）** 1572 カモエンス「ウズ・ルジアダス」（叙事詩） ○神秘文学の盛行 1575 イスパニア国庫窮迫，支払停止令 1578 将軍ドン・ファン死（1547～） 1578～80 ポルトガル王エンリケ	○イングランドのルネサンス 1572 スコットランドの宗教改革者ジョン・ノックス死 ○エリザベス朝の文芸（劇作） マーロウ 1564～1593 シェークスピア 1564～1616 ジョン・リリー 1553頃～1606 トーマス・キッド 1557頃～1595頃 ジョンソン 1572～1637 1577～80 ドレークの世界周航 1579 ビュケナン「スコットランド王権論」	1569 新教首領コンデ公暗殺される 1570 サンジェルマンの和議（信教の自由緩和） **1572 ナヴァル王アンリと王妹マルグリートとの結婚式。聖バーソロミューの虐殺（コリニー（1519～）以下有力なユグノー殺される）** 1573 ラロシェルの戦 1574～89 アンリ3世（母后カトリーヌ・ド・メディシス，1519～89） 1576 ボーリューの勅令。ボーダン「国家論」	1572 ウィルレム，ブリル占拠（海乞食の活躍） 1573 ナルデン・ハールレム市民の虐殺。アルバ公解任。アルクマールの勝利。レクェゼンス総督着任（～76） 1575 ライデン大学創立 1576 ガンの盟約 1578 パルマ公主アレクサンデル・ファルネーゼ着任（～92），南北離間策	1572 マクシミリアン2世の信教自由布告 ○新旧両教の対立の激化 1576～1612 ルドルフ2世 **○反動宗教改革始まる。**イエズス会士のドイツ国内での伝道	1569 フィレンツェ，トスカナ大公国となる（コシモ1世） 1572～85 グレゴリウス13世 1576 数学者カルダーノ死（1501～） 1580 建築家パラッディオ死（1518～）	1572 ヤゲロ朝断絶し，ポーランド選挙王制となる 1573～74 ヘンリク（アンジュー公のちフランス王アンリ3世） 1575～86 ステファン・バートリ（トランシルヴァニア侯）	1575 ロシア，ス 1576～97 ティコ・ブラーエ，天体を観測（フヴェーン島の天文台）
1580	1583 英人ギルバート，ニューファウンドランドを取る 1584 英人ローリーのヴァージニア植民の初め 1585 ドレーク，イスパニア領を侵す 1586頃 ヨーロッパにじゃがいもを伝える	**1580～1640 イスパニア・ポルトガル同君連合（フェリペ2世，ポルトガル王兼位）** 1580 スリータ「アラゴン家年代記」 1585 フェリペ2世，教皇・ギーズ公と謀って神聖同盟を結成 **1588 イングランド，イスパニアの無敵艦隊を破る（海上権，イギリスにうつるはじめ）**	1583 スコットランド王ジェームス6世の親政はじまる 1584 ウォルター・ローリーのヴァージニア植民計画 1586 バビントンらの女王暗殺計画。詩人シドニー死（1554～，軍人） 1587 メリー処刑（エリザベスの競位者として）（1542～）	1577 ベルシュラックの和議。ポワティエ勅令（信教の自由） 1580 モンテーニュ「随想録」。ベーズ「新教教会史」 1585 三アンリの戦。詩人ロンサール死（1524～，韻文） ○ラ・プレイアード（七星詩派） 1588 バリケードの日。対アンリ3世示威。ギーズ公ルイ・アンリ暗殺される 1589 アンリ3世暗殺され，ヴァロワ朝断絶。ナヴァル王アンリ，後継者となる（アンリ4世）	1579 北部7州のユトレヒト同盟 **オランダ** **1581 オランダ独立宣言** 1581～84 統領ウィルレム1世（84，暗殺される） 1585 植物学者ドドネウス死（1517～）。アントワープ失陥（パルマ公の占領） 1587～1625 マウリッツ	1582 ハンザの商業権擁護に関する帝国議会。ヴュルツブルグ大学創立 1583 ケルン戦争 1584～1602 ストラスブルグの教会論争（旧教の優勢） 1587 ファウスト物語の出版 1588 ミュンヘンの聖ミハエル寺成る	1582 教皇の暦法改正（グレゴリオ暦，現行の太陽暦） 1583 ガリレイ，振子の等時性を発見 1585 日本の少年使節，グレゴリウス13世に謁見 1585～90 シクストゥス5世	1582 ロシア，ポーランド及びスウ 1587～1632 ジクムント3世（スウェーデン王の子，ヴァーサ家）	1588～1648 デンマーク王クリスチャン4世
1590	1593 オランダ船，ギニアの黄金海岸に至る 1595 ローリーのギヤナ遠征 1598 イスパニア人，ニューメキシコ・カリフォルニア等に進出	1591 アラゴンの反乱 1595～98 フランスと戦う 1598 オランダ商船のリスボン入港禁止 1598 ヴェルヴァン条約（イスパニア，フランスの内政干渉より手を引く） 1598～1621 フェリペ3世	1590 宰相ウォルシンガム死（1536～） 1592 スコットランドに長老派教会設立 ○シェークスピアの主要作品 リチャード3世 マクベス ヴェニスの商人 リヤ王 ロミオとジュリエット ハムレット オセロ 1596 イングランド・フランス，オランダと同盟を結ぶ 1596 ドレーク死（1545頃～） 1598 宰相セシル死（1520～） 1599 詩人スペンサー死（1552～） **1600 ロンドン東インド会社設立**	1590 イヴリーの戦。法学者オトマン死（1524～） 1592 ルアンの戦（ナヴァル王アンリの勝利）。モンテーニュ死（1533～） **〔ブルボン朝〕1589（1594）～1830** 1594～1610 アンリ4世 1595 対イスパニア宣戦 1596 ボーダン死（1530～） **1598 ナント勅令発布（信教の自由の確立）** 1599 シュリー，財務長官となる	1588 ネーデルランド共和国成立（全国会議） 1592 ファルネーゼの死 1594 地理学者メルカトール死（1212～，メルカトール図法）。音楽家ラッソー死（1530頃～） 1598 イスパニア，オランダ船の入港を禁止 1600 ニウポールの海戦（イスパニアの海軍を破る）	1590 ルール地方で石炭発掘。詩人・劇作家フリッシュリーン死（1547～）。詩人・諷刺作家フィシャルト死（1547～） 1593～98 トルコ軍のオーストリア侵入 1597 イギリス商人の帝国内居住を禁ず 1598 イギリス，ロンドンのハンザ基地を閉鎖 1600 ケプラー，デンマーク人ティコ・ブラーエに兄事する	1592～1605 クレメンス8世 1594 宗教音楽家パレストリナ死（1525～） 1595 詩人タッソー死（1544～） 1600 ジョルダノ・ブルーノ刑死（1548～）	1592 ポーランド王ジクムント，スウェーデン王を兼ねる（ジギスムンド3世，1592～99）	1599～1611 スウェーデン王カルル9世
1600									

国王至上法＝首長令に同じ，エリザベスの復活勅令。**イギリス国教主義**＝Anglicanism。**国教会**＝Anglican Church。**非国教派**＝Nonconformists，清教・分離・長老・組合・監督などの諸教会がある。**ウィルレム**＝Willem，英語のWilliam。**無敵艦隊**＝Invincible Armada。**カルヴァン派**＝フランスでユグノーHuguenots，イギリスで清教徒Puritans，スコットランドで長老派Presbyterians。**反動宗教改革**＝Counter Reformation。

〔21〕

東ヨーロッパ ロシア帝国	西アジア トルコ帝国	西アジア サファヴィ朝	南アジア ムガール帝国	南アジア 南インド	南アジア 東南アジア	北アジア オイラート・タタール	東アジア 明 (1368~1662)	東アジア 朝鮮	東アジア 日本	年代	大勢
1533~84 イヴァン4世 1551 百カ条の宗教令 1552 カザン汗国併合 1554 オレンブルグ市建設 1556 アストラカン汗国併合（ヴォルガ川流域の制圧） のバルト海進出企図)	1520~66 スレイマン1世（大帝） 1554 トルコ・イランの平和	1524~76 タハマスプ1世 ○画家 アーガー・ミーラク 1559 アントニー・ジェンキンソン，ボハラに至る	1530~56 フマユン 1554 フマユンのデリー帰還 1556~1605 アクバル（大帝） 1556 第2次パーニーパットの会戦（シェル・シャーの残党を滅ぼす） 1560 アクバルの支配権の確立		1551~81 ビルマ王バインナウン（ブーレングノング）（全盛時代） 1556 シャム軍，カンボディアを攻めて敗退。ビルマ，シェンマイを領有 1557 安南の阮潢，ユエに鎮す，宰相鄭検との対立はじまる	1552 アルタン汗，カラコルムを占領	1521~66 世宗（嘉靖帝） 1551 大同に馬市を開く（翌年閉鎖） 1552 ザビエル，川上島にて死す ○南曲（明曲）王世貞 1526~1593（「明鳳記」詩人）／張鳳翼 1527~1613（「紅払記」）／汪延訥 ？~1590頃（「獅吼記」） 1555 倭寇，南京に迫る。倭寇，全羅道を侵す（乙卯の倭変） 1557 倭寇を舟山に破る **1557 ポルトガル人のマカオ居住を許す。**胡宗憲，海賊の首領王直を誘殺 ○画家 浙派・呉派 文伯仁（五峰） 1502~1575／顧正誼（亭林） ？~1600頃／莫是龍（雲卿） ？~1560頃	1545~67 明宗 1552 軍籍都監を置く 1553 明宗の親政 1555 備辺司を置く 1557 呉連石の乱 1558 林巨正の乱 1560 李滉（退渓），陶山書院設置	1526~57 後奈良天皇 1551 大内氏滅ぶ 1553 山崎宗鑑死（1465~，連歌師） 1555 武野紹鷗死（1504~，茶人） 1555 川中島の戦。厳島の戦 1557~85 正親町天皇 1559 狩野元信死（1476~，画家，狩野派） 1560 桶狭間の戦（織田信長，今川氏を滅ぼす）	1550	中国に対する外寇の連続／ムガール帝国の盛運／日本の国内統一の完成／ヨーロッパ文明の伝来
国境改定) **1564~72 イヴァンの恐怖政治（雷帝）。オプリチニナ体制の強化** 1566 第2回帝国会議（対リトアニア問題） 1570 ノヴゴロド市民を虐殺 ヴォニア地方に勢力を	1562 ハンガリー併合 1565 マルタ島攻撃失敗。トリポリ併合 1566 西ハンガリー攻撃，大帝の死により全軍帰還 1566~74 セリム2世（ソコル・メフメット・パシャの執政）	○画家 スルタン・ムハマッド	1563 ヒンドゥ盲目詩人スールダース死（1483~） 1564 ゴンドワナ王国，アクバルに服属 1568 マルワのチトール攻略 1569 ラジプト族を征服	1565 タリコットの戦，ヴィジャヤナガル王国滅ぶ。南インドの混乱はじまる	1563 ビルマ軍，アユタヤを攻略 1564 ビルマ軍，再びアユタヤを包囲 1565 イスパニア人のフィリピン征服はじまる 1567 日本人，フィリピンに至る 1568／69 ビルマの第3次アユタヤ攻略	1562 トメット，遼東に侵入，鳳凰城を囲む。倭寇，興化を陥落。 1563 アルタン汗，遼東に大挙侵入。理学者聶豹死 1566 アルタン汗また遼東を侵す。ポルトガル人マカオ市建設 1567 アルタン汗，大同・朔州を侵す。海外私通の禁を解く 1568 宣府総兵官馬芳，タタールに反撃，鞍子山に勝つ 1569 アルタン汗，チベット遠征	徐階，大学士首席となり幣制を改革 1563 戚継光ら，福建の平海に倭寇を破り，興化を回復する 1564 兪大猷，倭寇を大いに恵州に破る 1566~72 穆宗（隆慶帝） ○儒学者 王 畿（龍渓） 1498~1583／羅洪先（念庵） 1504~1564／帰有光（震川） 1506~1571	1564 陰城・熊巌山に銅・錫を採掘 1565 尹元衡専権自殺 1567~1608 宣祖 1568 平安道の女真人を放逐 1570 「国朝儒先録」成る。儒者李滉死（1501~）	1562 大村氏，ポルトガル人に港を開く 1565 三好義継・松永久秀ら将軍義輝を殺す 1567 ポルトガル船，長崎に来航 **1568 織田信長の入京** ○この頃 南蛮寺を建てる	1560	
扶植) 1571 クリミア軍のモスクワ劫掠 ウェーデンと休戦 1577 白海経由の対ネーデルランド貿易 1581 農民の移住権縮少，農奴制強化 **1582 コサック首長イェルマクのシベリア進出始まる。**シビル汗国滅ぶ	**1571 レパントの敗戦。**キプロス島攻略 1573 ヴェネツィアとの講和 1574~95 ムラート3世 1574 チュニジア併合 1579 ソコル暗殺される 1580 イギリス人に恩恵的特権貿易を許す	1576~78 イスマエル2世 1578~87 クダバンダ	1573 グジャラート征服。アグラの城砦成る 1574／76 アクバル，ベンガル・ビハール及びオリッサ征服 1576 ゴグーンダの会戦 1579 イギリス人初めてインドに来る。アクバルの宗教令	1574 アーマドナガル王国，ベラール王国を併合	**1571 イスパニア，マニラ市建設。**レガスピ初代フィリピン総督 1572 安南の宰相鄭松権勢盛ん，黎及第の鄭松暗殺計画 1575 ジャワ，マタラムのイスラム王国起る（~1755） 1577 イスパニア，ルソン全島を占領 1578 カンボディア軍，シャムに侵入	1570 明，アルタン汗と和し，アルタン汗を順義王とする 1578 第3代ダライ，アルタン汗と会見	1570 李成梁，遼東総兵官となる（~91）。李攀龍死（1514~，「唐詩選」）。呉承恩「西遊記」 1572~1620 神宗（万暦帝） 1573~82 張居正の改革 1574 海賊林鳳，ルソンを襲う。四川の都蛮平定 1575 イスパニア人，広東に来る **○一条鞭法，しだいにひろがる** 1578 ポルトガル人に広東貿易を許す（~1640）。天下の戸口・田土を量る。高拱死（1512~） 1579／82 五台山大塔院寺大塔の再建（ラマ教） 1580 兪大猷死（？~，武将）	1571 明の李成梁鴨緑江畔に築塁，朝鮮これを撤去させる 1575 李珥「聖学輯要」 **1575 党争はじまる（東西分党）**沈義謙（西人）金孝元（東人） 1577 大ききん	1570 姉川の戦 1571 大村氏，長崎をポルトガル人に開く 1573 室町幕府滅亡。伊勢長島一向一揆 1575 長篠の戦 1576 信長，安土城に入る。信長，内大臣となる 1579 安土宗論	1570	
ェーデンと休戦 1584~98 フィヨドール1世 1584 アルハンゲルスク港建設 1587 シベリアのトボルスク築城 1589 ギリシア正教からロシア正教の独立（ロシア総主教座創設）	1581 イギリス，レヴァント通商会社設立 1587 トルコ，イラク・ルリスタン等を占領	1587~1629 アッバス1世	1581~1606 シーク教の王アルジャン ○古典の民衆化運動おこる 1585 カーブル併有 1586 カシュミル征服 1588／92 シンド征服	1583~89 ポルトガル人リンスホーテンのインド在留「ポルトガル人東洋航海記」 ○ゴアの繁盛時代	1581~99 ビルマ王ナンダバイン 1583 ビルマ軍，明の永昌に侵入 1586 安南の莫氏，昇竜城に拠る（~98） 1587 ビルマ軍，アユタヤ攻撃 1590~1605 シャム王ナレスエン（大王）	1582 順義王アルタン死。哈達の万汗死	1582 張居正死（1525~）。イエズス会宣教師マテオ・リッチ，マカオに上陸 1583 徐階死（1503~） 1584 劉綎，隴川を平定（さらにビルマのアヴァを陥るという） ○顧名世一家の刺繍工芸 1587 マテオ・リッチ，南京に入る。万暦会典成る。戚継光死（1528~） ○顧憲成，東林書院復興 1589 妖僧李円朗の乱 1590 李時珍「本草綱目」 **女真部** **1583 満州人（女真）ヌルハチの挙兵**（時に年25歳） 1588 ヌルハチ，建州諸部を統一	1583 女真人，慶源に拠る，朝鮮これを逐う。党争さかんとなる 1584 李珥死（1536~，儒学者） 1587 倭寇，全羅道を侵す。 1589 鄭汝立の乱 1590 黄允吉らを日本に遣わす	1582~90 九州三諸侯の少年使節渡欧 1582 武田氏滅ぶ。本能寺の変（織田氏滅ぶ）。太閤検地始まる 1583 賤ヶ岳の戦 1585~1611 後陽成天皇 秀吉，聚楽第を営む。秀吉，ヤソ教を禁ず **1590 豊臣秀吉の統一**	1580	
1591 クリミア汗，モスクワに迫り大敗 1594 シビル汗クチュムを破る 1595~96 コザックの大反乱 1597 逃亡農民の土地緊縛の強化 1598 ルーリック朝断絶 1598~1605 ボリス・ゴドノフ	1595~1603 ムハメット3世 1596 ハンガリーのエルラウ占領 1599 **【中央アジア】**ウズベク汗シェイバニ朝滅び，ボハラ汗国（アストラカン朝）盛んとなる	○イスパハンの諸王宮成る（首都をイスパハンに移す） 1598 イギリス人シャーレー兄弟，カズヴィンに来る	1592 マルワ併合 1594 カンダハル占領。ベルチスタン・メクラン併合 1595~98 ヒンドスタン大ききん 1597 ベラール地方併合 1599~1605 アクバル，デカン地方へ進出 **1600 イギリス，ロンドン東インド会社設立**	1595 タライン族，シャムに入る	1590 安南の莫茂洽，鄭松と粉上に戦い敗れて雲南に逃れる 1592 莫茂洽，殺される 1596 オランダ人ジャワに至る。シャム，ビルマ軍を駆逐。シャム，カンボジアのロヴェクを占領 1599 安南の鄭松専権 1600 ビルマのタウングー朝分裂	1598 トメット，遼東入寇，李如松戦死	**1592 降将ボハイ（哱拝），寧夏に乱を起す** 1592 明，朝鮮に援兵派遣 1594 ビルマ対策のため，騰越の西方に，8関を設置 ○万暦陶器（赤絵）の盛行 **1597 播州の乱**（首領楊応龍，~1600） ○鉱税の害おこる 1600 明軍，朝鮮から撤退。マテオ・リッチ，北京に入る **女真部** 1593 ヌルハチ，女真諸部を制圧（松花江上流に勢力をのばす） 1599 南北両関の抗争（ヌルハチ，南関王を殺す） **1599 満州文字の創始**	1591 東人（東党）南北に分裂 **1592~96 豊臣秀吉の朝鮮出兵（文禄の役）（壬辰の乱）** 1593 文人鄭澈死（1536~，「関東別曲」） 1594 訓練都監を置く 1596 火薬を作る **1597~98 秀吉，再び朝鮮出兵（慶長の役）（丁酉の乱）** 1598 李舜臣戦死（1545~）	1592 秀吉，全国の戸口調査（人ばらい） 1592 朱印船の初め 1593 天草版イソップ物語・平家物語開板 1594 秀吉，伏見城（桃山）に入る 1597 長崎26聖人殉教 1598 秀吉死（1536~） 1599 慶長勅版開板 **1600 関ヶ原の戦**	1590 1600	

オプリチニナ＝Oprichinina，皇帝の直轄地，この封地の士族をオプリチニクといい，恐怖政治の手先になった。**一条鞭法**＝唐代以来，両税と各種の徭役との二本立であった税制を銀納一本に改め，税制の簡素化と税収の確保をねらった。
レヴァント＝Levant，“日の昇る”意，東部地中海の諸島及び沿岸諸国の総称。マテオ・リッチ Matteo Ricci，中国名で利瑪竇。**明代四大奇書**＝「三国志演義」・「水滸伝」・「西遊記」・「金瓶梅」。

大勢	年代	アメリカ大陸	西ヨーロッパ イスパニア王国 ポルトガル王国	西ヨーロッパ イングランド王国	西ヨーロッパ フランス王国	中央ヨーロッパ オランダ	中央ヨーロッパ 神聖ローマ帝国	中央ヨーロッパ ローマ教会・イタリア	北ヨーロッパ 北欧三国
英仏、植民地獲得競争へ登場／イギリス立憲政治の発達／ヨーロッパを覆う宗教紛争／バロック時代	1601	1603　フランス人シャンプラン(1567～1635)のセントローレンス川探検 1604　フランス人カナダ植民の初め 1606　ヴァージニア会社創立 1607　ジェームスタウン建設 1608　フランス人のケベック植民 1609　フェリペ3世のインディアン保護令 1609　イギリス人ハドソン，ハドソン湾探検	1598～1621　フェリペ3世（ポルトガル王兼摂） 1598～1618　イスパニア宰相レルマ 1605　アリアーナ「イスパニア史」 1605～16　セルバンテス「ドン・キホーテ」 1609　国内のユダヤ人を迫害（国富損耗） 1609　モリスコス，イスパニアから追放	1558～1603　女王エリザベス1世 **1600　東インド会社設立** 1601　アイルランド反乱平らぎ（1597～）エセックス刑死 **〔スチュアート朝〕** 1603～88 1603～25　ジェームス1世 1605　火薬陰謀事件発覚 1606　ロンドン・プリマス両会社に北米特権許可 1607　土地囲込に対する農民の反抗。清教徒の一部，イギリス退去 1608　新設賦課法	1594～1610　アンリ4世 1603　セントローレンス川の探検。サロン・ドートンヌ創設 1604　東インド会社設立（間もなく廃止）。アカディア（カナダ）植民の初め 1605　フランス最初の新聞「メルキュール・ド・フランス」創刊 1608　ポールロワイヤル僧院改革 1610　王，旧教徒に暗殺される 1610～43　ルイ13世（母后マリー・ド・メディシス（1573～1642）の摂政）	1587～1625　統領マウリッツ **1602　東インド会社設立** ○ライデン大学の古典学者 スカリジェル　1540～1609 リプシウス　1547～1606 1605　アントワープでヨーロッパ最初の新聞発行 1606　ジブラルタルにイスパニア艦隊を破る。オーストラリア発見	1576～1612　ルドルフ2世 1601　レゲンスブルグ宗教会議 1602　皇帝のボヘミア新教徒追放令 1606　ウィーン和約(皇帝，ハンガリーの新教自由を承認)。哲学者ニコラウス・タウレルス死（1547～） 1607　バヴァリア侯マクシミリアンの新教都市（ドナウウェルト等）接収 1608　新教連合（ファルツ伯盟主） 1608　ハンガリーの反乱 1609　旧教連盟（バヴァリア侯盟主）。皇帝勅書（ボヘミアの信教自由）。ユーリヒ・クレーフェ相続紛争（～1614）。 1609　ケプラー「天体の三法則」	1592～1605　クレメンス8世 1603　ローマ科学アカデミー創立 1604　建築家ポルタ死(1541～，ナポリ王宮設計者) 1605　レオ11世 1605～21　パウルス5世 1606　教皇，ヴェネツィアを破門 1607　建築家フォンターナ死（1543～，聖ロドヴィコ教会設計者） 1609　画家カラヴァッジョ死（1565～）。ガリレイ，天体望遠鏡発明 ○歌劇作家	1588～1648　デンマーク王クリスチャン4世 1601　デンマークの天文学者ティコ・ブラーエ，プラーグで死（1546～）
	1610	1614　オランダ，ニューニーザランド占領。英人スミス，ニューイングランド海岸探検 1615　オランダ，マンハッタンのオレンジ城を築く 1616　イギリス人バッフィン，バッフィン湾発見 1619　黒人奴隷貿易の初め。ヴァージニア第1植民地会議	1614　画家エル・グレコ死（1541?～，ギリシア生れ，トレドに定住） 1616　セルバンテス死（1547?～） 1617　スコラ派神学者スアレズ死（1548～）	1611　聖書の欽定訳完成 1614　オーダマン・コケイン策の失敗。ネーピア「対数表」 1616　劇作家シェークスピア死（1564～） 1618　サー・ウォルター・ローリー刑死(1552?～) 1619　詩人サミュエル・ダニエル死（1562～）	1613　詩人レニエ死（1573～） 1614　ブロワの三部会（以後1789まで閉会） 1615～20　リュクサンブール宮成る 1616　カーディナル・リシュリュー，顧問官となる ○ランブイエ館のサロン(1608～60，サロン文学の全盛時代) 1620～29　ユグノーの反乱	1609　イスパニアと12年間休戦。**アムステルダム銀行設立。**グロティウス「海洋自由論」 1614　ニューニーザランド占領。北海会社設立 1615　ポルトガル領モルッカ占領 1618　劇作家ブレデロ死（1585～） **1619　ジャワにバタヴィア市建設**	1610　実権マティアスに移り，ルドルフ隠退 1612～19　マティアス 1612　ハプスブルグ家のフェルディナンド，ボヘミア王となる（新教弾圧） 1614　クサンテンの協約 1618　ブランデンブルグ選帝侯ジギスムント，プロシアを併領。5.23　プラーグ王宮窓外放出事件。新教蜂起，戦争起る **1618～48　三十年戦争**(以下▲印) 1618～23　▲ボヘミア・ファルツ戦争 1619～37　フェルディナンド2世 1619　ファルツ伯フリードリヒ，ボヘミア王を兼ねる。ハンブルグ銀行創立 1620　ワイセルベルグの戦（ファルツ伯惨敗，オランダへ亡命）。新教連合解体	ペーリ　1561～1633 リヌッチニ　1562～1621 ○画家（ボロニヤ折衷派） ロドヴィコ・カラッチ　1555～1619 グィド・レニ　1575～1642 アルバニ　1578～1660 ドメニキーノ　1581～1641 ○抒情詩人 マリーノ　1569～1625 キャブレーラ　1552～1637	1611～32　スウェーデン王グスタフ・アドルフ（2世） 1611～13　スウェーデン・デンマーク戦争 1613～17　スウェーデン・ロシア戦争 1616　コペンハーゲン東インド会社設立 1617　ストルボヴァ条約ンに譲る)
	1620	**1620　メイフラワー契約。清教徒ピルグリム・ファーザーズのコッド岬上陸** 1623　イギリス，西インド諸州に植民開始 1624　ヴァージニア英王直轄となる 1629　マサチュセッツ湾会社特許状 1630　ボストン市おこる。イギリス人のマサチュセッツ大移住（～42)	1621～65　フェリペ4世 1624　歴史家ファン・デ・マリアーナ死（1536～，神学者） 1625　レルマ死（1553～)。スピノラ，オランダのブレダ奪取 1627　詩人ゴンゴラ死（1561～） ○イスパニア美術の黄金時代	1621　議会の大抗議 1623　平戸の商館閉鎖（1609～） 1625～49　チャールス1世 1626～30　イングランド，フランスと戦う 1626　経験主義哲学者フランシス・ベーコン死（1561～，政治家） **1628　権利請願。**ハーヴェー「血液循環の法則」 1629　エリオット禁錮。議会解散（1640まで召集せず）	1624　リシュリュー，宰相となる（～42） 1625　理想派小説家オノレ・デュルフェ死 1627　ラロシェルの包囲戦（28　陥落） 1628　カナダ会社・セネガル会社創立 1629　リシュリュー，ユグノーと和す 1630　反リシュリュー陰謀の失敗	1621　西インド会社設立。音楽家スヴェリング死（1562～） 1623　アンボイナ虐殺事件 1624　台湾にゼーランジャ城を築く 1625～47　統領フレデリク・ヘンドリク 1625　ブレダ喪失 ○オーストラリアを新オランダと命名 1630～54　ブラジルの北東部占領	1622　皇帝軍の将ティリ，ファルツ占領。ウィンプェン・ヘークストの戦。ニコルスブルグの和議 1623　バヴァリア侯マクシミリアン，ファルツ伯となる。スタットローンの戦 1624　神秘思想家ベーメ死（1575～） 1625～29　▲デンマーク戦争（デンマーク，新教徒側に加担して，三十年戦争に参加） 1626　ワレンシュタイン，皇帝軍の将となる。デッサウの戦。ルターの戦 1627　ティリ及びワレンシュタインのシュレスウィヒ・ホルスタイン・ユトランド征服 リュベック和約。皇帝の回復令（寺領復旧布告，アウグスブルグ宗教和議の取消）。科学者ケプラー死（1571～） 1630.6.スウェーデン王グスタフ・アドルフ，新教徒擁護を称してポメラニア上陸，ドイツに侵入 1630～35　▲スウェーデン戦争	1621～23　グレゴリウス15世 1621　イエズス会士ベラルミノ死（1542～，新教徒と対抗） 1623～44　ウルバヌス8世 1627　マントヴァ公相続をめぐるサヴォイ・フランス紛争 1629　建築家カルロ・マデルノ死（1556～）	1621～29　スウェーデン・争 ○デンマーク及びノルウェーのルネサンス運動 1626　オスロを王名に因みクリスチャニアと改名　(～1925)
	1630	1631　リマ大地震 1634　メリーランド植民地建設 1636　ロードアイランド植民地建設 1636　ハーヴァード大学創立 1637　スウェーデン人，ニュースウェーデン建設 1639　コネティカット基本法成る。イギリス植民地最初の議会，プリマスで行われる	1631　シェラスコの和約（フランスと和） 1634～40　ポルトガル人の対イスパニア反乱 1635　劇作・小説家ロペ・デ・ベガ死（1562～） 1640　ポルトガル王国復活（1640～56，ジョアン4世，**〔ブラガンザ家〕**） 1640～59　カタロニアの大乱	1631　形而上的詩人ジョン・ダン死（1573～） 1632　サンジェルマン条約（英仏和議） 1634　船舶税施行。法学者エドワード・コーク死（1552～） 1635　第2船舶税 1637　船舶税反抗運動 1638　スコットランド教会監督制度廃止 1639　第1回司教戦争。ダンスの和約 1640. 4.～5. 短期議会 1640. 8. 第2回司教戦争 1640. 10. リボン条約 1640. 11～60. 3. 長期議会（1653～58　機能停止）	1631　ガゼット・ド・フランス創刊 1631　フランス軍，イタリアにおいてイスパニア軍と戦う（サヴォイ侵入）。ベールワルデ条約（フランス・スウェーデン同盟） 1635　リシュリュー，アカデミー・フランセーズ創立 1635　フランス，三十年争に参加，ドイツ皇帝及びイスパニアに宣戦，新教徒を援助 1635　オランダ・フランス防禦協定 1637　デカルト「方法叙説」。 1637　コルネイユ「ル＝シード」上演 1639　サンマールの陰謀事件。ノルマンディの農民反乱	○フランドル派の画家 ルーベンス(1577～1640) ヴァン・ダイク(1599～1641) 1637　ヘンドリク，ブレダを奪回 1638　神学者コルネリス・ヤンセン死(1585～　ジャンセニズム) ○オランダ文化の黄金時代	1631.5.ティリのマグデブルグ占領と大殺掠 1631.9.ブライテンフェルドの戦（ティリ敗走） 1632　レヒ河畔の戦（ティリ戦死，1559～）。**11.リュッツェンの戦**(ワレンシュタイン敗れグスタフ・アドルフ戦死) 1634　ワレンシュタイン暗殺される（1583～）。ネルドリンゲンの戦（スウェーデン惨敗，旧教軍復勢） 1635　プラーグ和約（新教諸侯，皇帝と和） 1635～48　▲スウェーデン・フランス戦争（三十年戦争の変容） 1636　ウィットストックの戦 1637～57　フェルディナンド3世 1638　政治学者アルトジウス死（1557～） 1639　近代ドイツ作詩術の父，オーピッツ死（1597～，前期シレジア派） 1640～88　ブランデンブルグのフリードリヒ・ヴィルヘルム（大選帝侯）（ブランデンブルグ・プロシアの基礎）	1631　教皇，ウルビノを併合 1633　スウェーデン，ドイツ新教諸侯とハイルブロン同盟 1633　ガリレイ，宗教裁判を受く 1639　哲学者カンパネラ死（1568～，「太陽の国」）	1632～54　スウェーデン女王クリスチネ ○スウェーデンの宰相オクセンシェルナの女王補佐 1640　オーボ大学創立
	1640								

清教徒(ピューリタン)＝Puritans，イギリス国教会に対するカルヴィン派的な改革をめざす一派。ジャンセニズム＝Jansénisme，ヤンセンの神学思想で，のちポールロワイヤル運動に展開し，イエズス会と激しく対立抗争した。
ピルグリム・ファーザーズ＝Pilgrim Fathers。**議会の大抗議**＝The Great Protestation。**大契約**＝The Great Contract。**権利請願**＝The Petition of Right。**新教連合**＝Protestant Union。**旧教連盟**＝Catholic League (Liga)。

〔22〕

東ヨーロッパ		西アジア		南アジア		北アジア	東アジア				年代	大勢
ポーランド	ロシア帝国	トルコ帝国	サファヴィー朝	ムガール帝国	南インド・東南アジア	オイラート タタール付，シベリア	明帝国	女真部	朝鮮	日本		
1587～1632 ジグムント3世（スウェーデン王ヨハン3世の子）（首都ワルシャワ） 1609～12 ポーランド・ロシア戦争 1610～11 ポーランド王ジグムントのロシア皇帝僭称	1598～1605 ボリス・ゴドノフ 1601～03 大ききん 疫病，動乱時代 1604 トムスク築城 1605～06 偽帝ドミトリ事件 1607 ボロトニコフ，農民暴動を指揮 1607～10 第2回偽帝ドミトリ	1595～1603 ムハメット3世 1603 イラン軍，タブリーズ奪還 1603～17 アフメット1世	1587～1629 アッバス1世	1556～1605 アクバル **1600 イギリス東インド会社設立** 1602 オランダ東インド会社設立 1604 フランス東インド会社設立（間もなく廃止）。ポルトガルの修道僧ベネディクト・ゴエス，インドより東トルキスタンを経て中国に入る（～06） 1604 シーク教典「アディ・グラント」成る 1605～27 ジェハン・セリム（ジャハンギル） 1607 ジャハンギル，ゴアへ使節をおくる 1610 オランダ，プリカットに商館を設置 1611 イギリス，マスリパタムに商館設置	1600 安南二分，鄭松ハノイに，阮潢ユエに拠る 1603 第1次マニラ華僑虐殺事件 1606 ビルマ軍，中国に侵入，木邦を陥落 1605 オランダ，アンボイナ占領 1607～36 スマトラのアトジェー王イスカンダル・ムダー 1610 日本人，アユタヤを略奪	1608 タタール部，薊州に侵入	1572～1620 神宗（万暦帝） 1601 マテオ・リッチ，北京に至る。蘇州に民変おこる，李成梁，遼東に鎮す。遼東馬市を開く 1602 李贄（卓吾）死（1527～） 1605 「幾何原本」刊行。「坤輿万国全図」刊行 1606 明，寛甸の辺外を放棄 1607～08 金沙江蛮の騒乱 ○明末詩壇 公安派 袁宏道 1568～1610 竟陵派 鍾惺 1574～1625 / 譚元春 ？～1631 / 王思任 1575～1646 1610 画家孫克弘死（1532～）。フランス宣教師トリゴー来る ○「金瓶梅」	1601 ヌルハチ，葉赫・哈達を滅ぼす 1603 興京老城を築く 1606 モンゴルハルハ諸部，ヌルハチに汗号を上る	1567～1608 宣祖 1604 孫文彧らの日本遣使 1605 大邱の文廟大成殿成る 1607 日本と復交（通信使の初め） 1608～23 光海君 1608 宣恵庁を建て，大同法を行う 1609 対馬の宗氏，朝鮮と通商条約を結ぶ（己酉条約） 1610 許筬「東医宝鑑」	1585～1611 後陽成天皇 〔江戸幕府〕 1603～1867 （1603～05 徳川家康） （1605～23 徳川秀忠） 1606 家康，書をシャムに送る 1608 姫路城成る 1609 オランダ，平戸に商館設置。島津氏，琉球を征す 1610 家康，メキシコに遣使	1601	日本封建制の確立／ロシアのシベリア進出／満洲族の興起／ムガール皇帝権の確立／日本の鎖国の完成
ロシア，バルト海沿岸をスウェーデ 1618 デヴリノ条約（ロシア，ポーランドと和す）。ミハイル帝の父フィラレート帰国し，総主教・大君となる	1611～13 第3回偽帝ドミトリ 1612 モスクワ市民の首都解放 〔ロマノフ朝〕 1613～1917 1613～45 ミハイル・ロマノフ	1612 オランダに恩恵貿易をゆるす 1612～18 トルコ，イランと交戦 1612 オーストリアを攻撃 1616 トルコ軍，アゼルバイジャン攻撃 1617～18 ムスタファ1世 1618 イラン，トルコと和す 1618～22 オスマン2世	1616～17 イギリス使節コノック来る 1618～19 イスパニア使節来る	1612 デンマーク，第1東インド会社設立（～1845）。マイソール王国おこる（王ウディヤール）イギリス，スラットに商館設置。シャム，ビルマと戦う（～14） 1613 イギリス，スラットに工場建設 1614 ラジプト族の反乱 1615 ポルトガル艦隊，スラット沖にイギリス商船を砲撃。イギリス王使サー・トーマス・ロー，ムガール宮廷に入る 1616 デンマーク，セランプール占領 1616 オランダ，スラットに商館設置 1619 ビジャプール王国，ビダール王国を滅ぼしてこれを併合	1613～45 スルタン・アグン（ジャワ，マタラム王国） **1619 オランダ，ジャワに総督を置く（バタヴィア建設）** 安南の鄭松，皇帝黎維新を殺す	1615～16 河套部長吉能，延綏を侵す 1618 河套部長猛克什力，明に降る 1619 ロシア，イェニセイスク築城。	1611 東林・非東林の党争激化 1612 東林党顧憲成死（1550～） ○南曲 沈璟 1553～1610 / 湯顕祖 1550～1617（「牡丹亭還魂記」）/ 葉憲祖 1566～1641 1615 挺撃の案（三案の1） 1616 臧懋循（晋叔）「元曲選」 1618 ヌルハチ，明と開戦，撫順・清河を陥落 **1619 サルホの戦**（明の総兵官杜松戦死，遼東以東，後金領となる）。開原攻略 1620 光宗（泰昌帝） 1620 紅丸の案（三案の2，光宗死） 1620～27 熹宗（天啓帝）	1613 ヌルハチ，烏拉を併合 1615 満洲八旗の軍制を定める **後金（清）** 1616 ヌルハチ汗位につく（太祖，～26） 1620 後金の兵，朝鮮に入る	1614 金大妃事件に関し李元翼・鄭蘊流罪 1615 学者韓百謙死（1552～） 1618 小説家許筠処刑される（1569～） 1619 姜弘立後金を討って降る	1611～29 後水尾天皇 1613 イギリス船来る。家康，通商許可。伊達氏の臣支倉常長渡欧（～20） 1614 高山右近ら国外追放を命ぜられる 1615 大坂夏の陣（豊臣氏滅ぶ）。武家諸法度を頒つ 1616 徳川家康死（1542～） 1619 菱垣廻船の初め 1619 儒者藤原惺窩死（1561～，朱子学）	1610	
ポーランド戦 1621 コチンの会戦（ジグムント，トルコ軍を破る） 1625 コサック，ポーランドの支配に反抗 1629 リヴォニア地方をスウェーデンに割く	1628 シベリア遠征軍，クラスノヤルスク築城	1622～23 ムスタファ1世（重祚） 1623～40 ムラート4世 1630 トルコ，イランのハマダンを取る	1622 カンダハルを奪う。ポルトガルよりホルムズを奪う。オランダ，バンダルアッバスに工場を建設。 アモールの学者バハー・ウッディン死 1629～42 サフィー	1620 オランダ，トランケバル占領（～1845） 1622 王子シャー・ジャハンの反乱 1623 詩人トゥルシー・ダース死（1532～） 1626 ベンガル太守マハバットカーン，皇帝を捕え，政治を独裁 1627 ムガール継承戦争 **1627～58 シャー・ジャハン（王権確立）** 1630～36 デカン遠征 1630～32 グジャラート・デカン地方大ききん	1621 オランダ，バンダ島民を大虐殺 1622 シャム，カンボディアを攻撃 1623 オランダ人澎湖島占領。アンボイナの大虐殺（イギリス勢力の駆逐） 1624～61 オランダ，台湾を占領 1630 シェンマイ，ビルマより独立（～32）。山田長政，毒殺される	内カルカ部のジャルサイ，後金に捕えられる	1621 移宮の案（三案の3）。四川暴動 1622 山東白蓮教徒の乱。オランダ艦隊，マカオ攻撃 1624 楊漣，魏忠賢を弾劾。馮夢龍「警世通言」 1625 遼東経略使熊廷弼を殺す。東林党の姓名を榜示す ○徐光啓「農政全書」 1626 後金軍，寧遠包囲，明の袁崇煥，巨砲を以て，囲みを解く 1627～44 毅宗（崇禎帝） 1627 魏忠賢磔刑。 1628 鄭芝龍降る。陝西暴動 1629 袁崇煥磔刑。後金軍，大挙して関内を侵す 1630 後金軍，一旦退く	1621 遼陽を首都とする 1625 盛京（瀋陽）遷都 1626～43 太宗（皇太極） 1627 後金軍，朝鮮侵入（丁卯の乱），仁祖，江華島逃走 1628 察哈爾（チャハル）攻撃	1623～49 仁祖（仁祖の粛正） 1624 李适の乱 1626 南漢山城建設。学者李睟光死（1563～） 1630 劉興治の乱（明将を殺し椵島に拠る）	（1623～51 徳川家光） 1623 イギリス，平戸の商館閉鎖 1624 日光東照宮陽明門成る 1628 浜田弥兵衛，台湾でオランダ人ヌイツを捕える 1629 紫衣事件，沢庵等処刑される 1629～43 明正天皇 1630 キリスト教関係の洋書の輸入を禁じる。山田長政，シャムで毒殺される	1620	
1632～48 ウラディスラウ4世 1632～34 ロシア・ポーランド戦争 1634 ヴィヤズマ和約（ポーランド，スモレンスクを獲得）	1632 ヤクーツク市建設 1633 キエフにアカデミー創設 1637 コサック，アゾフを占領 1638 シベリア遠征軍モスクヴィティン，太平洋岸に達する	1632 財政破綻，行政改革企図 1633 トルコ軍の西アジア遠征。サフィー，トルコよりエリヴァンを奪回 1636 トルコまたエリヴァンをとる 1638 トルコ，バグダードを取りイラク併合，イランはエリヴァンを取る 1640～48 イブラヒム1世	1640／41 哲学者ムラー・サドラー死	1631 デカンを征服 1632 フグリのポルトガル植民市を破壊 1632／53 タージ・マハールの築造 1633 イギリス，ベンガルに植民を開始 1633 アーマドナガル王国併合。ヒンドゥ教寺院破壊命令 1636 ゴルコンダ王国併合 1637～44 デカン太守アウランゼブ 1637／38 ムガール軍，カンダハル地方奪回 1639 イギリス，マドラスに築城許可を得る 1639 デリー城塞建設 1640 イギリス，フグリに商館設置	○ジャワ，マタラム王国，オランダ東インド会社と争う 1639 第2次マニラ華僑虐殺事件	1632 ロシア，ヤクーツク市建設 ジュンガル部（準部） 1634～53 バートゥル・ホンタイジ（ジュンガル部起る） 1638 ロシア，オホーツク市建設	**1631 李自成・孔有徳，乱を起す** 1632 徐光啓・鄭以偉，宰相となる 1633 後金軍，旅順を陥る（黄龍戦死）。徐光啓死（1562～）『わす 1635 李自成，張献忠と力を合 1636 学者陳仁錫死（1581～）。董其昌死（1555～） 1637 張献忠，安慶を，李自成，四川を侵す。 1637 宋応星「天工開物」刊行 1638 清軍の中国攻撃，北京をうかがう 1639 大増賦を行う，人民の窮乏加わる。欽定保民四事全書成る。陳継儒（眉公）死（1558～，詩文能書） ○明末戯曲 呉炳・呉大鉞ら	1632 チャハルの元の帝室の正統を断つ 1634 モンゴルの盟旗を自治の単位とする 1635 チャハル部平定 **1636 国号を清と改める。**清，再び朝鮮に侵入（丙子の乱，清に服属） 1638 六部理藩院都察院八衙門の官制を定める	1631 鄭斗源明より西洋の文物を伝える 1637 王子，清に質となり，清の年号を用いる	1634 老中職を定める。伊賀越の仇討（荒木又右衛門） 1635 狩野山楽死（1559～） 1635 諸大名の参覲交代制を定める 1636 長崎の出島成る **1637～38 島原の乱** 1637 本阿弥光悦死（1558～） **1639 鎖国（～1854）**	1630 1640	

偽帝ドミトリ（ディミトリー）＝Dmitrij (Dimitrii)，イヴァン4世の末子にドミトリというものがあったが1591年に死んだ。ところが1603年ウクライナにドミトリを自称する青年が現われて，内乱に拍車をかけた。
大君（ロシアの）＝Velikij Gosudar，偉大な君主の意。タージ・マハール＝Taj Mahal，シャー・ジャハンが正妃ムムターズ・マハルの冥福を祈るために建てたイスラム霊廟。**白蓮教**＝弥勒仏の下生を信ずる仏教的民間信仰教団。

23

大勢	年代	アメリカ大陸	西ヨーロッパ				中央ヨーロッパ		北ヨーロッパ
			イスパニア王国 ポルトガル王国	イングランド王国	オランダ共和国	フランス王国	神聖ローマ帝国	ローマ教会・イタリア	北欧三国
三十年戦争の変転とドイツの荒廃／イングランド革命／海洋王国オランダの隆昌／フランス絶対主義王権の確立	1641	1642 モントリオール市建設 1643 ニューイングランド連合成立 1649 ポルトガル総商事会社設立（ブラジル貿易の特権付与） 1649 メリーランド信教自由法	1621～65 イスパニア王フェリペ4世 1641 ポルトガル，オランダと同盟してイスパニアと戦う 1643 ロクロワの戦（イスパニア衰頽の兆） 1645 エスピネル死（1551～，悪者小説）	1625～49 チャールス1世 1641 星室庁廃止。議会の大諫奏。アイルランドの旧教徒反乱 **1642～49 ピューリタン革命**（クロムウェル，議会軍を指揮） 1643 ニューベリーの戦（フォークランド戦死，1610?～） 1643～48 ウェストミンスター議会 1644 マーストンムーアの戦（クロムウェル，王党軍を破る） 1645 ネースビーの戦 1648～53 残余議会 1649 チャールス1世処刑される **〔共和制〕1649～1660** **1649～58 オリヴァー・クロムウェル** 1650 ダンバーの戦	1625～47 統領フレデリク・ヘンドリク 1642～44 タスマンの南太平洋探検 1642 タスマン，タスマニア・ニュージーランドを発見 1645 国際法学者グロティウス死（1583～） 1647～50 統領ウィルレム2世 1647 劇作家ホーフト死（1581～） 1648 オランダ及びスイス，独立を承認される 1650～72 統領空位	1610～43 ルイ13世 1642 サンマール斬首刑（1620～）。リシュリュー死（1585～），マザラン代る。マザラン文庫創設 1643 ロクロワの戦 **1643～1715 ルイ14世**（1661まで**マザランの執政**） 1643 ツットリンゲンの戦（ドイツ皇帝軍，フランス軍を破る） 1643／51 メズレ「フランス史」 ○古典主義の画家 プッサン 1594～1655 クロード・ロラン 1600～1682 **1648 ウェストファリア条約締結（ヨーロッパ諸国の国際会議のはじめ。三十年戦争終り，ドイツの荒廃はなはだしく，神聖ローマ帝国の事実上の解体）** 1648～53 フロンドの乱	1637～57 フェルディナンド3世 1642 ブライテンフェルドの戦（スウェーデンの将トルステンソン，皇帝軍を破り，ウィーンに迫る） 1644 ミュンスター・オスナブリュックに各国帝王間の講和交渉はじまる 1645 マグデブルグ・ヤンカウの戦（トルステンソンの勝利） 1646 フランスの将コンデ公，チュレンヌと共に南ドイツ侵入 1648 スウェーデン軍，プラーグ占領 1650 近代地理学の祖ヴァレニウス（ファーレン）死（1622～）	1623～44 ウルバヌス8世 1641 教皇，パルマ領奪取計画失敗 1642 ガリレイ死（1564～）。教皇，ヤンセン派弾圧の勅書 1643 歌劇作曲家モンテヴェルディ死（1567～） 1644～55 インノケンティウス10世 1647 マサニエロの一揆（ナポリ・パレルモ等に反イスパニア暴動）	1632～54 スウェーデン女王クリスティーナ 1642 デンマーク王クリスチャン4世，対スウェーデン宣戦 1643～45 ▲スウェーデン・デンマーク戦争 1644 コルベルゲル・ハイデの海戦 1645 ヴレムゼブロ条約（スウェーデン，デンマークと和解） 1648～70 デンマーク王フレデリク3世
	1650	1654 イギリス，ノヴァスコチアを取る（～67）。ニューニーザランド総督スチヴサンド，デラウェアのスウェーデン植民地攻撃（～55） 1655 ジャマイカ，英領となる（1670 正式承認） 1656 ニューイングランド，クェーカー派を処刑	○画家 リベラ 1588～1652 ベラスケス 1599～1660 ムリリョ 1617～1682 1656～59 イギリス，イスパニアと交戦 1656～67 ポルトガル王アルフォンソ6世 1658 デューンの戦（英仏連合軍，イスパニアを破る） 1659 ピレネー条約（イスパニア，国際的優位を失う。フランス，ルシヨン・アルトワ等を獲得）	1651 ウースターの戦（チャールス2世，フランスに亡命） **1651 クロムウェルの航海条令**（オランダの通商を脅かす）。 ホッブス「リヴァイアサン」。建築・舞台装飾家イニゴ・ジョーンズ死（1573～） 1652～54 第1オランダ・イギリス戦争 1652 ラオーグの海戦 1653 ポートランド沖の海戦 1653～58 護国卿クロムウェル 1654 法制史家セルデン死（1584～） 1654 ウェストミンスター条約 1656 神学者アッシャー死（1581～，新教） 1657 解剖学者ハーヴェー死（1578～） 1658 クロムウェル死（1599～），子リチャード・クロムウェルつぐ 1659～60 残余議会復活 1660.4. ブレダ宣言 **〔王政復古〕1660.5.** 1660.5.～85 チャールス2世戴冠）〔スチュアート朝の復活〕	1653～72 国務長官デ・ヴィット 1655 法学者サルマシウス死（1588～） ○詩人 カッツ 1577～1660 フォンデル 1587～1679 ○画家，オランダ派 フランス・ハルス 1584～1666	1650 合理主義哲学者デカルト死（1596～） 1652 チュレンヌ・コンデ公の紛争。コンデ公，イスパニアに亡命（～59） 1654 建築家ルメルシエ死（1585～） 1655 哲学者ピエール・ガッサンディ死（1592～）。自由思想家・劇作家シラノ・ド・ベルジュラック死（1619～） 1657 フランス，イギリスと連合してイスパニアと戦う。 スカロン「滑稽物語」（51／）。ドービニャック「演劇論」 1658 デューンの戦 1658 第1回ライン同盟（ライン諸侯，フランスと結ぶ） ○レース工芸 さかんとなる 1660 ルイ14世，イスパニアのマリア・テレサと結婚	1651 ライン同盟（諸選挙侯間） 1652 ゲーリッケ，空気ポンプ発明 1653 レゲンスブルグ国会（新教諸侯同盟成立） 1654 デュイスブルグ大学創立 1655 ブランデンブルグ，スウェーデンとケーニヒスベルグ条約を結ぶ 1655 ベルリンに初めて新聞発行 1656 【スイス】第1ヴィルメルゲン戦争（新旧両都市間の紛争） 1657 皇帝，ロシア・デンマーク・ポーランドと同盟してスウェーデンと対抗 1657 ブランデンブルグ，スウェーデンとラビアウ条約を結び，ポーランドとウェーラウ条 ○後期シレジア派の詩人 グリュフィウス 1616～1664 ホフマンスヴァルダウ 1617～1679 1658～1705 レオポルド1世 1660 オリヴァ条約（皇帝，スウェーデン・ポーランド・ブランデンブルグ間。プロシア，ポー属を脱す）	1651 ヴェネツィア，トルコ海軍を破る（1645～69，カンディア戦争） 1655～67 アレクサンデル7世 1655 モロシニの海戦 1657 フィレンツェ科学アカデミー創立 ○イタリア器楽の完成，ニコロ・アマティ（1596～1684）とその一族及びグヮルネリ（1626?～1698）	1652 ヒルドシャイム同盟（スウェーデン，オランダを援助） **○スウェーデン極盛期** 1655～58 スウェーデン・ 1655～60 スウェーランド戦争 1656 ワルシャワの 1658 レーシルト条約（スウェーデン，デンマークと和す）。スウェーデン軍，コペンハーゲン包囲 1660～97 スウェーデン王カルル11世 1660 コペンハーゲン和約
	1660	○このころモルガン（1635頃～88）さかんにカリブ海のイスパニア領をあらす 1664 イギリス，アメリカのオランダ植民地を奪い，ニューアムステルダムをニューヨークと，オレンジ城をアルバニーと改名 1669 ジョン・ロック，カロライナ州憲法起草，採択。イギリス，ハドソン湾会社を設立 1670 マドリード条約（イギリス・イスパニア植民地境界協定）。ドーヴァー秘密条約（イギリス・フランス2王間）	1661 チャールス2世，ポルトガル王女カザリンと結婚（ボンベイを結納とする）。国教統一令。ダンケルクを仏に売却。 1663 英人，ギニア海岸遠征 1665～1700 イスパニア王カルロス2世 1668 リスボン条約（イスパニア，ポルトガルの独立を承認，セウタを領有） 1668 アーヘンの和約（ルイ14世，イスパニアと共にイギリス・オランダ・スウェーデン同盟と和す）	1660 ボイルの法則 1661 騎士議会 1662 王立学会設立 1665～67 第2次オランダ・イギリス戦争 1665 第1秘密集会禁止法。フック，細胞を発見 1666 ロンドン大火 1667 ミルトン「失楽園」出版 1667 オランダ海軍，メドウェーに入り，ロンドンに迫る 1667 ブレダ条約（イギリス・フランス・オランダ・デンマーク間の講和） 1668 イギリス・オランダ・スウェーデン3国の対仏同盟 1669 ニュートン，微積分法の原理	レンブラント 1606～1669 ロイスダール 1628～1682 コイプ 1620～1691 ○画家 フェルメール 1632～1675 **1667～68 ルイ14世のネーデルランド戦争**	**1661 マザラン死（1602～），ルイ14世の親政はじまる** 1662 イギリスよりダンケルクを得る。哲学・理学・数学者パスカル死（1623～） **1664 東インド会社再興** **1665 コルベール，財務長官就任（重商主義）**。モリエール「ドン・ジュアン」 1667 ルイ法典の編纂 1669 パスカルの「パンセ」刊行	1661 トルコのオーストリアに対する攻撃再開 1662 レゲンスブルグ永久国会の初め 1663 トルコ軍，ハンガリー侵入 1664 ドイツの将モンテククリ，ザンクトゴットハルトにトルコ軍を撃破 1667 ポーランド，プロシアの独立を承認。詩人・劇作家ヨハン＝リスト死（1607～） 1668 オーデル・スプレー運河開通 1670 ボヘミアの教育学者コメニウス死（1592～）	1662 建築家ボロミニ死（1599～） 1667～69 クレメンス9世 1668～1705 ヴェネツィア，ペロポネソス半島の一部を占領 1669～76 クレメンス10世 1669 ヴェネツィア，クレタ島を失い，東地中海の属島悉くその手から脱す）	1661 カルディス条約 1665 デンマーク王の絶対王権成立 1666 ストックホルム自然館創設 1670～99 デンマーク王クリスチャン5世
	1670 1674	1671 モルガン，パナマ市破壊 1673 パナマ市再建。フランス人マルケット，ミシシッピ川を支流アーカンソーとの合流点まで下航		1670 第2秘密集会禁止法 **○1670年代ホイッグ・トーリー2大政党の起り** 1672 信仰寛容の宣言 1672～74 第3オランダ・イギリス戦争 **1673 審査律（第1次）** 1674 イギリス，オランダとウェストミンスター条約（オランダの海上権衰える） 1674 詩人ミルトン死（1608～）。政治算術家グラント死（1620～）	1672～1702 統領ウィルレム（3世） 1672 ルイ14世のオランダ侵入，オランダ死守（1672～78 オランダ戦争）	1671 スウェーデンと攻守同盟 **1672 ルイ14世，ヴェルサイユに移る** 1673 モリエール死（1622～，古典主義文学） 1674 ルイ14世のフランシュ＝コンテ親征	1671 皇帝のハンガリーに対する自由抑圧と大虐殺 1672 音楽家シュッツ死（1585～） 1675 フェールベリンの戦	1673 画家ローザ死（1615～，写実主義）	1672 カルル11世の内政改革

バロック様式＝Baroque（Barock），16世紀から18世紀の初めにかけての激情的な芸術様式。**審査律**＝The Test Act。**フロンド**＝Fronde，本来は石投げ器の意，ブルボン王家に対する貴族の反抗勢力を意味する。
ホイッグ党＝Whig Party。**トーリー党**＝Tory Party。**護民官（護国卿）**＝Lord Protector。**ウェストファリア条約**＝Treaties of Westphalia。ウェストファリア州のミュンスター・オスナブリュックで調印。

〔23〕

東ヨーロッパ			西アジア	南アジア		北アジア	東アジア				年代	大勢
ポーランド	ロシア帝国	トルコ帝国	サファヴィー朝	ムガール帝国	南インド・東南アジア	ジュンガル部	明帝国	清	朝鮮	日本		
1632~48 ウラディスラウ4世 1648~54 ポーランドに対するウクライナ民族の解放戦争 1648~68 ヤン2世 1649 ロシア・ポーランド間のスポロフ和約	1613~45 ミハイル・ロマノフ 1642 トルコ, アゾフ奪回のため大兵を出してコサックと戦う 1645~76 アレクセイ3世 1646 人口調査簿の作成 1648 モスクワの塩一揆 1649 アレクセイの法令集	1640~48 イブラヒム1世 1645~64 対ヴェネツィア長期戦争 1648 イェニチェリの革命(皇帝殺される) 1649~87 ムハメット4世	1642~67 アッバス2世 1649 アッバス2世, カンダハル再奪	1628~58 シャー・ジャハン 1641 イギリス, マドラスに築城 ○マラータ地方の民族運動さかん 1644 タタのイスラム寺院成る 1645 イギリスに対し, ベンガルにおける貿易上の特権付与 1646 シヴァージ, トルナの要塞を取る 1648 首都をアグラよりデリーにうつす 1649 思想家トゥカラーム死(1607~)	1641 オランダ, ポルトガルよりマラッカを奪う 1642 オランダ一時フィリピンのバタアンに一根拠地を置く ○スマトラ, アトジェー王国の衰退 1647 ヴィジャヤナガル王国の余類全く滅ぶ 1648 シンゴラ, シャムに離反 1650~62 安南王黎維祺	1634~53 ホンタイジ 1643~46 ロシア人ポヤルコフ, 黒龍江地方を探検 ○バートゥル, オイラート法典編纂 1648~49 ロシア人デジネフ, 東シベリア探検 1649~52 ロシア人ハバーロフ, 黒龍江地方を探検	1627~44 毅宗(崇禎帝) 1641 李自成, 洛陽に入り福王常洵・唐王聿鍵を殺す。アダム・シャール(湯若望)ら「崇禎暦書」成る(42 献上) 1642 松山の戦(清軍, 明軍を破る)。錦州陥落 1644 李自成, 北京を包囲, 毅宗, 煤山に自殺。清軍, 李自成を山海関に破る(呉三桂, 清に投ず) 1644~45 安宗(福王由崧) 1645 揚州の戦(史可法戦死) 清軍, 南京を陥れ福王捕えられる(翌年死)。漢人薙髪令を発布 1645~46 唐王聿鍵 1645 李自成自殺(1606~) 1646~62 永明王(桂王) 1646 鄭芝龍, 清に降伏, 子成功(母は日本人)従わず 1647 清軍, 肇慶を陥落。永明王, 平楽に走る 1648 永明王また肇慶に拠る	1626~43 太宗 1643~61 世祖(順治帝) 睿親王ドルゴンの摂政 **1644 清の中国支配始まる(首都北京)** 1645 郷試法を定む 1646 初めて科挙を行う 1649 内三院の官制を定める	1623~49 仁祖 1641 清攻撃の策謀発覚し, 清, 朝鮮を責める 1643 キリスト教伝わる 1645 清に朝貢 1646 柳濯, 乱を謀る 1649~59 孝宗	(1623~51 徳川家光) 1641 オランダ人を長崎出島にうつす 1641/43 「寛永諸家系図伝」の編修 **1643 田畑永代売買の禁令** 1643~54 後光明天皇 1646 明の鄭芝龍の求援に応ぜず 1647 小堀遠州死(1579~, 大名・茶人・造園家) 1648 中江藤樹死(1608~, 儒者)	1641	満州族の中国攻撃と中国支配の開始(明・清交替)/ムガール帝国の隆盛/オランダの東南アジア制覇
1654~67 ウクライナをめぐる両国の争奪戦 ロシア戦争(第1北方戦争) デン・ポー 戦 約を結び, ラビラウ条約破棄 ランドの藩	1652 初めて清と衝突事件起る 1654 総司教ニコンの改革 1658 ニコンと皇帝との不和	1651~61 宰相キョプリュリュ・メフメット 1651~53 地理学者ハジ・ハルファ, メトカルフの地図をトルコ語に訳す 1655 モロシニの海戦 1656 ダーダネルス沖の海戦(ともにヴェネツィアの勝利) 1657 行政改革		○ウルドゥ文学興る 1651 ベンガル太守, イギリスにファールスを与える 1653 アウランゼブ, デカン太守となる 1657 王位継承の争 1658 アウランゼブ, 父帝を監禁 1658~1707 アウランゼブ 1659 シヴァージ, ビジャプールを陥落。 ダーラー・シコー処刑(イスラム教とスーフィ神秘主義との比較研究)	1650 テルナテ島のオランダ人殺害事件 1655/58 オランダ, ポルトガル勢力下のセイロン島を占領(1639 トリンコマリ, 41 ガレ, 56 コロンボ領有。1795 英領となる) 1659 カンボディア王室の内訌。コーチシナ軍, カンボディア侵入。清軍, アヴァ包囲 1660 シャム軍, シェンマイ攻撃	1652 清軍, ロシア人と衝突し, 松花江上に戦う。画家陳洪綬死 1653~71? ジュンガル部のセンゲ(僧格) 1658 ロシア, ネルチンスクに築城。内三院を改めて内閣と称す	1650 永明王, 梧州に走る。清軍, 広東・桂林を陥落 鄭成功, アモイに拠る 1651 清軍, 梧州を陥落。永明王, 広南に逃走 1652 李定国, 桂林を陥落。孔有徳自殺 1653 海登の戦(鄭成功, 清軍を破る)。孫可望, 北上して湖南を荒らす ○明末呉派の画家 呉海村 1609~1671 蕭雲従 1591~1668 王鐸 1592~1652 1656 李定国, 永明王を奉じて雲南に入る 1657 孫可望, 雲南を攻めてかえって敗れ, 清に降る ○画家 八大山人, 在世 1657 呉三桂に命じて雲南を攻撃 1658 明軍, 重慶を攻む。呉三桂に命じ再び雲南を攻撃 1659 鄭成功, 北上して南京を包囲, 失敗。ベルギー人宣教師フェルビースト(南懐仁)来る 1659 清軍, 雲南に入り, 永明王, ビルマに逃る 1660 結社集会の禁	1651 北京の北海ラマ塔完成 1653 遼東招民開墾例を出す(~68) 1654 編審戸口法。朝鮮, 清の命により黒龍江に出兵(全軍壊滅) 1655 ロシア人バイコフ, 北京に入る 1656 清, 舟山列島を取る 1657 鄭成功, 興化を攻む	1651 大同法の再行 1652 坡州・交河等の銀店を許す(産銀奨励) 1653 初めて洋暦を行う 1655 申洬「農家集成」 ○このころ, 連年ききんつづく 1659~74 顕宗 1660 礼論起る(宋時烈・尹鑴と争い党争ますます盛んとなる)	(1651~80 徳川家綱) 1651 由比正雪の乱 ○俵屋宗達 1653 松永貞徳死(1571~, 俳人・国学) 1654~63 後西天皇 1655 オランダ人の糸割符制を廃し, 相対貿易とする 1657 江戸明暦の大火。林羅山死(1583~, 儒者)。水戸光圀, 「大日本史」の編纂に着手。株仲間の独占を禁止 1659 江戸両国橋成る	1650	
1666 トルコにベッサラビアを割く 1667 アンドルッソヴォ条約(ロシア, スモレンスク・キエフを含む 東ウクライナを領有) 1669~73 ミハル・ヴィシニコヴィエツキー	1661 カルディスの和約(スウェーデンに侵地を返還) 1662 モスクワ民衆の暴動(銅貨一揆) **1670~71 ドンコサック首長ステンカ=ラージンの大乱(農民戦争)**	1661~76 宰相キュプリュリュ・ファディル(メフメットの子) 1663 ハンガリーに侵入 1664 ザンクトゴットハルトの敗戦 1666 ポーランドよりベッサラビアを獲得 1669 ヴェネツィアよりクレタ島を獲得	1664 ロシア使節来訪。コサック兵マザンデランを掠奪 1667~94 スレイマン1世	1661 ポルトガル, イギリスにボンベイを割譲 1662 ムガールの将ミール・ジュムラ, アッサム攻撃 1664 シヴァージ, スラット攻略 **1664 フランス東インド会社再興** 1665 アウランゼブ, デカン遠征 1666 ムガール軍, チッタゴン占領 1668 フランス, スラットに商館設置 1669 農民ジャート族の反乱。フランス, サントーメに商館設置	1661 鄭成功, オランダ人を降して台湾に拠る(鄭氏の台湾占領, ~1683) 1661 シャム, シェンマイを陥落 **1662** 呉三桂, ビルマに侵入し, 永明王を殺す, **明全く滅ぶ**。 1663 シャム王ナライ, ペグー進駐, ラングーン攻略 まもなく蜂起。 フランス宣教師シャムにキリスト教を弘める 1663~71 安南王黎維禑 1665 シャム, 清に朝貢 1669 オランダ, マカッサル王の香料販売を禁ず	1663 ロシア, アルバジンに築城		**1661~1722 聖祖(康熙帝)** 1661 台湾に対する遷界令(海禁)の発布。鄭芝龍殺される。金聖嘆殺される(文芸家) 鄭成功死(1624~)し, 子経, 台湾の主となる。各府州県に公衙門を設置 1662 画家羅牧(飯牛)死 1664 銭謙益死(1582~, 学者・政治家)。「列朝詩集」成る 1666 アダム・シャール死(1592~, ドイツ人宣教師, 欽天監正) 1667 逆詩の獄起る(沈天甫ら殺される)。収税の期限を定める。聖祖の親征はじまる。天主教を禁止(楊光先らの策謀)。乾清宮成る ○呉派の画家 王時敏(煙客) 1592~1680 王鑑(湘碧) 1598~1677 王原祁(麓台) 1642~1715 王翬(耕煙山人) 1632~1717 } 呉歴・惲格とともに四王呉惲と称せられる 1669 フェルビースト, 欽天監正となる。時憲暦(洋暦)頒布 1670 ロシアの使者スパサリ来る。 イギリス, アモイに商館設置	1666 科挙及び政官相避法を定める 1669 同姓異貫の結婚を禁じる	1663~87 霊元天皇 1663 殉死を禁じる 1665 大名の人質を廃す 1666 郷村取締令 1667 本田畑にたばこの栽培を禁じる 1668 岡山藩閑谷黌成る	1660	
1671~76 トルコ・ポーランド戦争 1674~96 ヤン3世				1670 デンマーク第2東インド会社設立 1672 サトナミ派の反乱 1672~74 フランス, ポンディシェリー市建設 1674 マラータ同盟成る。オランダ, サントーメを攻略 1674~80 シヴァージ, デカン地方に威をふるう				1671 呉偉業死(1609~) ○朱子学者 魏象枢 1616~1686 湯斌 1627~1687 陸隴其 1630~1692 李光地 1642~1718 1672 聖諭十六条 1672 陸世儀死(1611~) ○考證学者 黄宗羲 1610~1695 顧炎武 1613~1682(「日知録」) 閻若璩 1636~1704(「古今尚書疏証」) 1673 呉三桂, 雲南に挙兵 **1673~81 三藩の乱(呉三桂の乱)** 1674 フェルビースト「坤輿全図」。景徳鎮御器廠中絶	1671 全国大ききん, 死者甚大 1672 日本, 釜山の倭館を草梁に移す 1674~1720 粛宗	1670 東廻り航路開く 1671 西廻り航路開く 1672 長崎会所を置く 1673 分地制限令。市川団十郎, 江戸に歌舞伎(荒事)をはじめる 1674 狩野探幽死(1602~, 画家)	1670 1674	

イェニチェリ=Yeni Ceri, 新しい軍隊の意, オスマン皇帝の近衛兵。**シーク教**=Sikhism, ヒンドゥ教から派生しイスラム教の影響を受けた一派。15世紀のナーナクに始まる。**三藩**=雲南王呉三桂・広東王尚可喜・福建王耿継茂。**ウルドゥ**=Urdu, インドの言語の一, もと西部ヒンディ語から分れ, ペルシア語の影響を受けて発達し, 1832年公用語となった。現在パキスタンの公用語。**マラータ**=Maratha, マハーラシュトラの部族カースト。

24

大勢	年代	アメリカ大陸	西ヨーロッパ：イスパニア・ポルトガル	西ヨーロッパ：イングランド王国	西ヨーロッパ：オランダ共和国	西ヨーロッパ：フランス王国	中央ヨーロッパ：神聖ローマ帝国	中央ヨーロッパ：ローマ教会・イタリア諸邦	北ヨーロッパ：北欧三国
フランス学芸の発達と宮廷の栄華／英仏植民地百年戦争の開始／列国王権の対立と緊張	1675	1675 いわゆるフィリップ王（インディアン酋長の子）のニューイングランド移住民に対する戦闘（翌年フィリップの死により終る） 1679～83 フランス人ラサール，ミシシッピ川を下航（ルイジアナの初め）	1665～1700 イスパニア王カルロス2世 1678 ナイメーヘン条約（対フランス）	1660～85 チャールス2世 1675 グリーンリボン・クラブ創設 1677 英王女メリーとウィルレムとの結婚。 1678 教皇派の陰謀事件。第2次審査律。教皇派無効令 1679 騎士議会（養老金議会）解散。人身保護律 1679 哲学者ホッブス死（1588～）	1672～1702 ウィルレム3世 哲学者スピノザ死（1632～） 1678 ナイメーヘン条約（8. フランス・オランダ。9. フランス・イスパニア間） 1679.6 サンジェルマン条約。 1678 ホイヘンス「光の波動説」。画家ヨルダーンス死（1593～）	1643～1715 ルイ14世 1674 シャルル・ソレル死（1597～，写実小説） 1676 メッシナの海戦 1679 ナイメーヘン条約（2. ドイツ・フランス・スウェーデン。10. オランダ・スウェーデン。9. フォンテンブローでフランス・デンマーク。ルンドでデンマーク・スウェーデン間，各個別に締結。フランス，フンシュ・コンテ等を領有）。 1679／84 ヴェルサイユ宮鏡の間の営造	1658～1705 レオポルド1世 1676 小説家グリンメルスハウゼン死（1621?～）。詩人パウル・ゲルハルト死（1607～） 1676 ブランデンブルグ，スウェーデン領ポメラニアに侵入 1680 ライプニッツ，微分法発見	1675～1730 サヴォイ公ヴィットリオ・アマデオ2世 1676～89 インノケンティウス11世 1680 彫刻家ベルニーニ死（1598～）	1675 デンマーク人レーメル，光速を測定 1679 スコーネ戦争
	1680	1681 ペンシルヴァニア憲章成る 1682 フィラデルフィア市建設。フランス，ルイジアナに植民 1683 ニューヨーク市第1次立法会議 1687 ラサール，部下に殺される（1643～） 1689～97 英仏植民地戦争（ウィリアム王戦争，大同盟戦争）	1681 劇作家カルデロン死（1600～） 1683～1706 ポルトガル王ペドロ2世	1682 ハレー，ハレー彗星の週期性発見 1684 ジョン・バニヤン「天路歴程」 1685～88 ジェームス2世 1685 前王の庶子モンマスの乱（セッジムーアの戦，モンマス刑死） 1687 ニュートン，万有引力の法則 1688 ウィルレムのイングランド上陸，名誉革命 1689～1694 女王メリー2世｝共治 1689～1702 ウィリアム3世｝ 1689 信教自由令。権利宣言（権利法典） 1689～97 イギリス・フランス間の植民地戦争（ウィリアム王戦争，両国間の長期に亘る植民地戦争の初め） 1690 ジョン＝ロック「人間悟性論」及び「統治論」2編	｛1689～1702 同君連合	1680 メッツにおける室内会議。批評家ラ・ロシュフーコー死（1613～，「箴言集」） 1681 ストラスブール併合。ボシュエ「世界史論」。マビヨン「古文書学」 1682 宮廷，ヴェルサイユに移る。画家クロード・ロラン死（1600～） 1683 イスパニア領ネーデルランドに侵入。コルベール死（1619～） 1684 ドイツ・フランス，レゲンスブルグの12年間休戦 1684 詩人コルネイユ死（1606～，古典悲劇完成） 1685 ナント勅令の廃止（中産的ユグノーの亡命）……○ブランデンブルグ大選挙侯のユグノー招致 1686 アウグスブルグ同盟 1687 古典オペラの創始者リュリ死（1632～）。文芸界に古代人と近代人との優劣論争おこる 1688～97 ファルツ継承戦争（掠奪戦争・アウグスブルグ同盟戦争） 1688 建築家・医学者クロード・ペロー死（1613～） 1689 海軍造船所創立 1689.5 大同盟 1690 画家ルブラン死（1619～）	1681 大学統計学者コンリング死（1606～） 1682～99 ハンガリー回復のための対トルコ戦争 1683 トルコ軍のウィーン包囲。ブランデンブルグ，アフリカの黄金海岸に植民 1687 モハッチの勝利（トルコよりハンガリー奪還） 1688 大選挙侯フリードリヒ・ヴィルヘルム死。経済学者シュレーダー死（1640～） 1689以後 ファルツ荒廃甚だしい	1684～94 ヴェネツィア，オーストリアとともにトルコと戦う（1687アテネのパルテノン（トルコが火薬庫に流用）破壊さる ○この頃ナポリ・ヴェネツィアの二大音楽学校全盛 1689～91 アレクサンデル8世	○詩人（デンマーク）キンゴ 1634～1703 （ノルウェー）ダス 1647～1708
	1690	1690 ボストンに植民地最初の新聞発行 1694 ブラジルに金鉱発見 1682／99 フランス植民地ルイジアナの成立	1698 列強のイスパニア分割秘密協約 1700 イスパニアのハプスブルグ家断絶，ブルボン家代る	1690.6 ビーチヘッドの海戦（フランス海軍敗る）。ブリュールスの戦 1691 リメリクの陥落 1692.5 ラオーグの海戦（英蘭連合艦隊，フランス海軍を破る） 1692 グレンコーの虐殺 1693.6 ラゴス湾の海戦（仏提督トゥールヴィル伯，英海軍を破る） 1694 イングランド銀行設立。3年議院法 ○散文作家 ドライデン 1631～1700 ピープス 1633～1703 1695 オランダの物理学者ホイヘンス死（1629～） 1695 音楽家パーセル死（1658～） 1696 ウィリアム3世暗殺未遂事件 1697.9 ライスワイクの和約（フランス・イギリス・イスパニア・オランダ間。10. フランス王とドイツ皇帝との和） 1698 ロンドン株式取引所創設		1694 神学者アルノール死（1612～，ジャンセニスト）。彫刻家ピュジェ死（1622～） 1695 寓話詩人ラ・フォンテーヌ死（1621～） 1695 出版自由の許可。リュクサンブール死（1628～）。神学者ピエール・ニコル死（1625～，モラリスト・ジャンセニスト） 1699 劇詩人ラシーヌ死（1639～，古典悲劇） 1700 アンドレ・ル・ノートル死（1613～，ヴェルサイユ大庭園設計者）	1691 サレム＝ケメンの戦（トルコ軍敗退） 1692 ハノーヴァー，選挙侯となる。財政学者ゼッケンドルフ死（1626～） 1694 ハレ大学創立。法学者プフェンドルフ死（1632～，政治家・歴史家） 1695 ブレスラウ大学創立 1697 オイゲン公，トルコ軍をゼンタに破る 1699.1 カーロヴィッツ条約（トルコと和す） 1700 グレゴリオ暦ひろまり初める	1691～1700 インノケンティウス12世	1697～1718 スウェーデン王カルル12世 1699～1730 デンマーク王フレデリク4世 1699 デンマーク・ 1700 北方戦争 1700 ナルヴァの戦
	1700	1701 イェール大学創立。デトロイト市建設 1702～13 アン女王戦争 1704 ボストン・ニューズレター創刊 1706 フィラデルフィア長老教会組織 1709 ドイツのアメリカ植民の初め 1710／18 フランス，ニューオルリーンズ市を建設	1701～ イスパニア継承戦争（イギリス・オランダ・ドイツ，対フランス・イスパニアと戦う） 1701～46 イスパニア王フェリペ5世（ルイ14世の孫） 1703 メスエン条約（イギリス，ポルトガルと貿易協定） 1704 英軍，ジブラルタル占領 1705 オーストリア大公カール，イスパニアに入る。カタロニアに反乱起る（～1716） 1706 連合軍，マドリード占領 1706～50 ポルトガル王ジョアン5世 1708 英軍，ミノルカ島占領 1710 ビリャビシオサの戦（マドリードのカール大公（3世），仏将ヴァンドーム公に破られる）。サラゴサの戦	1701 王位相続令 1702～14 女王アン 1702～13 アン女王戦争（英・仏，植民地に戦う） 1702 英将マールボロ，ヴェンロー及びリエージュを占領 1703 マールボロ，イスパニア領ネーデルランド侵入。ヘクステットの戦（仏将ヴィラール，バヴァリア軍を破る） 1704 ニュートン「光学」。ジョン・ロック死（1632～，経験論哲学） 1705 ニューコメン，大気圧蒸汽機関の発明 1706 ラミリーの戦（マールボロ，フランス及びバヴァリア軍を破る） 1707 スコットランドと合同（グレートブリテン王国と称す）。ウォルポールの執政 1708 ウーデナルドの戦 1709 マルプラケの戦（オイゲン・マールボロ，フランス軍を破る） 1709 定期刊行文芸誌「タトラー」創刊 1710 南海会社設立	1704 ブレンハイムの戦（オイゲン公及びマールボロ，フランス軍を破る） ○オランダ第2次空位時代（1702～47） 1709 画家ホッベマ死（1638～）	1701 カルピ・キャリの戦（オイゲン公，フランス軍を破る）。 1702 クレモナ及びルツァラの戦（オイゲン公の活躍） 1703～10 セヴェンヌ反乱（都市・農村の動揺） 1705 カノッサの戦（オイゲン公，仏将ヴァンドーム公と戦う） 1706 トリノの会戦（オイゲン公のイタリアにおける対仏決定的勝利） 1706 哲学者ピエール・ベール死（1647～） 1707 フランス軍，イタリアより退く 1707 フランス軍，シュトゥットガルト占領 1708 ヴォーバン「王室十分一税案」	1701 プロシア王国の成立〔ホーエンツォレルン家〕（1701～13 フリードリヒ1世） 1703 カール大公，イスパニア王を称す。プルツクスの戦 1705～11 ヨゼフ1世 1706 アルトランステット条約（カルル12世，サクソニア公アウグストと和し，レチンスキーのポーランド王位認めらる） 1708 ストラニツキー，ウィーンにドイツ最初の劇場設立 1709／10 マイセン窯の創始（チルンハウゼン及びベッチガー） 1709 ハーグ協定（ドイツ帝国内におけるスウェーデン領の中立宣言） 1709 ドイツのアメリカ植民の初め	1700～21 クレメンス11世 1703 サヴォイ，対仏同盟に参加 1705 画家ジョルダーノ死（1632～，写実主義） 1707 フランス軍，イタリアより退く	1701 カルル12世，侵入，以後ポー 1702 デンマークの農奴解放 1708 カルル12世， 1709 ポルタヴァの
	1710								

人身保護律＝Habeas Corpus Act。**名誉革命**＝Glorious Revolution。**権利宣言**＝Declaration of Rights。**イスパニア継承戦争**＝Spanish Succesion War。写実主義＝Realism。**北方戦争**＝Northern War。
グレートブリテン王国＝Kingdom of Great Britain。経験論＝Empiricism。新旧優劣論争＝古代文学と近代文学とのいずれがすぐれているかという論争。

〔24〕

東ヨーロッパ		西アジア		南アジア		北アジア	東アジア			年代	大勢
ポーランド	ロシア帝国	トルコ帝国	サファヴィ朝	ムガール帝国	南インド・東南アジア	ジュンガル部	清帝国 (1616～1912)	朝鮮	日本		
1674～96 ヤン3世ソビエスキー 1676 トルコとツラフナ条約，ポドリアを失う 1678 ウクライナのコサックの反乱	1676～82 フィヨドール3世 1677～81 ロシア・トルコ交戦 1678 戸口調査	1649～87 ムハメット4世 1676～83 宰相カラ・ムスタファ	1667～94 スレイマン1世	1658～1707 アウランゼブ 1675 アウランゼブ，シーク教王バハードルを殺す 1677 アウランゼブ，非イスラム教徒に対する人頭税を復活 1680 シヴァージ敗死(1627～，マラータ同盟の創設者)	1676～1707 安南国王黎維袷 1677 イギリス東インド会社，ビルマのシリアム支店閉鎖 1679 シャム，パタニを服属させる 1680 ギリシア人フォールコン（英船員）シャムの高官となる。シャムはじめてヨーロッパに遣使	1677 ジュンガル部のガルタン汗(1676～97)オイラートの首オチルを殺して自立 1679 ガルタン汗，ハミ・トルファンを征服 1680 ガルタン汗，回部を征服しチャガタイ汗国の子孫をイリに幽閉	1661～1722 聖祖(康熙帝) 1675 チャハル部の反乱。学者孫奇逢死(1584～) 1676 大清律集解附例を廃し刑部現行則例を行う。初めて吉林将軍を置く 1677 鄭経(成功の子)を破り，福建平定 1678 呉三桂，王号を称す，死(1612～)，孫，呉世璠立つ ○山水画家 1679 銭法を定める 龔賢(半千) ?～1686 1679 明史の編纂を命ず 梅清(瞿山) ?～1697 1680 顧祖禹死(1624～，「読史方輿紀要」)	1674～1720 粛宗 1675 宋時烈の失脚 1677 嶺南大同法施行 1680 庚申の大獄。宋時烈復帰	1663～87 霊元天皇 1675 オランダ風説書の初め 1678 坂田藤十郎，大坂に歌舞伎（和事）を開く (1680～1709 徳川綱吉)	1675	ロシアの勢力の台頭／日本の元禄庶民文化／清，康熙帝の盛世とその東アジア制覇／ジュンガル部の活躍
1683 ポーランド軍，ウィーン包囲中のトルコ軍を撃破	1681 バフチサライ条約 1682～89 イヴァン5世（ピョートルと共治。摂政，姉ソフィア） 1689～1725 ピョートル1世独裁（大帝） 1689 ネルチンスク条約	1683 トルコ軍ウィーン再包囲失敗。カラ・ムスタファ処刑(1634～)。カレンベルグの戦 1687～91 スレイマン2世 1687 ハンガリー喪失 1689 宰相キョプリュリュ・ザデ(～91)		1681～82 デカン遠征，この地方を直轄領とする 1681 ラームダース死(1608～，宗教家，シヴァージの政治顧問) 1683 アウランゼブ，マラータ軍を親征（デカン征圧戦，～1706） 1685～91 農民ジャード族の第2次反乱 1686 ビジャプール王国併合。 1687 ゴルコンダ王国併合（ムガール帝国最大領土時代） 1689 マラータの主サムブージー，アウランゼブに殺される	1682～1709 安南の宰相鄭根 1686 マニラで華僑虐殺事件 1688 フォールコン刑死。シャム王ナライ死，国内混乱	1685～86 アルバジンにて清軍，ロシア兵と戦う 1688 ガルタン汗，(外)ハルハ部を討つ。ハルハ部，清に求援 **1689 ネルチンスク条約(清，ロシアと国境を定む)**。ロシア，アルバジン城放棄 **1690 聖祖の第1次ガルタン汗遠征**（ウランプトゥンに破る）。大清会典成る。	1681 鄭経，台湾に死，子克塽立つ。海禁を解く。呉世璠自殺し，三藩の乱終る 1682 耿精忠を殺す。黒龍江将軍を置き愛琿に駐す。愛琿に築城 1683 鄭氏を滅ぼし，台湾を領有。学者万斯大死(1633～)。臧応選，景徳鎮御器監陶官となる 1684 四海関を設く。外国貿易を許す。文人傅山死(1607～) 1685 学者納蘭成徳死(1655～) 1687 鄒県の孟子廟建設 1688 フェルビースト死(1623～)。フランス宣教師の団長フォンタネ（洪若翰），北京に入る 1689 暢春園成る 画家惲格死（1633～）	1683 老論・少論起る 1684 「宣廟宝鑑」の編修 ○老少南北の党論（四色）ますますさかんとなる 1689 乙巳の転局，宋時烈(1607～)済州流謫，死を命じられる	1681 鉄眼の一切経成る 1682 勘定吟味役を置く。尚貞を琉球王とする 1683／87 河村瑞賢の治水事業 1684 小石川薬園創設 1687 生類憐みの令 1687～1709 東山天皇 **1688～1703 元禄時代** 1688 大坂堂島に米穀取引所を置く 1689 清，長崎に商館を設置 1690 昌平坂学問所創設。ドイツ人ケンペル来る	1680	
1697～1704 アウグスト2世（サクソニア公）(強健王) ロシア・ポーランド3国間の同盟 争 お こ る （ロシア軍惨敗）	1695 海軍を創設 1695／96 ロシア，アゾフ海進出 1697～98 ピョートルの西ヨーロッパ旅行 1698 近衛兵（ストレルチ）の反乱 1698 トルコとカーロヴィッツ条約 1699 軍制改革 1699 ロシア，ユリウス暦採用	1691～95 アフメット2世 1695～1703 ムスタファ2世 1697 ゼンタの敗戦 1699 カーロヴィッツ条約（対オーストリア・ポーランド・ヴェネツィア）	1694～1722 フサイン1世	1690 イギリス，カルカッタ市建設 1692 フランス，シャンデルナゴル商館建設 1692頃 デカンにマラータ勢力再興 1693～99 オランダ，一時，ポンディシェリーを占領 1698 イギリス，新東インド会社結成 1699 マラータ同盟再び活発化	1689 シンゴラ，シャムに服属 1692 安南，キリスト教及び清の言語・風俗を禁じる 1699 オランダ，ジャワで初めてコーヒーを栽培 1697 安南の「国史実録」成る 1698～1714 ビルマ王サネ	1691 清，張家口・大同に派兵しガルタン汗の侵入に備える。聖祖，辺外モンゴルを巡幸 1694 ガルタン汗，ハルハ部に侵入 1696 聖祖の第2次ガルタン汗遠征（チャオモードの戦）。清，外モンゴルを領有（清帝のハルハ諸汗に対する保護権確立）。ヤルカンドの酋阿布都実将来り投ず 1697 聖祖の第3次ガルタン汗遠征。ガルタン汗自殺。カルカ部，清に服属 1697～1727 ジュンガル部のツェワン・アラブタン（策妄阿拉布坦）	1692 各州県に貯米を命ず。兵器営を建つ。学者王夫之(船山)死(1619～)。玉泉山静明園成る。イエズス会士の伝道を許す 1693 費揚古(フィヤング)を安北将軍とする 1695 紫禁城太和殿成る ○康熙時代陶磁工芸の発達(豆彩，その他) 1698 永定河完工。イギリス人来り貿易を行う 1699 イギリスの広東貿易を許す。四川提督唐希順，打箭炉(ターチェンルー)を討つ	1692 金万重死(1636～，「謝氏南征記」) 1694 甲戌の獄	1691 画家土佐光起死(1617～) 1692 京都大火 1693 井原西鶴死(1642～，浮世草紙) 1694 松尾芭蕉死(1644～，「奥の細道」) 荻原重秀，勘定奉行となる 1695 宮崎安貞「農業全書」 1698 竹本義太夫，操芝居を初む 1700 徳川(水戸)光圀死(1628～)	1690	
リヴォニアを取りポーランドにランド・サクソニアに転戦 1704～09 スタニスラス・レチンスキー（スウェーデンの後押しにより擁立選出さる） ロシアに侵入，転戦 戦（ロシア軍大勝，カルル12世，トルコに亡命） 1709 アウグスト2世復位(～33)	1703 ペテルブルグ市起工 1705 日本語学習所設立 1706 カムチャツカ領有 1707～08 ドンコサックの反乱 1708 ピョートルの使節，イランに至る 1710～11 トルコ，カルル12世のためにロシアと戦う	1703～30 アフメット3世 ○トルコの文化興隆期（チューリップ時代）	【アフガン】 1709 カンダハルのギルザーイ朝独立	1702 イギリス，新旧東インド会社の合併 1706 アウランゼブ，マラータ同盟と和し，アーマドナガルに逃れる 1707 アウランゼブ死，ムガール継承戦争起る。ジャーシャウの戦，バハドゥル・シャー勝つ 1707～12 バハドゥル・シャー1世 1710 シーク教徒の反乱（教王バンダー 1708～16の時代）	1703～09 シャム王プラチャオ・スーア（虎王） 1705～29 安南国王黎維禟 1706 哀牢，安南に朝貢 1709～33 シャム王ターイ・スラ 1709 イギリス東インド会社，ビルマのシリアム支店再開	1697 ロシア人カムチャツカに到る 1703 オイラートのドルベット部来降。黄河の修治，ほぼ成る。湖南の紅苗の乱 **1710頃 コーカンド汗国おこる**	1701 永定河等の改修完了 1701? 費揚古死(1645～) 1702 連州の猺族反乱。広東・厦門に行商制(貿易組合制)を定める。史学者万斯同死(1638～) 1704 拉錫ら，黄河河源を探検し地図を作る。洪昇死(?～，「長世殿」)。学者閻若璩死(1636～)。高士奇死(1645～)。湖広の苗族に漢人と同じく応試を許す 1706 各省に育嬰堂を建つ。李天極の乱 1707 書家査昇死(1650～) 1707 「全唐詩」成る 1708 フランスのイエズス会士ブーヴェ（白晋）らに命じて地図を作らせる(1717)。熱河の避暑山荘の造営はじまる。「清文鑑」成る 1709 寧波・紹興における商船への販米を許す。学者朱彝尊死(1629～)。「淵鑑類函」成る ○円明園の造営はじまる 1710 倹約令の発布。6世ダライ・ラマ冊封	1701 張禧嬪の処刑 1705 大報壇を設け，明の神宗を祀る 1710 全羅道農民の蜂起	1701 契沖死(1640～，国学の祖) 1702 物価引下げ令。赤穂浪士の吉良邸討入り。たばこの本田畑栽培を公認 1703 近松門左衛門「曽根崎心中」 1705 伊藤仁斎死(1627～，古学)。北村季吟死(1624～，国学者・俳人) 1706 大坂の蔵元淀屋の取潰し 1707 富士山噴火，宝永山噴出 1708 イタリア宣教師シドッチ来る。和算家関孝和死(1643～) 1709 徳川綱吉死(1646～)，生類憐みの令を解く	1700 1710	

ストレルチ(ストレリツィ)＝Streltsy。チューリップ時代(ラレ・デヴリ)＝キョプリュリュ家の宰相時代にフランス文化の影響の下に文運興隆期を迎えたが，そのころチューリップがトルコ全国内に流行したのでこの名がある。**ピョートル**＝Petr，英語でピーターPeter。**人頭税(イスラムの)＝ジズヤ**＝Jizya。**哀牢**＝いまのラオス。**ガルタン汗**＝噶爾丹汗，Galdan。**四色**＝西人の老論・少論と，南人・北人の四党派の紛争。

大勢	年代	アメリカ大陸	西ヨーロッパ：イスパニア ポルトガル	西ヨーロッパ：イギリス(グレートブリテン)王国	西ヨーロッパ：オランダ	西ヨーロッパ：フランス王国	中央ヨーロッパ：神聖ローマ帝国	中央ヨーロッパ：神聖ローマ帝国（プロシア）	中央ヨーロッパ：ローマ教会 イタリア諸邦	北ヨーロッパ：北欧三国
オーストリアの台頭と神聖ローマ帝国の衰微／新しい思想の展開／ロココ芸術時代／フランス啓蒙思想の発達	1711	1713 ユトレヒト和約により，仏領アカディア・ニューファウンドランド・ハドソン湾地方をイギリスに譲渡 1717 ノヴァグラナダ副王領成立（のちのコロンビア地方） 1718 ウィリアム・ペン死（1644〜，ペンシルヴァニア州創始者，クェーカー派の思想家）	1701〜46 フェリペ5世 1711 フェリペ5世，マドリードに入る 1714 マドリード大学創立 1717 イスパニア・スウェーデンに対するイギリス・フランス・オランダの三国同盟 1717 サルディニア占領 1718〜20 イギリス，イスパニアと戦う 1719〜20 フランス・イスパニア戦争（1720 マドリード条約）	1702〜14 女王アン 1711 マールバラ免職，オーモンド侯総司令官となる。蔵相オックスフォード南海会社設立 1713 シャフツベリ死（1671〜，道徳哲学） 1713 ユトレヒト和約（フランス・イギリス・オランダ・サヴォイ・プロシア・ポルトガルともに講和。ドイツ皇帝はなお戦争を継続） 〔ハノーヴァー朝〕1714〜現在 1714〜27 ジョージ1世（ドイツのハノーヴァー王） **1715〜17 ウォルポール首相兼蔵相** 1716 七年選挙条令（7年議院法）。フリーメーソン成立 1718 ユトレヒト条約維持のためにフランス・イギリス・ドイツ皇帝・オランダ4国間に同盟を結ぶ。**パッサロヴィッツ条約** 1718 議会分離法 1719 デフォー「ロビンソン・クルーソー」。ストックホルム条約 1720 南海泡沫会社の破綻	1702〜47 空位時代 1720 ハインシウス死（1641〜，政治家）	1643〜1715 ルイ14世 1711 劇作家ボワロー死（1636〜） 1713／19 オテル・ド・トゥールーズの黄金の間（コット作） 1714 ラスタット・バーデン和約（皇帝，ユトレヒト和約承認，フランスと和） 1715 ルイ14世死（1638生） 1715〜74 ルイ15世 1715〜23 摂政オルレアン公フィリップ 1716 国立銀行創立 1718 財政家ジョン・ローのミシシッピ開発の企図（〜20，南海泡沫会社事件）ロー，王室銀行設立 1720 ロー，財務長官となる。マドリード条約。南フランスにペスト流行。彫刻家コワズヴォクス死（1640〜）	【オーストリア】 1711〜40 カール6世（1703〜11，自称イスパニア王カール3世） 1712 【スイス】第2ヴィルメルンゲン戦争 1713 国事詔書発表 1715 オーストリア・ヴェネツィア，対トルコ戦争（〜1718） 1716 ペテルワルダインの戦（オーストリア軍，トルコを破る） 1716 ライプニッツ死（1646〜，認識論） 1717 オイゲン公，トルコよりベオグラード略取 1719 皇帝，サクソニア・ポーランド・イギリス・ハノーヴァーとウィーン同盟（ロシア・プロシアと対抗のため） 1720 オーストリア東インド会社設立	【プロシア】 **1701 王国成立** 1701〜13 フリードリヒ1世 1713〜40 フリードリヒ・ヴィルヘルム1世 1717 義務教育制公布 1720 黄金海岸の植民地をオランダに売却	1700〜21 クレメンス11世 ○音楽（オペラ）家 スカラッチ 1659〜1725 ペルゴレジ 1710〜1736 1718 悲劇作家グラヴィナ死（1664〜） 1718 ヴェネツィア領モレア，トルコに奪われる 1718〜30 サルディニア王ヴィットリオ・アマデオ2世 1720 アーヘン協定（サヴォイ公，サルディニア王を称す）	1697〜1718 スウェーデン王カルル12世 1712 ガデブッシュの戦（スウェーデン，デンマークを破る） 1718 カルル12世戦死 1718〜20 スウェーデン女王ウルリカ・エレオノーラ 1719 ストックホルム条約（ドイツ国内のスウェーデン領をイギリスに割譲）
	1720	1720 セントルイス市建設（フランス）。バーネット，ニューヨーク総督となる 1724 トレントン市建設 1725〜30 デンマーク人ベーリング（ロシア籍）の第1次北太平洋探検（1728 ベーリング海峡を確認） 1728 バーネット，マサチュセッツ総督となる 1730〜48 フランクリン，「ペンシルヴァニア・ガゼット」紙経営	1725 オーストリア，イスパニアと同盟 1726／39 ベニート・フェイホ「世界学芸の総批評」 1729 セビリヤ条約（イギリス・フランス・イスパニア間，ジブラルタル，英領に帰す）	**1721〜42 ウォルポール内閣（責任内閣制度の初め）** 1721 詩人プライア死（1664〜，社会諷刺詩） 1722 マールバラ死（1650〜） 1725 ハッチンスン「美徳の観念の起源の研究」 1725 ハノーヴァー条約（イギリス・フランス及びプロシアの同盟） 1726 スウィフト「ガリヴァー旅行記」 1727〜60 ジョージ2世 1727 ニュートン死（1643〜） 1729 コリンズ死（1676〜，道徳哲学）		1721 ローの経済政策破綻し，金融恐慌起る。モンテスキュー「ペルシア人の手紙」。画家ワトー死（1684〜） 1722〜23 宰相デュボア（1656生） ○サロン全盛時代はじまる 1723 オルレアン公フィリップ死（1674〜） 1726 地図学者ギヨーム・ドリル死（1675〜）。ルイ15世の後見人フリューリー，政権を握る（〜43） ○美術界のルイ15世様式（フランスのロココ様式） 1729 舞踊家ペクール死（1658〜）	1723 スタールの熱素説 **1724 国事詔書（女子領土相続法・領土永久不分割宣言）公示。**ファーレンハイト，水銀寒暖計（華氏目盛）を発明 1725 オーストリア，イスパニアと同盟 1728 ベルリン条約（プロシア，オーストリアの国事詔書を承認）。法学者クリスチャン・トマジウス死（1655〜，哲学）	1725 ハノーヴァー条約	1721〜24 インノケンティウス13世 1724〜30 ベネディクトゥス13世 ○楽器の製作者ストラディヴァリ 1644?〜1737 1730〜73 サルディニア王カルロ・エマヌエレ3世 1730〜40 クレメンス12世	1720〜51 スウェーデン王フレデリク1世 1721 ニスタット条約 1722 スウェーデンに高帽・低帽両党起る 1728 デンマーク人ベーリング，ベーリング海峡を発見 1730〜46 デンマーク王クリスチャン6世
	1730	1732 北米のイギリス植民地13州となる 1733〜43 ベーリングのカムチャツカ及び第2次北太平洋探検（41頃アリューシャン列島発見，41 ベーリング死） 1739〜47 ジェンキンスの耳の戦争（イギリス，イスパニアと戦う）	1735 両シチリア，イスパニア領となる（王ドン・カルロス，1738確認）	1731 デフォー死（1660〜，文筆） 1733 北米から輸入の砂糖に税を課す。ジョン・ケイ，飛梭を発明（紡績機械の発達のはじめ） 1736 エディンバラにポータスの騒乱 1737 メソディスト教会創立者ジョン・ウェスレーの結社の初め 1738 ローラー紡績機の発明 1739 ヒューム「人性論」		1731 パリ高等法院と王室との対立，次第に激しくなる。アベ・ペレヴォー「マノン・レスコー」 1732 ジャンセニストを迫害 1733〜35 ポーランド継承戦争（フランス・イスパニア・サルディニア，対オーストリア・ロシアと戦う） 1733 フランス，ロレーヌを占領（1766併合），フィリップスブルグ奪取 1733 彫刻家クストゥー死（1658〜）。音楽家クープラン死（1668〜） 1735 ウィーン仮条約（オーストリア，両シチリアをイスパニアに譲り，パルマ・トスカナを領有）。ドン・カルロス両シチリア王となる ○フランス啓蒙思想（モンテスキュー・ヴォルテール・ルソー・ディドロー・ダランベールなど） 1738 ウィーン本条約（フランス，オーストリアの国事詔書承認） ○フランス学士院，音速を測定	1731 帝国通商条令。ザルツブルグの大司教，新教徒2万人を追う 1736 オイゲン公死（1663〜） 1736〜39 対トルコ戦争 1737 フィレンツェのメディチ家断絶，ロートリンゲン公フランツ・ステファン，トスカナ大公となる 1739 ベオグラード和約（トルコに多大の土地を返還） 1740 カール6世死	1733 一般徴兵制公布 **1740〜86 フリードリヒ2世（大王）**	1738以後 ヘルクラネウムの発掘 1740〜58 ベネディクトゥス14世	1735 リンネ「博物分類」 1741〜43 スウェ
	1740 1745	1740 テネッシーの探検 1742 イギリス，フランス植民地を攻撃 1744〜48 ▽ジョージ王戦争	**1740〜48 オーストリア継承戦争（フランス・イスパニア・バヴァリア・サクソニア・プロシア，対オーストリア・イギリス間。以下▽印）**	1742〜43 ウィルミントン内閣 1742 歴史家ベントリ死（1662〜） 1743〜54 ペラム内閣 1744 クライヴ，インドに赴く **1744〜48 ▽ジョージ王戦争（英仏，植民地に戦う）** 1744 詩人ポープ死（1688〜） 1745〜46 ジェームス党の反乱		1741 ニンフェンブルグの密約。歴史家モンフォーコン死（1665〜） 1742 バヴァリア侯カール7世，フランスの援助で皇帝を称す（〜45，〔ウイッテルスバハ家〕） 1743 フリューリー死（1653〜） 1743 画家リゴー死（1659〜） 1745〜64 ポンパドゥール夫人政権干与 1745.5. フォントノワの戦。12. ドレスデン条約（プロシアにシレジア割譲を再確認）	1740〜80 女帝マリア・テレジア 1740〜42 ▽第1次シレジア戦争（プロシアのシレジア占領） 1742.6／7 ブレスラウ和議（プロシア，シレジアを奪取） 1744〜45 ▽第2次シレジア戦争		1743 音楽家ヴィヴァルディ死（1680〜） 1744 哲学者ヴィコ死（1668〜，イタリア哲学の近代化）	1742 セルシウス摂氏寒暖計の目盛を発明 1742 ロシア，フィ 1743 オーボ

国事詔書＝Pragmatic Sanction。ロココ芸術＝Rococo，フランス語のロカイユRocaille（小石・砂利）から出た語で，工芸品や装飾品などの様式に用いられたが，やがて美術様式全般に適用された。**13州成立の年代**＝1607-Virginia, 1629-New Hampshire, Massachusetts, 1632-Maryland, 1636-Rhode Island, 1662-Connecticut, 1664-New York, New Jersey, 1681-Pennsylvania, 1682-Delaware, 1729-N. & S. Carolina, 1732-Georgia。

〔25〕

東ヨーロッパ		西アジア		南アジア		北アジア	東アジア			年代	大勢
ポーランド	ロシア帝国	トルコ帝国	サファヴィ朝	ムガール帝国	南インド 東南アジア	ジュンガル部	清帝国 (1616〜1912)	朝鮮	日本		
1709〜33 アウグスト2世(強健王) 1715〜17 ポーランドの内乱(アウグスト2世これに介入し勝者となる) 1719 ストックホルム条約(スウェーデン，アウグストの王位を承認)	1689(82)〜1725 ピョートル1世(大帝) 1711 プルート条約(トルコ一時アゾフ海に優位を占める) 1712 バルト沿岸占領 1713 ペテルブルグ遷都 1716〜17 ピョートルの第2次西欧旅行 1716〜17 中央アジア遠征 1718 オーボ条約 1719 農奴人口の調査 1720 ロシア人デルベント地方に侵入	1703〜30 アフメット3世 ○トルコの文化再興期 1715 ヴェネツィアよりモレアを奪う 1718 パッサロヴィッツ条約(セルビア・ワラキア等を失う)	1694〜1722 シャー・フサイン 1711 アフガンの族長ミール・ワイス，カンダハルの包囲を撃退 1715 ピョートルの第2回使節来る 1715 ミール・ワイス死 1719 ヘラット地方のアブダリー族の独立 1720 ワイスの子マハムード，ケルマン占領	1707〜12 バハドゥル・シャー1世 1713〜19 ファルーク 1714〜20 マラータの初代執政(ペーシュワ)バーラージー・ヴィシワナート(首都プーナ) 1716 シーク教徒西北に侵掠 1719〜48 ムハメッド・シャー 1720 ウルドゥ詩人ワリー死(1680?〜) 1720 フランス人デュプレクス，インドに来る。バージ・ラーオ，マラータの執政となり勢力をふるう	1709〜17 シャム王タイ＝スラ 1714 カンボディア王シー＝タムマラジャ即位，伯父に逐われて亡命。シャム，カンボディアに出兵して失敗 1717 ラオス人，シェンマイのビルマ人虐殺 1719〜23 ジャワ継承戦争	1697〜1727 ツェワン・アラブタン ○アラブタン，カザックを攻撃 1715 アラブタン，哈密をうかがう 1717 アラブタン，ラサを陥れ，6世ダライ・ラマを幽閉 1718 清軍，チベットに入りジュンガル部を逐う。 1720 清，トルファンを取る。チベット，清領となる(6世ダライ・ラマを立つ)。	1661〜1722 聖祖(康熙帝) 1711 盛世滋生人丁を定める(丁銀負担の不均衡を是正)。「佩文韻府」成る。文人王士禛死(漁洋山人，1634〜) 1712 図理琛をロシアに派遣。朝鮮と長白山定界碑建設 1713 丁銀の額を一定とする 1714 王鴻緒「明史列伝」。淫書を禁ず。学者胡渭死(1633〜，「易図明弁」) 1715 イギリス，広東に商館設置。哈密(ハミ)に屯田兵を置く。蒲松齢死(1640〜，「聊斎志異」) 1715 王原祁死(1642〜) 1716 「康熙字典」成る。学者毛奇齢死(1623〜) 1717 広東省に地丁銀実施，以後各省に普及施行 1717 画家王翬死(石谷，1663〜) 画家呉歴死(1632〜)。 1718 孔尚任死(1648〜，「桃花扇」) 1719 「皇輿全覧図」成る 1720 広東に公行創立。ローマ教皇の使節来る	1674〜1720 粛宗 1711 北漢山城を築く 1713 京畿道大ききん 1715 銅斗斛を八道に頒つ 1716 祠を南原に建て秀吉の朝鮮役に戦死した明将を祭る 1717 大洪水 1720〜24 景宗	(1709〜12 徳川家宣) 1709〜35 中御門天皇 1709 間部詮房・新井白石登用。東大寺大仏殿再建 1711 新井白石，朝鮮信使接待法を改める 1712 新井白石「読史余論」 (1713〜16 徳川家継) 1714 貝原益軒死(1630〜)。 ○浮世絵師菱川師宣 1715 海舶互市新令。近松「国姓爺合戦」 1716 新井白石「折たく柴の記」。尾形光琳死(1658〜) (1716〜45 徳川吉宗) ○享保の改革 1717 大岡忠相，江戸町奉行となる 1720 禁書令を緩和。江戸町火消いろは組を創設	1711	ロシアのシベリア征服完了／清朝文化の成熟／トルコの衰勢／ムガール帝国支配権の減退
約(ロシア，バルト海南岸地方を領有) ○ワルシャワ・ドレスデンに大規模な宮廷を営む(ルイ14世様式の模倣)	1721 モスクワ総主教に代る宗務庁設置 1722 ロシア軍，イラン侵入。 1723 ロシア軍，カスピ海岸のレシトとバクーを軍事占領 1724 人頭税実施 1725〜27 女帝エカテリナ(先帝の寵臣メンシコフ，全権を握る) 1725 科学アカデミー創設 1726 ウィーン同盟参加。枢密院設置。ポソシコフ死(1652〜，重商主義) 1727〜30 ピョートル2世	1724 アフガン軍，シラズ占領 1725 トルコ軍，タブリーズ占領 1728 コンスタンティノープルに印刷所を創立 1730 パトロナ・ハリルの反乱。詩人ネディーム死(1680〜) 1730〜54 マフメット1世	1722〜31 タハマスプ2世 アフガンのムハメッド，サファヴィ朝を倒す(アフガン族のイスパハン占領，〜29) 1725 アフガンのムハメッド死しアシュラフつぐ 1729 イラン人ナディル・クリー，アフガン軍を駆逐，イスパハン奪還 1730 アフガンのアシュラフ死す	1723 デカン太守ニザム・ル・ムルークを登用 1724 ニザム・ル・ムルーク，デカンに独立。マラータ軍，グジャラート征服。ムガールの宰相サアダット・カン，オードで独立 ○ムガール皇帝の支配地次第に縮小し，実権を喪失	1721 ビルマに初めてキリスト教伝わる 1725 フランス，マエを占領 1728 シェンマイ，ビルマより独立(〜63)。安南，清と国境協定	アラブタン，コサック兵とイルチシュ河畔に戦う 1721 アラブタン，トルファンを侵す 1725〜30 ベーリングの北方探検 1727 清，ロシアとキャフタ条約(1728 キャフタ開市) 1727〜45 ガルダン・ツェレン(噶爾丹策凌)	1721 台湾，朱一貫の乱。山西に社倉を置く。数学・暦学者梅文鼎死(1633〜) 1722 聖祖死(1654生) 1722〜35 世宗(雍正帝) 1723 福建でキリスト教迫害事件。キリスト教禁止，宣教師をマカオに追放。北京雍和宮成る 1723〜24 青海の羅卜蔵丹津の乱 1724 ラサに駐蔵弁事大臣を置く，宣教師を広東に移す 1725 「古今図書集成」成る。新修律令成る ○雍正時代の名磁{正窯と粉彩(胡月軒) 1727 賤民の解放進む 1727〜28 チベットの反乱 1728 安南との国境を定める 1729 イギリスの商船と貿易 1730 文人画家黄鼎死(1660〜)	1721／22 辛丑の獄，宰相金昌集ら刑死 1724〜76 英祖 1725 英祖，党争の融和を計る(蕩平の策) 1727 北関東に鳥鎗を習わせる 1728 李麟佐の乱(少論派) 1729 尹弼良，千歩銃を作る	1721 目安箱設置 1722 上げ米の制(〜30)。新田開発奨励 1723 足高の制を定める 1724 倹約令。近松門左衛門死(1653〜) 1725 新井白石死(1657〜) 1726 物価取締令 1727 カンボディア船，長崎に来航 1728 荻生徂徠死(1666〜，古文辞学) 1729 太宰春台「経済録」 1730 大坂堂島の米仲買仲間・株仲間結成	1720	
1733〜35 ポーランド継承戦争 1734〜63 アウグスト3世	1727 メンシコフ追放 1730〜40 女帝アンナ(寵臣ビロン) 1734 キルギス部併合 1736〜39 トルコ，ロシア・オーストリアと交戦 ○ドイツ人ミュンニヒ，軍政権掌握 1737〜39 トルコよりアゾフ・クリミアを奪取 1737 ビロン，クルランド侯となる 1740〜41 イヴァン6世 1740 ミュンニヒ，ビロンと争う	1739 ベオグラード和約(オーストリアよりパッサロヴィッツの失地を取戻す)	1732〜36 アッバス3世 1735 ナディル・クリー，バクーとデルベントを奪還 1736 サファヴィ朝滅ぶ **アフシャール朝** 1736 ナディル・(クリー・)シャー即位(〜47) 1739〜40 ナディル・シャー，デリーを占領，大虐殺	1737 マラータ軍，デリーに迫る 1738 ニザム・ル・ムルーク，ボーパルにマラータ軍を破る	1733 華僑，アユタヤ王宮を侵す 1734 安南の「国朝会典」成る。ビルマ，アヴァ遷都 1737 安南国王黎維禕を冊封 1740〜57 ビルマにタライン族の活躍	1731 清の傅爾丹，ジュンガル部を討ちかえって敗れる(和通泊の戦) 1732 ツェレン，青海部の主ロブツァン・タンジンとともに大挙して清の北辺を襲撃 1733 清，ジュンガル部を攻撃(1734 ツェレン，和を乞う) 1733〜43 ロシア，シベリアの学術探検 1737 ジュンガル部，ハルハ部とアルタイ山を境界とする 1738 清，ツェレンにチベットとの通商を許す	1732 軍機処を設置。花鳥画家蒋廷錫死(1669〜) 1733 ウリヤスタイに築城。「大清会典」成る 1733 画家高其佩死(1671?〜) 1735 大学士鄂爾泰，改土帰流に努める。世宗死。 1735 「纂修明史」成る 1735〜95 高宗(乾隆帝) 1737 綏遠城建設。鄂爾泰らを軍機大臣に命じる 1738 「欽定八旗通志」成る 1739 「明史」成る 1740 湖南の苗族の乱。回籍令(漢人の満州移民の禁止)。「大清律令」成る	1733 全羅道沿海流民の暴動。烙刑を廃止。酒造の禁 1734 「農家集成」を頒つ 1738 平安道人民蜂起 ○山水・人物画家 金弘道	1731 清人沈南蘋，長崎に来り画法を伝える(1733 帰国) 1732 西国凶作 1733 江戸米一揆 1734 室鳩巣死(1658〜) 1735〜47 桜町天皇 1736 荷田春満死(1668〜，国学)。伊藤東涯死(1670〜) 1738 山城に煎茶製造の初め 1739 ロシア船，安房沖に来る	1730	
ーデン，ロシアと戦う ンランドを占領 条約(ロシア，スウェーデンの和)	1741〜62 女帝エリザベタ 1741 宮廷革命，ミュンニヒ追放，ビロン政権に復帰 1744 帝室陶磁器工業の初め	○トルコ，次第に衰運に向う 1743〜46 トルコ・イラン戦争	1740 ボハラ・ヒヴァ両汗国を征服	1740 ベンガル独立。フランス，ヤナオン占領 1740〜61 マラータ同盟全盛期 **1742 英仏，植民地の抗争おこる(インドにおける角逐)**	1740〜86 安南国王黎維祧(宰相鄭楹専権) 1741 バタヴィア華僑の大虐殺 1742〜53 ペグー独立(1744 アヴァを攻撃)	1742 ロシア，イルクーツクに日本航海学校を建てる 1745 ツェレン死	1741 各省に命じて元・明以後の遺書を採訪させる。「蒙古律令」成る 1742 ガルタンの入蔵を禁じる。江南の販米の出洋を禁じる。滞獄の精理を命じる 1743 区田法を試行。「欽定医宗金鑑」成る。綏遠城に官学を置く。京師五城に平糶局を設置。書家王澍死(1668〜)。「大清一統志」成る(1763増補) 1745 鄂爾泰死(1677〜)	1725〜? ○風俗画家申潤福 1723〜? 1744 「続五礼儀」「続大典」「小学訓義」成る	1742 公事方御定書制定 1743 甘藷栽培を奨励。尾形乾山死(1663〜) 1744 倹約令(〜64)。江戸神田に天文台を置く (1745〜60 徳川家重) 1745 西陣高機屋仲間成立(同業組合)	1740 1745	

エカテリナ＝Ekaterina，英語ではカザリンCatherine，ドイツ語でカタリナKatharina。**ペーシュワ**＝Peshwa，本来ペルシア語で宰相の意。**改土帰流**＝西南地方の官吏に土酋を任ずるのを改めて中央の官吏に支配させること。**宗務庁(シノード)**＝Synod，教会を国家に従属させるために改組したもの。**人頭税(ロシアの)**＝Podushnaja Podat'。**地丁銀**＝明代の一条鞭法(地銀・丁銀)の二本建税制を逐次改めて人丁に課する丁銀を地銀に加えて一本化したもの。

26

大勢	年代	アメリカ大陸	西ヨーロッパ：イスパニア・ポルトガル	西ヨーロッパ：イギリス(大ブリテン)王国	西ヨーロッパ：オランダ	西ヨーロッパ：フランス王国	中央ヨーロッパ：神聖ローマ帝国【オーストリア】	中央ヨーロッパ：神聖ローマ帝国【プロシア】	中央ヨーロッパ：ローマ教会 イタリア諸邦	北ヨーロッパ：北欧三国
フランス絶対王権の傾斜／イスパニア、ポルトガルの衰微／プロシアの台頭／イギリス産業革命の始まり	1746	1744～48 ジョージ王戦争 1746 イギリス植民地軍のカナダ遠征。プリンストン大学創立 1747 ボストン暴動 1749 ペンシルヴァニア大学設立。オハイオ会社設立 1750 マドリード条約(ブラジルにおけるイスパニア・ポルトガル領界の設定) 1750 フランクリン，避雷針を発明	1746～59 イスパニア王フェルナンド6世 1748 アーヘン和約により，パルマ等を領有(イスパニア) 1750～77 ポルトガル王マヌエル(ジョセフ1世)(啓蒙政治家ポンバル侯執政)	1727～60 ジョージ2世 1745～46 ジェームス党の反乱(スチュアート家の王位復活に関する最後の企図) 1745 諷刺作家スウィフト死(1667～) ○イギリス，ロマン主義の曙光	1746 フランス，オーストリア領ネーデルランド占領 1747 ルイ15世のオランダ侵略 1747～51 ウィルレム4世	1715～74 ルイ15世 ○ルイ15世様式 1745～64 ポンパドゥール夫人の政権干与 1746 ディドロ「哲学的思索」。彫刻家クースツー死(1677～) 1747 ラメトリー「人間機械論」 1747 オーストリア軍，南フランスのプロヴァンス地方攻略 1748 モンテスキュー「法の精神」	1740～80 マリア・テレジア 1745～65 フランツ1世 〔ハプスブルグ＝ロートリンゲン家〕1745～1806 1746 マリア・テレジア，ロシア女帝と結託 1748【スイス】オイラー「空間及び時間理論」(1707～83)	1740～86 フリードリヒ2世(大王) 1745 コッツェイ，法典編纂着手 1745／51 ポツダムのサンスーシ宮殿の建設(クノベルスドルフ設計)	1740～58 ベネディクトゥス14世 1748 歴史家ジャンノーネ死(1676～) 1748以後 ポンペイの発掘	1746～66 デンマーク王フレデリック5世
		1748.10 アーヘンの和約(オーストリア継承戦争終結。プロシアのシレジア領有確認されオーストリアとの対立決定的となる)								
				1748 ヒューム「人間悟性論」(1758 改稿)		1749 ダルヌーヴィルの税制改革，教会財産の制限。ビュッフォン「自然史」 1750 建築家メッソニエ死(1693～) ○ボルドーにおける造船業の発達	1750 音楽家ヨハン・セバスティアン・バッハ死(1685～)	1749 フリードリヒ法典成る 1750～53 ヴォルテールのサンスーシ宮滞留	1750 歴史家ムラトリ死(1672～)	
	1750	1750～54 英仏軍，植民地において戦う 1752 ジョージア，英王直轄地となる 1754 オハイオ流域をめぐる英仏間の紛争。アルバニーの植民地人代表者会議。コロンビア大学創立	1752 聖フェルナンド・アカデミー創立 1754 イスパニア教会，ローマから独立 1755 リスボン大地震	1751 ロシア・オーストリア同盟に参加(～56) 1752 本国及び植民地にグレゴリオ暦を採用 1753 大英博物館創立。バークリ死(1685～，感覚論哲学) 1754～56 ニューカッスル内閣 1754 小説家フィールディング死(1707～) 1755～57，57～61 国務大臣ピット(チャタム伯) 1756.1 国務大臣ピット，プロシアとウェストミンスター条約	1751～95 ウィルレム5世 1756 喜劇作家ランゲンダイク死(1685～)	1751 ヴォルテール「ルイ14世時代史」。家具師ゴードロー死(1680～) 1751～72 フランス百科全書の編集(ディドロ・ダランベールら) 1753 パリ高等法院と政府との関係悪化 1754 数学者モワヴル死(1667～) 1755 ルソー「人間不平等起源論」 1755 モンテスキュー死(1689～)。 1756 ミラボー「人口論」 1756.5 フランス，オーストリアとヴェルサイユ防禦同盟 1756 舞踊家マリー・サレ死(1707～)	1753～92 オーストリア首相カウニッツ 1753 エルランゲン大学創立 1754 合理主義者ヴォルフ死(1679～)。詩人ハーゲドルン死(1708～)	1755 カント「星雲説」 1756.8 プロシア王，ドレスデン占領	1752 パエストゥムの古ギリシア神殿発見(新古典主義への道) 1754 シチリアのエトナ火山爆発 1755 コルシカの独立運動失敗(1769 仏領となる)	1751～71 スウェーデン王アドルフ・フレデリク〔ホルスタイン＝ゴットルプ家，～1818〕
		1756～63 英仏間の植民地七年戦争(フレンチ・インディアン戦争)				1756～63 七年戦争(第3シレジア戦争)				1756～63 七年戦争(スウェーデン，フランス側に立ってプロシアに侵入)
		1759 アブラハム野戦。英軍，ケベック占領 1760 モントリオール落城(英，カナダ支配)	1759 ポルトガル，イエズス会追放 1759～88 イスパニア王カルロス3世	1757 チャタム，王に忌避短期免職 1758 神学者ジョナサン・エドワーズ死(1703～) 1759 キベロン湾の海戦(フランス艦隊ほとんど全滅) 1760～1820 ジョージ3世		1757 ルイ15世暗殺未遂事件 1758 ケネー「経済表」 1758～61 外相ショワズール 1760 カナダを喪失。ベルタン，農業会設立。イエズス会士追放。	1757 プロシア軍，ロスバハ・ロイテンの戦勝 1758 ロシア軍，プロシア侵入，ツォルンドルフの戦 1759 音楽家ヘンデル死(1685～) 1759.8 クネルスドルフの戦(プロシア軍，惨敗)	1760 ロシア軍，ベルリン占領	1758～69 クレメンス13世	1758 オイラー，こまの理論
	1760	1761 英本国とそのアメリカ植民地との間に係争起る。英軍，ドミニカ占領 1762 英軍，ハヴァナ占領 1763 フランス，パリ条約によりアメリカ植民地の多くを失う。イスパニア，ルイジアナ領有 1763 ブラジル副王領成立。 1764 イギリス，砂糖条令(アメリカ植民地に対する本国の圧迫はじまる)。アメリカ植民地のイギリス商品排斥はじまる	1762 イスパニア，ナポリに宣戦(七年戦争の一環)	1761 医学者ヘールズ死(1677～) 1762～63 ビュート内閣 1762 天文物理学者ブラッドリ死(1692～) 1763 パリ条約(英・仏和す) 1763 ブラック，比熱の定義 1764? ハーグリーヴス，多軸紡績機発明		1761 イスパニアとブルボン家協約。家具師クレッソン死(1706～) 1762 ルソー「民約論」。天文学者ラカイユ死(1713～) 1763 文学者アベ・プレヴォ死(1697～) 1764 音楽家ラモー死(1683～) 1764／80 パリのパンテオン	1761 プロシア軍，リーグニッツにオーストリア軍を破る 1762 プロシア軍のブルケルスドルフの勝利 1762 美学者バウムガルテン死(1714～) 1763.2 フベルツスブルグの和約(プロシアのシレジア領有の確定) 1764 ヴィンケルマン「古代美術史」	1762 ハンブルグの和約(プロシア，スウェーデンと和す)		
		1765 印紙条令。9州代表者の「権利及び自由の宣言」 1766 植民地人の反対により印紙条令撤回 1767 タウンゼンド関税法(ガラス・茶・紙・塗料等に課税) 1768 マサチュセッツ回状。英軍，ボストン到着 1769 ヴァージニア決議と英商品不買同盟 1770 ボストン虐殺事件	1766 イスパニア国政改革(1766～73 首相アランダ) 1767 イスパニア，イエズス会追放	1764 画家ホガース死(1697～) 1765 印紙条令(～65)。ワット，蒸気機関発明。詩人エドワード・ヤング死(1683～) 1767 タウンゼンド諸条令 1768 ロイヤル・アカデミー創立。アークライト，水力紡績機発明。エンサイクロペディア・ブリタニカの編集(～71) 1768～71 クックの第1次南太平洋探検 1770～82 ノース内閣 1770 改革論者ウィルクス，名誉毀損罪で追放さる。ロンドン市長，英王に抗議		1765 ルイ15世のイエズス会圧迫。ヴォルテール「歴史哲学」 1766 画家ナッチエ死(1685～，パステル画) 1767～77 囲込みの許可 1767 ケネー「重農主義」。セーヴル磁器窯の初め。ブーゲンヴィルの世界周航企図(～69) 1768～74 大法官モープー 1768～70 外相兼陸相ショワズール 1769 コルシカ併合。コルシカ島民の独立運動(首領パオリ) 1770 東インド会社解散。ドルバック「自然の体系」。チュルゴー「富の形成と分配に関する考察」。画家ブーシェ死(1703～)。エギヨン公の執政(～74)	1765～90 ヨゼフ2世 1766 レッシングの美術評論「ラオコーン」。文学者ゴットシェト死(1700～，啓蒙思想家) 1767 政治算術家(経済社会学)ジュースミルヒ死(1707～) 1768 ヴィンケルマン死(1717～) 1769 オーストリア・プロシア両帝王のニース会見 ○【スイス】の啓蒙家(敬虔主義) ボードマー 1698～1783 ブライティンガー 1701～1776	1765 ベルリン銀行設立	1765 ドイツ皇帝フランツ1世の子レオポルド，トスカナ大公となる 1768 画家カナレット死(1697～) 1769～74 クレメンス14世	1765 化学者クロンステッド死(1722～) 1766～1808 デンマーク王クリスチャン7世
	1770	1771 ノースカロライナの統治党の反乱 1773 ボストン茶会事件 1774 第1回大陸会議	1774 ジョセフ1世の発狂	1772 ラザフォード，窒素発見 1772～75 クックの第2次太平洋探検 1774 ボストン港法。クライヴ自殺(1725～)		1771 モープーのクーデター企図。デュペロン，アヴェスタ経の翻訳(インド学の先駆) 1774 ルイ15世死 1774～92 ルイ16世	1772 オーストリア・プロシア・ロシア間の第1回ポーランド分割 (ガリツィア領有)	1772 ベルリンに海運会社設立 (西プロシア領有)	1771 解剖学者モルガーニ死(1682～) 1773 教皇，イエズス会の解散を命じる	1771～92 スウェーデン王ダスタフ 1772 スウェーデン無血革命
	1774									

産業革命＝Industrial Revolution。高等法院＝Parlement。啓蒙思想＝Enlightenment（ドイツ語でAufklärung，フランス語でLumière）。重農主義＝Physiocratie。敬虔主義＝Pietism。
絶対君主制＝Absolute Monarchy。絶対主義＝Absolutism。七年戦争＝Seven Year's War。インド学＝ヨーロッパで行われる東洋学（アッシリア学・エジプト学・シナ学など）の一。

〔26〕

東ヨーロッパ		西アジア		南アジア			北アジア	東アジア			年代	大勢
ポーランド	ロシア帝国	トルコ帝国	イラン アフガン	ムガール帝国	他のインド地域	東南アジア	ジュンガル部	清帝国	朝鮮	日本		
1734～63 アウグスト3世	1741～62 女帝エリザベタ 1746 オーストリア継承戦争に参加 1750 歴史家タチシチェフ死（1686～）	1730～54 マフメット1世	1736～47 アフシャール朝ナディル・シャー 1747 ナディル・シャー暗殺されイラン分裂（アフシャール朝は1796まで存続）。アフガンにデュラニ朝おこる（～1835） 1747～73 デュラニ朝アフマド・シャー	1719～48 ムハメッド・シャー 1742 **デュプレックス**，ポンディシェリー総督となる（フランス） 1744～48 英仏第1次カルナティック戦争 1744 **クライヴ**，東インド会社書記としてインドに来る（イギリス） 1745 イギリス艦隊，ポンディシェリーを包囲 1746～49 フランス軍，英領マドラス占領 1748 クライヴ，傭兵隊将校となる。サアダット・カンの甥サフダル・ジャング，オードに独立 1748～54 アーメッド・シャー 1750～54 英仏，第2次カルナティック戦争	【英仏抗争時代】 1748 ハイデラバード継承戦争	1733～52 ビルマ，タウングー朝最後の王マハダンマヤーザ・ディーパティ 1747 タライン族の王ビンニ・ダーラ立ち，下ビルマを占拠	1745～50 ツェワン・ドルジ・ナムジャル 1750～53 ラマ・ドルジャ	1735～95 高宗(乾隆帝) 1746 福建省におけるイエズス会士の布教禁止。漢人の山海関出境を禁じる。湖南に社穀総倉を建てる 1747 キリスト教布教の厳禁。カスティリヨネ・ブノワ等に命じて円明園に洋式噴水池を造らせる 1747～49 金川(大金川・小金川)の乱 1748 金川征討軍の将張広泗，敗軍の罪にて死を命じられる。大学士傅恒，金川征討軍の将となり出征 1749 モンゴル遊牧地の私有を禁じる。文人方苞(望渓)死(1668～，桐城派の祖)。「五朝本紀」成る 1750 傅清，チベットの乱を平定。封禁令(漢人が出関して満洲に移住することを禁じる)	1724～76 英祖 1746「御製自省編」成る 1749～50 疫病流行 1750 軍制の改革	(1745～60 徳川家重) 1747～62 桃園天皇 1747 貞享暦の改訂。太宰春台死(1680～) 1748 竹田出雲の「仮名手本忠臣蔵」初演 1749 会津藩の大一揆 1750 諸国の人口を調査。百姓の苗字帯刀を禁じる	1746	インドにおける英仏の抗争とイギリスの制覇／清、乾隆帝の盛世／日本封建社会の動揺
	1754 国内関税撤廃の勅令（単一国内市場の成立） 1755 モスクワ大学創立 1756 七年戦争に参加 1757 フランス・オーストリアと同盟。芸術アカデミー分立 1758 貴族の火酒（ウオトカ）製造独占権を認可 1760 ロシア軍一時ベルリン占領。地主に農奴のシベリア流刑権を与える	1754～57 オスマン3世 1757～74 ムスタファ3世	1750 南イランにゼンド朝おこる 1755～79 ゼンド朝カリム汗 1755 デュラニ朝アフマド，デリーを掠奪（～56） 1758 カジャール族のホサイン汗，カリム汗を攻撃，部下に殺される	1751 マラータ軍，オリッサ占領。クライヴ，アルコット死守 1753 クライヴ，英本国に帰る 1754 デュプレックス，仏本国に召喚される 1754～59 アーラムギール2世 1756 クライヴ，インドにもどる 1756 ミルザ・マームード，ベンガル王となる。カルカッタ事件(英人，ベンガル人に虐殺される) 1757 **プラッシーの戦（インドにおけるイギリスの勢力確立）** 1758～63 第3次カルナティック戦争 1758 マラータの勢力インダス川に及ぶ 1758～59 フランス軍のマドラス包囲 1758～60 初代ベンガル知事クライヴ 1759～1806 シャー・アラム2世 1760 クライヴ，英本国に帰る。詩人バーラタ・チャンドラ死（1712～）		1752 タライン族，アヴァ攻陥。ビルマのアラウンパヤ(～60)，アラウンパヤ朝（～1885)を起す 1753 ペグー滅ぶ。バンタム王，オランダの主権を認める 1754 安南，キリスト教厳禁 1755 ジャワのマタラム王国分裂 1757 ビルマのタライン族衰亡 1758 **オランダの勢力，ジャワを覆う** 1760 アラウンパヤ，テナセリム占領，この年死，内乱おこる	1753～55 ダワジ 1754 ジュンガル部のアムルサナ，清に亡命 1755 ジュンガル部の動乱，清の将軍班第，アムルサナとともにイリを攻略して平定。(ダワジ汗，回部に逃亡)。アムルサナ，清に反逆，班第戦死。 1757 コーカンド，ボハラ等の使節来貢 1757 清の将軍兆恵，ジュンガル部征討（アムルサナ，ロシアへ逃走） 1758 回部の乱。清，ジュンガル部(準部)併合，大虐殺 1759 清，東トルキスタン(回部)を平定。新疆の名おこる 1760 清，ウルムチに屯田兵を置く	1752 ポルトガルの使臣，広東に至る 1753 八旗の武器を3年毎に検査することとする。満洲官吏の北京外城居住を禁止 1753? 花鳥画家華嵒(新羅山人)死(1682～) 1754 呉敬梓死(1701～，「儒林外史」)。画家李方膺死(1695～，揚州八怪の1) 史家全祖望死(1705～)。大学士張廷玉死(1672～) 1757 外国貿易を広東のみに限る 1758 考証学者恵棟死(1697～)	1751 守城節目を頒布 1753 晋州矗石楼成る 1754「続兵将図説」成る 1755～57 大ききん 1755 尹志等の反乱	1751 徳川吉宗死(1684～) 1752 浮世絵師宮川長春死(1682～) 1753 目安箱を長崎奉行所に置く。抜荷厳禁 1754 山脇東洋，初めて死体の解剖を行う。貞享暦を廃し宝暦暦を行う 1758／59 宝暦事件（竹内式部重追放） 1759 山県大弐「柳子新論」 (1760～86 徳川家治)	1750	
1764～95 スタニスワフ・ポニャトフスキ 1766 ロシア，ポーランドの内政に干渉 1768 ポーランドの旧教徒，ロシアに対する反乱 ○ポーランド美術の再建運動	1762 ピョートル3世，皇帝フリードリヒと単独講和，貴族の自由の布告。宮廷クーデター（皇帝暗殺される） 1762～96 女帝エカテリナ2世 1764 教会所有地の世俗化。イヴァン6世の復位陰謀失敗 1765 万能学者ロモノーソフ死（1711～） 1767 法典編纂委員会設立。女帝の訓示 1768 イルクーツクに日本語学校を建てる 1768～74 第1次ロシア・トルコ戦争 1769 ロシア，モルダヴィア及びブカレスト占領		1761 デュラニ朝アフマド，マラータ同盟軍を破る（第3次パーニーパットの戦）。 1761 バンダル・アッバスのイギリス商館閉鎖 1763 イギリス，ブーシールに商館設置 1770～75 イギリスの拠点	宗教家ジャグ＝ジーヴァン・ダーサ死（1682～，カーストを否認） 1763 パトナ事件（ベンガル人，英人を虐殺） 1764 パクサールの戦（英，ベンガル軍を撃破）。シーク教徒の独立 1765 クライヴ再びベンガル知事となる（兼総司令官，～67）。アラハバード条約（イギリス東インド会社，ベンガル・ビハール・オリッサにおける地税徴収権を獲得） 1766 ハイデラバードのニザム・アリ，イギリス政庁と攻守同盟 1767～69 第1マイソール戦争（イギリス軍，ハイダル・アリと戦う） 1767 アルコットの戦 1769 インド大ききん	1761 ハイダル＝アリ，マイソール王となる（～82） ○マラータ5君侯の分立	1762～64 イギリス，マニラ占領 1763～69 ビルマ軍の東方進出 1765 ビルマ軍，雲南に侵入，別軍はシャムのタナブリを攻撃 1766 清，楊応琚に命じビルマを討たせる，利あらず。また明瑞に命じビルマを討たせる 1767 ビルマ軍，アユタヤを攻陥し，アユタヤ朝を滅ぼす。アユタヤの荒廃。シャムの部将ピヤ＝タクシン（鄭昭），シャムの再興をはかる 1769 ビルマ，清と和す，将軍傅恒帰還。	○(以下シベリア・中央アジアについてはロシアの項に記載する)	1761 ブノワ，大世界図を造る ○乾隆時代陶磁工芸の発達(陶政官唐英) 1762 伊犂(イリ)将軍設置。カシュガル城建設。学者江永死(1681～，「近思録」) 1763 曹霑(雪芹)死(1719?～，「紅楼夢」) 1764 画家金農(冬心)死(1687～)，鄭燮(板橋)死(1693～)(ともに揚州八怪の1) 1766 カスティリヨネ死(1688～) 1767「続文献通考」なる。 1767 楊応琚，召還され自殺を命じられる 1768 明瑞戦死。大学士傅恒を雲南に派遣。キャフタ条約改定。「御批歴代通鑑輯覧」成る。学者斉召南死(1703～，「水道提要」「歴代帝王年表」) ○揚州八怪＝金農・黄慎・李鱓・鄭燮・羅聘・閔貞・李方膺・汪士慎 1769 傅恒，ビルマ征討に赴く。銭謙益の著書を禁書とする 1769 洋船の硫黄積載の禁をゆるめる 沈徳潜死(1673～，「古詩源」) 1770「平定準噶爾(ジュンガル)方略」成る。傅恒死	1762 荘献世子，禍を蒙る 1764 李瀷死(星湖，1682～，実学者) 1766「御製小学指南」成る 1768 朝鮮，日本より銅を輸入 1769 海印寺大寂光殿成る 1770「東国文献備考」の編纂始まる	1762～70 後桜町天皇 1763 東海道・日光街道などに並木を植える 1764 平賀源内，火浣布(石綿布)を創始 1765 関東の農民20万の大一揆。オランダより初めて金銀銭輸入 1767 明和事件（山県大弐・竹内式部ら処刑） 1768 大坂・佐渡の一揆。伊勢お蔭参り流行。上田秋成「雨月物語」 1769 賀茂真淵死(1697～，国学)。青木昆陽死(1698～)	1760	
次ポーランド分割 1773 国民教育委員会設立	1771 ロシア，クリミア半島占領 **1773～75 プガチョフの乱** 1774 クチュク・カイナルディ条約	1770 ペロポネソス半島反乱	バスラ	1772 ロヒラ人，オードと攻守同盟 1772～73 ベンガル知事ウォーレン・ヘースティングス 1773 ノース条令（レギュレーション・アクト，服務令。イギリス政府，東インド会社に対する監督権強化）		1773 安南，阮文岳蜂起し，キニョンによる（西山党の乱）		1771～76 小金川・大金川の反乱 1771 トルグート部降る 1772 ブノワに中国辺境地図の作製を命じる。花鳥画家鄒一桂死(1686～)。各省に命じ古今の書籍を集めさせる 1773 四庫全書館を置く（総纂紀昀）。征金川軍の将温福戦死。杭世駿死(1696～)		1770～79 後桃園天皇 1771 ロシア船，阿波に漂着 1772 老中，田沼意次 1774 杉田玄白「解体新書」	1770 1774	

女帝の訓示(ナカーズイ)＝エカテリナ2世が法典編纂委員会に与えた啓蒙君主としての自負を法治主義に基づいて訓示したもの。**マラータ5君侯**＝ナグプールのボンスラー家，インドールのホルカル家，グヮリオールのシンディア家，バローダのガイクワール家，プーナのラーオ家。**カルナティック戦争**＝War of Karnatic，カルナータKarnata戦争ともいう。**ロヒラ人**＝Rohila，オードの北西にあたるヒマラヤ山麓に住むアフガン系種族で，その地をロヒルカンドという。

大勢	年代	アメリカ大陸	西ヨーロッパ：イスパニア・ポルトガル	西ヨーロッパ：イギリス王国	西ヨーロッパ：オランダ	西ヨーロッパ：フランス王国	中央ヨーロッパ：ローマ教会・イタリア諸邦	中央ヨーロッパ：神聖ローマ帝国【オーストリア】	中央ヨーロッパ：神聖ローマ帝国【プロシア】
アメリカの独立革命／ドイツ学芸の全盛／アンシャン・レジーム／フランス大革命／ナポレオンの登場	1774	1774 イギリス，ボストン港閉鎖。第1回大陸会議 **1775. 4～83 アメリカ植民地の独立戦争** 1775. 4. レキシントン・コンコードの戦。5. 第2回大陸会議。6. ジョージ・ワシントン，植民地軍の総司令官となる。バンカーヒルの戦 **アメリカ合衆国** **1776. 7. 4 アメリカ13州独立宣言（宣言起草者トマス・ジェファーソン）** 1777. 6. 星条旗制定。7. ラファイエット，植民地軍指揮。10. サラトガの戦。11. 連合規約の制定 1778 フランス，アメリカの独立を承認しこれと同盟してイギリスと対抗，交戦（～83） 1779 ウェストポイントに築城 1779 アメリカ，イスパニアと同盟 1780. 8. キングスマウンテンの戦	1759～88 イスパニア王カルロス3世 1776 ラプラタ副王領成立 1777～1816 ポルトガル女王マリア1世	1760～1820 ジョージ3世 **○1770年代 イギリス産業革命進行** 1774 作家ゴールドスミス死（1728～）。プリーストリ，酸素発見 1776 スミス「国富論」。哲学者ヒューム死（1711～） 1776～79 クックの第3次太平洋探検（79 ハワイで土人に殺される，1728～） 1778 チャタム伯ピット死（1708～） 1779 クロンプトン，走錘紡績機発明。陶芸家ウェジウッド死（1730～，ジャスパー窯創始） 1780 スコットランドにローマ教会排斥運動。ロンドン5日間の騒擾 1780 第4次イギリス・オランダ戦争	1751～95 ウィルレム5世	1774～92 ルイ16世 1774～81 首相モールパ **1774～76 財務長官テュルゴー**（兼海相。経済政策＝穀物取引の自由・ギルド及び賦役の廃止・徴税請負制の改革など） 1774 マリー＝アントワネット，王妃となる。モープー隠退（1692～）。経済学者ケネー死（1694～） 1776 テュルゴー免職，ネッケル財務長官就任（～81）（冗費の節減に努力，一方にアメリカの独立革命に介入して，財政支出膨脹する） 1777／78 ラヴォワジエ「燃焼の理論」 1778 ヴォルテール死（1694～）。ルソー死（1712～） 1779 英領ジブラルタル攻囲（～82）。農奴解放令。画家シャルダン死（1699～） 1780 ロシア女帝エカテリナの主唱による対英海上武装中立同盟（デンマーク・スウェーデン・プロシア・オーストリア・ポ	1773～96 サルディニア王ヴィットリオ・アマデオ3世 1775～99 教皇ピウス6世	1740～80 マリア・テレジア 1765～90 ヨゼフ2世 1774 ゲーテ「若きウェルテルの悩み」 1775 オーストリア，ブコヴィナを取る 1776 クリンガー「シュトゥルム・ウント・ドラング（疾風怒濤）」 1777 啓蒙思想家ランベルト死（1728～，天文・物理・数学者） 1777 バヴァリア選挙侯の血統断絶 1778～79 バヴァリア継承戦争 1779 テシェンの和約 1780 マリア・テレジア死	1740～86 フリードリヒ2世 1775 ブルーメンバッハ「人類の先天的差異」 1781 カント「純粋理性批判」
	1780	1781／89 連合規約，各州により承認 1781. 10. ヨークタウン陥落し，イギリス軍降伏。 1782. 11. パリ仮条約（イギリス，ミノルカ喪失） 1783. 9. パリ条約（イギリス，アメリカの独立を承認）。ヴェルサイユ条約（イギリス，フランス・イスパニアと和す） 1784 ニューヨーク銀行設立 1785 土地条例 1786～87 財政問題によりマサチュセッツ等に暴動 1788 合衆国憲法，13州の批准終了 1789. 3. 第1回アメリカ合衆国議会 **1789. 4～97 初代大統領ワシントン** 1790 首府をフィラデルフィアとする。フランクリン死（1706～）	1787 イスパニア，ギルド諸法廃止 1788～1808 イスパニア王カルロス4世 1788 国立輸送船団廃止（都市貿易の自由化）	ハーシェル，天王星発見 1783.12～1801 第1次ピット内閣 1784 ピットのインド法 1785 「タイムズ」発刊 1785 カートライト，力織機発明 1788 ジョージ3世発狂（～89），プリンス・オヴ・ウェールズ，摂政の議起る。シドニーを占領しオーストラリアを囚人植民地とす。画家ゲーンズボロ死（1727～） 1789 ベンタム「道徳及び立法の原理序」 1790 経済学者アダム・スミス死（1723～）		1780 哲学者コンディヤック死（1715～，感覚論） 1781 ネッケル，財政支出状態を暴露して辞職 1781～83 財務長官フリューリー 1781 テュルゴー死（1727～）。地図学者ダンヴィル死（1697～）。ボーマルシェ「フィガロの結婚」 1782 建築家ガブリエル死（1698～） 1783～87 財務長官カロンヌ 1783 ダランベール死（1717～）。シャルルの水素気球，上昇に成功 1784 ディドロ死（1713～） 1785 彫刻家ピガール死（1714～） 1785 マリー＝アントワネットのダイヤモンド首飾事件 1785～88 ラペルーズの北太平洋探検 1786～87 財務長官ブリエンヌ 1786 バルマー，モンブランの初登攀 1787 名士会開催。財務長官ドリアン（～88）。三部会召集の布告 1788 高等法院廃止。財務長官ネッケル再任。ショワズール死（1719～）。ビュッフォン死（1707～，博物学）。ラヴォワジエ「新元素観」 **1789. 5.** 三部会召集。6. 啓蒙思想家ドルバック死（1723～）。国民議会結成。テニスコートの誓い。7. 憲法制定会議。ネッケル免職。7. 14 バスチーユ襲撃（**フランス大革命起る**）。8. 貴族の封建的特権廃止決議。**人権宣言**。10. ルイ16世のパリ帰還。11. 国民議会，教会財産の売却決議。12. アッシニヤ紙幣発行 1790. 3. 国有財産の売却。6. 暴徒鎮圧法。7. 僧侶に関する民事基本法。8. ナンシー事件。12. 行政区分の改定。貴族の称号廃止	1780／88 フィランジェリ「立法の科学」 1782 教皇，ウィーンに至り，信仰寛容の布告に反対 1787 神学者リグオリ死（1696～） ○喜劇作家ゴルドーニ1707～93	1781 信仰寛容の布告（修道院閉鎖，僧尼解放，皇帝の啓蒙化政策）。劇作・評論家レッシング死（1729～） 1783 法制改革の企図。プロシア，ドイツ諸侯と連繋して皇帝との対抗を図る（～90） 1783 彫刻家メッサーシュミット死（1736～） 1784／91 ヘルダー「歴史哲学」（1744～1803） 1785 ドイツ諸侯連盟の結成 1787 音楽家グルック死（1714～） 1788 対トルコ宣戦 1789 ブリュッセルに反皇帝暴動 1790～92 レオポルド2世（トスカナ大公） 1790 トルコよりベオグラード奪取（1791 シストヴァ条約） 1790 ライヘンバッハ条約	1780 フリードリヒ2世「ドイツ文学論」 ○ドイツ学芸の全盛時代 1786～97 フリードリヒ・ヴィルヘルム2世 1787 オランダに武力干渉 1788 カント「実践理性批判」 1790 カント「判断力批判」（三批判完成） 1790 ポーランドと同盟
	1790	1791 憲法，10カ条修正。合衆国国立銀行の創立。▽ハイチに奴隷の反乱 1792 鋳貨法制定（最初の貨幣法） 1793 対フランス中立宣言。ホイットニー，綿繰機を発明 1794 ウィスキー反乱 1795 合衆国，イスパニアと条約。合衆国，ミシシッピ川の航行権を獲得 1796 国税法。ワシントンの告別宣言 1797～1801 ジョン・アダムズ 1799 ワシントン死（1732～） 1800 イスパニア，ルイジアナをフランスに譲渡。ワシントン市，合衆国の首府となる。1800年の革命	1793 フランス革命政府の対イスパニア宣戦 1794 劇作家ラモン・デ・ラ・クルス死（1731～） 1796 サンイルデフォンソ条約（イスパニア宰相ゴドイ，フランスと結び，ポルトガルとの交戦を決す）	1791 トマス・ペイン「人権論」 1792 画家レイノルズ死（1723～） **1793～97 第1回欧洲同盟（対仏大同盟）** 1794 歴史家ギボン死（173 ～） 1794 人身保護律停止 1795 喜望岬等オランダ植民地奪取。救貧法 1796 ジェンナー，種痘法。建築家チェンバース死（1726～） 1797.2 イングランド銀行，正金支払を一時停止。 1797.2 セントヴィンセント岬の戦。 1798 マルサス「人口論」 1799～1802 第2回欧洲同盟 1799 アイルランド反乱 1800 マルタ島占領	**バタヴィア** 1795. 1. フランス，オランダをバタヴィア共和国と改称 1795. 5. オランダとハーグの和約。 1797. 10. フランス，ネーデルランド南部を併合 1799 オランダ東インド会社解散	1791. 4. ミラボー死（1749～）。5. 教皇領アヴィニョン併合。6. ルイ16世のパリ脱出失敗。7. 共和運動起る。 1791. 8. オーストリア・プロシア両君主のピルニッツ宣言 10. 立法議会成立 1792／98 地球子午線長の測定 1792. 3. ジロンド党内閣。8. 八月十日の革命。 1792. 9. ヴァルミーの戦勝（プロシア軍敗退） 9. 国民公会成立。王権廃止，共和制宣言。11. 共和暦制定 **【第1共和制】1792～1804** 1793. 1. 21 ルイ16世処刑。5. 五月三十一日の革命。6. ジャコバン派独裁。7. メートル法採用。8. マラー暗殺さる（1743～）。10.～94. 7. **恐怖政治**，M＝アントワネット刑死。ワッチニーの勝利 1794. 2. ヴァントーズ法。3. 哲学者コンドルセ獄死（1743～）。4. ダントン刑死（1759～）。5. ロベスピエール独裁。化学者ラヴォワジエ刑死（1743～）。7. 27. テルミドール（熱月）9日，ロベスピエール処刑（1758～）。政治的・思想的反動はじまる 1795. 4. フランス，プロシアとバーゼルの和約 8. 共和国三年憲法。10. 総裁政府成立（～1799） 1796. 3. アッシニャ紙幣廃止。 1796. 4. ナポレオンのイタリア遠征。6. モローのドイツ進撃 5. 社会思想家バブーフの陰謀暴露（1797. 5. 処刑） 3. ナポレオンのヴェネツィア占領。4. レオーベン仮条約。7. チサルピナ共和国建設。10. カンポフォルミオの和約（欧洲同盟瓦解） 1797. 9. フリュクチドール（実月）18日のクーデター 1798. 2. ローマ共和国建設（～99）。4. スイスにヘルヴェティア共和国建設（～1815）。5.～8. ナポレオンのエジプト遠征（～99）。ロゼッタ・ストーン発見。 1799. 1. ナポリにパルテノペ共和国建設。3. ストカッハの戦 1799. 9. 戦時義務兵役制。**11. ブリュメール（霧月）18日のナポレオンのクーデター** ラプラス「天体力学」 1799. 12.～1804. 5. 統領ナポレオン 1800. 4. ナポレオンの第2次イタリア遠征。オーストリア出兵。6. マレンゴの戦。12. ホーエンリンデンの戦。フランス銀行創立	1793 画家グァルディ死（1712～） 1794 ボロニヤ暴動。法律・経済学者ベッカリア死（1737～） 1799 ヴォルタ，電池を発明	1791. 3. 教会史家ゼムラー死（1725～） 1791.12. 音楽家モーツァルト死（1756～） 1792. 4. オーストリア・プロシア同盟，対フランス宣言 1792～1806 フランツ2世（オーストリア皇帝としては1世） 1794 カウニッツ死（1711～）。歴史家メーザー死（1720～） **1795. 10. オーストリア・プロシア・ロシ** 1798 デンマーク出身の画家カルステンス死（1754～）。ハンガリー人，石版印刷術発明 1799 シュライエルマッヘルの「宗教講話」 1800 哲学者マイモン死（1754～，唯心論）	1793. 1. プロシア，ロシ 1797～1840 フリードリヒ・ヴィルヘルム3世
	1800								

アメリカ大陸欄の▽印は，以下，アメリカ合衆国以外の事項であることを示す。**アンシャン・レジーム**＝Ancien Régime（旧制度）。**国民公会**＝National Convention。**総裁政府**＝Directory。**統領（執政）政府**＝The Consulate。**テニスコートの誓**＝Serment du Jeu de Paume。**人権宣言**＝Declaration of the Rights of man (Déclaration des Droits de l'Homme et du Citoyen)。**チサルピナ**＝Cis Alpina，アルプスのこちらがわの意。

〔27〕

北ヨーロッパ	東ヨーロッパ			西アジア	南アジア			東アジア			年代	大勢
北欧三国	ポーランド	ロシア帝国	トルコ帝国	イラン アフガン	ムガール帝国	他のインド地域	東南アジア	清帝国	朝鮮	日本		
1766~1808 デンマーク王クリスチャン7世 1771~92 スウェーデン王グスタフ3世 1772 シェーレ, 酸素発見(プリーストリとは別に) 1773 ホルスタイン, デンマーク領となる 1778 博物学者リンネ死(1707~) ルトガル参加, イスパニア・フランス承認)	1764~95 スタニスワフ・ポニャトフスキ 1776~84 コシューシコ, アメリカ独立戦争に参加	1762~96 女帝エカテリナ2世 1774 クチュクカイナルディ条約(トルコ, 黒海北岸をロシアに割譲)。プガチョフ自らピョートル3世と偽称 1775 プガチョフ処刑(1744?~) 1778 ケルソン港建設 1780 モスクワ大劇場成る	1774~89 アブドゥル・ハミト1世 1777 行政制度の改革	1775 ゼンド朝のカリム汗, 英領バスラ攻撃 1779 カリム汗死, 汗位継承の紛争 1779~1923(25) カジャール朝 1779~97 カジャール朝アガー・ムハマット	1759~1806 シャー・アラム2世 1774~85 初代ベンガル総督ウォーレン・ヘースティングス 1774 ロヒルカンド(ロヒラ)戦争 1775 ベンガルの詩人ラーム・プラサード・セン死(1718~) **1775~82 第1マラータ戦争**(マラータ同盟の内訌に, 英仏たがいに介入して交戦) 1779 フランス軍, テレガオンにおいてイギリス軍を破る 1780 最初の英字新聞刊行 1780~84 第2マイソール戦争(フランス, マイソールに加担してイギリスと戦う)	1774 クライヴ自殺(1725~) ○シーク教国の最大領域時代	1773~1802 安南, 西山(タイソン)党の乱 1755 フランス宣教師ピニョー, コーチシナ上陸。ピヤ・タクシン, シェンマイ入城(シャムの復興)。ビルマ, シャム侵入失敗。ジャワのバンタム王国分裂 1780 阮福映, サイゴンにて大越皇帝と称する(~82, 亡命)	1735~95 高宗(乾隆帝) 1774 山東に白蓮教の首領王倫の乱起る。各省に保甲法を命ず 1775 広西商民の出国貿易を禁ず。定西将軍阿桂, 大金川地方を討つ(翌年平定) 1776 四川成都将軍を置く。和珅, 軍機大臣となる 1777 甘粛の人にウルムチ地方の開拓を命ず。学者戴震死(1723~,「孟子字義疏証」) 1779 ウルムチ城を築く 1780 「歴代職官表」の編修始まる。画家艾啓蒙(シッケバルト)死(1708~)	1724~76 英祖 1776 鄭厚謙・洪麟漢ら処刑。奎章閣を設置 1776~1800 正祖 1777 洪相範らの陰謀 1778 「欽恤典則」成る	(1760~86 徳川家治) 1770~79 後桃園天皇 1775 スウェーデンの植物学者ツンベルグ, 蘭館医として来朝 1776 南画家池大雅死(1723~)。平賀源内, エレキテル完成 ○この頃, 各地に一揆しきりに起る 1778 ロシア人, 国後島に来る 1778/98 本居宣長「古事記伝」 1779~1817 光格天皇 1779 平賀源内獄死(1726~)。松前藩, ロシアの通商要求を拒否	1774	ロシア勢力の周辺部進出/イギリスのインド経営進行/植民地化されてゆくアジア/旧中国の沈滞
1785 喜劇作家ウェッセル死(1742~, 新文学運動) 1786 化学者シェーレ死(1742~) 1788~90 ロシア・スウェーデン戦争 1789 ウェレレの和約		1783 クリミア汗国併合 1785 貴族解放令(特権認可状) 1785 **【中央アジア】** ボハラ汗国のアストラカン朝滅び, マンギット朝代る(~1868) 1787~92 第2次ロシア・トルコ戦争	1789~1807 セリム3世	1782~85 ゼンド朝アリ・ムラード 1785~89 ゼンド朝ジャファール ○イランの内紛つづく 1789 ジャファール毒殺される 1789~94 ゼンド朝ルトフ・アリ・カーン	1782 サールバイ条約(イギリス, マラータ同盟と和す)。ハイダル・アリ死, 子ティップ・スルタン, マイソール王となる 1784 マンガロール条約(ティップ, イギリスと和す)。ピットのインド法(英本国の東インド会社に対する監督権強化)。ジョーンズ, ベンガル=アジア協会創立。マラータ同盟の首領シンディア, ムガール帝より文武両権を委任される 1785 ヘースティングス帰国 1785~86 ベンガル総督マクファーソン 1786~93 ベンガル総督コーンウォリス 1788 ロヒラ人, デリーを荒らす 1789 ティップ, トラヴァンコールを攻撃 1790~92 第3マイソール戦争(イギリス, ニザムを味方として, ティップと戦う)		1781 シャム軍, カンボディアを攻撃 1782 シャム王タクシン殺され, プラヤ・チャクリ(鄭華)即位(ラーマ1世, ~1809, **バンコク朝**の初め) 1785 イスパニア王立フィリピン会社設立。ビルマ王ボドーパヤ, アラカンを征服し, シャムを攻撃(~86) 1786 イギリス, ピナン島領有。安南国王黎維祁即位 1787 タイソン党の阮文岳, 帝を称し, 2弟と安南を三分 1788 清の孫士毅, 安南を討つ(~89, 阮氏の軍に敗れ退く) 1789 清の福康安, 安南を討つ(阮文岳の弟文恵降伏)	1781 甘粛の回教徒の乱(阿桂これを討平)。「四庫全書総目提要」成る 1782 四庫全書(3457部79070巻)成る。「改訳遼金元三史」成る。シャム王プラヤ・チャクリ入貢 1783 黄河の堤に柳を植える。「開国方略」成る 1784 甘粛の回民の反乱。阿桂, 福康安を甘粛に派遣。アメリカ船, 広東に来航。外人宣教師の逮捕。蒋士銓死(1725~, 詩人)。朝鮮人李承薫, 北京よりキリスト教の書籍を持ち帰る。 1786 コーカンド汗国及びシャムを藩属国とする。台湾, 林爽文の乱。プラヤ・チャクリをシャム王に封じる 1787 福康安, 台湾を討つ。両広総督孫士毅, 安南を討つ(~88)	1782 「千歳暦」を作る 1783 数学者洪大容死(1731~) 1786 キリスト教の布教。北京における購書の禁 1787 フランス船(船長ラペルーズ)来航	1781 江戸大火 1782 塙保己一, 「群書類従」の編纂を始める 1783~88 天明の大ききん 1783 大槻玄沢「蘭学階梯」。与謝蕪村死(1716~) 1784 蝦夷地開拓の始め 1785~88 ラペルーズの太平洋探検 (1786~1837 徳川家斉) 1786 江戸に救小屋を建てる。最上徳内, 千島探検 **1787** 天明の打ちこわし。**松平定信, 老中となる(寛政の改革, 1787~93)** 1789 棄捐令。哲学者三浦梅園死(1723~)	1780	
1792~1809 スウェーデン王グスタフ4世 アの第2次ポーランド分割 **アの第3次ポーランド分割(ポーランド王国の滅亡)** 1799 ロシア・スウェーデン防禦同盟	1791 新憲法公布(世襲王制採用) 1794 ポーランドの国民闘争, コシューシコの活躍(マツィエヨヴィチに敗れ捕われる)。ロシア軍のポーランド人弾圧	1791 ポチョムキン死(1739~)。劇作家クニャージン死(1742~) 1792 ヤッシー条約(ドニエストル川を両国の国境とする) 1796~1801 パヴェル1世 1796~97 ロシア・イラン戦争 1797 パヴェルの新帝位相続法(長子継承) 1799 アラスカ経営のはじめ 1800 仏と武装中立同盟	1791 オーストリアとシストヴァ条約 1795 イラン, グルジアに進出 1798 ナポレオンのエジプト侵入。アブキール湾の海戦 1800 アルバニア侯国成立	1793~98 デュラニ朝ザマーン・シャー, インドに侵入 **1794 アガー・ムハマット, ゼンド朝を滅ぼしイラン統一** 1796 アフシャール朝滅ぶ 1797 アガー・ムハマット暗殺される 1797~1835 カジャール朝ファテ・アリー 1799 コラサン平定	1792 コーンウォリス, マイソールの首都セリンガパタムに迫る。ティップ, イギリスと和す 1792~1839 シーク教国の王, ランジート・シング 1793 東インド会社特許条令更新, 総督の権限再び強化。ベンガル・ビハール・オリッサに永代ザミーンダーリ制施行(パーマネント・セトゥルメント) 1793~97 ベンガル総督テーンマス 1794 マラータ同盟のシンディア死, ムガール皇帝権衰える 1795 イギリス, オランダよりセイロン島を奪う 1796~1818 マラータの執政バージ・ラーオ2世 1798 ベンガル総督ウェルズリー着任(~1805), マイソールに侵入 **1799 第4マイソール戦争**(ティップ戦死し, マイソール, イギリスの保護領となる) 1799 ランジート・シンのラホール支配, シーク王国成る		黎朝滅び, 阮文恵皇帝を称す。阮福映, シャムよりコーチシナに入る 1792 阮文恵死, 子光纉つぐ(~1802) 1793 阮文岳死。シャム軍, ビルマ侵入, 失敗 1794 西山の阮文興, キニョン・富安を侵す 1797 阮福映, キニョンを攻撃 1798 ビルマ軍, シャムに進撃, シャム, 阮福映に救援 1799 阮福映, 西山党の本拠キニョンを攻略。オランダ東インド会社解散。ピニョー(ダドラン), サイゴンにて死(1741~)	1790 ビルマを属国とする。グルカ族ネパールを奪い, チベット侵入 1791~92 キャフタ条約三訂, 議定書 1791 チベット動乱 1791~92 グルカ遠征(将, 福康安) 1793 貧民の山海関出境をゆるむ。イギリス使節マカートニー, 北京に来り, 熱河で謁見 1794 オランダ使節来る。清人宣教師周文謨, 漢城に入る 1795 オランダに国書を送る 1795~98 貴州・湖南の苗族の乱(福康安の鎮撫) 1796 高宗引退, 太上皇帝となる 1796~1820 仁宗(嘉慶帝) 1796~1804/05 白蓮教徒の乱 1796 福康安陣歿。アヘン輸入の禁。孫士毅死(1720~) 1797 経学者王鳴盛死(1722~) 1797 儒者畢沅死(?~「続資治通鑑」)。阿桂死(1717~) 1798 貴州の苗乱平定 1799 高宗死(1711生), 仁宗親政 1799 和珅(?~)を死罪とする 1800 大艦を造り海防につとめる	1790 「御定武国譜通志」成る 1791 洋書を禁じ, 焚書を行う 1794 「御定朱書百選」成る 1796 水原城建設。「御定奎章全韻」成る 1797 イギリス軍艦来航 1799 疫病大流行, 死者無数 1800~34 純祖	1790 寛政異学の禁 1792 林子平禁錮(「海国兵談」の筆禍)。ロシア使節ラクスマン根室に来り通商要求 1793 高山彦九郎死(1747~) 1794 林子平死(1738~) 1795 画家円山応挙死(1723~) 1796 稲村三伯「ハルマ和解」 1797 イギリス船, 蝦夷地来航。宝暦暦を廃し, 寛政暦を行う 1798 近藤重蔵, エトロフ島探検 1799 蝦夷地を幕府直轄地とする 1800 伊能忠敬, 蝦夷地の測量をはじめる	1790 1800	

イラン及びアフガンの諸王朝=14世紀後半にイル汗国が内部分裂してから18世紀末までこの地方には統一的王朝がなく, 王朝が次々に興っては滅びた。**西山党**=反乱の領袖阮氏が西山(安南読みでTay-Son)村出身。**ベンガル総督**=Governor General of Bengal。**ザミンダリ制**=Za(e)mindary, イギリス政府に対し地租を請負徴収する地主制度, インド人に対する二重支配の停止とイギリスの永久借地権(Permanent Settlement)確立がねらいである。

大勢: ヨーロッパを覆う戦乱の嵐／ナポレオンの制覇と没落／イギリス海上帝国の成立／ドイツの荒廃と分裂

年代: 1801 / 1805 / 1810 / 1816

アメリカ大陸

アメリカ合衆国

1800　1800年の革命（選挙による政権交代の初め。ジェファーソン民主政治・市民社会成立）
1801～09　ジェファーソン（民主共和党）
1802　トリニダード，英領となる
1803　合衆国，フランスよりルイジアナを買収
1804　▽ハイチ独立
1804　ルイス・クラーク探検隊，オレゴン地方を踏査
1806～07　▽イギリス一時ブエノスアイレスを占領
1807～08　合衆国，イギリスに対して通商の門戸を閉鎖
1807. 11. ▽ポルトガル王室のブラジル亡命
1807　フルトン，汽船を製作（ニューヨークのハドソン川で試運転）
1808　奴隷貿易の禁止
1809～17　マディソン（民主共和党）
1810　ランブイエの法令。▽イスパニア植民地の独立戦争
1811　英国商業禁止令。合衆国国立銀行を廃止。▽ヴェネズエラ・パラグヴァイ・エクアドル独立
1812. 4. アメリカ，イギリスに宣戦（米英戦争，～14）。アメリカ軍のカナダ遠征失敗
1813. 1. フレンチタウンの戦。イリー湖の戦
1814. 2. アメリカ軍再びカナダ遠征。8. イギリス軍，ワシントン市を焼く
1814. 12. 米英間にガン条約
1815. 2. 発明家フルトン死（1765～）
1815. 12. ▽ブラジル，ポルトガルと同じ憲法上の王国となる
1816. 3. ポルトガル及びブラジル国王ジョアン6世即位（～26）
1816　合衆国第2国立銀行設立

西ヨーロッパ

イスパニア王国・ポルトガル王国

1788～1808　イスパニア王カルロス4世
1801　イスパニア軍，ポルトガル侵入
1802. 3. アミアンの和約（イギリス・フランス・イスパニア・バタヴィア間の一時的平和）。4.ナポレオン，教皇との協約を公布
1803　ガリエーゴ「ブエノスアイレスの守り」
1807. 10. イスパニア王太子フェルナンドのクーデター失敗（エスコリアル事件）。宰相ゴドイ，フランスとフォンテーヌブロー条約を結ぶ。11. ナポレオンの将ジュノー，ポルトガル占領。ミラノ勅令
1808. 2. イギリス軍，イベリア半島上陸。フランス軍もカタロニアに侵入
1808. 5. ナポレオン，フェルナンド7世(3.即)を廃し兄ナポリ王ジョセフをイスパニア王とする(～13)
1808. 5. マドリード暴動(**イベリア半島戦争**起る。～14)。
1808. 9. サラゴサの戦(翌年2月ナポレオンこれを陥落する)
1809　フランス軍ポルトガルに侵入，オポルト占領。イギリス軍，オポルト奪還(1811年まで，ポルトガルは戦場となる)。タラベラの戦
1810　フランス軍，アンダルシア征服，ジョセフ，マドリードに入る
○イスパニア人の反仏ゲリラ戦はじまる(ゲリラ戦の名の起り)
1812　コルテスのイスパニア市民革命の初め
1813　英将ウェリントンのイスパニアにおける対仏大攻勢
1814　イスパニア解放，フェルナンド7世(～33)の王政復古
(ポルトガルは1820までイギリス軍政下にあり)

イギリス王国

1760～1820　ジョージ3世
1801. 1. グレートブリテン及びアイルランド連合王国成立，両国議会合同発足。大英国旗ユニオン・ジャック制定
1802　トレヴィシック，蒸汽車を製作。最初の工場法(徒弟の健康と道徳の法)
1803　タスマニア植民の初め
1803. 4. イギリス，再び対仏宣戦，フランス軍，ブーローニュに集結
1803　アイルランド，エメットの反乱。ダルトン，物質の原子の重量決定法を考案
1804. 5.～06　第2次小ピット内閣
1805. 8. 第3回欧洲同盟結成
1805. 10. トラファルガーの海戦(英提督ネルソン(1758～)死)。1805. 10. ウルムの戦。12. アウステルリッツの三帝会戦（ナポレオン，オーストリア・ロシア両帝の連合軍を破る）。プレスブルグの和約
1805　ダルトンの分圧法則
1806. 1. 小ピット死（1759～）
1806. 2.～07　グレンヴィル内閣（外相フォックス）
1806　対大陸海上封鎖宣言
1807. 3. 奴隷廃止法案通過
1807　ロンドンにガス灯点火
1808. 7. イギリス軍のアントワープ遠征失敗
1809～12　パーシヴァル内閣
1810　スコット「湖上の美人」
1811. 5. アルブエラの戦（イギリス軍，フランス軍を破る）
1811～12　ラッダイトの一揆（労働者の機械破壊運動）
1812～27　リヴァプール内閣
1812. 7. サラマンカの戦（英将ウェリントン，フランス軍を破る）
1812　治安維持法公布
1813. 10. イギリス軍，フランスに侵入。**ライプチヒの諸国民戦闘**（連合軍，ナポレオンを破る）。12.連合軍，ライン川を渡る
1813　ロバート・オーウェン，「社会に対する新見解」
1814　ニュージーランド占領
1814. 4. トゥールーズの戦（英将ウェリントン，フランス軍を破る）。第1次パリ和約
1814　スティーブンソン，蒸汽機関車試運転。ロンドン条約
ケープ植民地領有
1815. 6. ワーテルローの戦（ナポレオン惨敗）。7. 連合軍再びパリ占領。9. フランス，神聖同盟に参加
1815　穀物法公布。11. 四国同盟更新（イギリス・ロシア・プロシア・オーストリア）
1816　人身保護律廃止

バタヴィア共和国

1801. 2. リュネヴィルの和約（フランス対オーストリア。ライン川の左岸すべてフランス領となる。バタヴィア共和国・ヘルヴェティア（スイス）共和国・リグリア（ジェノア）共和国の承認）
1804　女流作家ウォルフ死（1738～）
1806　バタヴィア共和国消滅
1806　ナポレオンの弟ルイ，オランダ王となる
1807. 2. アイラウの戦。5. フランス軍，ダンツィヒ占領。6. フリードランドの戦(ロシア軍降る)。7. ティルジットの和約(プロシアの屈辱，領土の半減)
1809. 4. オーストリアのカール大公，対仏開戦，バヴァリアに侵入。5. ナポレオン,オーストリアに侵入（**オーストリア戦争**）開始，ウィーン入城。アスペルンの戦（ナポレオン敗る）。ナポレオン，教皇俗権廃止宣言，教皇領併合。7. ワグラムの戦。ナポレオン，教皇を幽閉。10. ウィーン（シェンブルン）和約
1809. 10. ナポレオン，皇后ジョセフィーヌを離婚
1809　ラマルク「動物哲学」
1810. 4. ナポレオン，オーストリア皇女マリー＝ルイズと結婚（ナポレオンの極盛時代）。7. オランダをフランス領に併合。10. 舞踊家ノヴェール死（1727～）
1811　アヴォガドロ「分子説」
1811～12　フランスの経済，恐慌状態に陥る(銀行・工場の破産，失業の増大)

ネーデルランド王国

1813. 11. オランダ革命的暴動
1815～40　ウィルレム1世
○領域は，オランダ及びのちのベルギーを含む

フランス共和国

1799～1804　統領ナポレオン
1801. 3. フィレンツェの和約（対ナポリ）。7. 教皇ピウス7世，ナポレオンと和す（宗教協約＝コンコルダート）
1802. 1. チサルピナ共和国をイタリア共和国に改造
1802　レジョン・ドヌール勲章制定
1802. 8. ナポレオン，終身統領となる。新憲法制定
1803. 2. 劇作家ラアルプ死（1739～）
1804. 2. カドゥダルの陰謀。3. ナポレオン法典（民法）成る。コンデ公の子アンギャン公銃殺刑に処される

フランス帝国（第1帝政）

1804. 5.～1814　皇帝ナポレオン1世
1805. 12. ナポレオン，イタリア王を兼ねる
1806. 5. ナポレオン，大学を創設。
8. 画家フラゴナール死（1732～）
1806. 10. イェナ・アウエルステットの戦。ナポレオンのベルリン入城。11. **ナポレオンのベルリン布告（大陸封鎖令）**
1808. 5. トスカナをフランス領に併合。フランス軍ローマ占領。9.～10. エルフルト会議（ナポレオンとロシア皇帝及びドイツ諸侯間。このときナポレオンとゲーテとの会見あり）
1808　フランスの対外貿易極度に減少。帝政貴族をつくる
1810. 3. ローマ市をフランス領に併合
1811. 3. マリー＝ルイズ，王子を出産，王子をローマ王とす（ナポレオン2世）
1812. 2. 教皇ピウス7世，ナポレオンとの協約破棄
1812. 5. ナポレオン，パリ出発，ロシア遠征の途に上る。6. ニーメン渡河。9. ナポレオン，モスクワ入城。10. モスクワ撤退。
12. ナポレオン，パリに帰る
1813. 2. プロシア，対フランス宣戦（**諸国民の自由解放戦争起る**，～14）。5. リュッツェンの戦。バウツェン・ウルシェンの戦。
8. オーストリア，対フランス宣戦。ドレスデンの戦（仏将モロー戦傷死，1761～）。10. テプリッツ条約（オーストリア・プロシア…）
1814. 1. 作家・博物学者サンピエール死（1737～）。ナポリ王ミュラーの反仏企図失敗。
3. 連合軍，パリ入城。4. ナポレオン退位，エルバ配流
1814. 5. ルイ18世即位（1815. 7. 重祚）
1814. 9.～1815. 6. ウィーン列国会議
1815. 2. ナポレオン，エルバ脱出
1815. 3. 20～6. 22　ナポレオンの百日天下
1815. 10. ナポレオン，セントヘレナの配所に到着。11. 第2次パリ条約

フランス王国

1814～24　ルイ18世［ブルボン家］

中央ヨーロッパ

イタリア諸邦・ローマ教会

1802～21　サルディニア王ヴィットリオ・エマヌエーレ1世
1806～08　ナポレオンの兄ジョセフ，ナポリ王となる
1808. 3.～14　ナポリ王ミュラー
1815　ヴェネト＝ロンバルド王国成立
1816　両シチリア王国再建

神聖ローマ帝国

【オーストリア】

1792～1806　フランツ2世
1801　ガウス「整数論」
○詩人
1724～1803　クロプシュトク
1733～1813　ヴィーラント
1770～1843　ヘルダーリン
1803. 2. レゲンスブルグの帝国代表者委員会組織，リュネヴィル和約の善後策を協議
1804　シラー「ヴィルヘルム・テル」

オーストリア帝国

1804. 8. 帝国成立
1804～35　フランツ1世（もとの2世）
1805. 5. 古典主義の詩人シラー死（1759～）
1805～09　外相スタディオン
1806. 7. フランス保護下にライン連邦(同盟)組織
1806. 8. 神聖ローマ帝国消滅
1807　ヘーゲル「精神現象学」。スイス人女流画家カウフマン死(1741～)
1809. 5. 作曲家ハイドン死（1732～）
1809～21　外相メッテルニヒ
1809　チロールの愛国者ホーファーの奮起（ドイツ国民の反仏運動の先駆，1810. 2. ナポレオンのため射殺される）
1811　オーストリアの国庫破産，インフレーションおこる

ライン連邦

1811　エッセンにクルップ製鉄工場創立
1813. 10. 以後ライン連邦解体

ドイツ諸邦

1815. 5. ミュラー，トレンティーノでオーストリアに完敗（オーストリア，イタリアを支配）
1815. 9. **神聖同盟**（主唱者ロシア・オーストリア・プロシア）
1815～48　反動政策と国民的自由運動との対抗
1815　ウィーン会議の結果，ドイツ連邦を結成，オーストリアが指導権を握る。スイスの永世局外中立を承認
1815. 11. 四国同盟更新
1816　フランクフルト新連邦議会（議長メッテルニヒ）

【プロシア】

1797～1840　フリードリヒ・ヴィルヘルム3世
1801／08　ゲーテ「ファウスト」第1部
1801　詩人ノヴァーリス死（1772～）
1804. 2. カント死（1724～，批判哲学の樹立者。観念論）
1805／08　ブレンターノとその妹アルニムの民謡集「少年の魔笛」
1805. 8. 第3回欧洲同盟
1805　ゼルチュルナー，アヘンよりモルヒネを抽出
1805. 12. プロシア・オーストリアと和議
1806. 8. プロシア，ロシアと同盟
ワルシャワ大公国成立
1807～10　スタイン及びハルデンブルグの大改新
1807　陸相シャルンホルストの軍政改革（徴兵義務）
1808　フィヒテ，ドイツ国民に告ぐの講演を行う
1810　ベルリン大学創立（学長フィヒテ）
1811　劇作家クライスト自殺（1777～）
1813. 3. 国王のドイツ国民に告ぐ
1814. 1. フィヒテ死（1762～，観念論哲学者）
1811～33　ゲーテ自伝「詩と真実」

ワルシャワ大公国

1807～14　フリードリヒ・アウグスト（サクソニア王）
1809　シェンブルン和約によりオーストリア領旧ポーランドを併合

ポーランド王国

1815　ポーランド小王国成立　ロシア皇帝の兼位

レジョン・ドヌール勲章＝Légion d'honneur。**グレートブリテン及びアイルランド連合王国**＝United Kingdom of Great Britain and Ireland。**ライン連邦**＝Confederation of the Rhine（Rheinbund）。
第1帝政＝First Empire。**イベリア半島戦争**＝The Peninsular War。**自由解放戦争**＝The Wars of Liberation（ドイツ語でBefreiungskrieg）。**ウィーン会議**＝The Congress of Vienna。**神聖同盟**＝The Holy Alliance。

〔28〕

北ヨーロッパ	東ヨーロッパ		西アジア	南アジア		東アジア				年代	大勢
北欧三国	ロシア帝国	トルコ帝国	イラン アフガン	ムガール帝国	他のインド地域	東南アジア	清帝国	朝鮮	日本		
1801 デンマーク艦隊，コペンハーゲン沖において英海軍に敗れる 1805 スウェーデン，第3回欧洲同盟に参加 1805 アッシリア学者ティクセン死(1734～，楔形文字の研究)	1801 グルジアを併合 1801. 3. 宮廷革命，皇帝パヴェル暗殺 1801. 3.～25 アレクサンドル1世 1802 省制と大臣会議創設。元老院を最高法院に改組 1803 貴族による自発的農奴解放の許可 1804 普通教育制度と大学自治の確立。ハルコフ大学創立 1804～13 ロシア，イラン戦争 1804 フランスとの国交を絶つ 1805 アウステルリッツの三帝会戦に敗北。プレスブルグ和約	1789～1807 セリム3世 1801 ナポレオンの将クレーベル，エジプトで敗死 1804 ワッハーブ派，メディナ占拠 1804 メヘメット＝アリ，エジプトに入る 1805～49 エジプト太守メヘメット＝アリの国政改革	1797～1835 カジャール朝ファテ・アリ 1801 カジャール朝の宰相イブラヒム暗殺される 1802 イギリス，イランに宣教師を派遣	1759～1806 シャー・アラム2世 1801 イギリス，オードの一部とカルナティックを併合 1802 マラータ同盟内部の抗争 1803～05 第2マラータ戦争 1803. 9. アッサエの戦（英将アーサー・ウェルズリー，マラータ連合軍を破る)。英将レーク，デリー入城。バセイン条約 1803 イギリス，オリッサ占領。マドラスにライオット・ワリ制を行う 1804 ムガール帝国，英人の保護下に入る 1804 ラルジー・ラール「愛の海」(ヒンディ語の散文小説) 1805 ベンガル総督コーンウォリス，着任間もなく死（1738～1805)。イギリス，マラータ諸国を保護下に置く	1802 ミール・アンマン「四人の托鉢僧物語」(ウルドゥ語散文小説)	1801 阮福映，タイソン(西山)党首阮光纉を逐い，富春に入る 1802 タイソン党滅び阮福映(嘉隆帝，～19)安南を統一(阮朝，～19)（首都昇龍＝ハノイ) 1803 安南の阮朝，国号を越南(ヴェトナム)と称す。富春城修築 1805 越南，京城を修築しその名昇龍を昇隆と改める	1796～1820 仁宗(嘉慶帝) 1801 三省教匪平定。史学者章学誠死(1738～，「文史通義」) 1802 松筠をイリ将軍とする。イギリス船，零丁洋に泊し，マカオに上陸を試みる。白号・黄号の賊，平定。文人張恵言死(1761～，「詞選」) 1803 流民耕墾モンゴル土地法を定める。白蓮教徒の領袖続々捕えられる 1804 海賊蔡牽，福建・台湾の海岸を荒らす，李長庚，これを討つ。考証学・史学者銭大昕死(1728～，金石学・「二十二史考異」)。書家劉墉死(石庵，1719～)。 1805 イギリス人ピアソン，種痘法を伝える。西洋人の出版・伝道を禁ず。学者紀昀死(1724～，「四庫全書総目」)。書家鄧石如死(1743～)	1800～34 純祖 1801 **キリスト教徒に対する大迫害(辛酉の獄)** 1802 金祖淳の勢道政治(専権)始まる 1803 平壌大火 1805 朴趾源死(1737～，小説「両班伝」)	1779～1817 光格天皇 (1786～1837 徳川家斉) 1801 富山元十郎ら，ウルップ島探検。国学者本居宣長死(1730～) 1802／09 十返舎一九「東海道中膝栗毛」 1802 蝦夷奉行を置く(のち箱館奉行) 1803 蘭学者前野良沢死(1723～) 1804 出羽大地震。**ロシア使節レザノフ，長崎に来る** 1805 浮世絵師喜多川歌麿死(1753～)	1801	イギリスのインド掌握／東アジアに対する英露の進出／日本に対する北辺の脅威／ロシア専制国家の発展
してフランスに対し宣戦 1807 イギリス艦隊，コペンハーゲン攻撃。デンマーク，対英宣戦 1808～09 ロシア，スウェーデンと戦い，フィンランドを奪う 1808～39 デンマーク王フレデリック6世 1809～18 スウェーデン王カルル13世 1810 スウェーデン王，フランスの将ジャン・ベルナドットを太子に選出	1806～12 ロシア・トルコ戦争 1807 アイラウ・フリードランドの敗戦 1809 スペランスキーの国家改造案 1810. 12. ロシア新関税法発効（フランス商品に対する関税障壁の発生)。国家会議創設 1812. 3. スペランスキー追放。**6. ナポレオンの侵入**。9. モスクワの大火	1807～08 ムスタファ4世 1808～39 マフメット2世 1811 英人リッチのバビロン古跡の発掘 1811 メヘメット＝アリ，エジプト藩王国の事実上の独立	1806 フランス使節ジュベール来訪（イラン，フランスと提携) 1808 イラン，フランスと絶ち，イギリスと結ぶ	1806～37 ムハメッド・アクバル2世 1807～13 ベンガル総督ミントー 1807 ビルマ王ボドパヤ，デリーに親善使節を送る（以後数回) ○アクバル2世，詩人ゾークに師事 1809 ランジート・シン，イギリスとアムリッツァー協定。ベンガル銀行設立 1810 詩人ミール・タキー死		1806 越南，「一統輿地誌」成る 1809～24 シャム王ラーマ2世 1809～11 ビルマ軍，シャムに侵入，さらにクラ地峡方面を荒らす 1810 越南，カンボディアのプノンペン攻略。ビルマ軍，シャム攻撃敗退。フィリピン人の代表イスパニア議会に出席	1806 江蘇・浙江等の販米出洋を厳禁。陝西・寧陝に兵変おこる。李長庚，大いに蔡牽を破る。王昶死(1724～，「金石萃編」) 1807 イギリス宣教師ロバート・モリソン，広東に来る。李長庚，蔡牽を追撃して戦死 1808 イギリス船，香山県に泊し，マカオを攻撃 1809 広東の互市章程を定める。蔡牽，浙江の海上に敗死。ロシア，キャフタで通商を請う。経学者洪亮吉死(1746～) 1810 関内よりの移民多数により熱河に都統を置く。アヘンの北京に入るを禁じる 1810～11 海賊船，沿岸に出没	1806 金達淳の処刑 1807 時審度，時事を論じて刑死 1808 端川・北青の農民蜂起 1810 李社永「五礼通編草木」	1806 ロシア人フォストフ及びダビドフ，千島・樺太を侵寇。江戸の町人に御用金を命じる 1807 箱館奉行を廃し，松前奉行を置く 1808 江戸湾沿岸に砲台の建設はじまる。フェートン号事件（イギリス軍艦，長崎港へ侵入)。**間宮林蔵，樺太探検** 1809 式亭三馬「浮世風呂」。読本作者上田秋成死（1734～) 1810 水戸徳川家，「大日本史」献上	1805	
1811 スウェーデン，対英宣戦。クリスチャニア大学創立 シア・ロシア間の同盟成立) 1812 スウェーデン，デンマークを攻撃 1813 デンマーク国立銀行創立 1814 キール条約。ベルナドット，ノルウェーに侵入 の3元首間，イギリス王・ローマ教皇・トルコ皇帝不参加) 1815 デンマーク，ノルウェーを手放し，スウェーデン・ノルウェー連合王国成立	1812 ブカレスト和約(ロシア，ベッサラビア併合)。プロシアとタウロッゲン協約 1812 アスランドゥスの決戦（ロシア軍，イラン軍を破る) 1813 グリスタン条約(イラン，カスピ海西岸地方を，ロシアに割く) 1815 皇帝，ポーランド王を兼ねる 1816 自由関税法。アラクチェーフの新軍制。バルト地方の農奴解放	1813 メヘメット＝アリ，アラビア遠征，ワッハーブ派を討つ（仏式軍隊の勝利) 1814 ギリシア人オデッサに秘密結社を作る(独立運動のはじめ)	1814 イラン，イギリスに対して経済・軍事両面の最恵国条約を結ぶ	1812 イギリス議会，東インド会社の交易活動を停止 1813 東インド会社特許条令更新，茶以外のインド貿易の独占権廃棄（イギリス産業資本の支配確立) 1813～23 ベンガル総督兼総司令官フランシス・ヘースティングス 1814～16 ネパール戦争（グルカ戦争。ヘースティングス，グルカ族を攻撃) 1816 インド人による最初の新聞発行 1815～18 マラータ義勇兵(ピンダリー)ハイデラバードを荒らす 1816 セイロン島，英領となる	1812 マラータ義勇兵おこる 1815 ヒンドゥ教僧ラーム・モハン・ロイの宗教改革はじまる	1811 シャム，アヘンの販売を禁じる 1811／16 イギリス一時ジャワを占領 1812 シャム，カンボディアを攻め敗退 1813 フィリピン植民地憲法成る(～37廃棄)。アメリカ人ジャドスン夫妻，ビルマに伝道。越南，広東より洋暦を買い翻訳 1814 ラッフルズ，ジャワに土地改革を行う。シャム砲台を築く 1815 越南「嘉隆律令」 1816 ビルマ軍，アッサム遠征	1811 ヨーロッパ人の内地居住を禁じ，布教を許さず 1812 雲南等の駐兵を増置 1813. 7. アヘンの販売を禁じる。9. 天理教徒，乱を起し，宮廷に乱入。11. 天理教徒の首領李文成ら敗死 1814. 1. 西洋商人の互市商程を定める。閏2.「全唐文」成る。11. イギリス人の伝道を禁ず。経学者程瑶田死(1725～)。史学者趙翼(甌北)死(1727～) 1815 アヘンの輸入厳禁。長齢，イリ将軍となる。考証学者段玉裁死(1735～，「説文解字註」)。文人姚鼐死(1731，桐城派)。書家伊秉綬死(1754～) 1816 イギリス使節アマースト来る。史学者崔述死(1740～)	1811 洪景来の反乱（平安道の農民戦争) 1813 済州の乱 1815 疫病大流行，死者無数。天主公教徒の処刑 1816 イギリス軍艦来航（艦長バジルホール)	1811 ロシア軍艦，蝦夷に来航，日本人その艦長ゴロウニンを捕える 1812 浪人取締令。豊後百姓一揆。高田屋嘉兵衛，ロシア船に捕えられる 1815 座頭高利貸の禁。杉田玄白「蘭学事始」 1816 イギリス軍艦，琉球に来り通商を請う	1810 1816	

ワッハーブ派＝Wahhab，18世紀の中ごろアラビア北部に興り，中央部及び西部を征服して一大王国を建設した一派，その首長サウド家はのちのサウディ・アラビア王家となる。**ライオット・ワリ制**＝耕作民の直接納税制度。
エジプト太守＝Governor of Egypt。**ピンダリー**＝Pindari，マラータ義勇兵が集団脱走して掠奪横行した一種の群盗。考証学＝清代に興り儒教の古典の実証的研究を主とする文献学として発達した。天理教(八卦教)＝白蓮教の一派。

大勢	年代	太平洋 アフリカ（エジプトを除く）	アメリカ大陸：アメリカ合衆国	西ヨーロッパ：イスパニア王国 ポルトガル王国	西ヨーロッパ：イギリス王国	西ヨーロッパ：ネーデルランド王国	西ヨーロッパ：フランス王国	中央ヨーロッパ：ドイツ連邦 プロシア王国	中央ヨーロッパ：ドイツ連邦 オーストリア帝国	中央ヨーロッパ：イタリア諸邦
ウィーン体制（反動政策と国民的自由運動との対抗）／ラテン・アメリカ諸国の独立／フランス七月革命	1816		1809～17 ジェームス・マディソン(民主共和党) 1816 保護関税法成立。合衆国銀行再建(～36)。▽アルゼンチン独立(1816～25 ラプラタ連合州) 1817 ▽ブラジル人のペルナンブコ反乱 1817～25 ジェームズ・モンロー 1818 オレゴン地方に関する英米条約(オレゴンの共同領有) 1818 ジャクソンのフロリダ侵入(セミノール戦争) 1818 ▽チリ独立 1819 フロリダ買収。汽船による英米間の大西洋初航の成功 1819 ▽ノヴァグラナダ独立(後のコロンビア共和国) **1820 ミズーリ協定**。▽メキシコ第2革命	1814～20 ポルトガル，イギリスの軍制下にあり 1816～26 ポルトガル王ジョアン6世 1820～23 イスパニア革命（リエゴの指導と改革の失敗）	1760～1820 ジョージ3世 1816 人身保護律廃止 1817 ブランキットの乱 1817 リカード「経済学及び課税の原理」 1818 初代インド総督ヘースティングス死（1732～） 1819. 8. ピータールーの虐殺事件（労働者の議会改革運動の挫折）。紡績工場法 1820～30 ジョージ4世 1820. 2. カトー街の陰謀事件。6. 処罰法	1814. 11 ネーデルランド王国の成立。新憲法制定。イギリスとロンドン協定 1815. 9～40 ウィルレム1世（オランダ世襲王制の発足）	1814～24 ルイ18世〔ブルボン朝〕 1815 過激王党（ウルトラ）の台頭 1816 国王，下院を解散。土地台帳完了 1817. 2. 制限選挙法。7. スタール夫人死（1766～，ロマン主義文学者） ○フランス，産業革命期に入る 1818 フランス薬局方成る。幾何学者モンジュ死（1746～） 1818～30 ロマン主義文学論争期 **1818. 9. アーヘン列国会議（オーストリア・プロシア・ロシア・イギリス・フランス間に五国同盟結成＝ペンタルキー）** 1819 出版言論の自由弾圧はじまる 1820 ベルリ公暗殺される。新選挙法。アンペールの法則（電磁作用）。アラゴ，電磁石を発明 1821～27 ヴィレール内閣（ウルトラ）。	1797～1840 フリードリヒ・ヴィルヘルム3世 1816 フランクフルト新連邦議会(議長メッテルニヒ(オーストリア外相1809～48)) **1817. 10. 大学生の宗教改革300年記念式典挙行（ワルトブルグにおける自由改革の運動）** 1818. 5. 外国商品の関税・消費税及び国内諸邦間の通商法（関税法） 1819 一月十一日の勅令（プロシア王の自由弾圧）。5. 劇作家コッツェブー，スパイの容疑で暗殺される。7. カールスバードの決議（メッテルニヒの自由弾圧） 1820 ウィーン最終議定書65カ条。トロッパウ会議	1804～35 フランツ1世 1821 ライバハ会議。ピエモンテの革命(北イタリアのオーストリアからの解放企図)。**メッテルニヒ首相（兼外相）**（前後約30年間ヨーロッパの反動外交を指導）。ナポリに出兵	1800～23 教皇ピウス7世 1816 両シチリア王国再建(1816～25 フェルディナンド1世) 1820 ナポリのカルボナリ立憲革命。パレルモの反乱
	1820	1823 ニューサウスウェールズ，自治権獲得 1824 アメリカ，ロシアと太平洋国境条約 1825 タスマニア，独立の英植民地となる。オーストラリアの開拓はじまる	1821 ▽ペルー独立。▽メキシコ独立(～22 共和制，～24 帝政，～64 共和制) 1821 ▽中央アメリカ5国独立(メキシコと連合～23) 1822 ▽ブラジル帝国成立(皇帝ドン・ペドロ) **1823 モンロー教書**。▽中央アメリカ共和国成立(～39) 1825～29 ジョン・クィンシー・アダムス 1825 イリー運河成る。▽ボリヴィア独立。▽ポルトガル，ブラジルの独立を承認	1820 オポルト暴動。ポルトガルの国政改革 1822 リスボン銀行創立 1823 フランス干渉軍マドリード入城。王党派の手でリエゴ処刑（1785～）。ポルトガル，ペドロの弟ドン・ミゲルのクーデターと独裁	1821 ミル「経済学綱要」。イングランド銀行正金支払を復活。デーヴィー，アーク燈を発明 1822～27 外相カニング（諸国の自由主義運動を支援） 1823 ジェンナー死(1749～，種痘法)。経済学者リカード死（1772～） 1824 バイロン（ロマン派詩人，1788～），ギリシア戦争に参加し戦病死 1825 商業恐慌（最初の資本主義的恐慌）。紡績工場法修正。労働組合承認。最初の鉄道，ストックトン・ダーリントン間でスティーブンソン改良の機関車の運転に成功		1821 ナポレオン(1世)死(1769～)。ギゾー「第二政体論」 1822 シャンポリオン，エジプト象形文字解読に成功 1822 ポンスレ「射影幾何学」 1822. 10. ヴェロナ会議（イスパニア及びギリシア問題の討議。イギリス，五国同盟より脱退） 1823 イスパニア革命に干渉，出兵。ティエール「フランス革命史」。彫刻家ウードン死（1741～） 1824～30 シャルル10世(アルトワ伯) 1824 カルノー，熱力学を説く。画家ジェリコー死（1791～） 1825. 4. 亡命貴族の10億フラン法（賠償金支払）。5. サン・シモン伯死（1760～，社会主義者。「新キリスト教」）。12. 画家ダヴィッド死（1748～，新古典主義の指導者）	1822 ロマン派小説家ホフマン死（1776～） 1823 地方議会招集 1824 ベッセル函数 ○ウィーンの音楽界(作曲家) ベートーヴェン 1770～1827，ウェーバー 1786～1826，シューベルト 1797～1828，メンデルスゾーン 1809～1847		1821～31 サルディニア王カルロ・フェリーチェ 1822 彫刻家カノーヴァ死(1757～) 1823～29 教皇レオ12世 1825～30 両シチリア王フランチェスコ1世
	1825	**1827～30 フランスのアルジェリア遠征（1839征服完了）**	1826 パナマ汎米会議失敗。ジェファーソン死(1743～)。同日(7. 4)，ジョン・アダムス死(1735～) 1827 フィラデルフィア職工組合連合結成 1828 アダムス派・ジャクソン派の分立。メキシコとの国境確定。ウェブスター「英語辞典」 1829～37 アンドリュー・ジャクソン(民主党) 1829 ▽アルゼンチン，ローサスの独裁 1830 ボルチモア・オハイオ間鉄道開通(大陸最初)。ジョセフ・スミス，モルモン教会設立。▽ヴェネズエラ・エクアドル独立(コロンビアよりの分離)	1826～28 ドン・ペドロのポルトガル王兼摂 1828 画家ゴヤ死（1746～）。ドン・ミゲルの第2次クーデター，王位を奪い反動的暴政（～34）	1827 カニング死（1770～） 1828～30 ウェリントン・ピール内閣（トーリー党） 1828 審査律廃止。穀物法改正 1829 旧教徒解放法。オーコンネルら，アイルランド党結成。ロス，磁気北極の測定 1830 マンチェスター・リヴァプール間鉄道開通。ライエル「地質学原理」（／33） 1830～37 ウィリアム4世 1830～34 グレー内閣（ホイッグ党。外相パーマストン） 1831 第1次・第2次選挙法改正法案，上院否決。ファラデー，電磁誘導電流の発見	1827 ベルギー人の自由要求運動 **オランダ ベルギー** **1830. 8. ベルギー独立運動（ブリュッセルの暴動）。10. ベルギー独立宣言**	1826. 2. 長子相続法案(否決)。涜聖処罰法 1827. 4. 国民軍解散 1827 物理・天文学者ラプラス死（1749～）。ニエプス，写真術発明 1828 マルティニャック内閣 1828／30 ギゾー「ヨーロッパ文明史」 1829 ポリニャック内閣（極右反動）。博物学者ラマルク死（1744～） 1830. 5. 数学者ジョゼフ・フーリエ死（1768～） 1830. 6／9 アルジェリア占領 1830. 7. 25 七月勅令。27.／29 **七月革命**	○ドイツ産業革命 1827 オームの法則 1827 【スイス】教育者ペスタロッチ死(1746～) **1828 プロシア関税同盟の発展（参加20余邦）。南ドイツ関税同盟結成** 1829 シュレーゲル(弟)死（1722～，ドイツ・ロマン派の中心人物） 1830 サクソニア・ブラウンシュヴァイクの暴動 1830～37 ドイツにおける自由主義的運動 1831 歴史家ニーブール死（1776～）。哲学者ヘーゲル死(1770～弁証法)	1828 実践神学者ニーマイヤー死（1754～） 1828 中部ドイツ関税同盟結成	1827 物理学者ヴォルタ死(1745～) 1828 詩人ピンデモンテ死(1753～) 1829～30 教皇ピウス8世 **1831 中部イタリアにカルボナリ革命**。マッチーニの青年イタリア党の活動はじまる 1831～46 教皇グレゴリウス16世
	1830	1835 ボーア人，ケープ植民地より奥地へ移動	▽南米独立運動の指導者ボリバル死(1783～) 1831. 7. モンロー死(1758～)。ヴァージニアの奴隷暴動 1832 サウスカロライナの関税法無効宣言 1833 アメリカ奴隷廃止協会設立。関税法改正 1834 ホイッグ党結成 1835 ボルチモア大会(政党全国指名大会の初め)	1833～68 イスパニア女王イサベラ2世 1833～39 カルリスタ戦争（イスパニア，前王の弟カルロス派と摂政クリスチナ派との継承戦争） 1834～53 ポルトガル女王マリア2世（ペドロの女）	1832 ベンタム(ベンサム)死（1748，～功利主義）。**第1次選挙法改正**。詩人スコット死（1771～） 1833 英帝国名の奴隷廃止。ニューマンらのオックスフォード運動起る。**一般工場法** 1834 国民的労働諸組合結成。詩人コールリッジ死（1772～）。ピールのタムワース宣言。経済学者マルサス死（1766～） 1835 都市団体改革法（自治制） 1835～41 メルバン内閣（外相パーマストン）	1831 ベルギー王国成立（1831～65 レオポルド1世） (以下1945年まで，フランスまたはドイツの欄に記載する)	1830. 7. 30～48 ルイ＝フィリップ〔ブルボン＝オルレアン家〕 1830／42 オーギュスト・コント「実証哲学教程」 1831. 11. リヨン絹織工の暴動 1832. 2. ブルボン王党の陰謀事件（プルーヴェール事件）。5. カジミル・ペリエ死（1777～，1831 首相）。建築家ペルシエ死（1764～）。博物学者キュヴィエ死（1769～）。経済学者バプティスト・セイ死（1767～） 1833 数学者ルジャンドル死（1752～） 1834. 4. パリ・リヨンの労働者暴動 1835～36 ブローイ内閣 1835 反動立法(九月法)。バルザック「谷間の百合」	1832 ゲーテ「ファウスト」完成刊行 1832 ハンバハの集会。ゲーテ死（1749～）。哲学者クラウゼ死（1781～，万有在神論） 1833. 4. フランクフルト警察本部襲撃事件 **1834. 1. ドイツ関税同盟** 1834 神学者シュライエルマッハー死(1768～) 1835 馬力によるドイツ最初の鉄道開通。政治家・言語学者W・フォン・フンボルト（兄）死(1767～)	○オーストリア，産業革命期に入る 1832 ハンガリー人ボリアイの非ユークリッド幾何学，世に認められる 1832 ボロニヤのカルボナリ革命企図（オーストリアの弾圧） 1834. 6. メッテルニヒの60カ条秘密協定 1835～48 フェルディナンド1世（メッテルニヒ，全権を握る）	1831～49 サルディニア王カルロ・アルベルト 1833 青年イタリア党のジェノア革命企図。マッチーニ，スイスに亡命 1834 ガリバルディ南米に亡命 1835 音楽家ベルリーニ死(1801～)
	1835									

ラテン・アメリカ＝Latin America，メキシコ以南の中南米はもとラテン民族系のイスパニア・ポルトガル領であったのでこのように呼ぶ。**ウルトラ**＝Ultra royalistes（極右党ともいわれる）。**カルボナリ（炭焼党）**＝Carbonari，一種の秘密結社。**ミズーリ協定**＝Missouri Compromise，合衆国内に奴隷州・自由州を創設する基準法。**モンロー教書**＝Monroe Doctrine，ヨーロッパ諸国に対し，アメリカ大陸不干渉の原則を樹てるべきを宣言したもの。

〔29〕

北ヨーロッパ	東ヨーロッパ		西アジア		南アジア		東アジア			年代	大勢
北欧三国	ロシア帝国	トルコ帝国	【エジプト】	イラン アフガン	インド ムガール帝国	東南アジア	清帝国	朝鮮	日本		
1818〜44 スウェーデン王カルル14世【ベルナドッテ家】 1820 デンマーク人エールステッド, 電磁作用を発見	1801〜25 アレクサンドル1世 1816 青年将校ら救済同盟を結成(18 福祉同盟と改称。デカブリストの前身) 1818〜20 ドン地方の農民反乱 1818 カラムジン「ロシア帝国史」。屯田兵制のはじめ 1819 ペテルブルグ大学創立 1820 セミヨノフ連隊の反乱	1808〜39 マフメット2世 ○ギリシア・テッサリア等に, ヤニナのアリ・パシャ, 勢力を振う 1817 セルビア公国自立(公ミロシュ・オブレノヴィッチ〜1839) 1820〜22 皇帝, アリ・パシャを討つ 1821 イラン, トルコと戦う(〜23)	1805 メヘメット・アリ, エジプト太守(パシャ)となる 1811 エジプトの事実上の独立	1816 イラン, アフガンを攻撃, ヘラット略取 1818 アフガン諸種族の反乱と自立運動, デュラニ朝東方に移動 1819 ランジート・シング, カシュミル占領	1806〜37 ムハメッド・アクバル2世 1816 サガウリ条約(イギリス, ネパールのシムラ地方領有)。インド人による最初の新聞発行 1817〜19 第3マラータ戦争(マラータ同盟衰える) 1819 ラジプト族, イギリスの保護下に入る	1816 オランダ, ジャワを回復 1818 シャム, ポルトガルと通商条約。ビルマ王, ベンガルの半ばを要求 **1819／24 イギリス, シンガポールを領有** 1820 越南, 国史館を建てる 1820〜41 越南王阮福皎(聖祖) 1821 シャム軍, ケダー占領	1796〜1820 仁宗(嘉慶帝) 1817 雲南臨安辺外の夷人高羅衣, 自ら窩泥王と称し乱を起す, 総督伯麟之, 討って平定。古文学者惲敬死 1818 内地の民の, モンゴル地方に入ることを禁じる。金石学者翁方綱死(1733〜)。経学者孫星衍死(1763〜) 1819 旗人の, 漢人及び戸下人を養って嗣とすることを禁じる。松筠, 盛京将軍となる。アモイの洋船の茶の販運を禁じる 1820 仁宗, 避暑山荘において死 1820〜50 宣宗(道光帝) 1820〜27／38 新疆, 回教徒ジャハンギルの乱 1820 河務の積弊を禁じる	1800〜34 純祖 1817 南部洪水, 死者甚大	(1786〜1837 徳川家斉) 1817〜46 仁孝天皇 1817 蘭学者杉田玄白死(1733〜) 1817〜22 イギリス船しばしば浦賀沖に来る 1818 伊能忠敬死(1745〜, 地図測量)。画家・洋学者司馬江漢死(1738〜) 1820 塙保己一「群書類従」成る	1816	アジア植民地化への道／
1822 スウェーデンの植物学者ツンベリー(ツンベルグ)死(1743〜, 日本滞在は1775〜76) 1825 ベルゲン博物館創立	1821 アラスカ領有。福祉同盟解散, 3グループに分れる 1824 アメリカと国境画定 1825. 11. 19 アレクサンドル1世急死, 3週間の空位 1825. 12.〜55 ニコライ1世 **1825. 12. 14〜26. 1. デカブリストの反乱**(首謀者5名死刑)	**1821〜29 ギリシア独立戦争** 1822. 1. ギリシア独立宣言。2. アリ・パシャ, 処刑される(1741〜) 1823 エルゼルム条約 1821, 23, 25〜26 ミソロンギ籠城 1825 メヘメット・アリの子イブラヒム・パシャ, モレア王となる(〜27) 1825 ミソロンギの戦 1826 イェニチェリを全廃し新国軍を編成。トルコ軍, アテネを占領	1822〜40 クレタ島を領有 1825 歴史家ジャバルティ死(1753〜)		1820 周期定租制(テンポレリー・セトゥルメント。土地制度の変革) 1822 ビルマ軍, ベンガル侵入 1823〜28 ベンガル総督アマースト 1823 ボンベイ最高法院の設置 1824〜26 第1ビルマ戦争	1822 イギリス東インド会社, シャムに商業的進出 1824 イギリス, マラッカ獲得。越南, アヘン厳禁 1824〜51 シャム王ラーマ3世 1825〜31 ジャワ戦争(ジャワ島民の対オランダ反乱)	1821 徐松「新疆識略」を撰上。各省の社倉・義倉を修復。雲南永北庁に反乱。カルカ, 朝貢を乞う。イギリス人, ヤルカンドに入り交易を求める(許さず) 1822 広東・福建・浙江等の洋盗を禁じる。民間私蔵の鳥槍・火器を禁じる。イギリス船の水手, 広東に上陸して漢人と乱闘, 阮元これを戒める。海口各関津に命じて, アヘン不法所持を取締る 1823 商民と青海モンゴル人との貿易章程成る。朱察阿片煙条例。林則徐, 江蘇按察使となる。ケシの栽培とアヘン製造の禁 1824 直隷に千里長堤を造る 1824〜27 ジャハンギル, 回疆侵掠 1825 慶祥, 弁カシュガル軍務となり, 長齢, イリ将軍となる	1821 関西より疫病流行京畿に及び死亡万をかぞえる 1822 疫病烈しくまた穀物みのらず	1821 塙保己一死(1746〜) 1821 伊能忠敬「大日本沿海輿地全図」成る 1822 蒲生君平「山陵志」 1823 ドイツ人シーボルト(蘭館医), 長崎に来る 1824 イギリス船, 常陸に来る **1825 外国船打払令**	1820	英米の東アジア進出／
1826 ノルウェー人アーベル, 楕円函数論(1802〜29)	1826. 5. 皇帝の宣言(流言厳罰令) 1826〜28 第2次ロシア・イラン戦争 1826. 12. ロシア法大全・ロシア帝国法典の編纂 1826 歴史家カラムジン死(1766〜) 1827 ナヴァリノ海戦(ロシア・イギリス・フランス連合軍, トルコ及びエジプト艦隊を破る) 1827 ロシア軍, タブリーズ占領 1828 トルコマンチャーイ条約(イラン, ロシアにコーカサスを割譲) **1828〜29 ロシア・トルコ戦争(第1バルカン戦争)** 1829 ロバチェフスキー, 非ユークリッド幾何学創始。	1826 セルビアの自治権, 認められる(アッケルマン条約) 1829 セルビア, 自治権獲得 アドリアノープルの和約(トルコ, ギリシアの独立承認。ロシア, 侵地を獲得)		1826 アフガンのドスト・ムハムマッド・ハーン, カーブル略取	1826 ヤンダボ条約(イギリス, アラカン・テナセリム占領) 1827 イギリス, ムガール帝国に対して従属の要求 1828〜35 ベンガル総督ベンチンク(33以後インド総督) 1828 ヒンドゥ教団ブラーフマ・サマージ結成(設立者ラーム・モハン・ロイ1772〜1833) 1829 サティーの禁止 1831 マイソール, 東インド会社の支配下に入る。ベンガルのイスラム教徒反乱	1826 シャム, イギリスと通商条約 1828 オランダ, ニューギニアに植民 1829 越南, ランソン金鉱を開く 1830 オランダ, ジャワに強制栽培制を行う。フランス艦隊, ツーラン停泊	1826 台湾, 黄文潤の乱。慶祥, ジャハンギルに敗れ自殺。ジャハンギル, カシュガル・ヤルカンド諸城を陥落 1827 長齢, カシュガルを復し, ジャハンギルを補う。満州人の漢風化禁止をかたくする 1828 ジャハンギルを殺す。呉淞江の開掘完工。外国銭の使用を禁じる 1829 コーカンドの賊, カシュガルに侵入, 長齢これを駆逐。銅版画「平回得勝図」成る 1830 「平定回疆方略」成る。長齢を新疆軍務とする。ジャハンギルの兄ユースフ, カシュガル侵入。李汝珍死(1763〜)	1828 虫害により湖西・嶺南ききん	1827 蘭学者 大槻玄沢死(1757〜)。頼山陽「日本外史」。俳人小林一茶死(1763〜) 1828 シーボルト事件おこる(天文方高橋景保, 処罰) 1829 松平定信死(1758〜)。劇作者鶴屋南北死(1755〜) 1829／42 柳亭種彦「偐紫田舎源氏」 1830 伊勢神宮御蔭詣り流行	1825	ムガール帝国の衰微／
1832 デンマークの言語学者ラスク死(1787〜) 1834 スウェーデン, 通貨安定政策 1835 デンマーク人アンデルセン「即興詩人」	1830〜31 ポーランドの大反乱(ワルシャワ革命) 1832 ポーランド, ロシアの直轄地となる 1833 文相ウヴァロフの反動教育行政 1833 プーシキン「スペードの女王」 1833 ウンキヤル・スケレッシ密約 1834 キエフ大学創立	**1832 ロンドン議定書(列国, ギリシアを承認)** 1832 ギリシア, 王制となる(オットー1世〜, 62) 1833 クタヒア条約(トルコ, エジプトの自立承認) 1835／36 ドイツ人ルートヴィヒ・ロス, アテネのニケ神殿発掘復原	1831／32 メヘメット・アリ, シリア征服 1832 イブラヒム・パシャ, コニアでトルコ軍を破り, コンスタンティノープルに迫る (1831〜33 いわゆる第1次東方問題)	1834〜48 カジャール朝ムハムマッド 1835〜63 ドスト・ムハムマッド(**バラクザイ朝創始**)	1832 西インドのウルドゥ語, 公用語として公認 1833 東インド会社特許状更新(中国貿易の自由解放)。イギリス, クールグを併合 1835 イギリス, ムガール帝国の貨幣より皇帝名を抹殺 1835〜36 インド総督メトカルフ	1831 昇龍をハノイと改称 1832 アメリカ, 越南に通商要求 1833 シャム, カンボディアのプノンペンに侵入。ハノイ周辺の原住民の反乱 1834 越南軍, シャム軍と戦う	1831 海南島の黎族, 海上に横行。李鴻賓, 黎匪を平定。アヘン輸入の厳禁。新疆にはじめて屯田を行う。古文学者管同死 1832 禁阿片章程を査定。湖南の猺人趙金龍の乱。考証学者王念孫死(1744〜) 1832〜33 福建・台湾の反乱 1833 四川の蕃匪の乱 1834 イギリス使節ネーピア, 広東に来る。イギリス船, 零丁洋・大嶼山に碇泊してアヘンを発売する, 広東に命じてこれを禁じる 1835 イギリス船, 山東の劉公島に至る。松筠死(1754〜)。広東にキリスト教医院を開設	1831 イギリス船来り通商を乞う, 許さず 1832 イギリス船, 群山停泊。金祖淳死 1834〜49 憲宗 1834 悪疫はびこる	1831 長州藩天保の大一揆 1832 儒者頼山陽死(1780〜)。為永春水「春色梅児誉見」 1832〜38 天保の大ききん 1833 京都にエライコッチャ踊り流行。安藤広重「東海道五十三次」刊行 1834 水野忠邦, 老中となる 1835 狩谷棭斎死(1775〜)	1830 1835	ギリシア、エジプトの自立

デカブリスト＝Dekabrist(英語でDecembrist, 即ち十二月党), 1825年12月に蜂起したのでこのようによばれる。**ブラーフマ協会**＝Brahma Samaj, 仏教・キリスト教・イスラム教を折衷したヒンドゥ教の一種の宗教改革・復古運動。**ツンベリー**＝Thunberg, ツンベルグ。**サティー**＝Sati, 寡婦の殉死・殉葬。**ジャワの強制栽培制**＝オランダ東インド政庁が財政逼迫解決策としてとった政策で, 砂糖・コーヒーなどを強制的に栽培させた。

大勢：イギリスにおける労働運動の発生と自由主義思想の発展／フランス二月革命と波紋の列国へのひろがり

年代	太平洋 アフリカ（エジプトを除く）	アメリカ大陸：アメリカ合衆国	西ヨーロッパ：イスパニア ポルトガル	西ヨーロッパ：イギリス王国	西ヨーロッパ：フランス王国	中央ヨーロッパ：ドイツ連邦 プロシア王国	中央ヨーロッパ：ドイツ連邦 オーストリア帝国	中央ヨーロッパ：イタリア諸邦
1836	1837／40 ニュージーランドにイギリス植民地建設 1839 ハワイ憲法（1810 カメハメハ1世のハワイ統一）	1829～37 ジャクソン 1836 正貨流通令。マディソン死（1751～）。テキサス独立戦争 1837 アメリカ最初の恐慌おこる ○アメリカ産業革命おこる 1837～41 ヴァン・ビューレン（民主党） 1837 ▽カナダに反乱おこる 1837 モールス，有線電信機発明 1839 ▽中央アメリカ共和国5国分立。▽ブラジル，合衆国と称す（皇帝ペドロ2世1840～89） 1840 自由党組織。▽カナダ法（英帝国内における最初の自治植民地の成立）	1836 ポルトガル，九月党のクーデター，以後1851まで内乱状態	1830～37 ウィリアム4世 1836～39 恐慌 1837 人民憲章（チャーター）可決。風景画家 コンステーブル死（1776～）。カーライル「フランス革命史」 1837～1901 女王ヴィクトリア 1838 マンチェスター派，反穀物法協会結成 1838～48 チャーティスト運動 1839 反穀物法同盟結成。ペニー郵便制度成立（料金均一制） 1840 エジプトに対するロンドン四国条約（フランスを出し抜いて四強国のエジプト圧迫）	1830～48 ルイ・フィリップ 1836 第1次ティエール内閣。パリのエトワール凱旋門完成（1806～） 1837 フーリエ死（1772～，"空想的"社会主義） 1838 タレーラン死（1754～，政治家・外交官）。画家ダゲール，写真術の成功（銀板による現像法） 1839 アルジェリアの征服完了。シュヴルール「色彩論」提唱 **1839 五列強のベルギー永世中立保障。**エジプト事件に関してフランス孤立（ルイ・フィリップの威信失墜） 1840 パリに共和党の反乱。第2次ティエール内閣。プルードン「私有財産とは何か」。ルイブラン「労働組織」	1797～1840 フリードリヒ・ヴィルヘルム3世 1837 ハノーヴァー王国，英王室より分離。ゲッティンゲン大学7教授の意見書。ライプツィヒ・ドレスデン間に鉄道開通（蒸汽による）。劇作家ビュヒナー死（1813～，近代ドイツ劇の先駆） 1838 ベルリン・ポツダム間に鉄道開通。シュライデン，細胞説発表 1839 少年労働の禁止 1840 ロンドン4国条約（オーストリア・プロシア参加） 1840～61 フリードリヒ・ヴィルヘルム4世 1840 人類学・生物学者ブルーメンバッハ死（1752～）	1835～48 フェルディナンド1世	1831～46 教皇グレゴリウス16世 1837 愛国詩人レオパルディ死（1798～）。マッチーニ，スイスを追われロンドンに亡命 1840 哲学者ガルッピ死（1770～，感覚論）
1840	1840～98 ハワイ王国 1843頃 リヴィングストンのアフリカ探検はじまる	1841 ウィリアム・ヘンリ・ハリソン（ホイッグ党）（在任1カ月で死亡） 1841～45 ジョン・タイラー（ホイッグ党）（副大統領の昇格） 1841 ▽カナダ憲法成る 1842 ウェブスター・アッシュバートン条約（カナダとの国境画定）。ロードアイランドの反乱 1844 モールスの電信機実用化（ワシントン・ボルチモア間）。▽ドミニカ共和国成立 1845～49 ジェームズ・ポーク（民主党）	1840 イスパニア，エスパルテロの軍事的独裁。母后摂政マリア・クリスティナ引退 1843 イスパニア自由主義憲法。ナルバエス，エスパルテロを追放し独裁権を握る	1840 グローヴ，白熱電球発明。アームストロング，水力電気発明 1841～46 第2次ピール内閣（保守党，外相パーマストン） 1841 英植民地最初のカナダ憲法 1841 タルボット，写真術改良 1842 穀物法改正 1843 オーコンネルのアイルランド分離運動。スコットランド自由教会成立 1844 ロンドンにYMCA結成。協同組合の発達 1845～47 アイルランドの大ききんと一般的恐慌	1840～48 スールト及びギゾー内閣（対英屈従外交） 1840～49【オランダ】王ウィルレム2世 1841 少年工保護法 1842 ギゾー，議会を解散。小説家スタンダール死（1783～，「赤と黒」など）。パリのマドレーヌ寺完工（1806～） ○サン＝シモン・フーリエ・ルイブランらの社会主義思想，次第にひろまる 1843【スイス】7カトリック州のゾンダーブンド締結（分離派の抗争） 1844 小説家ノディエ死（1780～） 1845 ヨーロッパの大部分でじゃがいもの虫害甚大	1841／44 リスト「国民経済学大系」（保護政策の主張） 1841 教育学・心理学者ヘルバルト死（1776～）。建築家シンケル死（1781～，古典主義）。彫刻家ダンネッカー死（1758～，古典主義） 1842 ハンブルグ大火 1842／45 レプシウス，エジプト金石文の研究 1842 マイヤー，エネルギー恒存の法則 1843 シュワーベ，太陽黒点の週期発見。詩人フーケ死（1777～） 1844 歴史法学者フーゴー死（1764～） 1845 マルクスとエンゲルス「ドイツ・イデオロギー」。ドイツロマン派作家シュレーゲル（兄）死（1767～）		○イタリア復興運動おこる 1843 ナポリ・トスカナ等における全面的民衆蜂起の企図 1844 バンディエラ兄弟の南イタリア遠征と失敗
1845	1847 黒人共和国リベリアの建設 **1848 ボーア人，トランスヴァール共和国建設**（～1902） 1849 リヴィングストン，ナイル上流に至る 1850 オーストラリアに金鉱発見，自由植民入る	1845 テクサス併合。エリアス・ホー，実用的ミシン発明 1846 カナダとオレゴン州分割（オレゴン条約） **1846～48 アメリカ，メキシコ（米墨）戦争** 1846 アメリカ，カリフォルニア占領 1847 アメリカ軍，メキシコ占領 1847／48 ラテンアメリカ会議（リマ）（共同防衛同盟） 1848 グヮダルーペ・イダルゴ条約。**カリフォルニアに金鉱発見（ゴールドラッシュ）**。AP通信社設立。カリフォルニアを獲得 1849 ハワイと和親条約。作家エドガー・アラン・ポー死（1809～） 1849～50 ザカリ・テイラー（ホイッグ党） 1850 逃亡奴隷取締法 1850～53 ミラード・フィルモア（ホイッグ党）（昇格）	1845 エスパルテロ亡命。イスパニア保守憲法 1846～51 ポルトガル，革新・進歩両党の政争	**1846 穀物法廃止（自由貿易政策実施）**。保守党の分裂 1846～52 ラッセル内閣（自由党） 1847 工場法（10時間労働法）成る 1847 ジョン・クーチ・アダムズ，海王星発見（ルヴェリエとは別に）。ローリンソン，ベヒストゥン磨崖碑解読。エミリー・ブロンテ「嵐が丘」 1848 アイルランド反乱 1848 ミル「経済学原理」。発明家スティーブンソン死（1781～） ○このころ，オックスフォード運動（指導者ニューマン，1801～1890） 1848以来 労働組合運動のニューモデル 1849 航海条令廃止（54 全廃） 1849 ディケンズ「デイヴィッド・コパフィールド」 1850／51 英仏間に海底電線布設 1850 詩人ワーズワース死（1770～，ロマン派）	1846～47 全国的な農業及び諸産業の大不況，物価の騰貴 1847.9 ギゾー，首相となる 1847 ルヴェリエ，海王星発見 1847【スイス】カトリック州敗れ，スイスの内紛おさまる 1847～48 ギゾーに対する野党の攻勢 **1848. 2. 二月革命おこる。**ギゾー解任。臨時政府成立。共和制布告 **【第2共和制】**1848～52 1848. 2. 国立工場設立（5月廃）など社会主義的改革。5.憲法制定会議招集。6. 六月暴動。11. 第2共和国憲法制定 1848.7 シャトーブリアン死（1768～） **1848. 12～52 大統領ルイ＝ナポレオン** 1848. 12～51 オディロン・バロー内閣 1849. 5. 立法議会招集。6. パリ，山岳党の暴動。7. フランス遠征軍，ローマ侵入。フィゾー，光速度を測定。音楽家ショパン死（1810～，ポーランド生） 1850 小説家バルザック死（1799～，「人間喜劇」）。フコー，フィゾーとともに光の波動説確認	1846 フランクフルト仮議会（ドイツ連邦憲法を修正） 1846 デンマーク，シュレスヴィヒ・ホルシュタインを併合。経済学者リスト死（1789～） 1847 ハンブルグ，アメリカとの航路を開く。マルクスら，ロンドンに共産主義者同盟を結成。ヘルムホルツ，エネルギー恒存法則の数学的表現 **1848.** マルクス「共産党宣言」。2. ミュンヘン暴動。**3. ウィーン三月革命**（メッテルニヒ失脚）。**ベルリン三月革命。**フランクフルト準備議会。5. フランクフルト国民議会。4. ～1851 第1次シュレスヴィヒ＝ホルシュタイン戦争 1848. 12. プロシア欽定憲法。彫刻家シュワンターレル死（1802～） 1849. 3. フランクフルト国民議会（ドイツ憲法制定）。5. ライン地方の反乱。6. シュトゥットガルト国民議会。ベルリン諸侯会議 1850. 1. プロシア欽定憲法。3. エルフルト議会。11. オルミュッツ会議（ドイツ連盟政策の挫折，プロシアの対オーストリア屈従）	1846 クラカウ共和国を廃しオーストリアに併合 6. プラーグ暴動。第1次パンスラヴ大会。オーストリア・サルディニア戦争（～49）。7. クストッツァの戦 1848. 10. ウィーン十月反動革命 **1848. 12～1916 フランツ・ヨゼフ1世** 1848 哲学・数学者ボルツァーノ死（1781～） 1848～49 ハンガリー独立運動失敗	1846～78 教皇ピウス9世 1846 教皇による政治犯の大赦 1847 カヴールら，立憲運動を起す 1848. 2. ナポリ王国憲法成る。3. ミラノ暴動についで全イタリアに革命運動おこる 1849 フランス軍の侵入 1849. 3. ノヴァラの戦（サルディニア軍，オーストリア軍に敗れる） **1849. 3～61 サルディニア王ヴィットリオ・エマヌエレ2世**
1850	1853 オーストラリアの囚人植民地制廃止 **1854 ボーア人，オレンジ自由国建設**（～1902）	1850 クレイトン＝バルワー条約（パナマに関する英米間条約） 1851 シンガー・ミシンの発明。ニューヨーク・タイムズ創刊 1852 国務長官ダニエル・ウェブスター死（1782～）。ストー夫人「アンクル・トムの小屋」 1853～57 フランクリン・ピアース（民主党） **1854 カンザス＝ネブラスカ法成立，ミズーリ協定廃止。**共和党結成（奴隷廃止論者） 1855 ホイットマン「草の葉」	1853～61 ポルトガル王ペドロ5世 1854 オドネルの革命，エスパルテロ復帰，母后マリア・クリスティナ追放される	**1851 ロンドン世界博覧会。**風景画家ターナー死（1775～） 1852 ニュージーランド自治法 1853 シャーロット・ブロンテ「ヴィレット」 1854 英仏及びトルコ3国間の同盟 1854 英仏，クリミア戦争に介入し，ロシアに宣戦。英仏互恵条約（～66） **1855～58 第1次パーマストン内閣（自由党）** 1855／57 ベッセマーの製鋼法	1851. 12. ルイ＝ナポレオンのクーデター **【第2帝政】**1852～70 **1852. 12～70 皇帝ナポレオン3世** 1853 近東に出兵。建築家フォンテーヌ死（1762～） 1855 詩人ネルヴァル死（1808～） 1855 産業国際大博覧会。彫刻家リュード死（1784～，ロマン主義）	1852 ロンドン列国会議（ロンドン調書。シュレスヴィヒ・ホルシュタイン問題）。ウィルヘルムスハーフェン（軍港）建設。フレーベル死（1782～，「人間教育」「幼稚園」） 1853 労働保護法。古代語学者グローテフェンド死（1775～） 1854 プロシア・オーストリア，対ロシア同盟 1854 リーマン，非ユークリッド学説提唱。物理学者オーム死（1787～）。哲学者シェリング死（1775～） 1855 数学者ガウス死（1777～）	1849. 3. オーストリア憲法 1851. 12. 憲法を廃し一時的専制政治復活	1850 愛国詩人ジュスティ死（1809～） **1852～61 サルディニア首相カヴール（イタリア統一の元勲）** ○教皇庁の処女懐妊の教義 1855～61 サルディニア，クリミア出兵
1855								

中央アメリカ5国＝Guatemara, Honduras, El Salvador, Nicaragua, Costa Rica。**チャーティスト運動**＝Chartist Movement, 労働者階級の参政権獲得のための運動。**オックスフォード運動**＝Oxford Movement, カトリック精神による国教会改革運動。**五列強**＝イタリア王国成立（1871）以前は英・仏・露・オーストリア・プロシアを普通5強国として取扱う。**ゾンダーブンド**＝Sonderbund, 分離派。**ドイツ連盟**＝Deutsche Union, プロシア中心の統一政策。

〔30〕

北ヨーロッパ	東ヨーロッパ	西アジア			南アジア		東アジア			年代	大勢
北欧三国	**ロシア帝国**	**トルコ帝国**	**エジプト**	**イラン アフガン**	**インド ムガール帝国**	**東南アジア**	**清帝国**（1912年まで旧暦による）	**朝鮮**	**日本**		
1836 デンマーク人トムゼン，考古学の三時期法発表 1839～48 デンマーク王クリスチャン8世	1825～55 ニコライ1世 1836 ゴーゴリ「検察官」初演 1837 ペテルブルグ・パウロフスキー間に鉄道開通。詩人プーシキン死(1799～) 1839 蔵相カンクリン(1823来)の幣制改革。ヒヴァ汗国に遠征 1840 ロンドン4国条約（メヘメット・アリの屈伏。エジプトの支配のみ許容される）	1808～39 マフメット2世 1839～61 アブドゥル・メジト1世 1839 ギュルハネ勅令(内政改革)，タンジマート期はじまる(～1856) 1839 メヘメット・アリ，統治領の世襲権を要求し，トルコと紛争，トルコ軍大敗(～40，エジプト事件，いわゆる第2次東方問題) 1840 刑法公布	**1805～48 メヘメット・アリ，エジプト太守(パシャ)(1769～1849)**	1837 イラン軍，ヘラット占領 1838 デュラニ朝のシャー・シュジャー，総督オークランドと結び，バラクゼー朝ドスト・ムハンマッドを攻撃 1838～42 第1アフガン戦争 1840 イギリス軍，アフガン王ドスト・ムハンマッドを破る	1836～42 インド総督オークランド 1837～58 バハドゥル・シャー2世 1839 ランジート・シン死(1781?～)	1836 アメリカ軍艦，ツーラン停泊 1837頃 ビルマ，アマーラープラに遷都 1840 イギリス，ボルネオ北部を領有	1820～50 宣宗(道光帝) 1836 湖南の猺族の反乱。「対訳清漢字式」頒布。エリオット，駐清イギリス領事となる。 1837 林則徐，湖広総督となる。イギリス人，アヘン3万4000函をもたらす。広東に水師巡緝船を設置 1838 長齢死。雲南のケシ栽培を禁じる。欽差大臣林則徐を広東に派遣 1839 林則徐，アヘン2万余函を没収焼却。イギリス人，広東を侵す。両広総督陳鑾死，林則徐これにかわる **1840～42 アヘン戦争** 1840. 3. 林則徐，英船の撃退を奏す。5. 英海軍広東港外に侵入，清国の開国を迫る(林則徐拒否)。6. 英将ブリーマー，舟山列島占領。7. エリオット，大沽に迫る。8. 伊里布，琦善，欽差大臣となる。9. 林則徐免職。包世臣死。兪正燮死(1775～，学者)。12. 琦善，イギリスと和議(川鼻仮条約)	1834～49 憲宗 1835 フランス宣教師ひそかに漢城に入る 1836 学者丁若鏞死(1762～，「我邦疆域考」)。 1839 キリスト教徒大迫害(己亥の獄)	1817～46 仁孝天皇 1836 甲斐郡内騒動 **1837 大塩平八郎の乱**。生田万の乱。江戸に救小屋を設く (1837～53 徳川家慶) 1837 アメリカ船モリソン号漂民を伴い浦賀に来る 1838 佐渡農民一揆。緒方洪庵，大坂に南学塾を開く 1839 渡辺崋山・高野長英ら捕えられる(蕃社の獄)	1836	清朝の動揺―アヘン戦争から太平天国へ―／インドにおけるイギリスの制覇／日本の開国
1842 デンマーク，国民自由党結成 1844～59 スウェーデン王オスカル1世 1844 デンマークの彫刻家トルヴァルセン死(1770～)	1841 土地付農奴の売買禁止 1841 フランスを加え5国間国際海峡協定 1844 寓話詩作者クルイロフ死(1769～) 1845 カンクリン死(1774～) 1845～49 ペトラシェフスキーのグループ活動	1841 メヘメット・アリ，キプロス・シリアを放棄し，トルコの宗主権を認め自身の世襲王権許される 1841【ギリシア】国立銀行創立 1842 フランス人ボッタ，ニネヴェ発掘 1844 幣制改革 1844【ギリシア】立憲制となる 1845 大学・中学校の創立。英人レヤード，ニムルード発掘		1841 カーブルの原住民，英軍に反抗 1842 英軍，カーブル攻略。カーブル荒廃に帰す。シャー・シュジャー暗殺される。ドスト・ムハンマッド，主権回復 1843 ドスト・ムハンマッド・ハーンの再立(～63)	1842～44 インド総督エドワード・ロー 1843 総督による奴隷禁止令。シンド地方及びグヮリオールを併合。シーク教王ダリープ・シン立つ(母，ラーニー・ジンダーラの執政) 1844～48 インド総督ハーディング 1845 イギリス，インドにあるデンマーク領を買収。シーク軍，イギリス襲撃	1841～47 越南王阮福暶(憲祖) 1842 イギリス，北ボルネオ領有 1844 フィリピン，幣制改革	1841. 1. 和議破れ，英軍広東攻撃。2. 琦善免職。4. 広東休戦条約。平英団事件(広東付近の民衆英兵虐殺)。7. 英軍，アモイ占領。8. 寧波占領。文人李兆洛死(1769～)。経学者龔自珍死(1792～) 1842. 5. 英軍，上海を陥落。6. 英軍，南京に迫る。7. **南京条約**。「重修大清一統志」成る。魏源「聖武記」「海国図志」 1843 伊里布死(1772～)。8. イギリスと虎門寨追加条約。古典学者厳可均死(1762～) 1844 雲南・貴州等で銀鉱採掘。広西省北流で鉄鉱採掘。6. アメリカと望厦条約。9. フランスと黄埔条約。洪秀全，伝道を開始	フランス宣教師殺害される 1844 「東国文献備考」刊行 1845 三道の田を量る。イギリス軍艦済州島に来る。	1841 徳川家斉死(1773～) **1841～43 水野忠邦の幕政改革(天保の改革)** 1841 全国株仲間禁止。渡辺崋山自殺(1793～，蘭学・画家) 1842 外国船打払令緩和。倹約令 1843 印旛沼開拓令。阿部正弘，老中首席となる。国学者平田篤胤死(1776～) 1844 オランダ国王，日本の開国を進言。間宮林蔵死(1775～)	1840	
1846 デンマーク，シュレスヴィヒ・ホルシュタイン2州を併合。スウェーデン，ギルド廃止 1847 体育学者ナハテガル死(1771～，デンマーク体操創始) 1848～63 デンマーク王フレデリック7世 1850 シュレスヴィヒ・ホルシュタイン2州，デンマークと争う	1847 ムラヴィヨフ，東シベリア総督となる。ツルゲーネフ「猟人日記」。中国学者シュミット死(1779～) 1847～49 ロシア軍ハンガリーの独立運動鎮圧 1848 文芸批評家ベリンスキー死(1811～) 1849 ハンガリーに干渉。検閲委員会設立。ペトラシェフスキー事件。ペトロパウロフスクに軍港建設 1851 モスクワ・ペテルブルグ間に鉄道開通。イリ条約 1852 作家ゴーゴリ死(1809～)	1846 行政管理法 1847 民事・刑事混合法廷開設。文部省創設。エルゼルム条約（トルコ・イラン国境協定） 1849 仏人ボッタ，クユンジク発掘(アッシュルバニパル文庫) 1850 非イスラム教徒のための勅令 1851 オメル・パシャ，ボスニアの反乱を鎮定 1852 モンテネグロ人反乱をおこす	1848 太守イブラヒム・パシャ 1849～54 太守アッバス1世 1850 イギリス，エジプトに鉄道敷設権獲得	1844 ミルザ・ムハンマッド，バーブ主義を唱う 1848～96 カジャール朝ナスル・ウッディン 1849 ドストの子将軍アクバル・カーンの死 1848～52 ナスル，バーブ教徒迫害 1850 バーブの処刑	1845～46 第1シーク戦争 1846 ソブラーオンの戦。ラホール条約(イギリス，東パンジャブ併合) 1847 ベンガルにおけるイスラム教徒の暴動 1848～56 インド総督ダルフージー 1848 ムルタン流血事件(シーク教徒，英士官2人を殺す)。英軍のシーク攻撃(第2シーク戦争) 1849 グジャラートの戦(シーク軍大敗)。**イギリス，全パンジャブを併合**	1847 フランス艦隊，ツーラン港砲撃 1847～83 越南王阮福時(翼宗) 1848 オランダ，バリ島征服 1849 オランダ・ポルトガル間のティモール島分割領有 1851～68 シャム王ラーマ4世	鉄鉱採掘。6. アメリカと望厦条約。9. フランスと黄埔条約。洪秀全，伝道を開始 1845 カシュガルの回教徒(七ホージャ)反乱を起す。林則徐，陝甘総督となる。上海英租界土地章程。両広総督耆英，香港を訪れる 1846 李宗昉死(1779～)。雲南の遊民緬寧に拠る，雲貴総督李星沅これを討つ。イギリス人ラダク(チベット西隣)占拠。広東の暴徒，イギリス居留地を襲う 1847 スウェーデン・ノルウェーと通商条約。英軍，虎門周辺の要塞を占拠。広東の民衆，英人6人を惨殺(欽差大臣耆英，犯人4名を死刑とする) 1848 ロシアに上海貿易を許さず 1848 歴史家徐松死(1781～) 1849 広西省大ききん。マカオのポルトガル総督アマラル殺される 1849 考証学者阮元死(1764～) 1850. 1.～61 文宗(咸豊帝) **1850～64 太平天国の戦乱**(別名，長髪賊の乱) 1850. 6. 洪秀全，広西省金田村に挙兵。11. 林則徐，太平天国軍を討ち病死(1785～) 1850 画家費丹旭死。銭儀吉死(1783～) 1851 ロシアとイリ通商条約。洪秀全，国号を太平天国と号し自ら天王と称す	る。イギリス軍艦済州島に来る。 1846 フランス艦隊洪州沖に至り問罪書を呈出 1848 アヘンの吸飲を禁ず。「三朝宝鑑」成る 1849～63 哲宗	1845 イギリス船，長崎に来る 1846～66 孝明天皇 1846 アメリカ使節ビッドル浦賀に来り通商を乞う，許さず。デンマーク船，浦賀に来る。幕府に対する海防の勅書 1847 相模及び房総沿岸に対する警備を厳重にする。オランダ人再び開国に関する進言 1848 アメリカ船，蝦夷に漂着。滝沢馬琴死(1767～，読本作者，「南総里見八犬伝」) 1849 イギリス船，浦賀に来る。諸大名に命じて沿海の防備を厳重にする。オランダ人，種痘法を伝える 1850 再び幕府に対して海防厳戒の勅書。江川坦庵，伊豆韮山に反射炉建設。蘭学者高野長英自殺(1804～)	1845	
1851 プロシアのデンマーク干渉 1855 デンマークの思想家キエルケゴール死(1813～)	1853 ロシア・トルコと開戦。英仏艦隊，ダーダネルス海峡に出動 **1854～56 クリミア戦争** 1854 セバストポール攻囲戦 1855～81 アレクサンドル2世 1855 ロシア軍，セバストポールを放棄 1855 ポーランドの詩人ミツキエヴィッチ死(1798～)		1851 仏人マリエット，スフィンクス発掘 1854～63 太守サイード・パシャ 1854 レセップス，スエズ運河の開掘権を得る	1852 テヘランに専門学校設立 1852 アフガン族，ヘラット占領 1855 ペシャワール条約(アフガニスタンと東インド会社)	**1852～53 第2ビルマ戦争**(イギリス，ペグー占領，下ビルマの併合) 1853 東インド会社特許状更新。ボンベイ・ターナ間にインド最初の鉄道敷設 1854 ウルドゥ詩人ゾーク死(1789～) 1855 サンタール族の暴動		1852 烏蘭泰戦死。太平軍，漢陽・武昌を陥落 1853 太平軍，南京を陥れ天京と称す。曽国藩，郷勇を基に湘軍を組織する。提督福珠戦死。太平軍，直隷省に入る。初めて鉄鈔を鋳る 1854 僧格林沁，北上の太平軍を破る。曽国藩，太平軍を湘潭に破る。琦善，陣中に死(?～)。官兵，武漢回復。小刀会，上海を陥落。ロシア，アルマアタに築城。ロシア軍，黒龍江北を占領 1855 官兵，上海奪回，雲南に回軍おこる	1854 ロシア軍艦来航 1855 「西賢傳心録」刊行	1851 水野忠邦死(1794～)。問屋組合の再興許可 1852 薩摩に反射炉建設 1853 アメリカ使節ペリー，浦賀に来る。ロシア使節プチャーチン，長崎来航 (1853～58 徳川家定) **1854 安政和親条約**(対アメリカ・イギリス・ロシア) 1855 安政江戸大地震。フランス・オランダと和親条約	1850 1855	

考古学の三時期＝トムゼンの提唱した石器時代・青銅器時代・鉄器時代という三時期法Dreiperioden Systemにより近代考古学研究の学問的基礎が確立された。郷勇(きょうゆう)＝一種の義勇軍，湘軍(湘勇)・淮勇などが著名。
南京条約＝清国全権耆英・伊里布，イギリス全権ポッティンジャー，主要条項は5市(広東・アモイ・福州・寧波・上海)の開港，香港の割譲，通商貿易の均等，対英賠償2100万ドルなどで，中国が結んだ最初の近代的な対等条約である。

31

大勢：ヨーロッパ列強の形成時代／イギリスの繁栄／プロシアの興隆／南北戦争／ドイツの統一／イタリアの統一

年代	太平洋 アフリカ (エジプトを除く)	アメリカ大陸 アメリカ合衆国	西ヨーロッパ イスパニア ポルトガル	西ヨーロッパ イギリス王国	西ヨーロッパ フランス帝国(第2帝制)	中央ヨーロッパ ドイツ連邦 プロシア王国	中央ヨーロッパ ドイツ連邦 オーストリア帝国	中央ヨーロッパ イタリア諸邦
1856	1857 リヴィングストン「伝道旅行記」。フランス，ダカール占領。チュニジア人，民族主義団体結成 1858 リヴィングストン，タンガニイカ湖探検 1860 フランス，セネガル地方を占領。エチオピアの内乱とイギリスの干渉	1853～57 フランクリン・ピアース(民主党) 1855 ▽ニューファウンドランド自治植民地成立 1856～60 ▽メキシコ内戦 1857～61 ジェームズ・ブキャナン(民主党) **1857 経済恐慌，西欧各国にひろまる** ○最初の甲鉄艦モニトル(北軍)とメリマック(南軍)の進水 1859 ペンシルヴァニアに油田発見。小説家アーヴィング死(1783～) 1860 リンカーン，大統領に当選，反対派の南部諸州離脱。ブキャナン，南北の武力衝突回避に努力 **1861～65 アブラハム・リンカーン(共和党)** (1861～69 国務長官シュアード)	1856 オドネル，イスパニア首相となり，エスパルテロ辞職 1858～63 オドネル，政権を担当 1859～60 イスパニア，モロッコに出兵	1837～1901 女王ヴィクトリア 1855～58 第1次パーマストン内閣(自由党) **1856. 1.～3. パリ列国会議ーパリ条約**(クリミア戦争の戦後処理，ロシア・イギリス・フランス・プロシア・オーストリア・サルディニア及びトルコ間。ダーダネルス 1856～60 アロー号戦争(対清) 1857 アイルランドのフェニアン団成立(過激革命運動) 1858 インドの直接統治はじまる，東インド会社解散。議員の財産資格を撤廃。ロバート・オーウェン死(1771～，"空想的"社会主義) 1859～65 第2次パーマストン内閣(自由党) 1859 ダーウィン「種の起原」。法学者オースティン死(1790～)。歴史家マコーリ死(1800～) 1860. 1. 英仏通商条約 1860. 10. 清と北京条約 1860 建築家ベリー死(1795～)	1852～70 ナポレオン3世 1856 歴史家チエリ死(1795～) 1857 アルジェリアの征服ほぼ完了 1857 実証哲学の祖コント死(1798～) 1857 ボードレール「悪の華」。パストゥール，醗酵の発見。数学者コーシー死(1789～) 1858 イタリア人オルシニの皇帝夫妻暗殺未遂事件(イタリア統一運動の実力援助へ道を促進する)。カヴールとナポレオン3世とのプロンビエール密約 1859 ナポレオン3世のイタリア独立戦争援助。ヴィラフランカ和約。レセップス，スエズ運河起工 1860 サルディニアよりサヴォイ・ニースを取得。清と北京条約。ナポレオン3世の元老院・立法院に対する譲歩(政治改革)	1840～61 フリードリヒ・ヴィルヘルム4世 1854／56 モンゼン「ローマ史」 1856 詩人ハイネ死(1797～，ロマン派) 1857 ネアンデルタールに先史人類の頭蓋骨を発見 1858 国王発狂。王弟ヴィルヘルムの摂政，**"新時代"**はじまる 1858 フィルヒョー「細胞病理学」 1859～73 陸相ローン(61～71 兼海相) 1859(55)～88 参謀総長モルトケ 1859 ブンゼン及びキルヒホフ「スペクトル分析」。地理学者アレクサンダー・フンボルト(弟)(1769～)・同カール・リッター(1779～)死。ゲルマン学者ヴィルヘルム・グリム(弟)死(1786～) 1860 摂政によるプロシア軍制改革 1860 リープマン「カントにかえれ」。哲学者ショーペンハウアー死(1788～)	1848～1916 フランツ・ヨゼフ1世 1856 作曲家シューマン死(1810～) 1859. 4. 19 オーストリアの対サルディニア最後通牒。4. 29(オーストリア軍)攻撃開始(イタリア独立戦争)。6. マジェンタ及びソルフェリノの戦(仏伊同盟軍大勝)。イタリア諸邦民衆の呼応。仏墺両帝間のヴィラフランカ和約。ひきつづいて教皇領およびオーストリア領回収の暴動相次ぐ。11. チューリヒ和約 1860. 3. イタリア，フランスにサヴォイ・ニースを割譲。5.～7. ガリバルディ，両シチリア征服。9. カステルフィダルドの戦。11. ガリバルディ，征服地を献上	1849～61 サルディニア王ヴィットリオ・エマヌエレ2世 1857 ジェノア・ナポリの民衆蜂起。国民連盟結成(元ヴェネツィア統領マニンら) 1858. 1. ナポレオン3世暗殺未遂事件。7. カヴールとナポレオン3世とのプロンビエール密約
1860	1861～77 ニュージーランド，マオリ族の反乱	1861. 4. チャールストン港事件 **1861～65 南北戦争** 1861 南部の大統領デーヴィス **1861～67 ▽メキシコ事件**(フランス・イギリス・イスパニア，ロンドン会議(61. 10.)の結果，12. メキシコに出兵) 1862 自営農民法。ジョン・タイラー死(1790～) 1862 ソロー死(1817～) 1862. 3. ▽メキシコ市陥落 **1863. 1. リンカーンの黒人奴隷解放宣言。11. リンカーンのゲティスバーグの演説** 1864～67 ▽メキシコ帝制 1864 グラント，北軍総司令官となる。5. 北軍，アトランタ占領。11. リンカーン，再選。作家ホーソーン死(1804～)。音楽家フォスター死(1826～) 1865. 1. 憲法修正第13条(奴隷解放)。4. 北軍，リッチモンド占領，南軍のリー降伏。リンカーン暗殺(1809～)	1861～89 ポルトガル王ルイス1世	1861 ロンドン労働協議会成立(労使の協議)。歴史家パルグレーヴ死(1788～) 1862 ロンドン万国博覧会(見学のために派遣されたフランスの労働者帰国して，53個の報告書を作成) 1862 スペンサー「第一原理」 1863 ロンドンに地下鉄開通。ハックスリ「自然界における人間の位置」 1864 イオニア諸島をギリシアに譲与 **1864～76 第1インターナショナル(国際労働者協会)**(ロンドンに設立) **1864. 8. ジュネーヴ協定(スイス人アンリ・デュナン提唱による国際赤十字同盟結成)** 1864 ハッキンス，恒星スペクトルの研究。マクスウェル，電磁場の基礎方程式 1865～66 第2次ラッセル内閣(自由党)	1862 サイゴン条約 1862 ユゴー「レ・ミゼラブル」 1863 画家ドラクロワ死(1798～) 1863 立法議会の選挙，反政府派「自由連合」の進出。 1863 メキシコ出征軍プエブラを陥る 1864 労働者の「60人宣言」。九月協定 1865. 1. 社会主義者プルードン死(1809～) 1865 画家トロワイヨン死(1813～) 1865. 10. ナポレオン3世とビスマルクとのビアリッツ密約	1861～88 ウィルヘルム1世 1861 自由主義者，進歩党結成。法学・歴史学者サヴィニー死(1779～)。キルヒホフ「太陽スペクトル分析」 1862 シュライヒャー「インド＝ヨーロッパ諸語比較文法概論」 **1862. 9. ～90. 3. ビスマルクの執政** 1863. 8. フランクフルト諸侯会議。ラサール，全独労働者組合結成 1863 劇作者ヘッベル死(1813～)。言語学者ヤコブ・グリム死(兄，1785～) 1864. 6. シュレスヴィヒ・ホルシュタイン戦争 1864. 8. 国家社会主義者ラサール，決闘死(1825～) 1865. 9. ガスタイン条約(シュレスヴィヒ・ホルシュタインのオーストリア・プロシア共同管理) 1865 ケクレ「化学構造式」 1866. 5. イタリア，プロシアと同盟し，6. オーストリアと戦う	1861 ライナー大公内閣。憲法発布。二院制国会創設。農奴解放令 1865 メンデル，メンデルの法則(遺伝)	**イタリア王国** 1861. 2. トリノ第1回国会。3. **イタリア王国建設**(エマヌエレ2世即位，～1878)。6. カヴール死(1810～) 1862 アスプロモンテ事件(ガリバルディ捕わる) 1864. 9. 九月協定 1864～66 ラ・マルモラ内閣 1865 フィレンツェ遷都
1865	1867 南アフリカのホープタウンでダイヤモンド鉱を発見 1868 エチオピア皇帝，イギリス人を迫害，英軍侵入し一時ネグスを占領 1870 オレンジのキンバリーに金剛石鉱を発見	1865～69 アンドリュー・ジョンソン(民主党)(昇任) 1866 大西洋横断海底電線敷設(1858～) 1866 黒人に対する市民権条令 1867. 3. 官職享有法。再建条令，南部諸州に軍政を布く。ロシアより**アラスカを買収**(720万ドル)。▽カナダ自治領成立(総督マンク)。5. ▽メキシコ，共和制復帰 1868 議会の大統領弾劾。憲法修正第14条 1868／73 ショールズ式タイプライターの実用化 1868～78 ▽キューバ反乱 **1869 大陸横断鉄道完成** 1869～77 ユリシーズ・S・グラント(共和党)(国務長官フィッシュ) 1869～70 ▽カナダ，赤河反乱 1870 南部諸州の連邦復帰完了	1868～70 イスパニア王位継承の紛争。プリム仮政府樹立 1869 イサベル2世，パリに亡命 1870 画家ルカス死(1824～)	1866～68 第3次ダービー内閣(保守党，外・蔵相ディズレーリ) **1867. 3. カナダ自治領(ドミニオン)成立。8. 15 第2次選挙法改正。**物理学者ファラデー死(1791～) 1867～68 エチオピア遠征 **1868. 2.～12. 第1次ディズレーリ内閣(保守党)** **1868. 12.～1874. 2. 第1次グラッドストーン内閣(自由党)** 1868 アイルランド宗教解放法 1869 国教廃止令。ゴルドン，天才の遺伝的根拠を示唆 1870 アイルランド土地法提出される。国民義務教育法成立	1865～1909 【ベルギー】王レオポルド2世 1866 第1次「現代高踏派詩集」(芸術至上主義) 1867 フロベール「ボヴァリー夫人」 1867 パリ万国博覧会。メキシコより撤兵 1867. 4. ルクセンブルグの危機(ビスマルク，ナポレオン3世のルクセンブルグ買収計画を挫く)。ルクセンブルグ公国，永世中立国となる 1867. 9. フランス・オーストリア両帝のザルツブルグ会見 1867 ミレー「晩鐘」。詩人ボードレール死(1821～)。画家アングル死(1780～，ロマン主義) 1868～70 イスパニアの王位継承をめぐるフランス・プロシアの紛争(ホーエンツォレルン家の候補) 1869～70 オリヴィエ内閣 1869 文学者サントブーヴ死(1804～)。詩人ラマルチーヌ死(1790～，政治) 1870. 5. オリヴィエの改革案人民投票 **1870. 7. 19～71. 5. プロシア・フランス(普仏)戦争** 1870. 8. メッツ包囲戦。9. 2 セダン開城(ナポレオン3世降伏) **1870. 9. 4 第3共和制宣言。**フランス各地でプロシア軍挑戦 1870. 9. 15～71 パリ籠城	**1866. 6.～7. プロシア・オーストリア(普墺)戦争(七週戦争)。** 7. サドワ・ケーニヒグレーツの戦。ニコルスブルグの和。数学者リーマン死(1826～)。8. プラーグ和約。10. ウィーン和約 1866. 9. 国民自由党結成(党首，ベニクゼン。ビスマルクの与党化)。ヘッケル「一般形態学」(生物学) **1867 北ドイツ連邦成立** 1867／94 マルクス「資本論」 1868 ドイツ関税同盟の再建 1868 画家ジェネリ死(1798～，古典派) 1869 画家オーヴァベック死(1789～) 1870 ジーメンス，電気精鋼炉を発明 1870. 7. ビスマルク，ウィルヘルム1世のエムス電報を公表 1870. 10. 南ドイツ諸邦，プロシア合邦	1866. 6. クストッツァの戦(イタリア敗北)。7. ヴェネツィア地方併合。リサ附近の海戦 **オーストリア ハンガリー 君主国** 1867 オーストリア，ハンガリーの大土地貴族との妥協(アウスグライヒ)。**オーストリア＝ハンガリー二重帝国の成立(合同君主制。**皇帝フランツ・ヨゼフ1世) 1870 労働者団体法成立	1867 メンタナ事件(ガリバルディのローマ襲撃と失敗) 1868 作曲家ロッシーニ死(1792～) 1869～70 ヴァチカノ公会議(第1回全キリスト教会会議，教会無過誤の教義宣言) 1869 哲学者カッタネオ死(1801～) 1870 イタリア軍のローマ占領。ローマ帰属に関する人民投票。**教皇領併合。イタリア統一の完成。**教皇庁とイタリア王国との国交断絶(～1929)
1870								

南北戦争＝The Civil WarまたはSecession War。なお1642～49年のチャールス1世と議会との戦争もThe Civil Warという。**第1インターナショナル**＝International Workingmen's Association。アウスグライヒ＝Ausgleich。
ゲティスバーグの演説＝リンカーンのgovernment of the people, by the people, for the peopleという言葉は，民主主義の基本的指針とされる。**オーストリア＝ハンガリー二重帝国**＝Dual Monarchy of Austro-Hungary。

〔31〕

北ヨーロッパ	東ヨーロッパ		西アジア				南アジア		東アジア			年代	大勢
北欧三国	ロシア帝国	トルコ帝国 バルカン諸国	トルコ帝国	エジプト	イラン アフガン	インド ムガール帝国	東南アジア	清帝国	朝鮮	日本		
・ボスポロス両海峡の閉鎖確認，黒海の中立化など。ロシアの南下政策挫折）	1855～81 アレクサンドル2世		1839～61 アブドゥル・メジト1世	1854～63 太守サイド・パシャ							1856	ムガール帝国の滅亡――英領インドの成立／バルカン問題の発生／日本近代化の歩み――明治維新
1856 スウェーデン私立銀行創設 1857 ノルウェー学士院創設。デンマーク私立銀行創設 1859～72 スウェーデン王カルル15世	1856～83 外相ゴルチャコフ(1863来，首相) 1856 数学者ロバチェフスキー死(1793～，非ユークリッド) 1857 音楽家グリンカ死(1804～) 1858 清とアイグン条約 1859 東コーカシア征服 1860 清と北京条約(沿海州の領有)ウラディオストック建設。国立銀行設立	1817 セルビア公国成立 **1822 ギリシア独立宣言** (1830 各国承認，1832 王制，オットー1世，～1862) 1858 ワラキア・モラヴィア連合侯国成立 (1859／61 ルーマニア公国となる)	1856 オスマン帝国銀行創立。信教自由の勅令 1858 ジェダにおける反キリスト教暴動(英仏軍出兵)	1857 アレクサンドリア・カイロ間に鉄道開通 1859 フランス人レセップス，スエズ運河着工	1856 イラン，ヘラットを回復。英軍ペルシア湾侵入 1856 イラン，英印軍とアフガンに戦う 1857 英軍イランに上陸 1859 イギリスの東洋学者ローリンソン，駐イラン大使となる(～60)	1837～58 バハドゥル・シャー2世 1856 イギリス，オード地方併合 1856～62 インド総督カニング 1857 カルカッタ・ボンベイ・マドラスに大学設置 **1857. 5. 反英大反乱**(セポイの乱，～58) アラハバード虐殺。9. デリー攻防戦。 **1858. 3.** 英軍のラクノー占領と大殺戮。**8. インド統治改善法。東インド会社廃止。11. イギリスの直接統治はじまる。ムガール帝国滅ぶ**	1856 越南，海防を厳重にし要塞を築く。ランソン付近に金鉱を開く。フィリピンのイロイロ港開く。シャム，米仏と通商条約 1857 越南，キリスト教徒迫害 1858 フランス・イスパニア両軍，安南を攻撃(第1次仏安戦争，～62) 1860 シャム，オランダと通商条約。フィリピン，セブ港を開く	1850～61 文宗(咸豊帝) 1856. 3. 羅沢南戦死。4. ウルムチに鉛銀鉱開く。8. 雲南の回族反乱。太平軍の楊秀清(1810～)殺される。9. アロー号事件 **1856. 9.(新暦10月)～60 アロー号戦争** 1856. 11. 広東に反英暴動。12. 魏源死(1794～) 1857 江北に捻軍，新疆に回軍起る。フランス人宣教師，広西で殺される。英仏軍，広東を陥落(第2次アヘン戦争)。貴州に白号教の乱。両広総督葉名琛，英人に捕われる 1858. 2. 貴州に黄号教の乱。**4. ロシアとアイグン条約(ウスリー江東を清露共管地とする)。**英仏軍，大沽占領。5. 露・米・仏・英と天津条約。耆英，自殺を命じられる(1787～)。アメリカ人，寧波にて「漢字中外新報」創刊 1859. 5. 大沽砲台，英仏軍を攻撃，英仏との戦争再開 **1860.** 1. 曽国藩，太平軍・捻軍の連合軍を，安徽に破る。**8. 英仏連合軍，北京占領。円明園焼失。英仏と北京条約。**11. ロシアと北京条約。	1849～63 哲宗 1856 嶺南地方の洪水。雑技を厳禁 1858 宮庄田の戸にも賦課する 1859 書院私設の禁止 1860 「時憲紀要」成る 1860頃 崔済愚，東学を唱える(1864刑死)	1846～66 孝明天皇 1856 アメリカ総領事ハリス，下田に駐在。二宮尊徳死(1787～，報徳道) 1857 幕府，ハリスと下田条約。蕃書調所を開設 1858 幕府，条約の勅許を乞う，許さず。幕府，欧米5カ国と通商条約を結ぶ (1858～66 徳川家茂) 1858 浮世絵師安藤広重死(1797～)。外国奉行を置く **1858～59 安政の大獄** 1859 プロテスタントの伝来 1860 遣米使節新見正興ら出発(日米条約批准)。桜田門外の変(井伊直弼(1815～)殺される)。公武合体策。五品江戸廻し令	1860	
1861 ノルデンショルド，スピッツベルゲン探検 1863～1906 デンマーク王クリスチャン9世〔グリュックスブルグ家〕 1864 シュレスヴィヒ・ホルシュタイン戦争 1865 先史考古学者トムゼン(1788～)，ワルセー(1788～)死	**1861. 2. 19 農奴解放宣言** 1861～62 ポーランド人の反乱 1863 ポーランドに徴兵制施行。ポーランド人の革命的暴動(～64) **○この頃より，無政府主義・虚無主義の運動さかんとなる** **1864** ポーランド農民解放令。**ゼムストヴォ(地方自治会)設置。**司法制度の改革 1865 タシュケント占領。事前検閲制廃止	1862 ギリシア革命，オットー1世退位。 1862 ベオグラード流血事件 1863～1913 ギリシア王ゲオルギオス1世 1863 ベオグラード大学創立 1864 ブカレスト大学創立 1866 ギリシア国立考古博物館設立	1861～76 アブドゥル・アジス1世 1864 中央集権的郡県制度施行 1865 トルコ・イラン最終的国境線の画定	1863～79 太守イスマイル・パシャ	1863 ドスト・ムハムマッド，ヘラット奪回(同年死) 1863～66 バラクザイ朝シェル・アリ 1864 イラン縦貫鉄道・電信開通	**英領インド** 1858～62 初代副王兼総督カニング 1859 ベンガル地代法 1860～61 パンジャブ地方大ききん 1861 インド文官条令 1862 バハドゥル・シャー2世死 1862～63 総督ブルース(エルギン) 1862 ベンガル立法参事会設立 1864～69 総督ローレンス 1865 ブータン戦争。インド・イギリス間電信開通	**1862 第1サイゴン条約(フランス，コーチシナの一部を領有)** 1863 オランダ，マドゥラ島征服。フランス，カンボディアを保護国とする 1865 越南，アヘンの禁を解く	1861. 7.～74 穆宗(同治帝) 1861. 1. 総理各国事務衙門設置。8. 胡林翼死(1812～)。10. 曽国藩東南の軍務統轄 1862. 1. アメリカの将軍ウォード，常勝軍を組織。8. 金陵(南京)の戦。ウォード戦傷死(1831～)。安慶に軍機所設置，**洋務運動起る。同治中興**(～74)。李鴻章，上海・蘇州に製砲局を置く。「上海新報」創刊。北京に同文館設置(西洋学術の教育) 1863. 2. イギリス軍人ゴルドン，常勝軍を指揮。3. 太平軍，再び上海に迫る。4. 太平軍の石達開，四川で全滅。この年，アメリカ，上海に租界を設け，英租界と合して共同租界とす。銭泰吉死(1791～) 1864. 5. 洪秀全服毒自殺(1813～)。6. 曽国荃，南京回復。8. 太平軍の李秀成殺され太平天国滅ぶ。10. ロシアとタルバガタイ条約 1865 捻軍，山東に入る。回軍，ウルムチに猛威を振う。香港・上海銀行(匯豊)設立。上海に江南製造機器総局設置。イギリスより143万ポンド借款(外債の初め)。上海に同仁医院開く(洋式病院)	1862 晋州の農民暴動。三政整釐庁を設ける 1863～1907 高宗(李太王熙)(大院君摂政，～73) 1864 放浪詩人金笠死(1807～) 1865 書院を弾圧。「大典会通」成る。ロシア軍艦，元山に至り通商を乞う	1861 ロシア船，対馬侵寇。東禅寺事件。和宮降嫁(将軍家茂夫人) 1862 坂下門外の変。寺田屋事件。生麦事件。朝議，攘夷に決す。幕府，国事掛設置 1863 緒方洪庵(1810～)，箕作阮甫(1799～，共に医学者)死。イギリス軍艦，鹿児島砲撃。8月18日の政変(攘夷論者の失脚)。生野銀山の変 1864 池田屋騒動。蛤御門の変。英仏等4国の艦隊，下関砲撃。第1回長州征討 1865 第2回長州征討	1865	
1866 スウェーデン，二院制国会成立 1867 スウェーデン人ノーベル，ダイナマイトを発明 1868 ノルデンショルド，北極探検 1869 ノルウェー，自由党結成 ○デンマーク，産業革命	1866 ドストイェフスキー「罪と罰」 1867 自治貿易政策への転換。アメリカにアラスカを売却。 1867 モスクワにおいてスラヴ族代表者会議開く 1868 ボハラ汗国を保護国とする 1864／69 レフ・トルストイ「戦争と平和」 1869 ワルシャワ大学創立。メンデレフ，元素の周期律を発見 1870. 10. 黒海中立破棄宣言(翌年列国承認)。新都市条令	1866 クレタ島人，ギリシア帰属を要求して反乱 1866 セルビア・モンテネグロ秘密同盟 1867 セルビア・ギリシア秘密同盟 1870 トルコ，ブルガリア教会の独立を承認	1867 新オスマン協会創立 1867 最高法院設立 1868 地方行政区画の細分化 1870～73 ドイツ人シュリーマン，トロヤ遺跡を発掘	**1869 スエズ運河開通**	1868～79 シェル・アリ復位 1868 イラン，イギリスと電信協定(欧亜連絡の中継) 1869 シエル・アリ，カーブルに入る 1870 シェル・アリの子ヤクブ汗の反乱	1866 オリッサ・ビハール地方ききん 1867 ボンベイにプラルタナー協会設立(ヒンドゥ教にキリスト教を折衷) 1868 デリー・アーンドラ間鉄道開通 1868 パンジャブ・オードの小作法制定 1869 詩人ガーリブ死(1796～) 1869～72 総督メーヨー 1869 北インド一帯の大ききん 1870 ボンベイ・カルカッタ間鉄道開通	1866 フランス人，メコン川を遡江探検 1867 フランス，コーチシナの3省を領有 **1867 マライ海峡植民地，英直轄地となる** **1868～1910 シャム王ラーマ5世(チュラロンコン)** 1868 イギリス人スレードンの雲南探検の企図 1870 オランダ，ジャワの甘蔗強制栽培制を廃止	1866. 1. 回軍の首領ヤクブベク，新疆に自立(首都アクス)。6. 福州船政局設置。9. イタリアと通商条約。捻軍，東西に分裂。 1867 左宗棠の回軍討伐はじまる。哥老会を厳禁。東捻の首領魯王任柱敗死。金陵・天津機器局および福建船政学堂設立 1868. 1. 会訊章程。閏4. ロシアと新疆境界碑建設。6. 貴州の黄白教軍壊滅。7. 西捻平定。9. 福州船庁，第1号洋式輪船の新造完成。10. アメリカと天津追加条約，7条を増補 1869 福建機器局設立。ロシアと陸路通商条約。オーストリアと通商航海条約 1870. 5. イギリス，海底電線敷設権を獲得。天津のキリスト教会焼打，フランス人虐殺(天津事件)。欽差大臣崇厚，謝罪使としてフランスに赴く。12. ロシアと，ウリヤスタイ界約	**1866 キリスト教大弾圧**(丙寅の邪獄)。米船シャーマン号大同江で焼かれる。フランス艦隊，江華島を攻撃。閔氏王妃となる 1867 景福宮の修築成る 1867 アメリカ軍艦来航シャーマン号を調査 1869 全羅道の農民武装蜂起。漢城東大門新築成る 1870 アメリカ軍艦，漢江に入り通商を要求	1866 薩長盟約。砲術家高島秋帆死(1798～) (1866～67 徳川慶喜) 1866 江戸・大坂で打毀し 1866 福沢諭吉「西洋事情」 **1867～1912 明治天皇** 1867. 10. 討幕の密勅。徳川慶喜，**大政奉還**(江戸幕府滅ぶ)。12. **王政復古**の大号令 1868 鳥羽・伏見の戦 **1868 明治維新**(神仏分離令・五カ条の誓文・明治改元と一世一元の制・東京遷都)。築地ホテル館完成(1872焼失) 1869 公議所設置。版籍奉還。官制改革。東京・横浜間電信開通。蝦夷地を北海道と改称 1870 樺太開拓使設置。新律綱領。郵便規則の制定。「横浜毎日新聞」創刊	1870	

無政府主義＝Anarchism，バクーニン・クロポトキンらが主唱者。**ゼムストヴォ**＝Zemstvo。**セポイ**＝Sepoy，インド人傭兵のこと。**プラルタナー協会**＝Prarthana Samaj，宗教家による社会活動の団体，主唱者チャンドラ・セン。
虚無主義＝Nihilism，チェルヌイシェフスキー・ドブロリューボフらが主唱者。**天津条約による開港場**＝牛荘(営口)・登州(のちに芝罘)・漢口・九江・鎮口・台南・淡水・汕頭・瓊州・南京。**常勝軍**＝Ever Victorious Army。

大勢	年代	太平洋・アフリカ（エジプトは別掲）	アメリカ大陸：アメリカ合衆国	アメリカ大陸：イスパニア・ポルトガル	西ヨーロッパ：イギリス王国	西ヨーロッパ：フランス共和国（第3共和）	中央ヨーロッパ：ドイツ帝国	中央ヨーロッパ：オーストリア＝ハンガリー君主国	中央ヨーロッパ：イタリア王国
フランス第三共和国の発足／ビスマルク時代／社会主義運動の発達／イギリス外交政策の積極化	1871	1871　チュニジア，トルコの一部となる(～81) 1873　リヴィングストン，アフリカで死(1813～) 1874　イギリス，フィジー諸島占領。クイーンズランドで金鉱発見 1874／96　イギリス，黄金海岸に植民 1875　アメリカ，ハワイと通商互恵条約	1869～77　グラント(共和党) 1869　労働騎士団結成 1871　ニューヨークに地下鉄道開通。タマニー・ホール事件。ホイットマン「民主主義展望」。▽英領コロンビア，カナダに併合 1872　大赦令 ○鉄道企業の大合同時代 1873　金融恐慌，ニューヨーク取引所一時閉鎖。▽チリ硝石の採掘はじまる ○グレンジャー運動 1874　全国緑背紙幣党(グリーンバック・パーティ)結成。フィルモア死(1800～) 1875　ジョンソン死(1800～)。市民権法制定 1875　アメリカ労働党結成	1870～73　イスパニア王アマデオ(サヴォイ王子) 1872　イスパニア共和主義者の大内乱 1873　イスパニア連邦共和国宣言(第1共和) 1874　パビアのクーデター，セラノ独裁。王政復古(アルフォンソ12世，～85)，カノバスの専制	1837～1901　女王ヴィクトリア **1871　労働組合法制定。**軍隊統制法(短期現役)。安全マッチの製造開始。マクスウェル，光の電磁説 1872　投票法。インターナショナル，バクーニンを除名 1872～75　チャレンジャー号の世界海洋の調査 1873　裁判所制度の改革(裁判管轄法・高等法院法)。ジョン・スチュアート・ミル死(1806～，哲学・経済学者) **○このころ，2党による政党政治の黄金時代** **1874～80　第2次ディスレリ内閣(保守党，積極外交転換)** 1875　キングスリ死(1819～，新教聖職者・文学者)。地質学者ライエル死(1797～)。公衆保険法。労務者住宅法。ジョン・カーのカー効果。シドニー・トーマスの製鋼法完成。**スエズ運河会社の株式買収**	**1870～1940　第3共和制** 1871. 1. 28　パリ開城。2. ボルドー国民議会。ティエールの臨時政府。3. 1　ヴェルサイユ仮条約。3. 18～5. 27　**パリ・コンミューンの乱。**5. 10　フランクフルト条約(ドイツ，アルザス・ロレーヌを獲得) 1871. 7. アッシリア学者テクシエ死(1802～，ボガズキョイ発掘者) 1871. 8. 第3共和国仮憲法 1871. 8.～73. 5. ティエール 1872　国民皆兵制 1873　償金をドイツに皆済 1873. 5.～79. 1. マクマオン(王党派) 1873. 11. 大統領の任期7年制 1874　歴史家ミシュレ死(1798～)。ワルラス「純粋経済学要論」 1875. 1. ヴァロン修正法。田園画家ミレー死(1814～)。2. 第3共和国憲法公布。風景画家コロー死(1796～)。6. 音楽家ビゼー死(1838～)	1861～88　ウィルヘルム1世 **1871. 1. 18　ドイツ帝国建設(ウィルヘルム1世，ヴェルサイユ宮鏡の間で戴冠。第2帝国)。4. 16　ドイツ帝国憲法発布。帝国宰相ビスマルク(～90)** 1871　中央党結成(カトリック派) **1872. 9. 三帝ベルリン会同**(ドイツ・オーストリア・ロシア)。哲学者フォイエルバッハ死(1804～)。プロシア教育管理法 **1873　文化闘争はじまる**(五月法令等)。ドイツ軍制法。ラッツェル「人文地理学」。社会政策学会創立 **1873. 6. 三帝同盟成立** 1873／74　ヴント「生理的心理学綱要」 1874　全独労働者組合解散命令。経済恐慌(～76)。統計学者ケトレ死(1796～)。ドイツ鉄鋼カルテル成立 1875　哲学者ランゲ死(1828～) 1875　旧教団体禁止令。**ドイツ社会主義労働党**(1890 社会民主党)**結成。**ゴータ綱領	1848～1916　フランツ・ヨゼフ1世 1871～79　外相大アンドラーシ(ハンガリー人) 1871　チェック人自治要求。メンガー「国民経済学原理」 1872　劇作家グリルパルツァー死(1791～)。 1873　ウィーン国際博覧会。金融恐慌，全ヨーロッパに波及。三帝同盟 1875　スイス人ブルンチェリ「近代国家学」	1861～78　ヴィットリオ・エマヌエレ2世 1871　教皇保障法。首都ローマ決定。バクーニン運動に対する弾圧の初め 1872　マッチーニ死(1805～) 1873～76　首相ミンゲッティ 1873　エマヌエレ2世のウィーン・ベルリン訪問。ロマン主義詩人マンツォーニ死(1785～) ○イタリア産業革命
	1875	1877　イギリス，トランスヴァール共和国を併合(1880 再独立) 1878　イギリス，スーダン及びワルフィッシュ湾占領。イギリス，ナイジェリア開発開始 1878　スタンレー「暗黒大陸横断記」 1879　ズール戦争 1880　マドリード条約(13カ国)，モロッコ独立宣言 1880～81　南アフリカのボーア人，反英暴動	1876　グラハム・ベル，磁石式電話機発明。マーク・トウェイン「トム・ソーヤーの冒険」。大平原のスー族蜂起(インディアン戦争，～77) 1877～81　ラザフォード・ヘイズ(共和党) 1877　エディソン，蓄音機発明。鉄道ゼネスト。アサフ・ホール，火星の2衛星を発見 1878　ブランド＝アリソン法。パース，プラグマティズムを提唱。▽アルゼンチン，パタゴニアの征服完了 1878　▽サンホン条約(キューバ，本国と和す) 1879　エディソン，白熱電灯を発明。▽キューバ，秩序回復 1879～83　▽硝石をめぐるペルー・チリ・ボリヴィアの戦争 1880～90　鉄道の大建設時代 1881. 3. ガーフィールド就任(7. 狙撃され，9. 死)	1876　イスパニア新憲法発布 1877　ポルトガルの歴史家・小説家カルヴァリョ死(1810～) 1879　イスパニア社会党・労働社会民主党結成	1876　(1875の項つづき) 1877　ヴィクトリア，インド皇帝の称をとる。ヒューズ，炭素マイクロフォン発明 1878　ウィリアム・ブース，救世軍を創始	1876　女流小説家ジョルジュ・サンド死(1804～) 1877. 5. 19　マクマオンの王政復古運動，共和派を追放。10. 共和派の勝利。ブロイ内閣。ゾラ「居酒屋」。12. 画家クールベ死(1819，写実主義) 1878／1910　ファーブル「昆虫記」	1876　帝国銀行創立。ベルリン覚書。インド学者ラッセン死(1800～)。ニコラウス・オットー，4サイクルのガス機関発明。社会民主労働党の機関誌「前進」創刊 1877　農業恐慌 1878　皇帝に対するの暗殺未遂事件2回。経済学者ヒルデブラント死(1812～)。ゲオルク・カントール，カントールの連続体問題(数学)	1875　アンドラーシ・ノート 1877　ボルツマン，熱力学第2法則の統計的基礎	1876～79　第1次デプレチス内閣(政権，共和革新派の手に移る) 1878. 1.～1900　ウンベルト1世 1878. 2.～1903　教皇レオ13世
		1878. 6. 13～7. 13　ベルリン列国会議(セルビア・モンテネグロ・ルーマニアの独立承認。東ルメリア自治州の成立。オーストリア，ボス							
					1878　キプロス島領有 1879　アイルランド土地同盟成立(首領パーネル)。凶作に次ぎ農業恐慌。物理学者マクスウェル死(1831～)。小説家ディケンズ死(1812～) **1880. 4.～85. 6. 第2次グラッドストーン内閣(自由党)**	1879. 1. 共和派優勢。マクマオン辞職 1879. 1～87　ジュール・グレヴィ(共和派左派) 1879　ラ・マルセイエーズ，フランスの国歌となる。国祭日(7. 14)を定める 1880. 3. イエズス会の解散と追放。5. 小説家フロベール死(1821～) 1880. 9.～81　ジュール・フェリー内閣	1878～1906　外務参事官ホルシュタインの活躍 **1878. 10. 社会党鎮圧法(～90)** **1878. 12. ビスマルクの保護関税政策** **1879. 6. 文相ファルクの辞職。7. 保護関税法成立　1879. 10. ドイツ・オーストリア同盟** 1880　ケルン教会堂。エーベルト，チフス菌発見。ベネディクト・カントル「数学史」(／1908)	1878. 7. ボスニア・ヘルツェゴヴィナに進軍 1879～93　ターフェ内閣 1879　ステファンの輻射法則	1880　ミラノに職工党結成(～86) 1881　ビスマルクからチュニジア占領を示唆される(イタリアこれに応じず)
	1880	1881　バルド条約(フランス，チュニジアを保護国とする) 1883～1900　トランスヴァール大統領クリューゲル 1883　スーダン独立運動(マーディーの乱，英将ゴルドン出征) 1884　東部ニューギニアを英・独で分領。トランスヴァールに金鉱発見 1884／85　ベルリン条約 1885　ゴルドン戦死，イギリス，スーダン放棄 1885～1908　コンゴ自由国(ベルギー王の私有地)	1881. 9.～85　チェスター・アーサー(共和党)(昇任) 1881　UP通信社創立。ニューヨーク火力発電所建設。マイケルソン，地球とエーテルとの相対運動に関する実験。汎米会議の企図不成功 1882　ロックフェラー，スタンダード石油トラスト組織。10年間中国人移民を禁止 1882　思想家エマソン死(1803～，"コンコードの哲人") 1882～86　アパッチ族の反乱 1883　ペンドルトン法。官制改革委員会設立 1884　ハワイの真珠湾を租借 1885　イーストマン，写真フィルム製造。▽レセップス，パナマ運河起工(1894 失敗) 1885　グラント死(1822～) 1885　▽カナダ太平洋鉄道完成 1885～89　グローヴァ・クリーヴランド(民主党)	1880　イスパニア，キューバに対して奴隷漸廃法 1881　カノバス失脚，サガスタ独裁 1883　イスパニア，バクーニン派に対する弾圧 1884. 2. イギリス・ポルトガル協約 1885　セラノ死(1810～) 1885～1902　イスパニア摂政マリア・クリスティナ	1880　アイルランドの地主ボイコット，小作人に脅迫される 1881　評論家カーライル死(1795)。アイルランド土地法通過(パーネルなお不満足) 1882　エジプトを軍事占領。アイルランド国民同盟結成。画家ロセッティ死(1828～)。 1883　ハインドマン，社会民主連盟結成(1881年の民主連盟の改称)。フェビアン協会設立。シーリー「イギリス帝国膨脹史」 1884　ウィリアム・モリスら，社会主義者同盟結成。グリニッジを万国子午線と定む 1884. 12. 第3次選挙法改正(自由党内閣) 1885. 1. スーダン放棄。6. 選挙区再配分法。英伊協商 1885. 6.～86. 1. 第1次ソールズベリ(セシル)内閣(保守党)	1881　チュニジアを保護国とす。パストゥール，狂犬病菌を発見 1881／86　教育関係諸法 1881. 11.～82　ガンベッタ内閣 1882　首相ガンベッタ死(1838～)。経済恐慌おこる。サンゴタール鉄道開通 1883. 2.～85. 3. 第2次フェリー内閣 1883. 4.～84. 5. 清仏戦争 1883. 4. 画家マネ死(1832～，印象派) 1883. 5.／85　マダガスカル攻略 1883　モーパッサン「女の一生」 1884. 2. スイス人博物・地理学者ギヨー死(1807～)。3. ワルデック＝ルソー結社法 1884　シャルドンネ，人造絹糸発明 1884　【ベルギー】新教育法 ○フランス「自然詩」の人々　1859～1936　ギュスターヴ・カーン　1860～1887　ラフォルグ 1885　劇作・小説・詩人ヴィクトル・ユゴー死(1802～) 1885　【ベルギー】労働党結成	1881　「社会政策」に関する勅語。ベルリンに最初の電車運転。ランケ「世界史」第1巻 1881. 6. 三帝協商(ドイツ・オーストリア・ロシア，～87) 1882　コッホ，結核菌発見 **1882. 5. 三国同盟成立** 1883. 3. カール・マルクス死(1818～)。2. リヒャルト・ワーグナー死(1813～)。コッホ，コレラ菌発見。5. 労働者傷病老癈保険法(ビスマルクの国家社会政策)。ダイムラー，自動車発明 1883　ドイツ・オーストリア，ルーマニアと同盟 1883／85　ドイツ植民事業開始 1883～1917　社会民主党機関誌「新時代」 **1884. 11.～85　アフリカ分割に関するベルリン列国会議** 1884　歴史家ドロイセン死(1808～) 1885　マーシャル・カロリン群島占領。トーゴー・カメルン・南西アフリカ領有。ヘルツ，電磁波存在の証明(1888 これを実験的証明)。ワイスマン，生殖質の連続	1880　チェック人の国語法令 1881　セルビアと秘密条約 1882　シェネラーらのリンツ綱領 1884　植物学者メンデル死(1822～) 1884　ウィーン戒厳令(～86)。バーヴェルグ「資本及び資本利子」	1881～87　第2次デプレチス内閣 1882. 6. ガリバルディ死(1807～) 1882　アフリカのエリトレアに植民開始 1885　英伊協商(1887 更新)。エリトレアのアサブ及びマッサワ占領，軍事基地を構築
	1885								

グレンジャー動運＝Granger Movement，独占化に対抗する農民の政治運動で主に合衆国の中西部農民が協力して共同売買などの立法化を行った。**カルテル**＝Cartell（Kartell），企業連合。**トラスト**＝Trust，企業合同と訳す。
プラグマティズム(実用主義の哲学)＝Pragmatism，パース(Peirce)のあと，ジェームス及びデューイにひきつがれる。**フェビアン協会**(Fabian Society)の組織者＝Sidney J. Webb及びBeatrice Webb夫妻・G. Bernard Shawら。

北ヨーロッパ	東ヨーロッパ		西アジア			南アジア		東アジア			年代	大勢
北欧三国	**ロシア帝国**	**バルカン諸国**	**トルコ帝国**	**エジプト**	**イラン アフガン**	**英領インド**	**東南アジア**	**清帝国**	**朝鮮**	**日本**		
1872～1907 スウェーデン王オスカル2世 1873 ハンセン，癩菌を発見（ハンセン氏病の起り） 1875 童話作家アンデルセン死（1805～，デンマーク人）	1855～81 アレクサンドル2世 1871 ロシア，黒海中立破棄の宣言 1872／76 レフ・トルストイ「アンナ・カレーニナ」 1872 バクーニン，無政府党組織 1873 三帝同盟。ヒヴァ汗国を保護国とする。産業恐慌おこる 1874 義務兵役制。ナロードニキ運動おこる 1875 皇帝及び首相ゴルチャコフのベルリン訪問。樺太を領有（日本と千島・樺太交換条約）	1871 シュリーマン，トロヤの発掘 1874／76 シュリーマン，ミケーネ発掘 1875／81 ドイツ人クルティウス，オリンピア遺跡発掘 1875 ボスニアの反乱	1861～76 アブドゥル・アジス1世 1871 宰相ミドハト・パシャ(1876再任)。イェーメン出兵 1872. 9. 独人シュラーダー，「アッシリア・バビロニアの楔形文字」 1873／76 英人ジョージ・スミス，ニネヴェ発掘（ノア洪水物語の証明成る） 1874～75 宰相フセイン・アヴニ・パシャ	1872 イギリスに対し独立宣言	1872 テヘランにアメリカ宣教学校設立 1873 ナスル・ウッディンの第1回ヨーロッパ旅行 1873 オクソス川，アフガニスタンの北境となる	○インド財政の地方分権政策 1872 総督メーヨー暗殺される（1822～） 1872～76 インド総督ノースブルック 1873～74 ビハール地方の大ききん 1875 デカンに農民暴動 1875／1900 独人マックス・ミュラー，古代東方聖典の研究(1900死，1823～) 1875 イギリス皇太子のインド訪問。サラスヴァティら，アーリヤ・サマージ結成（ヒンドゥ教団）	1872 オランダ，スマトラの征略ほぼ完了しイギリスと不干渉協約（スマトラ条約）。カビテの暴動とフィリピン政庁の弾圧 1873 フランス艦隊，安南攻撃（第2次仏越南戦争，～74） 1873～1904 アチェー戦争（スマトラのアチェー人，オランダに対抗） 1874 第2次サイゴン条約	1861～74 穆宗（同治帝） 1871. 5. ロシア，イリ地方を占領（～81）。ヤクブベク，トルファン攻略。7. 日清通商天津条約（辛未条約） 1871 香港・上海間海底電線敷設完了 1872. 1. 回教徒の反乱軍討伐。2. 曽国藩死（1811～）。この年アメリカに第1次留学生30人を派遣。「申報」創刊（英人マイヤー）。徐家匯，天文台設置 1873. 1. 穆宗親政，初めて外国使臣を謁見。5. 雲南・陝西・甘粛の回軍を平定。7. 鉄路局設置。11. 招商局設置。中国人による最初の新聞創刊 1874. 4. 日本の台湾出兵 1874. 9(10) 日本，清国と台湾問題に関し天津条約（辛未条約の改訂，最恵国約款） 1874. 12.～1908 徳宗（光緒帝）摂政東太后，～81，西太后，～89 1874 上海に日本の人力車を輸入 1875. 1. イギリス人マーガリー，雲南で殺さる。3. 恭親王奕訢，時事上奏。この年マカオの苦力（クリー）貿易禁止。	1863～1907 高宗（李太王） 1871. 4. アメリカ軍艦と江華島で交戦。斥洋碑を八道四都に建てる 1873 大院君退く。李太王親政し，閔氏権を握る 1874 日本と交渉をはじめる 1875.9. 江華島事件（日本の軍艦雲揚号江華島砲撃）	1867～1912 明治天皇 1871. 3. 郵便制度実施。**7. 廃藩置県**。10. 岩倉具視ら欧米派遣。日刊新聞紙の初め。中村正直「西国立志編」 1872. 2. 田畑売買の禁を解く。8. 学制頒布。**9. 新橋・横浜間鉄道開通。11. 太陽暦採用** 1873. 1. 徴兵令公布。6. 征韓論起る。7. 地租改正はじまる 1874. 1. 民選議院設立建白書。3. 立志社創立 **1875. 5. ロシアと千島樺太交換条約**。6. 讒謗律・新聞紙条例 東京中央天文台設置	1871	日本明治政府の成立／朝鮮の開国／トルコの国政改革と列強の進出／フランスの安南進出
1878 ストックホルム大学創立。ノルデンショルド，ヴェーガ号で欧亜北方航路を開く 1879 イプセン「人形の家」	1876 ロシア，バルト海沿岸領有コーカンド汗国を併合。バクーニン死（1814～，虚無主義） 1876. 12.～77 コンスタンティノープル列国会議（トルコ拒否） **1877. 4.～78 ロシア・トルコ（露土）戦争** 1878 抒情詩人ネクラーソフ死（1821～） 1878. 1. アドリアノープル休戦条約 1878. 3. 3 サン・ステファノ条約 ニア・ヘルツェゴヴィナ管理。イギリス，キプロス買収）＝**ベルリン条約(78. 6.)** 1879 ナロードニキの分裂。「人民の意志派」結成。虚無主義者の処刑はじまる 1880 人民の意志派，帝宮爆破の陰謀 1880～82 中央アジア遠征	1876 ブルガリアの虐殺事件。セルビア，対トルコ宣戦 1877 ルーマニア完全独立。 1878 東ルメリア自治州成立 1879 ブルガリア憲法成る 1879～86 ブルガリア侯アレクサンドル1世	1876～1909 アブドゥル・ハミト2世 1876 新憲法発布（ミドハト憲法） 1877.12 オスマン・パシャのプレヴナ開城 1877 仏人サルゼック，ラガシュ発掘	1875 イギリス，スエズ運河株式買収 1876 イギリス，フランスとともにエジプトの財政管理 1879～92 太守テウフィク・パシャ 1879 英仏2国のエジプト管理	1878. 11.～81. 7. 第2次アフガン戦争（イギリスのアフガン支配の進行） 1878 ナスル・ウッディンの第2回ヨーロッパ旅行	1876 ベルチスタン，英保護領となる。バネルジー，インド人協会を設立 1876～80 インド総督リットン **1877 インド帝国成立（英女王ヴィクトリア，インド皇帝を称する）**。インド最初のストライキ 1878 原地語新聞禁止 1879 ガンダマク条約 1879 武器所有禁止法 1880～84 インド総督リポン 1880 急進的民族運動者ティラク，反英思想を鼓吹	1877 イギリス，北ボルネオの開発を始める（1881 北ボルネオ会社を立てる）	「万国公報」創刊 1876. 6. 劉錦棠，ウルムチ回復。8. 淞滬鉄道（上海・呉淞）開通。9. イギリスと芝罘（烟台）条約。12. 英仏に留学生を派遣 1877. 4. カシュガルの酋長ヤクブベク自殺，子ベククリつぐ。哥老会の首領崔華漂を斬る。開平炭坑開く。四川機器局設置 1878 左宗棠・劉錦棠，回部の乱鎮定。甘粛機器氈呢廠設立。開灤鉱務局設置。上海に機器織布局を置く（～82） 1879. 5. 全権崇厚，ロシアとイリ還付条約（リワディア条約）。大沽・天津間電信開通 1880 李鴻章，海軍を創設。アメリカと移民条約。天津水師学堂を開設（科学技術者の養成）。ドイツと修交条約	1876. 2. 日朝修交江華条約 **（朝鮮の開国）** 1878 日本の第一銀行釜山に支店開設。忠清道農民の蜂起 1879 釜山を開港 1880. 5. 元山を開港 1880. 12. 漢城に日本公使館設置	1876 佩刀禁止令。熊本神風連の乱。秋月・萩の乱 **1877. 1.～9. 西南の役**（西郷隆盛死，1827～）。5. 木戸孝允死(1833～)。8. 第1回内国勧業博覧会。田口卯吉「日本開化小史」 1878. 5. 大久保利通暗殺される(1830～)。12. 参謀本部設置 1879. 4. 沖縄県を置く。9. 教育令制定。モース，大森貝塚発見 1880. 2. 横浜正金銀行開業。4. 集会条例	1875	
1884 フィンランドの民俗学者レンロト死（1802～） 1885 詩人アスビヨルセン死（1812～） 1885 スウェーデン人スヴェン・ヘディンの第1回中央アジア探検	1881 皇帝，暗殺される。ユダヤ人迫害の爆発。清とイリ条約 1881～94 アレクサンドル3世 1881～82 内相イグナーチェフの反動政策。恐慌 1881 ドストイェフスキー死（1821～，「カラマーゾフの兄弟」など） 1882 コンスタンティノープル列国会議（エジプト問題） 1882 メルヴ占領。工業化開始。人頭税の廃止 1883 ゴルチャコフ死（1798～）。ツルゲーネフ死（1818～，「処女地」など） 1885 法学者カヴェリン死（1818～） 1885 ロシア，アフガニスタンに進出し，イギリスとの対抗はじまる	1881 ルーマニア王国成立（カロル1世，～1914） 1882 セルビア王国成立（ミラン・オブレノヴィチ4世，～89） 1884／85 シュリーマン，ティリンス遺跡発掘 1885 ブルガリア，東ルメリア自治州を併合	1881 フランス，チュニジアを占領 ○トルコの領土，次第に減少 **1882. 9. エジプトに対するイギリスの軍事占領（～1914）** 1883 イスラム教改革連盟成る	1881 アラビ・パシャの乱 1882. 7. 英軍単独でエジプトに出兵 1882 スーダンの反乱 1883 英人ペトリ，ギゼーのピラミッド調査 1883～1907 **英高等弁務官クローマー** ▲（下註）	1880～1901 バラクザイ朝アブドゥル・ラフマン 1882 ロシア，メルヴを領有（アカル条約）	1881 工場法。イギリス，アフガニスタンを保護国化し，外交権を奪う（～1919） 1883 全インド国民協議会成立宣言。宗教改革者ダヤーナンダ・サラスヴァティ死（1824～） 1884～88 インド総督ダファリン・アンド・アーヴァ 1884 インド最初の労働者組織成立 **1885 第1回インド国民会議開催**。ヒンドゥ語詩人ハリーシュチャンドラ死（1850～，現代劇の祖） 1885 ベンガル小作法制定	1881 フランス人紅河・黒河地方探検。イギリス，シンガポールにゴム栽培 1882 第2仏安戦争。フランス，ハノイ占領 1883 スマトラ中部に石油採掘 1885. 11.～86 第3ビルマ戦争	1881 全権曽紀沢，ロシアと第2イリ条約（ペテルブルグ条約。イリ回復）。東太后死。上海・天津間，電信開通。吉林機器廠設置 1882 丁汝昌を天津鎮総兵とす。ロシアとカシュガル東北界約。新疆省創設。上海電気公司設立。学者朱次琦死（1808～，「国朝儒宗」）。陳澧死（1810～，「漢儒通義」） 1882.7. 清国，大院君を天津に護送 1882. 10. 清朝商民水陸貿易章程 1883. 6. 清の劉永福，フランス軍と開戦。仏将リヴィエール戦死。仏将クールベ，ユエ（順化）攻略 1883 ロシアとコプト新界約。タルバガタイ新界約 1883. 8. ユエ条約（アルマン条約。仏，安南を保護国とする） 1884 ロシアとカシュガル西北界約。文人画家趙之謙死（1829～，能書） 1884. 6. 第2ユエ条約（フランス，軍事権掌握）。バクレ事件 1884. 8. ～10. フランス軍，台湾封鎖。**1884～85 清仏戦争** 1885. 2. フランス軍，寧波封鎖。澎湖島占領。3. 清軍攻勢に転じランソンを取る **1885. 4. 朝鮮問題に関して日清間，天津条約** 1885. 6. 越南新約（天津条約，李・パトノール条約） 1885 左宗棠死（1812～）。李鴻章，開平鉄路公司設立 1885.4～87.2 イギリス，巨文島占領 1885. 10. 大院君，袁世凱に伴われて帰国	1881 独立・事大両派の抗争 1882 米・英・独と修交通商条約 1882. 7. 壬午の変 1883. 1. 仁川開港。農民暴動拡大（～94） 1884. 7. ロシアと修交通商条約 1884. 12. 甲申の変（金玉均の変，独立党の郵政局事件，金玉均・朴泳孝ら，日本に亡命） 1885. 1. 日朝漢城条約	1881. 7. 北海道開拓使官有物払下事件。10. 国会開設の詔。自由党結成（総理，板垣退助） 1882. 3. 立憲改進党結成（総理，大隈重信）（漢城の日本公使館焼打）。8. 済物浦条約 1882. 10. 日本銀行創立 1883. 3. 高田事件。4. 新聞紙条例改正。7. 岩倉具視死（1825～） 1884. 2. 改正地租条例。5. 群馬事件。9. 加波山事件 ○鹿鳴館時代（欧風化） 1885. 11. 大阪事件 **1885. 12. 内閣制度創設** 1885. 12～88 第1次伊藤（博文）内閣	1880 1885	

ナロードニキ＝Narodniki，ロシア語ナロード（人民）に由来し，農民を革命運動に向けて指導。分裂後，「土地と自由派」・「人民の意志派」・「黒土再分割派」が生れた。**壬午・甲申の変**などその年の干支をもって名づける。
▲以下，エジプトに関してはアフリカの項に併せ記載する。**アーリア・サマージ**・Arya Samaj，主としてヴェーダにより，偶像崇拝を否定する。**インド国民会議派**＝Indian National Congress，退職官吏ヒュームが指導した。

33

大勢：列強帝国主義の開始とその進行／アフリカ及び太平洋の分割／アメリカの対外進出／社会主義勢力の進展

年代	太平洋 アフリカ（以下1913年までエジプトを含む）	アメリカ大陸：アメリカ合衆国	西ヨーロッパ：イスパニア ポルトガル	西ヨーロッパ：イギリス王国	西ヨーロッパ：フランス共和国	中央ヨーロッパ：ドイツ帝国	中央ヨーロッパ：オーストリア＝ハンガリー君主国	中央ヨーロッパ：イタリア王国
1886	1885 英領東アフリカ植民地建設（ケニア）。ドイツ領東アフリカ植民地成立（タンガニイカ）。 1886 ポルトガル，ギニア領有。ヨハネスブルグ市建設 1887／89 イタリア，ソマリランド領有 1884／88 ポルトガル領西アフリカ植民地成立（アンゴラ） 1888 スエズ運河通航に関するコンスタンティノープル協約成立。スタンレーとエミン・パシャのニヤッサ湖会見 1889～99 スーダン総督キッチナー **1890～96 ケープ植民地首相セシル・ローズ（3C政策）**	1885～89 クリーヴランド（民主党） 1886 鉄道ゼネスト。女流作家ディキンソン死（1830～）。労働総同盟（AFL）の結成（ゴンパースら）。▽カナダ太平洋鉄道完成 1887 州際通商法。国内鉄道法 1888 女流作家オルコット死（1832～）。イーストマン，コダック写真機発明。▽ブラジル奴隷廃止法 1889.5～93 ベンジャミン・ハリソン（共和党） **1889 第1回パン・アメリカ（汎米）会議（ワシントン）**。▽ブラジル無血革命。パナマ運河会社失敗。▽ニカラグヮ運河起工。サモア諸島を米独共同管理とする 1890 シャーマン反トラスト法。シャーマン銀買入法（～93）。マッキンリー関税法	1886～1931 イスパニア王アルフォンソ13世 1887 イスパニア，地中海協定参加 1888 イスパニア，共和主義者の反乱。労働総同盟結成 1889～1908 ポルトガル王カルロス1世 1889／90 イスパニア普通選挙法	1837～1901 ヴィクトリア 1886.2.～7. 第3次グラッドストーン（短命）内閣 1886.3. 自由党分裂，チェンバレン自由統一党結成（保守党と連繫）。6. アイルランド自治法案否決 1886.7.～92.8. 第2次ソールズベリー内閣（保守党） **1887 自治植民地会議のはじめ（1907以後 英帝国会議）**。炭坑法（少年労働の禁止） 1888 法学者・社会学者ヘンリー・J・S・メイン死（1822～） 1889 海軍国防法。ロンドン，ドックのゼネスト。南アフリカ会社特許状。詩人ブラウニング死（1812～） 1890 恐慌。ドイツにヘルゴランドを割きザンジバルを取る。カーディナル・ニューマン死（1801～）。ハーディ「テス」	1879～87 グレヴィ 1886～87 陸相ブーランジェ（"復讐将軍"，熱狂的愛国思想） 1886 詩人モレアス「象徴派宣言」 1886～94 **【ベルギー】**労働不安 1887.4. シュネブレ事件（ドイツ・フランス開戦の危機） 1887 アンドレ・アントワーヌ，自由劇場創立（～96） 1887.12～94 サディ・カルノー 1887.12. 赤道アフリカ地方領有 1889 ブーランジェ事件 1889 パナマ運河会社破産。エッフェル，エッフェル塔の建設 **1889～1914（1923）第2インターナショナル**　1889 パリ大会，メーデー決定，第1回メーデー 1890 パリで浮世絵展。【オランダ】画家ゴッホ死（1853～） 1890～1948 **【オランダ】**女王ウィルヘルミナ（ルクセンブルグ，オランダとの同君連合より離脱）	1871（61）～88 ヴィルヘルム1世 1886 レヴァント鉄道会社設立。ワイル，ワイル氏病発見。音楽家リスト死（1811～，ハンガリー生）。歴史家ランケ死（1795～）。ダイムラー，内燃機関発明 **1887.6.／90 ロシアと再保障条約**（オーストリア，三帝同盟の更新を受けず） 1887 軍備拡張。東アフリカ会社設立。物理・天文学者キルヒホフ死（1824～） 1887.12. 英・伊・オーストリア3国の近東協約（ビスマルク不参加）＝第2次地中海協約 1888.2. ビスマルク，1879年のドイツ・オーストリア同盟公表 1888.3.～6. フリードリヒ3世 **1888.6.～1918 ヴィルヘルム2世** 1888 参謀総長モルトケ辞職。アメリカとサモア島争奪（～89）。ビスマルク群島占領。ハルワックス，光電効果の発見 1889／94 ジーベル「ドイツ帝国建設史」 **1890.3. ビスマルク下野**，カプリヴィつぐ（～94）。9. 社会党鎮圧法廃止。ヘルゴランド領有。10. 社会民主党の称，正式発足。コッホ，ツベルクリンの発見	1848～1916 フランツ・ヨゼフ1世 1887.3. 地中海協定に参加 1887 災害保険法 1888.12. 社会民主労働党統一大会（首唱者アードラー） 1889 大公ルドルフ自殺（情死）	1878～1900 ウンベルト1世 1887.1. 対エチオピア戦争，マサワの敗戦。2. イギリスと第1次地中海協定。軍備拡張 1887.6.～91 クリスピ内閣 1888.1. ドイツと軍事協定 1889.5. エチオピアとウチアリ条約（エチオピアを保護国化）。ソマリランド領有
1890	1891 フランス，タヒチ島占領。ローデシア，英保護領となる（／95）。ポルトガル領東アフリカ植民地成立（／94，モサンビク） 1892～1914 エジプト太守アッバス・ヒルミ2世 1893 ハワイ革命。イスパニア，モロッコ出兵。南アのマタベレ族反乱。フランス，ダカールを占領 1894 ハワイ，共和制となる。フランス，エチオピアに鉄道敷設権を獲得	**1890ごろ フロンティアの消滅** 1891 ▽ブラジル共和国憲法。チャンドラー及びキュストナー，緯度変化発見 1892 人民党結成（労働騎士団，連繫）。詩人ホイットマン死（1819～）。ゼネラル・エレクトリック会社創立。各地に労働争議頻発 1893 大恐慌。大北鉄道完成 1893.3.～97 クリーヴランド（民主党，再選） 1893 エディソン，活動写真を発明 1894 ウィルソン関税法。鉄道ゼネスト。失業者のワシントン行進。オタワに英植民地会議。パナマ運河再起工 1895～97 国務長官オルニー（拡張的モンロー主義） 1895 ▽キューバの反イスパニア騒乱	1891 急進的ジャーナリスト，アラルコン死（1833～）。カタロニア地方農民の反乱 1893 イスパニア，モロッコ出兵。ロマン派作家ソリーリャ死（1817～） 1894 フィリピン島民の対イスパニア反乱	1891 初等教育法（授業料廃止） 1891／1903 チャールス・ブース「ロンドン人民の生活と労働」（9巻） 1892.8.～94.3. 第4次グラッドストーン内閣（自由党） 1892 ロナルド・ロス，マラリア蚊の研究。詩人テニスン死（1809～） 1892～93 ランカシャーの紡績工のストライキ 1893 独立労働党結成（党首ケア・ハーディ）。アイルランド自治法案，上院で否決 1894.3.～95 ローズベリー内閣（自由党） 1894 8時間労働法声明 1895 イギリス・ロシア協商。生物学者ハックスリ死（1825～） 1895.6.～1902.7. 第3次ソールズベリー内閣（統一党。植民相ジョゼフ・チェンバレン）	1891.3. 画家スーラ死（1859～）。7. フランス艦隊，ロシアのクロンスタット訪問。8. **ロシア・フランス同盟**。11. 象徴派詩人ランボー死（1854～）。リップマン，天然色写真法完成。【オランダ】画家ヨンキント死（1819～） **1892.8. ロシアと軍事協定** 1893 クレマンソー，急進社会党結成。モーパッサン死（1850～）。ロシア艦隊，トゥーロン港訪問 1894.6. カルノー暗殺される（1837～） 1894.6～95 カジミール＝ペリエ **1894.10.～1906 ドレフュス事件** 1894 **【オランダ】**独立自由党・社会・民主労働党結成 1895.1.～99 フェリックス・フォール 1895.1. 露仏同盟（1894.1.）公表。9. 労働総同盟（CGT）創立。9. 細菌学者パストゥール死（1822～）。11. 小アレクサンドル・デュマ死（1824～，「椿姫」など）	1891 ランプレヒト「ドイツ史」。社会民主党，エルフルト綱領。モルトケ死（1800～）。ヴェーデキント「春のめざめ」 1892.2. ベルリンの労働者暴動。ヘルムホルツの分散公式。9. 法学者イェリング死（1818～）。12. ジーメンス死（1816～） 1893 新兵役法（常備軍を増強）。ディーゼル，ディーゼルエンジンの発明（～97完成） 1894 物理学者ヘルツ死（1857～）。生物・物理学者ヘルムホルツの三原色説（この年死，1821～） 1894.11.～1900 宰相ホーエンローエ 1895 文学者フライターク死（1816～） 1895.6. キール運河開通（ドイツ海軍拡張のはじめ） 1895.8. エンゲルス死（1820～）。レントゲン，X線発見	1893 言語令（1880）に対する青年チェッコ党の議会妨害 1893 自由労働組合連合結成 1894.2. ウィーン市長プリックス死。チェコ人クリッチェ，グラビア印刷術発明 1895.9.～97.11. バデーニ内閣 1895 フロイト「催眠術によるヒステリーの治療」	1891～92 第1次ルディニ内閣 1892～93 第1次ジョリッティ内閣 1892 イタリア社会党結成 1893～96 第2次クリスピ内閣 1894.10. 社会主義団体・労働組合等弾圧令 1894 ダヌンチオ「死の勝利」 1895 マルコーニ，無線電信発明 1895.12.～96 第2次エチオピア戦争 1896.3. イタリア軍，アドワに惨敗。アディスアベバの和約（エチオピアの完全独立を承認）
1895	1895 イギリス，エジプト委員会成立 1896 フランス，マダガスカル領有。イタリア，エチオピアに侵入，アドワに完敗。キッチナー，スーダンを完全制圧 1897.6. アメリカ，ハワイと併合条約（1898 批准） **1898 ファショダ事件** 1899 イギリス，エジプトとスーダンを共管。イギリス，ソロモン諸島占領。サモア諸島の米独分領。ドイツ，南洋群島領有 **1899～1902 ボーア戦争（南ア戦争）** 1900 カイロ・カルツーム間鉄道開通	1895 ナイヤガラ発電所開業 1896 人民党消滅 1897.3.～1901 ウィリアム・マッキンリー（共和党） 1897～98 国務長官シャーマン 1897.6. ディングレー保護関税法（税率57％）。▽キューバまた反乱 1898 大ニューヨーク市制施行（人口340万） 1898～1905 国務長官ジョン・ヘイ **1898.4.～12. アメリカ・イスパニア（米西）戦争**。12. パリ条約。▽キューバ独立。アメリカ，フィリピン・グヮム島・プエルトリコ領有。**アメリカのカリブ海進出はじまる** 1899 ウェブレン「有閑階級論」 **1899.9. 中国に関する門戸開放宣言** 1900.3. 通貨令（金本位制確立） 1900 パナマに関し英米間のヘイ・ポーンスフト条約	1897.8. カノバス暗殺される（1828～） 1899.6. 南洋群島をドイツに売却	1897 労働者保護法 1898.5. グラッドストーン死（1809～） **1898.9. 英仏間のファショダの危機** 1898 威海衛・九竜租借 1898 ピアソン「記述統計学」 1899.3.～7. 第1回ハーグ万国平和会議（ロシア皇帝の提唱） 1899 労働組合会議 1899～1902 ボーア戦争 **1900 労働代表委員会成立** 1900 言語学者マックス・ミュラー死（1823～）。文学者オスカー・ワイルド死（1856～）	1896 象徴派詩人ヴェルレーヌ死（1844～）。ゼーマン，ゼーマン効果（実験物理）。文学者エドモン・ド・ゴンクール（兄）死（1822～）。マダガスカル領有。チュニジアに関し仏伊協定。ベクレル，ウラン鉱の放射能発見 1898.1. ゾラ「私は弾劾する」。**6. 外相デルカッセ（～1905）**。キュリー夫妻，ラディウム発見 1898 労働者災害補償法。画家モロー死（1826～）。象徴派詩人マラルメ死（1842～） 1899.2.～1906 エミール＝ルーベ 1899.6.～1902 ワルデック＝ルソー内閣（急進党，商相ミルラン） 1899 ジャン・ジョレス，フランス社会党結成。10. 広州湾租借 1900.5.～10. 第2回近代オリンピック（パリ） 1900.12. イタリアと密約	1896.1. クリューゲル電報事件（独帝，トランスヴァールを支持，英独間の緊張） 1896 オランダの物理学者ローレンツ，電子論の確証 1896 歴史家トライチュケ死（1834～）。化学者ケクレ死（1829～）。経済学者エンゲル死（1821～，社会統計学） 1897～1916 海軍次官（海相）ティルピッツ（イギリスと海軍拡張計画の競争） 1897 音楽家ブラームス死（1833～）。【スイス】文明史家ブルクハルト死（1818～） 1898.3. 第1次艦隊建設法。皇帝のコンスタンチノープル訪問。7. ビスマルク死（1815～）。12. 膠州湾租借 1899 哲学者ビュヒナー死（1825～）。ヘッケル「宇宙の謎」（生物学）。作曲家ヨハン・シュトラウス（子）死（1825～）。ヒルバート「幾何学の基礎」。ベルンシュタイン「社会主義の諸前提と社会民主主義の諸任務」（修正派）。カウツキー「マルクス主義修正の駁論」 1900 プランク「量子論の基礎」。第2次艦隊建設法。哲学者ニーチェ死（1844～）。ツェッペリン，最初の飛行船建造 1900.10.～09.7. 宰相ビューロー	1896 オットー・ワーグナー「近代建築」 1896 ドナウ川の鉄門開通。普通選挙実施 1897 オットー・ワーグナー，ヨゼフ・オルブリッヒら，建築史におけるセセッション（分離派）運動をおこす（他の芸術部門に波及） 1899 モラヴィア・ボヘミアに反オーストリア反乱	1898 南イタリア暴動。ミラノ市街戦。養老年金法 1898～1900 ルイジ・ペルー内閣 1899 画家セガンティーニ死（1858～） 1900.7. 無政府主義者，ウンベルト1世を暗殺 1900.7.～46 エマヌエレ3世 1900.12. フランスと密約
1900								

3C政策＝Capetown, Cairo, Calcuttaの頭文字をとって名づけられたイギリスの世界制覇政策。**フランス労働総同盟**（CGT）＝Confédération Générale du Travail。セセッション＝Secession (Sezession)，分離派と訳す。
門戸解放宣言＝中国の領土保全・門戸解放・機会均等の3原則の提議。**アメリカ労働総同盟**（AFL）＝American Federation of Labor。象徴派（象徴主義）＝Symbolisme。**エルフルト綱領**＝Erfurter Programm，草案者カウツキー。

〔33〕

北欧三国	ロシア帝国	バルカン諸国	トルコ帝国	イラン・アフガニスタン	英領インド	東南アジア	清帝国	朝鮮	日本帝国	年代	大勢
1885 文芸批評家ヤコブセン死(1847〜) 1888 ヘイテンスタム，詩集「放浪と巡礼の歳月」 1888 スウェーデン保護関税政策の初め 1889 スウェーデン，工場法。社会民主党結成。ノルウェーの分離独立運動	1881〜94 アレクサンドル3世 1886 バツームの海軍基地建設 ○ロシア，資本主義の発展 1887／90 ドイツと再保障条約 1887 音楽家ボロージン死(1833〜) 1888 コーカシア横断鉄道開通。フランスより5億フラン借款。化学者ウロブレフスキー死(1845〜) 1889 地方監督官設置。経済学者チェルヌイシェフスキー死(1828〜) 1890 ゼムストヴォ法を改悪(弾圧政治はじまる)	1886 ブカレスト条約(セルビア・ブルガリアの和)。ブルガリアの内紛(ロシアの干渉)。ブルガリア国民会議(ティルノヴォで) 1887〜1918 ブルガリア侯フェルディナンド1世(1908王号) 1888 アテネ学術協会設立 1889〜1904 セルビア王アレクサンダル1世	1876〜1909 アブドゥル・ハミト2世 1886 列強の対トルコ干渉 1887 シリアを中央政府直轄地とする 1888 アナトリア鉄道の建設(〜93, ドイツ権益) 1889 フランス人ド・モルガン，スーサの発掘 1890〜97 アルバニアの革命運動	1848〜96 カジャール朝ナスル・ウッディン 1887 アフガニスタン国境協定(ロシア・イギリス間) 1889 ナスル・ウッディンの第3回ヨーロッパ旅行。英人ロイターにペルシア銀行設立許可 1890 ナスル，英商人と結託して私利をはかる	1886 宗教哲学者ラーマ・クリシュナ死(1836〜) 1887 マドラスに小作法 1888〜94 総督ランズダウン ○インド紡績工業の発展 ○ベンガルの散文・小説家チャトパダーイ(1838〜94)	1886〜89 安南王阮福昇 **1886 ビルマ王降伏。イギリス，上ビルマを併合** **1887 フランス領インドシナ連邦成立**(総督府設置) 1888 英領マライ連合州成立。イギリス，ボルネオ西北部のサラワク王国を保護国とする 1890 ビルマ人の反英武装抵抗終る	1874〜1908 徳宗(光緒帝) 1886. 3. 越南辺界通商条約(コゴルダン条約)。6. 英清ビルマ条約締結。上海に鎗械軍火採運局設置。李鴻章，天津武備学堂設立。黒竜江漠河金鉱を開く 1887. 4. 九竜に海関を開く。5. フランスと追加通商及び国境条約(トンキン界約)。7. 呉淞・江陰に砲台建設。10. ポルトガルと修交通商条約 1888. 3. アメリカと移民条約。唐山・天津間鉄道開通。イギリスとチベット条約。10. フランスと滇越境界電信条約。11. 北洋海軍成立(提督，丁汝昌)。雲南の銅鉛採掘はじまる。万寿山離宮頤和園成る。「西学大成」成る 1889. 2. 西太后摂政をやめ，徳宗の親政はじまる。広東織布局設置 1890. 2. シッキム条約(蔵印界約)。大冶鉄山開く。曽紀沢死(1839〜)。10. 曽国荃死(1824〜)。11. 醇親王奕譞死(徳宗の父)。上海に機器織布局設置。哥老会，揚子江中流域に暴動。天壇祈年殿成る。漢陽製鉄局創立	1864〜1907 高宗(李太王) 1886 清鮮電信協約 1886 フランスと修交通商条約 1886〜87 旱害・凶作つづく 1887. 2. イギリス，巨文島占領を解く 1889. 10.〜93 防穀令事件(朝鮮，対日穀物輸出停止)	1867〜1912 明治天皇 1886. 1. 北海道庁設置。3. 帝国大学(東京)創立。5. 第1回条約改正会議 1887. 1. 東京電灯会社，初めて点灯。5. 鐘淵紡績会社創立。12. 保安条例(〜98 廃止) 1887 二葉亭四迷「浮雲」 1888. 4. 枢密院設置。市制・町村制公布 1888. 4.〜89 黒田清隆内閣 1888 画家狩野芳崖死(1828〜) **1889. 2. 11 大日本帝国憲法・皇室典範発布**。7. 東海道本線開通 1889 北里柴三郎，破傷風血清療法の発見 1889. 12.〜91 第1次山県有朋内閣 1890. 1. 新島襄死(1843〜)。5. 府県制・郡制公布。6. 立憲自由党結成(板垣)。10. 元老院廃止。11. 第1回帝国議会	1886	日本の興隆と日清戦争／アジア諸民族の覚醒／列国による対中国分割政策――列強の利権獲得競争――／義和団事件
1891／92 デンマークの社会立法 1892 ラーセン，南極探検 1893〜97 スウェーデン人ヘディンの第2回中央アジア探検 1893 デンマーク人トムセン，突厥文字を解読 1895 ナンセン，北極探検(北緯86°4′に到達)	1891 大凶作。ヴォルガ地方暴動。**ロシア・フランス同盟**(1894最終的決定)。ウラディオストックでシベリア鉄道起工式 **1892 ロシア・フランス軍事協定**。ポーランド社会党結成 1893 ロシア艦隊，トゥーロン港訪問。作曲家チャイコフスキー死(1840〜) 1893〜1905 蔵相ウィッテ(産業改革) 1894 ドイツと通商条約。西シベリア鉄道開通 1894〜1917 ニコライ2世 1895 労働者階級解放闘争同盟結成。ブルガリア，ロシアと断交(〜96) ポーランド人シェンキエヴィチ「クオ・ヴァディス」	1889 クレタの反乱鎮まる 1893 セルビアでクーデター 1894 セルビア 1869年憲法復活 1895 ブルガリア人,マケドニアに侵入	1891 ジュネーヴにて統一進歩委員会(青年トルコ党)結成。フランス，シリア鉄道起工 1894. 8.〜96 アルメニア事件	1891 テヘランの反王暴動。ロシア，ペルシア手形割引銀行設立 1892 バハイー主義のバハーウッラー死	1891 結婚年齢引上げ法(女子12歳)。第2次工場法。大菩提(マハボディ)会設立 1892 インド参事会法 1893〜1914 インド人ガンディー，南アフリカに滞在 1894〜99 総督ブルース(エルギン) 1895 ティラク，シヴァージの200年祭に大衆運動を起す	1892 リサール，フィリピン連盟を結成。オランダ人デュボア，ジャワ原人を発見 1893 ラオス，フランスの保護国となる。シャム，フランスと戦う 1894〜95 フィリピンの反乱 1895. 5. 清仏,雲南条約(ジェラール条約)	1891. 2. 重慶開港。6. 哥老会の暴動鎮圧命令。11. 熱河の反徒，教会を焼く。康有為「大同書」「新学偽経考」 1892 国籍法を頒布。ロシアと辺界陸路電信条約。大沽・灤州間鉄道開通 1893 蔵印界約追加条款(大吉嶺条約)。北京・山海関間鉄道開通。各省に火薬庫を置く。上海電力公司創立 1894. 3 朝鮮人金玉均，上海で殺される(1851〜) 1894. 6. 6 清国，朝鮮に出兵する旨通告，同じ日，日本も出兵通告。 1894 孫文ら興中会をおこす。孫文，李鴻章に富国強兵策を建言 1894. 8. 1〜95. 3. 日清戦争 1894. 11. 恭親王奕訢，軍機大臣となる。学者陸心源死(1834〜) 1895. 1. 丁汝昌自殺。北洋艦隊降伏。3. (太陽暦4. 17)下関条約(日本，遼東半島，台湾を領有)。 1895. 7. 康有為・梁啓超，強学会を組織。康有為・梁啓超，「強学報」を上海で発行 1895. 9. 孫文，広州事件に失敗し日本へ亡命	1892 オーストリアと修交通商条約。東学教徒の弾圧停止の請願 **1894. 2.〜5. 東学党の乱** 1894. 7. 大院君摂政(甲午革新) 1895. 1. 洪範14カ条の宣言 1895. 10. 乙未事件(王妃閔氏殺される)。全琫準処刑	1891. 2. 三条実美死(1837〜)。5. 大津事件 1891. 5.〜92 第1次松方正義内閣 1891. 10. 濃尾大地震 1892. 8.〜96 第2次伊藤内閣 1892. 8. 東洋自由党結成即日禁止 1893. 7. 東北線全通。陸奥宗光，条約改正交渉を始める。12. 自由党分裂 6. 13 日本軍，漢城に入る。7. 日英通商航海条約。豊島沖の海戦。成歓・牙山の戦 1894. 8. 日朝攻守同盟締結。9. 黄海の海戦。11. 旅順攻略 4. 23 露・仏・独の三国干渉。5. 遼東半島還付の詔。10. 台湾平定	1890	
1896 ノーベル死(1833〜) 1898 スウェーデン，普通選挙法 1899〜1902 ヘディンの第3回中央アジア探検，以後さらに2回	1896 東清鉄道契約(露清密約，翌年，敷設権獲得)。ウスリー鉄道起工 1897 工場就業時間法(11時間半) 1898 旅順・大連を租借。プレハノフ・レーニンら社会民主労働党結成(弾圧によって崩壊)。金本位制完成 1899 レフ・トルストイ「復活」 1899〜1903 恐慌 1900 江東六十四屯虐殺事件。ナロードニキの理論家ラヴロフ死(1823〜)。パヴロフ，条件反射の研究	**1896. 2. クレタ事件**(英・仏・露・独・伊・オーストリア6国の対トルコ干渉。クレタの自治改革)。4. 近代第1回オリンピック(アテネ) 1897. 2. クレタのイスラム教徒騒乱。ギリシア，クレタに出兵。6カ国軍クレタ封鎖 1897. 4. ギリシア・トルコ戦争おこる。12. コンスタンティノープル条約。クレタの自治布告 1898 ギリシア王子ゲオルギオス，クレタ総督となる 1900〜07 英人エヴァンス，クノッソス・ミノス宮殿を発掘	1896 シオニズム運動起る(テオドル・ヘルトゥルら) 1898 ドイツ皇帝のトルコ訪問。ドイツ，バグダード鉄道の敷設権獲得**(ドイツの3B政策)**	1895 イギリス・ロシア及び清国間にパミール国境協定 1896 ナスル・ウッディン，暗殺される 1896〜07 ムザッファル・ウッディン 1897 ジャマル・ウッディン死(1838〜，革新思想家)	1897 ガンディー，ナタールにおいて不服従運動指導。アッサム大地震。ペスト流行 1897〜98 西北国境州のアフリディ族反乱(英印軍出動) 1897 イスラム指導者サイイッド・アーマッドの死(1817〜) 1899〜1900 全インド大ききん 1899〜1905 総督カーゾン 1899 金為替本位制。造幣法	1896 リサール刑死(1861〜)。英・仏，シャムの領土保全を約す 1898 アギナルド，フィリピンの独立を宣言。**米西戦争**。アメリカ艦隊マニラ湾にイスパニア海軍を撃滅。パリ条約により**フィリピン，アメリカ領となる**	1896 鉄路総公司設置。清露東清鉄道密約(李・ロバノフ)。「西学富強叢書」刊行 1897. 3. 東清鉄道会社・商務印書館設立。海南島不割譲条約。10. ドイツ人宣教師，山東で殺される。「湘学新報」「農学報」創刊 1898. 1. 京師大学堂創立。長江沿岸不割譲宣言。**2. ドイツ，膠州湾租借。ロシア，旅順・大連租借。3. フランス，広州湾占領。福建不割譲条約。雲南・広西不割譲条約。5. 康有為の変法自彊の策。イギリス，九竜半島・威海衛を租借。8. 戊戌の政変(改革の失敗)**。12. 長江通商条約。思想家譚嗣同死(1865〜) 1899. 1. イタリア，三門湾の租借要求。**8. アメリカの対中門戸開放宣言。10. フランス，広州湾租借**。安陽で甲骨文字発見。12. 山東に義和団おこり「扶清滅洋」を唱え，イギリス宣教師を殺す**(1899〜1901 義和団事件)** 1900. 4. 義和団の勢盛ん，北京に入り，5. 日本公使館襲撃。シーモア救援隊出動。6. 連合軍，天津占領。江東六十四屯虐殺事件。7. 連合軍北京入城。閏8. 孫文らの恵州義挙失敗。8. ロシア軍，満州に南下	1896. 1. 建元(建陽)。太陽暦採用。断髪令 1896〜99 列強の対朝鮮利権獲得競争 1896. 2. 国王，ロシア公使館へ移る(〜97. 2) 1897. 8. 革新の詔 ―大韓― 1897. 10. 国号を大韓と改め，王を皇帝と称す 1898. 2. 大院君の死。10. 独立協会の活動 1900 漢城・仁川間鉄道開通。馬山浦事件(ロシア，馬山浦買収失敗)	1896. 3. 進歩党結成(大隈)。5. 第1次日露議定書(小村・ウェーバー覚書)。6. 第2次日露議定書(山県・ロバノフ協約，ともに朝鮮問題)。7. 日清通商航海条約 1896. 9.〜98 第2次松方内閣 1896. 11. 樋口一葉死(1872〜) 1897. 3. 八幡製鉄所設置決定。足尾鉱毒事件。6. 日本勧業銀行創立。10. 金本位制実施 1897 志賀潔，赤痢菌を発見 1898. 1.〜6. 第3次伊藤内閣。4. 第3次日露議定書(西・ローゼン覚書)。6. 進歩・自由両党合同，憲政党組織(10. 分裂) 1898. 6.〜11. 第1次大隈重信内閣(いわゆる隈板内閣) 1898. 11.〜1900 第2次山県内閣 1899. 7. 治外法権撤廃 1900. 3. 治安警察法公布。9. 立憲政友会結成(伊藤) 1900. 10.〜1901 第4次伊藤内閣	1895 1900	

シベリア鉄道＝モスクワ・ウラディオストック間，シベリアを横断し，黒竜江北岸沿いにウラディオストックに通ずる予定であったが。満洲を横断して近道をとる必要から，東清鉄道(中東鉄道)の建設が企図され，実行にうつされた。
ドイツの3B政策＝イギリスに対抗して唱えられた世界制覇政策，Berlin, Byzantion (Constantinople)・Bagdadを結ぶ。**義和団**＝拳匪とも呼ばれ，この事件を日本では北清事変ともいう，年代は1900.5からも数える。

大勢	年代	太平洋・アフリカ	アメリカ大陸: アメリカ合衆国	西ヨーロッパ: イスパニア・ポルトガル	西ヨーロッパ: イギリス王国	西ヨーロッパ: フランス共和国	中央ヨーロッパ: ドイツ帝国	中央ヨーロッパ: オーストリア・ハンガリー君主国	中央ヨーロッパ: イタリア王国
ヨーロッパ国際緊張の激化と国際協調への努力／イギリス社会立法の整備／バルカン問題の深刻化	1901	**1899~1902 ボーア戦争(南ア戦争)** 1901 英領オーストラリア連邦成立（白濠主義の確立） 1902. 3. セシル・ローズ 死(1853~)。5. 南ア講和条約（トランスヴァール・オレンジ両国，英領ケープ植民地に併合される） ○イギリスのエジプト高等弁務官クローマーのエジプト再建事業進行 1903~04 コンゴ不正事件 1904 探検家スタンリ 死（1841~）。モロッコ，事実上フランスの保護領となる 1905 第1次モロッコ事件	1897~1901 マッキンリー（共和党） 1901. 1. テキサス大油田発見。2. モルガン，USスチール会社設立。3. プラット修正条項(対キューバ優越権確立)。9. マッキンリー暗殺(1843~) 1901. 9.~09 セオドア・ルーズヴェルト(共和党)(昇任) 1902 中国人移民禁止法 **1903. 1. パナマ運河地帯の永久租借。**第2回汎米会議(メキシコ)。8. フォード，自動車会社設立。▽パナマ独立。12. ライト兄弟の飛行機，飛行に成功。8時間労働制の確立 1904. 5. アメリカの手でパナマ運河の工事を起す 1905 世界産業労働者組合(IWW)の成立。サントドミンゴ(ドミニカ)，米保護領となる。西部諸州，日本人・朝鮮人の移民を排斥	1901 作家クラリン（アラス・イ・ウレニャ）死(1852~) 1902 アルフォンソ13世の親政 1902 アンダルシアの農民及びバルセロナの労働者騒乱 1904 イスパニア，モロッコ事件に関しフランスと条約。イスパニア，農業組合法	**1901. 1. 1 オーストラリア連邦成立** 1901. 1. 22 女王ヴィクトリアの死 1901. 1.~1910 エドワード7世 **1902. 1. 30 日英同盟成立。**5. 南アフリカの2共和国を併合。ラザフォード「原子崩壊の原理」 1902. 7.~05. 12 バルフォア内閣(統一党) 1902. 12. 教育法 1903. 8. ソールズベリー死(1830~)。9. 心理・哲学者アレクサンダー・ベーン死(1818~)。12. 文学者ギッシング死(1857~)。哲学者ハーバート・スペンサー死(1820~)。バーナード・ショー「人と超人」 **1904. 8. 英 仏 協 商** 1904. 10. ドッガー・バンク事件。モロッコに関するフランス・イスパニア協定。 1905. 8. 日英同盟更新。シン・フェイン党おこる(アイルランドの完全独立を主張) 1905. 12.~08. 4 キャメル・バナマン内閣(自由党)	1899~1906 ルベー 1901. 7. 団体法(教会と国家との分離を図る。フランスの文化闘争) 1901 ピカソ(イスパニア人)，パリに至り個展を開く 1901 モロッコ議定書 1902. 6.~05. コンブ内閣 1902. 9. 小説家エミール・ゾラ，ガス中毒死（1840~，自然主義）。フランス社会党の初め(1804 社会主義諸派を統合，1905発足) 1903 多数の宗教団体解散命令。アカデミー・ゴンクール設立。画家ゴーガン死(1848~，後期印象派) ロマン・ロラン「ジャン・クリストフ」(~/12) **1905. 3. 第1次モロッコ事件**(独帝のタンジール訪問)。 1905. 6. 外相デルカッセ辞職。12. 政教分離法成立。**【ベルギー】**画家ムニエ死(1831~)	1888~1918 ヴィルヘルム2世 1901 ハーグに国際仲裁裁判所設置 1901. 12. 新関税法 1902 バグダード鉄道延長(バスラまで)敷設権獲得。製鋼王クルップ死(1854~)。ゾンバルト「近代資本主義」 1902. 11. 三国同盟更新(さらに12年間。イタリア，同盟に止まりつつフランスと協定＝仏伊協商) 1902. 12. 新関税法。英伊海軍とともにヴェネズエラ海岸を封鎖 1903 バグダード鉄道協商 1903 **【オランダ】**鉄道・ドックのストライキ。 1904 製鋼・人絹・染料工業カルテル成立 1904. 5. 画家レンバハ死(1836~)。6. 詩人ヴィルヘルム・ヨルダン死(1819~) 1905 アインシュタイン，特殊相対性理論を発表 7. 独・露両帝のビヨルケ密約。10. 地理・地質学者リヒトホーフェン死(1833~)	1848~1916 フランツ・ヨゼフ1世	1900~46 V・エマヌエレ3世 1901 歌劇作曲家ヴェルディ死(1813~) 1902／08 工場法 1903~14 教皇ピウス10世 1904 仏伊協商成立。ミラノ暴動 1905 第2次ジョリッティ内閣（~06)，いわゆるジョリッティ体制はじまる
	1905	1906. 1.~4. アルヘシラス会議 1906 トランスヴァール・オレンジ両州に自治権付与 1907 ケープ植民地，インド人規制法。モロッコでフランス人殺害事件，フランス軍カサブランカ攻撃 1908 モロッコのムライ・ハフィド，スルタンを宣言。**コンゴ自由国，ベルギー領に編入** 1909 モロッコに関する独仏協定 1910. 5. ケープ植民地にナタルを加え，英領南ア連邦成立 1911. 7. 第2次モロッコ事件	1906 カリフォルニア大地震。第3回汎米会議(リオデジャネイロ)。ヘップバーン法(鉄道取締)。▽キューバ内乱，米軍出動。純粋食糧薬品法。食品法 1907 全国資源保存委員会成立 1907 ▽ニューファウンドランド自治領成立(1949 カナダに併合)。10. 金融恐慌はじまる 1908. 2. 日米紳士協定(カリフォルニアの日本人移民協定)。5. クリーヴランド死(1837~) 1908 ▽ラテンアメリカ会議(モンテヴィデオ) 1909. 3.~13 ウィリアム・ハワード・タフト(共和党) 1909. 8. ペン・オルドリッチ税法成る。プエルトリコに自治権付与。ピーリー，北極到達 1910 郵便貯金制度確立。タングステン電球の発明。8. ウィリアム・ジェームズ死(1842~，実用主義)。ルーズヴェルト「新国家主義」を唱えタフトと分裂。第4回汎米会議(ブエノスアイレス)	1906. 1.~4. アルヘシラス会議（モロッコに関するフランス・イスパニアの監督権承認。ドイツの外交上の孤立） 1906 アルフォンソ13世の結婚式と投弾事件 1907 カルタヘナ会議。4. カルタヘナ条約（英仏及びイスパニア間）。 1908 ポルトガル王暗殺される 1908~10. ポルトガル王マヌエル2世 1909 メリリャ鉱山の暴動 モロッコ出兵。バルセロナ暴動(悲劇の週間) 1909 アナーキストのフェレル処刑。イスパニア小学校義務教育制	1906 ガン国際法会議 1906. 12. 労働争議法・労働災害補償法成る。**労働代表委員会，労働党と改称** 6.~10. 第2回ハーグ万国平和会議。国際紛争処理条約 **1907. 8. 英 露 協 商（三 国 協 商 の 成 立）** 1907. 9. ニュージーランド連邦成立 1907以後 大英帝国会議 1908. 4.~16. 5. **アスキス内閣**(自由党，蔵相ロイド・ジョージ) 1908. 8. 炭坑労働者の実働時間を8時間に制限。児童法。12. ロンドン10カ国海軍会議 1909 最低賃銀法。労働交換(職業斡旋)所法。教育学者シモン・ローリ死(1829~)。11. 下院解散 1910. 1. 総選挙。自由党，僅少差で勝利し，前年の予算案，労働党・アイルランド党の援助で通過。 **5. 南アフリカ連邦成立** 1910. 5.~36 ジョージ5世 1910. 10. ナイチンゲール死(1820~)	1906. 1.~13 クレマン・A・ファリエール 1906. 7. ドレフュス無罪となる。10. 画家セザンヌ死(1839~，後期印象派) 1906. 10.~09. 7. クレマンソー内閣(政教分離断行) 1907 炭坑労働者の8時間労働法。画家ピカソ・ブラックら，キュビスム(立体派)を創始 1908 **【ベルギー】**コンゴ自由国併合 1908. 8. カサブランカ事件(独仏国交の危機) 1909. 2. モロッコに関するドイツ・フランス協定 1909. 4.~5. パリ郵便従業員のストライキ。6. ブレリオ，ドーヴァー海峡の飛行成功 1909 アンドレ・ジッド「狭き門」 1909~34 **【ベルギー】**王アルベール1世 1909 メーテルリンク「青い鳥」	1906 汎 ゲ ル マ ン 会 議 1906 皇帝の寵臣フィリップ・オイレンブルグ失脚。先史人類学者エミル＝シュミット死(1837~) 1906 ヘルマン・ヘッセ「車輪の下」 1907. 7. 哲学史家クーノ・フィッシャー死(1824~) 1908. 4. 北海条約(北海現状維持。英・仏・独・オランダ・スウェーデン・デ 1908. 6. バルト条約（ドイツ・ロシア・スウェーデン・デ 1908. 10. デーリーテレグラフ事件 1909. 7.~1917. 7. 首相ベートマン・ホルヴェーク 1909 エールリッヒ，サルバルサンを発明 1910. 3. 皇帝の選挙法改正案 1910. 11.~11. 8. ポツダム協約(ロシアとペルシア鉄道協定)	1907 男子普通選挙法 1907 ボヘミアの音楽家ドヴォルザーク死(1842~) **1908. 8. 英王とヨゼフ1世とのイスクル会見。**9. オーストリア・ロシア両外相のブフラフ会見。10. **ボスニア・ヘルツェゴヴィナ併合宣言** 1909. 2. トルコと協定（トルコ議定書)	1906 第1次ソンニーノ内閣（超党派的革新政府)。労働総同盟・サンディカリスト同盟成る 1906~09 第3次ジョリッティ内閣 1907 詩人カルドゥッチ死（1835~) 1908. 12. レッジョ・メッシナ地方大地震 1909 精神病理学者ロンブローゾ死(1836~) 1909. 12.~10. 第2次ソンニーノ内閣 1910 コラディニの首唱下，国民主義者同盟結成
	1910	1911. 9.~12. トリポリ戦争（イタリア・トルコ間) 1911 英高等弁務官キッチナー，エジプトの実権を握る(~14) 1912. 3. フランス，リヨーテ将軍，モロッコ総督となる(~16，~25)。フェズ条約。10. トリポリタニア・キレナイカ，イタリア領となる。11. タンジール協定（国際管理地区) 1913. 6. 南ア連邦，新移民法・原住民土地法	1911. 5. シャーマン反トラスト法のためスタンダード石油会社解散を命じられる 1912. 2. ルーズヴェルト，共和党を脱して進歩党結成。メキシコの内政に干渉。5. ライト(ウィーバー，兄)死(1867~)。▽カナダに第2の大陸横断鉄道完成 1913. 2. 憲法修正第16条 1913. 3.~21 ウッドロー・ウィルソン(民主党) 1913. 5. カリフォルニア排日土地法。憲法修正第17条。10. アンダーウッド関税法。12. 連邦準備銀行制度成立	1910. 10. リスボン暴動。ポルトガル共和制宣言 1911. 6. イスパニア，モロッコ出兵。ポルトガル政教分離法 1911~15 ポルトガル大統領アリアガ 1912 リスボン大ストライキ，軍隊出動 1913 アルフォンソ13世とポワンカレとのカルタヘナにおける会見	1910. 12. 再度総選挙，自由党の辛勝 1911. 5. 議員歳費法成立。8. **議院法(国会法)制定**(上院の改革＝否認権制限。下院勢力の確立) 1912. 1. 陸相ホルデーンをドイツに派遣。2. 炭坑労働者の大ストライキ。3. 国民保険法。スコット，南極に至り凍死(1868~)。4. 巨大客船タイタニック号(46328トン)の沈没。10. 語原学者スキート死(1835~) 1912. 11. 英 仏 協 商 の 強 化 1913. 1. アイルランド自治法案，議院法適用によって通過。アルスター（アイルランド北部）分離運動おこる 1913. 3. 婦人参政権法案否決	1910. 10. 鉄道従業員のストライキ。養老年金法 1911. 6. モロッコの首府フェズの反乱。**7. 第2次モロッコ事件**(フランスのモロッコ出兵。ドイツ砲艦のアガディール入港)。11. モロッコ協定 1912. 1.~13 レイモン・ポワンカレ内閣 1912. 3. フェズ条約(モロッコ，正式にフランスの保護領となる) 1912. 7. 数学者アンリ・ポワンカレ死(1854~) 1912 デュルケイム「宗教生活の原初形態」。アナトール・フランス「神々は渇く」 1913. 2.~20. 2. レイモン・ポワンカレ 1913. 8. 三年兵役制復活。12. アルサスの小市ツァーベルン事件(ドイツ士官，アルサスの新兵侮辱)。 1913 **【ベルギー】**一般徴兵制	1911 総選挙，社会民主党，第一党となる。3. 増兵案通過 1911 フランスよりコンゴの一部を割取。哲学者ディルタイ死(1833~) 1912 哲学者リープマン死(1840~)。歴史家・法学者フェリクス・ダーン死(1834~)。英独海軍協定(海軍休日案)の討議失敗 1912. 11. 政治家ボトー・オイレンブルグ死(1831~) 1913. 8. 社会主義者ベーベル死(1840~)。9. 機械技術家ディーゼル死(1858~)。10. トルコと軍事協定		1911. 3.~14 第4次ジョリッティ内閣 **1911. 9.~1912 トリポリ戦争（対トルコ)** 1912. 4. イタリア海軍，ダーダネルス出動。10. ローザンヌ条約（トリポリタニア・キレナイカ領有)。男子普通選挙法成立。保険国営法。国民主義者同盟国民党と改称（新民族主義)
	1913								

白濠(豪)主義＝White Australian Policy，オーストラリアに白人以外のものを住ませないという主としてアジア人に向けられた排他主義。**三国同盟**＝Triple Alliance, Dreibund。サンディカリスト＝Syndicaliste。
世界産業労働者組合(IWW)＝Industrial Workers of the World。**日英同盟**＝Anglo-Japanese Alliance。**三国協商**＝Triple Entente。キュビスム(立体派)＝Cubism, Cubisme。**汎ゲルマン主義**＝Pangermanismus。

〔34〕

北ヨーロッパ	東ヨーロッパ			西アジア		南アジア		東アジア			年代	大勢
北欧三国	**ロシア帝国**	**バルカン諸国**	**トルコ帝国**	イラン王国（カジャール朝）付，アフガニスタン	**英領インド**	**東南アジア**	清　帝　国	大　韓	日　本　帝　国		
1901. 7. 第1回ノーベル賞の受賞。8. 地理学・探検家ノルデンショルド死(1832〜) 1903 デンマーク，アイスランドに自治権付与 **1905. 6. ノルウェー，スウェーデンより分離独立** 1905. 6.〜 ノルウェー王ホーコン7世 1906 スウェーデン普通選挙法。	1894〜1917 ニコライ2世 1901 モスクワ・ペテルブルグ等に軍隊の反乱。ペテルブルグに学生の暴動。社会革命党・立憲民主党結成 1902 シベリア鉄道全通。日英同盟に対し露仏宣言。ゴーリキー「どん底」。プレーヴェ内閣成立(反動政治，〜04) 1903 ロシア，満洲を占領 1903. 11. 社会民主労働党，ボルシェヴィキとメンシェヴィキとに分裂 **1904. 2.〜05 日露戦争** 1904. 7. プレーヴェ暗殺される(1846〜)。チェホフ死(1860〜，「桜の園」「三人姉妹」)。10. ナロードニキの理論家ミハイロスキー死(1842〜) **1905. 1. 血の日曜日**。6. 軍隊の反乱と農民の暴動(ロシア第1革命)。7. ツァーと独帝とのビヨルケ密約。9. ポーツマス条約。10. ペテルブルグで労働者代表ソヴィエトのゼネスト。ウィッテ，首相就任。12. モスクワ市民の武装蜂起	1901 セルビア新憲法 1902〜03 マケドニア暴動 1903 ロシア・オーストリア，アルバニアを軍事占領 1904 セルビア王暗殺される 1904〜21 セルビア王ペタル1世 1904. 10. マケドニアに関する列国の対トルコ干渉	1876〜1909 アブドゥル・ハミト2世 1900〜08 ヘジャス鉄道の建設 1902 アラビアのイブン・サウド家アブドゥル・アジス，ラシド家よりリヤド奪回 1903 バグダード鉄道の危機(英独の抗争)。イエーメン半独立	1896〜1907 ムザッファル・ウッディン 1901 イギリス人ダルシー，石油採掘権獲得 1901 アラビアのイブン・ラシド，クウェート攻撃，イギリス，クウェートを援助 1903. 5. イギリス，ペルシア湾の管理宣言 1901〜1919 バラクザイ朝ハビラッラー・カーン 1905 イラン国民の立憲運動	1901 パンジャブ・ボンベイに土地譲渡法 1902 インドの宗教哲学家ヴィヴェーカナンダ死(1863〜) 1904 インド大学法の制定 **1905. 10. ベンガル分割法発布** 1905〜10. 総督ミントー **1906 全インドイスラム教徒連盟結成**	1901 アメリカの全フィリピン支配成る(初代長官タフト) 1903 北スマトラのアチェー王，オランダに降伏。インドネシア地方分権法 **1904 オランダ領東インド成立**。シャムにおける英仏勢力圏協定	1874〜1908 徳宗(光緒帝) 1901. 3. 変法の詔。7. 東亜同文書院設立。**辛丑条約(義和団事件最終議定書)**。東清鉄道完成。9. 李鴻章死(1823〜)。11. 西太后・徳宗，北京に帰る。12. 女子の纏足を禁ず。梁啓超「新民叢報」創刊 1901／05 李白元(寶嘉)「官場現形記」 1902 コロンス共同租界設定。3. ロシアと満洲還付条約。8. イギリスとマッケイ通商条約 1902 上海に光復会結成。「大公報」創刊 1903. 4. ロシア軍再南下(11.奉天占領)。8. 蘇報事件。フランスと滇越鉄道敷設協定。イギリスの遠征隊，ラサを占領(〜04) **1904. 2.〜05. 9. 日露戦争** 1904. 5. 山東鉄道開通。7. 長沙開市。9. 英蔵ラサ条約。10. 黄興ら，長沙に華興会組織 1905. 4. 米貨ボイコット。**7. 孫文，中国革命同盟会結成(東京で)**。科挙制度の廃止。8. 内政改革。戸部銀行設立。10. 立憲大綱制定。京漢鉄道開通 1905. 9.〜09 アメリカの鉄道王ハリマンの満洲における活躍	1864〜1907 高宗(李太王) 1901 漢城南大門成る 1903. 5. ロシア，龍岩浦を占領し朝鮮支配をめざす 1904. 2. 日韓議定書 1904. 8. 第1日韓協約。9. 遼陽占領 一進会おこる(親日) 1905 漢城・釜山間鉄道開通。通貨改革	1867〜1912 明治天皇 1901. 2. 愛国婦人会創立。福沢諭吉死(1834〜)。5. 安部磯雄ら社会民主党結成即日禁止 1901. 6.〜06 第1次桂太郎内閣 1901. 12. 中江兆民死(1847〜) **1902. 1. 日英同盟成立**。9. 正岡子規死(1867〜) 1903. 3. 東北地方大凶作。10. 尾崎紅葉死(1868〜)。日清追加通商航海条約。11. 幸徳秋水ら，平民社設立 1905. 1. 旅順開城。3. 奉天の大会戦。5. 日本海の海戦 8. 日英同盟更新。**9. ポーツマス条約**(ロシアより南樺太獲得，関東州租借)。日比谷焼打事件	1901	日本資本主義の発達／日露戦争／中国の革命運動／日本の韓国併合／辛亥革命――新中国の誕生
劇作家イプセン死(1828〜) 1906〜12. デンマーク王フレデリク8世 1907 北欧音楽家グリーク死(1843〜) デンマーク間) ンマーク間)＝バルト条約(1908. 6.) 1907〜50 スウェーデン王グスタフ5世 1910 ノルウェー詩人・作家ビョルンソン死(1832〜)	1906. 4. ウィッテ辞職。ガポン暗殺(1870〜)。国家基本法。第1国会。7. 首相ストルイピン(〜1911)。11. ストルイピンの農業革新(ミール制度廃止) **1907** 第2国会。6月3日のクーデター。8. **英露協商**。日露協約 1907〜12 第3国会 1907冬 皇帝の選挙大干渉 1907 化学者メンデレフ死(1834) 1908 ポーランドに土地収用法適用。対オーストリア関係の緊迫(〜09) 1909. 3. ロシア・ブルガリア協定 1910. 6. 農業改革法の完成 1910. 10. 作家レフ・トルストイ死(1828〜) 1910. 11. 皇帝のポツダム訪問 1911. 9. ストルイピン暗殺される(1862〜)	1908. 5. プラーグの汎スラヴ会議 1908. 10. 5 ブルガリア完全独立し，東ルメリア自治州を併合 1908. 10. 6 ボスニア・ヘルツェゴヴィナ，オーストリア領となる 1908. 10. 7 ギリシア，キプロスを併合 1909. 4. トルコ，ブルガリアの独立を承認 1910 モンテネグロ，王国となる	1906 青年トルコ党，サロニカに本拠を置く 1908. 7. 青年トルコ党の革命の成功 1908. 12. トルコ最初の議会成立 1909〜18 ムハメット5世	1906 新憲法を発布し，国民議会を創設 1907〜09 ムハマッド・アリ **1907. 8. イラン・アフガニスタン・チベットに関する英露勢力圏協定** 1908 イギリスによる採油の成功。ムハマッド・アリの反動弾圧政治。議会解散，憲法破棄 **1909 国民軍の蜂起，テヘラン占領**。ムハマッド・アリ，ロシアへ亡命 1909〜25 アハマッド(**立憲君主制採用**)	1906 カルカッタ国民会議，対英反抗運動(※)。 1909 インド参事会条令。モーリー・ミントー改革法施行。国民会議派と全インドイスラム教徒連盟との提携 1910.11.〜16 総督ハーディング 1912 ベンガル分割の取消し	1907〜25 シャム王ラーマ6世 1907 フランス・シャム条約。フィリピン議会成立 1908 安南の反乱，租税不納運動及び仏軍将校毒殺事件 1908 ジャワにブディ・ウトモ(経済向上をめざす団体)結成	1906. 3. イギリスとチベット条約。7. 立憲実施の予告。8. 新聞紙条例。10. 湖南事件。萍郷炭坑夫の暴動 1906〜08 英人スタイン，仏人ペリオら甘粛・新彊地方探検調査 1907. 4. 盛京将軍を東三省総督(徐世昌)と改める。潮州府黄岡事件。5. 恵州七女湖事件6. 光復会の安慶事件。7. 欽廉事件。11. 鎮南関事件 1908. 1. 漢冶萍煤鉄公司設立。2. 第二辰丸事件(中国最初の日貨ボイコット)。3. 雲南省河口事件。**8. 憲法大綱発表。国会開設期公布**。各種の学堂おこる。10. 徳宗・西太后死。袁世凱失脚。醇親王載灃摂政。安徽新軍事件 1908. 11.〜1912 宣統帝(溥儀) 1909. 5. 軍政統一の詔。7. 日清間，安奉鉄道問題解決。9. 日清間島協約(間島問題の解決) 1909. 8. 張之洞死(1837〜)。10. 伊藤博文，ハルビンで暗殺される(1841〜) 12. ノックスの満鉄中立化計画 1910. 1. 広東新軍事件。汪兆銘の摂政暗殺陰謀。4. 幣制改革(銀本位制)。9. 北京に資政院設置(各省諮議局は前年9月)。10. 対中四国借款団成立	1905. 11. 第2日韓協約(乙巳保護条約) 1905 憲政研究会成立 1906. 2. 日本，韓国統監府を設置(統監，伊藤博文。外交権掌握)。排日論盛ん 1907. 6. ハーグ密使事件 1907. 7. 第3日韓協約(日本の財政的援助) 1907. 7.〜10 李王(坧) 1907. 8. 軍隊解散。義兵闘争(〜11) 1909. 7. 日本，韓国の司法・監獄権を握る 1909. 12. 総理李完用狙撃事件 1910. 6. 日本，韓国の警察権掌握。幸徳事件 **1910. 8. 22. 日韓併合**。朝鮮総督府設置(総督寺内正毅)	1906. 1.〜08. 第1次西園寺公望内閣 1906. 1. 日本社会党(堺利彦)結成 1906. 3. 鉄道国有法。11. 南満洲鉄道会社設立 1907. 1. 平民新聞創刊。2. 足尾暴動。社会党解散命令。6. 日仏協約。樺太庁設置 1907. 7. 日露協約及び秘密協定。11. 浅井忠死(1856〜) 1908. 2. 日米紳士協定 1908. 7.〜11. 第2次桂内閣 1908. 11. 高平・ルート協定 1909 高峰譲吉，タカジアスターゼ創製。小山内薫ら自由劇場をおこす	1905	
1911〜12 アムンゼン，南極探検 1912〜47 デンマーク王クリスチャン10世 1912 スウェーデン小説家ストリンドベリ死(1849〜) 1913 ノルウェー，婦人参政権獲得	1911. 10.〜12 ロシア大使ハリコフのバルカンにおける活躍 1912. 4. シベリアのレナ金鉱の労働者200余名射殺される 1912〜16 第4国会 1912. 5. ロシア指導下にバルカン同盟結成(セルビア・ギリシア・ブルガリア・モンテネグロ) 1912 ボルシェヴィキのプラーグ会議。外モンゴルと秘密条約。「プラウダ」第1号発行 **1912. 10. 第1バルカン戦争**(バルカン同盟の対トルコ宣戦) **1912. 10.** ブルガリアのキルク，クリッセの勝利。対伊ローザンヌ条約 1913 ペテルブルグの大ストライキ **1913. 6.〜7. 第2バルカン戦争**(ブルガリア，対セルビア・ギリシア・モンテネグロ。後にルーマニア・トルコ介入)。8. ブルガリア大敗 1913. 8. ブカレスト条約(汎スラヴ主義の勝利) 1913. 9. コンスタンティノープル条約(トルコ・ブルガリア間)	1913. 3. ▼参照 1913. 5. 独英の調停により，ロンドン条約(トルコ領の縮少) 1913. 9. アルバニア独立(局外永世中立国)	1911〜12 トリポリ戦争 1912 紅海海戦 1912〜13 宰相キャミル・パシャ(1876年憲法を復活)	1909 アングロ・イラニアン石油会社設立 1911 先王の復辟運動と失敗。アメリカ人シャスターを経済顧問とする(8カ月でこれを追放)。アバダン送油管の完成。ロシア軍，イマーム・レザー聖廟を砲撃(イラン人の反露感情おこる)	1912 タゴールの詩集「ギータンジャリ」(1913 ノーベル文学賞) 1912 首都カルカッタよりデリーに移る 1913 全インドイスラム教徒連盟ラクノー大会	1912 ジャワにイスラム教徒連盟(サレカット・イスラーム)成立 1913 ハノイのホテル爆発事件	**1911.** 3. 黄花岡事件。四国幣制改革借款。7. 鉄道国有令。四川暴動。8. 19(**新暦10. 10)武昌起義(辛亥革命おこる)**。9. 各省あいついで独立。外モンゴル独立宣言。10. 孫文，イギリスより帰国 **中　華　民　国** **1912. 1. 1(旧暦前年11. 13) 中華民国の成立(民国元年)**。太陽暦採用。**孫文，臨時大総統就任。2. 宣統帝退位**。袁世凱，臨時大総統就任。3. 北京騒乱。臨時約法公布。6. 六国借款団成立。8. 国会組織法。11. クーロン露蒙密約。津浦線開通 1913. 1. チベット独立宣言。3. 宋教仁暗殺される(1882〜)。4. 五国善後借款成立。7. **第二革命(反袁運動)**。8. 孫文，日本に亡命 1913. 10. 10〜1916 大総統 袁世凱 1913. 11. 露中条約。国民党解散命令		1911. 4. 朝鮮土地収用令。5. 中央線開通。7. 日英同盟改訂。8. 朝鮮教育令。9. 朝鮮政治結社禁止令。関税自主権回復 1911. 8.〜12. 第2次西園寺内閣 1911 野口英世，梅毒スピロヘータの純粋培養。西田幾多郎「善の研究」 ○新文学運動おこる(1908 アララギ，1910 白樺) 1912. 3. 山陽本線開通。4. 石川啄木死(1886〜)。7. 30 明治天皇崩御(1852〜) 1912. 7.〜1926 大正天皇 **1912. 8.** 朝鮮土地調査令。友愛会創立。 1912. 12.〜13. 2. 第3次桂内閣 **1913. 2. 憲政擁護運動おこる** 1913. 2.〜14 第1次山本権兵衛内閣 1913. 8. 岡倉天心(覚三)死(1862〜) 1913. 10. 桂太郎死(1847〜) 1913. 12. 立憲同志会結成(総裁，加藤高明) 1913 島村抱月・松井須磨子ら，芸術座創立	1910 1913	

ボルシェヴィキ＝Bolsheviki，多数派の意，現共産党の主流。▼ギリシア王ゲオルギオス1世暗殺される。**※1906年のカルカッタ国民会議派大会の決議**＝スワラジSwaraj（自治）・スワデシSwadeshi（国産品愛用）運動の実行。
メンシェヴィキ＝Mensheviki，少数派の意，1930年ころ崩壊。▼1913〜17ギリシア王コンスタンティノス1世。**全インドイスラム教徒連盟**＝All India Muslim League，ダッカのナワーブ（首長）サリムラの首唱により結成。

〔35〕

大勢	年代	国際問題	アメリカ大陸	西ヨーロッパ		中央ヨーロッパ		南ヨーロッパ	
			アメリカ合衆国	イギリス王国	フランス共和国	ドイツ帝国	オーストリア＝ハンガリー君主国	イタリア王国	イスパニア ポルトガル
第一次世界大戦／ドイツ革命／平和の回復／ヴェルサイユ体制／民族自決と国際協調	1914–1915	**1914. 6. 28 サラィェヴォの凶変。7. 28 第1次世界大戦はじまる**	1913～21 ウィルソン(民主党) 1914. 8. 米，欧州戦に中立を宣言。**パナマ運河開通**。10. クレイトン(反トラスト)法 1915. 5. 英客船ルシタニア号，ドイツ潜水艦に撃沈される。9. フランス戦債の引受け。ハイチ，米の保護国となる	1910～36 ジョージ5世 1914. 8. 4 **対独宣戦**。12 対オーストリア宣戦。28 英巡洋艦，ヘルゴランド島攻撃。9. アイルランド自治法成立，実施延期。11.対トルコ宣戦。北海封鎖宣言 1915. 1. ドッガーバンク海戦。6. アスキス連立内閣(～16. 12.) 1915. 10. 英仏の対ブルガリア宣戦。 1915. 12. パリ連合軍軍事会議	1913～20 ポワンカレ 1914. 7. 社会主義者ジョーレス暗殺される 1914. 8. 2 ドイツ軍，ルクセンブルグ侵入。3 ドイツ，対仏宣戦。5 **ベルギーの中立侵犯**。12 フランス，対独宣戦。 9. 5 英仏露，単独不講和ロンドン条約 1914. 9. 5～12 マルヌ会戦(フランス守将ジョッフル)。10. 西部戦線の膠着。11. 南米コロネル沖の英独海戦。巡洋艦エムデンの坐礁。 1914. 11. 対トルコ宣戦 1915. 9.～11. ジョッフルの対独反攻 動物学者ファーブル死(1823～)	1888～1918 ヴィルヘルム2世 **1914. 8. 1 ドイツ，対ロシア宣戦** 26～30 **タンネンルベルグの戦**(完全包囲戦，ヒンデンブルグの対露圧倒的勝利)。 ドイツ軍東部宣戦で反撃，ついで戦線膠着 1915. 4. ドイツ軍，毒ガス使用 1915. 5.／6. ドイツ軍，全ガリチア奪還 1915. 10. ヴィンデルバント死(1848～)	1848～1916 フランツ・ヨゼフ1世 **1914. 6. 28 サライェヴォの凶変**(皇太子フランツ・フェルディナンド，セルビアの1青年に暗殺される)。7. 28 **セルビアに宣戦。＜第1次世界大戦はじまる＞**8. 5 ロシアに宣戦 1915. 5. イタリア，三国同盟を廃棄し，オーストリアに宣戦 1915. 6.～16. 3.及び，8.～11. イソンツォ川の会戦 1915. 8. ドイツ軍，ワルシャワ占領	1900～46 ヴィットリオ・エマヌエレ3世 1914～22 教皇ベネディクトゥス15世 1914 赤色週間。大戦に際し中立を声明 1915. 8. トルコに宣戦	(以下特に註記しないときはイスパニアの事項) ○大戦に際し中立保持 1915～17 ポルトガル大統領マジャド
	1915–1920	**1917. 11. ロシア革命** **1918. 11. ドイツ休戦（第1次大戦終る）** **1919. 1. 18 パリ講和会議開く**。4. 国際連盟規約の採択。国際労働機関(ILO) 創設。**6. 28 ヴェルサイユ条約調印**。11. 国際連盟第1回総会 **1920. 1. 国際連盟正式成立**。4. サンレモ会議。8. セーヴル条約	1916. 6. 米・メキシコ両軍衝突(1917. 1. ツィンメルマン電報事件起る)。大戦により債務国より債権国に転じる。連邦農地貸付法。12. ウィルソンの平和提言 1917. 1. ヴァージン諸島購入。ウィルソン「勝利なき平和」演説。4. **対独宣戦**，大挙して連合軍を援助。5. 徴兵法実施。6. スパイ取締法。12. 対オーストリア宣戦 **1918. 1. ウィルソンの14カ条**。2. ▽メキシコ油田国有化宣言。5. 治安法 1919. 1. 禁酒法(33廃止)。9. アメリカ共産党成立 1920 婦人参政権獲得 1920 最初のラジオ放送 1921. 3.～23 ウォーレン・G・ハーディング(共和党)	1916. 1. 一般徴兵制採用。2. アイルランド，シンフェイン党暴動。4. ダブリン暴動。5.～6. ユトランド沖の英独海戦 1916. 12.～22 **ロイド・ジョージ戦時内閣**(外相バルフォア) 1917 王室名を〔ウィンザー家〕と改称 1917. 4. サン＝ジャン＝ド＝モリエンヌの英仏会議 1917. 6. ドイツ軍の爆撃機ロンドン攻撃。7.フランドル会戦 **1917. 11. バルフォア宣言(ユダヤ人自治の約束)** 1918. 2. 国民代表法成立(第4次選挙法改正，婦人参政権一部獲得) 1918. 4. **フランス元帥フォッシュ，連合軍総司令官就任** 1918. 7. 連合軍の総反攻。8. アミアンの戦（「ドイツ軍暗黒の日」）。 1919 モーム「月と6ペンス」 1919. 1. アイルランド共和国独立宣言 1919. 4. 金輸出禁止。国内投資制限解除 1919. 6. 英仏，仏米間，同盟条約。 1919. 12. インド統治法 1919 ラザフォード「原子崩壊」 1920 恐慌おこる。婦人少年法成立。12. アイルランド自治法通過	1916. 1.～2. ドイツ軍，ヴェルダン強襲(守将ペタン固守) 1916. 6.～11. ソンム会戦。 1917. 3. 一般輸入禁止令 1917. 4.～5. 反戦運動おこり軍隊16個師団の暴動 1917. 9. 画家ドガ死(1834～) 1917. 11.～20 **クレマンソー強力内閣**。11. 彫刻家ロダン死(1840～) **1918. 11. 11 コンピエーニュ森で連合国，ドイツと休戦条約** 1919. 2. クレマンソー狙撃される 12. 画家ルノワール死(1841～) 1919 ジッド「田園交響楽」 1920. 1.～9. デシャネル 1920. 1.～9. ミルラン内閣	1916 アインシュタイン「一般相対性理論」 8. ドイツ，対ルーマニア宣戦。11. 占領地ポーランドの独立を宣言 1917. 2. **無制限潜水艦作戦の宣言**。3. ツェッペリン死(1837～)。4. 社会民主党分裂，カウツキーら，独立社会民主党結成。5. 哲学者フランツ・ブレンターノ死(1838～)。6. 経済学者グスタフ・シュモラー死(1838～) 1917. 11. 経済学者アドルフ・ワーグナー死(1835～)。12. ロシアと休戦条約 **1918.** 2. ウクライナと単独講和。3. ロシア，ドイツ・オーストリア・トルコ等と単独講和。ルーマニア・フィンランドと講話条約。4. ドイツ軍，ヘルシンキ占領 1918. 5. スイスの画家ホドラー死(1853～)。9. 哲学者ジンメル死(1858～)。**11. 9 ドイツ革命。**皇帝退位。**11 ドイツ降伏** **ドイツ共和国** 1919. 1. スパルタクス派の暴動，その首領カール・リープクネヒト(1871～)，ローザ・ルクセンブルグ(1870～)惨殺さる 1919. 2.～25 大統領エーベルト **1919. 8. 11 ドイツ共和国憲法(ワイマル)**	1916. 2. 哲学者マッハ死(1838～) 1916. 11. フランツ・ヨゼフ1世死(1830生) 1916. 11.～18. 11. カール1世(ハンガリー王カルル4世) 1916. 11.～18. 11. 外相ツェルニン 1917. 1. 帝妃ツィータの弟シックストゥス公の単独講和工作の初め 1917. 12. チェック軍団の編成(仏軍下) 1918. 4. 帝国内諸民族代表者ローマ会議(自治の要求)。10. ブダペスト暴動 **1918. 10. 27 降伏**。11. 11 皇帝退位 **オーストリア** 1918. 11. オーストリア共和国宣言 1918. 11.～20 大統領マイヤー 1919. 3.～20 首相カール・レンナー 1919. 9. サンジェルマン条約(オーストリア・ハンガリーの解体) **ハンガリー・チェコスロヴァキア** 1918. 10. チェコスロヴァキア共和国独立宣言(大統領トマーシュ・マサリク，～35. 12)。11. ハンガリー共和国宣言 1919. 3. ハンガリープロレタリア革命(7. 崩壊)	1916. 8. 28 ドイツに宣戦 1917. 8. 教皇の平和提議。10. カポレットの戦。トリノの暴動 1918. 10. ヴィットリオ・ヴェネトの奇蹟。11. トリエステ占領 1919 ダヌンチオ，フィウメを占領し自由都市として15カ月間経営 1920. 6.～21. 7. 第5次ジョリッティ内閣 1920. 9. 北イタリア労働者の工場管理。11. ラパロ条約(フィウメ自由市成立)	1916. 3. ポルトガル対独宣戦 1917～18 ポルトガル大統領ジドニオ・パイス(軍事独裁) 1918～19 ポルトガル大統領カント・エ・カストロ 1919. 1. バルセロナ集会（自治計画の失敗） 1919～23 ポルトガル大統領アルメイダ
	1920–1925	**1921. 11.～22. 2. ワシントン軍縮会議** 1922. 1. カンヌ会議。2. **九カ国条約**。国際司法裁判所設立（ハーグ）。4.～5. 欧州経済復興会議(ジェノア) **1922. 11.～23. 2., 23. 4.～7. ローザンヌ会議** 1924. 4. ドーズ案。7. ロンドン賠償会議。10. ジュネーヴ平和議定書。ドイツ経済援助契約 **1925. 10. ロカルノ会議。12. ロカルノ条約**	1921. 8. ベルリンでドイツ・オーストリアと平和条約 **1921. 12. 四カ国条約(日・英・米・仏，太平洋問題)** 1922. 8. 発明家グラハム・ベル死(1847～)。▽ラテンアメリカ連合成立。11. 日本人の帰化禁止宣言 1923 農業信用法。第5回汎米会議(以下各回の記載省略) 1923. 8. ハーディング死(1865～) 1923. 8.～29 C・クーリッジ(昇任，共和党) 1924. 2. ウィルソン死(1856～)。4. 排日割当移民法。5. 農産物価格安定法 1924 スミス・ネルソンら世界一周飛行成功 1925 実用的テレヴィジョンの発明	1921 ゴールズワージー，ペンクラブ創立 1922. 2. エジプトの保護統治権を放棄 1922. 11.～24 ボナー・ロー内閣(保守党) **1922. 12. アイルランド自由国成る（憲法制定）** 1922 トーマス・エリオット「荒地」。ラジオ放送開始 1924. 1.～8. **第1次マクドナルド労働党内閣** 1924. 7. 経済学者アルフレッド・マーシャル死(1842～) 1924. 11.～29 第2次ボールドウィン内閣(保守党) 1925. 5.～26. 11. 炭坑労働者等の大ストライキ 1925. 9. 金本位制復活 **1925. 12. ロカルノ条約**（独・仏・英・伊及びベルギー間安全保障条約，ライン協約，ドイツ・ポーランド及びドイツ・チェコ間仲裁協定）……**ロカルノ条約**	1920. 9.～24 ミルラン 1920. 12. 共産党結成 1921. 1.～22 ブリアン内閣 1921. 2. ポーランドと同盟。3. ルーマニアと同盟 1921.3 フランス軍，ドイツ各地を保障占領。11.賠償支払の停止。 1922. 1.～24. 6. ポワンカレ内閣(対独強硬策) 1922 デュガール「チボー家の人々」。8.社会主義者ジョルジュ・ソレル死(1847～) 1923. 1. フランス・ベルギー両軍，**ルール保障占領開始**。 1923. 10. フランス，ライン共和国の宣言(住民の猛反対で中止) 1924. 6.～25 エリオ内閣 1924. 6.～31 ドゥーメルグ 1924. 10.ソ連を承認。文学者アナトール・フランス死(1844～) 1925. 4. モロッコのアブデル・クリムの暴動 1925. 7.／8. ルール撤兵	**1920. 1. 10 ヴェルサイユ条約批准。**2. 詩人デーメル死(1863～)。第1回ナチス党大会。3. カップの一揆。3.～5. 中部ドイツの共産党反乱。6. M・ウェーバー死(1864～)。8. 心理学者ヴント死(1832～) 1921. 1. 美学者ヒルデブラント死(1847～) 言語学者ヘルマン・パウル死(1846～) 1921～22 反動派によるワイマル派政治家暗殺頻り(22. 6. 外相ラテナウ暗殺される) 1922. 4. ジェノアの欧州経済復興会議に，ロシアとともに参加。ロシアとラパロ条約 ○哲学者ナトルプ(1854～1924. 8.) ラジオ放送開始 1923. 8.～11. シュトレーゼマン内閣 1923 大インフレーション起る。11. ミュンヘン暴動。レンテンマルク銀行券発行 **1924. 4. ドーズ案成る**(9月発効)。10. ライヒスマルク採用。トーマス・マン「魔の山」 1925. 2. エーベルト死(1871～)。3. 細菌学者ワッセルマン死(1866～) 1925. 4.～34 ヒンデンブルグ 1925. 10. 独ソ通商・長期融資条約	**オーストリア** 1920. 11. 憲法発布 1920. 12.～28 ハイニシュ 1921. 2. 経済学者カール・メンガー死(1840～)。4. チロール人民投票。5. ザルツブルグ人民投票 1922. 3.～24. 11. ザイペル内閣(キリスト教社会党) 1923 祖国防衛団(～36解散)・共和国防衛団(～33解散)の結成 1924. 1. オーストリア，イタリアに対しフィウメを放棄 1924. 6. 小説家カフカ死(1833～，「変身」「審判」等，実在主義文学の先駆) **ハンガリー・チェコスロヴァキア** 1920. 3. ホルティ，ハンガリーの元首(摂政)となる(～44, 王制)。6. トリアノン条約(対ハンガリー) 8. チェコ・セルブ間友好条約**(小協商の初め)** 1922～23 ローザンヌ会議	1921. 1. ファシスト党と共産党との紛争 1922～39 教皇ピウス11世 **1922. 10. ムッソリーニ，ローマ進軍（ファシスト内閣の成立）** 1923. 7. 南チロールのドイツ人を弾圧。8.～9. コルフ島を一時占領 1924. 11. ファシスト，選挙で議席の65％を獲得	1921 モロッコ独立運動。ポルトガルの左翼革命(失敗) 1923～30 プリモ・デ・リベラ(1870～1930)の軍事的独裁 1923～25 ポルトガル大統領ゴメシュ 1924 タンジール中立化協定 1925～26 ポルトガル大統領マジャド(再任)

国際連盟＝Leagne of Nations。**第1次大戦後の旧同盟国に対する平和条約**＝ドイツと**ヴェルサイユ条約**，オーストリアと**サンジェルマン条約**，ブルガリアと**ヌイイNeuilly条約**，**サンレモ会議**で旧トルコ領の委任統治と石油利権が討議されたあと，トルコと**セーヴル条約**，またハンガリーと**トリアノン条約**が締結された。なお，**カンヌ会議**ではドイツ賠償と対ソ連国交問題が，さらに**ローザンヌ会議**ではドイツの賠償問題とセーヴル条約の修正とがそれぞれ討議された。

大勢　第一次世界大戦／ロシア革命とソヴィエト政権の成立／新中国の混迷／日本の国際的地位の飛躍

北ヨーロッパ	東ヨーロッパ		西アジア		南アジア	東アジア		年代
北欧諸国	ロシア帝国	バルカン諸国	トルコ帝国	イラン王国	インド・東南アジア	中華民国	日本帝国	
(以下この欄にフィンランドを含む) 1914. 12. マルメー会談(北欧3国, 大戦に対し中立保持の決議) 1915 デンマーク, 婦人参政権獲得	1894～1917 ニコライ2世 1914 露蒙鉄道協約。8. 1 ドイツ, ロシアに宣戦。8. 29 タンネンベルグの惨敗。9. ペテルブルグをペトログラードと改称。11. ドイツに対し反撃開始 1915. 6. レーニン「帝国主義論」。8. ワルシャワ失陥。9. ツィンメルワルト国際社会主義者会議。10. 対ブルガリア宣戦 1916. 7. 生物学者メチニコフ死(1845～)。11. ドイツ, ポーランドの独立を宣言。12. 宮廷	**1914. 6. 28 サライェヴォ凶変**。8. セルビア, 対ドイツ宣戦。モンテネグロ, 対オーストリア・ドイツ宣戦。9. アルバニアに反乱 1915. 10. ブルガリア, 対セルビア宣戦。連合国, ブルガリアに宣戦。同盟軍, セルビア占領。モンテネグロ降伏	1914～17 エジプト太守フサイン・カーミル 1914. 10. トルコ, 同盟国側に参戦。12. イギリス, エジプトを保護領とする 1915. 2.～16 ダーダネルス攻防戦 1915. 4. トルコ軍, ケルマンシャーに進出。9. フサイン・マクマオン協定(アラブ独立に関	1909～25 アハマッド・シャー 1914. 11. 英軍, バスラ占領 1915. 1. トルコ軍, タブリーズに進出 1915. 9. 英軍, クトエルアマラ占領。	1914 大戦に際しガンディーらのインド知識人, 対英協力声明 1915 ラホール暴動の企図。ガンディー帰国。インド国防法。ユエに武装反乱おこる。トンキン暴動 1916. 4.～21 インド統督チェルムズフォード 1916 ティラク・ベザント女史ら, インド自治連盟結成。国民会議	1913～16 大総統 袁世凱 1914. 1. 国会解消。4. 新聞紙条令公布 1914. 5. 臨時約法を廃し中華民国約法を制定(大総統の権限強化) 1914. 7. 孫文, 東京で中華革命党を組織 1914 楊守敬死(1839～) 1915. 3. 国民議会組織法公布。6. 露・蒙・中のキャフタ条約締結。8. 袁世凱の帝政計画進行。9. 陳独秀, 雑誌「新青年」創刊。10. 国民代表大会組織法公布。袁世凱, 帝政受諾。**12. 第三革命起る**(帝政反対) 文学革命始まる 1916 胡適ら文学革命提唱。3. 袁世凱帝政の取消。	1912～26 大正天皇 1914. 1. シーメンス事件。2. 憲政擁護大会 1914. 4.～16 第2次大隈内閣 1914. 8. 23 ドイツに宣戦 1914.9 日本軍, 山東上陸。10. ドイツ領南洋群島占領。11. 日本軍, 青島攻略。 1914. 12. 北里研究所設立 1915. 1. **日本, 中国に21カ条の要求**(5. 要求受諾) 1915. 6. 無線電信法公布 1916. 1. 吉野作造, デモクラシーを唱道	1914
1917. 7. フィンランド人ロシアからの国家的独立を宣言 1918. 1. フィンランド共産党員の全国的制圧。4. マンネルハイムのフィンランド解放(12. 元首となる) 1919 フィンランド, ロシアと戦う 1920. 3. スウェーデン最初の社会主義内閣ブランティング 1920. 10. ドルパット条約	の妖僧ラスプーチン暗殺される(1871?～)。画家スリコフ死(1848～)。ペトログラード暴動 **1917. 3 .12 ロシア二月革命** 1917. 3. 15 皇帝退位 **【ソヴィエト(労農)政府】** **1917.** 4. レーニン帰国。四月テーゼ。9. 共和国宣言。首相ケレンスキーの独裁。**11. 6 十月革命**。7. レーニン, **ソヴィエト政府組織** 1918. 2. エストニア独立。3. 対独ブレストリトフスク単独講和。トロツキー, 赤軍建設。首都をモスクワとする。4. 連合国軍シベリア出兵。5. チェコ軍団の反乱。7. ソヴィエト憲法公布。前帝と家族を処刑。11. **ポーランド独立, 共和国宣言**。ラトヴィア・リトアニア独立 **1919. 3.** 連合国軍, ロシアに干渉出兵。**第3インターナショナル(コミンテルン)結成**(～1943)。12. 連合国, ポーランド国境としてカーゾン線を設定 1920 ニコライエフスク事件。ポーランド戦争(～10.)。8. 赤軍, ワルシャワに敗北	1916. 3.～6. 連合国の対ギリシア干渉。8. ルーマニア, 対オーストリア宣戦。サロニカ暴動。9. ブルガリア, 対ルーマニア宣戦。10. 連合国, ギリシアに最後通牒 1917. 6. ギリシア, ヴェニゼロス政府, 対独宣戦。ギリシア王アレクサンドロス(～20) 1918. 5. ルーマニア, 同盟国と講和。9. ブルガリア休戦。10. ブルガリア王ボリス3世(～43)。12. セルヴ＝クロアート＝スロヴェーヌ王国成立(後のユーゴ) **1919. 5. ギリシア軍, スミルナ占領** 1919. 8. ルーマニア軍, ブダペスト占領。11. ヌイイ条約(対ブルガリア)	する英・アラブ指導者間の約束) 1916 ロシア軍, イランに侵入, 駐留トルコ軍, これを撃退。トルコ軍, クトエルアマラを陥落。連合国間, サイクス・ピコ条約(トルコ分割案) 1916. 6. アラビアのフサイン挙兵(17. 1. 王を称す) 1917. 1. 英軍, バグダード占領 1917. 10.～36 エジプト王ファゥド1世 **1917. 11. バルフォア宣言** 1918. 9.～10. パレスチナ戦争 1918. 10. 英軍, ダマスクス占領 1918. 10.～22 トルコ帝ムハメット6世 1919. 3. 英官憲によるエジプトのワフド党指導者の逮捕, 民衆の抗議 1920. 4. サンレモ会議。ケマル・パシャ, アンゴラに国民党結成。8. セーヴル条約(トルコ領の分割)	11. クテシフォンの戦 1918. 5. カシュガーイ族, 英軍と戦う 1918. 8. 英軍, イランを保障占領 1919 第3アフガン戦争。アフガニスタン独立(王, アマヌラー・カーン, ～29) 1920. 5. ソヴィエト軍侵入エンゼリ占領, レシトにソヴィエト政権樹立	派, 自治を要求。インド奉仕教団成立。フィリピン自治法成立。サイゴン暴動。ラクノー協定 **1917 モンターギュ宣言**(インド人に漸次自治供与を約す)。トンキン地方の反乱 1918. 7. モンターギュ・チェルムズフォードのインド憲制改革に関する報告。8. 国民会議派大会, 州自治即時施行を要求。バネルジーら, 国民自由連合組織。インドネシアに反帝運動 1919. 3. ローラット弾圧法。4. アムリツァー虐殺事件。5. **ガンディー国民会議派議長の反英不服従運動始まる**。インドネシア民族運動の弾圧。12. インド統治法 1920 ティラク暗殺される(1850～)	4. 段祺瑞内閣(～17. 11)。6. 袁世凱死(1859～)。8. 国会の再開 1916. 8. 日中両軍, 鄭家屯で交戦 1916. 6.～16 大総統 黎元洪(1868～1928) 1917. 5. 安徽督軍張勲, 北京に入り, 国会を解散 1917. 7. 張勲の復辟運動失敗 1917. 7.～18 総統代理 馮国璋(1858～1919) 1917. 8 .14 ドイツ・オーストリアに宣戦 1917. 8. 孫文, 広東に軍政府樹立。孫文, 大元帥。ドイツに宣戦 1917 注音字母公布。王先謙死(1842～) **1918～28 軍閥戦争(南北戦争)** 1918. 1. 曹錕らの北軍南下。南軍, 岳州を陥落。2. 張作霖, 満洲を征圧し北京に進出(奉天軍の関内進駐)。3. 北軍, 長沙を陥落。5. 孫文辞職。日中共同防衛秘密協定 1918 魯迅「狂人日記」 1918.9～22 大総統 徐世昌(1857～1936) 1918 周作人「欧洲文学史」 1918. 11. 南化停戦命令。12. 陳独秀・李大釗, マルクス主義研究会創立(北京大学) 1919. 1. 南北和平会議。**5. 五・四運動(排日運動)**はじまる。6. 上海の民衆闘争大会(六・三事件), 対独講和条約不調印決定。7. ソ連の対中カラハン宣言(不平等条約廃棄)。孫文「建国方略」成る(出版は21年)。10. 中華革命党, **中国国民党**と改称 1920. 4. ソ連, 在中権益放棄を通告。アンダーソン, 仰韶に彩陶発見。5. 中国最初のメーデー。7. 安直戦争(段祺瑞と曹錕), 安徽派敗走。治外法権撤廃運動起る。9. 広東・広西両軍交戦。甘粛大地震。10. 長沙革命記念デモ。新四国借款団(日英米仏)成立	1916. 7. 日露秘密条約(対米) 1916. 10.～18 寺内正毅内閣 1916. 12. 夏目漱石死(1867～) 1916 日本, 満洲に鞍山製鉄所設立 1917. 2. 日英秘密協定 1917～18 西原借款成立 1917 三菱兼二浦製鉄所設立 1917. 11. 石井・ランシング協定(1923. 4. 廃棄) 1918. 4. 日本軍, ウラディオストック上陸 1918. 6. チェコ軍団, ウラディオストックで反乱 **1918. 7. 日本軍のシベリア出兵。8. 米騒動起る**。9.～21 **原敬内閣**(政友会) 1918 朝鮮における土地調査事業終る **1919. 3. 朝鮮万歳事件(三・一運動)**。7. 板垣退助死(1836～)。野口英世, 黄熱病原体の研究 **1920. 3. ニコライエフスク(尼港)事件**。経済恐慌。5. 日本最初のメーデー。10. 間島事件おこる	1915
1921. 10. オーランド, フィンランドに帰属しスウェーデン権利放棄 1921. 11. 考古学者モンテリウス死(1843～, 編年学) 1925. 1. クリスチャニア市, 旧名オスロに復す 1925. 6. アムンゼン, 飛行機で北極探検	1921. 2. 無政府主義者クロポトキン死(1842～)。3. クロンスタット水兵暴動 **1921. 3.～27 新経済政策(NEP)** 1922. 3. バルチック協商。4. ドイツとラパロ通商条約 **ソヴィエト連邦** **1922. 12. ソヴィエト社会主義共和国連邦(USSR)成立**(中央執行委員会議長(元首)カリーニン, ～1946) 1924. 1 .21 レーニン死(1870～)。1. 26 ペトログラードを, レニングラードと改称。1. 30 **ソヴィエト社会主義共和国連邦憲法**(1923. 7 承認, 基本法)**公布**。2. 2 人民委員会議長(首相)ルイコフ就任(～30)。この年, 英・中国・仏・伊等, ソ連を承認 1925. 1. 日本, ソ連を承認。トロツキー失脚。10. モスクワ独ソ通商条約。12. スターリンの一国社会主義理論採択	1920. 2. アルバニア共和国独立(ゾグー) **1921. 8. ケマルの国民軍, ギリシア軍撃破** 1921. 8.～34 セルヴ＝クロアート王アレクサンダル1世 **1920／22 小協商成立**(チェコ・ルーマニア・セルヴ間) 1922. 4. トルコ軍, スミルナ奪還 1922. 10. ムダニア休戦条約。トルコ, セーヴル条約破棄宣言 1923. 3. ルーマニア新憲法成立。7. **ローザンヌ条約**(セーヴル条約の修正。バルカン・ブロック結成) 1924. 5. ギリシア, 共和制となる(大統領クンドゥリオテス, ～29)。アルバニア革命(ノーリ) 1925. 4. ソフィア寺院の暴動。6. ギリシア, パンガロス将軍のクーデター	**トルコ共和国** **エジプト王国** 1922. 1. エジプト, 完全独立達成 1922. 11. トルコ, スルタン制廃止 1923. 10. **トルコ共和国成立**(大統領ケマル・パシャ(アタテュルク), ～38) 1923 エジプト王国憲法制定 1924. 4. トルコ共和国憲法公布。10. ナジュド王アブドゥルアジス, メッカ攻略 1925 政教分離令	1921. 2. レザー・ハーンのクーデター。ソヴィエト政権, 全権利を放棄 1923 レザー・ハーン, 首相となる。カジャール朝廃止決議 1925.12. レザー・ハーン, 国王となる(レザー・シャー・パフラヴィー～41) **パフラヴィー朝**の成立。強制徴兵制施行。地方自治・警察制度の改革	1920～24 イスラム教徒のキラファット運動(カリフ擁護)と非協力運動はじまる 1921～26 インド総督リーディング 1921 ローラット法反抗運動。シンガポール軍港の大拡張 1922～24 ガンディー逮捕される 1922末 スワラジ党結成 1923 ネパール独立。ヒンドゥ・マハサバ党結成。英人マーケーら, モヘンジョ＝ダロの発掘開始(～31) 1924～29 イスラム・ヒンドゥ両教徒の対立激化 1925～35 シャム王ラーマ7世(条約改正) 1925 全インド被圧迫階級連盟, 分離選挙を要求	1921. 2. 外モンゴル反乱(クーロンの活仏事件)。3. 外モンゴル人民革命政府成立。4. 広東政府成立(大統領孫文)。7. 中国共産党結成, 第1次全国大会。11. ソ蒙友好同盟条約。周口店(北京人類発見)最初の調査(1923歯発見)。12. 魯迅「阿Q正伝」 1922. 1. 香港海員スト。4. 第1奉直戦争(張作霖・呉佩孚)。5. 第1回全国労働者大会。東三省独立宣言。8. 旧国会開く。10. 新憲法公布。新国会開く 1922. 10.～23 大総統 黎元洪 1923. 1. 孫文・ヨッフェ共同声明。澎拝, 広東省海豊県に農民組合結成。2. 京漢鉄道のゼネスト(二・七事件)。孫文, 大元帥となる 1923. 10.～24 大総統 曹錕(1862～1936) 1924. 1. 国民党第1回全国大会, 党の改組。**第1次国共合作**。第2奉直戦争。5. ソ連使節カラハンと中ソ協定成立, 国交回復。6. 国民党の農民運動宣言。黄埔軍官学校開設。9. 蘇浙会戦。10. 広東商団事件。馮玉祥のクーデター。モンゴル人民共和国独立宣言。11. 呉佩孚, 下野 1924. 11.～26 臨時執政 段祺瑞(1864～1936) 1925. 2. 上海紡績工スト。3. **孫文**死(1866～)。5. 中華全国総工会成立(～1966)。五・三〇事件(反英運動と英官憲の中国人虐殺)。6. 広東沙面事件(六・二三事件)。7. 広東に国民政府成立。10. 列国関税会議の開催	1921. 4. メートル法採用。11. 原敬, 暗殺される(1856～) 1921. 11.～22 高橋是清内閣 **1921. 12. 四カ国条約。日英同盟廃棄** 1922. 1. 大隈重信死(1838～)。**2. ワシントン軍縮条約。九カ国条約** 1922. 6.～23 加藤友三郎内閣 1922. 6. 第1次日本共産党結成。7. 森鷗外死(1862～)。10. シベリア撤兵。11. 山東還付条約 **1923.** 5. 第1次共産党検挙。**9. 関東大震災** 1923. 9.～24 第2次山本内閣 1924. 1.～6. 清浦奎吾内閣 1924. 6.～25 加藤高明内閣(護憲三派連立) 1924. 7. アメリカ排日移民法成立。黒田清輝死(1866～) **1925.** 1. ラジオ放送開始。4. **治安維持法・普通選挙法** 1925. 8.～26 第2次加藤高明内閣(憲政会単独)	1920 1925

ワシントン軍縮会議の結果, 英米日仏伊5大国間の海軍主力艦保有率が決定し, また太平洋の現状維持に関する日英米仏間の**四カ国条約**Four-Power Treatyと, 中国に関する5大国およびベルギー・オランダ・ポルトガル・中国間の**九カ国条約**Nine-Power Treatyが締結された。**コミンテルン**＝Komintern (Communist International)。**USSR**＝Union of Soviet Socialist Republics。**安直戦争**の安直とは安徽・直隷の, また**奉直戦争**の奉直とは奉天・直隷の略称。

36

大勢	年代	国際問題	アメリカ大陸：アメリカ合衆国	西ヨーロッパ：イギリス王国	西ヨーロッパ：フランス共和国	中央ヨーロッパ：ドイツ共和国	中央ヨーロッパ：オーストリア ハンガリー チェコスロヴァキア	南ヨーロッパ：イタリア王国	南ヨーロッパ：イスパニア ポルトガル	北ヨーロッパ：北欧諸国
相対的安定の時代／世界的経済大恐慌／全体主義と民主主義の対決／ベルリン＝ローマ枢軸の形成	1926	1926. 9. ドイツ，国際連盟加入	1923～29 クーリッジ(共和党)（国務長官ケロッグ） 1926 ▽ブラジル，国際連盟脱退	1910～36 ジョージ5世 1926. 5. ゼネスト決行。6. 石油資源に関しイラクのイスラム教徒と協約	1924～31 ドゥーメルグ 1926. 7.～29 第3次ポワンカレ挙国一致内閣(外相ブリアン)	1925～34 ヒンデンブルグ 1926. 2. 統計学者クナップ死（1842～）。4. ソ連と友好中立条約 1926. 5.～28. 5. 第2・第3次マルクス内閣	1926～29 オーストリア，ザイペル内閣	1900～46 V. エマヌエレ3世 1926. 4. 団体的労働関係法。6. 選挙制度の大幅制限，指導者原理の徹底	1926 イスパニア，国際連盟脱退。ポルトガル，ダ・コスタの軍事独裁	1926 経済学者ウィクセル死（1851～）
			1926. 10.～11. 英帝国会議							
		1927. 5. ジュネーヴ世界経済会議。	1926 バード，北極飛行成功 1927 リンドバーグ，大西洋無着陸横断飛行成功 1927 ▽メキシコ，石油業国有化，アメリカの干渉	1927. 5. ソ連と断交（ソ連商社のスパイ活動の嫌疑，1929 復交）。6. 労働組合法公布（組合活動の制限）	1926. 12. 画家モネ死(印象派，1840～) 1913／27 プルースト「失われた時を求めて」 1927. 8. 独仏通商協定(1923／29頃 独仏両国協調の時代) 1927. 11. ユーゴスラヴィアと友好条約	1926. 9. 8 国際連盟に加入（9. 10 外相シュトレーゼマン出席） 1926 詩人リルケ死（1875～） 1927 **【オランダ】**ゾイデル海の淡水化計画 1927 ヘルマン・ヘッセ「荒野の狼」 1927 ハイデッガー「存在と時間」	1927. 4. ハンガリー・イタリア友好条約。7. ウィーン社会主義者の暴動とゼネスト。作家ホフマンスタール死(1874～)	1927. 4. ファシスト党の労働憲章。7. アルバニアと防衛同盟（アルバニアを保護化）	1926～51 ポルトガル大統領カルモナ 1927. 9. イスパニア国王の布告（国民議会再開）	1927 文明批評家ブランデス死（1842～）
		1927. 6. 日・英・米，ジュネーヴ軍縮会議，不成功								
			1928 ハヴァナ汎米会議(ブスタマンテ法)。▽ブラジル，コーヒーの生産過剰により恐慌おこる	1927. 12. 委任統治領イラクの独立を承認 1928. 7. 男女平等選挙法成立(第5次選挙法改正)	1927～28 アルザス・ロレーヌの自治運動とフランス政府の弾圧 1928. 6. フラン平価切下	1928. 5. 総選挙，社会民主党勝利 1928. 6.～30. 3. 第2次ミュラー内閣	1928. 12.～38 オーストリア大統領ミクラス	1928. 9. ファシスト一党専制の決議	1928 イスパニア，国際連盟再加入。タンジール協定，イスパニアの行政権強化	1928 デンマーク，オフス大学創立
		1928. 8. 27 パリ不戦条約（ケロッグ・ブリアン案，15カ国署名，1929年末までに54カ国加入)								
		1929. 6.～8. ドーズ案再検討のためハーグ7カ国会議(ヤング案)	1929. 3.～33 ハーバート・C. フーヴァー(共和党) 1929 ▽リマ条約(チリ・ペルー間国境紛争の解決)	1928 ロレンス「チャタレー夫人の恋人」 1929. 5. 中国南京政府承認 1929. 5.～31 第2次マクドナルド内閣(労働党)	1929. 7. ブリアン・タルデュー短命内閣 1929 彫刻家ブールデル死(1861～)。コクトー「恐るべき子供たち」	1929. 5. ベルリンで共産主義者の暴動。8. ツェッペリン飛行船，世界一周に成功(操縦士エッケナー)。10. シュトレーゼマン死(1878～)。12. ベルギー軍，ルール撤退。国庫財政の逼迫	1929 オーストリア憲法改正	**1929. 2. ラテラノ協定**（教皇庁と和解，ヴァチカン市国成立）。3. 全体主義体制確立	1930. 1. リベラ辞職（3. パリで死）。7. ポルトガル国民連合結成。11. マドリード暴動	1929. 12. フィンランド共産青年同盟結成 1930. 12. オスロ＝ブロック結成（北欧3国とベルギー・オランダ・ルクセンブルグ，後にフィンランド加入）
		1929. 10. 24 ニューヨーク，ウォール街の株価大暴落，世界的経済大恐慌おこる								
		1930. 1. 第2回ハーグ会議（ヤング案採択発効） **1930. 1.～4. ロンドン軍縮会議（海軍補助艦の制限率を協定）**	1930. 3. クラーク覚書(対中南米諸国内政不干渉) 1930 サイクロトロン完成 1930. 10. ▽ブラジル暴動，ヴァルガス，大統領となり，独裁権獲得(～1945) 1930. 12. ニューヨーク米国銀行支払停止。この年，銀行の破産1300件に上る	1929 フレミング，ペニシリン発見 1930. 4. 第1回英印円卓会議。6. インド問題処理に関するサイモン報告 1930. 10.～11. 英帝国会議 1931. 7. メイ委員会の報告。8. 経済恐慌おこる	**1930. 1. ヤング案発効** 1930. 2. トルコと友好条約。4. 国民労働者保険法公布 1930 マルロー「王道」 1930. 6. ライン駐屯軍撤退 1931 フランス・オランダに恐慌襲来	1930. 3.～32. 5. ブリューニン内閣（社会民主党を除外） 1930. 6. 教会史家ハルナック死(1851～) 1930. 9. 総選挙，ナチス党大量進出(107席)	1930. 2. オーストリア・イタリア友好条約 1931. 1. オーストリア・ハンガリー友好条約	1930. 4. 大海軍建設計画 1930～35 経済界の不況，ファシスト党の不況克服政策	**1931. 4. イスパニア革命，ブルボン朝滅亡**	
	1930	1931. 2. 国際連盟軍縮会議，決裂 **1931. 9. 満洲事変おこる。**12. リットン調査団組織 1932. 6.～7. ローザンヌ会議。10. リットン報告書(1933. 2. 国際連盟で採択され，日本は拒否) **1933. 3. 日本，国際連盟脱退。**6. ロンドン世界経済会議（失敗）。7. 英仏独伊，四カ国条約。10. ドイツ，国際連盟脱退 1934. 9. ソ連，国際連盟に加入 1935. 4. ストレーザ会議 **1935. 10.～36 エチオピア戦争** 1935. 10. 国際連盟，対伊制裁決議	**1931. 6. フーヴァー・モラトリアム。**12. 失業者のハンガー行進 1932. 3. ノリス＝ラ・ガーディア法。6. フーヴァーの軍縮教書。恐慌深刻化 1932 カール・アンダーソン，陽電子の発見 **1933. 3.～45 フランクリン・ルーズヴェルト(民主党)** **1933～36 ニューディール政策** 1933. 5. 農業調整法(AAA)。テネッシー峡谷開発公社法(TVA)。6. 銀行法。全国産業復興法(NIRA)。12. ソ連を承認，国交を開始 1934. 3. フィリピン独立法。8. 米軍，ハイチより撤退し保護権を放棄。最初のディーゼル機関車動く 1935. 5. ▽リオデジャネイロ条約(ペルー・コロンビア間国境紛争の解決)。6. 貿易協定法。7. 全国労働関係法(ワグナー法)成立。8. 中立法。11. 産業別組織委員会(CIOの前身)成立。8. 社会保障法・公共事業持株会社法	1931. 8.～35 マクドナルド挙国一致内閣成る 1931. 9. イングランド銀行支払停止。金本位制停止。**12. ウェストミンスター憲章（英連邦の成立）** 1932. 2. 輸入税法。7.～8. オタワ会議（自由貿易政策の廃棄）。12. イギリスのアイルランド総督廃止。チャドウィック，中性子の発見 1933. 1. 劇作家ゴールズワージー死(1867～)。アイルランドの文学者ジョージ・ムーア死（1852～）	1931. 1.～32 ラヴァル内閣 1931. 6.～32 ドゥメール 1932. 5. ドゥメール，亡命ロシア人のため射殺される(1857～) 1932. 5.～40 ルブラン 1932. 6.～12. 第3次エリオ内閣。11. ソ連と不可侵条約 1933「二十世紀ラルース百科辞典」刊行 1933. 12. スタヴィスキー事件 1934. 2. パリ，コンコルド広場の騒乱 1934 ジョリオ＝キュリー夫妻，人工放射能の放出に成功	**1931. 5. オーストリア中央銀行破産，経済恐慌起る，7. ドイツに波及し金融恐慌はじまる。8. フーヴァー・モラトリアム。**10. ナチス党・ドイツ国民党等の「ハルツブルグ戦線」結成。12. 社会民主党「鉄の戦線」結成。年末，恐慌深刻化 1932. 4. ヒンデンブルグ再選。6.～11. パーペン内閣（国民大合同内閣）。7. ローザンヌ会議の結果，ドイツ賠償額最終決定。総選挙，ナチスの議席230（37.8％）となる。ヤスパース「哲学」全3巻 1932. 12.～33. 1. シュライヒャー内閣 **1933. 1. ヒットラー首相となる。**3. 総選挙の結果，ナチスの議席52％を占め，ポツダム議会でヒットラー独裁権を獲得。6. 失業絶滅法。7. ナチス，唯一の政党となる。10. 国際連盟脱退。12. 軍縮に関するドイツの覚書 1934. 1. ポーランドと不可侵条約。国家改造法。化学者ハーバー死（1868～）	1931. 9. スタイエルマルク(スチリア)における祖国防衛団の反乱 1932. 3.～34 オーストリア，ドルフス内閣(キリスト教社会党) 1932. 10. ハンガリー・イタリア通商条約 1933. 3. ドルフス，独裁権獲得(5. 共産党活動の禁止。6. ナチス党の禁止) 1934. 1. オーストリア社会主義者の滅亡。3. ローマ経済議定書(イタリア・オーストリア・ハンガリー)	1931 生産増強運動 1932 ポンティニの干拓進展 1933. 1. ドイツと通商条約。9. ソ連と不可侵友好条約 1934 統制経済体制の進行 1934. 3. ムッソリーニ，イスパニア王党派と協定(イスパニア王政復古の支持)	1931. 12.～36. 5. イスパニア大統領ザモラ 1932 サラザール，ポルトガル首相就任，次第に独裁化 1932. 8. サンフルホの乱。9. 土地改革法 1933. 3. ポルトガル国家基本法。10. ファランヘ党結成	1931. 2.～37. 2. フィンランド大統領スヴィンフッヴド 1932. 3. スウェーデンの世界的事業家クリューゲル，パリで自殺（1880～）
				1934. 4. ドイツのヴェルサイユ条約違反を非難するフランスの対英覚書						
				1934 海軍・空軍の拡張 1935. 1. 英仏会議 1935. 3. 軍備宣言の布告	1934. 10. 外相バルトゥー暗殺される。12. 第1回仏植民地会議 1935. 1. 仏伊協定	1934. 6. レーム事件（「血の粛清」）。8. ヒンデンブルグ死（1847～） 1934. 8.～45 総統兼首相ヒットラー **1935. 1. ザール人民投票。3. 再軍備宣言**	1934. 7. ナチスのクーデター，ドルフスを銃殺刑(1892～) 1934. 7.～38 シュシュニク内閣(キリスト教社会党，親伊政策)	1934. 6. ムッソリーニ，ヒットラーと初会見 1935. 1. ムッソリーニ・ラヴァル会談。北アフリカ植民地協定	1934. 10. 共産主義者・炭坑労働者の暴動。カタロニアの独立企図失敗	1934. 10. エストニア大統領ペッツ，独裁制宣言 1935 北欧4国中立ブロック結成
				1935. 4. ストレーザ会議（ドイツに対する英仏伊3国の提携，いわゆる**ストレーザ戦線**の結成）						
				1935. 6.～37 ボールドウィン挙国内閣	1935. 5. 仏ソ相互援助条約	1935. 5. ヒットラーの「平和計画」演説 1935 画家リーバーマン死（1849～）				
				1935. 6. 英独海軍協定（ドイツ海軍の再建保障，ドイツ対英35％保障，フランスの対英抗議）						
	1935			1935. 12. イーデン，外相となる(～38)	1935. 10. インド学者レヴィ死(1863～)。**11. フランス人民戦線結成**	1935. 9. 反ユダヤ「ニュルンベルグ法」決議	1935～38 チェコ大統領ベネシュ	**1935. 10.～36 エチオピア戦争**	1936. 2. 人民戦線派アザーニャ内閣。7. 内乱	
		1936. 1. ロンドン軍縮会議（日本脱退，無制限軍備拡張競争始まる）	1936. 2. 土地保全国内割当法 1936 マーガレット・ミッチェル「風と共に去りぬ」	1936. 1.～12. エドワード8世	1936. 6.～37 ブルム人民戦線内閣	1936. 2. 文化哲学者シュペングラー死（1880～）。3. ロカルノ条約破棄宣言。**ラインランド進駐。**6. ドイツ・オーストリア修交条約		1936. 5. エチオピア併合		1936 イタリア空軍，スウェーデンの赤十字船を爆撃。北欧3国中立共同宣言
						1936. 10. ベルリン＝ローマ枢軸の結成				
	1936	**1936. 11. 日独防共協定**	1936. 12. ブエノスアイレス米洲21カ国相互防衛条約	1936. 12. シンプソン事件，国王退位 1936. 12.～52 ジョージ6世	1936. 10. フランの平価再切下げ。ゼネスト	1936. 10. ベルギーの中立不可侵を保障 **1936. 11. 日独防共協定** 1936. 12. 哲学者シュトゥンプ死(1848～)	1936. 4. オーストリア一般兵役義務制施行	1936. 10. リラの平価切下げ	1936. 9. イスパニア国家首席フランコ就任	

ドイツの賠償問題＝1921年5月総額1320億金マルクと決定，**ドーズ案**Dawes Planで軽減化（支払期限を明示せず暫定的に年額10～25億マルク），**ヤング案**Young Planで358億マルク，**ローザンヌ会議**で一挙に総額30億マルクに減額された。**ウェストミンスター憲章**＝The Statute of Westminster。**ニューディール政策**＝New Deal（新規蒔き直し）。**ファシズム政党の代表例**＝ファシスト党Partito Nazionale Fascista，ナチスNazis，ファランヘ党Falange Española。

〔36〕

東ヨーロッパ		中東・アフリカ	南アジア	東アジア		年代	大勢
ポーランド・バルカン諸国	ソヴィエト連邦	エジプト・トルコ・イラン	インド・東南アジア	中華民国	日本帝国		
1926. 5. ポーランド，ピルスツキーのクーデター（10. 独裁権確立。大統領はモシチツキー，～39）。8. ギリシア，コンディリスのクーデター 1927. 6. アルバニア，セルブ＝クロアート＝スロヴェーヌ王国と断交。7. ルーマニア王ミカエル1世（～30）。11. ルーマニアの元勲小ブラチアヌ死（1864～） 1928. 8. アルバニア大統領ゾグー，国王となる（～39）。11. ルーマニア，マニュー内閣成立，行政・財政の改革はじまる 1929. 1. セルブ＝クロアート＝スロヴェーヌ王アレクサンダル，独裁制を布告し，10. 国名をユーゴスラヴィアと改称 1929. 12.～35 ギリシア大統領ザイミス 1930. 6.～40 ルーマニア王カロル2世（専制政治） 1930. 10. ブルガリア王ボリス，イタリア王女ジョヴァンナと結婚。ギリシア・	1924～30 ルイコフ 1926. 2. 外モンゴルよりタンヌトゥーワを獲得（自治州）。4. 独ソ中立条約（ベルリン）。7. トロツキーら，中央派に対する公然たる反対運動展開 1927. 3. 文学者アルツィバシェフ死（1878～，ズナーニエ派）5. アルコス事件（イギリス対ソ断交）。7時間労働制・死刑廃止宣言。10.／12. トロツキーとジノヴィエフを除名。**社会主義的建設方策の決定（コルホーズ・ソホーズの建設）** 1928. 4. 土地私有禁止法。9. コミンテルン綱領の決定。10. **第1次5カ年計画** **1929. 1. トロツキーを国外に追放，粛清工作つづく。**2. リトヴィノフ議定書（リトアニア・ラトヴィア・エストニアと不可侵条約）。4. 社会主義競争の布告。9.／12. 満洲鉄道に関し中国と紛争。11. ブハーリン・ルイコフ追放。**スターリンの独裁。**12. ハバロフスク議定書 1930. 3. スターリン，集団化に	1926. 1. ネジト王アブドルアジス（イブン・サウド），ヘジャス王兼摂。2. ソ連，イブン・サウドの王位を承認（英は1927. 5. 承認）。4. イラン・トルコ・アフガニスタン友好条約 6. モスル条約（トルコ，モスル油田をイラクに譲渡）。イラン司法改革 1928 英人ガロド女史ら，エル・ナトゥフ発掘。仏人シェフェルら，ラス・シャムラ発掘 1928. 5. イラン，不平等条約廃棄宣言。10. エチオピア内乱，ハイレ・セラシエ即位（～74）。11. トルコ，アラビア文字を廃し，ラテン文字を採用。**【アフガニスタン】**王ナディル・シャー（～33） 1929 トルコ，関税自主権獲得。7. イラン，強制徴兵制。8. パレスチナ暴動 1930. 6. エジプト，憲法廃	1926～31 インド総督ハリファクス（アーヴィン） 1927 スカルノ，インドネシア国民連盟結成 1927. 11. イギリス，サイモン調査委員会をインドに派遣。12. マドラスに反英デモ 1928 インド労農党結成 1928. 8. ネール，チャンドラ・ボースら，インド独立連盟結成 1929. 2. ボンベイでイスラム・ヒンドゥ両教徒衝突事件。4. インド貿易紛議法，公衆安全法等公布。11.～12. 全インド国民会議開催，完全独立を要求 **1930.** 3. 不服従運動開始 ガンディー逮捕される 2. アンナン兵の反仏暴動。7. インド解放運動，全土に波及 11. **第1回英印円卓会議始まる**	1926. 1. 広東の国民党二全大会。3. 三・一八事件（段祺瑞，民衆の抗日運動に発砲）。中山艦事件（蔣介石，共産党員を逮捕）。4. 張作霖・呉佩孚，馮玉祥を攻めて北京に入る。6. タンヌトーワ人民共和国成立しソ連に編入。7. **蔣介石，北伐開始（国民党の大革命～28. 7.）**。9. 国民軍，漢口に入る。呉佩孚敗走。万県事件。11. 国民党の内紛。12. 武漢政府成立（汪兆銘） 1927. 1. 漢口・九江の英租界回収。3. 康有為死（1858～）。国民軍上海・南京占領。南京事件。英米の軍艦，南京を砲撃。4. 張作霖，共産党弾圧，李大釗（1888～）らを殺す。蔣介石のクーデター（四・一二事件），南京国民政府を組織。**1927. 5. 日本の第1次山東出兵。** 6. 張作霖，北京政府大元帥となる。王国維自殺（1877～）。7. 朱徳ら，南昌武装蜂起。蔣介石下野。8. 武漢政府，共産党弾圧，国共分離，南京政府に合流。9. 南京国民政府成立（白崇禧）。**10. 毛沢東，江西省井岡山に革命根拠地樹立。**11. 広東省海豊・陸豊にソヴィエト政府樹立。12. 広東コンミューン **1928.** 1. 蔣介石，総司令に復す。4. 北伐再開。4. 日本の第2次山東出兵 4. 朱徳・毛沢東ら赤軍第四軍を編成。5. 済南事件。6. 国民軍の北伐完了。**張作霖**（1875～）**爆死事件** 7. アメリカ，国民政府を承認 1928. 10.～31 **国民政府首席 蔣介石。**11. 関税自主権を獲得。12. 東三省，国府に合流。殷墟の発掘（董作賓ら，～37） 1929. 1. 朱徳ら江西・福建にソヴィエト区建設。南京政府，軍事編遣会議を開く（軍閥圧迫策）。2. 度量衡法発布。6. 日独伊3国，国民政府を承認 7. 中ソ国交断絶。9. 孔子祭復活。11. 馮玉祥討伐。12. 唐生智討伐。茅盾「虹」。梁啓超死（1873～） 1930. 2. 広西軍討伐。閻錫山，蔣介石に下野勧告。3. 金輸出禁止。4. 馮玉祥・閻錫山討伐。イギリス，威海衛還付。5. 蘭封会戦。6. 済南総攻撃。7. 長沙にソヴィエト政府樹立。国民政府，天津封鎖。山西軍，済南に入る。8. 北京に北方国民政府樹立。反蔣運動起る。9. 閻錫山下野，張学良つぐ。12. 国民党	1912～26 大正天皇 1926. 1.～27 若槻礼次郎内閣（憲政会） 1926. 12. 労働総同盟第2次分裂 1926. 12. 25 大正天皇崩御 1926（昭和1）12.～89 昭和天皇（裕仁） 1927. 4. 金融恐慌おこる 1927. 4.～29 田中義一内閣（政友会） 6. 芥川龍之介自殺（1892～）。9. 徳冨蘆花死（1868～）。12. 東京，地下鉄開通 1928. 1. 日ソ漁業条約。2. 第1回普通選挙。3. 三・一五事件（第2次共産党大検挙）。5. 野口英世死（1876～） 1928. 7. 特別高等警察設置 1929／32 島崎藤村「夜明け前」 1929. 3. 済南事件解決 1929. 4. 四・一六事件（第3次共産党検挙） 1929 小林多喜二「蟹工船」 1929. 7.～31 浜口雄幸内閣（民政党） 1929. 11. 朝鮮，光州学生事件 1930. 1. 金輸出解禁（～31. 12. 再禁止）。農業恐慌おこる。3. 内村鑑三死（1861～）。4. ロンドン軍縮条約。五国条約。10. 台湾，蕃社・霧社の反乱 1930 朝鮮赴戦湖ダム完成	1926	中国国民党の北伐戦争／ソヴィエト連邦の発展／中国共産政権の形成／日本帝国主義の大陸侵略
トルコ国境問題解決（アンカラ条約） 1931. 9. ユーゴスラヴィア新憲法制定（セルビア主義，独裁制） 1932 ソ連とフィンランド，ラトヴィア，エストニア，ポーランドの各国間で不可侵条約 1932 フランス首相タルデューのドナウ連合の提唱。クロアチア農民の暴動 1933. 1. ルーマニアに金融恐慌おこる。2. 小売商の更新 1933. 11. ギリシア・トルコ相互防衛条約 1934. 2. バルカン友好同盟条約（トルコ・ギリシア・ルーマニア・ユーゴスラヴィア）。5. ブルガリア，将校団の軍事的独裁。10. ユーゴ王，仏外相バルトゥーとともにマルセイユで暗殺される。ユーゴ王ペテル2世即位（～45） 1935. 4. ポーランド新憲法（大統領の独裁権強化）。5. ポーランドの独裁者ピルスツキー死（1867～）。6.	対する警告。4. トルクシブ鉄道完成。9. 画家レーピン死（1844～） 1930. 12.～41 人民委員会議議長モロトフ 1932. 3. トルコと通商条約 1932. 10. ドニエプル大発電所完成。11. フランスと不可侵条約。ショーロホフ「開かれたる処女地」 1932～34 大ききん 1933 農業集団化，この年ほぼ達成。党の大粛清 1933. 11. アメリカ，ソ連を承認。第2次5カ年計画 1934. 9. **国際連盟加入。**ルイセンコ学説発表。12. スターリンの協力者キーロフ暗殺される（1886～） 1935. 1. ジノヴィエフら検挙。5. フランスと相互援助条約。モスクワの地下鉄開通。8. コミンテルン第7回大会（人民戦線テーゼの採択） 1935 スタハノフ運動はじまる	止，国王専制。10. パスフィールド（ウェッブ）の白書。アンカラ条約 1930～36 英人ガスタング，イェリコ発掘 1931 トルコ国立中央銀行設立。アフガニスタン憲法公布 1932 サウジアラビア王国成立。10. イラク王国独立（ファイサル1世，在位1921～33） 1933 エジプト，ワフド党の分裂 1933. 8. トルコ，国際連盟加入。10. イラク王ガジ1世（～39）。パレスチナ暴動 1934. 1. トルコ，第1次5カ年計画。2. サナー条約（英・イェーメン）。3.～6. イェーメン・サウジアラビア戦争 1935. 1. モスル・ハイファ間送油管建設（英）。3. ペルシア，国名をイランと改称。10. エチオピア戦争（～36）起る。12. エジプト憲法復活	1931. 1. 蘭印国民参議令改組。3. ガンディーとアーヴィンのデリー協定。4. インド総督ウィリンドン（～36）。9. 第2回英印円卓会議 1932. 4. シャム，クーデター。6. シャム民主革命（首班プラヤ・パーボン）。11. 第3回英印円卓会議。12. シャム王国憲法発布 1933. 6. シャム第2革命（ピブン，政権掌握） 1933. 8.～34 ガンディー再逮捕 1933. 10. シャム十月蜂起 1934. 10. ガンディー，引退。ネール，国民会議派の指導者となる 1935. 3.～46 シャム王ラーマ8世 1935. 4. フィリピン独立法承認。インド準備銀行設立。8. インド統治法（35年憲法）・ビルマ統治法。11. フィリピン連邦政府成	軍の第1次赤軍包囲戦。中国左翼作家連盟結成 1930 郭沫若「中国古代社会研究」 1931. 1. 自立関税の実施。2. 治外法権撤廃断行宣言。3. 広東国民政府樹立。6. 中華民国訓政規約法（憲法）公布。中村大尉事件。6. 蔣介石，討匪総司令となり第3次赤軍包囲戦。1931. 7. 万宝山事件 1931 城子崖黒陶遺跡発見 **1931. 9. 18 柳条湖事件。満洲事変はじまる。**奉天占領。11. チチハル入城 1931. 11. 7 毛沢東，江西省瑞金に中華ソヴィエト臨時政府樹立 1931. 12. 蔣介石下野。首席林森就任（～43） 1932. 1. 上海事変起る（5. 停戦協定）。2. リットン調査団来る **1932. 3. 1 【満洲国】建国宣言**（3. 9 元清国皇帝溥儀，執政となる） 1932. 6.～33. 2. 国民党軍の第4次赤軍大包囲戦 ○文学大衆化運動おこる 1932. 6. 国民政府，ソ連との国交回復。四川戦争 1932. 9. 15 日満議定書調印。10. リットン報告書 1933. 1.～3. 日本軍，熱河侵入。 1933. 1. 憲法起草委員会の組織。4. 盛世才，新疆に新政府樹立。5. 馮玉祥・吉鴻昌ら，抗日同盟軍結成（蔣介石，これを破る）。日中，塘沽停戦協定 1933. 8. 廬山会議。10. 国民党軍，第5次赤軍大包囲戦。11. 十九路軍の福建人民政府成立。12. 蔣介石，福建討伐 1933 裴文中，周口店上洞人を発見 1934. 2. 蔣介石，共産地区討伐。2. 国民政府，新生活運動提唱。3. 1 **【満洲国】**帝政実施，溥儀，皇帝となる 5. 宋慶齢ら「中国人民対日作戦基本要綱」発表。ソ連，中東鉄道（北満鉄道）を満洲国に譲渡（35. 3.） 1934. 9. 国民党軍，中共の首都瑞金を猛攻，瑞金陥落。外国為替管理令公布 **1934. 10.～36. 10. 中国共産党の大西遷（長征）。**10. 国民政府組織法修正公布 1935. 1. 広田外相，対中三原則を発表 1935. 1. 遵義で中共政治局拡大会議。国民党「中国本位文化宣言」。日満連合軍，チャハル侵入（～6.）。6. 宋哲元の軍，満洲攻撃 1935. 6. 梅津・何応欽協定。土肥原・秦徳純協定。 1935. 7. 国民政府，瞿秋白（1899～）を銃殺。8. 中共，抗日八・一宣言。11. 国民政府，幣制改革（～36.5.）。冀東防共自治委員会組織。12. 中共，抗日民族統一戦線提唱。冀察政務委員会	1931. 4.～12. 第2次若槻内閣 1931. 6. 北里柴三郎死（1852～） 1931. 12.～32 犬養毅内閣（政友会） 1932. 5. 五・一五事件（犬養首相（1855～）暗殺される）。1932. 5.～34 斎藤実内閣 3. 27 **日本，国際連盟脱退通告。**米穀統制法・外国為替管理令公布 1933. 7. 神兵隊事件。満洲移民計画大綱発表。12. 政党解消連盟結成。丹那トンネル開通 1934. 7.～36 岡田啓介内閣 1934. 10. 重要産業統制法公布。高村光雲死（1852～）。12. ワシントン・ロンドン両条約破棄（海軍拡張はじまる） 1935. 1. 天皇機関説問題おこる。5. 朝鮮の金日成，祖国光復会結成 7. 日満経済共同委員会設置協定。8. 国体明徴声明。11. 坪内逍遥死（1859～） 1935 湯川秀樹，中間子理念の導入理論	1930	
ブルガリア王ボリス，独裁制を布く。10. ギリシア共和政府倒れ，11. 王政復活，ゲオルギオス2世復位（～47） 1936. 8. ギリシア，メタクサスのクーデターと独裁化	1936. 2. 生理学者パヴロフ死（1849～）。6. 作家ゴーリキー死（1868～）。8. ジノヴィエフ（1883～）・カーメネフ（1883～）ら16名死刑。12. **ソ連新憲法（スターリン憲法）制定。**科学アカデミー創設	1936. 3. イラン，婦人の外被着用禁止。6. モントルー条約（トルコ主権回復）。4. エジプト王ファルーク1世（～52）。アメリカ，アラビア石油の採掘権獲得	立 1936～43 インド総督リンリスゴー 1936 シャム，各国との不平等条約廃棄。インド，全国農民組合（キサン・サバ）結成	成立。北京に華北自治反対の学生運動 **1936.** 1. 上海に毎界救国連合会成立。内モンゴル自治政府成立。3. 中共，抗日救国宣言。5. **中華民国憲法草案公布。**第2次幣制改革。6. 抗日人民戦線成る。章炳麟死（1868～）。粤漢鉄道開通。10. 魯迅死（1881～）。11. 綏東事件（日本軍・内モンゴル徳王軍，綏遠省侵入，溥作義の反撃）。沈鈞儒・章乃器ら七君子逮捕される。**12. 西安事件**（張学良，蔣介石を監禁，～37. 2.）	1936. 1. ロンドン軍縮会議脱退。全日本労働総同盟結成（40 解散）。2. 朝鮮民族独立運動，義烈団を弾圧。**二・二六事件**（斎藤実（1858～）・高橋是清（1854～）ら暗殺される）。3. 長嶺子事件 1936. 3.～37 広田弘毅内閣 **1936. 11. 25 日独防共協定**	1935 1936	

コルホーズ＝Kolkhoz（Kollektivnoe Khozyaistvoの略），集団農場。**ソホーズ**（ソフホーズ）＝Sovkhoz（Sovetskoe Khozyaistvoの略），国営農場，コルホーズの模範として営まれる。**ソヴィエト区**＝共産政権地区，解放区も同じ。
スタハノフ運動＝Stakhanovskoe Dvizhenie，労働生産性の向上をめざす運動。**英印円卓会議**＝The Round Table Conference。**赤軍**＝中国共産軍の称，紅軍ともいう。**冀東**＝冀は河北省，その東部の意，察はチャハル省。

37

大勢: 独伊枢軸の発展／第二次世界大戦——破壊と滅亡の戦争——／民主主義の勝利／国際連合の成立

年代: 1937 ／ 1940 ／ 1945

国際問題

1937. 7. 日中戦争おこる。11. 日独伊三国防共協定
1938. 9. ミュンヘン会談
1939. 9.〜45. 5. 第2次世界大戦
1940. 9. 日独伊三国軍事同盟
1941. 8. 大西洋憲章（ルーズヴェルト・チャーチル）
1941. 12.〜45. 8. 太平洋戦争
1942. 1. 連合国26カ国，大西洋憲章の諸原則実現のため，共同宣言に署名
1943. 10. モスクワ外相会議（米・英・ソ）
1943. 11. 国際難民救済機構（UNRRA）設置会議
1943. 11. 22〜26 カイロ会談（米・英・中）
1943. 11. 28〜12. 1 テヘラン会談（米・英・ソ）
1944. 4. 国際労働局設立宣言
1944. 7. 国際通貨金融会議（44カ国参加，ブレトンウッズ協定）
1944. 8. 〜9. ダンバートン・オークス会談（米・英・ソ・中）（国際連合草案の討議）
1945. 2. 4〜11 ヤルタ会談（チャーチル・ルーズヴェルト・スターリン）
1945. 4.〜6. サンフランシスコ国際連合会議
1945. 6. 26 国際連合成立（50カ国）
1945. 7. ポツダム会談（米・英・ソ）。ポツダム宣言
1945. 9. 世界労働組合連盟結成。11. ユネスコ成立

アメリカ大陸

アメリカ合衆国

1933〜45 F・ルーズヴェルト（民主党）
1937 恐慌による不況深刻化
1937. 5. 中立法。8. 景気後退
1937. 11. ▽ブラジル，ヴァルガス大統領の新体制国家法布告，独裁制はじまる
1938. 3. ▽メキシコ，石油国有化宣言。5. 海軍拡張法成立。11. 産業別組織会議（CIO）成立。12. リマ第8回汎米会議（米州諸国相互不可侵確認）。ジョン・デューイ「経験と教育」出版
1939. 4. テレビ放送開始。7. 日米通商航海条約廃棄。太平洋定期空路開く。9. 欧州戦に不介入中立の宣言。10. パナマ宣言（米洲防衛・戦闘行為拒否）
1940. 5. 国防諮問委員会設置。6. 海軍大拡張案（スターク案）成立。8. 国防軍法成立。米・カナダ共同防衛協定。9. 平時選抜徴兵法。12. 国防委員会成立。アインシュタイン帰化
1941. 3. 武器貸与法成立。5. 国家非常事態宣言。7. 米軍，アイスランド進駐
1941. 12. 7 *日本軍，真珠湾攻撃。8. 対日宣戦（太平洋戦争）。対独伊宣戦
1942. 1. リオデジャネイロ第3回米州外相会議。6. ミッドウェー海戦。8. 米軍グヮダルカナル島上陸。11. 米軍，北アフリカ上陸開始。原子核分裂による連鎖反応実験に成功
1943. 1.〜3. **カサブランカ会談**（チャーチル・ルーズヴェルト）。8. **ケベック会談**（同上），**共同声明**
1943. 12. 鉄道ゼネスト
1944 大型爆撃機B29完成
1944. 9. 第2次ケベック会談
1945. 2. メキシコ米洲国際会議（チャプルテペク条約）。4. ルーズヴェルト死（1882〜）。副大統領トルーマン，昇任（〜53）
1945. 5. 7 ドイツ降伏し，第2次世界大戦終結（日本はなお戦争を継続し，8月15日に至って降伏）。
1945. 7. 原子核爆発実験成功
1945. 9.〜10. ロンドン5大国外相会議（米・英・ソ・仏・中）
1945. 11. 米英及びカナダ，原子力管理共同声明
1945. 12. モスクワ外相会議（米・英・ソ）

西ヨーロッパ

イギリス連邦

1936〜52 ジョージ6世
1937. 1. 英伊地中海協定
1937. 5.〜40 チェンバレン挙国一致内閣（対独宥和策。軍備大拡張）
1937. 10. 物理学者ラザフォード死（1871〜）
1937. 12. アイルランド，エール共和国と改称
1938. 2. イーデン外相，対伊妥協を拒否し辞職。4. 英伊新協定。7. 英艦隊総動員令
1938. 9. 29 ミュンヘン会談（ヒットラー・ムッソリーニ・ダラディエ・チェンバレンら。ドイツ，ズデーテン地方併合）
1934／39 トインビー「歴史の研究」全6巻
1939. 3. ポーランドの独立支持声明。4. 徴兵制採用
1939. 8. 25 ポーランドと軍事同盟
1939. 9. 3 イギリス・フランス，ドイツに対し宣戦（第2次世界大戦はじまる）。
1939. 11 英仏経済委員会設置
1940. 5.〜45 チャーチル戦時連立内閣（外相，12月よりイーデン）
1940. 5.〜6. 英軍のダンケルク撤退。6.14. パリ陥落。
1940. 7. ドイツ空軍のロンドン初爆撃。8.〜11. ドイツ空軍のイギリス猛撃。11. チェンバレン死（1869〜）
1941. 5. ロンドン大空襲
1941. 12. 6 対ルーマニア宣戦。8. 対日宣戦
1942. 1. エチオピアと独立協定。ソ連及びイランと条約。3. 英奇襲部隊コマンド，サンナゼール攻撃
1942. 5. 英空軍，最初の「千爆」空襲でケルン攻撃，ついで3次にわたりエッセン・ブレーメン等爆撃
○ガソリン不足，統制強化
1942. 8. ディエップ大空襲，英軍のフランス上陸企図
1942. 10.〜11. 北アフリカ戦線の勝利
1943 考古学者A・スタイン死（1862〜）
1943. 11.〜12. 英空軍のベルリン大空襲
1944. 5. 英連邦首相会議
1944. 6. 自由フランス軍参加の連合国軍，ノルマンディーに上陸成功
1945. 3. ロイド・ジョージ死（1863〜）
1945. 8.〜51 アトリー内閣（労働党，外相ベヴィン）

フランス共和国

1932〜40 ルブラン
1937. 6. ブルム内閣倒れ，第3次ショータン内閣成立（〜38）。フランの平価再切下げ。11. 極右団体の共和制顛覆陰謀事件
1938. 3. 神学者ラグランジュ死（1855〜）。4. サルトル，実存主義を唱道。
1938. 4.〜40 第3次ダラディエ内閣（急進社会党）
1938. 11. 人民戦線崩壊。ダラディエ内閣反対スト
1939. 3. イスパニアに出兵しバルセロナ占領
1939. 9. 2 総動員令
1940. 3.〜6. レイノー内閣
1940. 5. ドイツ軍，マジノ線突破。ベルギー降伏。オランダ占領
17 ペタン内閣。24 仏伊停戦協定
1940. 6. 25 フランス，対独降伏
1940. 7. ヴィシー政府成立
1940. 7.〜44 ヴィシー政府国家首席ペタン
1941. 1. 哲学者ベルグソン死（1859〜）。5. 対独抵抗国民戦線結成。6. ド・ゴール，ロンドンに亡命政府組織（自由フランス国民委員会）
1942. 11. ドイツ軍，チュニス上陸
1942. 11. 独伊軍，トゥーロン占領（フランス艦隊自爆）。ドイツ軍，全フランス占領
1942末以来 ドイツ海軍の大西洋潜水艦作戦
1943 サルトル「存在と無」
1943. 5. アルジェリア・チュニジアの独伊軍降伏（北アフリカの戦闘終る）。7. 連合国軍，シチリア島上陸
1943. 6. ド・ゴール，アルジェリアにフランス解放委員会組織。9. 自由フランス軍コルシカ奪還
1944. 6. グラーヌにおけるドイツ軍の全村民大虐殺。
1944. 8. 20 パリ解放。25 ド・ゴール，パリ入城
1944. 9. 9 フランス共和国臨時政府成立（首班，ド・ゴール，〜46. 1.）
1944. 12. 仏ソ同盟条約（ビドー・モロトフ）。ロマン・ロラン死（1866〜）
1945. 8. ペタンに対する叛逆罪裁判。10. 東洋学者ペリオ死（1878〜）
1945. 11.〜46 ド・ゴール内閣。11. ラヴァル死刑

中央ヨーロッパ

ドイツ共和国（第3帝国）

1934〜45 総統ヒットラー
1937. 5. ヒンデンブルグ号，レークハーストで爆破。イスパニア政府軍機，ドイツ戦艦ドイッチュランド号爆撃。7. 英独海軍条約。10. ベルギーの中立不可侵保障。11. ヒットラーのホスバハ文書。**11. 6. 日本・ドイツ・イタリア三国防共協定。**
1938. 2. ナチス国防軍事件。3. ドイツ・オーストリア合邦（4. 人民投票で承認）。4. ズデーテン地方，自治を要求。4. 哲学者フッサール死（1859〜）。ドイツ，満洲国を承認。5. ヒットラー，ローマ訪問
1938. 10. 社会主義者カウツキー死（1854〜）。11. ユダヤ人を国外追放
1939. 2. ハンガリー，防共協定参加
1939. 3. ドイツ軍，チェコ侵入。チェコスロヴァキア解体。スロヴァキアを保護国とする。メメル進駐。5. 独伊軍事同盟（鋼鉄条約）
1939. 8. 独ソ不可侵条約。9. 1 ドイツ軍，ポーランド進撃
9. 27 ワルシャワ陥落。11. ダンツィヒ併合
1940. 3. 18 ヒットラー・ムッソリーニのブレンネル峠会談
1940. 4. デンマーク・ノルウェー攻略。
1940. 9. 27 三国軍事同盟（枢軸陣営の強化）
1940. 11. ハンガリー・ルーマニア・スロヴァキア，三国同盟に参加
1941. 2. 英軍，キレナイカ占領。3. ドイツ軍，ブルガリア進駐。独伊軍，キレナイカ奪還。4. ハンガリー参戦。ドイツ軍，アテネ入城。ペロポネソス半島占領。5.〜6. ドイツのグライダー軍，クレタ島占領
1941. 6. 22 ドイツ・イタリア，対ソ宣戦
1941. 8. ソ連機，ベルリン空襲。9. ドイツ軍，キエフ占領。10. ドイツ軍，オデッサ占領，モスクワへ進撃。11. ソ連軍，反撃開始。12. ドイツ・イタリア・ハンガリー，対アメリカ宣戦
1942. 1. 独伊軍，北アフリカ戦線で反撃開始，エル＝アラメインに進出（〜7月）。3. 英空軍のリュベックに対する壊滅的爆撃
1942. 7. ドイツ軍，セバストポールを占領しクリミア掌握。8. コーカサス進撃。スターリングラードの一角突入
1943. 1. ドイツ軍の敗退はじまる。2. スターリングラードのドイツ軍降伏。3.〜5. 米英空軍，ルール諸市爆撃。
1943. 8. ハンブルグ市全滅。9.（イタリア，連合国に降伏），ドイツ軍，ローマ占領（〜44. 6.）。社会学・経済学者オッペンハイマー死（1864〜）。11.〜12. ベルリン大空襲
1944. 1. 東部戦線の全面的敗退，3. ドイツ軍，ハンガリー占領。4. ウクライナの占領地撤退
7. ヒットラー暗殺未遂事件。8. ドイツ軍，クレタ撤退。ソ連軍，ハンガリー侵入。9. 新兵器V2号使用のはじめ。10. 米英軍，アーヘン攻略。12. ハンガリーに親ソ政権成立
1945. 3. 米空軍のベルリン昼間空襲。米軍，ライン渡河。詩人ミュンハウゼン死（1874〜）。4. ソ連軍，ウィーン突入。米ソ，エルベの誓い。ヒットラー自殺（1889〜）。5. **ベルリン陥落**
6. **ドイツ，東西に分裂**。7. ザール，フランスの保護下に入る。8. 30 四大国（米・英・仏・ソ）管理委員会成立。10. ニュルンベルグ軍事裁判開く。12. パリでドイツ賠償会議開く

オーストリア ハンガリー チェコスロヴァキア

1937. 9. 前チェコ大統領 T・マサリク死（1850〜）
1938. 9. チェコスロヴァキアの危機
1938. 10. 前チェコ大統領ベネシュ英国亡命

オーストリア

1945. 5. 旧憲法復活。7. 四大国分割占領布告
1945. 12.〜50 大統領カール・レンナー
（以下ハンガリーとチェコは東欧諸国の欄に掲載）

南ヨーロッパ

イタリア王国

1937. 1. 地中海現状維持に関する英伊紳士協定。3. ユーゴと不可侵条約。9. ムッソリーニ，ローマ訪問
12. イタリア，国際連盟脱退
1938. 3. 詩人ダヌンチヨ死（1863〜）。4. 英伊新協定
1938末 反仏活動盛ん
1939. 3.〜58 教皇ピウス12世。4. アルバニアを攻略し併合
1939. 9. 2 ムッソリーニ，中立宣言
1940. 6. 10 参戦（対英仏宣戦）。9. イタリア軍，エジプト侵略（英軍の反撃）
1941. 4. 英軍，エチオピア占領
1941. 4.〜12. 英軍，トブルク死守
1942. 10. リビヤ戦線の敗退はじまる
1942.11 英軍，キレナイカを再占領
1943. 1. 連合国軍，トリポリ占領
1943. 7. ファシスト党解散。9. バドリオ首相となる。イタリア降伏。ムッソリーニ，北イタリアに新政権樹立。10. バドリオ，対ドイツ宣戦
1944. 6. ローマ解放。8. フィレンツェ解放
1945. 4. ムッソリーニ処刑（1883〜）。人民裁判所設置。5. 北イタリア解放。停戦協定
1945. 12.〜53 デ・ガスペリ内閣

イスパニア ポルトガル

1937. 4. フランスの政党統一令（ファランヘ党を唯一の政党とする）。10. 政府バルセロナに移る
1938. 1. イスパニア国家基本法発布
1939. 1. フランコ軍バルセロナ占領。3. イスパニア・ポルトガル不可侵条約。フランコ軍マドリード占領。4. イスパニア防共協定参加。5. 国際連盟脱退
1939. 8 .9 イスパニア国家首席フランコ就任，独裁権を握る
1940 イスパニア・ポルトガル不可侵条約
○ポルトガル，大戦に際し中立を保つ
1942. 7. コルテスの復活。12. イベリア＝ブロックの結成
1944. 10. 反フランコ派，民主主義勢力国民同盟を結成
1945. 7. イスパニア国民基本法公布。9. タンジール国際協定復活。10. フランスとの国境を閉鎖（〜48）

北ヨーロッパ

北欧諸国

1937. 2〜 フィンランド大統領カリオ
1937. 6. オスロ＝ブロック会議（ハーグ）
1938 デンマーク，中央アジア探検隊派遣
1939. 3. デンマーク，ドイツと不可侵条約。9. ソ連軍，フィンランド進撃。10. ソ連，バルト3国に進駐。12. ストックホルム3国外相会議
1940. 4. ドイツ軍，デンマーク・ノルウェー席巻。英軍，ナルヴィク占領（〜6. 撤退）
1941. 6. スウェーデン，厳正中立宣言。7. アメリカ，グリーンランドを軍事占領
1943. 4. 言語学者イェスペルセン死（1860〜）
1944. 1. 画家ムンク死（1863〜）。6. アイスランド共和国独立宣言（初代大統領ビョルソン）
1945. 5. デンマークのブール，臨時政府組織。6. ノルウェー亡命政府（1940〜）オスロにかえる

CIO＝Congress of Industrial Organization。*真珠湾攻撃は日本時間では12月8日に当る。**世界労働組合連盟**＝World Federation of Trade Union。ユネスコ＝UNESCO＝United Nations Educational, Scientific and Cultural Organization。国連教育科学文化機関。**国際連合**＝United Nations（略称，国連，UN），1945年6月加盟50カ国であるが，10月15日，ポーランドが参加し，同月24日国連が正式に発足して，**原加盟国**は51カ国となる。

東ヨーロッパ: ポーランド・バルカン諸国	東ヨーロッパ: ソヴィエト連邦	中東・アフリカ: エジプト・トルコ・イラン	南アジア: インド・東南アジア	東アジア: 中華民国	東アジア: 日本帝国	年代	大勢
1937. 1. ユーゴスラヴィア・ブルガリア友好条約。3. イタリア・ユーゴスラヴィア不可侵条約。ポーランドにファッショ団体オゾン設立 1938. 2. ルーマニア国王カロル2世のクーデター，親仏政策，強圧政治を布く(1940. 11. 退位) 1938. 11. ソ連，ポーランドと不可侵条約更新 1939. 3. ルーマニア，ドイツと通商協定。4. イタリア軍，アルバニア占領。8. 英，ポーランドと不可侵条約。9. 1 **ドイツ軍，ポーランドに電撃作戦**。17 ソ連軍，ポーランド進駐。23 ソ連，ドイツとポーランド分割協定。27 ドイツ軍，ワルシャワを陥す。ポーランド，ドイツに降伏 1940. 6. ソ連，ルーマニアからベッサラビア・北ブコヴィナを割取 1940. 10. イタリア軍，ギリシア侵入。11. ルーマニア，三国同盟参加 1941. 2. ルーマニア，対英断交。3. ブルガリア・ユーゴ，三国同盟参加。ユーゴに反独クーデター。4. ソ連，ユーゴと不可侵条約	1930〜41 人民委員会議議長モロトフ 1937. 6. トゥハチェフスキー(1893〜)ら8将軍銃殺刑。8. 中ソ不可侵条約。12. 最高会議委員の第1回総選挙 1937 オパーリン「生命の起源」 1938. 3. ブハーリン(1888〜)・ルイコフ(1880〜)ら銃殺刑 1938. 3. 第3次5カ年計画 1938. 9. 「ソ同盟共産党小史」刊行 1939. 2. 極東開発計画発表。5.〜8. ノモンハン事件(日本軍と衝突)。5. リトヴィノフ辞職，モロトフ，外相兼任 1939. 8. 23 独ソ不可侵条約 1939. 11. ソ連軍，フィンランドに進撃 1940. 3. フィンランドと講和 1940. 7. バルト3国併合。8. トロツキー，メキシコで暗殺される(1877〜)。9. フィンランドからポルカラ基地を租借 1941. 5.〜53 **人民委員会議議長スターリン(1941. 7. 国防人民委員兼摂)**	1937 イラン・アフガニスタン・トルコ・イラク不可侵条約(サーダバード条約，東方同盟の結成) 1938. 8. イラン縦貫鉄道完成 1938. 11. ケマル・アタテュルク死(1881〜) 1938. 11.〜50 トルコ大統領イスメッド・イノニュ 1939. 4.〜58 イラク王ファイサル2世 1939. 10. トルコ，英・仏と同盟条約(トルコ，アレクサンドレッタ(イスケンデルン，ハサイ港を回復) 1940. 4. イラク，親枢軸派のクーデター(5. 失敗)。6. 英軍バグダードに入る 1940夏〜41末 リビヤ・エジプト戦線，英独・伊軍の攻防	1937. 2. 第1回州議会選挙，国民会議派勝つ。4. ビルマ，インドより分離。11. ビルマ公路起工 1938. 7.〜8. ビルマの反英暴動。ラングーンで仏・イスラム両教徒の衝突事件 1938 ウルドゥ詩人ムハンマド・イクバール死(1873〜)。ベンガルの小説家チャトパダーイ死(1876〜) 1938. 12. シャムのピブン，首相となり実権掌握 1939. 2. ビルマ，学生の反英運動。5. シャム，不平等条約を改正し国号をタイと改める 1940. 1. タイ，ピブンの独裁化成る。3. ムスリム連盟(会長ジンナー)のラホール大会(パキスタン決議)。8. ビルマ人独立期成大会。9. 日本軍，仏印進駐。11. ネール，逮捕される。12. タイ・仏印間の武力抗争(〜41. 1. 講和) 1941. 1. ヴェトナム独立闘争民主戦線(ヴェトミン)創立。5. タイ・仏印平和条約。7. 日本軍，南部仏印進駐。8. 詩人タゴール死(1861〜)。12. 日本・タイ攻守同盟	1931〜43 国民政府首席林森(1943. 8. 死) 1937. 1. 汪兆銘帰国。2. 西安事件解決。3. 国民党三中全会開催。6. 日ソ，乾岔子事件 1937. 7. 7 盧溝橋事件。**日中戦争はじまる**。28 北京攻略 1937. 7. 17 蔣介石の廬山談話。8. 沈鈞儒ら，釈放。共産八路軍編成 1937. 8.〜11. 第2次上海事件 1937. 8. 中ソ不可侵条約。9. 日本海軍中国沿岸封鎖。**第2次国共合作**。10. 華中の赤軍，新四軍編成。11. 日本軍，杭州湾上陸。蒙疆連合(察南・晋北・モンゴル)委員会成立 1937. 11. 国民政府，重慶遷都。12. **南京陥落**。北京で中華民国臨時政府成立。済南陥落 1938. 1. 漢口で中共機関紙「新華日報」創刊。3. 南京で中華民国維新政府成立。5. 日本軍，徐州攻略。7.〜8. 日ソ，張鼓峰事件 1938. 10. 日本軍，バイアス湾上陸。広東占領。**武漢三鎮陥落** 1938. 12. 汪兆銘，重慶脱出 1939. 2. 中ソ航空協定。日本軍，海南島占領。4. 蒙疆連合委員会首席徳王就任。6. 中ソ通商協定。国民党，異党活動防止弁法発令。9. 張家口に蒙古連合自治政府成立。汪兆銘・王克敏・梁鴻志，南京会見。12. 国民党軍，陝甘地方の共産軍を攻撃。経学者銭玄同死(1868〜)。呉佩孚死(1872〜) 1939 林語堂「北京好日」 1940. 1. 毛沢東「新民主主義論」。3. 史学者蔡元培死(1868〜)。汪兆銘，南京に新政府を樹立。史学者羅振玉死(1866〜)。6. ソ連軍，新疆に進駐。8.〜12. 華北の共産八路軍，百団大戦(日本軍に対する大攻勢)	1926〜89 昭和天皇 1937. 2.〜6. 林銑十郎内閣 1937. 6. 朝鮮，普天堡の戦闘(抗日パルチザン) 1937. 6.〜39 第1次近衛文麿内閣 1937. 10. 満洲重工業開発会社成立。朝鮮人に対し「皇国臣民の誓詞」頒布。11. 日・独・伊防共協定 1937. 12. 第1次人民戦線検挙 1938. 1. 「国民政府を相手にせず」との近衛声明 **1938. 5. 国家総動員法発令** 1939. 1.〜8. 平沼騏一郎内閣 1939. 5.〜8. ノモンハン事件。7. 有田・クレーギー協定。アメリカ，通商航海条約廃棄を通告。8. 日英会談決裂 1939. 8.〜40 阿部信行内閣 1939. 9. 欧州戦に不介入の声明。支那派遣軍総司令部設置。10. 九・一八物価停止令 1940. 1.〜7. 米内光政内閣 1940. 6. 近衛文麿，新体制運動提唱 1940. 7.〜41 第2次近衛内閣(「大東亜共栄圏」建設の声明)。9. 仏印と軍事協定，仏印進駐。日独伊三国軍事同盟。10. 大政翼賛会発足。11. 西園寺公望死(1849〜，最後の元老)	1937	日華事変の拡大／日本全体主義体制の進展／
4. ドイツ軍，対ユーゴ進撃。クロアチア独立宣言。ギリシア，ドイツに宣戦。6. ルーマニア対ソ宣戦。12. ルーマニア・ブルガリア，連合国に対し宣戦 1942 ブルガリアのディミトロフ，祖国戦線結成 1942 ドイツ軍，ポーランドのアウシュヴィッツ等でユダヤ人の徹底的大虐殺 1943. 2. ブルガリア，ユダヤ人を弾圧 1943. 8. 米空軍，ルーマニア油田爆撃。11. ユーゴの国民解放委員会，臨時政府を組織(チトーら) 1944. 1. ソ連軍，ポーランド国境突破。ドイツ軍，東部戦線から後退。 1944. 2. ポーランド国民会議設置(11. 国民解放委員会と改称)。3. ソ連軍，ルーマニアに進攻。8. ルーマニア，対独宣戦。9. ユーゴのチトー，粛清を開始。ソ連軍，ブルガリア征圧。ハンガリー，対ルーマニア宣戦。10. ソ連軍，東プロシア進撃。ドイツ軍，ギリシア撤退。ブルガリアに共産政権成立(〜46，首班ギオルギエフ)。11. アルバニアに共産政権成立(〜45，首班ホジャ) 1945. 1. ポーランド解放。3. ユーゴ，チトー新政府樹立。5. チェコスロヴァキア及びハンガリー解放。ルーマニア農民党のグローザ，新政府樹立。7. ポーランド新政府成る(臨時大統領ビエールト，のち国家会議議長，〜52)。11. ユーゴスラヴィア連邦人民共和国成立	**1941. 6. ドイツ軍，対ソ攻撃開始(「大祖国戦争」)**。音楽家パデレフスキー死(1860〜)。10. 政府機関，クイブイシェフ移転。11. ソ連軍，反撃開始。秋以来，パルチザン戦展開 1942. 5. ロンドンで英ソ相互援助条約締結。6. 武器貸与に関する米ソ協定。8. ドイツ軍，スターリングラード突入，ソ連軍死守。11. ソ連軍の対独猛反攻はじまる 1943. 2. ドイツ軍のスターリングラードの悲劇。3. スターリン，元帥となる。4. ドイツ軍，レニングラード猛攻。5. コミンテルン解散。8. 政府機関，モスクワへ帰る。10. モスクワ外相会議(米・英・ソ)。11. テヘラン会談 1944. 2. 憲法改正，各ソヴィエト共和国に防衛・外務両人民委員会設置 1944. 12. ソ仏同盟条約 1944 シモーノフ「昼も夜も」 **1945. 2. ヤルタ会談**。4. 日ソ不可侵条約廃棄。ソ連軍，ウィーン入城。ソ連軍，米軍とエルベ川で握手。5. ベルリン占領。6. スターリン，大元帥となる。カルパト・ウクライナ併合。**7. ポツダム会談**。8. 8 **日本に宣戦，満洲・朝鮮に侵入**。14 中ソ友好同盟条約。12. 米・英・ソ3国モスクワ外相会議	1941. 6. トルコ，ドイツと友好条約。イラン，中立宣言。9. シリア独立宣言。イラン王レザー・シャー退位 1941. 9.〜79 イラン王ムハマッド・レザー・パフラヴィー 1941. 9. ソ連軍，テヘラン占領。11. レバノン独立 1942. 1. イラン，英・ソと軍事同盟，対日断交。9. ドイツ軍，コーカサス作戦企図。アゼルバイジャン暴動 1943. 8. レバノン共和国成立(大統領クーリ，〜52)。9. イラク・イラン，対独宣戦 1944. 1. シリア共和国成立 1944. 9.〜10. アラブ諸国会議。アレクサンドリア議定書 **1945. 3.** イラン・トルコ，対日宣戦。**3. 22 アラブ連盟結成**(エジプト・サウジアラビア・イエーメン・シリア・レバノン・イラク・ヨルダン)	1942. 1. 日本軍，マニラ占領。タイ，対米英宣戦。2. 日本軍，ラングーン占領。3. フィリピン統一抗日人民軍(フク団)結成。蘭領東インド，日本に降伏。8. ボンベイに反英運動。不服従運動の再開 1943. 8. 日本軍，ビルマの独立を宣言(首班バーモ)。10. 日本軍，フィリピンの独立許与。チャンドラ・ボースの自由インド仮政府成立(シンガポール) 1943〜47 インド総督ウェーヴェル 1944. 6. 米議会，フィリピン独立法採択。9. ガンディーとジンナーの会談 1945. 2. 米軍，マニラ奪回。8. チャンドラ・ボース死(1897〜)。インドネシアの独立を宣言(大統領，スカルノ)。バオダイ(保大)退位，ヴェトナム民主共和国臨時政府成立。9. ホー・チ・ミン(胡志明)，ヴェトナム民主共和国を建設。10. タイ，またシャムと改める，革命起る。ホー・チ・ミン，フランスと協定，ヴェトナムをフランス連合内の独立国とする	1941. 1. 国民党軍，共産新四軍を攻撃(皖南事件)。3. 汪兆銘，「重慶迷夢戒諭」声明。4. アメリカ，対中5000万ドル借款成立。中ソ中立条約成立。5. アメリカ，対中武器貸与法発動。10. マニラで米・英・オランダ及び中国の軍事会談。香港に中国民主政団成立。12. 国民政府，対日独伊宣戦 1942. 2. アメリカ人スティルウェル，国民党軍参謀となる。中共，三風整頓運動開始。3. アメリカ，対中5億ドル借款成立。5. 日本軍の浙贛打通作戦。毛沢東「文芸講話」発表。10. 米英，中国の治外法権撤廃声明(不平等条約の改正)。米英中ソ，重慶作戦会議。陳独秀死(1880〜) 1943. 1. 延安に日本人解放連盟成立(前線の日本兵に対する呼びかけ)。3. 国民党の第3次共産党攻撃。蔣介石「中国の命運」 1943. 9. 国民政府首席蔣介石(党総裁・軍事委員会主席等兼任)就任(〜46)。9. 日本軍華北の共産軍攻撃。10. 中共の十大政策。11. 蔣介石，カイロ会談出席 1944. 4. 日本軍の大陸打通作戦はじまる。 1944. 6. ウォーレス・蔣介石会談。国共調停。7. イリ地方に東トルキスタン共和国成立(〜46. 6., 解消)。9. 米使ハーレイ訪中。10. 蔣介石，スティルウェルの罷免要求。11. 汪兆銘(精衛)死(名古屋で，1885〜)。ハーレイ・毛沢東会談。周恩来・張自中・王世杰会談 1945. 4. 毛沢東「連合政府論」。5. 宋子文，行政院長(重慶)となる。8. ソ連軍，満洲に侵入。日中戦争終る。中ソ友好同盟条約。南京政府解消。中国，国連の常任理事国となる。蔣介石・毛沢東会談。9. 在中日本軍，降伏文書調印。**10. 国共双十協定**(政治協商会議招集を決定)。11. 国共の内戦はじまる。中共軍，熱河・察哈爾省を占領。12. トルーマン，国民政府支持を声明。中共，国民党に対し無条件停戦の申入れ	1941. 4. 外相松岡洋右，モスクワで，日ソ中立条約締結。日米会談開始 1941. 7.〜10. 第3次近衛内閣。7. 関門トンネル貫通。米英，日本資産を凍結。日英通商条約廃棄 1941. 10.〜44 東条英機内閣 **1941. 12. 8 日本軍，真珠湾攻撃。対英米宣戦。太平洋戦争起る**。10 マレイ沖海戦。グヮム島占領。25 香港攻略 1942. 1. マニラ占領。ラバウル占領。2. 15 シンガポール陥落。3. ラングーン占領。4. 米艦載機による東京・横浜初空襲。5. マンダレー占領。珊瑚海海戦。コレヒドール島要塞攻略。6.〜7. **ミッドウェー海戦**。7. フィリピン全土の攻略。11. ソロモン沖海戦。北原白秋死(1885〜) 1943. 2. ポートダーウィン爆撃。グヮダルカナル島敗退。ジャワ沖海戦。4. 連合艦隊司令長官 山本五十六戦死(1888〜)。5. アッツ島の守備隊全滅(玉砕の語使用)。学徒戦時動員体制を発表。11. 日本の主唱で東京に大東亜会議を開く，大東亜共同宣言発表 6. 米軍，サイパン島上陸 1944. 7.〜45 小磯国昭内閣 1944. 10.〜12. レイテ作戦(神風特別攻撃隊初出撃) 1944. 10. フィリピン沖海戦。11. サイパン基地からの米空軍B29の本土空襲はじまる 1945. 2. 米軍，硫黄島上陸。4. 米軍，沖縄本島上陸 1945. 4.〜8. 鈴木貫太郎内閣。6. 西田幾多郎死(1870〜)。8. 6 **広島に**，9 **長崎に，原子爆弾投下される**。8 **ソ連，対日宣戦**。14 **ポツダム宣言受諾**。15 **終戦の詔，無条件降伏**。17〜10. 東久邇宮内閣。30 占領軍最高司令官マッカーサー着任。9. 2 降伏文書調印。10. 特別高等警察廃止。10.〜46 幣原喜重郎内閣。11. 財閥解体指令。社会党・自由党・進歩党等結成。12. 労働組合法公布 **朝鮮・韓国** **1945. 8. 南北に分裂**。ソ連軍，北朝鮮に進駐。9. 米軍，ソウルに進駐。12. 米英ソ3国モスクワ宣言	1940 1945	太平洋戦争――アジアを掩う戦雲――／アジアの変貌

アラブ連盟＝Arab League，原加盟国7カ国，1958年までにリビヤ・スーダン・チュニジア・モロッコが加盟し，さらに1961年クウェイトとシリア，62年アルジェリアが加盟。 **三風整頓**＝学風・党風・文風の改善運動をいう。
ヴェトミン(越盟)＝Viet-Minh，ヴェトナム独立同盟の略で共産党が指導力となっている。ホー・チ・ミンが盟主。 **フク団**＝フクバラハップHukbalahap Hukboang Bay an Laban sa Haponの略でタガログ語で抗日人民軍の意。

〔38〕

大勢	年代	国際問題	アメリカ大陸	西ヨーロッパ			中央ヨーロッパ			南ヨーロッパ		北ヨーロッパ
			アメリカ合衆国	**イギリス連邦**	**フランス共和国**	**ベネルックス**	**西ドイツ**	**東ドイツ**	**オーストリア**	**イタリア**	**イスパニア ポルトガル**	**北欧諸国**
新世界建設の歩み／東西両陣営の形成と対立の発生／西欧諸国の経済的統合／東西接点の危機	1946 〜 1950	**1945. 10. 24 国際連合発足** 12. 極東委員会設置。国際復興開発銀行設立 **1946. 1. 第1回国連総会。安全保障理事会成立。**国連初代事務総長リー就任(～53)。4. パリ4国外相会議。5. 世界労働連盟結成。7.～10. **パリ平和会議。** 1947. 2. パリ平和条約。3. アジア極東経済委員会(ECAFE)設置。3.～4. **モスクワ外相会議(米ソ対立の初め)。9. コミンフォルム結成。**10. 国際貿易一般協定(GATT)調印 1948. 2.～6. ロンドン6国会議。4. 世界保健機構(WHO)設立。6. 東欧ワルシャワ会議。8. 国際難民機構(IRO)成立。**12. 世界人権宣言** **1949.** 1. 世界労連分裂。3. 国際小麦協定成立。4. **北大西洋条約機構成立。**5. 国連総会，国際紛争の平和的処理に関する決議。パリ外相会議(4国協定)。11. 国際自由労働連盟結成 1950. 3. ストックホルム・アピール。世界気象機関(WMO)発足。6. **朝鮮戦争。**7. 国連軍，朝鮮へ出動。8. ヨーロッパ決済同盟(EPU)調印。11. 国連総会，平和のための統合決議	1945～53 トルーマン(民主党) 1946. 1. 原子力委員会設置。2. ▽アルゼンチン大統領ペロン就任。6. ビキニ原爆実験。7. フィリピン独立。▽動物学者シートン死(1860～) **1947. 3. トルーマン・ドクトリン。**4. 自動車王フォード死(1863～)。**6. マーシャル・プラン提唱。**タフト＝ハートリー法成立。非米活動委員会の赤狩激化。9. リオデジャネイロ条約(米州相互援助協定)。▽アルゼンチン婦人参政権獲得(大統領夫人エヴァ・ペロンの指導) 1948. 3. ハヴァナ国際貿易憲章成る(未発効)。**西ヨーロッパ5国連合条約(ブリュッセル条約)調印** **1948. 4. 対外援助法成立。ボゴタ憲章(米洲機構成立)。**6. ヴァンデンバーグ決議。 1949. 1. ポイント・フォア・プラン。**フェア・ディール** **1949. 4. 4 北大西洋条約機構(NATO)調印。**4. 28 ルール条例調印 1949. 9. 対ユーゴ2000万ドル借款供与。11. 対共産圏輸出統制委員会(ココム，COCOM)設置(15カ国参加) 1950. 1. トルーマン，水爆製造を指令。経済学者シュンペーター死(1883～) 1950. 3. 対外援助法成立。6. 米英仏3国外相ニューヨーク会議(西ドイツを承認) 1950. 10. トルーマン・マッカーサーのウェーク島会談 1950. 12. トルーマン・アトリー会談 1950. 12. 非常事態宣言。対共産圏輸出禁止 1951. 4. マッカーサー解任。北大西洋軍最高司令部設置。6. 米英仏3国外相ワシントン会議。	1936～52 ジョージ6世 1946. 2. 社会保障法。3. チャーチルのソ連非難演説(鉄のカーテンの語を使用)。4. 経済学者ケインズ死(1883～)。 **1946. 6. 社会主義インターナショナル(コミスコ)結成**(20カ国参加) 1946. 11. 社会主義化5カ年計画の発表 1946. 3.～49. 5. 炭坑等7大産業の国有化実施 1947. 3. 英仏ダンケルク協定(対独相互援助)。 1947. 7. ヨーロッパ経済復興会議(パリ)。8. インド連邦・パキスタン自治領の成立 1948. 1. ビルマ独立，英連邦離脱 **1948. 4. ヨーロッパ経済協力機構**(OEEC)**結成(18カ国。マーシャル・プランの受入れ)** 1948. 10.～11. 英連邦会議(対日講和など討議)。 1949. 4. エール，英連邦を離脱 1949. 4. パリ第1回世界平和擁護大会 **1949. 5. ヨーロッパ会議**(COE)**結成**(10カ国，ロンドン，後15国) 1949. 9. エール，アイルランドと改称。ポンド切下げ。国民代議員法 1950. 1. 中華人民共和国を承認。3. 政治学者ラスキ死(1893～) 1950. 11. 劇作家バーナード・ショー死(1856～) 1951. 2. 鉄鋼業国有化実施(～53. 9. 解除)。4. 労相ベヴァン辞職	1946. 1. フランス銀行と4大民間銀行の国有 1946. 6.～12. ビドー内閣 **【第4共和制】** **1946. 10. 新憲法制定(フランス連合の発足)** 1947. 1.～54. 1. オリオール 1947. 1.～11. ラマディエ内閣 4. ド・ゴール，フランス人民連合結成。11. シューマン内閣(～48. 7.) 1948. 1. フラン切下げ。3. 治安維持法公布 1949. 3. フランス・ヴェトナム協定。6. ラオスと協定(独立承認) 1949. 10.～50. 6. 第2次ビドー内閣(外相シューマン) 1950. 3. ザール協定調印。**5. シューマン・プラン発表** 1950. 10. 西ヨーロッパ統合軍に関するプレヴァン・プラン発表 1951. 2. 作家アンドレ・ジッド死(1869～)。4. シューマン・プラン調印(**ヨーロッパ石炭鉄鋼共同体条約**(ECSC)，仏・西独・ベネルックス及びイタリア間)	1946. 7.～8. オランダ・インドネシア戦争 1946. 11. リンガジャチ協定 1947. 3. ベネルックス関税同盟調印 1947. 7. オランダの対インドネシア第1次警察行動 1947 ゾイデル海の第1次干拓事業完成 1948. 9.～80 オランダ女王ユリアナ 1949. 5. 詩人メーテルリンク死(1862～)。11. ハーグ協定。12. インドネシアに主権譲渡 1950. 8.～ ベルギー王ボードワン1世	1946. 3. 米占領地区，解放法制定 1946. 10. ニュルンベルグ軍事裁判判決(ゲーリング・リッベントロップら12名絞首刑) 1946. 12. 米英占領地区経済統合協定 1947. 6. 全ドイツ諸州首相 ミュンヘン会議(統一の討議) 1947. 10. 物理学者プランク死(1858～) 1948. 2. 西独統合憲章成る **1948. 6.～49 ソ連によるベルリン封鎖** 1948. 6. 通貨改革実施 **1949. 9. ドイツ連邦共和国成立(臨時首都ボン)** 1949. 9.～59 大統領ホイス **1949. 9. アデナウアー内閣成立(～63)**	1947 ソ連地区，工場の賠償撤去を中止 1947. 6. 経済委員会設置。9. 農地改革終了 1948. 6. 西独にならい通貨改革実施 1949. 5. ドイツ民主共和国憲法公布。**10. ドイツ民主共和国成立** 1949. 10.～60 大統領ピーク(グローテヴォール内閣～64) 1950. 6. ポーランドと国境画定(オーデル・ナイセ)。9. 第1次5カ年計画	1945～50 レンナー 1945～55 米英仏ソ4国の占領管理行政 1946. 9. 南チロール問題に関するイタリア・オーストリア協定 1947. 5. 銀行・大企業・炭坑の国有化 1949. 11.～53 フィグル内閣 1950. 12. レンナー死(1870～)	1946. 5. ヴィットリオ・エマヌエレ3世退位。6. 王政廃止，**共和国宣言。**7. デ・ガスペリ内閣成立(～53) **1947. 12. 新憲法制定。イタリア共和国成立** 1947. 12～48 大統領デ・ニコラ 1948. 1.～55 エウナウディ 1949. 1. フランスと関税同盟条約。2. ポー平野の労働者のスト。8. NATO加盟 1950. 1. ソマリランド，イタリア信託統治領となる。3. トリエステ領有の要求。11. 農地改革	1946. 3. 国連，イスパニアに対して政治的自由の勧告 1947. 3. フランコ，イスパニアの終身国家主席となる(君主制復帰の表明)。7. 人民投票によりフランコ政権承認される。元首継承法成る 1949. 7. ポルトガル，NATO加盟。10. フランコ，リスボン訪問 1950. 10. イスパニア，諸国との外交関係逐次回復	1946. 7. デンマーク領フェロー諸島自治権獲得。11. アイスランド・スウェーデン国連加入 1947. 2. フィンランド，英ソと講和条約 1947. 4.～72 デンマーク王フレデリク9世 1947. 8. コペンハーゲン北欧外相会議 1948. 4. フィンランド，ソ連と友好条約。7. スウェーデン中立表明 1949 デンマーク・ノルウェー，NATO加盟 1950. 10.～73 スウェーデン王グスタフ・アドルフ6世
	1950 〜 1954	**1951.** 2. 国連総会，対中国非難決議。4. 西ヨーロッパ統合軍正式発足。**9. サンフランシスコ対日講和会議。**NATOオタワ宣言(ギリシア・トルコの加入) 1952. 2. NATOリスボン会議。5. ヨーロッパ防衛共同体条約(EDC)調印。9. ロンドン国際綿業会議。12. 国連総会，日本に国連加入の資格ありと決議 1953. 2. シューマン・プラン発足。4. 国連事務総長ハマーショルド就任(～61)。国連総会，西欧側提出の軍縮案採択(ソ連側拒否)。7. 朝鮮休戦協定成立 **1954.** 1. ベルリン4国外相会議。**4.～7. ジュネーヴ会議(インドシナ休戦協定等)。9. 東南アジア集団防衛条約機構**(SEATO)**結成。**10. ロンドン9カ国協定	**1951. 8. 米比相互防衛条約** **1951. 9. 太平洋安全保障条約**(ANZUS)**調印** 1951. 10. サンサルヴァドル憲章(**中米機構**)。12. 相互安全保障本部(MSA)設置 1952. 3. アメリカ・キューバ相互援助条約。6. 教育学者デューイ死(1859～)。ルトリコ，自治領となる。12. マッカラン・ウォルター移民法 1953. 1. チャーチル・トルーマン会談 1953. 1.～61 アイゼンハワー(共和党，国務長官ダレス) 1953. 3. マッカーシー旋風(赤追放)。対ソ，まきかえし政策。6. ローゼンバーグ夫妻死刑(原子力スパイ事件) 1953. 12. 米英仏3巨頭のバーミューダ会談 1954. 1. ダレス国務長官のニュールック戦略。原子力潜水艦ノーチラス号 3. ビキニ水爆実験。4. オッペンハイマー事件。8. ▽ブラジル大統領ヴァルガス自殺 **1954.** 10. ロンドン9カ国協定。NATO14カ国の**パリ協定(西ヨーロッパ連合**(WEU)**結成，**西ドイツの主権回復と再軍備承認及びNATO加盟などを決定)	1951. 7. コロンボ・プラン発足 1951. 11.～55 第2次チャーチル内閣(保守党) 1952. 1. スエズ地帯の反英暴動 1952. 2.～ エリザベス2世 1952. 10. モンテベロ原爆実験。11. ロンドン英連邦経済会議 1953. 2. スーダンの自治に関する英・エジプト協定。ユーゴと通商条約。5. エヴェレスト初登頂(ヒラリー・テンジン)。6. 女王の戴冠式 1954. 1. シドニー英連邦蔵相会議。8. キプロス暴動。労働党議員団のソ連訪問。10. 港湾労働者のスト 1954. 12. ヨーロッパ石炭鉄鋼共同体条約に参加	7. ペタン死(1856～)。 1951. 7. コミスコ復活，第1回大会 1951. 8.～52. 1. 第2次プレヴァン内閣 1952. 1. チュニジアの民族運動弾圧。3. ド・ゴール派分裂 1952. 5. **ヨーロッパ防衛共同体条約**(EDC)調印(フランス議会承認せず，流産)。米英仏，対独平和取決め調印。7. 仏外相シューマン，ザール地区の欧洲化提唱 1952 サルトルとカミュの革命観論争 1953. 1.～6. マイエル内閣(外相ビドー) 1953. 6.～54. 6. ラニエル内閣 1953. 11. ホー・チ・ミン，対仏平和交渉を声明 1954. 1.～59 ルネ・コティ 1954. 6.～55 マンデス＝フランス内閣 **1954. 7. インドシナ休戦協定** 1954. 11. 画家マチス死(1869～)	1952. 2. オランダ，西イリアンを王国領に編入 1953. 2. 北海大暴風雨，オランダ水禍甚大 1954. 2. ベネルックス共同輸入協定。8. オランダ・インドネシア連合の廃止	1951. 3. カルテル法。7. 英・仏，対西ドイツ戦争状態終結宣言 1953. 3. 議会，EDC批准 1953. 6. 米英仏，ソ連に対して全ドイツの自由選挙を要求 1953. 9. ロンドン債務協定 1954. 2. 憲法改正。歴史家マイネッケ死(1862～) 1954. 11. 米英仏，西ベルリンに自治政府を樹立	1951. 2. ベルリン・アッピール 1952. 9. 国防軍創設の発表。11. 食糧事情の窮迫化 **1953. 6. 東ベルリンの反ソ暴動，**戒厳令布告。ソ連軍出動 1954. 8. ソ連，東独の完全主権承認を発表	1951. 5.～57 テオドール・ケルナー 1952. 12. ウィーン世界平和擁護者大会(85カ国) 1953. 2. ラープ内閣成立(～61)	1951. 12. イタリア講和条約の改訂 1952. 1. リビヤ独立 1952. 11. 哲学者クローチェ死(1866～) 1953. 3. トリエステ暴動。5.～10. トリエステに関するユーゴとの紛争 1954. 8. デ・ガスペリ死(1881～)。10. トリエステ条例。ブリュッセル条約加入	1951. 7.～58 ポルトガル大統領ロペシュ 1953. 3. インド，リスボンの公使館を閉鎖。9. アメリカ・イスパニア軍事基地協定 1954 ゴアをめぐるインド・ポルトガル間の紛争	1951. 5. コペンハーゲンに世界平和評議会事務局設置。12. 北欧会議設置(1953 北欧理事会) 1953. 5. デンマーク，憲法改正。6. コペンハーゲン世界婦人会議

1947年2月のパリ平和条約の相手国＝イタリア・ハンガリー・ブルガリア・ルーマニア・フィンランド。**ベネルックス** BENELUX＝Belgium, the Netherlands and Luxemburg。**ECAFE**＝Economic Commission for Asia and the Far East。**GATT**＝General Agreement on Tariffs and Trade。**NATO**＝North Atlantic Treaty Organization。**COCOM**＝Coordinating Committee for Export Control。**ECSC**＝European Coal and Steel Community。

東ヨーロッパ		中東・アフリカ	南アジア		東アジア				年代	大勢
東欧諸国	**ソヴィエト連邦**	(便宜上，ギリシアを含む)	**インド・パキスタン**	**東南アジア**	**中華民国**	**中華人民共和国**	**朝鮮・韓国**	**日本**		
1946. 1. アルバニア人民共和国成立。ユーゴスラヴィア連邦人民共和国憲法公布。ポーランド産業国有令。2. ハンガリー共和国憲法公布。5. チェコ，ゴットワルト共産政府成立。9. ブルガリア王制廃止 1947. 5. ハンガリー政変，ナジ内閣退陣 1947. 9. ブルガリア人民共和国成立。11. ユーゴ，全産業の国有化開始。12. ブルガリア憲法公布。ルーマニア人民共和国成立 1948. 2. チェコ2月政変(共産党の無血クーデター。3. 外相マサリク自殺)。4. ルーマニア憲法公布。6. チェコ大統領ゴットワルト(〜53)。ワルシャワ東欧外相会議(ドイツ問題)。ブカレスト会議。コミンフォルム，ユーゴ共産党を除名。8. ドナウ条約。9. ポーランド，共産党書記長ゴムルカ辞職 1949. 1. 東欧6カ国経済相互援助委員会(コメコン)設置。 1949. 2. ハンガリー人民共和国と改称。ミンゼンティ事件(48. 8.)判決(終身刑)。5. チェコ民主共和国憲法。8. ハンガリー新憲法 **1950. 3. ストックホルム・アピール採択** 1950. 3. ソ連，金ルーブル実施(ルーブル圏の基礎) **1950. 10. 東欧8カ国外相会議** 1950. 11. アメリカ，対ユーゴ緊急食糧援助。	1946. 2. 千島・樺太領有宣言。第4次5カ年計画。ソ蒙相互援助条約 **1946. 3.〜53 閣僚会議議長スターリン**(最高幹部会議長＝元首はシヴェルニク，〜53) **1947.** 2. 憲法改正。3.〜4. **モスクワ4国外相会議(米ソの対立の初め)**。5. ヴァルガの経済学説，批判される。**9. コミンフォルム結成(ソ連圏の成立)** 1948. 4. ソ連，ベルリン封鎖。6. ベルリンへの鉄道輸送遮断(西欧側，空輸で応酬) 1948. 10. スターリン，自然改造計画発表 5. ベルリン封鎖解除。9. 原爆保有宣言。10. 中国国民政府と断交，中華人民共和国を承認 1950. 2. 中ソ友好同盟条約 ワルシャワ第2回世界平和擁護大会(世界平和評議会設置)	1946. 1. イラン，ソ連の内政干渉を国連に提訴。3. ヨルダン王国成立(アブドゥラー，〜51)。5. ソ連軍，イランより撤退。9. ギリシア，国民投票，王制承認 1947. 5. グロムイコ宣言(ユダヤ人自由権利承認) 8. 自由ギリシア軍事政府(共産系)成立。9. ギリシア王パウロス1世(〜64)。国連，パレスチナ分割・ユダヤ民族独立案可決 1947「死海写本」の発見 **1948.** 4. アラブ軍，パレスチナ占領。**5. イスラエル共和国成立**。イスラエルとアラブとの戦争はじまる。9. 国連調停官ベルナドッテ暗殺される(1895〜) 1949. 2. イスラエル・エジプト停戦協定。3. シリア，ザイムの独裁。8. ギリシア政府軍，共産ゲリラを攻撃(内戦，48. 4.〜49. 10.)。11. シリア，クーデター(大統領アタッシー，〜58) 1950. 4. ヨルダン，イェルサレムのアラブ人区域併合。5. トルコ大統領バヤール(〜60，首相メンデレス)。米・イラン軍事協定。**6. アラブ集団安全保障条約締結**	1946. 5. 英・印，シムラ会談(インド独立案)。8. カルカッタ・ビハール州に暴動。9. インド，ネール中間内閣成立。10. イスラム・ヒンドゥ両教徒の衝突。12. インド憲法制定会議 1947. 2.〜48 インド総督マウントバッテン **1947.** 3. イギリス，インド分割と自治声明。**8. インド連邦・パキスタン両自治領成立** 1947. 8.〜48 パキスタン総督ジンナー(首相アリ・カーン，〜51) 1947. 10. カシュミル紛争おこる(48. 1. 国連に提訴) 1948. 1. ガンディ暗殺される(1869〜) **2. セイロン自治国成立**。9. ハイデラバード藩王国，インド連邦加入。ジンナー死(1876〜) 1948. 9.〜51 パキスタン総督ナジムディーン 1949. 1. カシュミル停戦決議。12. インド，中華人民共和国を承認 **1950. 1. 英連邦外相会議(コロンボ・プラン)**。インド憲法制定，**インド共和国成立**，大統領プラサド(〜63) 5. **首相ネール**(〜64)。	1946. 3. ハノイ協定(ホー・チ・ミン政権承認)。7. フィリピン共和国独立宣言(大統領ロハス，〜48) 9. インドシナ停戦パリ暫定協定。12. **インドシナ戦争**再びはじまる(〜54) 1947. 3. リンガジャチ協定(オランダ・インドネシア連合の成立)。4. ビルマ仮政府成る(7. アウン・サン首相，暗殺される)。7. オランダ・インドネシア戦争おこる **1948. 1. ビルマ共和国独立**(英連邦を離脱)。インドネシア，レンヴィル停戦協定。2. マライ連邦自治政府成立。4. ピブン，シャム首相再任。フィリピン大統領キリノ(〜53) 1949. 3. シャム新憲法制定，国号をまたタイと改める。4. ビルマ，人民民主政府樹立。7. ラオス独立。蔣介石・キリノ会談(バギオ)。11. カンボディア独立。12. インドネシア連邦共和国となる **1950.** 1. 共産主義諸国，ホー・チ・ミン政権を承認。3. フィリピン，フク団の暴動。**8. インドネシア単一国家成立(大統領スカルノ**，〜67)。インドネシア暫定憲法成立。12. アメリカ，インドシナ3国軍事協定	**1946. 1. 政治協商会議開く(重慶)**。国共停戦協定。2. 国民政府，モンゴル人民共和国を承認。3. 国共，満洲に戦う。5. 国府，南京遷都。ソ連軍の満洲撤退。6. 国共満洲停戦協定。7. 国共第3次内戦開始 1946. 10.〜48 国民政府主席蔣介石 1946. 11. 米・中(国府)新通商航海条約。12. アメリカの特使マーシャルの国共間調停 1947. 1. 中華民国新憲法発布(12. 実施)。米，国共調停放棄。2. 台湾暴動。3. 国府軍，延安占領。5. 内モンゴル自治区成る。9. 中共，満洲に人民政府を樹立し，総反攻宣言。10. 中共，中国土地法大綱公布 1948. 1. 国民党革命委員会成立。新疆に独立政府成立(〜50)。5. 中共，新政治協商会議提唱。蔣介石総統となる。7. 米中経済援助協定。満洲撤退。11. 長春の国府軍降伏。国共蘇州大会戦。12. 中共軍，北京入城 1949. 1. 蔣介石引退。総統代理，李宗仁。2. 国府，広東移転。4. 中共軍，長江渡河，南京入城。英砲艦アシミスト号事件 1949. 8. アメリカの「対中白書」。10. 重慶遷都 1949. 10. 中共軍，広東入城。12. 毛沢東，モスクワ訪問 1949. 11. 成都に移転。12. 台湾に移る。首都台北	1949. 9. 中国人民政治協商会議開く **1949. 9.〜59 主席毛沢東** **1949. 10. 1 中華人民共和国成立(首都北京)** 1950. 1. イギリス，中国を承認。アメリカ，在中外交官引揚げ。2. 中ソ友好同盟相互援助条約。5. 結婚法。6. 労働組合法・土地改革法公布。11. 中国の義勇軍，朝鮮に進出，反撃に転じる	1946. 1. 米ソ，ソウル会談。2. 朝鮮臨時人民委員会成立。大韓民国代表民主議会設立。2.〜10. 米ソ合同委員会。8. 朝鮮，重要産業国有法施行 1947. 6. 南朝鮮過渡政府成立。11. アメリカ，国連に朝鮮問題を提案 1948. 2. 朝鮮人民軍創設。3. 朝鮮韓国に送電を中止。**8. 大韓民国成立(大統領李承晩**，〜60)。**9. 朝鮮民主主義人民共和国成立(首相金日成**，〜72)。10. 麗水の反乱。12. ソ連軍撤退 1949. 6. 米軍撤退。朝鮮に祖国統一民主主義戦線結成。金九暗殺される。11. 韓国国家保安法公布 **1950.** 1. 米韓軍事協定。**6. 25 朝鮮戦争起る**。7. 朝鮮軍，釜山橋頭堡に迫る。9. 国連軍，朝鮮出動，ソウル奪回。10. 38度線突破	1926〜89 昭和天皇 1946. 1. 天皇の神格否定の年頭詔書。2. 第1次農地改革。5. 極東国際軍事裁判ひらく 1946. 5.〜47 第1次吉田茂内閣(自由党) **1946. 11. 3 日本国憲法公布** 1947. 1. 二・一ゼネスト中止命令。3. 教育基本法公布。4. 六三三制新教育実施。独占禁止法 1947. 5.〜46 片山哲内閣(社会党) 1947. 7. 幸田露伴死(1867〜) 1948. 3.〜10. 芦田均内閣(民主党) 1948. 10.〜54 吉田内閣(第2〜5次) 1948. 11. 極東国際軍事裁判終る。東条英機ら7人絞首刑 1949. 1. 法隆寺金堂火災。4. 単一為替レート決定。9. シャウプ税制勧告。11. 湯川秀樹，ノーベル賞を受賞 1950. 6. 共産党幹部追放。7. 各界にレッドパージはじまる。金閣寺焼失(55再建)。8. 警察予備隊発足。12. 長岡半太郎死(1865〜)	1946 1950	アジア諸民族の独立と解放／東欧共産圏の成立／中華人民共和国の成立／アジア、アフリカ第三勢力の形成
1951. 3. ユーゴ，ソ連を非難(ユーゴの自主性はじまる) 1951. 6. ハンガリー，聖パウロ僧院長を死刑 1951. 9. プラーハ世界平和大会 1951. 11. ユーゴ，アメリカと軍事援助協定 1952. 4. モスクワ国際経済会議 1952. 6.〜7. ルーマニア共産党内の粛清。7. ポーランド人民共和国憲法公布。ポーランド大統領ザヴァツキー(〜64)。9. ルーマニア新憲法制定 1953. 1. ユーゴ憲法改正，大統領チトー就任(〜80)。3. チェコ大統領ザトポツキー(〜57)。4. ドナウ航行会議。6. 東欧諸国の反ソ暴動。7. ハンガリー，ナジ内閣(〜55，内政緩和) 1954. 3. 東欧8カ国経済会議 **1954. 8. バルカン軍事同盟(ギリシア・トルコ・ユーゴ間)**。11. トリエステ条例 1954. 12. 東欧8カ国モスクワ共同宣言	1951. 6. 朝鮮休戦に関するマリク提案。8. 五大国平和条約の提唱 1951. 12. 元外相リトヴィノフ死(1876〜) 1952. 6. ヴォルガ・ドン運河開通(レーニン運河)。9. モスクワ再建5カ年計画。10. 第5次5カ年計画 1953. 1. ユダヤ人医師陰謀事件。3. スターリン死(1879〜)。作家イリーン死(1895〜) 1953. 3.〜55 マレンコフ(最高会議幹部会議長ウォロシーロフ) 1953. 12. ベリヤ元副首相ら7名銃殺刑 1954. 2. 北京直通列車開通 1954. 5. シベリア経済開発案成る。6. 原子力発電所操業開始	1951. 4. イラン首相モサデク就任。5. イラン，石油国有化法公布。9. アバダンの英人引揚げ決定。10. エジプト，英・エ条約破棄通告。イラン，国立石油会社設立。12. リビヤ王国独立 1952. 1. ギリシア新憲法公布。2. ギリシア・トルコ，NATO加入。7. エジプト革命(国王退位，実権者ナギブ)。10. イラン対英断交(〜53) 1953. 2. スーダンに関する英・エジプト，カイロ協定。**6. エジプト共和国宣言**(大統領ナギブ，〜54)。8. イラン，国王のクーデター。中央アフリカ連邦結成 1954. 2. エジプト政変。7. スエズ地帯英軍撤退協定。8. バルカン軍事同盟。11. エジプト革命会議，ナギブ罷免，**首相兼革命軍事会議議長ナセル就任**(56 大統領)	6. カシュミル問題の三者会談 1951. 7. コロンボ・プラン発足。10. パキスタン首相アリ・カーン暗殺される(1895〜) 1951. 10.〜56 パキスタン総督モハンメド 1952. 5. ネール，会議派総裁に再選。6. 日本・インド平和条約。仏領シャンデルナゴル，インドに返還 1953. 1. マルディヴ独立。8. コロンボ港湾労働者スト。11. パキスタン民主共和国成立。12. インド，ソ連と5カ国間通商条約 1954. 2. カシュミル議会，インド帰属決定 **1954. 4.〜5. 東南アジア諸国首相コロンボ会議** 1954. 6. ネール・周恩来会談，平和五原則 **1954. 9. 東南アジア集団防衛条約(SEATO)調印** **1954. 12. 東南アジア5カ国首相ボゴール会議** 1954. 8. インドとゴア植民地の衝突	1951. 7. ピブンの無血クーデター(海軍の粛清，10月，新内閣組織)。8. 米比相互防衛条約 1952. 2. 米・ビルマMSA援助協定。5. ビルマ対日戦争状態終結宣言。6. アメリカ，対インドシナ軍事援助を増強 1953. 4. ヴェトミン軍，ラオス侵入，撃退される。12. ヴェトミン軍，インドシナを二分。12. フィリピン大統領マグサイサイ(〜58) 1954. 4. ジュネーブ極東会議開く。5. ディエンビエンフー陥落。**7. インドシナ停戦協定(分割)** 1954. 8. オランダ・インドネシア連合解消(56成) 1954. 12. ビルマ首相ウ・ヌー，周恩来と会談，共同コミュニケ(平和五原則の確認)	1950. 2.〜75 総統蔣介石 1950. 6. 米大統領，台湾水域の中立化令を発す 1952. 4. 日華平和条約調印 1953. 2. アメリカ，台湾水域の中立解除 1953 外モンゴルの独立承認を取消す 1954. 12. 米台相互防衛条約	1951. 2. 労働保険条令・懲治反革命条令。5. 全国文工団工作会議結成 1951〜53 淮河の治水工事 1951. 12. 三反五反運動開始 1952. 5. 英，在中商社の引揚げを通告。9. 高級知識の思想改造運動起る 1952. 12. 北京でアジア太平洋地域平和会議開く 1953. 1. 第1次5カ年計画。4. 人民代表大会選挙法公布(第1回大会，54. 9.) 1953. 11. 中国朝鮮経済文化協力協定調印 **1954.** 4. チベットに関する中国・インド協定。6. 周恩来・ネール会談，**平和五原則の共同声明**。8. 周恩来，モスクワ訪問。**10. 中華人民共和国憲法公布**。中ソ共同宣言。略字採用 1954. 10. 「紅楼夢」論争起る	1951. 3. 韓国，国民防衛軍事件。7. 開城で，南北休戦会談開始 1952. 1. 海洋主権宣言(李承晩ライン) 1952. 5. 巨済島捕虜収容所事件。7. 韓国新憲法公布。6. 国連軍水豊ダム爆撃。10. 板門店政治予備会談開始。韓国，海洋侵犯取締令公布 1953. 2. 韓国，竹島領有声明。7. 27 **休戦協定成立**。10. 米韓相互防衛条約 1954. 5. 李承晩の選挙大干渉と大弾圧。11. 韓国憲法再改正	1951. 4. マッカーサー解任。5. 児童憲章制定。7. ユネスコ加入。**9. 8 サンフランシスコ対日講和条約・日米安全保障条約調印** 1952. 2. 日米行政協定。4. 日華平和条約。5. メーデー事件。6. 日印平和条約。8. 警察予備隊，保安隊に改組 1953. 4. 日米友好通商航海条約。9. 経済自立3目標・4原則 1954. 3. 日米相互防衛援助協定(MSA)。ビキニ被災事件。7. 保安隊を改組，自衛隊として発足 11. ビルマと平和条約 1954. 12.〜55 鳩山一郎内閣(民主党)	1954	

コメコン＝COMECON，ロシア語の略称セブ SEB。**コミンフォルム**＝Cominform＝Communist Information Bureau，共産党情報局。**コロンボ・プラン**＝英連邦の東南アジア開発計画，総資金18億6800万ポンド，期間1951〜61。
SEATO＝South East Asia Treaty Organization。**三反・五反運動**＝官僚主義・汚職・浪費の三害に対する反対と，贈賄・脱税・国家資材の流用・加工の手抜・機密の漏洩の五毒に対する反対前者は党人，後者は業者を対象とする。

39

大勢	年代	国際問題	アメリカ大陸：アメリカ合衆国	西ヨーロッパ：イギリス連邦	西ヨーロッパ：フランス共和国	西ヨーロッパ：ベネルックス	中央ヨーロッパ：西ドイツ	中央ヨーロッパ：東ドイツ	中央ヨーロッパ：オーストリア	南ヨーロッパ：イタリア	南ヨーロッパ：イスパニア ポルトガル	北ヨーロッパ：北欧諸国
世界平和への努力と東西対立の激化／西欧諸国の経済的建設の苦悩／ドイツ問題の深刻化	1955	**1955. 2. バグダード条約成立**（のち中東防衛条約機構METO）。**4. アジア・アフリカ(AA)会議(バンドン)，平和十原則。5. 東欧八カ国，ワルシャワ条約調印。7.～8. ジュネーヴ四国巨頭会談。** 11. 国連，放射能の影響に関する科学委員会設置	1953～61 アイゼンハワー（共和党） 1955. 4. 物理学者アインシュタイン死(1879～)。6. ▽アルゼンチン，クーデター（9. ペロン失脚）。12. AFLとCIOとの合併。リマ太平洋会議 1956. 2. 米英，ワシントン宣言	1952～ エリザベス2世 1955. 4. キプロス島反英暴動。チャーチル引退 1955. 4.～57 イーデン内閣（保守党） 1955. 5. 西欧連合発足	1954～59 ルネ・コティ **1954. 12. アルジェリア民族解放闘争はじまる** 1955. 2.～56 フォール内閣 1955. 8. ヨーロッパ通貨協定調印 1955. 10. ザール地区人民投票（ザールの欧州化案否決）		1949～59 ホイス 1955. 5. 主権回復。6. 国防省創設。作家トーマス・マン死(1875～) 1955. 12. 西独，ハルシュタイン原則発表(西独外交の基本)	1949～60 ピーク 1955. 1. ソ連，対独戦争状態終結宣言	1951～57 ケルナー **1955.5 オーストリア国家条約**。7. 完全独立。9. 防衛法。10. 中立法。12. 国連加入	1955. 1. 経済自立10カ年計画 1955. 5.～62 グロンキ 1955. 7.～57 セニ内閣	1955. 5. アメリカ・イスパニア海軍近代化協定 1955. 12. 両国とも国連加入	1955. 6. ヘルシンキ世界平和大会。9. ソ連，ポルカラ基地をフィンランドに返還
	1955～1960	**1956.** 4. コミンフォルム解散。6. 国際金融公社(IFC)成立。8. スエズ問題国際会議。9. 国際原子力機関創立総会。10. スエズ運河利用国団体発足。**スエズ動乱。ハンガリー暴動。** 12. 日本，国連に加入(80番目) 1957. 3.～9. 国連5カ国軍縮小委員会(失敗)。7. 国際地球観測年はじまる。国際原子力機関(IAEA)発足。9. ハンガリー問題国連特別総会。11. ソ連，軍縮委員会不参加。64国共産党平和宣言 **1958. 2.** ジュネーヴ国際海洋会議(4条約採択。第2次会議60. 3.)。**7.～8. 中東の危機。** ジュネーヴ核実験査察専門家会議。8. 国連緊急特別総会アラブ10カ国決議案(アラブ問題自主解決)採択。10. ジュネーヴ核実験停止3国会議。12. **欧州通貨協定**(西欧の通貨交換性の回復) **1959. 5.～8. ジュネーヴ4国外相会議。** 8. 国際教育者会議(東京，50カ国参加)。9. 10カ国軍縮委員会創設。11. 国連総会，**児童権利宣言**採択。完全軍縮82カ国共同決議。12. 南極条約。大気圏外平和利用24カ国委員会成立 **1960.** 3. 東西10カ国軍縮委員会(6. 流会)。5. パリ東西首脳会談失敗。**9.～12. 第15回国連総会，東西首脳の総出場と対立の激化。** ソ連，国際問題処理にトロイカ方式提唱。10. アフリカの新独立19カ国，国連加入。国際開発協会(第2世銀)発足。国連総会植民地全廃宣言採択	1956. 2. 内外の平和利用にウラン鉱放出命令。▽カリブ連邦独立協定(英領西インド諸島) 1956. 5. 修正農業法。7. 在日極東軍司令部廃止決定(57. 7. 韓国に移駐)。関税簡素化案決定。9. ヨルダンに武器を空輸 1956 アメリカ経済空前の繁栄 **1957. 1. アイク・ドクトリン(中東教書)。** B52機，無着陸世界一周成功 1957. 3. 米英首脳バーミューダ会談 1957. 7. ネヴァダ核爆発実験。9. 公民権法(黒人の投票権保証) 1957. 7. 第1回パグウォッシュ核物理科学者会議 1957. 10. 米英首脳ワシントン会談。12. NATO首脳会談(パリ)，共同宣言発表 1958. 1. 人工衛星エクスプローラー1号打上げ成功。2. 米英ミサイル(RIBM)協定 1958. 3. 対インド援助協定。6. ▽中米共同市場調印 1958. 6. 米英首脳ワシントン会談。英仏首脳パリ会談 1958. 6. 第49州アラスカ成立。8. ノーチラス号，北極洋潜水横断成功。10. 月ロケット，パイオニア発射。12. 人工衛星アトラス発射，地上と交信成功 1959. 1. ▽キューバ革命，新首相カストロ。2. 人工衛星ディスカヴァラ1号発射。5. ダレス死(1888～)。7. 原子力商船サヴァンナ号進水。8. 第50州ハワイ成立。9. 米ソ首脳，キャンプ・デーヴィッド会談 1959. 12. 米・英・仏・西独四国首脳パリ会談(対ソ基本線の討議) 1959. 12. アイゼンハワー，欧亜11カ国歴訪 1960. 3. 米英首脳ワシントン会談。 1960. 2. 米州開発銀行発足。▽ラテンアメリカ自由貿易連合条約(LAFTA)調印。3. 人工惑星パイオニア5号成功。6. アイゼンハワー，極東諸国訪問。7. 対キューバ懲戒の新砂糖法 1961. 1. キューバと断交	1956. 4. 英ソ首脳会談。英軍，スエズ地帯撤退。7. エジプト，スエズ運河の国有宣言 1956. 10. コールダーホール原子力発電所発足。英仏軍，スエズ出兵 1957. 1.～63 マクミラン内閣（保守党） 1957. 5. クリスマス島水爆実験 1958. 1. 西インド諸島連邦発足 1958. 3. フックス探検隊南極大陸横断成功 1958. 11. 英軍，ヨルダン撤退。英仏外相ロンドン会議 1959. 2. マクミラン，ソ連訪問，英ソ不可侵条約締結。3. 英ソ文化技術協定。英仏首脳，パリ会談。 **1959. 11. 欧州自由貿易連合（EFTA）調印（英および北欧諸国など）** 1960. 1. マクミラン，アフリカ諸邦歴訪。 7. 労働党のベヴァン死（1897～）。 1960. 8. キプロス独立。マクミラン，西ドイツ訪問。11. ナイジェリア独立。12. OEEC改組，アメリカ・カナダを加えて，経済協力開発機構（OECD）調印 1960. 11. マクミラン，イタリア訪問	1956. 1.～57. 5. モレ内閣 **1956. 3. モロッコ・チュニジア独立(仏連合内)。** 5. 国務省マンデス・フランス，アルジェリア政策に反対して辞職 1956. 10. ザールに関する独仏協定(1957. 1. ザール，西独に復帰) **1957. 3. 欧州経済共同体(EEC，共同市場)・欧州原子力共同体(EURATOM)調印(ローマ条約)** 1957. 8. フラン防衛策。10. フラン切下げ 1957. 10.～58. 4. ガイヤール内閣 1958. 1. 欧州経済共同体(EEC)発足(準備期間1年，59. 1. 正式に発足。 2. 画家ルオー死(1871～)。6. ド・ゴール内閣成る 【第5共和制】 **1958. 9. 第5共和制憲法制定。10. 第5共和制発足（フランス連合をフランス共同体に改編）** **1959. 1.～69 ド・ゴール** 1959. 1.～ ドブレ内閣 9. 米仏首脳，パリ会談。ド・ゴール，アルジェリアの自主選択自由声明 1960. 1. 作家カミュ死(1913～)。アルジェ，コロン(仏人入植者)の暴動，戒厳令施行。2. サハラ原爆実験。4. 仏ソ首脳パリ会談。7. 大統領のアルジェリア平和計画 1960. 12. アルジェリア，反ド・ゴール暴動	1955. 11. 欧州経済統合計画に関するスパーク委員会設置 1957. 11. 西イリアン帰属問題再燃 1958. 2. ベネルックス条約 1958. 7. オランダ，徴兵制施行 1959. 1. コンゴ暴動。8. オランダ，海外関係省廃止 1960. 6. コンゴ独立，ついで，7月暴動発生，ベルギー軍介入，内戦拡大	1956. 7. 一般徴兵法。詩人ゴットフリート・ベン死(1886～) 1957. 7. 中央銀行設立。ドイツ統一に関する米・英・仏・西独ベルリン宣言 1957 ブラント西ベルリン市長就任 1958. 3. 下院，核武装の決議。4. ソ連と通商領事協定 1958. 11. ソ連，西ベルリンの自由市化提案。12. 米英仏，西独をまじえ外相会談，ソ連の西ベルリン自由市化案拒否 1959. 5. ジュネーヴ外相会議に東西ドイツ代表特別参加 1959. 9.～69 リュプケ 1959. 11. 社会民主党，新綱領採択 1960. 1. 反ユダヤ落書事件。アデナウアー，訪伊，3. 訪米 1960. 9. 東西ドイツ間の危機 1960. 11. 社会民主党のハノーヴァー宣言	1956. 1. 国防省創設。人民警察軍を国防軍に編成。ワルシャワ条約加入 1957. 1. 第2次5カ年計画 1957. 8. 駐留ソ連軍に関する協定。10. ラパツキー・プラン 1958. 2. 国家機構の簡素化 1959. 11. ソ連と長期貿易協定 1960. 2. 国防会議設置。4. 農業集団化完了。8.～9. 西ベルリンに対し通行制限(小封鎖) 1960. 9.～73 国家評議会議長ウルブリヒト	1957. 1. ケルナー死(1873～) 1957. 5.～65 シェルフ 1958. 12. 物理学者パウリ死(1900～，スイス人) 1959. 11. EFTA調印 1960. 6.～7. フルシチョフのオーストリア訪問	1955. 12. 国連加入 1956. 6. トリアッチ，多中心体制を提唱 1956. 7. 豪華客船アンドレア・ドリア号の沈没 1957. 1. 音楽家トスカニーニ死（1867 1957. 5.～58 ツォリ内閣 1958. 7.～59 ファンファーニ内閣 1958. 10.～63. 6. 教皇ヨハネス23世 1959. 1.～60 第2次セニ内閣 1959. 10. デ・ニコラ死(1877～) 1960. 7.～63 ファンファーニ内閣 1960. 7. ソマリア独立	1956. 4. モロッコ・イスパニア共同宣言（イスパニア領モロッコの独立モロッコへの合併承認） 1958. 5. 詩人ヒメネス死(1881～) 1958. 6.～74 ポルトガル大統領アメリコ・トマス 1959. 7. イスパニアOEEC加入 **1959. 11. 欧州自由貿易連合（EFTA）調印（英・ポルトガル・北欧3国・スイス・オーストリア，1960. 5. 発足）** 1960. 2. イスパニア，西独に軍事基地提供交渉(不成立)	1956. 3. 北欧3国，ソ連と航空協定。フィンランド大統領ケッコーネン(～81)。4. スウェーデン，ソ連と平和共同宣言 1957. 4. スカンディナヴィア協定(コペンハーゲン共同核研究所の建設) 1957. 9.～ ノルウェー王オラフ5世 1958. 6. アイスランド，領海12カイリ宣言 1960. 10. 考古学者アンダーソン死(1874～)
	1960～1963	**1961.** 3. ジュネーヴ核実験停止会議再開。**9. 中立国首脳ベオグラード会議。** 10. シリア，国連再加盟。11. 国連暫定事務総長ウ・タント(ビルマ人)就任(62. 11. 事務総長)。 1962. 3. 18カ国軍縮委員会開催(ジュネーヴ)。6. 国連開発10年計画案。7. ラオス問題国際会議，中立宣言採択 **1963.** 6. 米ソ間直通電話線設置協定（8. 開通）。8. **米英ソ3国部分核停条約調印（諸国批准）。** 11. 国連，人種差別撤廃宣言採択	1961. 1.～63 **ケネディ**(民主党) 1961. 4. ▽反カストロ軍のキューバ本土上陸作戦(失敗)。6. ▽中南米自由貿易連合発足。7. 作家ヘミングウェイ死(1899～)。人間衛星船16分間の飛行 1961. 12. 米英首脳，バーミューダ会談 1962. 2. キューバ，米州機構を脱退。人間衛星第1号成功。7. 通信衛星テルスター受信成功。10. 通商拡大法成立。**キューバ封鎖事件。** 12. 米英首脳ナッソー会談，**ナッソー協定** 1963. 3. 5 バーミングハム黒人差別事件。7. ドル防衛策発表。11. ケネディ暗殺(1917～) 1963. 11.～69 ジョンソン(民主党)	1961. 2. 英・西独首脳，ロンドン会談。5. 南アフリカ連邦，英連邦を離脱(共和国)。8. EEC加盟交渉開始。10. マルタ島の自治承認 1962. 2. 西インド諸島連邦解体。3. 英・仏・伊および西独等，ヨーロッパ・ロケット開発機構協定調印。 1962. 8. ジャマイカ独立。11. 日英通商航海条約 1963. 1. EEC加盟失敗。6. プロヒューモ事件。10. ヒューム内閣成る。12. ケニヤ独立	1961. 1. アルジェリア問題国民投票。5. エヴィアン会談。7. ビゼルト事件。9. ド・ゴール大統領暗殺未遂事件。10. ビゼルト撤兵 1962. 3. アルジェリア臨時政府と停戦協定調印 1962. 4. ポンピドゥ内閣成立。7. **アルジェリア独立。** 9. ド・ゴール西独訪問，共同声明 1963. 1. **仏・西独協力条約。** 2. 仏ソ通商条約。9. シューマン死(1886～)	1961. 3. マルクの引上げ 1961. 7. EEC首脳バートコーデスベルグ会談。 1962. 3. 物理学者ピカール死(1884～，双生児兄弟の化学者も翌年1月死)	8. 詩人ヘルマン・ヘッセ死(1877～) 1963. 10. アデナウアー引退。エアハルト内閣	1961. 6. 東独上空飛行制限 8. **東独，西ベルリンへの交通遮断。空中廻廊の危機** 1962. 1. 徴兵法成立。8. ソ連，東ベルリン軍司令部廃止 1963. 12. 西ベルリン市民へ聖夜解放	1961. 6. 米ソ首脳のウィーン会談 1961. 4.～ ゴルバッハ内閣	1962. 6.～64 大統領セニ 1962～66 第2回ヴァチカン公会議 1963. 4. 教皇の「地上の平和」回勅 1963. 6.～78 教皇パウルス6世 1963～68 モロ内閣	1961. 6. ポルトガルのサンタマリア号事件。12. ゴア喪失 1962. 7. フランコ，副統領を置く	1961. 2. フィンランド，北欧会議に非核武装地帯宣言を提案。9. ハマーショルド死(1905～)。10. ソ連，フィンランドに中立保証要求

METO＝Middle East Treaty Organization のちに **CENTO**＝Central Treaty Organization。**IRBM**＝Intermediate Range Ballistic Missile（中距離弾道弾）。**ICBM**＝Inter-Continental B.M.（大陸間弾道弾）。
EEC＝European Economic Community，なお**共同市場**は**ECM**＝European Common Market。**EFTA**＝European Free Trade Area。**OECD**＝Organization for Economic Cooperation and Development。

大勢	年代	東ヨーロッパ: 東欧諸国	東ヨーロッパ: ソヴィエト連邦	中東	アフリカ (便宜上,エジプトは中近東に含む)	南アジア: インド パキスタン	南アジア: 東南アジア	東アジア: (台湾)	東アジア: 中華人民共和国	東アジア: 朝鮮・韓国	東アジア: 日本
アジア、アフリカ諸国の提携――バンドン精神――／ソ連圏の動揺／アフリカ諸民族の独立と苦悶／宇宙の開発	1955	1955. 5. **ソ連と東欧七カ国友好相互援助条約(ワルシャワ条約)調印**。5.～6. ブルガーニン・フルシチョフのユーゴ訪問, ソ連・ユーゴのベオグラード宣言。8. チェコ・ルーマニア, 軍備削減を発表。11. ダレス・チトーのブリオニ島会談	1955. 2.～58 閣僚会議議長ブルガーニン 1955. 7. ジュネーヴ四巨頭会談。11. 新水素爆弾完成と発表	1955. 1. イラク, 対ソ断交。**2. トルコ・イラク相互防衛条約(バグダード条約)調印**。4. キプロスの反英暴動。10. イラン, バグダード条約参加。エジプト・シリア相互防衛条約 **1955. 11. バグダード条約会議, 中東条約機構**(METO)**結成**	**1955. 4. 第1回アジア・アフリカ会議(バンドン, 29カ国)** 1955. 6. 仏・チュニジア協定。8. モロッコ・チュニジア・アルジェリアに暴動	1955. 2. SEATOバンコック会議 1955. 6. ブルガーニン・ネール会談。9. パキスタン, バグダード条約に参加	1955. 9. タイ, 政党規制法。10. 南ヴェトナム共和国発足(大統領ゴ・ディン・ジエム, ～1963, 暗殺される)	1950～75 蔣介石 1955. 2. 台湾軍, 大陳島撤退。9. 金門島地区砲撃戦。11. アメリカ, 台湾防衛司令部設置	1949～59 毛沢東 1955. 2. 新兵役法。通貨改革。ソ連, 旅順・大連を返還。7. 周恩来, アジア太平洋諸国の集団安全保障条約提唱。10. 熱河省廃止 1955 胡適思想批判さかん	1955. 2. 韓国行政改組法, 大統領の権限強化。8. 韓国, 対日禁輸。12. 朝鮮元首相朴憲永処刑	1926～89 昭和天皇 1955. 1. 法隆寺大修理終了。6. 日米原子力協定。8. 第1回原爆禁止世界大会(広島) 1955. 11.～56. 12. 第3次鳩山内閣(自民)
	1956～1960	1956. 4. コミンフォルム解散。6.ソ連・ユーゴのモスクワ宣言。**ポズナン暴動**。10. ポーランド政変(**ゴムルカの十月革命**)。10.～11. **ハンガリーの反ソ暴動**(ソ連軍出動, **ブダペストの惨劇**), カダル政権成立 1957. 4. チトー, ソ連を批判 1957. 7. ソ連・ユーゴ相互援助支払協定。 1957. 11.～68 チェコ大統領ノボトニー 1957. 11. 共産圏十二カ国モスクワ会談, モスクワ宣言採択(ユーゴを非難)。 1958. 3. ユーゴ共産党新綱領採択 1958. 5. 東欧八カ国共産党会議。 1958. 6. ナジ元ハンガリー首相死刑 1959. 4. プラーハ会議。5. チラナ会議。11. ポーランド・チェコ技術援助協定。12. ソフィア会議。共産圏通貨協定 1960. 2. 共産圏八カ国農業会議。6. ルーマニア, 教育改革。ブカレスト会議。7. チェコ新憲法を制定し社会主義共和国と改める **1960. 11.～12. モスクワ会議, 81カ国共産党共同声明(平和共存理論未解決)**	1956. 1. 第6次5カ年計画。**2. スターリン理論の批判(集団指導制の初め)** 1956. 11. 対米英書翰, 侵略者に武力行使辞せず。日本と国交回復 1957. 1. 中ソ共同宣言。7. マレンコフ・モロトフら, 中央委員解任 9.ミサイル(ICBM)成功。10. 人工衛星スプートニク1号成功。11. シューコフ追放。犬をのせた人工衛星打上げ成功 12. 原子力砕氷船レーニン号の進水 1958. 1. 農業政策の改革 **1958. 3.～64 フルシチョフ** 7.フルシチョフ, 中国訪問。9.ブルガーニンを除名 1959. 1. 宇宙ロケット発射, 人工惑星(メチター)となる。2. 経済新7カ年計画 9. 月ロケット発射, 月に命中。10. 宇宙ステーション, 月の裏側の写真撮影に成功 1960. 1. 内務省廃止。フルシチョフ, 東南アジア歴訪。4. 仏ソ首脳, パリ会談。5. 作家パステルナーク死(1890～)。最高会議幹部会議長ブレジネフ(～64)。8. 人工衛星船2号, 犬2匹の回収に成功	1956. 5. イスラエルとアラブ4国, 無条件停戦協定。7. チトー・ネール・ナセル, ブリオニ島会談。エジプト, スエズ運河国有宣言。10. **スエズ動乱起る**(イスラエル軍, エジプト侵入, ～12) 1957. 1. エジプト, 国内の英仏銀行国有化宣言。4. スエズ運河再開。ヨルダン国王のクーデター, 戒厳令。10. シリア・トルコ国境紛争。エジプト軍, シリア進駐 **1957. 12. 第1回アジア・アフリカ諸国民会議(カイロ)** **1958. 2. エジプト・シリア合邦, アラブ連合共和国成立(大統領ナセル, ～70)**。5. レバノン暴動。イラク・ヨルダン合邦, アラブ連邦成立。7. イラク革命, 共和国宣言。8. アラブ連邦解消 1958. 12. アジア・アフリカ経済会議(カイロ) 1959. 3. 米・トルコ・イラン・パキスタン相互防衛協定。イラク内戦。8. バグダード条約を**中央条約機構**(CENTO)と改名 1960. 1. アスワン・ダム起工。4. トルコ暴動。5. トルコ, 陸軍のクーデター, メンデレス失脚, グルセル, 国家統一委員会議長就任(～61)。8. キプロス共和国独立(大統領マカリオス, ～77)	1956. 1. スーダン共和国独立。3. モロッコ(首長ベン・ユーセフ, ～61)・チュニジア(君主制)独立(フランス連合内) **1957. 3. ガーナ独立(自治領)**。7. チュニジア共和国宣言(大統領ブルギバ)。8. モロッコ, 王制となり, 首長を王と称す 1958. 4. チュニジア, 非常事態宣言。10. 仏領ギニア完全独立。11. ガーナ・ギニア連邦結成。仏領スーダン, 共和国宣言。12. 第1回全アフリカ会議(アクラ) 1959. 6. チュニジア共和国憲法公布。7. ガーナ・ギニア・リベリア共同体結成 **1960 この年アフリカ諸国あいついで独立**(注)。6. **ベルギー領コンゴ独立, ついで, 7. 暴動発生, 内戦起る**。ガーナ共和国成立(大統領エンクルマ)。12. エチオピア宮廷クーデター	1955. 12. パキスタン・アフガニスタン紛争解決 **1956. 3. パキスタン・イスラム共和国成立** 1956. 3.～58 パキスタン大統領イスカンダル・ミルザ 1956. 5. 仏領インドの返還 1957. 8. タタ科学研究所, 負K中間子の確認 1958. 4. セイロン種族間の対立激化, 政争起る。10. パキスタン, クーデター(大統領アユーブ・カーン), 首相制廃止 1959. 8. ネール, 中国に国境侵犯を抗議。9. セイロン首相バンダラナイケ, 暗殺される 1960. 7. セイロン首相バンダラナイケ女史(前首相夫人)就任。8. パキスタン, ラワルピンディ遷都計画発表。9. インダス川水利協定	1956. 2. インドネシア, ハーグ協定破棄。英ソのヴェトナム会談。6. 仏軍, 南ヴェトナムを撤退。10. 南ヴェトナム新憲法。12. スマトラ反乱。ラオスとパテトラオの統一政府樹立宣言 1957. 3. フィリピン大統領マグサイサイ飛行機事故死, 副大統領ガルシア昇任(11. 再選, ～61)。8. マライ連邦独立。9. タイ, クーデター, ピブン失脚。12. インドネシア, 蘭人追放 1958. 2.～6. インドネシア内戦。9. ビルマ, クーデター。11. タイ, 反共クーデター, サリット, 政権掌握 **1959.** 6. シンガポール独立。**8. ラオス5州非常事態宣言。9. 北ヴェトナム軍, ラオス侵入**。7. インドネシア, 1945年憲法に復帰 1960. 1. ビルマ首相ウ・ヌー, 中国訪問。中国・ビルマ友好不可侵条約, 北ヴェトナム新憲法制定。8. ラオス, クーデター, コン・レ軍事政権樹立。ラオス3派の内戦激化。12. 南ヴェトナム民族解放戦線成立	1957. 5. 台北市民の反米暴動, 戒厳令を布く 1958. 7. 行政院長に陳誠就任 1958. 8.～10. 中国軍, 金門島攻撃 1958. 10. 蔣・ダレス会談(大陸反攻断念) 1960. 5. 閻錫山死(1883～)。9. 雷震事件(新聞筆禍)	1956. 1. 最高国務会議の招集。2. 標準語普及工作委員会設立。全国文盲撲滅協会成立。4. 中ソ経済援助協定。5. 毛沢東「百花斉放・百家争鳴」演説。8. モンゴルに対し1億6000万ルーブル借款 1957. 1. 中ソ共同宣言。2. 整風運動おこる。2.【モンゴル】ソ連管理下の鉄道・鉱山等無償取得。6. 人民代表会議(右派批判)。8. 東シナ海に禁漁区設定。9. 武漢長江大橋完成。斉白石死 **1958.** 1. 第2次5カ年計画。4. 河南省遂平県に拡大合作社成立(**人民公社の初め**)。7. フルシチョフ・毛沢東会談 1958. 8. 人民公社に関する第1次決議。9. 領海12カイリ宣言。10. 朝鮮在駐中国人民義勇軍撤退。12. 北京に民兵を置く 1959. 3. インドと国境問題紛争。**チベット反乱** 1959. 4.～68 劉少奇(毛沢東は常務専念)。7. ダライ・ラマ, インド亡命 1959. 12. 最高人民法廷, 溥儀ら33戦犯を釈放 1960 この年平和共存をめぐる中ソ論争の展開。3. 三宝(社会主義総路線・大躍進・人民公社)政策の促進決議。4. 周恩来, インド等訪問。10. ビルマと国境条約 1959～61 **大災害**(旱魃)	1956. 4. 朝鮮労働党の南北統一提議。6. 金日成, ソ連訪問。11. 米韓友好通商航海条約 1957. 1. 韓国国会, 休戦協定破棄の決議。朝鮮第1次5カ年計画。4.～5. 反李承晩闘争と政府の弾圧 1957. 12. 日韓相互の抑留者釈放交渉の妥結 1958. 2. ソ連, 朝鮮に核武装禁止地帯設置を提唱 12. 韓国, 国家保安法公布 1959. 2. 朝鮮, 通貨改革。7. 韓国, 曺奉岩死刑。8. 朝鮮帰還に関する日朝協定。12. 朝鮮帰国第1船出発 1960. 3.～4. 馬山・ソウル暴動。4 .反李承晩暴動, 李承晩退陣 1960. 8.～63 韓国大統領尹潽善(国務総理, 張勉)	1955. 12. 原子力基本法成立 **1956. 5.～6.** 国会暴力乱闘事件。**11. 日ソ共同宣言(ソ連と国交回復)**。12. 18 国連加入 1956. 12.～57 石橋湛山内閣(自民党) 1957. 2.～60 岸信介内閣(自民党) 1957. 8. 茨城県東海村の原子炉点火。11. 琉球のアメリカ民政府, 那覇市長を解任。12. 日ソ通商条約調印 1958. 1. インドネシアと平和条約。2. 横山大観死(1868～)。11. 新特急こだま号運転開始。12. 日ソ貿易協定 1959. 3. 鳩山一郎死(1883～)。4. 皇太子, 正田美智子と結婚。9. 伊勢湾台風。11. 国会構内デモ事件 **1960. 1. 日米新安全保障条約調印(6. 発効)。5.～6. 安保阻止国民運動(六・一五事件)** 1960. 7.～64 池田勇人内閣(自民党) 1960. 10. 浅沼稲次郎暗殺される(1898～)
	1960～1963	1961. 3. ワルシャワ条約モスクワ会議(西ベルリンの自由市化の要望) 1961. 3.～65 ルーマニア国家評議会議長デジ **1961. 10. ソ連共産党大会(党新綱領採択。反党グループ除名。対アルバニア非難)**。11. レーニン廟側のスターリン遺体撤去 1961. 12. ソ連, 対アルバニア断交 1962. 2. ソ連・チェコ間, 石油パイプライン完成。12.チトー, モスクワ訪問(ユーゴの対ソ宥和) 1963. 4. ユーゴ社会主義共和国憲法	1961. 4. 人間衛星船ヴォストーク1号(100分, 乗員ガガーリン)。8. ヴォストーク2号(25時間余, チトフ)。9. 核爆発実験再開 1962. 8. 人間衛星船ヴォストーク3・4号のランデヴー。リーベルマン理論 1963. 1. プラウダ紙の中国非難。8. 米英と核停条約調印。フ首相, ユーゴ訪問	1961. 5. トルコ新憲法制定。クウェート自立(イラクと紛争) **1961. 9. 中立国首脳(チトー・ナセル・スカルノ・ネールら)ベオグラード会議(第1回非同盟諸国会議), 共同宣言発表**。 1961. 10. シリア, アラブ連合を離脱独立。トルコ大統領グルセル就任(～65) 1962. 6. アラブ経済統合協定。9. イェーメン革命(共和国宣言) 1963. 2. イラク政変。3. シリア革命。10. イラク・シリア連邦結成(両国政情不安定)	1961. 1. カサブランカ会議。3. アンゴラの反乱。5. モンロヴィア会議 9. アフリカ・マダガスカル憲章 1961. 11. 中立国首脳カイロ会議 1961. 12. タンガニーカ独立 1962. 7. **アルジェリア独立** 1963. 5. アフリカ首脳アディスアベバ会議(**アフリカ憲章**, アフリカ統一機構(OAU)結成)	1961. 1. インド, 対中国ビルマ国境侵犯警告 1961. 12. インド, ゴア武力併合 1962. 3. パキスタン新憲法。10.～12. 中印国境で武力衝突 1963. 5. インド大統領ラダクリシュナン就任	マラヤ・タイ・フィリピン, 東南アジア連合発足 1962. 1. フィリピン大統領マカパガル就任(～56)。3. ビルマ無血革命(ネ・ウィン)。7. ラオス中立協定成立。8. 西イリアン協定 **1963.** 9. マライシア連邦発足。**11. 南ヴェトナムのクーデター, ゴ・ディン・ジエム政権の崩壊**	1962. 10. テレビ開局	1961. 1. 対ビルマ借款。2. 対北ヴェトナム借款。4. インドネシアと友好条約 **1961. 7. 中国・朝鮮相互援助条約**。 1961. 10.【モンゴル】国連加盟。中国・ネパール国境条約 1962. 2. 胡適死(哲学, 1891～)。10.～12. 中印国境紛争。12. **中ソ対立**表面化する。中蒙国境条約調印 1963. 3. パキスタンと国境協定。7. 中ソ会談決裂	**1961. 5. 韓国クーデター。7. ソ連・朝鮮軍事同盟** 韓国政変, 最高会議議長朴正熙就任(～63)。 1962. 12. 韓国, 新憲法制定 1963. 3. ソウルで軍政延長反対デモ。10. 韓国大統領朴正熙就任(～79)	1961. 3. 第1回東京国際見本市。6. 農業基本法成立。7. 北陸トンネル貫通。11. 第1回日米貿易経済合同委員会。 1962. 1. ガリオア・エロア返済協定。10. 貿易自由化に着手。11. 日英通商航海条約。12. 日中民間貿易議定書調印 1963. 3. 石炭鉱業合理化法案成立。11. 東京国際スポーツ大会

アフリカ諸国の独立＝1960年は“アフリカの年”といわれる。1月にカメルン(仏), 4月にトーゴーランド(仏), 6月にマリ連邦(仏。9月にマリ(旧スーダン)・セネガル両国に分離)・マダガスカル(仏)・コンゴ(ベルギー領)・ソマリア(英領ソマリランドと7月にイタリア信託統治領ソマリランドが合邦), 8月にダホメ・ニジェル・オートヴォルタ・象牙海岸・中央アフリカ・コンゴ・ガボン(以上仏), 10月にナイジェリア連邦(英), 11月にモーリタニア(仏)が独立した。

大勢	年代	国際問題	アメリカ大陸 アメリカ合衆国	西ヨーロッパ イギリス連邦	西ヨーロッパ フランス共和国	西ヨーロッパ ベネルックス	中央ヨーロッパ 西ドイツ	中央ヨーロッパ 東ドイツ	南ヨーロッパ イタリア・イスパニア
東西緊張の緩和／平和共存体制の多極化／国際通貨体制の危機／フランスの動揺／人類の月面到達	1964	1963. 11. **キプロス紛争起る** 1964. 3.~6. 第1回国連貿易開発会議（UNCTED，ジュネーヴ）。3. 国連軍をキプロスに派遣。5. ケネディ・ラウンドの初め（~67）。8. 世界商業衛星通信網協定調印。国連安保理，キプロスの即時停戦決議。10. 第2回非同盟諸国会議（カイロ）。12. マルタ・マラウィ・ザンビア3国，国連加盟 1965. 1. **インドネシア，国連脱退を通告**。3. ガンビア，国連加盟。4. 非同盟諸国17カ国，ヴェトナム平和アピール。6. **第2回アジア・アフリカ会議**開催予定のところ，アルジェリアのクーデターで延期（11. 再延期）。9. 国連安保理，インド・パキスタン停戦決議	1963. 11.~69 ジョンソン（民主党） 1964. 2. 米ソ新文化交流協定調印。3. アラスカ大地震。4. マッカーサー死（1880~）。ニューヨーク万国博覧会開く。5. バートレット法（大陸棚漁獲禁止法）成立。7. **公民権法（黒人無差別の広範適用）成立**。月ロケット・レンジャー7号，月面撮影成功。8. 利子平衡法税成立。11. ニューヨーク，ベラザーノ橋開通（世界一長い橋） 1965. 2. **米空軍の北ヴェトナム爆撃（北爆）始まる**。3. レンジャー9号，月面のテレビ中継成功。4.~5. ドミニカ反乱。6. 2人乗り衛星船ジェミニ4号の宇宙遊泳。7. 火星ロケット・マリーナ4号，火星の写真撮影に成功。8. **黒人投票権法（65年公民権法）成立**。12. 2人乗り衛星船ジェミニ6・7号，宇宙ランデヴーに成功	1952~　エリザベス2世 1964. 7. ニヤサランド独立，マラウィと称す。9. マルタ独立。10. 総選挙，労働党僅少差で勝利。北ローデシア独立，ザンビアと称す。ウィルソン内閣成立。公定歩合を5%から7%に大幅引上げ（いわゆる危機レート） 1965. 1. T・S・エリオット死（詩・劇作，1888~）。英ソ農業科学技術協定調印。**チャーチル死**（1874~）。3. **ポンド危機深刻化**。4. 鉄鋼業再国有化白書。6. 公定歩合6%に引下げ。9. 第2次国際資金対英援助。10. 死刑廃止法成立	1959. 1.~69 ド・ゴール 1964. 1. **中華人民共和国を承認**。ド・ゴールの東南アジア中立化構想発表。2. 仏・伊会談。仏・西独会談。3. ド・ゴール，メキシコ訪問。5. キューバに機関車輸出契約，米これに抗議。7. 物価安定バカンス対策。9.~10. ド・ゴール，中南米諸国を歴訪 1965. 1. フランス銀行，手持ドルの換金化発表。5. SEATO理事会をボイコット。仏ソ原子力平和利用協定調印。7. EEC等3機関の閣僚理事会をボイコット。モンブラン・トンネル開通。8. ル・コルビュジエ死（建築家，1887~）。11. 人工衛星ディアパソンの打上げ成功	1964. 4. オランダ王女イレーネ，元イスパニア王室のカルロス・ウーゴと結婚，王位継承権を放棄。11. ルクセンブルグ，シャルロット大女公退位，ジャン大公即位 1965. 4. EEC・EURATOM・ECSC3執行機関統合条約調印	1959~69 リュブケ 1964. 5. トルコと軍事援助協定締結。6. 米・西独首脳会談（ボン），共同宣言発表。**11. 米・西独間に戦車共同開発など4軍事協定調印** 1965. 1. エアハルト，訪仏。5. イスラエルに軍事援助，アラブ連合等対西独断交を通告。9. シュヴァイツァー死（1875~，"アフリカの聖者"）	1960~73 ウルブリヒト **1964. 6. ソ連・東独友好相互援助条約調印**。9. グローテヴォール死（1894~），シュトフ新任 1965. 2. ウルブリヒト，アラブ連合訪問 **【オーストリア】** 1965. 2. シェルフ大統領死，5. ウィーン市長ヨナス，大統領就任（~74）	1964. 1. 教皇パウルス聖地巡礼，ギリシア正教アテナゴラス総主教と会見。8. トリアッチ死（1893~）。 1964. 12.~71 イタリア大統領サラガット 1964. 12. イタリア，人工衛星サンマルコ号，アメリカで打上げ 1965. 9. ヴァチカン公会議，**信教の自由宣言**。12. **ローマ教皇とギリシア正教総主教，東西教会対立解消の共同声明**
	1965 1970	1966. 1. 第1回三大陸人民連帯会議（ハバナ）。5. 核探知クラブ専門家結成会議（ストックホルム）。7. 国際通貨改革10カ国蔵相会議（ハーグ）。9. **インドネシア，国連復帰**。11. アジア開発銀行創立。12. 宇宙天体平和利用条約採決（67. 1. 米英ソ日，同時調印） 1967. 1. 国連工業開発機関（UNIDO）措置。5. **ケネディ・ラウンド（関税一括引下げ交渉）妥結（6月，53カ国調印）**。6. 国際宇宙テレビ放送成功。9. IMF特別引出権（第3の国際通貨）創設決議。10. **ローマ教皇とギリシア正教総主教との会見**。11. 金価格維持11国共同行動 1968. 3. **金プール7カ国中央銀行総裁会議**（ストックホルム，金の二重価格制）。5. **ヴェトナム和平パリ会議開始**。7. 核拡散防止条約調印。8. 非核保有国会議（ジュネーヴ，96カ国）。国連宇宙平和利用会議。9. スワジランド，11. 赤道ギニア，国連加盟。12. 第1回国連貿 1969. 1. ヴェトナム和平に関する拡大パリ会談開く。4. 米ソ核平和利用技術会議。10. IMF特別引出権SDR創設（70年1月1日発動）。12. 国連政治委員会，生物化学兵器違法宣言議決。〇この年，西欧各国続々公定歩合を引上げ，第2次大戦後最高の金利となる ――世界的インフレの進行 1970. 2. 国連，各国に人口政策推進を要請。3. 核拡散防止条約，米英ソ3国首都で発効式（調印97カ国）。5. WHO総会，心臓移植，食品添加物，公害等の研究開始。7. ヴェトナム参戦7カ国会議。12. 国連総会，海底核兵器・大量破壊兵器禁止条約可決。石油輸出国機構，油価の値上げ発表	1966. 1. ニューヨーク交通スト。ヴェトナムに関するマンスフィルド報告。3. 米ソ新文化協定調印。6. ドミニカ臨時政府発足。フランジニ夫妻，反粒子の非対称性理論を発見。サーベイヤ1号，月面軟着陸に成功。9. サンガー夫人死（1833~，産児制限運動）。ニューヨーク新メトロポリタン歌劇場完成。10. 商業通信衛星ラニーバードの打上げ成功 1967. 2. 中南米非核武装条約調印。4. 米州首脳会議（プンタデルエステ，米州大統領宣言調印）。▽モントリオール万国博覧会開く。6. **米ソ首脳グラスボロ会談**。7. デトロイト黒人暴動，連邦軍出動。10. ヴェトナム反戦大集会デモ（ワシントン）。11. 日米会談（沖縄基地問題）。ジョンソン，ローマ教皇と会談。12. 平和目的のための地下核爆発実験 1968. 1. 年頭教書，ドル防衛策発表。水爆積載機墜落事件。プエブロ号事件。大統領予備役招集発令。4. **黒人運動指導者キング牧師（1928~）暗殺事件**。5. 原子力潜水艦スコーピオン号行方不明。6. ヘレンケラー死（"三重苦の聖女"，1880~）。**ロバート・ケネディ（1924~）暗殺事件**。10. 北爆全面停止。12. アポロ8号，人類初の月周回飛行に成功 1969. 1. 原子力航空母艦エンタープライズ爆発事故 **1969. 1.~74 R・ニクソン（共和党）** 1969. 3. アイゼンハワー死（1890~）。4. 公定歩合6%に引上げ（40年来の最高）。7. 月着陸船アポロ11号（3人乗り），人類初の月世界到達成功，月の岩石を持帰る。11. 米ソ戦略兵器制限交渉（SALT）予備会談開始。アポロ12号，人間の月面着陸・帰還に成功 1970. 1. ジャンボ・ジェット機（PAM. 362人乗り）初就航，ロンドン着。3. 郵便ストで国家非常事態宣言。4. SALT本交渉開始，新元素ハーニウム発見。**カンボジア政変に介入，米軍出撃**。5. ジョン・ガンサー死（1901~，小説）。6. ウーマン・リブ運動起る。10. ▽チリに社会主義政権成立（大統領アジェンデ）。▽カナダ，中国と国交樹立。ニクソン・グロムイコ会談	1966. 4. 総選挙，労働党圧倒的勝利。5. 英領ギヤナ独立，ガイアナと称す。5.~6. 海員スト。7. ウィルソンのデフレ総合対策（公定歩合を7%に再引上げ，ポンド防衛策）。10. **賃銀物価凍結令発動**。10. バルバドス独立。 1967. 3. 鉄鋼業再国有化法成立。4. マレーシア等極東地域駐留の英軍部隊撤去完了。8. 英ソ間直通電話線設置協定。10. アトリー死（1883~）。11. ポンド切下げ。公定歩合を8%に引上げ。南イェーメン人民共和国成立 1968. 1. **緊縮政策始まる**。2. グリニッジ標準時廃止。3. 新移民法成立。ポンド暴落。5. 賃銀凍結抗議スト。6.~10. オックスフォード・ロンドン等，反戦デモ続発。9. 公定歩合7%に引下げ。11. ジェンキンス蔵相の緊縮政策 1969. 1. 人種差別反対の大デモ行進。十進法による新通貨発行。3. 英仏共同開発の超音速旅客機コンコルドの試験飛行成功。5. 科学者4人，北極圏徒歩横断に成功。8. 北アイルランドに宗教暴動起る 1969. 10. 超音速旅客機コンコルド，音速を突破（マッハ105） 1969. 12. 死刑の永久廃止を正式に決定 1970. 2. バートランド・ラッセル死（1872~，哲学）。3. 公定歩合を7.5%に，4月7%に引下げ。6. **総選挙保守党の勝利，ヒース内閣成立**。北アイルランド暴動再燃。トンガ王国独立。10. フィジー諸島独立（フィジー王国）。現有防衛力温存の国防白書	1966. 1. バルカ事件。6. ド・ゴール訪ソ。7. 仏ソ共同宣言。**フランス，NATO軍より正式脱退**。ムルロワ環礁核実験。8.~10. ド・ゴール，AA諸国歴訪。11. 仏ソ直通電話線設置協定調印 1966. 12. NATO理事会，核調節マクナマラ委員会設置（フランス除外） 1967. 3. 総選挙，ド・ゴール派半ばに達せず。6. 仏ソ首脳会談（パリ）。英仏首脳会談（パリ）。7. ド・ゴール，カナダ訪問，ケベックで領土問題につき失言。9. ド・ゴール，ポーランド訪問。10. アンドレ・モーロワ死（1885~，作家） 1968. 5. **パリ大学（ソルボンヌ）の学生デモ，フランス全土ゼネスト状態現出（五月危機）**。6. **総選挙，ド・ゴール派大勝**。7. 公定歩合を5%に引上げ。クーブドミュルビル内閣成立。9. ムルロワ環礁で水爆実験。10. 公定歩合を6%に引上げ 1969. 3. 金価格高騰。24時間のゼネスト **1969. 4. ド・ゴール退陣** 1969. 6.~74 ポンピドゥー 1969. 6. シャバンデルマス内閣成立。8. フランの切下げ 1969. 10. 公定歩合を8%に引上げ 1970. 2. 米仏両大統領ワシントン会談。5. 両度にわたり核実験を行う。"小さな"五月事件（反政府騒動頻発）。西欧同盟（WEU）に復帰。9. モーリアック死（1885~，作家）。10. ダラディエ死（1884~）。ポンピドゥー訪ソ，ソ仏共同宣言。11. **ド・ゴール死**（1890~）	1966. 3. ベルギーで七ッ子出産（早死）。10. **パリのNATO本部をブリュッセルに移す** 1967. 3. 欧州連合軍の新最高司令部発足（本部ベルギーのカストー）。**7. ヨーロッパ共同体発足（EC），3機関の統合成る**。 **1968. 7. EC関税同盟発足** 1969. 8. オランダ，公定歩合を6%に引上げ。9. ベルギー，公定歩合を7.5%に引上げ **【オーストリア】** 1970. 3. 総選挙，社会党初めて第一党となる（クライスキー内閣成立） 1970. 11. オランダ・ベルギー，アルバニアと国交を樹立	1966. 1. ラウンハイムのカルテックス石油精油所大爆発。3. 西独政府の7項目平和提案。12. キージンガー大連立内閣成立 1967. 1. ルーマニアと国交樹立。3. クルップ社，個人企業より有限責任会社へ組織改革。4. アデナウアー死（1876~）。8. 米・西独首脳会談 1968. 1. ユーゴと復交。2. 原子力商船オットーハーン号就航。5. 非常事態法成立。7. オットー・ハーン死（1879~，物理化学者）12. 貿易調整法公布 1969. 2. カール・ヤスパース死（1883~，哲学）。 1969. 3.~74 ハイネマン 1969. 5. ハルシュタイン原則廃止。10. ブラント内閣成立。マルク切上げ。11. 人工衛星アツール打上げ 1970. 3. エルフルト両独首相会議（5月にカッセルで再会議） 1970. 3. 公定歩合を7.5%に引上げ。**8. ソ連・西独条約調印**。12. ポーランドと国交正常化条約	1966. 1. 全独会議準備の提案，西独これを拒否。6. 東欧4カ国国防相ベルリン会議 1967. 3. ポーランド・チェコと相互援助条約締結（鉄の三角）。6. 東西ドイツ間に初の書簡往復 1968. 4. 東ドイツ新憲法公布（人民投票で承認される）。5. ウルブリヒト，ソ連訪問 1969. 2. 西ベルリンでの西独連邦会議に対し，西独人の立入禁止の布告 1969. 12. 西独に対して話合いの呼びかけを行う	1966. 7. イタリア，社会・社会民主両党の合同。11. **フィレンツェ大洪水**。12. イスパニア新国家基本法公布，フランコの独裁体制を緩和 1967. 3. ローマ教皇，条件付で産児制限を承認。6. イスパニア，ファランヘ党解消，「国民運動」に改組。10. ギリシア正教総主教のヴァチカン訪問。11. イスパニア，平価切下げ 1968. 5. ローマで学生デモ。6. モロ内閣総辞職，以後イタリア政情不安つづく。12. ルモール内閣漸く成立。シチリア農民射殺事件，抗議デモ起る 1969. 1.~3. イスパニア全土非常事態宣言。6. イタリア，公定歩合を5%に引上げ。7. フランコ総統，将来の後継者としてファン・カルロス王子を指名。9. ポルトガル首相サラザール辞職（在任38年，1970. 7.死） 1970. 8. イタリア，コロンボ内閣成立。11. イスパニア，ECと6カ年特恵協定締結。イタリア，中国と国交樹立。12. イタリア，離婚法成立

IMF（**国際通貨基金**）＝International Monetary Fund（略称，FUND）1944年のブレトンウッズ協定で決定，1945年12月に発足した。**SDR**＝Special Drawing Rights。**EC**＝European Communities。
三大陸人民連帯会議＝アジア・アフリカ・ラテンアメリカ（AALA）。世界各地の民族解放闘争等を決議した。**EURATOM**＝European Atomic Community，1957年に調印されたヨーロッパ原子力共同体の略称。

北ヨーロッパ・東ヨーロッパ		中東	アフリカ	南アジア	東アジア			年代	大勢
北欧・東欧諸国	ソヴィエト連邦	(便宜上エジプトを含む)		インド・パキスタン・東南アジア	中華人民共和国	朝鮮・韓国	日本		
1964. 4. ルーマニア労働者党(65. 7. 共産党)「権利宣言」発表。5. 米・ルーマニア高級会談。6.～7. フルシチョフ，北欧3国を歴訪 1964. 12. チェコスロヴァキア，社会主義経済の中での利潤追求方策推進を明確に打出す 1965. 3. ルーマニア国家評議会議長デジ死(1903～)，後任議長ストイカ就任(～67)。 1965. 3. 世界共産党協議会議開く(19カ国，中国・ルーマニア欠席)。4. ソ連・ポーランド20カ年友好協力相互援助条約調印。6. ハンガリー，カダル首相就任。8. ルーマニア社会主義共和国新憲法公布	1958. 3.～64 首相フルシチョフ 1964. 2. 米ソ新文化交流協定調印。3. フルシチョフ，自ら中国を非難。5. フルシチョフ，アラブ連合訪問 1964. 7.～65 最高会議幹部会議長ミコヤン 1964. 10. 3人乗り衛星船ヴォスホート成功。**フルシチョフ失脚。書記長ブレジネフ就任**。首相コスイギン就任 1965. 2. コスイギン，北ヴェトナム訪問。防衛強化を約す。ルイセンコ教授解任 1965. 4. コルホーズ所得税賦課法公布 1965. 12.～77 最高会議幹部会議長ポドゴルヌイ	**1963. 11. キプロス紛争** 1964. 4. トルコ，対ギリシア同盟条約破棄 **1964.** 8. トルコ軍，キプロスに武力行使。10. **第2回非同盟諸国首脳会議**。11. サウジアラビア王サウド退位，皇太子ファイサル即位 **1965. 1. アラブ共同市場発足**。5. アラブ連合等，対西独断交。8. イェーメン和解協定(アラブ連合・サウジアラビア間)。10. トルコ，デミレル内閣(正義党)成立	1963. 12. ザンジバル独立 1964. 1. ザンジバル革命。4. タンガニイカ＝ザンジバル連邦結成(10. 国名をタンザニア連邦共和国と改称)。7. マラウィ独立。10. ザンビア独立。11. アフリカ開発銀行発足。ベルギー空艇部隊，スタンレーヴィルに降下し，人質を救出 1965. 2. ガンビア独立。6. アルジェリアのクーデターにより第2回アジア・アフリカ会議(AA会議)延期。11. ローデシアの白人政権(首相スミス)，一方的独立宣言。コンゴ無血クーデター，モブツ将軍，全権掌握	1964. 1. 南ヴェトナムのクーデター，グエン・カーン実権掌握。4. ラオス内戦再発。5. ネール死(1889～)。6. マレイシア紛争3国首脳東京会談。8. トンキン湾交戦事件。南ヴェトナム全土に非常事態宣言，国家三人委員会成立。12. サイゴン，戒厳令施行 **1965. 1. インドネシア，国連脱退通告。2. 米機の北爆始まる**。5. カンボジア，対米断交。8. シンガポール再独立。8.～9. インド・パキスタンのカシュミル紛争。9. **インドネシア九・三〇事件**。10. **インドネシア軍部の共産党弾圧**。11. フィリピン大統領マルコス当選(12. 就任)	1963. 12. 人民代表大会，経済調整，自力更生を強調 1964. 1. 周首相，アフリカ諸国歴訪。4. 大慶大油田発見と公表。7. **中ソの対立決定的となる**。10. 中国初の原爆実験。11. 周首相，ソ連訪問。陝西省藍田で古人骨発見と発表。中ソ対立やや緩和 1965. 1. 第3期全国人民代表大会第1回会議。5. 第2回原爆実験。6. 軍隊の階級制廃止。7. 北ヴェトナムと経済技術援助協定調印。9. チベット自治区成立。11. 第2回アジア・アフリカ会議準備に関しソ連との対立再び表面化する	1963. 12.～79 韓国大統領朴正熙(**第三共和国**) 1964. 5. 韓国丁一権内閣成立。米韓石油協定成立。6.～7. 韓国，非常戒厳令施行 **1965.** 5. 朴正熙，訪米。6. **日韓基本条約調印** 1965. 7. 李承晩，ホノルルで死(1875～)。8. ソウルで学生デモ起り，衛戍令を発動 1966. 1. 朝鮮海軍魚雷艇，韓国漁船を襲撃。	1964. 4. IMF8条国に移行し開放経済体制に入る。OECDに加盟。6. 日米海底電話ケーブル開通。7. 国鉄東海道新幹線全通。8. 名神高速道路全通。10. 東京オリンピック開催。11. 佐藤栄作内閣 1965. 7. 谷崎潤一郎死(1886～，小説)。8. 松代群発地震。12. 朝永振一郎，ノーベル物理学賞を受賞。山田耕筰死(1886～，作曲)	1964	中ソ対立の本格化／混迷する東南アジア／ヴェトナム戦争の拡大／中国社会主義文化大革命／中東戦争
1966. 6. ユーゴ，14年ぶりに教皇庁と復交。7. ワルシャワ条約機構会議，欧州安全強化共同宣言。10. 東欧9カ国首脳会議。11. アルバニア共産党会議，反ソ戦線の形成企図 **1967. 1. ルーマニア，西独と国交樹立**。3. 東独・チェコ・ポーランド相互援助条約締結。4. ギリシア陸軍のクーデター，パパドプロスの軍事政権成立。12. ルーマニア国家評議会議長チャウシェスク就任 1968. 3. チェコ大統領スヴォダダ主任(～75)。4. ポーランド国家元首スピハルスキー就任(～72)。6. チェコ知識人の2000語宣言。チエルナ会談。8. ブラチスラヴァ宣言。**チェコ事件**，ソ連軍等チェコ領侵入。9. アルバニア，ワルシャワ条約脱退 1969. 1. チェコスロヴァキア連邦制発足。4. チェコ党第1書記ドプチェク辞任，後任フサーク。5. チェコ自由化派の粛清(9. フサーク体制成る)。10. ノーベル経済学賞の初授与 1970. 1. 欧州共産党会議。ワルシャワ条約機構統合軍結成 1970. 1. チェコ，シュトロウガル首相就任，超保守体制成立。 1970. 5. ソ・チェコ友好協力相互援助条約調印。6. ケレンスキー死(米で，1881～)。 1970. 6. ルーマニア大洪水。ソ連・ルーマニア友好援助条約調印。 1970. 12. ポーランド暴動。ユーゴ国家最高幹部会設置	1966. 1. モンゴルと新友好協力相互援助条約調印。2. 自動ステーション月6号，月面軟着陸成功 1966. 12. コスイギン，フランス訪問，ド・ゴールと会談。○史上最大の豊作 1967. 1. ポドゴルヌイ，ローマ教皇訪問。4. 欧州共産党カルロビヴァリ会議(ルーマニア・ユーゴ等欠席)。6. イスラエルと断交。8. イリヤ・エレンブルグ死(1891～，作家)。10. 金星4号，金星軟着陸成功。人工衛星コスモス186・188号，無人ドッキングに成功 1968. 3. 宇宙飛行士ガガーリン墜死。4. コスイギン，インド・パキスタン訪問。5. 東欧4カ国首脳，ソ連入り 1968. 11. 心臓移植手術の初め。内務省を復活 1969. 1. 宇宙船の有人ドッキング成功。3. 中ソ国境衝突事件。6. 世界共産党会議(81カ国，モスクワ)。7. 月15号，月面着陸。作家クズネツォフ，英国亡命。10. ソ連・東独・チェコ共同開発の人工衛星インターコスモス1号打上げ。12. ウォロシーロフ死(1881～) 1970. 1. イタリアと貿易協定締結(2. 西ドイツと)。4. 米ソSALT本交渉開始 8. 金星7号打上げ(120日で金星到達)。11. 月17号，月面着陸，月面車ルノホート1号を実験	1966. 2. シリアのクーデター(大統領アタシ就任，～70)。3. トルコ大統領グルセル引退，セプデト＝スナイ就任。7. シリア・イスラエル紛争。10. チュニジア，アラブ連合と断交 1967. 4. アデンの反英闘争激化。ヨルダン・アラブ連合共同防衛条約締結。6. **第3次中東戦争起る**。アラブ連合，スエズ運河を閉鎖。11. 南イエーメン人民共和国成立。12. キプロスに国連中東代表部設置 1968. 1. キプロス駐留ギリシア軍撤収。7. ナセル，ソ連・ユーゴ訪問。イラク，無血クーデター，バクル将軍，大統領就任。9. アブシンベル神殿の移転完工式 1969. 1. イスラエル首相エシュコル死(1895～)。2. トルコ，核拡散防止条約調印。3. イスラエル首相メイア女史就任。4. レバノン非常事態宣言。8. エルアクサラ寺炎上。12. アラブ首脳会議(ラバット) 1970. 1. アラブ4カ国石油開発協定調印。3. イスラエルのパイプライン完成。6. イスラエル軍，ゴラン高地とスエズ運河対岸攻撃(8. 停戦)。9. ヨルダン内戦。**ナセル死**(1918～)，サダト，大統領就任	1966. 1. ナイジェリア，クーデター，イロンシ将軍全権掌握。2. **ガーナ，クーデター，エンクルマ失脚**。4. ローデシア対英断交。9. ボツワナ独立。10. レソト独立。11. ブルンディ，クーデター，王政廃止宣言 1967. 5. ナイジェリア東部州，ビアフラ共和国と称して分離独立を宣言(9. 中西部州もベニン共和国と称して分離宣言)。7. コンゴ非常事態宣言。10. **開発途上国閣僚会議，アルジェ憲章採択**。南アフリカで心臓移植手術を行う 1968. 3. モーリシアス独立。4. 中央アフリカ合衆国結成協定調印(キンシャサ＝コンゴ・中央アフリカ・チャド)。6. 国連ナミビア(南西アフリカ)理事会発足。10. 赤道ギニア共和国独立。11. シエラレオネ全土戒厳令布告 1969. 5. スーダンのクーデター，民主共和国発足。6. ローデシア新憲法成る。8. ザンビア，銅鉱業国有化発表。9. リビヤ，王制廃止，リビヤ・アラブ共和国となる。10. ガーナ，民政に復帰，ブシア内閣成立。ブラザヴィル・コンゴ，コンゴ人民共和国と称す 1970. 1. ナイジェリアの内乱終結，ビアフラ崩壊。ローデシア，英連邦脱退(3. 共和国発足)。4. ガンビア共和国発足。5. モロッコ新憲法公布(王権強化)。9. 第3回非同盟諸国会議(ザンビア)。11. ポルトガル雇兵軍，ギニアに侵入	**1966. 1. インド・パキスタン首脳のタシュケント宣言**。インド首相ガンディ夫人就任。6. アジア太平洋協議会(ASPAC)発足。9. **インドネシア，国連復帰**。米軍の北爆激化。10. ヴェトナム参戦7カ国マニラ会議 **1967. 1. インドネシア，スカルノ大統領失脚**。5. 南ヴェトナム新憲法公布。5. インド大統領フセイン就任。8. **東南アジア諸国連合**(ASEAN)**結成**。9. 南ヴェトナム民族解放戦線政治綱要発表。10. 南ヴェトナム大統領グエン・ヴァン・チュー就任 1968. 1.～3. 南ヴェトナム解放戦線の大攻勢。3. インドネシア大統領スハルト就任。5. サイゴンに革命委員会成立。**ヴェトナム和平パリ会談始まる**。6. タイ新憲法公布。9. サバ領有に関するフィリピン・マレーシアの紛争。10. 米軍，北爆停止 1969. 3. パキスタン大統領ヤヒア・カーン就任。5. インド大統領フセイン死(1897～)。マレーシア全土非常事態宣言。6. 南ヴェトナム臨時革命政府成立。インド大統領ギリ就任。9. **ホーチミン死**(1890～)。11. ソンミ虐殺事件(1968.3)暴露。インド国民会議派分裂 1970. 2. ラオス，ジャール平原攻防戦。3. カンボジア，シアヌーク政権倒れ，ロン・ノル政権成立。インド，銀行国有化法成立。4. **米軍，カンボジア出撃**。6. **スカルノ死**(1901～)。東パキスタン大暴風雨，死者17万。10. カンボジア，クメール共和国宣言。11. 米軍，北爆再開	1966. 1. 第3次5カ年計画開始。2. 文学者田漢批判。4. 郭沫若の自己批判。周首相，**社会主義文化大革命**の事業を強調。8. 毛沢東＝林彪路線成立。北京に**紅衛兵旋風**起る。12. 彭真，逮捕される。劉少奇主席の自己批判 1967. 1. 南京流血事件。2. 北京，「革命造反派」の大連合行進。4. **北京市革命委員会成立**。5. 九龍暴動と反英デモ。6. 初の水爆実験。7. 香港暴動。武漢流血事件。10. 愛親覚羅溥儀死(1906～)。インドネシアと事実上の国交断絶 1968. 1. 革命人民代表会議，上海に成立。2.「紅旗」の刊行を廃止。4.「人民日報」ヴェトナム和平会議予備交渉を非難。9. **革命委員会，全国に成立完了**。10. 南京揚子江大鉄橋開通(中国最大)。11. **劉少奇失脚，国家元首空席** 1969. 1. 中国共産党党規約改正，林彪を毛沢東の後継者とする。3. ウスリー江中ソ国境衝突事件。4. **九全体会，毛林体制発足**。6. ルーマニアと貿易協定調印。7. 台湾ゲリラ，中国砲艦を撃沈。8. 新疆で中ソ武力衝突事件。10. 中ソ国境会談(北京) 1970. 4. 周首相，朝鮮を公式訪問(12年ぶり) 4. 人工衛星打上げ成功(世界で5番目の国)。5. カンボジアのシアヌーク(亡命)，中国首脳と会談。10. 中ソ始めて大使を交換。カナダ，中国と国交樹立。3. メガトン級の大気圏内水爆実験。11. イタリア，中国と国交樹立	7. 米韓行政協定調印。8. 朝鮮，自由路線強調，対中国批判。9. 第1回日韓経済閣僚会議 11. 38度線衝突事件 1967. 3. 朝鮮，ソ連と経済技術協定調印。4. 38度線再度衝突事件。8. 朝鮮・北ヴェトナム軍事協定。第1回日韓閣僚会議 1968. 1. 米情報収集船プエブロ号捕獲事件。4. 米韓首脳会談。8. 韓国，政治浄化法廃止。12. プエブロ号の乗組員釈放 1969. 3. 米韓両軍の合同演習。4. 朝鮮，米偵察機を撃墜。10. 韓国憲法改正，朴大統領3選可能。12. 朝鮮側による大韓航空機乗取り事件 1970. 4. 韓国，朝鮮砲艦を撃沈。7. ソウル・釜山間高速道路開通。米国，在韓米軍の削減を通告。11. 朝鮮新6カ年計画発表	1966. 1. 第1回赤字国債発行。6. ILO87号条約発効，国内法棚上部分施行。7. 鈴木大拙死(1870～，仏教学) 1966. 12. 政界に“黒い霧”問題深まる 1967. 4. 東京都知事に革新系の美濃部亮吉当選。太平洋経済委員会設立。6. 佐藤首相，台湾・東南アジア訪問(～10.)。10. 吉田茂死(1878～)。11. **日米首脳会談** 1968. 1. 日米貿易経済合同委員会開く。4. **小笠原諸島返還協定調印(6月正式復帰)**。7. 郵便番号制発足。11. 明治百年祭挙行。12. 川端康成ノーベル文学賞を受賞 1969. 3. 第2次資本自由化の実施。5. 東名高速道路全通。6. 学園紛争拡大。7. 日本，軍縮委員会への初参加。11. 大気汚染測定結果を発表。12. 総選挙，社会党惨敗 1970. 2. 人工衛星おおすみ打上げ(世界で4番目の国)。3. **日本万国博覧会開く(大阪)**。日航機よど号乗取り事件。6. 日米繊維交渉決裂。日米安保条約自動延長。11. 三島由紀夫割腹事件	1965 1970	

植民地の独立＝1960年を頂点としてアフリカ大陸やアジアの辺境・西インド等の諸国が次々と独立した。こうして前世紀以来の西欧諸国の植民地，ことに英仏等のそれは重要拠点として僅かに局地に点在するだけとなったが，ポルトガル・イスパニアはなおアフリカに広大な植民地を持ち，それらは1970年代に入って独立の機運が盛り上ってきた。また南アフリカの白人政権が南西アフリカ(1968年Namibiaと呼称)の領有を主張し，問題を今後に残している。

〔41〕

大勢	年代	国際問題	アメリカ大陸 アメリカ合衆国	西ヨーロッパ イギリス連邦	西ヨーロッパ フランス共和国	西ヨーロッパ ベネルックス	中央ヨーロッパ 西ドイツ	中央ヨーロッパ 東ドイツ	南ヨーロッパ イタリア・イスパニア
世界的不況下のインフレ／ドル・ショック／拡大ECの成立／東西和解の進展／全欧安保協力会議	1971 1975 1976	**1971**. 2. 海底軍事利用禁止条約調印。7. ヨーロッパの金相場急騰。9. ブータン・バハレーン・カタール, 国連加盟。10. オマーン, 国連加盟。**中華人民共和国, 国連加盟, 台湾, 脱退。** 12. 国連事務総長クルト・ヴァルトハイム(オーストリア)就任。アラブ首長国連邦, 国連加盟。ワシントン10カ国蔵相会議 **(スミソニアン体制発足)** 1972. 4. 生物兵器禁止条約調印(47カ国, モスクワ)。第3回国連貿易開発会議(サンティアゴ。開発途上国の要求強まる)。5. 国連人間環境会議(ストックホルム), 人間環境宣言発表。9. ヴェトナム和平秘密会談(パリ。キッシンジャーの忍者外交)。12. 海洋汚染防止条約調印(57カ国) **1973**. 1. ヴェトナム和平協定調印。**国際通貨危機再燃。3. EC蔵相会議, 拡大10カ国蔵相会議(ブリュッセル。スミソニアン体制崩壊)**。7. IMF20カ国蔵相会議(ワシントン)。9. **東西ドイツ, 国連加盟。第3回非同盟諸国首脳会議(アルジェ)**。GATT閣僚会議(東京。新国際ラウンド発足)。10. **第4次中東戦争**。11. **石油危機発生**。米・西欧7カ国, 金の二重相場制廃止 1974. 1. IMF20カ国蔵相会議(ローマ)。欧州金市場高騰(3. パリで1オンス=188ドル)。2. 石油消費国会議(ワシントン)。4. 国連資源特別総会。6. 第3次海洋法会議(カラカス)。8. 世界人口会議(ブカレスト)。9. バングラデシュ・グレナダ・ギニアビサウ, 国連加盟(加盟国138)。11. 世界食糧会議(ローマ)。石油消費国国際エネルギー機関(IEA)発足。12. 国連, 経済権利義務憲章採択 1975. 3. 石油輸出国機構(OPEC)首脳会談(アルジェ)。6.〜7. **国際婦人年世界会議**(メキシコシティ)。7. **全欧安保首脳会議**(東西35カ国, ヘルシンキ)。9. モザンビーク他2国, 国連加盟。OPEC総会ウィーン会議, 原油価格10%上げ決定。10. パプアニューギア, 国連加盟。鉄鉱石輸出国連合(9カ国)発足。11. **先進6カ国首脳ランブイエ会議(日・米・英・仏・西独・伊)**。12. 国際経済協力会議本会議(南北問題等) 1976. 1. IMF暫定委ジャマイカ会議。5.〜6. 国連人間居住会議(ヴァンクーヴァー)。6. **先進7カ国首脳サンフアン会議**	1969〜74 R・ニクソン(共和党) **1971**. 1. 公定歩合を5%に引下げ, 2. さらに4.75%とする。2. ロサンゼルス大地震。7. キッシンジャー補佐官, 訪中。8. **ドル防衛策を発表**。10. **米日等提案の中国国連加盟逆重要事項案, 国連総会で否決される**。キッシンジャー再度訪中。対外援助を停止と発表。10.〜11. 第2回開発途上国96カ国閣僚会議(リマ憲章)。国際収支空前の赤字となる。12. 公定歩合を4.5%に引下げ **1972. 2. ニクソン, 中国訪問, 米中首脳会談**。4. 木星探測器打上げ。エドガー・スノー死(1905〜, 評論) 5. ニクソン, ソ連訪問。6. **ウォーターゲート事件(民主党本部盗聴事件)の発端**。▽キューバ, COMECON加盟。9. 米ソSALT調印。11. 火星の地図完成。12. ダンピング防止法改正(保護貿易主義の強化)。アポロ計画終了。トルーマン死(1884〜)。▽ピアソン死(1897〜, カナダ首相) 1973. 1. ジョンソン死(1908〜)。3. パール・バック死(1892〜, 女流作家)。米軍のヴェトナム撤収完了。4. ウォーターゲート事件の波紋ひろがる。6. 60日間物価凍結令。米ソ首脳, サンクレメンテ宣言。8. 1月以来公定歩合引上げ7.5%となる。キッシンジャー国務長官就任。9. ▽チリ政変, アジェンデ大統領自殺。10. 副大統領アグニュー辞任(12. フォード就任)。▽アルゼンチン大統領ペロン就任(18年ぶりに政権復帰)。コックス検察官解任。11. ▽中南米エネルギー機構発足 1974. 2. 米ソSALT第2次交渉開始。4. 公定歩合引上げ8%。6. ニクソン, ソ連訪問。7. ▽ペロン死, イサベル・ペロン未亡人就任。8. **ニクソン辞任** 1974. 8.〜77 G・R・フォード(昇任, 共和党)。ニューヨーク州知事ロックフェラー, 副大統領決定。9. 米・東独水泳大会, 新記録続出。10. ▽アルゼンチン, 外国企業3社を国有化。11. スタンフォード大学でプサイ粒子を発見。フォード大統領, 日本・韓国を訪問, ついでウラディオストックでソ連のブレジネフ書記長と会談。12. **公定歩合引下げ, 7.75%。金解禁実施(41年ぶり)** 1975. 1. 公定歩合引下げ(5月に6%)。CIA調査特別委員会設置。保有金を放出。4. 米軍および米民間人のヴェトナム撤収(**米国のヴェトナム介入終了**)完了。5. ブランデージ死(1887〜, IOC会長)。6. フォード・サダト, ザルツブルグ会議。7. 米ソ宇宙船のドッキング成功 10 ▽ラテンアメリカ経済機構(SELA)発足(25カ国)。12. フォード, 中国・インドネシア・フィリピン訪問, 新太平洋ドクトリン発表 1976. 1. 公定歩合5.5%。2. ▽グヮテマラ大地震。▽キューバ, 社会主義憲法公布。**多国籍企業不正献金問題起る**。3. ▽アルゼンチン無血クーデター, イサベル追放。7. ▽モントリオール・オリンピック。ヴァイキング1号, 火星到達(1975. 8. 発射), 探査開始	1952〜 エリザベス2世 1971. 2. 通貨単位を十進法に統一。スト規制法公布。4. 公定歩合引下げ6% 1971. 5. 英仏首脳パリ会談(英のEC加盟に仏賛意, 6. EC理事会, 英加盟に合意) **1971. 8. アメリカのドル・ショックで欧州各国外国為替市場一時閉鎖, 国際通貨不安高まり, 各国変動為替相場制(フロート)へ移行** 1971. 10. 英極東軍司令部解散(シンガポール撤収)。11. 英連邦5カ国防衛協定発効。英・ローデシア協定調印(白人支配に妥協) **1972. 1. EC加盟条約, 正式に調印**。炭坑ストと電力危機深刻化。3. 北アイルランド暫定直轄統治開始。6. ポンドを一時的な変動相場制へ移行。10. 公定歩合制度改革(市場の実勢金利に連動)。90日間物価凍結令。12. 公定歩合引上げ9% **1973**. 1. 北アイルランド行政府成立。**国際通貨危機再燃, 欧州主要為替市場一時閉鎖。3. EC蔵相会議, 拡大20カ国蔵相会議(ブリュッセル), EC諸国, 共同変動為替制に移行(スミソニアン体制崩壊, 西独は固定制維持)** 1973. 5. 英仏首脳パリ会談。7. 自治領バハマ独立, 国連に加盟。1月以来公定歩合引上げ, 11.5%となる。サリドマイド禍紛争補償協約成る。8. 英連邦首脳会議(オタワ)。11. 公定歩合13%となる。12. 電力使用制限はじまる 1974. 2. 石炭全面スト。英領グレナダ独立。3. **ウィルソン労働党内閣成立**。5. 公定歩合引下げ11.75%。北アイルランド, ゼネスト。6. NATO首脳会談, 太平洋宣言調印。北アイルランドの直轄統治再び始まる。7. 所得政策廃止(1972. 11.〜)。10. 第1回国際海洋開発展(ロンドン)。議会解散, 当年第2回目の総選挙, 労働党の勝利 1975. 1. 公定歩合引下げ, 11.25%(4月に9.75%)。1.〜4. 豪華客船クィーン・エリザベス2世号, 世界一周。5. 女王, 日本を訪問。7. 公定歩合11%, 10月に12%。8. 第1次社会契約(賃上げ水準の釘付け)。9. パプアニューギニア独立。10. アーノルド・トインビー死(1889〜, 歴史学者)。12. 性差別禁止法施行 1976. 1. コンコルド, 初の商業飛行就航 1976. 1.〜3. 公定歩合9%。2. アイスランドと国交断絶(たら戦争)。4. キャラハン内閣成立。ポンド暴落, 公定歩合引上15%	1969〜74 ポンピドゥー 1971. 1. 公定歩合を6.5%に引下げ(5月6.25%)。3. 仏ソ, ウラン協定調印 1971. 10. ブレジネフ来仏, 仏ソ共同宣言・仏ソ新経済協力協定調印。12. ニクソン, 来仏, 米仏首脳パリ会談 **1971. 12. スミソニアン体制発足, 各国通貨の基準レート設定, フロート排除** 1972. 3. ポンピドゥー, イギリス訪問。7. 第1次メスメル内閣成立。シューマン外相, 中国訪問。10. ポーランドと友好協力共同宣言。11. 公定歩合引上げ7.5%。12. 西南フランスの原始洞窟で13万5000年前の符号発見と公表 1972. 12. ベルギー, 東独を承認 **【拡大EC】1973.1 英・アイルランド・デンマークの加盟** 1973. 1. 仏ソ, 仏独首脳会談 1973. 4. 第2次メスメル内閣成立, パブロ・L・ピカソ死(1881〜, 画家, イスパニア出身)。5. 英仏首脳パリ会談。6. パリ航空ショーで, ソ連の超音速旅客機墜落。8. 公定歩合引上げ9.5%。9. ポンピドゥー, 中国訪問。12. 北ヴェトナムと援助協定 1974. 1. EC共同変動相場制より6カ月間離脱。3. トルコ航空のエアバス, パリで墜落, 死者344。フランの二重相場制廃止。4. ポンピドゥー急死(1911〜) 1974. 5.〜81 ジスカールデスタン 1974. 5. シラク内閣(〜76.8)。6. 公定歩合13%に引上げ。12. 仏ソ首脳パリ会談, 経済協力5カ年協定調印。米仏首脳マルチニック島会談(石油問題) 1975. 1. 公定歩合引下げ, 12%, 6月までに9.5%となる。2. EC・アフリカ・カリブ海・太平洋地域46カ国のロメ協定(EC, 第三世界への連繋を強化)。5. 共同変動相場制に復帰。7. 仏領コモロ諸島独立。9. 公定歩合を8%に引下げ。10. ジスカールデスタン, 訪ソ, 友好協力宣言・航空協定調印。12. ジスカールデスタン, エジプト訪問 1976. 1. 広告文等外国語使用禁止法成る 1976. 3. 共同変動相場制再離脱。6. ジスカールデスタン, 訪英。8. **バール内閣成立(ジスカールデスタン新体制)**。9. 公定歩合10.5%に	【オーストリア】 1971. 2. 中国を承認 1971. 9. オランダ, 公定歩合を5%に引下げ 1972 オランダの公定歩合, 3月に4.5, 11月に5%。ベルギーの公定歩合3月に4, 11月に5% 1973. 7. ベルギー, 公定歩合7%, 8. オランダ, 6.5%, ともに2段階で引上げ。11. パレスチナ・ゲリラのKLMジャンボ機ハイジャック 【オーストリア】 1974. 4. 大統領ヨナス死(1899〜), ルドルフ・キルヒシュレーガー就任 1975. 1. ベルギー, 公定歩合引下げ, 8月までに6%となる 4. オーストリアも公定歩合6%となる。11. オランダ領ギヤナ独立(スリナム)。 1976. 1. オランダ, 公定歩合4%, 3. ベルギー, 公定歩合引上げ7%。8. オランダ, ベルンハルト事件	1969〜74 ハイネマン **1971. 5. 西ドイツにドル売り(マルク買い)殺到** 1971. 8.〜9. ベルリン問題4カ国会談。10. 公定歩合引下げ4.5% 1972. 2. 公定歩合引下げ3% 1972. 6. ベルリン問題4カ国最終議定書調印。西独, エジプトと復交。 1972. 8. ミュンヘンオリンピック開く(アラブ・ゲリラ事件起る) 1972. 9. 中国と国交を樹立 **1972. 12. 東西ドイツ基本条約調印** **1973**. 5. 前年11月以来公定歩合引上げ, 7%となる。米ソ首脳と個別会談。6. マルク切上げ。9. **東西ドイツ, 国連加盟** 1973. 12. チェコ・ブルガリアと国交樹立 1974. 3. 両独政府代表相互交換議定書調印 1974. 4. ギョーム事件。5. ブラント首相辞任。シュミット首相就任 1974. 5.〜79 ヴァルター・シェール 1974. 6. ヘルシュタット銀行倒産。10. シュミット首相, 訪ソ。11. ジャンボ旅客機墜落事故。12. 公定歩合6% 1975. 2. 公定歩合, 5.5%(5月5%, 8月4%, 9月に3.5%)。野党幹部誘拐事件。6. ブラジルと原子力協定調印。9. 財政構造改善法制定。10. シュミット, 中国訪問 1976. 2. ヴェルナー・ハイゼンベルク死(1901〜, 理論物理学)。5. マルティン・ハイデッガー死(1889〜, 哲学)	1960〜71. 5. ウルプリヒト(辞任) 1971. 5.〜11. ホネッカー 1971. 11.〜73ウルプリヒト(再任) 1972. 12. ベルギーと復交 1973. 1. イスパニア, 東独と国交樹立 1973. 1. ノルウェーと。5. 日本と国交樹立。8. ウルプリヒト死(1893〜) 1973. 10.〜76 シュトフ 1974. 8. 女子水泳に世界新記録続出 1974. 9. アメリカと国交樹立。人民議会, 新憲法可決, 10月発効 1975. 2. 日本と通商協定調印。10. ソ連と新友好協力条約締結。グスタフ・ヘルツ死(1886〜, 物理学者) 1976. 6. 欧州29カ国共産党会議(東ベルリン, 各国自由路線の認知)	【スイス】1971. 2. 婦人参政権法成立 1971. 6. イタリア, 地方選挙でネオ・ファシスト進出 1971. 12.〜78 イタリア大統領ジョバンニ・レオネ 【ヴァチカン】1972. 5. サンピエトロ聖堂のピエタ像損壊事件 1972. 6. イタリア, アンドレオッチ内閣成立。10. ソ連・イタリア海運条約調印。12. セニ死(1891〜, 元イタリア大統領) **1973. 1. イタリア, 二重為替相場制導入**。6. フランコ総統, 首相の地位分離, 副総裁ブランコを首相に任命。7. イタリア, 第4次ルモール内閣成立。12. パレスチナ・ゲリラ, ローマ空港襲撃。ブランコ暗殺事件 1974. 3. イタリア, 二重相場制廃止。4. ポルトガル, 軍部クーデター, スピノラ将軍実権掌握, 9. ゴメス参謀総長, 大統領就任。10. イタリア, ルモール内閣総辞職, 11. モロ内閣成る 1975. 3. ポルトガル革命評議会設置(7月三頭政治に移行, 大統領アエネス就任, 9月ゴンサルベス失脚, アゼベト首相就任)。9. イスパニア, 過激派政治犯5人の死刑執行。11. **フランコ死**(1892〜) 1975. 11.〜 イスパニア王ファン・カルロス(王政復活) 1976. 4.. ポルトガル, 新憲法公布。5. 北イタリアで大地震。リラ暴落で危機。6. イタリア, 総選挙, **ユーロコミュニズムの台頭**

スミソニアン体制＝1971年12月16日, ワシントンのスミソニアン博物館で開かれたのでこの名がある。ドルの権威が衰え, 西ドイツのマルクと日本の円とが価値が高まって基準レートが設定されたが, 1973年3月のブリュッセル会議の結果, EC諸国の共同変動為替相場が認められて, この体制は事実上崩壊し, 国際通貨情勢は低迷している。**SALT**＝Strategic Arms Limitation Talks。**OPEC**＝Organization of Petroleum Exporting Countries。

北ヨーロッパ・東ヨーロッパ		中東	アフリカ	南アジア	東アジア			年代	大勢
北欧・東欧諸国	ソヴィエト連邦	(便宜上エジプトを含む)		インド・パキスタン・東南アジア	中華人民共和国	朝鮮・韓国	日本		
1971. 1. ユーゴ，平価切下げ。3. チトー，ローマ教皇を訪問。6. ハンガリーの哲学者ルカーチ死(1885〜)。7. **ユーゴ，集団指導体制の発足**。10. チトー，アメリカを訪問。11. スウェーデン，公定歩合を5%に引下げ	1964. 10.〜80 首相コスイギン 1971. 4. 作曲家ストラヴィンスキー死(1882〜，米市民権)。5. アラブ連合と友好協力条約締結。6. ソユーズ11号の3飛行士事故死。8. インドと20カ年平和友好協力条約調印。9. フルシチョフ死(1894〜)。12. 自動ステーション火星3号，初めて降下船を火星上に軟着陸成功	1970. 11. シリア，クーデター(71. 3. アサド大統領となる) **1971**. 1. アスワン・ハイ・ダム完工式。3. トルコ，エリム内閣成立。8. バハレーン独立。9. **アラブ共和国連邦発足**(注)。12. アラブ首長国連邦成立，国連へ加盟	1971. 6. 国際司法裁判所，南アのナミビア支配を非合法と裁定(南アは拒否)。7. スーダンのクーデター失敗，首謀者刑死。アルジェリア，ヨルダンと断交。10. キンシャサ＝コンゴ，国号をザイール共和国と改称。エチオピア皇帝，中国訪問。12. リビア，石油業を国有化	**1971**. 1. 米軍，カンボジアの内戦に直接介入。2. 南ヴェトナム軍，ラオス侵攻。3. インド国民議会選挙，ガンディ派圧勝。8. **インド・ソ連20カ年平和友好協力条約調印**。10. カンボジア，軍事独裁体制宣言。11. タイ，軍政復帰(国家評議会議長タノム首相)。12. **インド・パキスタン戦争**	**1971**. 3. 科学実験人工衛星打上げ。北京市党委員会成立。4. 米国卓球団，中国訪問。5. オーストリアと復交。8. 中国全域一級行政区(省・自治区)に，党委員会成立完了。**中華人民共和国，国連加盟。台湾，国連脱退**。11. ロプノール付近で大気圏内推定20キロトンの核爆発実験	1971. 4. 朝鮮最高人民会議，南北統一会談提案。7. 米韓連合軍創設。9. 南北赤十字予備会談始まる。12. ソウル市大然閣ホテル(21階建)火災，死者163人	**1971**. 3. 対米繊維輸出自主規制宣言。6. **沖縄返還協定調印**。8. 円為替を暫定的変動相場制に移行。9. 天皇，西欧諸国を訪問。10. 沖縄問題臨時国会開く。12. 基準レート決定，1ドル＝308円	1971	中国の国連加盟／印パ戦争／ヴェトナム和平の成立／石油産油国の発言力増大／第三世界の台頭
1972. 1. デンマーク王フレデリック9世死，王女マルガレーテ即位。クロアチア事件。3. ギリシア，パパドプロス，絶対権掌握。9. ポーランド，西独と国立樹立(10. フランスとも)。チトー，ソ連訪問。10. デンマーク，EC加盟決定。ブルガリア，ヴァルナ黄金文化遺跡の発見	1972. 1. 商業用高速増殖炉建設(世界最初)。COMECON投資銀行発足。7. 米ソ穀物協定調印。9. イェニセイ川に人工湖クラスノヤルスク海出現。金星8号の観測データを発表。○この年，穀物生産極度に不振のため，小麦類を西欧諸国から輸入	1972. 4. エジプト，ヨルダンと断交。5. 日本人ゲリラによるテルアヴィヴ空港乱射事件。7. ソ連軍事顧問団，エジプトから引揚げ。8. **アラブ・ゲリラのミュンヘン乱射事件**。	1972. 1. ガーナ，軍事クーデター。4. エンクルマ死(1911〜)。8. ウガンダ，英国籍のアジア人追放。9.〜10. タンザニア・ウガンダ紛争。11. ケニヤのルドルフ湖東部で250万年前?の人骨(世界最古)発見。12. モザンビーク大虐殺	**1972**. 1. **バングラデシュ独立宣言**(首相ラーマン)。3. カンボジア新憲法公布。4. 北ヴェトナム軍の全面攻勢(クアンチ攻防戦)。5. セイロン，新憲法制定，国号をスリランカと改称。7. ヴェトナム和平会談再開。8. トンキン湾海戦。9. フィリピン，左翼テロで戒厳令。11. タイで日本品排斥運動起る。パキスタン，SEATO脱退。 1972. 12.〜73. 1. 米軍の大規模な北爆つづく	1972. 1. 副首相兼外相陳毅死(1902〜)。2. ニクソン米大統領来訪。李徳全死(中国紅十字会長，1895〜)。7. **林彪国防相の失脚と死亡**(1971. 9.) **公表**。長沙郊外馬王堆の前漢墓発掘，女性の遺体発見。9. **日本との国交正常化成る**。11. 北ヴェトナムと経済軍事協定調印	1972. 7. 南北首脳級会談，平和統一促進共同声明。8. **南北赤十字本会談開始**。10.〜12. 韓国全土非常戒厳令。11. 韓国新憲法成る。12. 朝鮮新憲法成る(金日成，国家主席就任)	**1972**. 1. 日米政府間繊維協定調印。2. 札幌冬季五輪。3. 飛鳥高松塚古墳の壁画発見。5. **沖縄復帰成る**。9. 田中角栄内閣(自民党)成立。**田中首相，中国訪問，日中国交正常化成る**。12. 国土総合開発推進本部発足		
1973. 1. ノルウェー、東独と国交樹立。6. ギリシア王制廃止，共和国宣言(大統領パパドプロス)。9. スウェーデン王グスタフ16世即位。11. ギリシア，クーデター，パパドプロス失脚，ギジキス大統領就任	1973. 1. 仏ソ首脳会談。5. ブレジネフ，西独訪問，ソ独首脳会談。万国著作権条約に正式参加。6. ブレジネフ，米国訪問，米ソ首脳会談，サンクレメンテ宣言・核戦争防止協定調印。7. 東欧8カ国首脳クリミア会議。8. 北ヴェトナムと経済復興協定調印。多弾頭各個誘導核ミサイル(MIRV)の実験成功。11. ブレジネフ・チトー会談(キエフ)。ブレジネフ，インド訪問	**1973**. 3. エジプト大統領サダト，首相兼任。4. トルコ大統領コルチュルク就任。7. アフガニスタン政変，共和制となる。8. イスラエル空軍機，イラク旅客機を強制的に連行。10. **第4次中東戦争起る**。イスラエル首相メイア，訪米。12. イスメット・イノニュ死(1884〜)	**1973**. 3.〜9. イラン・イラク等相次いで石油業国有化。5.〜8. 西アフリカ地方一帯の大旱魃(かんばつ)。7. 第2次モザンビーク大虐殺事件。ブルンディ・タンザニア紛争。9. **第4回非同盟諸国会議(アルジェ)**。ポルトガル領ギニア独立宣言，ギニアビサウ共和国成立。10. アルジェリア・チュニジア，ヨルダンと復交。	1973. 1. フィリピン新憲法公布，大統領制から議院内閣制となる。**ヴェトナム和平協定調印**。2. ラオス和平協定成立。4. パキスタン新憲法公布。8. インド・パキスタン大洪水。9. **ラオス和平議定書調印**。10. タイ政変(学生革命)，タノム政権崩壊，サンヤ・タマサク内閣成立	1973. 2. 中国通貨の新レート発表(1元＝130円25)。4. 全国総工会の再建始まる。8. 人民日報，**孔子批判論掲載**。**十全大会開く**(毛周体制は不動，林彪事件の総括と首脳部人事の公表，**批林整風**の強化)。11. オーストラリア首相訪中(前年12月に復交)	1973. 5. 朝鮮，はじめて国連機関のWHOに加入。7. 金日成，高麗連邦共和国の構想を発表。8. 金大中事件起る。11. 韓国学生の反政府デモ激化	**1973**. 1. **金融引締め始まる**。2. **円為替を変動相場制に移行**。5. 東独と国交樹立。原料資材の不足と商社の買占め問題化。7. 水不足と電力事情の悪化。11. **石油危機，狂乱物価現象起る**。12. 石油2法成立		
1974. 2. ユーゴ新憲法公布。3. ルーマニア初代大統領チャウシェスク就任。4. スウェーデン，公定歩合引上げ6%。6. ギリシア，NATO脱退。チトー，西独訪問。10. ポーランド，ギエレク第一書記，アメリカ訪問。12. ギリシア，ギジキス辞任，スタシノプロス大統領就任(〜75. 6.)	1974. 1. ブレジネフ，キューバ訪問。2. **ソルジェニーツィン追放事件**。5. 英ソ経済協力協定調印。6. ポルトガルと国交樹立。10. ダヴィド・F・オイストラフ死(1908〜，バイオリニスト)。11. カフカズ山地に世界最大の反射望遠鏡完成。ウラディオストック米ソ会談。ブレジネフ，モンゴル訪問。12. ブレジネフ訪仏，首脳会談，経済協力5カ年協定調印	1974. 1. **スエズ兵力分離協定調印**。2. イスラム首脳会議(36カ国，ラホール)。3. イラク，クルド族の反乱。4. メイア首相辞任，後任ラビン。7. **第2次キプロス紛争起る**。キプロス，クレリデス大統領就任。10. アラブ首脳会議，パレスチナ解放機関(PLO)の権利承認	1974. 1. コンゴ，石油業を国有化。2. エチオピア民主化闘争起る。2. オートボルタ，クーデター。4. ニジェール，クーデター。8. ポルトガル，ギニアビザウの独立を承認。9. エチオピア，皇帝廃位。10. アンゴラ，ポルトガルと停戦協定。10.〜11. エチオピア，国軍による旧支配層の大量処刑	1974. 1. パキスタン，全銀行の国有化。2. フィリピン，ホロ島のイスラム教徒反乱。3. ビルマ，民政復帰，大統領ネ・ウィン就任。4. インド三国協定調印。5. インド，地下核爆発実験。8. インド大統領ファクルジン・アリ・アハメド就任。9. バングラデシュ国連加盟。10. タイ新憲法公布。11. インド・パキスタン貿易議定書調印。12. パキスタン大地震	1974. 1. ソ連大使館員5人をスパイ容疑で追放。西沙群島事件。4. 山東省臨沂銀雀山の前漢墓から「孫子兵法」「孫臏兵法」の竹簡を発見。溥作義死(1895〜)。5. マレーシアと国交樹立。6. ロプノール地区で大気圏内核爆発実験。8. 日中航空技術協定調印。9. 国慶節前夜祭において文化革命中に批判された幹部30余人を復活。10. 建国25周年式挙行	**1974**. 1. **韓国，大統領緊急措置を次々発動**。3. 朝鮮，税金制度廃止。8. **朴大統領狙撃事件**。11. 非武装地帯のトンネル事件(北側が地下道を掘ったという)。フォード米大統領訪韓。	1974. 1. 田中首相，東南アジア歴訪，反日デモ続発。4. 日中航空協定調印。6. 国土庁発足。10. 田中首相の金脈問題起る。11. フォード米大統領来日。12. 三木内閣成立。**佐藤栄作，ノーベル平和賞を受賞**。○GNP初めてマイナス成長		
1975. 5. デンマーク女王，ソ連訪問。チェコ，フサーク党書記長を兼任大統領に選出。6. ギリシア，ツァツォス大統領就任。12. 東欧8カ国首脳ワルシャワ会議，ルーマニアは欠席	1975. 1. 米ソ通商協定破棄を通告。2. ブルガーニン死(1895〜)。4. シェレーピン失脚。7. 米ソ宇宙船のドッキング成功。8. ショスタコヴィッチ死(1906〜，作曲家)。10. サハロフ，ノーベル平和賞授与決定，ソ連政府，出国不許可。仏ソ首脳会談。米ソ穀物協定。12. コスイギン，トルコ訪問	1975. 3. イラン・イラク新国境協定調印。**サウジアラビア王ファイサル**(1906生)**暗殺される**，新王ハリド。6. **スエズ運河8年ぶりに再開**。9. 第2次シナイ兵力引離協定調印。ベイルート市街戦。イラン，ソ連等と天然ガス供給協定に調印	1975. 1. アンゴラ独立協定調印(11月に独立の予定)，2. エチオピア内戦。5. 西アフリカ経済共同体(EOWAS)発足。6. **モザンビク独立**。7. ナイジェリア，クーデター，ゴウォン将軍失脚，親衛隊司令官モハメド，国家元首就任。9. エチオピア前皇帝ハイレセラシエ死。11. モロッコ軍のサハラ平和行進。**アンゴラ独立**	1975. 4. カンボジア，ロンノル亡命。インド，シッキムを併合。**サイゴン陥落，ヴェトナム戦争終る**。5. ラオス，右派勢力追放。米コンテナ船マヤグエス号事件。6. フィリピン，中国と国交樹立。8. バングラデシュ，ラーマン暗殺され，のちクーデター三転。インド，憲法改正。9. パプアニューギニア独立。12. ラオス人民民主共和国成立	1975. 1. **第4期全国人民代表大会会議開く**。鄧小平，筆頭副首相となる。**中国改正新憲法発表，国家主席廃止，党主導の社会主義国家と規定**。3. 幻の書，「十大経」発見を公表。4. 董必武死(1885〜)。**蔣介石死**(1887〜)。IOC復帰を申請。中朝共同声明発表。7. 杭州事件。8. 日中漁業協定調印。9. ECと外交関係樹立。12. フォード米大統領中国訪問	1975. 2. 韓国，政治犯大量釈放。東亜日報広告欄白紙事件。4. 金日成，中国訪問。5. 韓国緊急措置第9号発動。8. 朝鮮，非同盟諸国外相会議に参加	1975. 1. 紡績不況カルテル認可。2. 東独と通商協定調印。3. **新幹線，岡山—博多間開通**。5. 英女王来日。日本女子登山隊エベレスト登頂成功。企業連続爆破犯人グループ逮捕。6. 佐藤栄作死(1901〜)。7. **沖縄海洋博覧会開く**。9.〜10. **天皇・皇后，訪米**。11. 公共料金続々値上げ	1975	
1976. 6. 欧州29カ国共産党会議(東ベルリン，各国の自主路線を認知)。ポーランド・スウェーデン経済科学技術協力協定調印	1976. 1. 第10次5カ年計画。3. 日米ソ3国，ヤクート天然ガス探査協定調定。4. 国防相グレチコ死(1904〜) 9. ソ連軍人によるミグ25亡命事件。11. ルイセンコ死(1890〜，遺伝学)	1976. 1.〜10. レバノン内戦。3. エジプト対ソ友好条約破棄通告。7. イスラエル軍，ウガンダのエンテベ空港襲撃，人質を奪還	1976. 2. サハラアラブ民主共和国独立宣言。アンゴラ内乱終結。3. モロッコ，アルジェリア断交。6.〜11. 南アフリカ黒人暴動。6. セイシェル諸島独立	1976. 1. カンボジア民主国憲法公布，国名を民主カンプチアと改称。7. **ヴェトナム統一宣言(社会主義共和国)**	1976. 1. 第5次5カ年計画。**周恩来死**(1898〜)。4. **天安門事件**。鄧小平失脚，新首相華国鋒。7. 朱徳死(1886〜)。河北大地震。9. **毛沢東死**(1893〜)	1976. 3. 韓国，金大中ら民主救国宣言を発表(三・一事件)。4. 朝鮮首相に朴成哲就任	1976. 4. 風疹流行。5. **ロッキード疑獄事件，政界を揺がす**	1976	
		1976. 8. 第5回非同盟諸国会議(コロンボ)							

アラブ共和国連邦＝1971年4月アラブ連合・シリア・リビヤ3国が結成協定に調印，9月に発足した。1国に統合したのでなく，ゆるい連邦制である。アラブ連合はこのとき国名を**エジプト・アラブ共和国**と改称した。なお73年8月，エジプト・リビヤ合邦構想が発表されたが，リビヤのカダフィ議長の強腰のため実現していない。**中東戦争**＝第1次，1948年イスラエル戦争。第2次，1956年スエズ動乱。第3次，1967年いわゆる中東戦争。第4次，1973年。

大勢	年代	国際問題	アメリカ大陸	西ヨーロッパ			中央ヨーロッパ		南ヨーロッパ	北ヨーロッパ
			アメリカ合衆国	イギリス連邦	フランス共和国	ベネルックス	西ドイツ	東ドイツ	イタリア・イスパニア	北欧諸国
世界的不況の到来／領海問題の発生／ユーロコミュニズムの伸展／西欧諸国の独自外交の展開	1976 1980	1976. 10. IMF・世界銀行合同第1回総会（マニラ）。国連総会，トランスカイの独立無効の決議採択。12.欧州議会開催（ECの対日貿易問題討議）。アンゴラ・西サモア，国連加盟 1977. 3. 国連水資源会議。5. 先進国首脳会議，最貧国へ10億ドル醵出合意。7. PLO，国連機関に初議席を獲得。8. **国連砂漠会議（ナイロビ）**。9. ヴェトナム・ディブティ，国連加盟。10. 核ジャック防止対策国際会議（ウィーン）。11. 国連総会，ハイジャック防止決議採択。国連安保理，対南ア武器禁輸策採択 1978. 2. 国際非政府組織（NGO）軍縮会議（ジュネーヴ）。5. 国際記念物遺跡会議（ICOMOS，モスクワ）。7. 第4回先進国首脳会議（ボン）。非同盟諸国外相会議（ベオグラード）。9. **中東和平3国キャンプデーヴィド会談** 1979. 4. **国際金相場急騰**。5. 第5回UNCTAD総会（マニラ，決裂状態）。6. **第5回先進国首脳会議（東京サミット，東京宣言採択）**。7. 国連インドシナ難民対策会議（ジュネーヴ）。7. 日・米・EC等，東京ラウンド関税議定書調印。9. 第6回非同盟諸国会議（ハバナ，分裂回避）。10. **WHO，天然痘の根絶を宣言** 1980. 6. 第6回先進国首脳会議（ヴェネチア・サミット）。7. 国連，世界婦人会議（コペンハーゲン），婦人差別撤廃条約署名（52カ国）。ジンバブエ，国連加盟。9. セントヴィンセント，国連加盟。10. 第一次産品共通基金協定調印。	1977～77 フォード（共和党） 1976. 7. 政治浄化法成立。11. アレクサンダー・カルダン死（1898～，彫刻）。**米ソ漁業協定調印**。12. ▽キューバ，国家評議会議長にカストロ就任。米陸軍が細菌戦実習に地下鉄・水道を利用したこと発覚 1977. 1. 死刑復活。異常寒波で非常事態の州続出。 1977. 1.～81 ジェームス・アール・カーター（民主党） 1977. 2. 朝鮮戦争の秘密文書公表。3. 領海200カイリ実施。6. アラスカ縦断石油パイプライン開通。8. エルヴィス・プレスリー死（1935～，歌手）。ナウムガボ死（1890～，彫刻）。9. **パナマ運河新条約調印**。10. エネルギー省新設。公定歩合6%。11. ILOから脱退。12.～78. 1. カーター，ポーランド・イラン・エジプト等7カ国歴訪。12.～78. 3. 東部石炭スト 1978. 3. 核不拡散法発効。カーター，ブラジル・ナイジェリア等訪問。7. 米海軍測候所，冥王星の衛星を発見。8. シャルル・ボワイエ死（1899～，俳優）。10. エネルギー法成立。11. 公定歩合，1月以来引上げ9.5%に至る。▽ドミニカ連邦独立。ガイアナで人民寺院集団自殺事件。12. デュ・ヴィニョー死（1901～，化学） 1979. 1. **米中国交樹立**。欧米4首脳グワドループ会議。2. 英自治領セントルシア独立。3. 無人探測器ヴォイジャー1号，木星観測写真を送信。スリーマイル島放射能漏洩事件。5. ミクロネシア連邦結成。**米ソSALTⅡ基本合意成立**。▽カナダ，クラーク政権発足。6. ▽ニカラグワ内戦ソモサ政権崩壊。10. パナマ運河，米・パナマ共同管理となる。▽セントヴィンセント独立。▽エルサルバドル政変。11. 米，イランと経済断交。12. ソ連のアフガン介入で米ソ関係緊張 1980. 2. 国際労働機構（ILO）に復帰。前年7月以来，公定歩合引上げ13%となる。3. 総合インフレ対策発表。4. **イランと断交。イラン人質救出作戦失敗**。A.ヒッチコック死（1899～，映画監督）。5. 公定歩合引下げ，7月に10%。7. 米国南部熱波襲来。ビリーゲート事件。9. W.F.リビー死（1908～，化学）。11. ヴォイジャー1号土星接近探査成功	1952～ エリザベス2世 1976. 10. ローデシア問題ジュネーヴ会議主宰。11. 公定歩合14.5%。12. 公共支出削減に関する財政再建計画を発表。欧州議会で日本に輸出譲歩要求を決議 1977. 1. アンソニー・イーデン死（1897～）。公定歩合12.25%に。2. サンガーら，完全な遺伝子構造を決定。3. コンコルド，ニューヨーク乗入れ，英仏共同のキャンペーン。6. **女王即位25周年記念式典**。8. 女王，北アイルランド訪問。ロンドン南郊ルーイシャムの人種騒動。9. レオポルド・ストコフスキー死（1882～，音楽指揮）。公定歩合新方式で6%。10. 英ソ核兵器偶発使用防止協定調印。12. チャプリン死（1889～，喜劇俳優） 1978. 5. 公定歩合9%，7. ソロモン諸島独立（9. 国連加盟）。世界最初の体外授精児（試験管ベビー）誕生。8. バーミンガム医科大学実験室から感染の天然痘患者発生。トゥバル（エリス諸島）独立。12. タイムズ紙休刊（約1年） 1979. 2. デニス・ガボール死（1900～，物理学）。3. 公定歩合13%，4月に12%。4. 英軍，マルタ島完全撤退。5. **総選挙，サッチャー（女性）保守党内閣成立**。7. キリバス（英領ギルバート諸島）独立。8. 英連邦首脳会議，ルサカ宣言採択。マウントバッテン（伯，1900～）暗殺される。11. 公定歩合を引上げ17%となる 1980. 1. 鉄鋼労働者長期スト突入。ロンドンの金相場急騰，一時850ドル突破。6. ロールスロイス社，身売り。7. 公定歩合16%。新聞業界労使紛争。英仏共同統治領ニューヘブリデス独立（新国名ヴァヌアツ共和国） 1980. 9. 労働党大会，EC脱退を決議	1974～81 ジスカールデスタン 1976. 10. 大統領，ポーランド訪問。11. ジャン・ギャバン死（1904～，俳優）。アンドレ・マルロー死（1901～，小説）。12. シラク，共和国連合（RPR，旧ドゴール派）発足。 1977. 1. アブ・ダウド事件。2. 仏・西独首脳会談。3. 第2次バール内閣成立 1977. 6. 仏領ソマリランド（アファル・イッサ），ディブチ共和国として独立。仏ソ首脳会談。9. 公定歩合9.5%となる。マリア・カラス死（1924～，オペラ歌手）。左翼連合3派による共同政府綱領改定交渉決裂 1978. 1. バール首相，中国訪問。アンパン男爵誘拐事件。3. 大型タンカー，ブレスト沖坐礁，原油流出。4. 第3次バール内閣。10. ムルロワ環礁核実験被爆者問題に仏政府否認 1978. 12. EC首脳会議（ブリュッセル），新欧州通貨制度（EMS）を決定（72年2月より実施，イギリスは不参加） 1979. 3. ジャン・モネ死（1888～，政治経済学）。4. ジスカールデスタン，ソ連を公式訪問，仏ソ共同コミュニケ発表 1979. 6. EC諸国，欧州議会最初の直接選挙実施（議長にフランス人ベイユ女史就任） 1979. 8. ムルロワ環礁の核実験場に事故発生 1980. 4. ジャン＝ポール・サルトル死（1905～，実存主義哲学）。5. フランス・アフリカ首脳会議。6. ローマ教皇の訪仏（176年ぶり）。中性子爆弾の実験を発表 1980. 7. ジスカールデスタン，西ドイツ訪問，仏独首脳会談 1980. 10. ジスカールデスタン，中国訪問	1977 公定歩合引下げ，オランダは4月までに4.5%，ベルギーは6月に6%となる 1977. 6. オランダ，人質事件，犯人7人を射殺。12. オランダ，ファンアフト内閣成立 1978. 7. 公定歩合，オランダ4.5%，ベルギー6% 1979. 4. ベルギー，マルテンス内閣成立 1979. 5. 公定歩合，ベルギー9%，7. オランダ8% 1980. 2. ベルギー公定歩合引上げ，3月に14%，7月に12%。 1980. 4. オランダ，ベアトリックス女王即位 1980. 7. オランダ公定歩合9%	1974～79 シェール 1976. 5. 労働者の経営参加共同決定法成立（西独方式）。10. 総選挙で与党連合辛勝。マルク切上げ実施 1977. 2. シュミット首相訪仏。4. 検事総長射殺事件。5. ルートヴィヒ・エアハルト死（1897～）。8. エルンスト・ブロッホ死（1885～，哲学）。9. シュライヤー誘拐事件。テロ防止法成立。10. **西独赤軍モガディシオ事件**。12. 公定歩合3% 1978. 2. テロ対策法成立。10. ナチス関係映画「ホロコースト」の上映認可。11. 金属労働組合のスト（41日間） 1979. 3. 公定歩合大幅引上げ4%，10月に6.5%となる。6. ヴェルナー・フォルスマン死（1904～，医学） 1979. 7.～84 K・カールステンス 1979. 7. ヘルベルト・マルクーゼ（1898～，哲学）。ナチ戦犯を永久訴追，時効を廃止。11. 公定歩合引上げ，6% 1980. 2. 公定歩合7%，5月に7.5%。6. シュミット，ソ連を公式訪問 1980. 11. シュミット，訪米	1976. 10. 国家評議会議長エーリヒ・ホネッカー（党書記長兼任）。首相シュトフ 1976. 11. 反体制派歌手の追放 1977. 5. モンゴルと友好条約調印 1977. 8.～10. 反体制派運動家の西ベルリンへの追放 1979. 6. 東ベルリンを完全編入。9. 一部東独人の西独亡命頻発	1975. 7.～ ポルトガル大統領ラマリョイアネス 1976. 7. イタリア，アンドレオッチ内閣成立。10. イタリア公定歩合を15%に引上げ 1977. 7. イスパニア政治改革法（二院制国会設立）公布。3. **南欧3国共産党会議**（マドリード）。6.～8. イタリア，公定歩合引下げ11.5%。10. カタロニア自治政府発足 1978. 3. 第4次アンドレオッチ内閣成立。モロ前首相誘拐事件（5月殺害される） 1978. 7.～85 イタリア大統領A・ペルティーニ 1978. 8. 教皇ヨハネス・パウルス1世（34日で死去） 1978. 10.～2005 教皇ヨハネス・パウルス2世（ポーランド人） 1978. 11. ジョルジョ・デ・キリコ死（1888～，画家） 1978. 12. イスパニア新憲法公布 1979. 5. ギリシア，EC加盟調印，81年正式加入。6. **教皇，ポーランド訪問**。8. イタリア，コッシガ内閣（～80. 10.） 1980. 1. ポルトガル，サカルネイロ内閣（12. 首相事故死）。8. マリノ・マリーニ死（1901～，彫刻）。10. イタリア，フォルラーニ内閣（～81. 6.）。11. 南イタリア大地震。12. ポルトガル，バルセマン内閣成立	1975. 10. アイスランド，200カイリ漁業専管水域設定 1976. 9. スウェーデン総選挙，10. フェルディン保守3党連立内閣成立 1977. 4. ノルウェー，北海油田の原油流出事故，沿岸国へ警報を発す 1978. 9. ノルウェー，15カ月の賃金物価凍結策発表。10. スウェーデン，オラ・ウルステン自由党単独内閣成立 1979. 5. ノルウェーの全盲青年，自転車で世界一周達成 1980. 5. スウェーデン，100万人の労働大争議。6. アイスランド大統領フィンボガドチル就任（公選による世界最初の女性大統領）
	1981	1981. 4. アフリカ難民救済国際会議（ジュネーヴ）7. カンボジア問題国際会議。第7回先進7カ国首脳会議（オタワ・サミット）。10. カンクン・南北サミット（メキシコ）	1981. 1. D.E.リリエンソール死（1899～，原子力委員会委員長） 1981. 1.～89 ロナルド・レーガン（共和党） 1981. 1. イラン人質事件解決。3. 大統領狙撃事件。5. 公定歩合14%。8. 航空管制官のスト。ヴォイジャー2号，土星最接近	1981. 1. A.J.クローニン死（1896～，作家）。3. 社会民主党結成。4. ロンドン黒人暴動。サッチャー首相，インド訪問。7. 人種差別問題により14都市に暴動発生。皇太子チャールズの結婚式	1981. 4. コルシカ空港爆弾事件 1981. 5.～95 フランソワ・ミッテラン（社会党） 1981. 6. 第2次モーロワ内閣（共産党4名入閣）。9. **死刑廃止法成立**。超特急TGV運転開始	1980. 12. EC首脳会議 1981. 4. ベルギー，公定歩合15%，5月に13%	1981. 2. シュミット，訪仏，独仏首脳会談。カール・リヒター死（1926～，音楽指揮）。5. 米・西独首脳会談	1980. 8. ソ連駐留軍の大幅撤退 1981. 8.【オーストリア】カール・ベーム死（1895～，音楽指揮）	1981. 2. 教皇の極東旅行。3. イタリア，リラ切下げ。6. イタリア，スパドリニ内閣	1981. 10. ソ連潜水艦のスウェーデン沖座礁事件

PLO＝Palestine Liberation Organization（パレスチナ解放機関）。第2次大戦後，世界各地からユダヤ人がパレスチナに集まってイスラエルを建国したため，それまでパレスチナにいた人たちが，権利・財産を獲得しようとして1964年に結成した合法機関。UNCTAD＝United Nations Conference on Trade and Development（国連貿易開発会議）。南北問題解決のために設けられ開発途上国の経済援助をめざす。第1回は1964年3月。

東ヨーロッパ		中東	アフリカ	南アジア	東南アジア	東アジア			年代	大勢
東欧諸国	ソヴィエト連邦	(便宜エジプトを含む)		インド・パキスタン		中華人民共和国	朝鮮・韓国	日本		
1976. 7. ユーゴ，反チトー派の処分つづく。ユーゴ新5カ年計画発足。11. ルーマニア，アメリカと10年間の貿易経済協力協定調印。12. アルバニア新憲法採択(反ソ路線) 1977. 1. **チェコ自由派77年憲章宣言**。3. ルーマニア大地震，死者1500人。7. アルバニア，中国の西側接近を非難。8. チトー，ソ連・中国・北朝鮮を訪問。10. ルーマニア，新国歌を制定。チトー，フランスを訪問 1978. 3. チトー，米国訪問。4. チェコ・西独新文化協定調印。5. ルーマニア大統領チャウシェスク，中国等4カ国訪問 1978. 11. ワルシャワ条約機構首脳会議(モスクワ。ルーマニア，機構軍の強化に反対，ソ連離れ強まる) 1979. 2. エドヴァルド・カルデリ死(1910〜，政治家)。4. ユーゴ大地震 1979. 5. ワルシャワ条約機構軍，ハンガリー南部で大演習 1979. 5. チトー，訪ソ 1979. 7. ワルシャワ蜂起35週年記念大デモ。10. チェコ，憲章77の中心人物6人の裁判 1980. 5. **チトー死**(1892〜)。ユーゴ新元首(連邦幹部会議長)ミヤトヴィッチ就任。7. 仏・ルーマニア首脳会談。**ポーランド政治スト**，8. **労働者スト拡大**，ギエレク第一書記解任。9. 新労働組合法公布。	1965〜77 最高会議幹部会議長ポドゴルヌイ 1964〜80 首相コスイギン 1976. 11. **米ソ漁業協定調印**。12. 200カイリ漁業専管水域設定布告(77. 3.実施)。チリと政治犯の交換釈放実施 1977. 1. ユーリー・V・ソロヴィヨフ死(1941〜，バレー)。2. セルゲイ・イリューシン死(1894〜，航空機製作)。6. **新憲法公表。新国歌制定。** 1977. 6. 最高会議幹部会議長ブレジネフ就任(党書記長兼務) 1977. 6. ブレジネフ，フランス訪問。8. 原子力砕氷船北極点到達。10. 新憲法発効。ソ英核兵器偶発使用防止協定調印。12. ワシレフスキー死(1896〜，元帥)。12.〜78. 3. 宇宙船の各種ドッキング成功 1978. 1. 原子炉衛星，カナダ北西部に墜落。4. シェフチェンコ国連次長亡命。5. ブレジネフ西独訪問。10. ミコヤン死(1895〜)。11. ヴェトナム・エチオピアと友好協力条約調印 1978. 12. アフガニスタンと友好協力条約調印 1979. 3. コスイギン，インド訪問，長期経済協定調印。 1979. 6. アナトリー・クズネツォフ死(1929〜，作家) 1979. 6. **米ソSALT II調印**。8. 宇宙飛行士，175日の滞空新記録。8.〜9. バレエ団員の米国亡命2件。 1980. 1. 反体制派指導者サハロフ，ゴーリキー市へ国内流刑。2. ボリショイバレエ団員の母子，米国亡命。6. アレクサンドル・I・オパーリン死(1894〜，生化学)。7. **モスクワオリンピック(日米等西側諸国不参加)**。男子水泳1500m自由型で15分の壁を破る(サルニコフ，14分58秒27)。8. 原子力潜水艦，沖縄沖火災事故。	1976. 10. レバノン停戦，リヤド宣言。11. トルコ大地震。パレスチナ建国承認案，国連で採択。12. レバノン首相ホス就任。OPEC，原油価格2本建て値上げ 1977. 3. アラブ・アフリカ首脳会議(カイロ，60国) 1977. 6. イスラエル，ベギン内閣成立。8.トルコ，デミレル内閣成立。キプロス大統領マカリオス死(1914〜)，後継キプリアノウ就任。11. **サダト，イスラエル訪問**。12. ベギン，イスマイリアでサダトと会談 1978. 3. パレスチナゲリラ，イスラエル急襲。イスラエル，レバノンに報復侵攻。9. **キャンプデーヴィド会談**(エジプト・イスラエル和平合意)。イラン大地震。11. イラン，戒厳令施行 1978. 11. **アラブ12カ国首脳会議**(エジプト除外。バグダード宣言を発し中東和平を批難)。 1978. 12. イラン国王，国外退去 1979. 1. イラク・シリア統合憲章調印。**イラン，ホメイニ師帰国，実権掌握**。3. **エジプト・イスラエル，中東和平条約調印**。6. OPEC，原油値上決定。11. **テヘラン米大使館人質占拠事件**。12. イラン・イスラム共和国憲法制定。メッカ聖殿占拠事件 1980. 2. イラン大統領バニサドル就任。7. 前イラン国王，カイロで死(1919〜)。イスラエル，エルサレム首都宣言。9. シリア・リビヤ，単一国家樹立を発表	1976. 10. ローデシア問題第1回予備会議。南アの自治区トランスカイ独立宣言(国連諸国不承認)。11. ローデシア軍，モザンビーク侵入。12. アンゴラ，国連加盟。 1977. 2. ウガンダ大統領アミン暗殺未遂事件。3.〜5. ザイール内戦 1977. 5. エチオピア，ソ連と友好宣言。スーダン，ソ連軍事顧問団を追放。6. アファル・イッサ独立(旧仏領ソマリランド)，ディブチ共和国発足。8. **国連砂漠会議**。エチオピア・ソマリア紛争。11. エチオピア，オガデン地方の解放闘争。12. リビアなどアラブ強硬派のエジプトに対するトリポリ宣言 1978. 1. チュニス暴動。2. “アフリカの角”戦争起る。5. ザイール紛争反乱軍シャバ州占拠。南ア軍，アンゴラ侵入。8. ケニア大統領ケニヤッタ死(1891) 1978. 11. エチオピア，ソ連と友好協力条約調印 12. アルジェリア大統領ブーメジエン死(1927〜) 1979. 4. ウガンダ大統領アミンの独裁崩壊。6. ジンバブエ・ローデシア，黒人政権(首相，ムゾレワ)発足，8月に国名をジンバブエと改称。6. 中央アフリカ，ボカサ皇帝追放，帝政廃止。10. 赤道ギニアの独裁者マシアス失脚，銃殺刑。12. ローデシア内戦終結 1980. 4. **ジンバブエ共和国完全独立**。リベリア，クーデター。6. エジプト，リビヤ国境に非常事態宣言。7. ナミビアの白人自治政府一方的発足。8. エチオピア・ソマリア紛争再燃	1976. 11. インド，憲法改正。バングラデシュ，陸軍参謀総長ジアウル・ラーマン，戒厳司令官となる(77. 4. 大統領) 1977. 2. インド大統領アハメド急死(1901〜)。3. **ガンディ首相退陣** 非常事態解除，デサイ内閣成立。 1977. 6. S E A T O 解体 1977. 7. パキスタン政変，ハク軍事政権成立。スリランカ首相バンダラナイケ退陣。インド大統領サンジバ・レディー就任。11. ガンジス川分水暫定協定調印 1978. 4. アフガニスタン，クーデター，タラカイ軍事政権成立。8. インド東部大洪水。9. パキスタン大統領ジア＝ウル＝ハク就任。12. ガンジー女史，議席奪われる 1979. 4. パキスタン前首相ブット処刑(1928〜)。7. インド，チャラシン内閣24日で瓦壊，議会解散。9. アフガニスタン政変，アミン首相，革命評議会議長就任。12. **ソ連軍アフガニスタン侵入，カルマル政権を樹立** 1980. 1. インド総選挙，**ガンディ内閣成立**。6. インド，トリプラ州暴動。7. インド国産人工衛星打上げ(世界で6番目)。8. 北部インド暴動。	1976. 7.〜80 ヴェトナム大統領トン・ドクタン(1969以来) 1976. 10. タイ，タニン内閣成立。11. 米・ヴェトナム会談。12. フィリピン，モロ解放戦線と平和協定成立 1977. 2. マラッカ海峡航行規制案，沿岸3国調印。4. タイ非常大権発動。5. バー・モウ死(1893〜) 1977. 6. ヴェトナム縦貫鉄道開通。8. ASEAN拡大首脳会議(クアラルンプール)。9. **ヴェトナム，国連加盟**。10. タイ軍部クーデター，11. クリアンサク首相就任 1978. 1. カンボジア，ヴェトナムと国境紛争，国交断絶。6. フィリピン初代首相にマルコス大統領兼摂。ヴェトナム，COMECON加入。11. **ヴェトナム，ソ連と友好協力条約(中国と対立)**。ヴェトナム難民船激増。12. タイ新憲法公布 1979. 1. **ヴェトナム軍プノンペン攻略**。カンボジア，ポル・ポト＝ヘン・サムリン政権対立。2.〜3. **中国軍，ヴェトナム攻撃**。6. ASEAN外相会議(バリ島)。12. ASEAN緊急外相会議(カンボジア問題討議) 1980. 3. タイ首相プレム就任。トン・ドク・タン・ヴェトナム大統領死(1881〜)。6. タイ・ラオス紛争，ヴェトナム軍，タイ領侵攻。7. 中国・ヴェトナム国境紛争起る(81. 5. 再発) 1980. 11. インドネシア，反華僑暴動。	1976. 9.〜10. 大寨農業全国会議。10. **華国鋒，党主席・首相就任。江青ら4人組追放事件**。華体制宣言の百万人集会。11. 新しい水爆実験成功と発表 1977. 1. 青海省楽都より4千年前の公共墓地を発掘と発表。4. 大慶全国工業会議。6. 河北大地震。7. 鄧小平復活，副主席就任。8. **十一全大会，華体制の確立**。中国共産党大会，新党規約発表。11. 古人類許家窯人の化石発見。経済使節団，英仏訪問。12. 全国総工会復活 1978. 1. 農業機械化会議開く。2. 第5期全人代大会開催。3. **新憲法公布。新国歌制定**。6. 郭沫若死(1892〜)。7. 対ヴェトナム・アルバニア援助停止。8. **日中平和友好条約調印**。10. 呉徳北京市長解職。11. 毛沢東批判の壁新聞騒動。12.「四つの近代化」路線決定 1979. 1. **米国と国交正常化成る**。劉少奇(1898〜)の死亡確認。4. 中ソ同盟条約破棄通告。7. 米中貿易協定調印。刑法・裁判所法等公布。10. 国際陸上競技連盟へ正式復帰。華国鋒，西欧4カ国訪問。 1980. 2. 劉少奇の名誉回復。4. 国際通貨基金正式加盟(台湾は除外)。5. ICBMの実験成功。7. 毛沢東批判始まる 1980. 8. 華国鋒首相辞任，後任趙紫陽。11. **林彪・江青らの裁判**(〜	1976. 8. 板門店乱闘事件。10. 朴東宣事件，米・韓関係緊張。韓国実業家の米議員買収工作暴露。12. 金大中事件法廷論争 1977. 2. ブリュッセル朝鮮統一世界会議。3. 韓国民間人の民主救国憲章・労働者人権宣言。6. 韓国初の原子力発電所始動。8. 朝鮮，経済水域12カイリ実施，軍事境界線を設定 1978. 2. 韓国反政府派，三・一民主宣言発表。3. 米韓軍，合同大演習。4. 大韓航空機のソ連領強制着陸。10. 韓国反政府派，国民宣言発表。12. 金大中釈放される 1979. 3. 第2次米韓合同演習。6. 朝鮮，外交官訪米。10. 釜山暴動，戒厳令。**KCIA部長金載圭，朴大統領を射殺**(1917〜)。 1979. 12.〜80 韓国大統領崔圭夏(申内閣) 1980. 2. 南北次官級予備会談。5. 韓国非常戒厳令，光州反政府暴動鎮圧。8. 金大中らの裁判開始。9. 韓国大統領全斗煥就任(朴忠勲内閣)。12. 韓国，言	1976. 5. 荻原井泉水死(1884〜，俳句)。9. 台風17号の全国的大被害。10. 常磐炭砿閉山。酒田市大火。国鉄料金約50%値上げ。12. 福田内閣成立 1977. 1. 日米首脳電話会談の初め。3. 日米漁業協定調印。5. 海洋2法成立。日ソ漁業暫定協定調印。8. 有珠山噴火。ソ日漁業暫定協定調印。9. 赤軍ダッカ事件。10. 前田青邨死(1885〜，日本画)。円高(ドル安)，1ドル250円を割る。11. ハイジャック防止法成立 1978. 1. 石油税新設。4. 安田靫彦死(1884〜，日本画)。5. 成田空港開く。8. 日中平和友好条約調印。9. 稲荷山古墳の鉄剣に銘文発見。10. 円高1ドル180円を割り反転。12. 大平内閣成立 1979. 1. 太安万侶墓誌出土。グラマン・ダグラス事件起る。6. **東京サミット(第5回先進国首脳会議)**。7. 朝永振一郎(1906〜，理論物理学)ガット東京ラウンド議定書調印。10. 木曽御岳山噴火。12. 平櫛田中(1872〜，彫刻) 1980. 4. 土岐善麿(1885〜，短歌)。6. 大平首相急死。7. 鈴木内閣成立。8. 富士登山道大落石事故。岩田藤七(1893〜，ガラス工芸)。11. 川治温泉ホテル大火。 1981. 1. 北方領土の日(2月7日)制定。	1976	共産圏の分極化／アフリカの苦悩／ヴェトナムの統一と近隣諸国の動揺／イラン・イラク戦争
ポーランド自主管理労組「連帯」結成 1981. 2.「連帯」初代議長ワレサ就任。3. ユーゴ，コソヴォ自治州暴動事件。5. ワレサ議長訪日 1981. 6. ソ連，ポーランドの反革命勢力に対する警告書翰。7. ソ連・ポーランド共同コミュニケ	10. コスイギン辞任(12. 死，1904〜) 1980. 10.〜85 首相ニコライ・チーホノフ 1980. 12. ブレジネフ，インド訪問	トルコ軍事クーデター。**イラン・イラク戦争起る**。 1981. 1. イラン，米人人質釈放。6. **イラン，バニサドル大統領解任(亡命)**。10. **エジプト大統領サダト暗殺事件**	1980. 12. ウガンダ，オボテ大統領復帰 1981. 1. 南部アフリカ前線諸国会議(ルサカ)。6. OAU首脳会議(ナイロビ)，飢餓難民救済協議。8. リビア・エチオピア・南イエーメン3国，友好協力条約調印	1981. 2. 非同盟95カ国外相会議。5. バングラデシュ大統領ラーマン(1936〜)暗殺。6. アフガニスタン首相カルマル辞任，後任ケシュトマンド	12. ヴェトナム新憲法採択(大統領制廃止，1981. 7. 国家評議会議長チュオンチン就任) 1981. 1. フィリピン，1972年来の戒厳令解除。6. カンボジア新憲法採択(ヘン・サムリン政権)	81. 1)。12. 雲南省禄豊県で猿人ラマピテクスの頭骨発見 1981. 3. 茅盾死(1896〜，文学)。5. 宋慶齢(孫文未亡人)(1890〜)死，国葬。6. 党主席胡耀邦就任	論基本法成立，反共法廃止 1981. 1. 韓国非常戒厳令解除。6. 全斗煥，ASEAN諸国を歴訪	2. ローマ教皇来日。アルバニアと国交樹立。3. 神戸ポートピア'81開く。4. 行政改革推進本部発足。9. 湯川秀樹(1907〜，理論物理学)	1980 1981	

200カイリ問題＝1947年チリが領海を実施したのにはじまる。その後中南米やアフリカの小国が漁業専管水域・経済水域などとして次々に実施していった。海洋法会議はこの解決をめざしたが，1976年3月からの第4次会議が決着をみないうち，77年1月にEC7カ国とノルウェー・カナダなどが漁業専管水域を宣言，3月にアメリカ・ソ連，7月に日本，8月に北朝鮮が実施した。1977年は200カイリ元年といわれている。

〔43〕

大勢	年代	国際問題	アメリカ大陸 アメリカ合衆国	西ヨーロッパ イギリス連邦	西ヨーロッパ フランス共和国	西ヨーロッパ ベネルックス	中央ヨーロッパ 西ドイツ	中央ヨーロッパ 東ドイツ	南ヨーロッパ イタリア・イスパニア	北ヨーロッパ 北欧諸国
反核運動の高揚／不況脱出への模索／東西ドイツの接近と東欧諸国の自由化機運／	1981	1981. 10. OPEC臨時総会原油基準価格統一。12. 国連事務総長ハビエル・P・デクエヤル(ペルー)就任 1982. 4. 国連海洋法会議, **海洋法条約**を採択。5. 国連環境特別会議, ナイロビ宣言採択。6. 第8回先進国首脳会議(ヴェルサイユ・サミット)。7. 国際捕鯨委員会(IWC)総会, 全面捕鯨禁止を可決。11. 国連総会, マニラ宣言 1983. 3. 第7回非同盟諸国首脳会議(ニューデリー)。OPEC, 原油値下げ決定。5. **第9回先進国首脳会議(ウィリアムズバーグ・サミット)**。9. **大韓航空機撃墜事件**。セントクリストファー・ネーヴィス, 国連加盟(加盟国158) 1984. 3. 国連調査団, イラク軍が毒ガス使用と断定。6. **第10回主要先進国首脳会議(ロンドン・サミット)**。7. FAO農相会議, アフリカの飢餓克服に自助宣言。8. 国連国際人口会議(メキシコ)。第1回世界湖沼環境会議(大津)。10. OPEC, 石油減産体制採択 1985. 1. 先進5カ国蔵相会議, 通貨問題協議(ワシントン)。欧州軍縮会議(ストックホルム, 35カ国)。4. 第11回先進国首脳会議(ボン・サミット)。6. 先進10カ国蔵相会議(東京)。7. 世界婦人会議(ナイロビ, 159カ国)。9. 先進5カ国蔵相会議	1981. 1.～89 レーガン(共和党) 1981. 11. 公定歩合13%(以後数次引下げ)。核積載トライデント潜水艦第1号オハイオ就航。12. ホーギー・カーマイケル死(1899～, 作曲) 1982. 4. **フォークランド諸島紛争**(アルゼンチンの占領に対し, 英艦隊出動してこれを撃退) 1982. 6. **米ソ戦略兵器削減交渉(START)開始**。8. ニューヨーク株式市場暴騰(10. 大暴落)。イングリット・バーグマン死(1914～, 女優)。11. 公定歩合9%となり, 12月に8.5% 1983. 1. キャロル・L・ウィルソン死(1910～, 原子力学者)。2. テネシー・ウィリアムズ死(1911～, 劇作)。4. シカゴ市長に黒人のハロルド・ワシントン選出。6. 米・ニカラグワ, 相互に外交官追放。スペースシャトル・チャレンジャー打上げ, 6日間の飛行。7. ハーマン・カーン死(1922～, 未来学)。10. **米軍, グレナダ侵攻作戦**。12. ▽アルゼンチン大統領アルフォンシン就任 1984. 2. 受精卵移植児の初誕生。スペースシャトル・チャレンジャー, 命綱なしの宇宙初遊泳。4. 公定歩合引上げ, 9%。**大統領, 中国訪問**。7.～8. ロサンゼルスオリンピック(ソ連圏欠席, ルーマニア出席, 中国初参加)。8. スペースシャトル・ディスカヴァリー打上げ。9. ▽カナダ, マルルーニー内閣。12. 公定歩合引下げ, 8% 1985. 1. **ユネスコ脱退**。2. ニューヨーク株価, 過去最高1300ドル。エフレム・ジンバリスト死(1889～, バイオリニスト)。3. チリ地震。▽ブラジル, 民政復帰。9. ▽**メキシコ大地震(M7.8)**。10. ヨゼフ・ローゼンストック死(1895～, 音楽指揮者)。ユル・ブリンナー死(1921～, 俳優)。11. ▽ネバド・デル・ルイス火山大噴火	1952～ エリザベス2世 1982. 1. 日・米加・EC三極通商会議 1982. 3. ロンドン, 非核地帯決議宣言。リチャード・バトラー死(1902～) 6. ベン・ニコルソン死(1894～, 画家)。7. ロンドン連続爆弾テロ事件。10. フィリップ・J・ノエル＝ベーカー死(1889～, 平和主義者) 1983. 1. サッチャー首相, フォークランド諸島訪問。6. 総選挙, 保守党圧勝, サッチャー第2次内閣発足。7. デイヴィッド・ニーブル死(1910～, 俳優)。9. 自治領セントクリストファー・ネーヴィス独立。10. 巡航ミサイル配備決定 1984. 1. 自治領ブルネイ独立。4. ロンドンのリビヤ大使館乱射事件。ヒースロー空港爆弾事件。リビヤと国交断絶。4. 炭鉱ストライキ起る(～85. 3.)。7. ナイジェリアと事実上の国交断絶。12. サッチャー首相訪中, 香港返還に関する合意文書調印。12. サッチャー, 訪米, 首脳会談。S・ジョーンズ, マラソン世界最高記録(2時間8分5秒) 1985. 1. アーサー・ブライアント死(1899～, 歴史家)。2. サッチャー首相, 訪米。5. ブラッドフォード, サッカー場火災, 大惨事となる。8. 放送ジャーナリスト24時間スト。11. 北アイルランド問題合意書調印。12. **ユネスコ脱退**	1981. 5.～95 ミッテラン **1981. 10. 国民議会, 5大企業グループ・36銀行等の国有化法可決(82. 2. 発効)** 1982. 3. ミッテラン, イスラエル訪問, パレスティナ国家支持を表明, イスラエル拒否。4. ミッテラン, 日本訪問。6. フラン貨を5.75%切下げ, 緊縮政策発表。9. モナコ公妃グレース・ケリー死(元米女優, 1929～)。11. 大統領, インド訪問。12. ルイ・アラゴン死(1897～, 詩人) 1983. 1. ジョルジュ・ビドー死(1897～, 元首相)。4. ソ連外交官の大量追放。6. EC首脳会議, シュトゥットガルト宣言発表 6. ムルロア環礁中性子爆弾実験。7. パリ, オルリ空港爆発事件。ジョルジュ・オーリック死(1899～, 作曲)。12. リュシエンヌ・ボワイエ死(1903～, 女性歌手) 1984. 1. アルフレッド・カストレル死(1902～, 物理学)。5. **西独と軍事協力協定調印**。6. 大統領, ソ連訪問。ミシェル・フーコー死(1926～, 構造主義哲学)。7. ローラン・ファビウス内閣。11. ミッテラン, カダフィとクレタ会談, チャド撤兵合意。12. ニューカレドニアの社会主義カナク民族解放戦線, 一方的独立宣言 1985. 3. マルク・シャガール死(1887～, 画家)。5. ジャン・デュビュッフェ死(1901～, 彫刻)。7. 核実験抗議船「にじの戦士」爆破事件。11. フェルナン・ブローデル死(1902～, 歴史学)	1981. 11. ベルギー総選挙, 社会党第1党となる 1982. 1. NATO特別外相会議, 対ソ・対ポーランド制裁決議。2. ベルギー・ルクセンブルク, 通貨切下げ。6. オランダ, 通貨切上げ。 1983 ベルギー公定歩合連月引上げ, 6月に9%となる。オランダは5月に4.5%。12. NATO外相会議, 核軍縮ブリュッセル宣言採択 1984. 2. ベルギー, 公定歩合引上げ11%。7. 欧州原子力研究所, 素粒子トップクオーク発見 1985. 3. ベルギー, 巡航ミサイル配備。5. サッカーファン英伊激突事件(ブリュッセル)。10.	1979. 7.～84 カールステンス 1981. 12. 両独首脳会議(東ベルリン) 1982. 1. シュミット首相訪米。6. クルト・ユルゲンス死(1915～, 俳優)。7. 対ソ天然ガス用パイプライン建設融資協定。10. ヘルムート・コール首相就任。公定歩合6%, 12月に5%(83年3月, 4%) 1983. 3. 総選挙, 保守3党圧勝 1983. 6. 反核デモ, 警官隊と衝突。7. コール首相訪ソ。10. コール首相, 訪日 1984. 3. コール首相訪米。5. **フランスと軍事協力協定調印** 1984. 7.～94 リヒャルト・フォン・ヴァイツゼッカー 1984. 8. 電子シンクトロン研究所, 新素粒子ゼータ発見。10. コール首相, 中国訪問 1985. 1. コール首相訪仏, 首脳会談。アントン・カラス死(1906～, オーストリアの音楽家)。4. カール・シュミット死(1888～, 法学者)。6. コール首相, 初めてユーゴ訪問。8. 独	1976. 10.～89 ホネッカー 1983. 1. 東独議長暗殺未遂事件 1983. 9. 西ドイツとの国境に配備中の射撃装置を撤去すると声明 1984 西独へ逃亡する市民急増。5. 朝鮮と友好協力条約調印。8. 東西ドイツの接近に対し, ソ連が非難 1985. 3. ソ連兵の米軍将校射殺事件。西側移住者の帰国を承認し方向転換を計る。4. ホネッカー, イタリア訪問, 教皇とも会見。5. ホネ	1981. 10.【ギリシア】左派政権パパンドレウ内閣成立 1982. 5. **教皇英国訪問, 英国教会との和解緒につく**。6. イタリア, 通貨切下げ。10. マリオ・デル・モナコ死(1914～, オペラ歌手)。12. イスパニア, フェリペ・ゴンサレス内閣発足。12. イタリア, ファンファーニ内閣(～83. 4.) 1983. 4. ポルトガル総選挙, 6. ソアレス内閣発足 1983. 5. 教皇, ガリレオの復権を承認。6. 教皇の第2次ポーランド訪問。8. イタリア, クラクシ内閣(社会党)成立。12. 教皇, ルター派教会訪問。ホワン・ミロ(1893～, イスパニアの画家) 1984. 2. イタリア・ヴァチカン新協約調印。6. イタリア共産党書記長ベルリングエル死(1922～) 1985. 1. ローマ教皇, 中南米訪問。4. ポルトガルのマラソン選手ロペス, 世界最高記録(2時間7分11) 1985. 7.～92 イタリア大統領コシガ	1982. 2. デンマーク, 通貨切下げ 1982. 9. デンマーク, シュルター内閣(保守系連立)。10. スウェーデン, パルメ内閣(社会民主党) 1983. 1. デンマーク, ECの新漁業政策に反対, 漁船の操業を強行, 英海軍が出動。4. ソ連潜水艦のスウェーデン領海侵犯事件 1984. 1. ヨーロッパ軍縮会議(ストックホルム。アルバニアを除く全欧諸国と米・カナダ等)。2. ノルウェー, ソ連大使館員追放。12. ソ連のミサイル, ノルウェー領空を侵犯し, フィンランド領に墜落
世界的不況と国際紛争の多発	1985 1987	1986. 3. 原油価格10ドルを割る。**5. 第12回主要先進国首脳会議(東京サミット)**。6. 国連アフリカ特別総会, 経済復興開発援助決議。8. 核軍縮6カ国首脳会談, メキシコ宣言。12. 南太平洋非核地帯条約 1987. 2. 7カ国蔵相会議, ルーヴル合意。5. 国連世界人口白書, 総人口50億人突破と発表。6. 第13回主要先進国首脳会議(ヴェネチア・サミット)。7. 国連安保理, イラン・イラク即時停戦決議。9. 国連総長, イ・イ両国訪問	1986. 1. **ニューヨーク株式大暴落**。**スペースシャトル・チャレンジャー爆発事故**。3. 公定歩合下げ, 8月に5.5%。4. **米軍, 対リビヤ攻撃**。6. ベニー・グッドマン死(1909～, クラリネット奏者)。11. **米ソ首脳レイキャヴィク会談決裂**。12. イラン・ニカラグワ・コントラ秘密工作事件 1987. 1. 定年禁止法施行。4. アースキン・コールドウェル死(1903～, 作家)。石油会社テキサコ倒産。5. リタ・ヘイワース死(1918～, 女優)。7. **包括貿易法成立。日米戦略防衛構想(SDI)協定調印**。9. 公定歩合6%。貿易赤字164億ドル余。10. ロスアンゼルス大地震。**株式, 再度大暴落(暗黒の月曜日)**	1986. 1. 英仏首脳会談, 英仏海峡トンネル計画合意, 2月正式調印。4. シンプソン夫人死(1897～)。5. 皇太子夫妻, 日本訪問。サッチャー首相, イスラエル訪問。8. 英連邦7カ国首脳会議, 南ア制裁不成立。ヘンリー・ムーア死(1889～, 彫刻)。10. 対シリア断交。12. モーリス・マクミラン死(1894～) 1987. 2. アリステア・マクリーン死(1923～, 作家)。3. サッチャー首相, ソ連訪問。4. アントニー・チューダー死(1908～, 舞踊家)。7. サッチャー首相, 訪米	1986. 2. チャドに軍事介入。3. シラク・パリ市長新内閣組織。4. シモーヌ・ド・ボーヴォワール死(1908～, 女流作家)。ジャン・ジュネ死(1910～, 作家)。7. ミッテラン訪ソ, 仏ソ首脳会談。8. パリで爆弾テロ事件続発。 1987. 1. 国鉄スト, 公共部門に拡大。公定歩合引上げ, 8%。3. 大統領, イスパニア訪問。ルイ・ド・ブロイ死(1892～, 物理学)。5. 大統領, 西ベルリン訪問。6. フランソワ・ペルー死(1904～, 経済学)。7. 対イラン断交通告	ベルギー, 公定歩合引下げ9.5%。11. オランダ, 巡航ミサイル配備 1986. 4. EC諸国, リビヤ制裁決議 1987. 3. ベルギー, エキュー金貨発行。ゼーブルッヘ港で英カーフェリー転覆事故。6. ベルギー公定歩合7.5%	仏首脳会談。スパイ事件続発 1986. 2. 東西ドイツ, スパイ容疑者を相互交換釈放 1986. 2. アメリカのSDIに公式参加。10. コール首相, 訪米 1987. 1. マルクを3%切上げ。5. 西独一青年のセスナ機, 単独モスクワ着陸。6. INFのダブルゼロオプション受入れ。8. 元ナチスのヘス, 刑務所で死去(1894～)	ッカー訪ソ, 首脳会談 【オーストリア】 1986. 7. 大統領ヴァルトハイム就任 1986. 10. ホネッカー, 北朝鮮訪問 1987. 9. ホネッカー, 西ドイツ訪問	**1986. 1. イスパニア・ポルトガル, EC加盟**。2. ポルトガル大統領ソアレス就任 1986. 10. ローマ教皇, 世界の各宗教宗派の代表者を招き, 祈禱会を開催 1987. 3. イタリア, クラクシ内閣総辞職。ローマ教皇, 南米歴訪。7. イタリア, ゴリア内閣成立。ギリシア, 熱波猛暑襲来	1986. 2. スウェーデン, オロフ・パルメ首相(1927～)暗殺される。8. ウルホ・ケッコネン死(1900～, 前フィンランド大統領) 1987. 5. スウェーデン, 脳死法成立。グンナー・ミュルダール死(1898～, 経済学)

〔43〕

東ヨーロッパ: 東欧諸国	東ヨーロッパ: ソヴィエト連邦	中東 (便宜上エジプトを含む)	アフリカ	南アジア: インド・パキスタン	東南アジア	東アジア: 中華人民共和国	東アジア: 朝鮮・韓国	東アジア: 日本	年代	大勢
1981.12. **ポーランド, 全土戒厳令布告**, ワレサら逮捕（82.11. 釈放） 1982.1. ソ連, 対ポーランド借款供与(34億ドル相当) 1982.3. ポーランド首相ヤルゼルスキ, 訪ソ 1982.5. ユーゴ連邦幹部会議長ペタル・スタンヴォリッチ就任。8. ポーランド反軍政デモ。9. ゴムルカ死(1905〜)。10. **ポーランド, 新労働組合法・農民組織法成立** 1983.5. ユーゴ連邦幹部会議長ミカ・スピリャク就任。6. ローマ教皇の第2次ポーランド訪問 1983.6. ワルシャワ条約機構首脳会議, 核兵器先制不使用宣言 1983.7. ポーランド, 戒厳令解除 1984.2. 冬期オリンピック, サライェヴォで開催。4. ユーゴ, 反体制派知識人逮捕事件。5. ルーマニア, ドナウ・黒海新運河開通 **1984.6. コメコン首脳会議(15年ぶり, キューバ欠席)**。 1984.7. ソ連圏15カ国, ロサンゼルスオリンピックをボイコット(ルーマニア出席) 1984.7. ポーランド, 政治犯を恩赦 1985.4. アルバニアの第1書記(元首)ホッジャ死(1908〜, 40年間在職) 1985.4. ワルシャワ条約機構, 期限終了, さらに20年延長決定	1977.6.〜82 最高会議幹部会議長ブレジネフ 1981.11. ブレジネフ, 西独訪問, 首脳会談 1982.3. 宇宙ステーション金星13号, 金星のカラー写真を電送。6. 総合的大規模核兵器実験。**米ソ戦略兵器削減交渉開始**。11. **ブレジネフ死**(1906〜), 新書記長, アンドロポフ 1983.1. ポドゴルヌイ死(1903〜, 元幹部会議長)。軍事衛星コスモス(原子炉積載)機能を停止, 一部インド洋上に落下。4. 在ソ英大使館員等退去命令 1983.6.〜84 最高会議幹部会議長アンドロポフ 1983.9. **大韓航空機撃墜事件**。12. サリュート7号, 149日間の宇宙滞在達成 1984.2. アンドロポフ死(1914〜)。M・A・ショーロホフ死(1905〜, 作家)。4. 北大西洋海軍大演習実施 1984.4.〜85 最高会議幹部会議長チェルネンコ 1984.7. 宇宙船, 女性飛行士初の宇宙遊泳 1984.12. ハレー彗星探査機ベガ1・2号打上げ。国防相ウスチノフ死(1908〜), 後任ソコロフ 1985.3. チェルネンコ死(1911〜), 後継書記長ゴルバチョフ 1985.7.〜88 最高会議幹部会議長グロムイコ 1985.9. ルイシコフ, 首相就任。10. エミール・ギレリス死(1916〜, ピアニスト)	1981.10. エジプト大統領ムバラク就任。イラン首相ムサビ就任。12. イスラエル, ゴラン高原併合決議(82.2. 国連これを侵略と規定) 1982.4. シナイ半島全面返還完了。6. サウジアラビア王ハリド死, ファハド皇太子即位。8. **イスラエル軍, 西ベイルート突入**。9. PLO1万5000人, アラブ各国へ撤退。アラブ首脳会議（フェズ憲章採択）。10. エジプト・スーダン連合憲章調印 1982.11. トルコ大統領ケナン・エヴレン就任。イラク軍, イラン石油基地カーグ島爆撃 1983.2. イスラエル, シャロン国防相辞任, 後任アレンス。パレスチナ民族評議会開催(PNC)。3. イスラエル大統領ヘルツォグ就任。5. **イスラエル軍のレバノン撤兵協定調印**。6. シリア, アラファトPLO議長追放。12. チュニジアへ。10. **ベイルート駐留米仏軍宿舎爆破事件**。12. 米戦艦, レバノンのシリア軍砲撃 1984.2. 米海兵隊, ベイルート撤収。**イラン・イラク報復戦再燃**。3. アラブ外相会議, イラン非難決議。9. イスラエル, ペレス内閣成立。10. **エジプト・ヨルダン首脳和解会談**。エジプト大統領, フランス訪問。11. イラク, アメリカと復交 1985.3. **イラン・イラク, 相互に都市攻撃を再開, ミサイル戦激化**。5. シーア派の連続ハイジャック事件。イラク空軍, テヘラン爆撃。イスラエル, パレスチナゲリラを解放。10. イスラエル空軍機, チュニジアのPLO本部爆撃。11. エジプト機乗取り爆破事件。12. レバノン内戦終結協定調印	1981.12. ガーナ, クーデター, ローリングス全権掌握 1982.2. セネガンビア連邦発足(セネガルとガンビア) 1983.3. ジンバブエ紛争, 人民同盟議長ヌコモ, ロンドンへ脱出。5. 南ア軍, モザンビークのマプト爆撃。7. エチオピア軍, ソマリア侵攻。チャド内戦。12. 南ア軍, アンゴラ侵入 1984.1. **アフリカの飢餓, 24カ国に拡大**。7. ナイジェリア, 英国と外交官相互追放。8. オートヴォルタ, 国名をブルキナファソと改称。9. ヨハネスブルク黒人暴動。11. フランス軍, チャド撤収 1985.4. スーダン, クーデター。7. ウガンダ, クーデター。南ア, 非常事態宣言。8. ナイジェリア, クーデター。	1981.11.〜82.3. バングラデシュ大統領アブドス・サッタル 1982.2. 南北問題打開のための第1回ニューデリー協議会(南南会議)。3. バングラデシュ国家元首エルシャド就任。7. インド大統領ザイル・シン就任 1983.2. アッサム州大量虐殺事件。3. 第7回非同盟諸国首脳会議。7. スリランカ, タミル人虐殺事件。8. 南アジア7カ国外相会議（ニューデリー）。パキスタンに不服従運動。12. バングラデシュ大統領エルシャド就任 1984.5. ボンベイ, ヒンドゥ・イスラム両教徒衝突事件。6. シーク教徒のアムリツァー本山敗北事件。10. **シーク教徒, ガンディ首相(1917〜)暗殺**。11. インド首相ラジブ・ガンディ就任 1985.4. インド, グジャラート州カースト間衝突事件。5. インド, 爆弾テロ事件続発。8. シーク教徒穏健派政党党首ロンゴワル暗殺される。10. ダッカ, サイクロンの大災害。12. **第1回南アジア首脳会議, SAARC発足**	1981.10. スマトラ, 反華僑暴動。11. ビルマ, 大統領ネ・ウィン辞任, 後継サン・ユ就任 1982.2. 反ヴェトナム3派によるカンボジア首脳北京会談。7. **カンボジア, 3派の連合政府成立(民主カンボジア)**。9. フィリピン大統領マルコス訪米 1983.2. インドシナ3国首脳会議, カンボジア駐留ヴェトナム軍の部分的撤退決議。ヴェトナム軍, ポルポト派拠点を攻撃。6. ジャワ付近皆既日食。 **1983.8. フィリピン野党指導者ベニグノ・アキノ暗殺事件**。10. ラングーン爆発テロ事件。11. ビルマ, 朝鮮と断交 1984.1. 英自治領ブルネイ独立。7. ASEAN外相会議, ヴェトナム軍のカンボジア駐留非難共同宣言。9. ブルネイ, 国連加盟。12. ヴェトナム, 旧サイゴン政権軍人に死刑判決 1985.1. 民主カンボジアの拠点陥落。ボロブドゥール爆弾事件。2. ASEAN6カ国外相会議。3. ヴェトナム軍, シアヌーク派本拠制圧。4. バンドン会議30周年記念式典, 新バンドン宣言採択	1981.11. 女子バレーチーム, ワールドカップ初優勝。12. 中印国境交渉, 19年ぶりに再開 1982.2. 湖北省に農民組合「農会」成立。9. 中国共産党, 党主席制廃止。共産党中央委員会総書記胡耀邦就任。12. **新憲法制定**(国家主席制復活, 文化大革命色一掃)。趙紫陽首相, アフリカ11カ国歴訪に出発 1983.1. 死刑判決の江青・張春橋らを無期懲役に減刑。5. モンゴル, 在住中国人を大量追放。6. 第6期全人代大会第1回会議 1983.6.〜88 国家主席李先念 1983.6. 廖承志死(1908〜)。8. 中国空軍飛行士韓国亡命事件 1983.10. 国際原子力機関に加盟 1984.1. 米国と技術協力2協定調印。4. レーガン米大統領, 中国訪問。7. 中国, オリンピック初参加。9. 香港返還中英合意書調印。10. 新中国建国35周年, 日本青年3000名招待。11. 初めて南極基地建設。12. 中ソ経済技術協力協定調印 1985.5. 胡耀邦総書記, 朝鮮訪問。7. 米中原子力協定調印。8. 日中原子力協定調印。中国空軍機, 韓国へ不時着, 操縦士亡命希望。9. 上海宝山製鉄所操業開始(新日本製鉄技術協力)	1982.2. 南北互いに統一協議に関する提案。3. 韓国, 金大中らの恩赦減刑。4. 休戦ライン銃撃戦事件。6. 韓国金相浹内閣。9. 金日成, 中国訪問。10. 中国空軍飛行士韓国亡命事件。12. 金大中, 出国して渡米 1983.7. 朝鮮の金正日, 中国訪問。韓国軍, 朝鮮工作船を攻撃 1983.10. **ラングーン爆発テロ事件(韓国閣僚らの爆殺)** 1984.5. 金日成, ソ連・東欧歴訪。9. **ソウル付近集中豪雨禍。全斗煥, 訪日**。10. **朝鮮, 韓国へ救援物資搬入**。11. 板門店銃撃事件 1985.2. 金大中帰国。韓国, 盧信永内閣。4. 全斗煥大統領, 訪米。5. 南北赤十字会談開く。9. 南北相互故郷訪問, 肉親再会実現	1981.11. 公務員2法・行政改革関連特例法成立 1982.2. 高橋誠一郎(1884〜, 経済学)。4. 500円硬貨を発行。6. IBM産業スパイ事件。東北新幹線開通。7. 臨時行政調査会の基本答申。教科書の記述内容に関する中国・韓国からの抗議。11. 上越新幹線開通。中曽根康弘内閣成立 1983.1. 里見弴(1888〜, 文学)。青函トンネル貫通。4. 中曽根首相, 東南アジア諸国歴訪。5. 日本海中部地震。6. 比例代表制初の参議院議員選挙 **1983.9. ソ連軍による大韓航空機サハリン沖撃墜事件**。10. 三宅島噴火。11. レーガン米大統領訪日 1984.3. グリコ社長誘拐事件。6. 日本, 世界一の長寿国となる。9. 長野県西部地震。11. 新紙幣1万円他2種発行。12. 日ソ共産党首脳会談 1985.3. **科学万博つくば'85開く**。野上弥生子(1892〜, 作家)。4. 日本電信電話会社・日本たばこ産業会社発足(民営)。5. 男女雇用均等法成立。対米黒字34億ドルとなる。8. **日航ジャンボ機墜落事故, 死者520人**	1981	ポーランド情勢の紛糾／パレスチナ難民問題／アフリカ諸国の飢餓拡大／イラン・イラク戦争／中国の開放化政策
1986.5. ポーランド, 地下「連帯」議長を逮捕 1986.6. ワルシャワ条約機構首脳会議, 兵力削減アピール採択 1986.11. コメコン首脳会議(10カ国) 1987.3. ユーゴ, 賃金スト拡大。4. ソ連のゴルバチョフ, チェコ訪問。5. ルーマニア・東独訪問。ルーマニアの労働者, 食糧デモ	**1986.4. チェルノブイリ原子力発電所事故被害甚大** 1986.8. 定期客船ナヒモフ号衝突沈没事件。10. 原子力潜水艦, 北大西洋沈没事件。**米ソ首脳レイキャヴィク会談決裂**。11. モロトフ死(1890〜) 1987.2. カバレフスキー死(1904〜, 作曲)。5. 新大型宇宙ロケット「エネルギア」打上げ。○**ペレストロイカ(改革)初まる**。6. 国家企業法採択。7. スターリン粛清の批判起る。8. バルト3国自由要求デモ。	1986.1. 南イエメン内乱。5. イラクのミサイル, イランの旅客列車攻撃。7. イスラエルのペレス首相モロッコ訪問。9. エジプト・イスラエル首脳会談。ペレス首相, 訪米。10. イスラエル, シャミル内閣成立 1987.1. イラン軍の南部戦線拡大（カルバラ8号作戦）。6. レバノン首相カラミ暗殺。8. **メッカ巡礼団衝突事件**。ペルシア湾内外に多数機雷発見。イラク, ペルシア湾でタンカー攻撃。9. 米軍ヘリコプター, ペルシア湾出撃。10. イラン, 米タンカー攻撃	10. 南ア, 黒人暴動発生 1986.3. 米軍, リビアとシドラ湾交戦。6. 南ア全土非常事態宣言。8. カメルーンの火口湖ガス噴出事件。12. ザンビア食糧暴動。チャド内戦, 国際化 1987.4. 南ア軍, ザンビア越境攻撃。8. 南ア, 大規模な鉱山スト	1986.5. コロンボ空港爆弾テロ事件。10. ガンディ首相暗殺未遂事件 1987.4.〜7. スリランカ人種紛争。5. ウッタル・プラデシュ宗教紛争。7. カラチ爆弾事件。インド大統領ラマスワミ・ヴェンカタマラン就任	1986.2. **フィリピン大統領アキノ夫人就任**。7. ヴェトナム書記長レ・ズアン死(1907〜), チュオン・チン就任。12. ヴェトナム, ドイモイ(刷新)路線採択 1987.2. フィリピン憲法公布。6. ヴェトナム国家評議会議長ボー・チ・コン就任。8. フィリピン国軍反乱。タイ旅客機墜落事故	1986.3. 丁玲(1904〜, 女流作家)死。アジア開発銀行正式加盟。7. 通貨の元を対米レート15.8%に切下げ。8. **モンゴルと領事条約調印**。10. 劉伯承死(1892〜)。葉剣英死(1903〜) 1987.1. 胡耀邦党総書記解任(**1月政変**)。3. マカオ返還交渉妥結。5. 大興安嶺森林火災。6. 台湾, 38年間の戒厳令解除。10. チベット独立要求の反乱	1986.3. 朝鮮・キューバ親善条約調印。8. 38度線で南北両軍銃撃戦。9. 金浦空港爆弾テロ事件。第10回アジア競技大会(ソウル), 中国参加, 日本不振 1987.5. 韓国統一民主党結成。金日成, 訪中。6. 韓国, 6月民主化運動。7. 韓国, 金大中復権。10. 韓国新憲法公布	1986.1.〜8. 円相場続騰。1. 梅原龍三郎死(1888〜, 洋画)。7. 衆参同日選挙, 自民党圧勝。○全般的景気後退拡大 1987.1.〜4. 円高加速139円に。3. 米国, 対日経済制裁措置発表。4. 国鉄分割JR7社発足。5. 売上税廃案となる。9. **天皇, 腸の手術成功**。11. 竹下内閣成立	1985 1987	

大勢	年代	国際問題	アメリカ大陸	西ヨーロッパ				中央ヨーロッパ		南ヨーロッパ	北ヨーロッパ
			アメリカ合衆国	イギリス連邦	フランス共和国	ベネルックス		西ドイツ	東ドイツ	イタリア・イスパニア	北欧諸国
東西対立の緩和と核兵器廃絶への進展／東欧諸国の民主化／ドイツの統一／冷戦構造の終結と欧州連合	1987 1990	1987. 10. 開発途上国27カ国の南委員会発足。11. 国連安保理，南アの対アンゴラ介入非難決議 1988. 4. 主要先進5カ国蔵相・中央銀行総裁7カ国ワシントン会議。**アフガン和平4カ国協定調印**。日米加EC四極通商会議（保護主義対抗措置）。6. 第14回主要先進国首脳会議（トロント・サミット）。**EC・コメコン，相互援助関係樹立宣言**。9. 非同盟諸国外相会議（ニコシア）。国連平和維持軍にノーベル平和賞受賞 1989. 1. 化学兵器禁止国際会議。**5. オゾン層保護(フロンガス全廃)ヘルシンキ宣言**。7. 第15回主要先進国首脳会議（アルシュ・サミット）。9. 第9回非同盟諸国会議(ベオグラード)。11. 国際環境閣僚会議，ノルドベイク宣言 1990. 2. 国連麻薬撲滅10年宣言。3. 国際識字年サミット。7. 第16回主要先進国首脳会議（ヒューストン・サミット），ポスト戦後を意義づける。8. 国連安保理，対イラク制裁決議。11. NATO・ワルシャワ条約機構，欧州通常戦力条約(CFE)調印	1981. 1.～89 レーガン(共和党) **1987. 12. 米ソ，INF（中距離核兵器）全廃条約調印** 1988. 1. チャールズ・キング死(1896～，栄養学)。2. 米ソ両艦クリミア半島沖衝突事故。リチャード・ファインマン死(1918～, 理論物理学)。3. ▽パナマ，非常事態宣言。6. ▽ハイチ，クーデター。対日牛肉・オレンジ問題決着。8. 公定歩合引上げ，6.5%。包括貿易法成立。9. ルイス・アルヴァレズ(1911～, 物理学)。10. チリ大統領信任投票，15年間のピノチェト軍事政権敗北。12. イサム・ノグチ死(1904～, 彫刻家) 1989. 1. 米軍機地中海上にリビヤ戦闘機2機を撃墜 1989. 1.～93 ブッシュ(共和党) 1989. 2. 公定歩合引上げ，7.0%。5. オーウェン・ラティモア死(1900～, 中国研究)。9. パナマ(ノリエガ体制)と断交，10. ニューヨーク株式，87年10月以来の一時的暴落。11. ウラディミル・ホロヴィッツ死(1904～，ピアニスト)。**12. 米ソ首脳マルタ会談** 1990. 2. バーバラ・レイノルズ死(1915～, 平和運動)。5. 米ソ首脳会談，戦略核削減合意。7. ヒューストン・サミット。▽ペルー大統領に日系フジモリ就任。9. エドウィン・O・ライシャワー死(1910～，日本研究)。10. レナード・バーンスタイン死(1918～, 音楽指揮)。アート・ブレーキー死(1919～，ジャズ)。11. ロバート・ホフスタッター死(1915～, 物理学)。12. 公定歩合6.5%	1952～ エリザベス2世 1987. 12. ソ連のゴルバチョフ訪英，英ソ首脳会談 1988. 4. ラムゼー・カンタベリー卿死(1905～，大主教)。7. スコットランド沖石油基地爆発事故 1988. 8. 西ドイツに追随して公定歩合引上げ，12% 1988. 11. サッチャー首相, ポーランド訪問 1989. 1. 旅客機レスターシャーに墜落事故。4. 英ソ首脳会談。シェフィールドのサッカー場で観衆94人死亡事故。ダフニ・デュ・モーリエ(1907～, 女流作家)。5. ジョン・R・ヒックス(1904～, 経済学)。7. ローレンス・オリヴィエ死(1907～, 俳優)。10. 前年来，連続11回目の金利の引上げ。アルゼンチンと復交 1990. 1. ロンドンの病院で胎児の心臓弁異常を手術治療 1990. 6. 北大西洋条約機構首脳ロンドン会議，核の使用を最後の手段とし，対東欧相互不可侵を呼びかける 1990. 6. レックス・ハリソン死(1908～, 俳優) 1990. 11. 全欧安保協力会議(CSCE)首脳会議，パリ憲章調印(ソ連・東欧諸国参加) 1990. 11. サッチャー首相辞任。後任メージャー。ロレンス・ダレル死(1912～。小説・詩)	1981. 5.～95 ミッテラン **1988. 1. 仏・西独軍事協力協定調印**。2. ルネ・シャール死(1908～，詩人) 1988. 6. エアバス墜落事故。パリで通勤電車衝突事故 1988. 8. 公定歩合引上げ，7% 1988. 11. ミッテラン，訪ソ 1989. 2. ギ・ラロッシュ死(1921～，デザイナー)。6. ゴルバチョフ訪仏，ソ仏共同宣言。7. アルシュ・サミット(パリ)。9. 旅客機，ニジェールの砂漠に墜落事故，死者170人 1989. 12. 仏ソ首脳キエフ会談。サミュエル・ベケット死(1906～, 劇作) 1990. 5. ユダヤ人墓地荒し事件 1990. 10. ルイ・アルチュセール死(1918～, 哲学)	1987. 12. NATO国防相会議，通常戦力強化努力を発表 1989. 5. NATO首脳軍縮会議，共同宣言（ブリュッセル）。9. ジョルジュ・シムノン死(1903～，推理小説) 1989. 11. オランダ，ルベルス内閣成立		1984. 7.～94 ヴァイツゼッカー 1987. 12. 公定歩合引下げ，2.5% 1988. 3. クルト・G・キージンガー死(1904～)。5. エルンスト・ルスカ死(1906～, 物理学)。8. 公定歩合引上げ, 3.5%。航空ショー練習機3機墜落事故。10. フランツ・J・シュトラウス死(1915～) 1989. 7. ヘルベルト・フォン・カラヤン死(1908～, 音楽指揮)。10.公定歩合6.0%，年初以来4回目 **1990. 5. 両独経済統合条約調印**。7. 両独通貨統合実施 **ドイツ連邦共和国** **1990. 10. 3 ドイツ統一達成**(西ドイツ，東ドイツを吸収合併)。11. 独ソ包括条約調印。ポーランドと国境確定条約調印	1976. 10.～89 ホネッカー 1988. 1. ホネッカーはじめてフランス訪問，首脳会談 1989. 8. **東独市民，ハンガリー・オーストリアから西独へ集団脱出**。10. 建国40周年にゴルバチョフ来訪 1989. 10.～90 クレンツ 1989. 11. **国民の移動制限全面撤廃。ベルリンの壁撤去開始** 1990. 4.～8. 非共産党大連立内閣	1987. 12. ギリシア正教ディミトリオス総大主教，はじめてヴァチカン訪問 1988. 7. エーゲ海観光船テロ事件 1988. 11. イスパニア・ポルトガル，西欧同盟加入 1989. 1. サルバドール・ダリ死(1904～, 芸術各般)。7. イタリア，アンドレオッチ内閣成立。9. 教皇，ガリレオの名誉回復最終決定 1989. 11. ドロレス・G・イバルリ死(1895～, イスパニアの指導者) 1990. 1. イタリアのピサの斜塔，修復のため閉鎖 **1990. 8. 中欧サミット**(イタリア・オーストリア・チェコ・ハンガリー・ユーゴ) 1990. 9. アルベルト・モラヴィア(1908～, 文学)	1988. 6. スウェーデン議会，原子力発電所廃棄法可決 1989. 10. ノルウェー，シーセ内閣成立
	1992	**1991. 1.～4. 湾岸戦争**。4. 欧州復興開発銀行設立(日本も拠出)。7. 第17回主要先進国首脳会議(ロンドン・サミット)。9. 南北朝鮮・バルト3国など，国連加盟。11. NATO首脳会議ローマ宣言，冷戦構造消滅。12. 国連事務総長にブトロス＝ガーリ(エジプト)就任 1992. 4. 地球環境賢人会議(東京)・国連，対リビヤ制裁実施。主要7カ国蔵相・中央銀行総裁会議(ワシントン)。5. 欧州経済地域協定(EEA, 19カ国)調印。国連，新ユーゴに対する制裁を決議。6. 環境と開発に関する国連会議(地球サミット)。7. 第18回主要先進国首脳会議(ミュンヘン・サミット)。12. 国連，モザンビークとマケドニアにPKO要員派遣決議	**1991.** 1. カール・D・アンダーソン死(1905～, 物理学)。ジョン・バーディーン死(1908～, 物理学)。2. 公定歩合6%（5月に5.5%，9月に5.0%，11月に4.5%）。3. ベーカー国務長官，中東歴訪。米仏首脳マルチニク会談。**7. 米ソ戦略兵器削減条約(START)調印**。9. ハイチ，クーデター，軍政移行 1991. 12. 欧州・日本・米国・ソ連及び東欧諸国，欧州エネルギー憲章調印 1991. 12. 公定歩合下げ，年3.5% 1992. 1. ▽エルサルバドル和平協定調印。1.～2. IBM・フォードなど経営赤字転落と発表。4. アイザック・アシモフ死(1920～, 小説)。5. ▽A・ユパンキ死(1908～, 歌手・作曲，アルゼンチン)。6. 米ロ首脳会談(米ロ憲章調印)。7. 公定歩合3%。戦術核の撤去完了宣言。8. **フロリダ半島ハリケーン大被害**。9. ロジェー・ワーグナー死(1914～, 音楽指揮)。11. 米・EC間の農業交渉決着。12. 米軍主導の多国籍軍，ソマリア救援のため出兵上陸。▽ブラジル大統領コロル，疑獄事件により解任	1991. 2. マーゴ・フォンテイン死(1919～, バレリーナ)。4. グレアム・グリーン死(1904～, 小説)。6. アーサー・ルイス死(1915～, 経済学)。10. 英連邦首脳会議，ハレル宣言 **1991. 12. EC首脳会議**，ローマ条約(1957)改正合意，欧州連合(EU)の創設へ発足(**マーストリヒト条約**，92. 2. 調印) 1991. 12. J・R・ニコラス・ストーン死(1913～, 経済学) 1992.4 総選挙，保守党勝利し，メージャー政権維持。9.ドイツマルクの独歩高に伴い欧州通貨が危機状態となり，イギリスが為替相場安定制度(ERM)から一時的に離脱。最低貸出金利(公定歩合)を年9%とする。10.女王，ドイツ訪問。11.イギリス国教会，女性に司祭の資格を認める。ロシアと基本条約調印。ウィンザー城火災	1991. 3. 米仏首脳マルチニク会談。5. クレッソン(女性)内閣発足，クレッソンの対日批判発言数度に及ぶ。11. イヴ・モンタン死(1921～, 俳優) 1992. 1. 96人乗りエアバス，南アルプス山中墜落。2. 仏ロ条約調印。4. クレッソン退陣，後任首相ベレゴボワ。オリヴィエ・メシアン死(1908～, 作曲)。5. 独仏合同軍設置合意。9. 欧州通貨危機，フランが為替相場基準を下廻る。国民投票により欧州連合条約を小差で批准。公定歩合年13%に。10. 禁煙法施行	**【全欧】** 1992. 9. 全欧安保協力会議(CSCE，ヘルシンキ)，紛争処理に積極策「変革への挑戦」を採択 1992. 11. J. H. オールト死(1900～，オランダの天文学者)		1991. 2. 公定歩合0.5%引き上げ, 6.5%。5. ヴィルヘルム・ケンプ死(1895～, ピアニスト・作曲)。6. コール首相訪ソ，独ソ・キエフ会談。8. 公定歩合7.5%（アメリカとは反対の方向をとる） 1991. 12. 公定歩合引上げ，年8.0% 1992. 1. クロアチア・スロヴェニア両共和国を承認。3. フリードリヒ・V・ハイエク死(1899～, 経済学)。5. 独仏合同軍設置合意。7. ミュンヘン・サミット。公定歩合を8.75%（9月に0.5%下げ)。ホネッカー元東独議長，モスクワから帰国して収監。**9. ドイツマルク高騰し, 欧州の通貨を混乱に陥れる**。10. ヴィリー・ブラント死(1913～)		1991. 1. ジャコモ・マンズー死(1908～, 彫刻, イタリア)。2. イタリア共産党，左翼民主党として再出発。10. 大主教ディミトリオス1世死(1914～) 1992. 4. ダニエル・ボヴェ死（1907～, 生理学)。セビリヤ万国博覧会。イタリア大統領スカルファロ就任。7. バルセロナオリンピック。9. イタリア，欧州為替相場安定制度から一時的離脱	1991. 1. ノルウェー王オラフ5世死去(1903～) 1991. 9. スウェーデン総選挙，社会民主党敗北 1992. 3. バルト海諸国，国家評議会創設。6. 欧州連合条約，デンマークは国民投票で否決，アイルランドは批准承認

〔44〕

大勢：国際紛争の段階的解決へ／NIES（新興工業経済群）の発展／国際和平への展開と東西交渉の進展

東ヨーロッパ		中東	アフリカ	南アジア	東南アジア	東アジア			年代
東欧諸国	ソヴィエト連邦	(便宜上エジプトを含む)		インド・パキスタン		中華人民共和国	朝鮮・韓国	日本	
1987. 12. チェコ, フサーク書記長辞任, ヤケシュ就任 1988. 3. ソ連のゴルバチョフ, ユーゴ訪問, 新ベオグラード宣言発表。5. ハンガリー, カダル書記長(32年間)辞任, カーロイ・グロス就任。 1989. 5. ユーゴ幹部会議長ドルノフシェク就任。**9. ポーランド,「連帯」主導のマゾビエツキ内閣発足(非共産党)。10. ハンガリー, 新国家体制発足, 改革推進**。12. ルーマニア大統領チャウシェスク政権崩壊, 大統領夫妻処刑。チェコ大統領ヴァツラフ・ハベル就任。1968年のチェコ事件(プラハの春)名誉回復 1990. 5. ルーマニア大統領イエリスク就任。12. ポーランド大統領ワレサ就任	1985. 7.〜88 最高会議幹部会議長グロムイコ **1987. 12. 米ソ, INF(中距離核兵器)全廃条約調印** 1988. 2. マレンコフ死(1901〜)。スターリン粛清に対する名誉回復。3. アゼルバイジャン民族暴動。ラトヴィアのデモ。4. アフガニスタン和平協定調印。**5. ソ連軍, アフガニスタンから撤退**(〜89. 2.) 1988. 10.〜90 最高会議幹部会議長ゴルバチョフ(党書記長兼任) 1989. 4. キューバと友好協力条約調印。攻撃型原子力潜水艦, ノルウェー沖に沈没。グルジア民族暴動。4.〜6. ゴルバチョフ, 英・中・仏訪問。6. アンドレイ・グロムイコ死(1909〜)。8. バルト3国民族運動。10. スト権法採択。11. ゴルバチョフ訪伊, ヴァチカンと和解。**12. 米ソ首脳マルタ会談**。仏ソ首脳キエフ会談。アンドレイ・サハロフ死(1921〜) 1990. 2. 共産党の一党独裁制を放棄。3. リトワニアの一方的独立宣言。 1990. 3.〜92 大統領ゴルバチョフ 1990. 5. 市場経済移行宣言。8. ソルジェニツィンの復権。**10. ゴルバチョフ, ノーベル賞受賞**。11. 独ソ包括条約調印	1987. 11. 緊急アラブ首脳会議, アラブ諸国対エジプト復交 1988. 2. イラン・イラク相互都市攻撃戦。4. 米軍, イランとペルシア湾交戦。サウジアラビア, 対イラン断交。6. アラブ連盟緊急会議, パレスチナ人の闘争支援決議。7. ヨルダン, ヨルダン川西岸地区放棄, PLOへの分割決定。**8. イラン・イラク戦争終結, 両者間の直接交渉始まる**。11. パレスチナ国家独立宣言。エジプト・アルジェリア国交回復 1989. 2. アフガニスタンのソ連軍撤退完了, 内戦起り, 非常事態宣言。アラブ協力会議(ACC)結成協定調印。3. イラン対英断交。4. パレスチナ大統領アラファト就任。5. エジプト, アラブ連盟復帰。6. **イラン, ホメイニ師死去**(1900〜, 後継ハメネイ大統領)。7. イラン大統領ラフサンジャニ就任。11. レバノン大統領爆殺事件。12. エジプト・シリア復交 1990. 5. 南北イエメンの国家統合。6. イラン西北部大地震。7. メッカ巡礼者1400人死亡事故。**8. イラク軍, クウェートに侵攻制圧(中東危機)**。アラブ首脳会議, 対イラクのアラブ合同軍派遣決議。多国籍軍, サウジアラビアに進駐。10. イェルサレムでパレスチナ人銃撃事件	1987. 11. チュニジアのベンアリ首相, ブルギバ大統領を追放。アンゴラの内戦拡大 1988. 2. 南ア, 政治活動禁止令布告。8. 南ア軍とキューバ・アンゴラ合同軍, アンゴラ停戦合意。10. アルジェリアの暴動, 全土に波及。12. アンゴラ和平議定書調印(キューバ兵撤退) 1989. 6. アンゴラ停戦実施。9. 南アフリカ大統領デクラーク就任 1990. 2. アフリカ民族会議指導者マンデラ釈放。**3. ナミビア独立宣言**。6. 南ア, 非常事態宣言を解除。9. リベリア大統領サミュエル・カニオン・ドゥ暗殺事件。	1987. 11. 南アジア7カ国地域協力連合首脳会議。コロンボ爆弾テロ事件 1988. **4. アフガニスタン和平協定調印**(米・ソ・アフガニスタン・パキスタン)。8. パキスタン, ハク大統領, 輸送機墜落事故死。8.〜9. バングラデシュ大洪水。12. パキスタン首相ブット(女性)就任。 1989. 1. スリランカ大統領プレマダサ就任。7. インド軍, スリランカから撤退。12. インド, シン首相, 連立内閣成立 1990. 4. ネパール, 政党制復活。5. ミャンマー総選挙, 民主派全勝。7. パキスタン, ブット首相解任。8. インド・パキスタン両軍衝突。10. パキスタン総選挙, ブット派大敗	1988. 3. ヴェトナム首相ファム・フン急死(6. 後任ドー・ムオイ)。6. ヴェトナム国家評議会議長ボーチコン就任。ヴェトナム軍カンボジア撤収開始。**7. カンボジア問題5者ジャカルタ会議**。ビルマ大統領ネ・ウィン辞任, ラングーン戒厳令施行。8. タイ首相チャチャイ就任。**9. ビルマ国軍, クーデター, 平和回復評議会議長ソウ・マウン就任, 首相兼任** 1989. 6. ビルマ国名をミャンマーと改称。8. アンコール遺跡の竜巻被害。**9. ヴェトナム軍カンボジアから撤退**。フィリピン前大統領マルコス死(1917〜) 1990. 6. カンボジア和平東京会議。7. ASEAN外相会議, 共同声明。8. インドネシア, 中国と国交回復	1983. 6.〜88 国家主席李先念 1988. 1. 台湾蒋経国総統死去(1910〜), 後任李登輝。民間旅客機, 重慶郊外墜落事故, 死者108人。2. チベット自治区, 独立運動騒乱。3. 中国・ヴェトナム両艦船, 南沙群島交戦。4. 李鵬首相就任 1988. 4.〜93 国家主席楊尚昆 1988. 11. モンゴルと国境条約調印 1989. 1. パンチェン・ラマ10世死(1938〜)。3. ラサに戒厳令。4. 胡耀邦死去(1915〜)追悼デモ広まり, 学生ら民主化要求。5. 北京に戒厳令。**6. 天安門の悲劇, 政府, 暴乱と規定**。趙紫陽解任, 江沢民, 総書記就任。10. ダライ・ラマ14世, ノーベル平和賞受賞。11. 鄧小平軍事委主席辞任, 後任江沢民 1990. 1. 北京戒厳令解除。7. サウジアラビアと国交樹立。8. インドネシアと国交回復。9. モンゴル初代大統領オチルバト就任。**北京アジア競技大会, 中国圧勝**	1987. 11. 大韓航空機, ビルマ上空で行方不明となる 1988. 2. 韓国大統領盧泰愚就任(大幅な赦免実施)。4. セマウル(新しい村)運動の公金横領疑惑起り, 全斗煥公職を辞任。**9.〜10. ソウルオリンピック大成功**。12. 韓国, 姜英勲内閣 1989. 2. 韓国, ハンガリーと国交樹立。3. 韓国の文益煥牧師逮捕。5. 釜山騒乱。7. 平壌青年学生祭典。11. 韓国, ポーランドと国交樹立 1990. 6. 韓ソ両大統領サンフランシスコ会談。8. 朝鮮, 日本との国交交渉開始。9. 南北首相会談の初め(ソウル)。**韓国, ソ連との国交樹立**。	1988. **3. 青函トンネル鉄道開業。4. 瀬戸大橋開通**。桑原武夫(1904〜, フランス文学)。6. 日米牛肉・オレンジ交渉決着。○内需拡大し景気上昇化。9. 天皇の発病 **1989. 1. 昭和天皇崩御**(87), 皇太子明仁即位。2. 大喪の礼に伴う弔問外交。**4. 消費税実施**。5. ヴェトナム難民の長崎県への上陸の初め。6.〜8. 宇野内閣。7. 参議院選挙, 自民党大敗。8. 海部内閣成立。9. 象牙輸入の暫定的禁止。10. 公定歩合引上げ始まる 1990. 2.〜9. 株価の暴落つづく。4.〜9. 国際花と緑の博覧会。6. 日米構造協議最終結着。9. 奥村土牛死(1889〜, 日本画)。**11. 天皇の即位式・大嘗祭**挙行。12. 土屋文明(1890〜, 短歌)	1987 1990
1991. 3. ワルシャワ条約機構, 軍事機構廃止。5. ユーゴスラヴィア内戦状態に突入。6. アルバニア国際復帰。**コメコン解散**。ユーゴのクロアチア・スロヴェニア両共和国独立宣言。7. **ワルシャワ条約機構完全解体**。10. ユーゴ連邦軍, クロアチア攻撃 1992. 4. セルビア・モンテネグロによる新ユーゴ連邦創設, 旧ユーゴスラヴィア解体。6. 黒海経済協力機構設立宣言調印(11ヵ国)。7. スロヴァキア主権宣言, チェコスロヴァキアからの分離をめざす。9. 国連, 新ユーゴ追放決議。11. ドプチェク死(1921〜)	**1991.** 4. ゴルバチョフ訪日。グルジア大地震。7. ロシア共和国大統領エリツィン就任。米ソSTART調印。**8. 保守派によるクーデター失敗(八月革命)**。ソ連共産党解体。9. バルト3国独立, 国連に加盟。10. 国家保安委員会(KGB)解体。**12. ソ連邦消滅** **独立国家共同体(CIS)** **1991. 12. 独立国家共同体創設**。ゴルバチョフ就任, エリツィン大統領ほぼ継承 1992. 2. エリツィン, 訪米, 訪仏(6月また訪米)。3. 旧ソ連8ヵ国, 国連加盟。5. ウラジオストック弾薬庫爆発事故。11. イギリスと基本条約調印。エリツィン, 訪韓, 韓ロ友好基本条約調印。12. チェルノムイルジン, 首相就任	**1991. 1.〜4. 湾岸戦争(イラクに対する多国籍軍の「砂漠の嵐作戦」)**。ペルシア湾に大量の原油流出。3. イラク, バグダードに非常事態宣言。9. イラク, 国連の核査察を拒否。10. イスラエル, ソ連と復交。11. イスラエル, ヨルダン・パレスチナと2国間交渉を開始 1992. 1. 中東多国間会議(モスクワ)。2. 西アジア・中央アジア地域の経済協力機構(ECO)首脳会談 1992. 7. イスラエル, ラビン内閣成立。米国務長官ベーカー, 中東諸国歴訪, エジプト・イスラエル首脳会談も開催。10. カイロ地震	**1991.** 3. アフリカ大陸北東部の飢餓拡大。5. エチオピア, メンギスツ体制(1977〜)崩壊。アンゴラ, 16年間の内戦終結。6. **南ア, アパルトヘイト体制終結** 1992. 2. アルジェリア非常事態宣言。3. ソマリア停戦協定調印。4. 国連対リビア制裁実施。7. アルジェリア議長ブディアフ暗殺。9. 南ア黒人解放組織のデモにシスカイ軍が発砲	1991. 4. バングラデシュ, サイクロンの大被害。5. インド元首相ラジブ・ガンジー暗殺(1944〜)。6. インド首相ナラシマ・ラオ就任。10. インド北部大地震。12. ミャンマーの民主化運動家アウンサン・スーチー(女性), ノーベル平和賞受賞 **1992.** 4. サタジット・レイ死(1921〜, インドの映画監督)。**アフガニスタン内戦終結**。9. 第10回非同盟諸国首脳会議(ジャカルタ)。12. インド, アヨディヤに宗教暴動起る(死者1000人にのぼる)	**1991.** 2. タイ・クーデター, スントーン国軍最高司令官, 国家治安評議会議長就任。5. タイ旅客機墜落事故, 223人死亡。6. フィリピン, ピナトゥボ火山噴火。ヴェトナム, ド・ムオイ体制発足。**10. カンボジア和平パリ国際会議, 最終合意文書調印**。11. フィリピン, レイテ島の台風大被害 1992. 3. 国連カンボジア暫定機構(UNTAC)発足。6. フィリピン大統領ラモス就任。9. ヴェトナム新憲法による大統領レ・ドク・アイン就任。タイ首相チュアン就任。ミャンマー, 戒厳令解除。12. ヴェトナム, 韓国と国交	1991. 4. 台湾, 中国との内戦終結宣言。5. 中ソ東部国境協定調印。5.〜7. 揚子江流域大水害。6. 江青(毛沢東夫人)が5月に自殺(1914〜)と発表。12. 西安—延安間の鉄道開通。核拡散防止条約に加盟 1992. 2. モンゴル民主憲法発効, 社会主義色一掃。6. 李先念死(1909〜)。7. 鄧穎超死(1904〜, 周恩来夫人)。8. 王洪文死(1934〜)。**中国, 韓国と国交樹立**。台湾は韓国と断交。9. 盧泰愚韓国大統領, 中国訪問 1992. 12. 李鵬首相, ヴェトナム訪問	**1991.** 4. 世界卓球選手権競技に統一コリアチーム出場。5. 韓国, 全国的規模の反政府行動。**9. 韓国・朝鮮, 同時に国連加盟**。12. 韓国, 核不在の宣言 1992. 1. 米韓科学技術協定調印。朝鮮, 国際原子力機関の核査察協定調印。3. 韓国総選挙与党惨敗。 1992. 11. エリツィン・ロシア大統領, 訪韓。12. 韓国, ヴェトナムと国交樹立	1991. 1. 井上靖(1907〜, 小説)。2. 立太子礼挙行。4. ソ連大統領ゴルバチョフ来日。5. 雲仙普賢岳の異常噴火。6. 大手証券会社の巨額損失補填問題となる。9. 天皇・皇后, 東南アジア3国訪問 1992. 2. 東京佐川急便事件起る(巨額融資と政治献金)。6. 国連平和維持活動(PKO)法案成立。7. 山形新幹線開通。9. 円高騰し一時118円台に入る。学校の週休2日制はじまる。10. 天皇・皇后, 中国訪問	1992

独立国家共同体＝Sodruzhestvo Nezavisimykh Gosudarstv＝Commonwealth of Independent States＝C.I.S.

大勢	年代	国際関係	アメリカ大陸	西ヨーロッパ			中央ヨーロッパ	南ヨーロッパ	北ヨーロッパ
			アメリカ合衆国	イギリス連邦	フランス共和国	ベネルックス	ドイツ連邦共和国	イタリア・イスパニア	北欧諸国
欧州統合進展(共通通貨の準備と東欧への拡大)／環境と開発の調整深刻化／NGOの活動	1993	1993. 1. 国連平和維持活動(PKO)留保金設立。**化学兵器禁止条約調印(130カ国)**。4. マケドニア，国連加盟。6. 国連安保理，ルワンダ・ウガンダにPKO派遣決議。世界人権会議，ウィーン宣言採択(約180カ国)。7. 第19回主要先進国首脳会議（東京サミット）。**12. ウルグアイ・ラウンド(GATTの新多角的貿易交渉) 最終的妥結** 1994. 4. ココム(対共産圏輸出)解散。5. 国連，対南ア制裁を全面解除。7. 第20回主要先進国首脳会議(ナポリ・サミット)。レビ9彗星の破片，木星に衝突。10. パラオ共和国独立(12. 国連加盟)。11. 海洋法条約(1982)発効。12. 国連PKO要員保護条約採択 1995. 1. **世界貿易機関(WTO)発足**。3. 国連社会開発サミット(コペンハーゲン)。5. 核拡散防止条約(NPT)の無期限延長を採択。日米欧，ドル買い協調介入。6. 第21回主要先進国首脳会議（ハリファクス・サミット）。8. **第4回国連世界女性会議(北京)**。9. 南太平洋諸国会議。12. 国連，核実験停止決議	1993. 1. 米ロ，STARTⅡ調印 1993. 1.〜2001 ビル・クリントン(民主党) 1993. 1. オードリー・ヘップバーン死(1929〜, 女優)。国家経済会議発足。4. 米ロ首脳会談，協調拡大のヴァンクーヴァー宣言発表。6. 数学フェルマーの大定理を証明(ワイルズ)。8. ミシシッピ川氾濫洪水禍。財政調整法成立。11. ▽中南米非核地域条約批准。12. ▽ペルー新憲法発効 1994. 1. 北米自由貿易協定(NAFTA)発効。▽メキシコ南部先住民ゲリラの反乱。カリフォルニア大地震。2. 対ヴェトナム禁輸解除。4. ロジャー・スペリー死(1915〜, 生理学)。リチャード・ニクソン死(1914〜)。5. 公定歩合3.5％(11. 4.75％)。7. ▽ハイチ軍事政権，反国連措置，9. 米国，ハイチ進駐(10.前大統領帰国)。12. **米ロ，START Ⅰ 発効**。米州サミット開く 1995. 1. ユージン・ウィグナー死(1902〜, 物理学)。2. ジョージ・アボット死(1885〜, 劇作)。公定歩合5.25％。3. ウィリアム・ファウラー死(1911〜, 物理学)。4. オクラホマの連邦ビル爆破テロ。5. 米ロ首脳会談(モスクワ)。6. ジョナス・ソーク死(1914〜, 免疫学)。8. **ヴェトナムと国交樹立文書調印**。12. ディーン・マーティン死(1917〜, 俳優・歌手)	1952〜 エリザベス2世	1981〜95 ミッテラン		1984〜94 ヴァイツゼッカー	1993. 3. イタリア，閣僚級の汚職不祥事拡大。4. イタリア，アゼーリオ・チャンピ内閣発足。10. ギリシア，パパンドレウ首相復活。12. ローマ教皇，ユダヤ教と歴史的和解 1994. 3. メリナ・メルクーリ死（ギリシア文化相，女優，1926〜）。5. イタリア，公定歩合7.0％に。イタリア，ベルルスコーニ内閣発足。10. ニニ・ロッソ死（1926〜，トランペット奏者） 1995. 1. イタリア，ランベルト・ディーニ内閣発足。3. キプロスのニコシア，レフコシアと改称 1996. 1. イタリア，ディーニ内閣総辞職，政権の長期空白。3. スペイン，野党国民党勝利。6. アンドレアス・パパンドレウ死(1919〜，ギリシア前首相)。10. ローマ教皇，進化論を認める。11. イタリアの通貨リラ，EU通貨統合にむけヨーロッパ通貨制度の為替相場に4年ぶりに復帰。12. マルチェロ・マストロヤンニ死（1924〜，俳優） 1997. 5. ナルシソ・イエペス死(1927〜，ギター奏者)。10. イタリア左派中道連立政権プロディ内閣。ローマ教皇，ユダヤ人迫害を謝罪	1993. 5. デンマーク，再度の国民投票により欧州連合条約の批准を承認。6. ノルウェー，商業捕鯨を再開 1994. 2. ノルウェーのリレハンメルで冬季五輪。5. ノルウェー・オーストリア等4国，EU加盟承認。9. バルト海客船沈没大事故 1994. 10. ニールス・カイ・ヤーン死(1911〜，デンマークの生化学者) 1995. 1. スウェーデン，EU加盟。4. ハンネス・アルヴェーン死(1908〜，スウェーデンの物理学者)
				1993. 1. 欧州共同体(EC, 12カ国)統一市場発足					
				1993. 3. シリル・N.パーキンソン死(1909〜, 経済学)。4. ロンドン金融街，爆弾テロ。6. ウィリアム・ゴールディング(1911〜, 小説)。8. イギリス，欧州連合条約批准。12. 北アイルランド和平共同宣言	1993. 2. ミッテラン，ヴェトナム・カンボジア訪問。3. 国民議会総選挙，社会党大敗。バラデュール内閣発足。5. ベレゴボワ短銃自殺(1925〜, 前首相)。7. 移民規制法成立。11. 33時間労働制可決	1993. 7. ベルギー国王ボードワン1世死（在位1951〜），後継アルベール	1993. 1. ホーネッカーを釈放。3. 公定歩合を0.5％引下げ，年7.5％となり，4. に年7.25％とする。5. 極右政党共和党(ネオナチ)が連邦議会に議席を得る。10. 公定歩合さらに年5.75％となる。10. ドイツが欧州連合条約を批准し，EC12カ国の批准すべて終る		
				1993. 11. 欧州連合(EU)条約(マーストリヒト条約)発効。独・仏・ベルギー3カ国による欧州合同軍発足 **1994. 1. 欧州通貨機関(EMI)発足**。NATO首脳会議，東欧諸国との協力協定調印					
				1994. 5. ジョン・スミス死(1939〜, 労働党党首)	1994. 1. ジャン＝ルイ・バロー死（1910〜, 俳優)	1994. 6. NATO，ロシアとイスタンブール会議（協力強化)。7. EU委員長サンテール就任	1994. 4. ゴーロ・マン死(1909〜, 歴史学)。5. 公定歩合年4.5％，ホーネッカー死（1912〜，元東独国家評議会議長) 1994. 7.〜99 ローマン・ヘルツォーク 1994. 9. ベルリン駐留の米・英・仏軍撤退式典。**ドイツ新憲法成立**(男女同権，身障者保護など)		
				1994. 5. **ユーロトンネル開通**					
				1994. 8. ピーター・カッシング死(1913〜, 俳優) 1994. 8. アイルランド共和軍，停戦宣言。10. **女王，ロシア訪問**。北アイルランド，正式に停戦宣言	1994. 5. マルセル・ビック死(1915〜，ビック社社長)。6. ノルマンディー上陸作戦50周年式典				
				1994. 11. ユーロトンネル内営業運転開始	1994. 12. 全欧安保協力会議，欧州安保協力会議（OSCE）と改称				
				1994. 12. ジョン・オズボーン死(1929〜, 劇作)					
				1995. 1. **新欧州委員会発足**					
	1995			1995. 3. 女王，南アフリカ訪問。ジョゼフ・ニーダム死(1900〜, 科学史)。5. ハロルド・ウィルソン死(1916〜, 元首相)。6. アーネスト・ウォルトン死(1903〜, アイルランド, 物理学)。7. スティーブン・スペンダー(1909〜, 詩人)。10. **メートル法施行**。11. クリントン米大統領，北アイルランドの都市訪問	1995. 5.〜2007 ジャック・シラク(保守・共和国連合) 1995. 5. ジュペ内閣発足。7. パリのサン＝ミシェル駅で列車爆破テロ事件。9. **ムルロア環礁で地下核実験強行。10. 諸国の反対を押し切ってファンガタウファ環礁で地下核実験**（翌1月まで計6回）。11. ルイ・マル死（1932〜, 映画監督)	1995. 2. オランダ大水害 1995. 10. ベルギー，クラースNATO事務総長の経済相当時の献金疑惑，事務総長辞任	1995. 2. ウィデュキント・レンツ死(1919〜, 遺伝学)。3. ジョルジュ・ケーラー死(1946〜, 免疫学) 1995. 8. 公定歩合0.5％下げ，年3.5％となる。ミヒャエル・エンデ死(1929〜, 児童文学)。12. 公定歩合0.5％引き下げ，年3.0％ 1996. 1. 亡命申請者の仮住居施設で火災，10人焼死。8. セルジュ・チェリビダッケ死（1912〜, 音楽指揮)		
		1996. 3. アジア欧州首脳会議(ASEM)。4. 原子力安全サミット。6. 国連，朝鮮への緊急援助アピール。第22回主要先進国首脳会議(リヨン・サミット)。9. **国連，CTBT（包括的核実験禁止条約）採択**。11. 国連世界食料サミット 1997. 1. 国連事務総長コフィ・アナン（ガーナ）就任。4. **化学兵器禁止条約発効**。6. 第23回主要先進国首脳会議（デンバー・サミット）ロシア参加。10. 世界同時株安。11.ユネスコ，クローン人間等禁止の世界宣言。バクー油田送油開始。APEC, 金融危機協議。12. 地球温暖化防止京都会議。**対人地雷全面禁止条約調印(99. 3. 発効)**	1996. 3. ▽キューバが米民間機を撃墜。4. 商務長官，クロアチアで墜落死。連続小包爆弾犯ユナボマー逮捕。5. マイアミで旅客機墜落。7. ジャンボ機が空中爆発。アトランタオリンピック。アトランタで爆弾テロ。8. 航空宇宙局が火星からの隕石に生物の痕跡発見。たばこ規制を強化。9. イラクを制裁攻撃。6. 12〜97. 4. ▽ペルー日本大使公邸人質事件。12. カール・セーガン死(1935〜, 天体物理学)。▽グアテマラ，内戦終了 1997. 3. 米ロ首脳会談(ヘルシンキ)，NATO拡大に合意。公定歩合引き上げ5.5％。4. 新移民法，段階的施行。6. たばこ会社，40の州政府に巨額支払で和解成立。7. 未臨界核実験実施。ジェームズ・ステュアート死(1908〜, 俳優)。NY株，8000ドル台。9. 第2回火星探査機，画像送信。▽メキシコ，一党支配終わる。10. **地雷禁止NGO，同世話人ジョディ・ウィリアムズ，ノーベル平和賞受賞**	1996. 2. ロンドンで爆弾テロ，北アイルランド共和軍，停戦破棄声明	1996. 1. ミッテラン死(1916〜)。3. ルネ・クレマン死(1913〜, 映画監督)				1996. 10. フィンランド通貨マルツカ，ヨーロッパ通貨制度(EMS)の為替相場メカニズム(ERM)への加盟承認。12. デンマーク，カナダ・スウェーデン・ポーランドなど7カ国国防相会議を主宰，〈国連緊急即応待機旅団〉(SHIRBRIG)創設の協定に調印 1997. 6. 初の日本北欧5カ国首脳会談（ノルウェー)
				1996. 3. 欧州委員会，イギリス牛肉を全面禁輸 1996. 4. 欧州連合（EU)，イギリスの「狂牛病」処理に補助					
					1996. 6. NATO欧州統合部隊発足合意				
				1996. 7. オーストラリアの準州で安楽死法施行。8. 皇太子夫妻離婚	1996. 6. NATO軍事機構に復帰。10. マルセル・カルネ(1907〜, 俳優)。12. パリ地下鉄爆発事故				
				1997. 2. クローン羊誕生。5. 総選挙，労働党圧勝，**ブレア政権発足**。6. アイルランド政権交代。7. アイルランド共和国軍，停戦宣言。8. **ダイアナ元皇太子妃（1961〜）交通事故死**，国民葬。9. ゲオルク・ショルティ死（1912〜, 指揮者)。**スコットランド議会創設可決**	1997. 3. ドブレ法(移民規制強化法)成立。5. 大統領，中国訪問，「全面的なパートナーシップ構築」宣言。6. **総選挙，社会党圧勝**，左翼連立のジョスパン内閣発足	1997. 6. ベルギー対人地雷全面禁止条約の国際会議開催	1997. 1. **独とチェコ，ナチスの侵略と戦後のドイツ人追放の誤ちを認めあい，関係正常化**。3. ドイツ連邦軍，無政府状態のアルバニア首都ティラナよりドイツ人を含む百余人救出		
					1997. 6. 欧州連合(EU)単一通貨(ユーロ)発足(99. 1.から)の財政安定協定(赤字をGDPの3％以内に抑制)に合意。ユーロ紙幣の図案発表				
					1997. 6. ジャック＝イブ・クストー死(1910〜, 海洋探険)		1997. 9.【オーストリア】フランクル死(1905〜, 精神医学，「夜と霧」)		
					1997. 7. NATO，ポーランド・チェコ・ハンガリーの新規加盟交渉に合意 1997. 10. 欧州連合(EU)，改正欧州連合条約(アムステルダム条約)調印				
	1997			1997. 12. ニュージーランドで初の女性首相	12. 国際テロリストのカルロス，終身禁固刑		1997. 12. 首相，サライェヴォにボスニア平和安定化部隊(SFOR)を慰問		

NGO＝nongovernmental organization　非政府・非営利の立場から地球的規模の問題に取り組む市民レベルの海外協力団体。　WTO＝World Trade Organization　1948年発足のGATTの後身，95年正式な国際機関となる。貿易に関する国際裁判所的存在。

★独立国家共同体欄は特記しない限りロシアの事項である。

東ヨーロッパ		中東	アフリカ	南アジア	東南アジア	東アジア			年代	大勢
東欧諸国	独立国家共同体(CIS)			インド・パキスタン		中華人民共和国	朝鮮・韓国	日本		
1993. 1. チェコとスロヴァキア，正式に分離独立。初代チェコ大統領ハベル就任。2. 米軍，ボスニアに援助物資投下。7. 旧ユーゴスラヴィア和平会議，ボスニア3分割案合意。12. ハンガリー首相アンタル死(1932～，民主フォーラム議長) 1994. 4. ボスニア，ゴラジュデの危機。5. ハンガリー総選挙，旧共産党系躍進，民主フォーラム大敗。8. NATO軍，セルビア人勢力を攻撃。11. ボスニアのセルビア人勢力，全面戦争宣言 1995. 8. 国連軍のサラィェヴォへの砲撃とNATO軍の空爆つづく。9. マケドニア，ギリシャと関係正常化へ部分合意。10. ボスニア紛争停戦。11. ポーランド，大統領選で現職ワレサ	1993. 1. インドと友好協力条約調印。4. トムスク7の核施設爆発。7. グルジアのアブハジアに戒厳令。8. ルツコイ副大統領解任。10. **モスクワ流血騒乱，大統領，最高会議派を制圧。**エリツィン大統領，日本訪問，日ロ首脳会談。グルジア，CIS加盟。12. ロシア憲法成立 1994. 4. ロシア連邦議会開く。米ロ首脳会談。アレクサンダー・アダモヴィチ死（1902～，小説）。6. NATO・EUとの友好協力協定調印（PFP）。7. ウクライナ大統領クチマ当選。8. ロシア軍，バルト3国から撤退。10. 英エリザベス女王，ロシア訪問。**ルーブル大暴落。**ロシア軍のチェチェン攻撃はじまる（年末にグロズヌイ制圧）。12. 米ロ，START I 発効 1995. 5. 米ロ首脳会談（モスクワ）。**サハリン大地震，死者約2000人。**6. ロシアとウクライナ，黒海艦隊分割で合意。チェチェンの紛争また激化。12. ロシア下院選で共産党圧勝 1996. 1. 人質拘束のチェチェン武装集団にロシア軍総攻撃。4. ロシアとベラル	1993. 1. 米英仏軍，イラクを空爆。4. トルコ大統領トゥルグト・オザル死（1927～）。6. 米軍，イラクをミサイル攻撃。8. カイロで爆弾テロ。**9. イスラエルとパレスチナ解放機構（PLO）との相互承認に次ぎ，暫定自治協定調印**（1994. 5. 発足） 1993. 12. イスラエル，ローマ教皇庁と和解 1994. 2. ヘブロン虐殺事件（ユダヤ人入植者，パレスチナ人に銃乱射）。5. イエメン，非常事態宣言，内戦突入。イラク大統領フセイン，首相兼務。7. イスラエル，ヨルダンと戦争状態終結宣言。10. PLOアラファト議長とイスラエルのラビン・ペレス，ノーベル平和賞受賞。**イスラエルとヨルダン平和条約調印。**11. 中東・北アフリカ経済サミット（カサブランカ宣言採択） 1995. 3. イスラエルとシリア，ゴラン高原をめぐり直接交渉開始。6. エジプト大統領暗殺未遂事件。カタール，無血クーデター。9. **PLOとイスラエル，パレスチナ自治拡大協定調印。11. イスラエル，ラビン首相暗殺** 1996. 2.～3. イスラエルで連続爆弾テロ。4. イスラエル，	1993. 4. エリトリア，エチオピアから独立達成。5. リビヤ巡礼団はじめてエルサレム入り。6. ソマリアでの武力衝突頻発。12. 南アで黒人が国政に初参加 1994. 5. **南ア大統領マンデラ就任**（初の黒人大統領）。7. ルワンダの反政府ゲリラ首都キガリを制圧，難民，国外に放浪。9. エチオピアでラミダス猿人の化石発見（440万年前） 1994. 11. アンゴラ和平協定調印 1995. 3. ブルンディの部族衝突激化し内戦状態となる。4. アルジェリア政府軍，過激派に大攻勢。ルワンダで難民約5000人死亡，国連，虐殺行為と認定。11. ナイジェリア，環境運	1993. 1. インド，ロシアと友好協力条約調印。3. アフガニスタン和平文書調印。10. インド，マハラシュトラ州大地震。パキスタン総選挙，ブット政権復活 1994. 1. アフガニスタン，大規模な内戦に入る。9. インド西部でペスト猛威を振るう。10. スリランカ大統領候補爆殺事件。11. スリランカ，クマラトゥンガ大統領就任（女性）。ネパール，共産党政権発足 1995. 4. モラルジ・デザイ死（1896～，元インド首相）。5. ジャンムー・カシミール州のイスラム聖廟炎上，印パ対立起る。9. インドにマラリア病流行 1996. 1. スリランカ，爆弾テロ。2. ネ	1993. 4.～6. カンボジア総選挙。7. ASEAN拡大外相会議（シンガポール）。9. **カンボジア制憲議会，新憲法発布，立憲君主制採択，シアヌーク国王就位。**11. ヴェトナム大統領アイン，中国訪問 1994. 4. スマトラ，反華人大暴動。7. カンボジア，クーデター未遂事件。ASEAN地域フォーラム開催。11. APEC首脳会議，ボゴール宣言採択 1995. 1. タイ憲法改正。2. ウ・ヌー死（1907～，初代ビルマ首相）。3. ミャンマー軍事政権，政治犯31人釈放。7. **ミャンマー，民主化指導者スーチー解放。ヴェトナム，ASEANに正式加盟。**8. **ヴェトナム，アメリカと国交樹立文書調印。**12. ASEAN首脳会議 1996. 2. インドネシア東部沖合で大地震。	1993. 3. 王震死（1908～） 1993. 3.～2003 国家主席江沢民 1993. 4. 中国・台湾会談の初め。6. 四川省仁寿県農民暴動。9. 中印国境協定調印。地下核実験実施。10. 上海で斜張橋完成（長さ1172m）。11. 米中首脳シアトル会談（江沢民次いでキューバ訪問） 1994. 2. 愛新覚羅溥傑死（1908～）。3. 全国人民代表大会，安定成長を強調。6.,10.ロプノール付近地下核実験。9. 中ロ共同宣言（モスクワ）。10. 李鵬首相，韓国訪問。江沢民，ヴェトナム訪問。11. メダリスト11人がドーピング検査で陽性反応。12. 長江三峡ダム着工式 1995. 2. 台湾を除く総人口12億突破と発表。3. 陳雲死（1905～，保守派長老）。5.,8. **地下核実験実施。**6. 李登輝台湾総統，米国訪問。7. 江沢民，フィンランド・ハンガリー・ドイツ歴訪。8. 第4回国連世界女性会議（北京）。11. 民主活動家魏京生，政	1993. 2. 韓国大統領金泳三（民主自由党）就任（文民政権発足）。3. 朝鮮，核不拡散条約を脱退 1994. 2.～6. 朝鮮，核査察受入れ後これを停止し，国際原子力機関，対朝鮮制裁決議。5. 光州市明花洞古墳から埴輪出土。7. **金日成死（1912～），子息金正日後継体制発足。**10. ソウルの聖水大橋落下事故 1995. 2. 呉振宇死（1917～，朝鮮人民武力相）。3. **朝鮮半島エネルギー開発機構（KEDO）発足。**7. ソウルの三豊百貨店崩壊事故。9. 金大中，新政治国民会議を結党 1996. 5. 朝鮮，使用済み核燃料	1993. 2. 金丸信を起訴。4. 92年度の貿易黒字1113億ドルと発表。6. 皇太子の結婚。8. 細川護熙内閣発足。円高騰100円40銭で反転。10. ロシア大統領エリツィン来日。12. 田中角栄死（1918～）。米輸入部分開放 1994. 4. 中華航空エアバス墜落事故（名古屋）。6. 村山富市内閣発足。9. 関西空港開港。10. 第12回アジア競技大会（広島）。11. 大江健三郎，ノーベル文学賞受賞。11.～12. 新生党・公明党・民社党等解党。12. 新進党結成。東京都内の2信用組合経営破綻 **1995. 1. 阪神・淡路大震災。3. 東京地下鉄サリン事件を契機にオウム真理教の強制捜査始まる。**7.～8. コスモ信用組合・兵庫銀行等経営破綻。9. 大和銀行ニューヨーク支店巨額損失公表。12. 高速増殖炉「もんじゅ」ナトリウム漏れ事故	1993 1995	ボスニアの紛争続く／パレスチナ問題一進一退／中国経済の成長と開放急速／アジア通貨不安広がる
氏落選。**12. ボスニア和平協定調印** 1996. 2. ボスニア和平会談。9. ボスニア統一選挙。10. 新ユーゴとボスニア国交樹立合意。11. ルーマニア大統領選・議会選で与党の共産党系敗北 1997. 1. セルビア大統領，野党勝利を確認。3. アルバニア非常事態宣言。4. アルバニアに国連多国籍軍進駐。**ボスニア・ヘルツェゴビナ共和国発足。**12. NATO，ポーランド・チェコ・ハンガリーの加盟正式合意	ーシ「共同体」条約に調印。チェチェン大統領ロシア軍の攻撃で死亡。7. ロシア大統領，エリツィン再選。8. チェチェン停戦，独立問題5年棚上げで合意。11.～97. 3. エリツィン大統領心臓手術，復帰 1997. 3. 米ロ首脳会談（ヘルシンキ），欧州安保など5つの共同声明。4. ベラルーシと国家連邦条約に調印。5.チェチェンと和平条約調印。NATOと基本議定書調印。6. 宇宙科学ステーション・ミールに無人物資輸送船衝突。**デンバー・サミットに初めて正式参加。**8. スヴャトスラフ・リヒテル死（1915～，ピアニスト）。11. 大統領訪中，東部国境ほぼ画定。12. ロシアの核3分の1に削減表明	レバノン攻撃で国連基地を砲撃。パレスチナ，民族憲章からイスラエル破壊条項廃棄。6. イスラエル，ネタニヤフ新政権発足。サウジアラビア，米軍宿舎で爆弾テロ。9. イラク軍，クルド人自治区に進攻。エルサレムでパレスチナ住民とイスラエル軍衝突 1997. 1. イスラエル，ヘブロン撤退。3. イスラエル，東エルサレムの集合住宅強行着工。4.,7. 国連2度緊急総会を開き入植停止を決議。5. イラン地震，死者1560人。6. トルコのイスラム主導連立政権，1年で交替。8. **イラン，大統領に現実派のハタミ就任。**女性副大統領起用。複数政党制容認。9. イスラエルで爆弾テロ。米国務長官，中東歴訪。中東和平交渉再開合意。11. エジプトで観光テロ，日本人ら多数死亡	動家ら処刑 1996. 4. アフリカ非核化条約調印。7. ブルンディ，軍部が政権奪取。8. ソマリア，アイデッド将軍死。11. 国連ザイールに多国籍軍派遣決議。ルワンダ難民帰還へ 1997. 5. ザイール，モブツ大統領亡命。**コンゴ民主共和国発足**，カビラ大統領。6. ナイジェリア，シエラレオネに軍事介入。アルジェリア，総選挙，民族主義勢力勝利。12. ソマリア和平合意	パールのルンビニ遺跡で釈迦の生誕地発見。5. インド総選挙，与党大敗。9. アフガニスタン，イスラム原理主義の反政府ゲリラ（タリバン）首都制圧。11. パキスタン，ブット首相解任。中印国境兵力削減合意 1997. 2. パキスタン総選挙野党大勝。4. インド，中道左派連立のグジュラル内閣成立。7. **インド大統領ナラヤン就任**，初の被差別カースト出身者。9. **マザー・テレサ死**（1910～，貧困救済）国葬。10. スリランカ爆弾テロ	5. ミャンマー，民主派大量拘束。7. インドネシア，反政府暴動。フィリピン，モロ民族解放戦線和平合意。11. APECマニラ行動計画採択。ASEAN，ラオス・ミャンマー・カンボジアの同時加盟を決定 1997. 1. ジャワでイスラム教徒1000人が暴動。4. 東南アジア非核地帯条約発効。7. カンボジア政変，ASEAN加盟延期。タイ通貨危機。9. インドネシアの焼畑農業による森林火災の煙霧被害続出。12. フュー新書記長（ベトナム共産党）	府転覆容疑で逮捕 1996. 2. 雲南省の地震で死者多数。3. 台湾沖で次々と軍事演習。台湾，総統直接選挙で李登輝勝利。4. モンゴル，大規模草原火災。6.,7. 地下核実験 1997. 2. 新彊ウィグル自治区で民族暴動。**鄧小平死**（1904～）。3. WTO加盟交渉で貿易自由化を表明。4. 江沢民主席モスクワ訪問。湖南省澧県で8000年前のイネ発見。7. **香港復帰，**一国二制度スタート。8.「農村戸籍」制緩和。9. 中国共産党第15回全国大会，株式制導入など改革強調。関税引き下げ。10. 国家主席，訪米。11. 台湾地方選，独立派圧勝	棒密封を開始。9. 朝鮮の潜水艦が韓国侵入。10. 韓国OECD（経済協力開発機構）に加盟。12. 反乱罪などで全斗煥元大統領に無期，盧泰愚前大統領に懲役17年の判決 1997. 1. 韓国，75万人スト。2. 元朝鮮労働党書記黄長燁韓国に亡命。10. **金正日朝鮮労働党総書記に就任。**食糧危機に国際支援。11. 朝鮮日本人妻一時帰国。12. 韓国，IMFなどにより支援決定。全斗煥・盧泰愚元大統領に特赦	1996. 1. 橋本龍太郎内閣発足。3. 東京・大阪HIV訴訟和解。6. 住友商事，銅不正取引での巨額損失公表。**住宅金融専門会社処理法成立。**7. 病原性大腸菌O157患者6000人越す。12.～97. 4. ペルー日本大使館人質事件 1997. 3. 動燃再処理施設で爆発。4. 米軍用地収用特別措置法成立。5. 神戸連続児童殺傷事件。6. 環境影響評価（アセスメント）法，臓器移植法成立。9. **日米防衛協力のための指針合意。**商法違反事件，四大証券に拡大。11. 北海道拓殖銀行破綻。山一証券自主廃業。12. 公的介護保険法成立	1997	

APEC＝Asia Pacific Economic Cooperation（アジア太平洋経済協力会議）貿易・投資の自由化や経済協力の促進を目指し，21カ国・地域が参加。先進国・地域は2010年，開発途上国は20年までに達成すると，目標を定めている。

46

大勢	年代	国際関係（国際機構含む）	南北アメリカ大陸	西ヨーロッパ				東ヨーロッパ	
			アメリカ合衆国	イギリス	フランス共和国	ドイツ連邦共和国	南欧北欧諸国	東欧諸国	ロシア連邦・CIS
コソボ問題／グローバル化の進展と反発／米の同時多発テロと単独行動主義／南アで「持続可能な開発」討議	1998	1998. 5. 第24回サミット（バーミンガム）。欧州中央銀行（ECB）の初代総裁ドイセンベルク（オランダ）。6. 国連安保理の5常任理事国，印パにCTBTへの署名要求。7. 国際刑事裁判所（ICC）設置条約採択。10. G7，国際金融危機へ緊急特別声明，IMFに新型融資制度創設。11.「国際宇宙ステーション」の構成部品第1号打ち上げ成功。APEC，短期投機資金の監視に新興国を含め協議することに合意 1999. 1. 外国為替市場でユーロ取り引き（11カ国）開始。3. 欧州委員，不正疑惑により20人全員辞職。委員長の後任はプローディ前イタリア首相。IOC臨時総会，招致疑惑による委員10人追放。4. 欧州中央銀行，政策金利0.5％引き下げ，年2.5％。NATO設立50周年首脳会議で域外の紛争にも介入する新戦略概念を採択。5. ハーグ平和市民会議開催。国連の旧ユーゴ戦争犯罪法廷5人を起訴。6. 第25回サミット（ケルン）。9. APEC，WTOの新ラウンドに共同声明を採択。10. 世界人口，60億人突破。10.「国境なき医師団」にノーベル平和賞。11. 欧州安保協力機構（OSCE）の首脳会議，21世紀憲章を制定。12. EU首脳会議，EU緊急対応部隊創設合意。WTO閣僚会議決裂 2000. 4. EUとアフリカ首脳会議初開催，対重債務貧困国の債務軽減策の早期実施を要請。5. コンピューターウィルス「I LOVE YOU」20カ国に被害。NPT（核不拡散条約）再検討会議。6. 国連特別総会「女性2000年会議」。国際共同チームがヒトゲノム解読ほぼ完了。7. カスピ海で大油田発見。国際宇宙ステーション，居住棟を打ち上げ。第26回サミット（九州，沖縄），NGOのセンター初めて設置。9. 国連ミレニアム・サミット。原油価格高騰。11. 気候変動枠組み条約第6回締約国会議合意に失敗	1993～2001　ビル・クリントン（民主党） 1998. 1. ▽ブラジルの森林火災3万㎢焼失。4. オクタビオ・パス死（1914～，詩人）。▽米州首脳会議。6. 大統領訪中。8. ケニア，タンザニアの米大使館同時爆破テロ。アフガニスタンとスーダンにミサイルの報復攻撃。9. NY株，史上2番目の下げ幅。11. ▽中米，ハリケーン死者行方不明者約3万人。12. エクソン，モービルを買収合併 1999. 1. キューバ制裁大幅緩和。▽ブラジル通貨切下げ。▽コロンビア大地震。フォード，スウェーデンのボルボ買収。2. 戦域ミサイル防衛（TMD）前倒し配備。大統領の不倫もみ消し弾劾裁判，無罪確定。3. スタンリー・キューブリック死（1929～，映画監督）。5. ▽パナマ，初の女性大統領。NY株1万1000ドル突破。10. 米上院CTBT批准否決。エジプト機東海岸に墜落。11. マイクロソフト社の「独占状態」認定。12. パナマ運河を返還 2000. 2. チャールズ・シュルツ死（1923～，漫画家）。5. 下院，対中最恵国待遇の恒久化法案を可決。6. 米ロ首脳会談。国務長官，中国・韓国訪問。キューバ制裁緩和，エリアン君も帰国。7. ウッズ（ゴルフ）グランドスラム最年少（24歳）で達成。▽メキシコ，71年ぶりに政権交代（国民党大統領当選）。NMD（米本土ミサイル防衛）実験に3回目も失敗。11. ▽ペルー，フジモリ大統領罷免。米大統領選集計混乱 2001. 1. ▽エルサルバドル中心に地震	1952～　エリザベス2世 1998. 4. 北アイルランド和平合意。6. ロールスロイスが独のフォルクスワーゲンに売却。8. 北アで爆弾テロ。10. ブレア首相訪中 1999. 5. スコットランド議会選挙実施。8. イングランド銀行，金利0.5％引下げ。10. 列車事故100余人死亡。12. 北アイルランドで自治政府発足 2000. 3. 逮捕のピノチェト元チリ大統領，健康悪化で帰国。5. 初の直接選挙によるロンドン市長選実施	1995～2007 シラク 1998. 2. 高速増殖炉の即時廃止，解体を決定。3. 統一地方選で左翼連合勝利。6.～7. サッカーW杯フランス大会，フランス初優勝 1999. 3. 元厚健相，薬害エイズ禍で有罪。10. ベルナール・ビュッフェ死（1928～，画家） 2000. 7. 超音速旅客機コンコルド墜落，114人死亡。9. 大統領の任期7年から5年に国民投票で決定	1994～99　ヘルツォーク 1998. 2. 失業者数，失業率（12.2％）共に戦後最高。4. 旧東独州議選で極右が議席。5. ダイムラーベンツ，米のクライスラーと合併。6. 超高速列車，脱線事故。9. **総選挙，社会民主党勝利。10. シュレーダー首相就任。**11. ドイツ銀行，米のバンカース・トラストを買収 1999. 5.～2004　ヨハネス・ラウ 1999. 8. ベルリンに首都移転。9. ギュンター・グラスにノーベル文学賞 2000. 1. コール前首相のヤミ献金疑惑。2.【オーストリア】右翼・保守政権樹立，EU諸国の外交制裁（9. 解除）。大統領，イスラエルの国会でナチス・ドイツによるユダヤ人虐殺を謝罪。6. 政府と電力会社，原子力発電の順次廃止合意。11.【オーストリア】アルプスの山岳ケーブルカー，トンネル内で火災	1998. 1. **ローマ教皇，キューバを初訪問。**5. イタリア南部カンパーニャ州，土石流被害大。10. イタリア，ダレーマ内閣発足，初の共産党系首相誕生 1999. 5. イタリア大統領カルロ・アツェリオ・チャンピ選出。10. アマリア・ロドリゲス死（1920～，ファドの歌手） 2000. 2. フィンランド，初の女性大統領。3. スペイン総選挙，国民党圧勝。教皇，中東の聖地訪問。7. スペイン北部バスク地方の独立運動，テロ激化。9. デンマーク，ユーロ導入を否決	1998. 1. チェコ大統領，ハベル再選。10. NATO，コソボ問題でユーゴ，セルビア空爆を最後通告。ユーゴ，コソボ即時撤退同意。12. コソボ紛争再燃 1999. 1. コソボ住民虐殺。3. ポーランド・チェコ・ハンガリー，NATOに加盟。NATOユーゴ空爆。4. 米，コソボのアルバニア系住民10万人余が殺害，行方不明と公表。6. ユーゴ，和平案を受諾し，コソボから撤退。NATO軍，コソボに進駐。国連の暫定統治開始。8. ユーゴ，反政府集会に15万人 2000. 1. クロアチア，総選挙で与党の民族主義政党敗北。2. EU加盟交渉，新たに東欧6カ国加わる。7. モンテネグロ，ユーゴ連邦議会選と大統領選のボイコットを言明。9. ユーゴ大統領選で与野党対立。10. ミロシェビッチ退陣し，ユーゴ新大統領にコシュトゥニツァ就任。11. ユーゴ，国連加盟。エミール・ザトペック死（1922～，陸上選手）	1998. 1. デノミ実施。3. ガリーナ・ウラノワ死（1910～，バレリーナ）。7. IMF，世界銀行，日本からの追加支援合意。ロシアとカザフスタン，カスピ海分割で合意。**8. ルーブル急落，取引停止。全閣僚解任。**9. 首相にプリマコフ。米ロ首脳会談。12. 大統領，4人の側近を解任。5回目の臨界前核実験 1999. 5. 首相にステパシン。7. IMF支援融資再開。8. 首相にプーチン。キルギスで日本人鉱山技師が拉致（10. 解放）。中央アジア首脳会議開催。9. チェチェンに空爆，非常事態宣言。アパート等で，爆発続発，約500人が死傷。10. アルメニア，議会で首相ら射殺。12. 連邦軍チェチェン共和国首都に突入（～2. 制圧） 2000. 5.～2008　プーチン 2000. 4. 下院，STARTⅡついでCTBTを批准承認。大統領訪英。8. モスクワで爆弾テロ。原子力潜水艦バレンツ海で沈没，118人死亡。12. チェルノブイリ原子力発電所全面閉鎖
	2000 2002	2001. 2. 米英，イラク空爆。4. 米中の軍用機が南シナ海上空で接触。6. EUと米国，「京都議定書」で決裂。米ロ首脳，戦略対話継続で一致。国連特別総会「エイズ基金」設立。7. 第27回サミット（ジェノヴァ）反グローバルのデモ包囲，混乱。国連，小型武器会議。9. 国連，「人種主義に反対する国際会議」（南ア）で奴隷制は「人道への罪」宣言。**米中枢，同時多発テロ**（3000人弱死亡）。10. 米英，アフガニスタン（タリバン）空爆・地上作戦開始。11. 気候変動枠組み条約第7回締約国会議，京都議定書の運用規則採択，02年発効。12.「国連」とアナン事務総長にノーベル平和賞 2002. 1. **欧州単一通貨「ユーロ」12カ国で流通開始。**アフガニスタン復興支援会議東京で開催。国連安保理，イスラエルのラマラからの撤退を求める決議採択。5. 米ロ「戦略核削減条約」調印。日韓で第17回サッカー・ワールドカップ共催。6. アジア相互協力信頼醸成措置会議首脳会議初開催（16の国と地域参加）。第28回サミット（カナダ・カナナスキス）ロシア正式参加決定。7. 国連開発計画の協力で「アラブ経済・社会発展基金」は「アラブ人間発展報告」を刊行。9. **環境開発サミット**（ヨハネスブルク），環境保全と貧困解消・開発の両立を目指す「世界実施文書」など採択。**日米欧で同時株安続く。**11. 国連安保理，イラクの査察決議案を全会一致で採択	2001～2008　ジョージ・ブッシュ（共和党） 2001. 1. カリフォルニア州で計画停電。2. 貿易赤字過去最大。3. スパイ容疑で駐米ロシア外交官50人を国外追放。ロシアも同様の措置。5. 原発推進の国家エネルギー政策を発表。7. 第4回NMD実験成功。8. キャサリン・グラハム死（1917～，ワシントン・ポスト元社主）。クローン人間禁止法案可決。▽ブラジル，エイズ治療薬のコピーをめぐり製薬会社と攻防。9. アイザック・スターン死（1920～，バイオリニスト）。10. 炭疽菌による生物兵器テロの拡大。「アメリカ愛国法」制定。11. 景気後退。12. ABM条約脱退。▽アルゼンチン，対外債務の返済停止。エネルギー大手会社エンロン倒産 2002. 1. **新核戦略公表。**対テロ戦争，フィリピンに拡大。国防予算14％増。朝鮮・イラン・イラクを「悪の枢軸」と非難。3. 鉄鋼製品にセーフガード発動，諸国WTOに提訴。5. ICC（国際刑事裁判所）設立条約の署名撤回。6.「国土安全保障省」創設。7. ドル急落。通信大手ワールドコム倒産。8. ▽コロンビア，非常事態宣言。9. 西ナイル熱感染者拡大。10. ▽ブラジル大統領に労働党のルラ当選。11. 共和党，上下院で過半数	2001. 2. 口蹄病流行，家畜370万頭焼却。6. 総選挙で労働党大勝，ブレア政権続投。7. 北アイルランド自治政府首相，IRAに抗議して辞任。10. IRA武装解除着手 2002. 2. 米と共同で初の未臨界実験実施。6. 女王即位50周年記念パレード。9. 米のイラク攻撃に同調。ロンドンで「イラク攻撃反対」15万人集会。10. 北アイルランドの直轄統治を復活	2001. 3. パリ市長に初の左派，社会党ドラノエ当選。8. 農民同盟（中小農家組合），遺伝子組み換えトウモロコシに反乱，農場乱入。12. ジルベール・ベコー（1928～，シャンソン歌手） 2002. 5. 大統領選，現職のシラク大統領，8割以上の得票で極右「国民戦線」（党首ルペン）を破り再選。与党右派が圧勝。保革共存政権解消。10. 大型タンカー，イエメン沖でテロによる爆発炎上	2001. 1. 狂牛病感染拡大で厚相，農相辞任。3. 議会，裁判所に極右政党国家民主党の禁止動議を提出。5. 政府と経済界，ナチスに強制労働者に補償する基金財団発足 2002. 2. ギュンター・ヴァント（1912～，指揮者）。4. 学校（中高一貫のギムナジウム）で銃乱射，17人死亡。7. ロシアの旅客機と貨物機が空中衝突。8. **エルベ川など157年ぶりの大洪水。**欧州全体で94人死亡。9.【オーストリア】連立政権崩壊。極右自由党ハイダー，党首を辞任 9. 総選挙，シュレーダー首相続投	2001. 4. オランダ，安楽死法成立。5. ローマ教皇，史上初のモスク訪問。6. フィンランドのトーベ・ヤンソン死（1914～，童話作家）10. イタリアでスウェーデン機衝突炎上。12.「EU将来像協議会」開催（ブリュッセル） 2002. 1. デンマーク，移民規制強化を訴えた右派に政権交代。3. スイス，国民投票により国連加盟可決。ポルトガル，中道右派に政権交代。7. オランダ右派連立政権発足	2001. 1. バルカン症候群（劣化ウラン弾による白血病などの被害）の調査，本格化。6. ブルガリア議会選，元国王の新党が第1党。ユーゴ前大統領ミロシェビッチ，戦犯国際法廷に引き渡される。10. ポーランド，総選挙で旧共産党系野党「民主左翼連合」が4年ぶり政権復帰 2002. 2. ミロシェヴィチ裁判，本格審理。コソボ暫定自治政府発足。ユーゴ消滅。セルビア，モンテネグロ両共和国の国家連合構築合意。4. ハンガリー総選挙，左派連合に政権交代。8. **洪水被害**各地に拡大。9. スロバキア，中道右派連立政権維持	2001. 2. 大統領，初のベトナム訪問。3. ロシア・イラン首脳会談，カスピ海開発について共同声明。宇宙ステーション「ミール」15年間の地球周回を終える。6. グルジア，米のミサイル防衛構想の支持表明。9. 大統領，反テロでアメリカと協力表明。中央アジア諸国，アメリカ軍の駐留承認。10. ウクライナ軍ミサイル誤射でロシア機墜落 2002. 5. ダゲスタン共和国（コーカサス）爆弾テロ。「NATO・ロシア理事会」新設。8. トルクメニスタン国民評議会，ニヤゾフを終身大統領に決定。9. オセチア共和国（カフカス山脈）で**氷河決壊**，110人死亡。10. チェチェン武装勢力モスクワの劇場占拠，特殊部隊突入，特殊ガスで人質多数死亡

国際刑事裁判所＝大量虐殺や戦争犯罪について個人を裁く常設裁判所。　**コソボ問題**＝ユーゴスラビア連邦のセルビア共和国の南にあるコソボ自治州におけるアルバニア人とセルビア人の民族対立。人口200万人の同自治州での9割を占めるアルバニア人住民が独立を求めている。　**世界銀行（国際復興開発銀行）**＝戦後復興に必要な長期性の資金を融資する機関として，1945年12月にIMFと共に設立。1960年代以降，発展途上国の開発金融に大きな役割。

46

中東（西アジア）	アフリカ	南アジア	東南アジア・オセアニア	東アジア 中華人民共和国	東アジア 朝鮮・韓国	東アジア 日本	年代	大勢
1998. 1. トルコ・イスラエル海軍，初の合同演習。3. 国連はイラク大統領施設を初めて査察。7. イスラエル，核保有を明言。8. イラク，大量破壊兵器の査察問題で国連との協議物別れ。9. イラン，「悪魔の詩」のラシュディの死刑宣言撤回。11. 国連，イラクの査察再開。12. 米大統領，パレスチナ自治区訪問。イラク査察拒否で米英空爆400余発射 1999. 2. フセイン死（1935〜，ヨルダン国王）。アブドラ皇太子，国王に即位。3. イラン，ハタミ大統領，ローマ教皇と会談。4. パレスチナ，独立宣言を延期。5. **イスラエル，新首相にバラク労働党党首**。6. トルコ，クルド労働者党オジャラン議長に死刑判決。7. イラン，日刊紙発行停止処分に抗議して大規模学生デモ。8. トルコ西部大規模地震1万2000人以上死亡。9. 中東和平「新合意」調印。11. トルコで大地震。12. イスラエルとシリアが和平交渉再開 2000. 2. イラン総選挙で改革派が圧勝。3. OPEC，イランを除き石油増産を合意。5. イスラエル，パレスチナ人村の完全自治区移行を決定。イスラエル軍，レバノン南部より撤退。シリア大統領アサド死去（1931〜）。7. 中東和平，エルサレム帰属をめぐり決裂。8. ペルシア湾でエアバス墜落。9. エルサレムの「神殿の丘」を右派野党党首シャロン訪問。パレスチナ住民とイスラエル軍の衝突，パレスチ	1998. 1. 南ア，中国と国交樹立。8. コンゴ，内戦再発し国際紛争化。南アでイスラム組織米国への報復テロ。10. アフリカ開発会議東京で開催。南ア，真実委員会が白人政権下での政治・人権犯罪の最終報告書を大統領に提出 1999. 3. ナイジェリア大統領にオバサンジョ元最高軍事評議会議長。4. リビア制裁一時停止。6. **南ア大統領にムベキ副大統領**（ANC議長）。7. ハッサン2世死（1929〜，モロッコ国王）。10. ジュリウス・ニエレレ死（1922〜，タンザニア初代大統領）。12. コートジボワールでクーデター 2000. 3. アフリカ南部，洪水により80万人以上被災。5. シエラレオネ，反政府勢力と国連平和維持軍の戦闘激化。6. ジンバブエ，総選挙で一党独裁が崩壊。エチオピア・エリトリアが停戦協定調印。10. コートジボワール，軍政崩壊	1998. 1. アフガニスタン，地震で9000人余死亡。3. インド，人民党中心の新政権発足。5. **インド，パキスタン地下核実験**。8. アフガニスタン，タリバンが反対派拠点制圧 1999. 2. 印パ，「ラホール宣言」に調印。3. アフガニスタン，連立政権樹立で合意。4. 印パ，ミサイル試射競争。5. 印パ，カシミールで抗争。8. インド列車衝突事故。10. パキスタン，軍部クーデター。11. インド，サイクロン死者5000人。12. インディアン航空機乗っ取られる 2000. 3. インダス文明の都市遺跡ドーラビーラを発掘。クリントン米大統領南アジアを歴訪。パキスタン前首相に終身刑。5. スリランカ，政府軍基地がタミル人分離独立派の攻撃で陥落 2001. 1. インド，地震で2万人以上死亡。	1998. 4. ポル・ポト死（1925〜，カンボジア元首相）5. **インドネシアで暴動。スハルト辞任**，ハビビ大統領就任。6. フィリピン，エストラダ大統領就任。7. パプアニューギニア，津波被害大。9. マレーシア，資本移動を制限，固定相場制に。11. カンボジア，連立政権発足。12. ポル・ポト派幹部，初めて国民に謝罪。タイ航空機墜落 1999. 1. インドネシア，アンボン島でイスラム，キリスト両教徒衝突。4. マレーシア，アンワル（元副首相蔵相）に有罪判決。**カンボジア，ASEAN加盟**（10カ国目）。6. インドネシア総選挙，野党（党首メガワティ，故スカルノ大統領長女）勝利。8. **東ティモール住民投票**。10. **インドネシア，東ティモールの独立承認，ワヒド大統領就任**。11. オーストラリア，国民投票で共和制移行否決。12. ヴェトナム，中国との陸上の国境画定 2000. 1. タイでミャンマーの武装集団が病院を占拠。2. インドネシアのワヒド大統領，国軍最高実力者を停職処分。東ティモール，国連暫定統治スタート。5. インドネシア，アチェ独立をめぐり停戦合意。フィジーで先住民系武装集団に対抗，軍司令官が大統領となる。7. ASEAN外相会議，地域フォーラムで朝鮮の初参加。9. メコン川洪水，流域400万人以上被災。11. 米大統領，ヴェトナム訪問。12. フィリピン，エ	1993〜2003　国家主席江沢民 1998. 1. 河北省北部地震。2. 中華機墜落。3. **朱鎔基首相就任**。8. 長江，東北地区洪水3600人死亡，2億3000万人が被災。10. 国連人権B規約（市民的政治的権利）に署名。中台が最高級接触。11. 江沢民主席ロシア訪問。12. 台湾，与党国民党トリプル選で圧勝。台湾，孤逢万里死（1927〜，台湾万葉集）。民主活動家，徐文らに懲役刑 1999. 1. 広東国際信託投資公司破産（債務超過額332億元）。4. 朱首相，訪米。5. マカオ初代長官に何厚鏵当選。NATO軍の在ユーゴ中国大使館誤爆に抗議する反米デモ全国に拡大。7. 「法輪功」を非合法化，指導者逮捕。8. 新型ミサイル（射程8000㎞）の発射実験。731部隊の資料公開。台湾，戦域ミサイル導入への関議決定。9. 台湾で大地震。11. 初の日中韓首脳会談。12. 中ロ共同声明，米のNMDとTMD計画を強く批難。マカオ，返還 2000. 1. チベット仏教カルマパ17世，インドに亡命。3. 台湾総統に民主進歩党の陳水扁当選。7. **【モンゴル】** 総選挙で旧共産党の人民党が圧勝。8. 共産党幹部，収賄罪で死刑判決。9. 旧日本軍の遺棄化学兵器推定70万発の処理，日中共同で開始。10. 朱鎔基首相訪日。	1998. 2. 韓国大統領に金大中就任。8. **朝鮮，弾道ミサイル（テポドン）発射**。金正日党総書記，国防委員長再任，事実上の国家元首。10. **韓国大統領訪日**，日本の大衆文化開放。11. 中韓首脳会談。米韓首脳会談，朝鮮に硬軟両構えを表明。金剛山観光スタート。12. 韓国，朝鮮の潜水艦撃沈 1999. 2. 韓国，朝鮮政策で「包括的な解決」の必要性を強調。3. 米と朝鮮が地下査察で合意。見返りに食料援助。6. 朝鮮艇，韓国軍と銃撃戦。7. 南北次官級会談決裂。8. 四者会談。9. 米朝高官協議，ミサイル発射は当面回避。12. 日本超党派国会議員団，朝鮮訪問 2000. 1. 朝鮮，イタリアと国交樹立（5. オーストラリア，7. フィリピン）。6. **平壌で南北朝鮮首脳（金大中・金正日）初会談**。米の朝鮮に対する経済制裁緩和。7. ロ大統領，朝鮮を初めて訪問。8. 南北朝鮮の離散家族が再会。五輪開会式で選手団南北合同入場。京義線復旧に着手。11. 金大中大統領にノ	1998. 2.〜3. 長野冬季五輪，パラリンピック開催。3. NPO法成立。4. 金融制度改革スタート。7. 自民党，参院選で大敗。小渕恵三内閣発足。和歌山のカレー毒物混入事件。8.〜9. 集中豪雨と台風被害大。9. 黒沢明死（1910〜，映画監督）。11. 24兆円の緊急経済対策を決定。米大統領クリントン，江沢民中国国家主席訪日 1999. 2. 原子力発電量が火力発電量を抜く。3. 不審船に，海上自衛隊初の警備行動。日産，仏のルノーと提携。5. **防衛指針（ガイドライン）法成立**。6. 完全失業率4.9％。8. **国旗，国歌法成立**。9. 長銀米投資会社に譲渡。**核燃料工場で国内初の臨界事故**。盛田昭夫死（1921〜，ソニー創業） 2000. 1. フィリピンへの医療廃棄物，不正輸出により回収。コンビニなどが「インターネットスーパー」開始。3. 有珠山噴火。4. 森内閣発足。6. 総選挙，自公保激減，民主躍進。7. 雪印乳業全工場操業停止。9. 三宅島再噴火，全島避難。12. 白川英樹，ノーベル化学賞受賞。「花	1998	印パ核実験／イスラエル軍とパレスチナの自爆テロの連鎖／イラク査察問題／中国経済急成長
ナ全域に拡大。10. 緊急中東首脳会談開催。国連緊急特別総会，イスラエル側の「過剰な武力行使」を非難する決議採択 2001. 2. イスラエル首相公選，シャロン圧勝。3. 国連安保理の監視部隊をパレスチナに派遣する決議案に米，拒否権。8. PLOの№2ムスダファ議長暗殺。10. イスラエル観光相，報復暗殺。12. パレスチナ過激派連続テロ。イスラエル報復爆撃，アラファト議長と断絶声明。議長，パレスチナ人に武闘停止呼びかけ 2002. 1. パレスチナ，女性初の自爆テロ。3. イスラエル軍パレスチナ議長府制圧，以後繰り返す。アラブ連盟首脳会議，和平提案「ベイルート宣言」。4. イスラム諸国会議機構の特別外相会議，「自爆」と「テロ」の区別宣言。米国務長官，和平調停失敗。7. パレスチナ自治政府改革支援の「国際改革作業部会」を設置合意。イスラエル，ベツレヘムから撤退開始。ガザ市の住宅地を空爆。8. ファタハ，イスラエル国内でのテロ停止を表明。11. トルコ総選挙，イスラム政党圧勝。イラク，無条件査察求める国連決議受諾	2001. 1. コンゴ（旧ザイール）カビラ大統領，銃撃戦で死亡。息子ジョゼフ・カビラが大統領に就任。8. ユニセフ（国連児童基金），スーダンで約3500人の少年兵を武装解除。クリスチャン・バーナード死（1923〜，南アの外科医。初の心臓移植に成功）。12. レオポール・サンゴール（1907〜，セネガル初代大統領・詩人） 2002. 3. ジンバブエ，大統領選，現職ムガベ圧勝。4. アンゴラ内戦終結。7. アフリカ連合（AU53カ国）発足。チャド，最古の人類化石発見。スーダン内戦終結。コンゴ紛争終結。8. ジンバブエ，白人農園主に立ち退き強制。9. コートジボアール退役軍人反乱。セネガルでフェリー沈没	3. タリバン，「バーミアンの石仏」破壊。6. ネパール，皇太子，国王夫妻ら8名を殺害。パキスタン，ムシャラフ大統領就任。7. 印パ首脳会談，決裂。9. アフガニスタン，反タリバン連合最高指導者マスード将軍暗殺。10. 米，アフガニスタンのタリバン空爆。11. **タリバン政権崩壊**。ネパール非常事態宣言。12. アフガニスタン暫定行政機構発足，議長にカルザイ。印パ関係緊張 2002. 2. スリランカ，内戦無期限停戦に合意。6. 国民大会議，カルザイを大統領に選出。7. アフガニスタン，米軍機の誤爆で死者多数。**南アジアー帯で洪水**	ストラダ大統領弾劾裁判始まる。マニラ連続爆弾テロ 2001. 1. カンボジア，ポル・ポト派の大量虐殺を裁くための特別法廷設置。タイ，総選挙で愛国党タクシン首相に交代。フィリピン大統領にアロヨ就任。3. インドネシア，カリマンタンの住民抗争で500人余死亡。4. ベトナム，少数民族出身のノン・ドク・マインが書記長に就任。7. インドネシア大統領にメガワティ就任。11. ASEAN首脳会議で反テロ共同宣言採択。オーストラリア総選挙，保守連合勝利。ジョン・ハワード首相，政権維持 2002. 1. インドネシア国軍「自由アチェ運動」司令部を襲撃。5. ミャンマー，民主化運動指導者アウンサン・スーチー1年7カ月ぶりに解放。東ティモール建国，シャナナ・グスマン大統領に就任。7. ニュージーランド，温暖化による海面上昇で沈む島国ツバルに対し，特別移民枠で年間75人受け入れ。8.〜9. インドネシア，野焼き放置や焼き畑耕作による煙害深刻。10. インドネシア，バリ島で爆弾テロ事件死傷180人以上	シンガポール航空機，台北で炎上 2001. 1. 中台間に初の直行便。【モンゴル】干ばつと寒波により家畜200万頭以上死亡。3. 朱首相，日本の一部歴史教科書の修正を不十分と表明。6. 日本のセーフガードに報復関税。7. 中国共産党大会，企業家らの入党を認めると表明。砂漠化防止法制定。9. 江沢民主席訪朝。10. 張学良（1901〜，西安事件）江沢民とブッシュ米大統領会談，テロ対策協調確認。12. 台湾総選挙，民進党が勝利。WTOに正式加盟 2002. 1. 台湾，WTOに正式加盟。上海協力機構，米の反テロ行動をけん制。家電最大手海爾（ハイアール），三洋電機と提携。自動車産業も合弁事業続く。2. 金融会議，四大銀行の株式会社化・上場承認。3. 全人代，WTO加盟に伴う国内産業振興を強調。4.5. 旅客機墜落事故続発。5. 朝鮮の亡命希望者を瀋陽日本公館内で拘束。8. **長江氾濫**被災者約1億人。台湾副総統のインドネシア訪問に反発。11. 共産党大会，「国民政党」への脱皮を宣言，総書記に胡錦濤	ーベル平和賞。12. 朝鮮，英・加・EU等と国交樹立へ 2001. 2. 南北朝鮮の離散家族各100人ソウルと平壌で再会。韓国，仁川国際空港開港。5. 韓国，日本の歴史教科書再修正要求。7. 韓国国会対日関係見直す決議を採択。朝鮮金総書記，訪ロ。米のミサイル防衛構想牽制の共同宣言 2002. 2. ブッシュ米大統領訪韓。3. 朝鮮の亡命希望者，北京のスペイン大使館に駆け込む（6. 韓国・カナダ大使館，9. ドイツ人学校）。6. 朝鮮・韓国，黄海で銃撃戦。8. 南北閣僚級協議。朝鮮金総書記，訪ロ。ロ大統領，南北対話推進の支持表明。南北鉄道，同時着工年内完成で合意。9. 韓国，台風15号で200人余死亡。朝鮮，韓国で開催「アジア競技大会」に選手団315人派遣。10. 朝鮮，核兵器開発認める。11. 朝鮮半島エネルギー開発機構（KEDO）朝鮮への重油供給凍結決定	岡事件」和解 2001. 2. 米原潜，漁業実習船に衝突。4. 「つくる会」教科書が検定合格。小泉内閣発足。5. ハンセン病隔離政策は違憲とした国家賠償判決確定。6. 池田小学校で児童殺害。7. 参院選，自民党圧勝。8. 小泉首相，靖国神社参拝。9. 狂牛病の感染発表。10. テロ対策特別措置法成立。11. 自衛艦インド洋派遣。12. 雅子皇太子妃，内親王出産。野依良治，ノーベル化学賞受賞。東シナ海で不審船沈没させる（翌年9月引き揚げ，朝鮮工作船と判明） 2002. 1. 首相，東南アジア歴訪，東アジア外交構想表明。8. 東京地裁，旧日本軍の細菌戦認定。東電ほか原発トラブル隠し発覚続く。9.〜10. 株価，安値更新。9. **小泉首相訪朝，金正日総書記と会談**。総書記拉致謝罪。10. 小柴昌俊と田中耕一ノーベル賞受賞決定。拉致被害者5人帰国	2000 2002	

アフリカ連合＝EUをモデルに，アフリカの民主化と経済発展を目指す。当面「アフリカ開発のためのパートナーシップ」による経済的自立が課題。　**東アジア外交構想**＝ASEANを「共に歩み共に進む」パートナーと位置づけたうえで，日中韓に豪州・ニュージーランドを加えた「東アジア拡大コミュニティー」の構築を目標に掲げた。　**上海協力機構（SCO）**＝ロシア・中国・カザフスタン・キルギス・タジキスタン・ウズベキスタン6カ国の協力機構。

〔47〕

大勢	年代	国際関係(国際機構含む)	南北アメリカ大陸	西　ヨ　ー　ロ　ッ　パ				東　ヨ　ー　ロ　ッ　パ	
			アメリカ合衆国	イギリス	フランス共和国	ドイツ連邦共和国	南欧北欧諸国	東欧諸国	ロシア連邦・CIS
世界の不安定化とテロ拡大／異常気象深刻化し，政治と文明の課題に／核，資源をめぐり対立と協調深化	2003	2003. 1. 国連査察団「イラクに大量破壊兵器保持の決定的証拠ない」と報告。3. **米英軍，イラク攻撃開始**。劣化ウラン弾使用。4. 日米欧などの国際チーム，ヒトゲノム解読完了宣言。SARS（重症急性呼吸器症候群），東アジアを中心に拡大。WHO，各地に渡航延期を勧告。5. イラク戦争終了宣言。6. 第29回サミット開催(フランス・エビアン)，中国初参加。8. 欧州各地に異常な熱波。イラクの国連本部に爆弾テロ。「朝鮮の核」めぐり，北京で6カ国協議。9. **WTO閣僚会合**(メキシコ・カンクン)**先進国と開発途上国との対立により決裂**。NASA（米航空宇宙局)南極巨大氷山流失発表。10. イラク復興支援国会議。バグダッドの赤十字現地本部に爆弾テロ 2004. 1. 鳥インフルエンザの緊急閣僚会議。3. アフガニスタン復興支援国会議。中東欧7カ国，NATOに正式加盟。5. **EU，25カ国体制成立**。6. 第30回サミット開催(米・シーアイランド)。EU首脳会議，EU憲法採択，大統領と外相を新設。欧州議会選，欧州人民党が第1党。7. 国連総会イスラエルの「分離フェンス」撤去要請。WTO理事会，農業分野など枠組み合意。東南・南アジア7カ国協力機構の初の首脳会議開催，域内貿易自由化合意。8. 米大統領，対テロ戦争を主軸とする米軍再編を発表 2005. 1. スマトラ沖地震・津波被災国支援緊急首脳会議。米欧観測機，土星の衛星に初着陸。2. **京都議定書発効**。3. パレスチナ和平支援国会議。国連安保理「スーダン虐殺」を国際刑事裁判所に付託。4. バンドン会議50周年記念アジア・アフリカ首脳会議。5. 核拡散防止条約(NPT)再検討会議，核保有国と非核国が対立し決裂。7. 第31回サミット開催(英・グレンイーグルズ)テロ対策，地球温暖化防止，アフリカ支援で合意。9. 国際研究チーム，「ゲノム」の7割に機能ありと発表。世界氷河モニタリングサービス，氷河の消失の加速化警告。国連特別首脳会議の成果文書で，憲章の「旧敵国条項」削除確認。12. 第11回気候変動枠組み条約・締約国会議。初の東アジアサミット開催16カ国参加	2001～2008　ジョージ・ブッシュ(共和党) 2003. 2. スペースシャトル・コロンビア空中分解。5. イラク占領統治開始。6. キャサリン・ヘプバーン(1907～，映画女優)。8. 大停電，東部とカナダの約5000万人に影響。▽メキシコ，サパティスタ民族解放戦線自治政府樹立を宣言。9. エドワード・テラー(1908～，核物理学者。「水爆の父」)。エドワード・サイード(1936～，比較文学)。エリア・カザン(1909～，映画監督)。▽カナダ，北極圏にある最大の氷床崩壊。10. 19年ぶりにユネスコ復帰。米ロ首脳会談。12. BSE（牛海綿状脳病)の疑いの牛1頭発見 2004. 1. 火星探査車，着陸に成功。4. 大統領生命倫理評議会は，クローン人間の全面禁止を勧告。5. 大統領，米軍兵士によるイラク捕虜収容所虐待事件で謝罪。7. 議会の同時テロ独立調査委，イラクに関与の証拠なし等の最終報告書提出。8. ▽ベェネズェラ，国民投票でチャベス大統領信任。9. ▽メキシコ，日本とFTA締結。10. 政府調査団，**イラク戦争開戦当時，イラクに大量破壊兵器など存在せず**との最終報告書を議会に提出。▽ウルグアイ大統領，左派連合バスケ当選。11. 大統領，共和党ブッシュ再選 2005. 2. アーサー・ミラー(1915～，作家)。大統領，欧州歴訪。ロシア大統領に民主化要求。6. ▽ボリビア大統領，資源国有化等要求のデモ激化で辞任。7. スペースシャトル「ディスカバリー」打ち上げ成功。8. 「平和のための戦死兵遺族会」等の反戦運動拡大。～9. ハリケーン・カトリーナ，ニューオーリンズ市を中心に猛威，被害甚大。ロバート・ワイズ(1914～，ミュージカル映画監督)。10. ローザ・パークス(1913～，公民権運動の母)。12. ▽ボリビア大統領選に左	1952～　エリザベス2世 2003. 7. イラク戦参戦に向けた情報操作疑惑の中，元国防相顧問ケリー博士自殺。9. 上院の世襲議員を全廃。下院補選で労働党敗北。11. 米大統領訪問 2004. 1. 独立司法調査委，政府の情報操作疑惑は潔白と公表。7. フランシス・クリック(1916～，DNA二重らせん構造発見)。10. モーリス・ウィルキンス(1916～，同上) 2005. 3. テロ防止法成立。5. 総選挙与党労働党勝利。7. ロンドン同時爆破テロ。IRA，武装闘争放棄を宣言	1996～2007　シラク 2003. 8. 大統領「米の一極主義拒絶」を宣言。反WTO集会20万人参加。高齢者中心に猛暑の影響で約1万1500人死亡。9. 国内にイスラム系高校開校 2004. 3. 統一地方選，与党国民運動連合惨敗。9. 宗教シンボル禁止法施行。フランソワーズ・サガン(1935～，作家)。10. ジャック・デリダ(1930～，哲学者) 2005. 5. **国民投票でEU憲法批准否決**。6. 国際熱核融合実験炉本体の建設地に決定。4～9. 移民アパート連続火災66人死亡。10. 移民2世・3世若者らによる暴動多発	1999～2004　ヨハネス・ラウ 2003. 2. 対イラク武力攻撃を主張する米に対し，仏・ロと査察強化継続の三国共同宣言。2州の議会選で社民党敗北。9. レニー・リーフェンシュタール(1901～，映画監督)。バイエルン州の議会選で社民党敗北 2004. 1. 軍を国防から国際活動を優先の連邦軍に転換 2004. 5.～10. ホルスト・ケーラー 2004. 6. Dデー式典，首相参加。再生可能エネルギー導入促進国際会議開催。7. 新移民法(選択的受け入れ)成立。8. 100年前のナミビア虐殺(6万5000人超)に謝罪，和解成立 2005. 1. 「遺伝子組み換え作物栽培禁止地域欧州会議」開催。5. ベルリンにヨーロッパのユダヤ人虐殺追悼碑と情報センターを設置。7. 連邦議会，シュレーダー首相を不信任。9. 総選挙で野党辛勝，与野党大連立政権(メルケル女性首	2002. 11. スペイン沖で，大型タンカー沈没 2003. 5. スペイン・イタリア・オランダ，イラクに部隊派遣。6. ベルギー，人道法改正(外国人要人訴追不可能)。スウェーデン，ユーロ導入否決 2004. 3. ギリシア総選挙，新民主主義党が政権復帰。スペインのマドリードで列車爆破テロ。スペイン，総選挙で左派政権成立。5. スペイン軍イラクから撤退。8. ギリシア，アテネ五輪開催 2005. 2. ギリシア大統領に野党パプリアス選出。ポルトガル総選挙，中道左派野党圧勝。3. オランダ軍，イラクから撤退 2005. 4.～2013 教皇ベネディクト16世 2005. 6. オランダ国民投票でEU憲法批准否決。9. ノルウェー総選挙，中道左派勝利。デンマーク，イスラム教預言者ムハンマドの戯画新聞掲載に抗議・デモ拡大	2002. 12. EU，中東欧など10カ国の新規加盟を04年に行うことで合意 2003. 2. 新連合国家「セルビア・モンテネグロ」成立。3. セルビア首相暗殺される。5. ポーランド，イラクに部隊派遣。11. セルビア議会選極右が第1党 2004. 2. セルビア大統領に民主党のボリス・ダディッチ就任(3度選挙不成立の末)。9. ハンガリー，首相にジャルチャーニ信任。ルーマニア大統領，野党連合バセスク当選 2005. 1. クロアチア大統領選，与党左派メシッチ当選。ポーランド，アウシュビッツ解放60周年式典に独大統領を招く。6. ハンガリー大統領ショヨム選出。9. アルバニア首相，ベリシャ選出。10. ポーランド大統領選，右派カチンスキ当選	2000～2008　プーチン 2002. 123 チェチェン行政府庁舎前で爆発 2003. 5. ウクライナ，イラクに部隊派遣。6. ロ米首脳会談。8. 北オセチア，軍病院で自爆テロ。シベリア，森林火災で温暖化ガス発生。9. ロシア・ウクライナ・ベラルーシ・カザフスタンが「統一経済圏」協定。10. 石油大手ユコス社長逮捕。11. グルジア，非常事態宣言，大統領辞任 2004. 3.～4. ウズベキスタンで連続テロ。5. 親ロシア派のチェチェン大統領暗殺。6. イングーシ共和国で武装集団，政府ビル襲撃。ユコスの全口座凍結される。8. 自爆テロにより旅客機2機墜落。**北オセチアの学校を武装集団が襲撃**。11. 「京都議定書」批准。12. ウクライナ大統領選，親欧米派野党候補ユシチェンコ当選 2005. 4. プーチン大統領，中東歴訪。5. ウズベキスタン，反政府暴動拡大。6. 政府系メディア，イズベスチア紙買収。7. 上海協力機構，中央アジア駐留米軍基地の使用期限明示要求。キルギス大統領選，暫定政府のバキエフ当選。8. CIS首脳会議。10. カバルジノ・バルカル
	2005	2006. 2. EU，パレスチナ支援決定。4. G7，産油国に増産を，中国に人民元の変動幅拡大を要請。7. 第32回サミット開催(ロシア・サンクトペテルブルク)。WTO，新多角的貿易交渉決裂，凍結宣言。8. ASEAN，サービス分野の自由化で合意。国際天文学連合総会，太陽系惑星数を8個と定義，冥王星は除外。9. 非同盟諸国首脳会議(キューバ・ハバナ)米国を批判。IAEA総会，原発推進と中東非核化推進決議。10. 国連安保理，朝鮮制裁決議。12. EU外相理事会，トルコとの加盟交渉凍結で合意 2007. 1. 国連事務総長潘基文(韓国)就任。2. IPCC，第4次評価報告書発表。3. EU，温室効果ガス排出量削減合意。6. 第33回サミット開催(ドイツ・ハイリゲンダム)，温室効果ガス排出量を50年までに半減を検討。8. SCO（上海協力機構)首脳会議。北極海の氷面積最小更新続く。**米の低所得者向け住宅融資(サブプライムローン)問題から，世界の金融市場混乱拡がる**。9. APEC首脳会議，30年までにエネルギー効率を05年比で25％以上向上させるなどで合意。10. **EU新基本条約採択**(リスボン条約，09.12発効)	派社会主義運動党勝利 2006. 1. ▽チリ大統領選に中道左派・与党連合勝利。▽カナダ総選挙，保守党党首ハーパーが首相就任。2. 「国際原子力エネルギー・パートナーシップ」発表。▽コスタリカ大統領にアリアス元大統領(ノーベル平和賞受賞)当選。4. 中南米移民，不法移民の規制強化法案に大規模デモ。5. ▽ボリビア，天然ガス国有化。9. ▽メキシコ大統領選，中道右派の与党・国民行動党辛勝。10. ▽ブラジル大統領，ルラ再選。11. 中間選挙，上下院とも民主党が過半数。▽ニカラグア大統領選，サンディニスタのオルテガ当選。12. ▽ベネズエラ大統領選，反米左派のチャベス3選 2007. 1. イラク新政策(増派と権限委譲)発表。▽チリ，日本とEPAに署名。4. 韓国人学生の銃乱射事件で学生ら32名死亡。7. 米下院，「従軍慰安婦問題」決議。8. 高速道路の橋崩壊。▽ペルー，M.8の地震500人余死亡。12. ▽ベネズエラ，改憲否決	2006. 6. EU拡大後2年で100万人の移民流入。エネルギー政策の転換を宣言。8. 旅客機爆破テロ計画未遂，25人逮捕 2007. 6. 労働党党首ブラウン，首相に就任。自爆テロ・テロ未遂相次ぐ。9. イラク・バスラから軍撤収。10. ドリス・レッシングにノーベル文学賞	2006. 2. 海外領土ポリネシア，放射性物質による健康被害報告書まとめる。3. 「初期雇用契約」に反対のデモ全土に展開(4. 政府撤回) 2007. 5.～2012 ニコラ・サルコジ(保守中道・国民運動連合) 2007. 5. 反サルコジ派若者，各地で暴動。6. 下院，与党議席減	相)成立 2006. 7. 基本法(憲法)改正。連邦制と連邦参院の改革。サッカーW杯世界大会。8. ノーベル賞作家ギュンター・グラス，ナチスの親衛隊に所属を告白。9. リニア実験線衝突事故 2007. 1. 改正閉店法実施。8. 東部ザクセン州の若者達がインド人襲撃。CO_2排出量を20年までに90年比40％削減を目標。9. 空港テロ計画のイスラム過激派逮捕。12. 「統合エネルギー・気候プログラム」を発表	2006. 1. ポルトガル大統領選に中道右派の社民党勝利。4. イタリア，総選挙で野党中道左派連合勝利。9. 教皇のイスラム教と暴力の関連発言にイスラム各国反発。スウェーデン総選挙，野党右派連合勝利 2007. 6. 南東欧各地，記録的猛暑。8. スウェーデン，「渋滞税」導入。ベルギー，南北対立し連立政権決裂。9. パバロッティ(1935～，イタリアのテノール歌手)。12. ベルギー5党連立暫定内閣発足	2006. 6. モンテネグロ独立宣言(旧ユーゴ連邦は完全解体)，国連に加盟。7. コソボ自治州，州独立を要求するアルバニア系住民とセルビアとの対立再燃。9. ハンガリー首相辞任を求め4万人デモ。10. ブルガリア大統領選，連立与党・社会党元党首バルバノフ再選 2007. 1. ルーマニアとブルガリア，EUに加盟。2. ポーランドとチェコ，MD配備受け入れ。9. ポーランド，右派連立政権崩壊	共和国，治安部隊と武装集団が銃撃戦 2006. 1. ウクライナへのガス供給，再開合意。3. ウクライナ最高会議選，与党惨敗。7. ウクライナ，親ロシア派の連立合意。ロシア連邦保守局，チェチェン独立派司令官殺害。8. モスクワの市場で爆発。9. 中央アジア5カ国，非核地帯条約に署名。11. 元連邦保安局中佐，亡命先の英で不審死 2007. 7. ロ米首脳会談，米のMDの東欧配備に反対。9. 大統領インドネシア訪問，資源分野投資表明。オーストラリアと原子力協力協定に調印(ウラン輸入)。イランに原発の核燃料供給開始

IPCC=Inter-governmental Panel on Climate Change「気候変動に関する政府間パネル」気候変化に関する科学的知見を総合するために，WMO(世界気象機関)と国連環境計画が共同で1988年に設置。この第4次評価報告(日本の独立行政法人海洋研究開発機構の「地球シミュレータ」が貢献)では，地球温暖化は人間の経済活動，化石燃料等の消費拡大による可能性90％と結論づけた。2007年ゴア前米副大統領とともにノーベル平和賞受賞。

中東(西アジア)	アフリカ	南アジア	東南アジア・オセアニア	東アジア			年代	大勢
				中華人民共和国	朝鮮・韓国	日本		
2003. 2. アラブ連盟，対イラク戦で，対米軍事非協力を採択。4. 新中東和平構想「ロードマップ」提示。5. イラク，フセイン政権崩壊。パレスチナ，イスラエル，自爆テロとミサイル攻撃続く。7. イラク統治評議会発足。イスラエル分離フェンス，一期分完成。9. IAEA（国際原子力機関），イランに核開発計画の全容開示求める。10. イスラエル，シリア領内を空爆。12. **イラクのサダム・フセイン元大統領を拘束。**イランの古都バム，大地震 2004. 2. イラン総選挙，保守派圧勝。3. イスラエル，ハマスの指導者ヤシン師殺害。4. **イラク派兵軍と反米勢力との騒乱拡大。**キプロス，国連の南北統合案に住民投票は否決。5. イラク統治評議会議長，殺害される。6. イラク暫定政権に主権委譲。シーア派の聖地ナジャフ情勢緊迫化。11. 米軍，イラク中部ファルージャ総攻撃。PLOアラファト議長死去(1929〜)。イラン，IAEAのウラン濃縮全面停止決議を受け入れ 2005. 1. パレスチナ自治政府議長にPLO主流派ファタハのアッバス議長が当選。イラク議会選，シーア派連合が単独過半数。2. イスラエル・パレスチナ両代表停戦宣言。シリア軍，レバノンより撤退完了。6. イラン大統領保守派マディネジャド当選。8. サウジアラビア，国王死去。アブドラ皇太子即位。イラン，ウラン転換開始。イラク，シーア派巡礼，パニックで965人死亡。9. イスラエル軍撤退，ガザの軍事占領終了。10. イラク，新憲法成立。11. ヨルダン自爆テロ。イラク自爆テロ続く	2002. 12. ケニア，初の大統領選でキバキ当選 2003. 3. アルジェリアで旅客機墜落。5. コンゴ，飛行機事故。サウジ，モロッコで連続爆発。9. リベリア，大統領辞任。国連安保理「リベリア支援団」派遣。エイズ患者・感染者4200万人の7割がブラック・アフリカに集中。10. 南アのクッツェー，ノーベル文学賞。12. リビアの指導者カダフィ大佐，大量破壊兵器放棄を確約 2004. 2. **スーダン西部のダルフール地方で政府側(アラブ系)と民兵，反政府側(黒人系)を5万人殺戮，難民は100万人。**モロッコ，大地震。9. 北アフリカ，バッタの大群発生。10. ケニアの女性環境活動家ワンガリ・マータイ，ノーベル平和賞。11. コートジボワール，騒乱。仏駐留軍数百人展開 2005. 1. スーダン，南北内線停戦合意。3. コンゴ，PKOと武装勢力衝突。ジンバブエ総選挙で与党圧勝。7. エジプト，同時爆破テロで88人死亡。8. モーリタニア，軍部によるクーデター。11. リベリア大統領選，女性エレン・サーリーフ当選	2003. 6. インド，チベットを中国領と初めて認める。7. アフガニスタン，軍閥解体難航。8. インドで連続爆弾テロ。ジャム・カシミール州で過激派とインド治安部隊衝突。ネパール，反政府ゲリラ武装闘争再開。9. ネパールWTO加盟。11. 印パ，カシミール地方の停戦合意。12.〜アフガニスタンとパキスタン自爆相次ぐ 2004. 1. アフガニスタン，新憲法採択。パキスタン，ミサイル実験成功。2. パキスタン，「核の闇市場」（カーン博士が中心）発覚。5. インド総選挙，国民会議派政権復帰。シン首相就任。10. アフガニスタン初の大統領選，カルザイ選出 2005. 2. ネパール，国王が直接統治を表明。7. 米・印首脳会談，核の平和利用に技術支援約束。10. **パキスタン大地震**(M7.7) 7万余人死亡。インド，同時爆破テロ。11. スリランカ大統領選，与党勝利。12. アフガニスタン，国会開会	2002. 12. インドネシア，アチェと和平協定調印(03.5 武力衝突) 2003. 3. フィリピン，空港で爆弾テロ。5. オーストラリア，対イラク統治部隊派遣。ミャンマー，スーチー氏拘束(9. 手術後自宅軟禁)。7. フィリピン，国軍が待遇不満を理由にホテルを占拠。インドネシア米系ホテルで自爆テロ。9. カンボジア，WTO加盟。タイで対人地雷全面禁止条約第5回締約国会議。10. **ASEAN第9回首脳会議，中・印加盟。**マレーシア，マハティール首相退任。アブドラ首相就任。11. インドネシアで洪水，死者多数 2004. 1. ベトナム，鳥インフルエンザで4人死亡とWHO発表(10. タイも含め31人)。7. フィリピン，イラクでの人質解放のため駐留兵撤退。8. タイ南部，爆弾テロ続く。9. インドネシア，オーストラリア大使館付近で爆発。インドネシア，初の直接大統領選でユドヨノ当選。10. カンボジア「ポル・ポト大量虐殺」特別法廷にむけ国連と合意。カンボジア，シアヌーク国王退位，シハモニ新国王。12. インドネシア，スマトラ沖地震(M9.0)・津波，死者・行方不明22万人余 2005. 3. スマトラ沖で地震M.8.7，1300人余死亡。7. ミャンマー，ASEAN議長国辞退。8. ニュージーランド，デービッド・ロンギ(1942〜，元首相。非核政策の生みの親)。インドネシア，「自由アチェ運動」と和平協定調印，恩赦。10. インドネシアのバリ島で自爆テロ。12. マレーシア，日本とFTA・EPAを締結 2006. 2. フィリピン，レイテ島で大規模地滑り。フィリピン，クーデター計画で非常事態宣言。5.	2002. 11. 広東省にSARS患者発生(政府公表は03.4月) 2003. 3.〜2013 国家主席胡錦濤 2003. 3. 温家宝首相就任。6. 中印首相会談。三峡ダム湖の貯水開始。7. 香港，60万人の反対デモで国家安全条令延期。干ばつにより水不足。8. 旧日本軍の毒ガスで死傷者。9. EUの全地球測位システム「ガリレオ」開発計画に参加。10. 有人宇宙船「神舟5号」打上げ，帰還。11. 中パ首脳会談。12. 重慶のガス油田爆発 2004. 3. 陳総統，台湾の主権を訴え小差で再選，対中政策を問う住民投票は不成立。4. WTOの統計で，貿易額が世界第4位。5. 台湾，陳総統新憲法制定を表明。8. サッカー・アジアカップで反日言動。モンゴルの新首相にエルベグドジル選出。9. 江沢民軍事委主席辞任，胡錦濤国家主席が兼任。市民の団体旅行先，ヨーロッパも解禁。10. G7に初めて出席。12. 台湾立法院選，野党勝利。陳総統，民進党主席辞任 2005. 1. 人口13億人に。中・台チャーター便，相互乗り入れ合意。3. 反国家分裂法成立。4. 浙江省で公害抗議の村民約3万人暴徒化。反日デモ各地で発生一部暴徒化。陳情条例改正。5. 中・露国境画定追加議定書批准。7. 中国人民銀行，為替レートを対米ドルで2%切り上げ，複数通貨の変動で調整する制度に切り替える。10. 有人宇宙船「神舟6号」打上げ成功。巴金(1904〜，作家)。11. 石油化学工場の爆発事故，松花江の汚染急速に拡大。12. 日中韓首脳会談を拒否	2002. 12. 朝鮮，核施設再稼働を表明 2003. 1. 朝鮮，NPT（核不拡散条約）脱退を表明。韓国，地下鉄放火事件。2. 韓国大統領に盧武鉉就任。朝鮮，地対艦ミサイル発射。4. 国連の人権委員会，朝鮮の人権問題に対し初の非難決議採択。9. 韓国与党民主党分裂 2004. 3. 韓国国会，盧大統領弾劾訴追可決(5. 裁判所棄却) 4. 新幹線KTX開業。総選挙でウリ党大勝利。朝鮮，新義州で貨物列車爆発。5. 朝鮮，開城工業団地の敷地造成完成。脱北者427人ベトナム経由で韓国入り。9. 韓国，親日反民族行為特別法発効。韓国，核疑惑。IAEA査察。12. 韓国，「対日協力」を糾明する改正法成立 2005. 2. 朝鮮，核兵器製造宣言。3. 韓国，対日政策転換(植民地支配への反省と謝罪を求める)。5. 南北公式会談再開合意。日中韓共同編集「未来をひらく東アジアの近現代史」三国で発行。6. 日韓首脳会談，歴史認識平行線。9. 朝鮮，六者協議で核放棄確約。11. 釜山でAPEC首脳会議。KEDO(朝鮮半島エネルギー開発機構)による軽水炉建設事業廃止合意	2003. 2. 保有地雷廃棄終了。5. 個人情報法成立。6. **有事法制関連三法**(武力攻撃事態法，改正自衛隊法，改正安全保障会議設置法)**成立**。7. 国立大学法人法成立。**イラク復興支援特別措置法成立。**8. 住民基本台帳ネットワーク本格稼働。水稲の作柄，冷夏により10年来の不作。10. 民主党と自由党合併。十勝沖地震，M8。11. 総選挙。イラクで外交官2人殺害される。12. MD(ミサイル防衛システム)導入決定 2004. 2. 陸上自衛隊イラク派遣。5. 国民年金未納社会問題化。裁判員制度法成立。有事関連7法成立。多国籍軍への自衛隊の参加を閣議決定。イラクでジャーナリスト2人殺害される。8. 美浜原発事故。10. 新潟中越地震。イラクで青年人質となり殺害される。11. 中国原子力潜水艦，領海侵犯。12. 青森県六ヶ所村核燃工場ウラン試験開始 2005. 3. 愛知万博開幕。衆院憲法調査会，改憲の方向を示す最終報告書議決。尼崎でJR脱線事故，107人死亡。9. 郵政民営化法案をめぐる衆院解散総選挙で小泉自民党圧勝。アスベスト被害拡大判明。11. 耐震強度偽装事件。12. 総人口，初めて減少	2003	イラクとアフガニスタン情勢泥沼化／中国の大国化と国内矛盾深刻化
2006. 1. クウェート首長死去，皇太子即位。イラク国民議会，統一イラク同盟（シーア派）が第1党。パレスチナ評議会選，ハマス圧勝。2. 紅海で1300人乗り客船沈没。イラク，シーア派の聖廟破壊，スンニ派へ報復テロ。3. パレスチナ，ハマスが単独組閣。7. イスラエル軍レバノン空爆，侵攻(10. 撤退)。国連安保理，イランの核開発制裁警告決議。12. イラク，フセイン元大統領の死刑執行 2007. 1. パレスチナ，挙国一致内閣発足。2. イラン，核技術保有を宣言。シリア，アサド大統領再選。5. 米・イラン，イラクの治安協議。6. ハマス，ガザ制圧。パレスチナ挙国内閣解散。7. トルコ総選挙，与党圧勝。8. イラク北部で，同時自爆テロ500人死亡。トルコ大統領選，与党のギュル当選。イラク難民約220万人。10. イラク，治安状況改善	2006. 5. スーダンの内戦止まず，政府は国連やNGOの入国を拒否。8. コンゴ，大統領選紛争により延期。エジプト，ナギーブ・マフフーズ（1912〜，アラブ世界初のノーベル文学賞受賞） 2007. 1. ソマリア内戦にエチオピア軍介入，米軍も空爆。2. 米，アフリカ軍司令部創設。中国の胡主席，8カ国歴訪。4. アルジェリア，同時爆弾テロ続く。8. 国連スーダン・ダルフールにPKOとAU2万6000人派遣を決議。12. アルジェリア，国連施設にテロ37人死亡	2006. 1. 南アジア自由貿易圏(SAFTA)発効。7. インド，ヒマラヤ越えの中国貿易再開。インド，ムンバイで同時列車テロ。8. アフガニスタン，タリバン勢力復活。スリランカ，停戦崩壊。10. バングラデシュ，グラミン銀行と創設者ユヌスにノーベル平和賞。11. ネパール，内戦終結 2007. 7. パキスタン，モスクに立てこもる神学生ら制圧。インド，米と原子力協力協定締結に合意。12. パキスタン，元首相ブット暗殺	インドネシア，ジャワ島中部地震(M6.3) 6000人余死亡。東ティモール騒乱激化。7. インドネシア，ジャワ島南西沖地震(M7.7) 800人余死亡。国連安保理，東ティモール支援団派遣を採択。9. 米，ミャンマーの少数民族カレン人難民6000人の受け入れ表明。フィリピン，日本とFTA・EPAを締結。タイ，無血クーデター，タクシン政権崩壊。10. 豪，干ばつで小麦収穫量減。12. タイ，バンコクで同時多発テロ 2007. 1. ベトナム，WTOに加盟。3. 日豪「安全保障協力に関する共同宣言」署名。4. ソロモン諸島M8の地震。タイ，日本とEPAに署名。5. ブルネイ，日本とEPA署名。8. タイ，新憲法法案かろうじて承認。インドネシア，日本とEPA署名。9. ミャンマー，僧侶らも加わり大規模デモ，日本人カメラマン銃撃死。11. オーストラリア労働党ラッド首相就任	2006. 1. 「農業税条例」廃止。「冰点週刊」停刊処分。2. ネット統制強化。台湾，統一綱領廃止。4. 胡主席，初の米国公式訪問。8. 地方政府の土地収用・使用権売却の厳正化指示。官民衝突・暴動1年で8万7000件余。9. 外国通信社の発信の管理規則を施行。10. 日中首脳会談 2007. 1. ミサイルで人工衛星破壊実験成功。4年連続2桁経済成長。モンゴル，日本と地下資源開発協力強化声明に署名。「物権法」「企業所得税法」成立。4. 米，知的財産権保護不十分とWTOに提訴。6. 初の温暖化対策を公表。7. 食品薬品管理局長，新薬承認の収賄罪で死刑執行。8. 中国製品への不安，各国に拡がる。「独占禁止法」「突発事件対応法」成立	2006. 2. マカオの銀行，朝鮮の全口座閉鎖を発表。5. 南北縦貫鉄道の試運転中止。韓国，統一地方選で与党惨敗。7. 朝鮮，ミサイル7発発射。国連安保理，ミサイル発射非難決議。8. タイで，「脱北者」175人拘束。9. 日本，対朝鮮金融制裁発動。10. **朝鮮，地下核実験実施。**日韓首脳会談。国連安保理，対朝鮮制裁決議採択 2007. 2. 6カ国協議で朝鮮の核施設停止を合意。3. マカオの凍結資金，全額返還で米朝合意。4. 韓国，米とFTA合意。5. 南北直通列車を56年ぶりに試運転。6. 朝鮮，IAEAを招請。アフガニスタンで韓国人拉致。8. 朝鮮，集中豪雨で数十万人被災，WFP援助。10. 盧武鉉韓国大統領訪朝，南北首脳会談	2006. 1. ライブドア社の捜査開始により東証，株式売買全面停止。7. ゼロ金利政策，5年4カ月ぶりに解除。陸自，イラク撤収完了。8. 首相，初の中央アジア訪問，カザフスタンとウラン鉱山開発等覚書交換。9. 安倍晋三内閣発足。12. 教育基本法改正法，防衛庁の省昇格法成立 2007. 1. 厚労省，実質賃金0.6%減と発表。2. 公的年金保険料納付記録5000万件の不明発覚。4. 日米印，初の海上訓練。5. 国民投票法成立。過労自殺者，過去最多。改正裁判員法成立。7. 参院選，自民党大敗。8. 74年ぶりの猛暑。9. 安倍首相，辞任。月探査衛星「かぐや」打上げ成功。福田康夫内閣発足。11. 山中教授ら，iPS細胞作製に成功	2005	

自由貿易協定(FTA)＝WTOは世界全体の貿易を自由化するルールを定める国際機関であるが，WTOの加盟国が増し，交渉が複雑になるなか，FTAは特定の国相互や地域の間で輸出入の際の関税・規制などを取り除き，物品やサービスの行き来(貿易)を自由にすることを目指す協定。世界各地でFTAの締結は激増している。近年は投資，人の移動など貿易以外も含めたつながりを強めようとする動きが増えており，**EPA**(経済連携協定)とも呼ばれる。

〔48〕

大勢	年代	国際関係(国際機構含む)	南北アメリカ大陸	西ヨーロッパ				東ヨーロッパ	
			アメリカ合衆国	イギリス	フランス共和国	ドイツ連邦共和国	南欧北欧諸国	東欧諸国	ロシア連邦・CIS
地球世界の危機／格差進行（自然・人口・資源・感染症・財政・政治）／米国パワーの衰退	2008	2008. 3. 日米欧，WTOで中国の「新強制認証制度」に懸念。4. 北京五輪の聖火リレー，各国・各地で混乱。5. クラスター爆弾禁止条約成立。6. ローマで食糧サミット。7. EU，移民管理を厳格化した協定合意。第34回サミット(日本・洞爺湖) 28カ国参加。石油高騰，1バレル＝147ドルに。ロシアと中国，全国境画定。WTO，多角的貿易交渉決裂(農業問題でアメリカとインド・中国と対立)。9. 米印原子力協定を原子力供給国グループ承認。**米投資銀行リーマン・ブラザーズ破綻**。世界同時株安，**金融危機深刻**。10. IAEA会場で「原子力見本市」。各国公的資金導入。11. G20金融サミット(ワシントン)。12. 日中韓，初の首脳会議 2009. 4. 第2回G20金融サミット(ロンドン)。NATO首脳会議「アフガン宣言」採択。**米大統領「核のない世界をめざす」演説**(プラハ)。6. WHO，新型インフルエンザの世界的大流行「フェーズ6」宣言。国連安保理，朝鮮の2度目の核実験に制裁決議。BRICsの4カ国，初の首脳会議。7. 第35回サミット(イタリア・ラクイラ)米中，初の「戦略・経済対話」。9. 国連気候変動サミット。**安保理首脳会合，「核なき世界」初決議**。第3回G20金融サミット(ピッツバーク)。10. ASEAN首脳会議(タイ)。パキスタン，国連機関に自爆テロ。アフガニスタン，タリバンが国連施設襲撃。ギリシアの財政赤字発覚からユーロ通貨危機。12. COP15 2010. 4. 米露両大統領，新核軍縮条約調印。5. NPT再検討会議，行動計画採択，イスラエルを核保有国と認識。6. 国連安保理，4回目の対イラン制裁決議採択。第36回サミット，第4回G20金融サミット(カナダ・ムスコカ)。10. 国連環境計画「生態系が失われる経済価値は，年5兆ドル」と指摘。COP10「名古屋議定書」。11. 第5回G20金融サミット(ソウル)。12. COP16(メキシコ・カンクン)	2001～2008　ジョージ・ブッシュ(共和党) 2008. 1. 大統領，イラク政策転換。謝罪と共に増派を宣言。政府・議会，約16兆円の緊急経済対策で合意。2. ▽キューバ，カストロ議長引退。実弟のラウル・カストロ選出。3. ▽パラグァイ大統領選，野党中道左派連合フェルナンド・ルゴ当選。6. 最高裁，銃規制を違憲と判決。7. 外国情報監視法成立。9. カリブ海から大型ハリケーン接近，300万人避難。10. 金融安定化法(約75兆円の公的資金で不良資産を買い取る制度の創設)成立。12. 初のゼロ金利政策。▽「中南米・カリブ海連合」創設で合意 2009～2016　バラク・オバマ(民主党) 2009. 3. ▽エルサルバドル大統領選，左派マウリシオ・フネス当選。6. GM破綻。金融規制改革案発表。マイケル・ジャクソン(1958～，歌手)。「米クリーンエネルギー・安全保障法」下院で小差可決。▽ホンジュラス，クーデターで混乱。9. 失業率9.7％。対中タイヤ緊急輸入制限措置表明。CTBT発効促進会議に10年ぶり復帰。10. オバマ大統領にノーベル平和賞。アフガン駐留米兵279人死亡。11. オバマ大統領アジア歴訪 2010. 1. ▽ハイチ，M7.0の地震。20万人余死亡。台湾への武器売却表明。▽チリ，M8.8の地震，死者800人余。3. 医療保険法成立。4. 第1回核安保サミット。メキシコ湾沖海底で石油掘削施設爆発(9. 油井完全封鎖)。5. 国家安全戦略，朝鮮とイランの核拡散防止を最優先課題に。8. イラクでの戦闘任務終了宣言。10. ▽チリ，鉱山落盤事故，70日ぶりに全員救出。▽ブラジル大統領，ジルマ・ルセフ。11. 中間選挙与党(民主党)大敗。内部告発サイト「ウィキリークス」，外交公電公開開始	1952～2022　エリザベス2世 2008. 5. 統一地方選挙，与党労働党敗北。6. アイルランド，国民投票でリスボン(EU新基本)条約否決。8. リスボン条約批准 2009. 3. イングランド銀行政策金利0.5%。10. 上院から分離して最高裁誕生。アイルランド，「リスボン条約」再投票で批准承認，EU統合加速 2010. 5. 下院選挙，労働党惨敗。保守党党首キャメロン，首相に就任，自由民主党と連立。12. アイルランド，EUとIMFより9.5兆円規模の緊急支援	2007.5.～12. ニコラ・サルコジ 2008. 3. 統一地方選，野党社会党躍進。7. 「地中海のための連合」(43の国と地域)発足。9. インドと原子力協力協定締結。10. ル・クレジオにノーベル文学賞 2009. 2.～4. イタリア，チュニジアと原子力協定締結。3. NATO軍事機構に完全復帰。9. 炭素税導入発表。10. レヴィ＝ストロース(1908～，文化人類学者) 2010. 8. ロマ人キャンプ一斉摘発。9. 年金改革抗議全国スト200万人余参加。10. 公の場でブルカ・ニカブの着用禁止法案可決	2004. 5.～10.　ホルスト・ケーラー 2008. 1. 福田首相，訪問。7. イラクのマリク首相と投資，経済関係の強化で一致。9. 「反イスラム化国際会議」，市民の実力行使で中止。【オーストリア】9. 総選挙で社会民主党辛勝，極右自由党躍進 2009. 7. ドレスデンの法廷でスカーフを被っていたイスラム女性刺殺される。9. 総選挙，社会民主党大敗し，大連立解消。10. ヘルタ・ミュラーにノーベル文学賞。11. ベルリンの壁崩壊20年式典 2010. 6.～12.　クリスチャン・ヴルフ 2010. 6. 2020年以降は財政赤字を禁止する財政規律法成立。9. 連銀理事ザラツィン氏，イスラム系移民やユダヤ人に対する差別発言で解任。原子力発電所の全廃計画，平均12年稼働を延長	2008. 4. イタリア，中道右派ベルルスコーニ首相就任。6. スイス，28年ぶり電力会社が原発建設申請。9. フィンランド，学校で銃乱射10人死亡。10. アイスランド非常事態宣言，全銀行の国有化 2009. 4. イタリア中部地震M6.3，300人弱死亡。6. 欧州議会選，中道左派議席減。8. 欧州中央銀行主要政策金利1%。9. スペイン，失業率18%。ギリシャ総選挙，5年ぶり，中道左派勝利。10. EU農民乳価下落に抗議。11. 初代EU「大統領」にファロンパイ選出 2010. 2. ギリシャ，財政緊縮策に130万人デモ。5. ユーロ圏・IMF，ギリシャに協調融資。6. オランダ下院選，中道右派が第1党，移民排斥を訴える党は第3党。ベルギー総選挙，北部分離独立をめざす同盟が第1党	2008. 1. スロヴェニア，EU議長国。2. コソボ，独立宣言。4. クロアチアとアルバニア，NATO加盟。5. セルビア議会選，親EU派が第1党。7. ボスニア紛争時の最高指導者カラジッチ被告拘束，国際法廷に起訴 2009. 1. スロヴァキア，ユーロ流通開始。8. ラトビア，財政破綻危機。9. ポーランドで第2次世界大戦70周年記念式典，スターリンの評価で対立。米，ポーランドとチェコのMD配備計画撤回。ユネスコ事務局長にブルガリアのイリナ・ボコヴァ 2010. 4. ポーランド，政府専用機墜落，大統領ら全員死亡。7. ポーランド，米とMD配備計画合意。10. ハンガリー，アルミ工場の有害汚泥ドナウ河へ流失	2008. 4. 大統領，米大統領と「戦略的枠組み宣言」。ウクライナ，WTO加盟。 2008. 5.～12. メドベージェフ 5. 首相にプーチン前大統領。8. ソルジェニツィン(1919～，ノーベル賞作家)。グルジア紛争，避難民19万人。ロシア，南オセチアとアブハチアの独立を承認。9. EU停戦監視団，グルジアに派遣。12. ガス輸出国機構発足。 2009. 1. ウクライナ経由の欧州行き天然ガス輸送一時停止。7. 米と新核軍縮条約枠組みで合意。8. 首相，トルコ訪問し原子力協力協定に署名。9. 治安当局が許可した電話傍受は上半期で6.5万件。西部へのMD配備撤回表明。10. ウクライナ国営ナフトガス，債務不履行 2010. 2. ウクライナ大統領に親ロシア派ヤヌノコビッチ。6. キルギス南部，ウズベキスタン系住民10万人がウズベキスタンへ避難。7. カザフ，ベラルーシと関税同盟。8. 異常乾燥，森林・泥炭火災。干ばつ，穀物輸出禁止。11. メドベージェフ大統領，国後島訪問
	2010	2011. 1. 米中首脳会談(ワシントン) 41項目の共同声明。3. 国連安保理，リビア上空飛行禁止空域を設け，多国籍軍・NATO軍空爆。4. 第3回BRICSサミット(中国・海南島)。5. ビンラーディン殺害への報復相次ぐ。米中，軍トップ交流(ワシントン)。第37回サミット(仏・トービル)。米中第1回アジア・太平洋協議(ホノルル)。10. ユーロ圏(17カ国)首脳会議，ギリシャ国債の債務50％減，欧州金融安定基金106兆円に拡大。ユネスコ，パレスチナの加盟承認(米，拠出金停止)。世界人口，70億人突破。11. 第6回G20金融サミット(カンヌ)。COP17(南アフリカ共和国・ダーバン)。京都議定書を延長 2012. 3. 第4回BRICSサミット(インド・ニューデリー)。5. 第38回サミット(米・キャンプデービッド)。6. 第7回G20金融サミット(メキシコ・ロスカボス)。10. フェイスブック利用者世界で10億人を超える。EUにノーベル平和賞。11. ASEAN首脳会議(カンボジア・プノンペン)，初「人権宣言」採択。東アジア地域包括的経済連携。COP18（カタール・ドーハ) 2013. 6. 米，イラン通貨の取引禁止。CIA元職員，米国家安全保障局の情報管理をリーク。第39回サミット(英・ロックアーン)。9. 第8回G20金融サミット(サンクトペテルブルク)。10. 化学兵器禁止機関(OPCW)にノーベル平	2011. 1. 国防費，5年間で約15兆円節減計画発表。大統領一般教書演説，雇用・景気の回復強調。4.～5. 南部で巨大竜巻，450人余死亡。5. ▽ペルー大統領選，左派のウマラ当選。8. 債務上限法成立。国債，史上初格下げ。9. 「ウォール街を占拠せよ」運動始まる。10. スティーブ・ジョブズ(1955～，アップル創業者) 2012. 6. ▽パラグアイ，ルゴ大統領罷免，フランコ大統領就任。7. ▽メキシコ，エンリケ=ペニャニエト大統領当選。8. 火星探査車，着陸成功。ニール・アームストロング(1930～，アポロ11号船長)。過去50年最悪の干ばつで穀物価格高騰。10. 大型ハリケーン「サンディ」被害4兆円。11. オバマ大統領再選。NASA，水星に氷発見。12. コネチカット州小学校で銃乱射 2013. 1. 「財政の崖」回避法案。2. グアム無差別襲撃，日本人14人死傷。4. ▽ベネズエラ，マドゥロ大統領。ボストン・マラソンでテロ。▽パラグアイ，オラシオ・カルテス大統領。5. オクラ	2011. 8. 警官による黒人射殺抗議の暴動，各地に拡大。9. 大衆紙，組織的盗聴事件で廃刊 2012. 5. 英王位継承が男女同権に。6. エリザベス女王即位60年式典。7. ロンドン五輪。10. ホブズボーム(1917～，歴史家) 2013. 4. マーガレット・サッチャー(87，元首相)。10. 原発新	2011. 8. 大統領，独首相と「ユーロ圏経済政府」構想発表。大統領訪日。9. リビア関係国復興会議(英仏主催) 2012. 3. 連続銃撃事件 2012～2017　フランソワ・オランド 9.～10. 富裕層への増税政策，資産家や著名人の海外移住 2013. 1. 北アフリカのマリ共和国に軍事介入，テロ掃討作戦。4. 同性婚法	2011. 3. 州議会選，反原発の90年連合・緑の党が躍進。緑の党，初の州首相の座に。5. 首相「より安全なエネルギー供給に関する倫理委員会」を設置，22年までに国内の全原発を閉鎖する法案を閣議決定 2012～2017　ヨアヒム・ガウク 5. フィッシャー=ディースカウ(1925～，バリトン歌手) 9. ドイツ政府，割礼合法化へ 2013. 2. オトフリート・プロイスラー(1923～，児童文学作家)。9. ドイツ連邦議会選。10. 米によるメルケル首相の電話盗聴疑惑。11. ナチス略奪の絵画1400点発見	2011. 5. スイス，34年までに原発全面停止発表。6. イタリア，原発国民投票，反対多数。7. ノルウェー，反イスラムの連続テロ90人余死亡。10. ギリシャ，政府の緊縮策にゼネスト。11. スペイン野党の国民党大勝で政権交代。12. ベルギー，ディルポ連立政権 2012. 5. スペインでゼネスト。6. ギリシャ，三党連立政権発足。11. ギリシャ財政緊縮策，抗議デモ10万人。欧州23カ国で同時デモ 2013. 2. イタリア総選挙。 2013. 3.～　教皇フランシスコ 2013. 4. オランダ，ウィレム=アレクサンダー国王。5. ス	2011. 4. クロアチア，セルビア人の殺害と追放罪のゴドビナの逮捕に数千人抗議デモ。5. ルーマニア，MD設置合意。セルビア，民族大虐殺で起訴のムラディッチ被告拘束，1万人抗議デモ 2012. 1.～ルーマニア，財政緊縮に対する反政府運動。5. セルビア大統領選，極右の野党ニコリッチ当選。ハンガリー，アーデル・ヤーノシュ大統領 2013. 1. チェコ大統領選，ミロシュ・ゼマン。7. クロアチアEUに加盟	2011. 1. 空港で自爆テロ，チェチェン共和国のサイトに犯行声明掲載。4. カザフスタン大統領選現職ナザルバエフ圧勝。6. 上海協力機構欧州MDに反対する「アスタナ宣言」採択。9. CIS，20周年記念首脳会議開催。極東ガスパイプライン開通。11. ロシア・グルジア2国間交渉。12. ロシア下院選不正疑惑 2012. 5.～　ウラジーミル・プーチン 2012. 7. メドベージェフ首相，国後島訪問。ロシア南部で洪水，170人以上死亡。8. ロシア，WTO加盟。9. CIS自由貿易協定，ロシア・ベラルーシ・ウクライナで発効。12. ロシア寒波で100人以上死亡 2013. 2. ウラル地方に隕石落下。8. 世界陸上(モスクワ)。ロシア極東で洪

G20首脳会合(金融サミット)=2010年より常設に。G8＋中・印・ブラジル・南ア・メキシコ＋アルゼンチン，インドネシア，韓国，サウジアラビア，オーストラリア，EU，トルコの20カ国の国と地域で構成。経済規模は，世界全体の8割以上。**BRICs**=ブラジル，ロシア，インド，中国　**CEPA**=包括的経済連携協定　**CTBT**＝包括的核実験禁止条約　**ISAF**=国際治安支援部隊　**IAEA**=国際原子力機関　**MD**=ミサイル防衛システム

中東(西アジア)	アフリカ	南アジア	東南アジア・オセアニア	東アジア 中華人民共和国	東アジア 朝鮮・韓国	東アジア 日本	年代	大勢
2008. 1. イスラエルによる経済封鎖下のガザ，数万人壁突破エジプトへ。2. トルコ，大学でスカーフ着用を認める憲法改正。3. ユダヤ人神学校で銃乱射。6. ガザで停戦発効。7. イラン，ミサイル実験。イスラエル，レバノン人捕虜をヒズボラに返還。トルコ同時テロ。9. イスラエル，オルメルト首相辞任(06.5～)。11. イラク議会，米軍地位協定を承認。12. イスラエル，ガザに空爆と地上進攻，1300余人死亡 2009. 2. イラク地方選，マリキ首相派(シーア派穏健派政党連合)勝利。6. オバマ米大統領，「イスラムと和解」(対テロ戦争終結)エジプトで演説。イラン大統領，アフマディネジャド再選，抗議行動も。7. イラク駐留多国籍軍撤退。米軍13万人在留。8. イラク，連続テロ。イラン，第2のウラン濃縮施設建設発覚。短・中距離ミサイル試射。10. トルコとアルメニア国交樹立協定調印。12. イラク，政府庁舎へ爆弾テロ，アルカイダ犯行声明。UAEのアブダビ首長国，初の原子力発電所建設を韓国企業に発注 2010. 3. イラク議会選，世俗派スンニ派のアラウィ元首相派辛勝(11. 挙国一致で合意，マリキ首相続投)。イスラエル軍，ガザ地区への国際支援船急襲，国連議長非難声明。8. イラク駐留米軍，戦闘部隊撤退。イラン初のブシュール原子力発電所にロシアから核燃料搬入。9. 中東和平直接交渉再開	2008. 1. ケニア，キバキ大統領再選，暴動で1500人死亡，避難民30万人。5. 横浜市で第4回アフリカ開発会議。6. ジンバブエ，ムガベ大統領5選。9. ICC，スーダンのバシル大統領の逮捕状請求。カーボヴェルデ，WTO加盟。12. ギニア，クーデター，カマラ暫定大統領就任。ガーナ大統領選，野党・国民民主会議ミルズ当選 2009. 2. ジンバブエ，連立政権発足。失業率9割。3. ギニアビサウ，ヴィエイラ大統領射殺。マダガスカル，大統領辞任。亡命野党ラジョエリナ就任，混乱続く。○ソマリア沖海賊行為激化。5. 南ア大統領与党ANC議長ズマ就任。失業率23％。○ケニア，この10年で最悪の干ばつ 2010. 4. スーダン選挙，主要政党ボイコット。オマル・バシール大統領再選。6.～7. サッカーW杯南ア大会。7. ウガンダ，同時多発テロ，80人死亡，プラスチック爆弾使用。8. 南ア公務員スト，長期化	2008. 3. ブータン，初の国民議会選挙。5. アフガン治安悪化。7. ネパール，王制廃止。8. ネパール・インド，洪水200万人被災。9. パキスタン，サルダリ大統領選出。印・パ，テロ相次ぐ。米，パキスタンを空爆。11. インド，ムンバイで同時多発テロ。12.インド，露大統領と原発建設と防衛協力拡大合意 2009. 3. インドのタタ自動車，低価格小型車発売。米大統領，アフガン新戦略発表。5. インド総選挙，与党大勝。スリランカ，内戦終結宣言。7. インド，米と原発建設と兵器輸出協定合意。9. アフガン，ISAFの空爆で死者多数 2010. 1. パキスタン北西部自爆テロ，90人余死亡。アフガン首都，タリバンによる同時テロ。7. アフガン支援国際会議。8. パキスタン，洪水被災者約2000万人，国土の2割に拡大。9. ア	2008. 1. タイ首相にサマック就任。2. 東ティモール，ホルタ大統領襲撃される。3. マレーシア総選挙，与党連合後退。5. ミャンマー，大型サイクロンで死者等22万人余。国際社会からの支援拒否。新憲法国民投票で成立。6. カンボジア，下院選で人民党が勝利宣言。9. タイ，首相にソムチャイ選出。11. ニュージーランド，総選挙で中道右派国民党9年ぶりに勝利，首相にキー党首就任。タイ，反タクシン派が空港閉鎖。12. タイ，反タクシン派ウェートチャーチーワ首相就任 2009. 2. オーストラリア，記録的熱波による山火事。カンボジア，ポル・ポト派特別法廷開廷。4. タイのタクシン派デモ隊会場乱入でASEAN＋日中韓首脳会議中止。7. ジャカルタ高級ホテルで連続自爆テロ。8. ミャンマー，民主化指導者スーチー氏に有罪判決。ASEAN，インドとFTA締結。9. オーストラリア・シドニーで70年で最悪の砂嵐。フィリピン，台風直撃100万人被災。サモア，M8.0の地震で津波発生。インドネシア，スマトラ地震M7.6，死者・行方不明1115人 2010. 3. ミャンマー軍政，政党登録法公表。スーチー氏を総選挙から排除。4.～5. タイ，バンコクでタクシン派と治安部隊の衝突。フィリピン，大統領にベニグノ・アキノ。6. オーストラリア，ラッド退陣しギラード首相就任。9. ミャンマー軍政トップ，訪中し胡錦濤と会談。11. ミャンマー，スーチー氏釈放される	2003. 3.～13　国家主席胡錦濤 2008. 1.～5. 火力発電所を868基閉鎖。1. 労働契約法実施。外資優遇税制の撤廃。3. チベットで暴動。台湾総統に国民党馬英九。5. 四川大地震，M8.0，9万人弱死亡。台湾旅行の全面解禁。深圳に政治腐敗防止の「政治特区」。6.～8. 各地で警官・庁舎・バスなどの襲撃爆破相次ぐ。7. モンゴル総選挙で非常事態宣言。8. 北京五輪。循環経済促進法採択。9. 粉ミルクのメラミン混入禍で禁輸も拡大。10. 農地使用権の流通容認。11. 台湾陳前総統，機密費着服等で逮捕 2009. 1. 海賊対策で海軍をアデン湾周辺に派遣。2. 出稼ぎ労働者2千万人失業。7. 個人観光ビザ受付開始。新疆ウイグル自治区で住民と警官衝突，多数死亡。胡主席サミット途中帰国。8. 陳情のための上京禁止令発布。台湾，記録的豪雨で600人余死亡，内閣総辞職。10. 建国60周年軍の近代化誇示 2010. 3. インターネット検索大手グーグル，中国本土から撤退。4. 青海省チベット族自治州でM7.1の地震，2100人余死亡。5. 上海万博開催。6. 人民元の為替レートの弾力性を高めると発表。新世代農民工による賃上げスト相次ぐ。中台経済協力枠組み条約調印。8. 甘粛省チベット族自治州，土石流1200人余死亡。10. ノーベル	2008. 2. 韓国，国宝第1号の南大門焼失。韓国大統領に李明博就任。朝鮮，平壌でNYフィル公演。4. 韓国総選挙，与党ハンナラ党勝利。6.～7. 米国産牛肉輸入制限撤廃反対ろうそくデモ。6. 中朝首脳会談。7. 朝鮮兵，韓国女性旅行客を射殺。朝鮮，東南アジア友好協力条約に加盟。9. 朝鮮，核施設封印撤去。10. 米，朝鮮のテロ支援国家指定解除 2009. 4. 朝鮮，6者協議から離脱表明。5. 韓国，ASEANとFTA署名。朝鮮，2度目の核実験。7. 朝鮮，ミサイル7発連射。韓国大統領府，サイバー攻撃で数時間接続不能。8. 朝鮮金総書記，クリントン元米大統領と会談，拘束記者解放。韓国，インドとCEPA署名。金大中(1925～，元大統領)。9. 朝鮮，ウラン濃縮に成功と表明。.12 朝鮮，デノミ実施 2010. 5. 朝鮮金総書記，4年ぶり訪中，胡主席と会談。韓国，3月黄海での海軍哨戒艦沈没は北の魚雷攻撃と断定。6. 韓国統一地方選，与党大敗。9. 朝鮮，総書記三男金正恩を後継者に。11. 朝鮮，韓国の延坪島を砲撃。米韓，黄海で軍事演習。中国漁船，	2008. 1. 薬害肝炎救済法成立。中国製冷凍餃子に農薬検出。2. 護衛艦，漁船と衝突。3. ASEANとEPAに署名。5. 中国，胡主席訪日。宇宙基本法成立。6.「アイヌ民族は先住民族」と国会決議。秋葉原で通り魔事件。ハンセン病問題基本法成立。8. アフガンでNGO職員が拉致殺害。9. 事故米，大量に不正転売。麻生内閣発足。10. ノーベル物理学賞・化学賞に4氏が受賞。12. インド洋給油活動延長法成立。株価1年で42％下落 2009. 3. 定額給付金，全国民に支給。ソマリア沖海賊対策に海上保安庁と陸海空自衛隊派遣。4. 完全失業率5％越える。6. 海賊対処法成立。7. 改正臓器移植法成立。8. 衆議院選，自民党惨敗。**鳩山由紀夫(民主・社民・国民新連立)内閣発足**。玄海原子力発電所，初のプルサーマル発電開始。政府，デフレ宣言 2010. 3. 核持ち込み「密約」確認。子ども手当法成立。6. 菅直人内閣成立。9. 尖閣諸島をめぐり，日中間緊張。10. ノーベル化学賞に2氏が受賞。11. ロシア大統領国後島訪問。第22	2008 2010	中国の世界戦略進行／「アラブの春」／東日本大震災と原発事故の影響
2011. 1.～9. 各国民衆が，独裁政権に抗議(「アラブの春」非暴力・ネットで連絡) 4. パレスチナ，ファタハとハマスは暫定政権樹立で合意。8. イラク各地で連続テロ死者70人余。シリア，国連安保理議長声明で民衆弾圧を非難される。9. パレスチナ，国連加盟申請。10. トルコ，東部で地震M7.2，590人余死亡。12. 米軍，イラクから完全撤退。オバマ大統領，イラク戦争終結宣言。 2012. 2. 国連安保理で対シリア非難決議案否決。3. 韓国，UAEで石油開発権取得。9.～イスラム圏24カ国で米映画への抗議デモ。この年，イラク全土でテロ相次ぐ。シリア内戦，政府軍・反体制派の戦闘激化。イラン，EU・米による制裁強化で通貨暴落。11. イスラエル軍，ガザ大規模空爆。国連総会，パレスチナ国家格上げ。シリア，ダマスカス攻防戦激化 2013. 2. イラン大統領，エジプト訪問。3. キプロス財政危機，ユーロ圏17カ国支援合意。4. シリア，アサド側攻撃で市民多数死亡。5. クルド労働者党がトルコ退去。	2011. 1. チュニジア，政権崩壊。2. エジプト，ムバラク体制崩壊。4. ナイジェリア大統領選，暴動200人余死亡。7. 南スーダン共和国独立。8. リビア，カダフィ独裁体制崩壊。○ソマリア，75万人餓死寸前。ケニア，難民80万人流入。10. アフリカと中東の女性3人にノーベル平和賞 2012. 3. マリ共和国で軍事クーデター。エジプト，ムハンマド・モルシ大統領。AU(アフリカ連合)委員長にズマ南ア内相。8.～南ア鉱山を中心にスト拡大。リビア，米領事館襲撃，米大使ら殺害。12. エジプト新憲法 2013. 1. アルジェリア天然ガス関連施設で人質拘束，邦人10人死	フガン総選挙テロ続発(投票総数の23％無効) 2011. 5. パキスタン，米海軍特殊部隊等ビンラディンを殺害。7. アフガニスタン，駐留米軍10万のうち約3万人を来年までに撤退。8. インド，汚職反対デモ拡大 2012. 4. パキスタン刑務所384人脱走。インド・パキスタン，ミサイル実験。7. インド，プラナブ・ムカジー大統領。9. バングラデシュでイスラム教徒が仏教寺院を焼き打ち。12. インド，女子学生の集団強姦(13.9死刑判決) 2013. 5. パキスタン政権交代。7. パキスタン，マムヌーン・フセイン大統領。8.	2011. 2. ミャンマー，49年ぶりの議会招集。ニュージーランド，大地震M6.3，140人余死亡。5. ASEAN首脳会議，域内の原子力の安全性を求める議長声明。6. ベトナム，南シナ海で実弾演習。7. ASEAN外相会議，南シナ海問題について「深刻な懸念」表明。ミャンマー，スーチー氏と閣僚初会談。8. タイ，タクシン氏の妹インラック，初の女性首相。7.～11. タイ，大洪水で被害甚大 2012. 1. ミャンマー，恩赦で全政治犯釈放。3. インドネシアで燃料値上げ反対デモ。タイ南部で連続爆破テロ。4. タイ，法定最低賃金大幅引上げ。マレーシア数万人デモ，選挙制度改革を求める。5. 米，対ミャンマー経済制裁停止。6. タイ，インドとFTA発効。10. インドネシア全国で200万人ゼネスト。ノロドム＝シアヌーク(1922～，カンボジア前国王)。12. フィリピン台風 2013. 3. マレーシアでイスラム系武装集団が不法占拠。5. ミャンマーのテイン・セイン大統領，公式訪米。ミャンマー政府とカチ	平和賞，詩人・民主活動家で服役中の劉暁波。11. 上海で高層住宅火災，53人余死亡 2011. 1. GDP，日本を抜いて世界2位。2. ジャスミン革命封じ込められる。7. 高速鉄道追突事故，40人余死亡。8. 空母「ワリヤーク」大連で試験航行。中国公船2隻，尖閣島付近で日本の領海侵犯。9. 第1回中国・ユーラシア博覧会(ウルムチ)。独自報道の北京2紙，共産党の管理下に 2012. 1. 台湾総統に馬英九再選。4. 方励之(1936～，天安門事件指導)。6. 円と人民元の直接取引。7. 香港「国民教育」反対デモ。9. 尖閣諸島をめぐる反日デモ。日中国交40年式典中止。10. 莫言，中国籍初のノーベル文学賞 2013. 3.～　国家主席習近平 2013. 1. 南方週末社説書き換え事件。2012年経済成長率低下。○PM2.5による大気汚染が深刻化。4. 四川で地震，152万人被災。7. 甘粛省で地震，58万人被災。9. 台湾，ミサイル	韓国の警備艇に突っ込み衝突沈没 2011. 5. 朝鮮，総書記訪中し主席と会談，後継体制構築支援。7. 韓国，EUとFTA発効。8. 朝鮮，総書記訪ロ，大統領と首脳会談，ガス輸送事業合意。朝鮮，総書記訪中。10. 韓国，「朝鮮王室儀軌」日本より戻る。11. 米韓FTA可決。12. 朝鮮，金正日総書記死去 2012. 2. 朝鮮，ウラン濃縮一時停止，IAEA監視再開。**4. 金正恩，第一書記就任。** 5. 朝鮮，憲法に核保有明記。麗水国際博覧会。8. 韓国大統領，竹島上陸。9. 文鮮明(1920～，韓国，統一教会創始者)。12. 朝鮮，長距離弾道ミサイル発射 2013. 1. 安保理，朝鮮の制裁強化を決議。2. 朝鮮，3度目の核実験。韓国，朴槿恵が初の女性大統領に。3. 朝鮮，寧辺の核施設再	回APEC首脳会議(横浜) 2011. 1. 国債格下げ。**3. 東日本大震災**M.9津波最大18m，**福島第一原発事故**レベル7，死者・行方不明者約2万人。約20万人避難。5. ハーグ条約加盟を表明。7. 菅首相「脱原発」表明。サッカー女子W杯で初優勝。野田内閣発足。9. 台風12・15号，120人余死亡。10. 円が戦後最高値に(75.32円) 2012. 4. 英キャメロン首相訪日。5. 国内の全原発停止(大飯原発は7月に再稼働)。6. 東京電力実質国有化。8. 社会保障・税一体改革関連法が成立。シリアで邦人記者殺害。9. 尖閣諸島国有化。10. 山中伸弥，ノーベル医学生理学賞。11. 衆議院解散。12. **第2次安倍内閣** 2013. 1. 経済政策アベノミクス。○福島第一原発の汚染水問題。4. 閣僚靖国参拝，韓国外相が訪日中止。		

ソマリア沖海賊対策=インド洋と地中海を結ぶ要路，年間2万隻往来。ソマリア独立後も政治は混乱，無政府状態。船舶を獲物とする海賊行為が巨大ビジネス化，08年の身代金は108億円ともいう。周辺海域に25カ国が警備艦艇派遣。
NPT=核拡散防止条約。1970年発効。核軍縮を目的に，米・露・英・仏・中以外の核兵器の保有を禁止する条約。2008年現在190カ国締結。**COP**=締約国会議の略。国連の気候変動枠組み条約，生物多様性条約等がある。

〔49〕

大勢	年代	国際関係(国際機構含む)	南北アメリカ大陸	西ヨーロッパ				東ヨーロッパ	
			アメリカ合衆国	イギリス	フランス共和国	ドイツ連邦共和国	南欧北欧諸国	東欧諸国	ロシア連邦・CIS
EU離脱に向かうイギリス／アメリカ・ファーストの影響／世界で相次ぐテロ	2013 2015	和賞。11. COP19(ポーランド・ワルシャワ)。イランと欧米6カ国，イラン核開発協議で第一段階の合意 2014. 3. 南極海での日本の調査捕鯨中止。4. IPCC報告書公表。6. G7サミット(ベルギー・ブリュッセル)。7. EU，対ロ経済制裁。8. EU新大統領にポーランドのドナルド=トゥスク。9. ICPO，サイバー捜査機関を開設。国連気候変動サミット(ニューヨーク)。国連安保理，テロ目的渡航処罰を義務付け。11. APEC首脳会議(北京)。米中，温室ガス減の新目標。11. 第9回G20金融サミット(オーストラリア・ブリスベン)。12. COP20(ペルー・リマ) 2015. 1. 欧州中央銀行が量的金融緩和決定。2. 欧州委，温室ガス50年に10年比60％減を検討。6. G7サミット(ドイツ・エルマウ)。イスラム過激派組織ISILが4カ国同時テロ。7.イラン核協議，最終合意で経済制裁を段階的解除。9. EUが難民受け入れ案を発表。米中首脳，サイバースパイ禁止で合意。10. **TPP12カ国大筋合意**。11. 第10回G20金融サミット(トルコ・アンタルヤ)。対テロ戦宣言。COP21(フランス・パリ)	ホマで竜巻。6. ▽ブラジルで反政府デモ。米最高裁が結婚防衛法違憲判決。7. デトロイト市財政破綻。9. ボイジャー1号太陽系脱出。10. ▽インカ帝国の遺物2000点発見 2014. 3. ▽チリ，ミチェル・バチェレ大統領。▽ガルシア=マルケス(1928～，作家，コロンビア)。5. 米チームが岩石質惑星ケプラー10c発見。6. ▽W杯ブラジル大会，反対デモ。7. ミズーリ州で警察官が黒人青年射殺，暴動に発展。10. 米FRB，量的緩和の終了を決定。11. 米中間選挙で共和党過半数。▽メキシコで学生不明抗議の数万人デモ。12. 黒人圧迫死警官不起訴で全米で抗議デモ。NASA，宇宙船「オリオン」打ち上げ。アシュトン・カーター国防長官就任 2015. 1. 米，初の対朝鮮サイバー制裁。5. B.B.キング(1925～，歌手)。7. NASAの無人探査機が冥王星上空に接近。米・キューバ国交回復。▽9. コロンビア，ゲリラと和平合意。米下院議長辞任。▽10. カナダ政権交代。米海軍，南シナ海で中国主張の「領海」内航行。12. ゼロ金利政策解除	設30年ぶり合意。11. フレデリック・サンガー(1918～，ノーベル化学賞) 2014. 2. 英南部で洪水。3. アイルランド大統領が独立後初の訪英。リチャード・アッテンボロー(1923～，映画監督)。9. スコットランド独立住民投票で否決。11. スコットランド初の女性首相。 2015. 5. 英王女誕生。6. スコットランド選挙権16歳引下げ可決。10. 中国の原子炉技術を英に導入合意 2016. 1. デビッド・	成立。極右国民戦線が地方選勝利 2014. 3. アラン・レネ(1922～，映画監督)。.4 ジャック・ル・ゴフ(1924～，歴史学)。7. サルコジ前大統領，不正資金疑惑。10. パトリック・モディアノがノーベル文学賞 2015. 1. 連続テロ，フランス全土で反テロ行進。2. アルド・チッコリーニ(1925～，ピアニスト)。3. 仏南部で独旅客機墜落。11. パリ劇場などで同時テロ。仏，シリア領内IS拠点空爆	2014. 7. サッカーW杯ドイツ優勝。8.「イスラム国」に対抗し，イラク北部へ武器輸出決定。12. ドイツに統一後初の左派党州首相 2015. 1. ウルリヒ・ベック(1944～，社会学者)。ワイツゼッカー(1920～，元大統領)3. メルケル首相訪日。9. フォルクスワーゲン米国排ガス規制逃れ。12. ドイツ，対テロ部隊発足	ウェーデン，移民の暴動。7. ベルギー，フィリップ国王。9. ノルウェー政権交代。10. イタリアで反緊縮デモ相次ぐ 2014. 1. クラウディオ・アバド(1933～，指揮者，イタリア)。5. 教皇と総主教会談，共同宣言。6. スペイン新国王フェリペ6世 2015. 1. アニタ・エクバーグ(1931～，女優，イタリア)。ギリシャ政権交代，反緊縮。イタリア，セルジョ・マッタレッラ大統領。2. デンマークで連続テロ。6. ギリシャ資本規制で銀行閉鎖	2014. 2. ドブリツァ・チョシッチ(1921～，ユーゴスラビア初代大統領)。5. ヴォイチェフ・ヤルゼルスキ(1923～，ポーランド初代大統領)。6. ウクライナ，ペトロ・ポロシェンコ大統領。6. ウクライナ，EUと連合協定。7. ウクライナ正教会トップ死去 2015. 1. ジェリュ・ジェレフ(1935～，ブルガリア初代大統領)。8. セ	水。10. 路線バスで自爆テロ。11. ソユーズ宇宙船打ち上げ。グルジア，ギオルギ・マルグベラシビリ大統領。12. ロシア国営通信社解体。ロシアで連日自爆テロ 2014. 1. ラトビア初女性首相。2. ソチ五輪。ウクライナ政権崩壊。連立政権発足。3. ウクライナ，CIS脱退。ロシア，クリミア制圧。クリミア独立宣言。7. エドアルド・シュワルナゼ(1928～，グルジア元大統領) 2015. 4. マイヤ・プリセツカヤ(1925～，バレエ，ロシア)。7. ソユーズ打ち上げ。10. ロシア，シリア空爆。ノーベル文学賞にベラルーシのスヴェトラーナ・アレクシエ
		2016. 1. 米欧・国連，イラン制裁解除を発表。2. WHO，ジカ熱流行で緊急事態宣言。G20(中国・上海)。3. 核安全保障サミット(ワシントン)。4. **パナマ文書で各国首脳等のタックスヘイブン関与が暴露**。5. G7サミット(伊勢志摩)。9. 第11回G20金融サミット(中国，杭州)。国連総会で移民・難民サミット。国連安保理，CTBT(包括的核実験禁止条約)早期発効と，加盟国の核実験自粛を求める決議案を採決。10. 温暖化対策，パリ協定発効。11. COP22(モロッコ・マラケシュ)。**○世界各国で「ホームグロウン」型のテロ相次ぐ**。OPEC協調減産要請 2017. 1. 米，TPP永久離脱。不法移民対策でメキシコ国境に壁建設の米大統領令。4. G20(米ワシントン)。反保護主義へ合意。5. 世界99カ国で身代金ウィルスのサイバー攻撃が発生。G7首脳会議(イタリア・タオルミーナ)，テロ対策強化で合意。6. 米大統領，パリ協定離脱を表明。7. 日本とEUのEPA交渉，大枠合意。G20(ドイツ，ハンブルク)。9. 国連安保理，北朝鮮制裁決議。10. 核兵器廃絶国際キャンペーン(ICAN)にノーベル平和賞。11. COP23，パリ協定加速を決定。12. 米大統領，イスラエルの首都をエルサレムと承認 2018. 3. EU加盟国等20カ国以上がロシア外交官国外追放。4. 米英仏の3カ国がシリアを攻撃。5. 日中韓首脳会談，非核化で連携。6. 史上初の米朝首脳会談，朝鮮半島の「完全な非核化」取り組みを確認。7. 米EU首脳会談，新たな貿易協議で合意。10. 紛争下の性暴力に取り組む活動家2人にノーベル平和賞。12. G20(ブエノスアイレス)。日米印，初の首脳会談 2019. 2. 米朝首脳再会談，非核化合意に至らず。5. バーゼル条約の締約国会議，廃プラ世界規模での規制が採択。11. EU欧州議会に初の女性委員長。8. G7サミット(フランス，ビアリッツ)。9. 気候変動サミット。10. G20(ワシントン)。リブラ発行規制で一致。12.	2016. 1. マービン・ミンスキー(1927～，人工知能研究)。3. 米大統領，キューバ訪問。5. 米大統領，広島訪問。6. モハメド・アリ(1942～，元ボクシング王者)。▽ペルー，ペドロ・クチンスキ大統領。▽8. リオデジャネイロ五輪。▽9. コロンビア内戦終結。▽10. サントス大統領(コロンビア)ノーベル平和賞。ボブ・ディラン，ノーベル文学賞。11. **米大統領選，ドナルド・トランプ当選**。▽フィデル・カストロ(1926～，キューバ革命指導)。12. 安倍首相，真珠湾慰霊 2017. 1. 米司法省，入国禁止の大統領令停止。3. チャック・ベリー(1926～，ロック歌手)。▽ベネズエラ，最高裁が国会立法権を停止。▽コロンビアで土石流，死者300人超。▽パラグアイ憲法改正案，国会に放火。5. ▽ブラジル大統領に汚職疑惑。7. ▽ベネズエラ，新憲法制定めぐりデモ。10. ラスベガスで銃乱射，死者史上最悪。12. 法人税率大幅引き下げ 2018. 1. ル=グウィン(1929～，作家)。3. ▽ペルー，ビスカラ大統領。3. 鉄鋼・アルミニウム制裁関税。ロシア外交官ら60人国外追放。4. ▽キューバ，カストロ議長引退。5. 米，イラン核合意離脱。6. 米朝首脳会談。7. ▽メキシコ大統領選，左派ロペスオブラドール当選。8. ▽コロンビア，ドゥケ大統領。10. ▽ブラジル大統領選，極右のボルソナロ当選 2019. 1. ▽ブラジル，ボルソナロ新大統領。▽ベネズエラ，マドゥロ大統領2期目。2.▽エルサルバドル政権交代。8. ピーター・フォンダ(1940～，俳優)。イマニュエル・ウォーラーステイン(1930～，社会学)。11. 韓国人権法が成立	ボウイ(1947～，歌手)。6. イギリスの欧州連合離脱是非を問う国民投票，離脱支持側が勝利。7. 英キャメロン首相退任。テリーザ・メイ首相 2017. ○この年，車暴走などによるテロ多発。3. 英国，EU離脱通告。6. 英，総選挙。マイケル・ボンド(1926～，童話作家)。10. カズオ・イシグロ，ノーベル文学賞 2018. 3. 元情報機関員の暗殺未遂事件を巡りロシア外交官23人を国外追放。スティーヴン・ホーキング(1942～，物理学)。5. サセックス公爵ヘンリー王子結婚 2019. 6. メイ首相，EU離脱を巡る混迷のため保守党党首辞任。7. 新首相にボリス・ジョンソン就任	2016. 1. ピエール・ブーレーズ(1925～，現代音楽)。アンドレ・クレージュ(1923～，服飾デザイン)。7. ニースでトラック突入テロ。8. ソニア・リキエル(1930～，服飾デザイン) 2017. 3. ○大統領選候補の公金横領容疑。4. パリで警察官射殺事件，IS犯行声明。5. 大統領選，中道・独立系のエマニュエル・マクロン当選，史上最年少。7. ジャンヌ・モロー(1928～，女優) 2018. 1. ポール・ボキューズ(1926～，フランス料理)。7. W杯20年ぶり優勝。10. シャルル・アズナヴール(1924～，シャンソン)。11. フランシス・レイ(1932～，作曲) 2019. 4. ノートルダム大聖堂火災。9. ジャック・シラク(1932～，元大統領)	2016. 3.【オーストリア】ニコラウス・アーノンクール(1929～，指揮者)。ハンス=ディートリヒ・ゲンシャー(1927～，元外相)。7. ミュンヘンの商業施設で銃乱射事件。12. オーストリア大統領選，左派ファン・デア・ベレン当選。ベルリンでISのトラック突入テロ 2017. 4. ドイツ，ドルトムントのバス爆発事件。6. ヘルムート・コール(1930～，元独首相)。 2018. 3. ドイツ社会民主党，キリスト教民主・社会同盟と連立継続。第4次メルケル政権。10. メルケル首相，CDU党首辞任を表明 2019. 4. ギリシャ，ドイツに第2次世界大戦での賠償金請求を可決。9. ルディ・グーテンドルフ(1926～，サッカー監督)	2016. 2. ウンベルト・エーコ(1932～，記号論，イタリア)。3. ベルギーで同時テロ。4.「パナマ文書」報道でアイスランド首相辞任。6. ローマ，初の女性市長。8. ダリオ・フォ(1926～，ノーベル文学賞，イタリア)。 2017. 2. ディック・ブルーナ(1927～，絵本作家，オランダ)。6. アイルランド新首相，最年少で同性愛者。8. スペイン，バルセロナでISの連続テロ。10. スペイン，カタルーニャ自治州独立の住民投票，賛成90％ 2018. 3. イタリア総選挙でEU懐疑派政権が誕生。5. ノーベル文学賞選考見送り。11. ベルナルド・ベルトルッチ(1941～，映画監督，イタリア) 2019. 2. マッチ・ニッカネン(1984～，ノルディックスキー，フィンランド)。7. ギリシャ総選挙，政権交代へ	ルビア・コソボ首相会談，関係正常化合意 2016. 2. ポーランド，チェコなど6カ国首脳会議，EUへ難民政策見直しを求める。10. アンジェイ・ワイダ(1926～，映画監督，ポーランド)。12. マケドニア政権交代 2017. 4. ハンガリー，オルバン政権強権化。6. セルビア新首相，初の女性で同性愛者 2018. 4. ハンガリー総選挙，与党圧勝。6. マケドニア，国名を北マケドニア共和国とすることでギリシャと合意。11. ジョージアで初の女性大統領 2019. 1. 北マケドニア共和国が成立。5. ウクライナ，ゼレンスキー大統領。7. コソボのハラディナイ首相が，裁判所に召喚され辞任	ービッチ 2016. 3. ロシア主要部隊，シリア撤収。7. ソユーズ打ち上げ成功。○ロシアの国主導ドーピングが問題化。9. イスラム・カリモフ(1938～，ウズベキスタン大統領)。12. ロシア，プーチン首相訪日，協同経済活動の交渉開始で合意 2017. 4. ロシア，サンクトペテルブルクの地下鉄で爆発テロ。5. トランプ米大統領，ロシア癒着疑惑 2018. 2. ロシア，ドーピング問題で個人資格の選手を除き，平昌冬季五輪不参加。3. プーチン大統領4選。米欧22カ国がロシア外交官らを国外追放。6. ゲンナジー・ロジェストベンスキー(1931～，指揮，ロシア)。12. リュドミラ・アレクセーエワ(1927～，活動家，ロシア) 2019. 6. カザフスタンで大統領選が行われ，前大統領の後継トカエフが当選

〔49〕

年代	中東(西アジア)	アフリカ	南アジア	東南アジア・オセアニア	東アジア　中華人民共和国	東アジア　朝鮮・韓国	東アジア　日本	大勢
2013	トルコ反政府デモ。6. シリア世界遺産，危機遺産に。7. イラクで宗教抗争激化。8. イラン，ハサン・ロウハニ大統領。アフガン東部・パキスタンで洪水。シリア，アサド政権が毒ガス使用 2014. 5. アフガニスタンで地滑り。6. シリア，アサド大統領3選。イラク過激派，「イスラム国」樹立宣言。7. イスラエル軍とハマスの衝突。8. 米がイラク空爆。「イスラム国」が異教徒迫害。トルコ，レジェップ・タイイップ・エルドアン大統領。9. イラク，アバディ政権。米，「イスラム国」空爆。アフガニスタン，アシュラフ・ガニ大統領。アラル海消滅 2015. 1. サウジアラビア国王死去。サルマン新国王。イエメン政権崩壊。3. イスラエル総選挙。7. イラン核問題，「包括的共同行動計画」で最終合意。タリバン最高指導者オマル師の死亡(2013年)が判明。8. ISIL，パルミラ遺跡爆破。10. トルコ首都で爆破テロ。アフガンで地震。11. トルコ，露軍機を撃墜。12. サウジアラビア，初の女性参加選挙	亡。7. エジプト，モルシ大統領解任。12. ネルソン・マンデラ(1918〜，南ア元大統領) 2014. 1. 南スーダン停戦合意。4. ナイジェリア女子高生誘拐。6. エジプト，サイード・シシ大統領。○西アフリカでエボラ出血熱流行。ナディン・ゴーディマ(1923〜，ノーベル賞作家，南ア)。8. リビア内戦。10. ザンビア大統領死去。ブルキナファソでクーデター。11. チュニジア大統領選 2015. 3. チュニジア博物館で過激派テロ。4. ケニアで過激派集団が大学襲撃。10. チュニジア国民対話カルテットにノーベル平和賞。11. マリでイスラム過激派グループが高級ホテル襲撃	インド軍事衛星打ち上げ成功。9. パキスタンで地震。11. インド，火星探査機打ち上げ。モルディブ，アブドラ・ヤミーン大統領 2014. 2. インドで大気汚染深刻。5. インド総選挙で人民党。10. パキスタンのマララ・ユスフザイ，史上最年少ノーベル平和賞。スリランカで大規模地滑り。12. パキスタンでタリバンが銃乱射，148人死亡 2015. 1. スリランカ政権交代。4. ネパール地震，死者8000人超。5. インド熱波，死者90年以降最悪。6. パキスタンで記録的な熱波，死者多数。9. ネパール新憲法公布。12. インド首相，パキスタン訪問	ン独立機構が停戦合意。9. オーストラリア政権交代。フィリピン，武装集団が国軍と交戦。10. ボー・グエン・ザップ(1911〜，ベトナムの将軍)。フィリピン地震M7.1。11. フィリピン台風で被害甚大 2014. 1. タイで首相派と反政府派の対立続く。2. インドネシア，スマトラ島・ジャワ島で噴火。3. マレーシア航空機，行方不明。5. タイ首相が高官人事の憲法違反で失職。タイ軍クーデター。7. 日本・オーストラリアEPA合意。マレーシア航空機墜落。インドネシア，ジョコ=ウィドド大統領。8. カンボジア，ポルポト幹部に終身刑。11. タイ警察が内部汚職摘発。12. インドネシアでエアバス墜落 2015. 3. バヌアツでサイクロン。リー・クアンユー(1923〜，シンガポール「建国の父」)。ミャンマー停戦草案合意。5. 無国籍少数民族ロヒンギャ難民が問題化。8. タイ，バンコクで爆破テロ。9. オーストラリア首相，マルコム・ターンブルに交代。○インドネシア森林火災が問題に	実射公開。10. 共産党政治局員薄熙来，無期判決。天安門テロ。11. 東シナ海に防空識別圏設定。12. 中国，探査機月面着陸 2014. 4. 南シナ海で中国，フィリピン対立緊迫。5. 米司法省がサイバー攻撃で中国人民解放軍の将校5人を起訴。中国が南シナ海で石油採掘，ベトナムで反中デモ。8. 中国雲南省で地震。9. 香港で民主派デモ。11. モンゴル不況，首相辞職。12. 台湾，内閣総辞職。台湾，馬英九主席が辞任 2015. 2. 台北旅客機墜落。5. 中韓FTA署名。6. 458人乗り客船転覆。8. 天津浜海新区倉庫で爆発。9. 抗日戦争勝利記念日で初の軍事パレード。10. 屠呦呦，中国初のノーベル自然科学賞。「南京大虐殺」資料が世界記憶遺産に登録。国家主席訪英，経済関係強化。一人っ子政策廃止。中国国家主席・台湾総統，中台分断以降初の会談。12. 中国，反テロ法成立	稼働。朝鮮，韓国の放送局・金融機関をサイバー攻撃。5. 朴大統領訪米。日韓関係緊張。12. 朝鮮，第一書記側近処刑 2014. 2. 国連が朝鮮の反人道罪認定。3. 朝鮮，ノドン発射。4. 韓国で旅客船沈没，救助難航で首相辞職。オバマ大統領訪韓。5. 朝鮮，韓国を砲撃。7. 朝鮮，拉致調査委設置。朝鮮ミサイル2発。8. ローマ法王訪韓。12. 韓国，朴政権の内部文書流出で元側近の国政介入疑惑 2015. 3. 韓国で米大使襲撃される。4. 韓国首相，不正資金疑惑で辞任。5. 朝鮮，潜水艦ミサイル発射。6. 日韓国交正常化50周年記念行事。7. 朝鮮，日本人拉致の調査報告を先送り。11. 金泳三(1927〜，元韓国大統領)。12. 日韓，慰安婦問題解決に合意	6. 仏オランド大統領訪日。7. 日本，TPP交渉に合流。12. **特定秘密保護法案可決**。国家安全保障戦略策定 2014. 3. 日米韓の初会談。4. 消費税8%。STAP細胞問題。オバマ大統領訪日。7. 集団的自衛権閣議決定。8. 広島で土砂災害。9. 御嶽山噴火。10. 赤崎勇・天野浩・中村修二，ノーベル物理学賞 2015. 1. ISILが邦人人質2名を殺害。6. **選挙権年齢18歳以上に引き下げ**。7. 新国立競技場の建設計画見直し決定。8. 川内原発，東日本大震災後の新規制基準下で初の再稼働。9. 豪雨で鬼怒川決壊。**安全保障関連法成立**。10. マイナンバー制度施行。大村智，ノーベル医学生理学賞。梶田隆章，ノーベル物理学賞	ISの脅威／米・イラン関係の緊張／米中の対立
2015	2016. 1. サウジアラビア，イランと国交断絶。2. UAE内閣改造。4. EU・トルコ政府，違法移民強制送還。5. 米軍パキスタンで空爆，タリバン指導者を殺害。7. アッバス・キアロスタミ(1940〜，映画監督，イラン)。トルコ国軍の反乱勢力がクーデター。8. トルコ軍がシリア北部に越境攻撃。9. シモン・ペレス(1923〜，ノーベル平和賞，イスラエル)。10. シリアで米露主導の停戦破綻。イラク政府，IS掃討作戦。12. シリア，アレッポ奪還。駐トルコ露大使射殺 2017. 3. サウジ国王来日。4. 米，シリア攻撃。5. 米大統領サウジ訪問。イラン大統領選，ロウハニ師再選。7. イラク軍，モスル完全奪還として対IS勝利宣言。8. トルコ軍，シリア内戦に軍事介入。9. クルド独立をめぐる住民投票。10. シリア民主軍がラッカを制圧・解放。11. イラク・イラン国境で地震M7.3，414人死亡。アフガンテロ95人死亡，タリバン声明。12. イエメンで反政府武装組織がサレハ前大統領殺害を発表 2018. 4. シリアでアサド政権がサリンを使用した可能性。6. トルコ，エルドアン大統領再選。10. サウジアラビアの反政府記者殺害事件。11. 米，イラン制裁再開 2019. 3. 米大統領，ゴラン高原のイスラエル主権を正式承認。6. ホルムズ海峡でタンカー攻撃，米・イラン対立。9. サウジ石油関連施設攻撃。10. トルコ軍，クルド人勢力を攻撃。10. ISの最高指導者，米の軍事作戦により死亡	2016. 1. ブルキナファソの高級ホテルでテロ襲撃事件。2. ブトロス・ブトロス=ガリ(1922〜，元国連総長，エジプト)。7. 南スーダンで部族間対立。8. 第6回アフリカ開発会議(ケニア・ナイロビ)，初のアフリカ開催。12. 西アフリカのガンビア大統領選，22年ぶり政権交代 2017. 1. モロッコ，アフリカ統一機構(AU)加盟。2. 南スーダンで内戦深刻化，移民流出。8. ケニア大統領選，無効裁定。11. ジンバブエ，ムナンガグワ新大統領就任。エジプトで武装集団がモスク襲撃，235人死亡 2018. 7. ジンバブエ大統領選，現職のムナンガグワ大統領が勝利。8. コフィー・アナン(1938〜，元国連事務総長) 2019.1 コンゴ大統領選，政権交代。4. アルジェリア政権交代。スーダンでクーデター，バシル大統領辞任。7. チュニジア，ベジ・カイド・セブシ大統領死去。10. エチオピアのアビー・アハメド首相，ノーベル平和賞	2016. 1. パキスタンの大学で襲撃事件。3. パキスタンでイスラム過激派が自爆テロ。5. インドで熱波51度，死者440人以上。7. バングラデシュ，首都ダッカの飲食店で武装集団襲撃。日本人7人を含む20人殺害。11. インド，モディ政権，高額紙幣廃貨 2017. 6. パキスタンでタンクローリー爆発，死者200人超。中国・インド，ドクラム地方で紛争。9. インド・ミャンマー首脳会談 2018. 8. バジパイ元インド首相が死去。パキスタン新首相，イムラン・カーン氏。9. インド最高裁，同性間の性行為処罰を違憲とする。モルディブ政権交代。12. バングラデシュ総選挙，与党圧勝 2019. 1. インドとパキスタンが領有権を争うカシミール地方で自爆テロ。4. スリランカで同時テロ，300人以上死亡。ISが犯行声明。	2016. 1. インドネシア，ジャカルタで爆弾テロ。3. ミャンマー，ティン・チョー大統領就任，半世紀ぶりの非軍人。5. オバマ大統領，ベトナム訪問。武器禁輸解除。6. フィリピン，ロドリゴ・ドゥテルテ大統領。8. タイ国民投票，新憲法法案承認。9. ミャンマー，CTBT（包括的核実験禁止条約）批准。10. プミポン・アドゥンヤデート(1927〜，タイ国王)。12. タイ，ワチラロンコン皇太子が新国王に即位 2017. 5. フィリピン大統領，南部ミンダナオ島全土とその周辺地域に戒厳令布告。8. タイ，政治的対立深まる。ミャンマー政府軍とイスラム教徒ロヒンギャ武装集団の戦闘。オーストラリアのジョイス副首相，ニュージーランドとの二重国籍が判明 2018. 2. パプアニューギニアで地震M7.5，死者数百人。3. ミャンマー，ウィンミン大統領。5. マレーシア政権交代，マハティール首相。7. タイ洞窟で少年13人の救出。カンボジア国民議会選挙，与党圧勝。8. インドネシア地震，M6.9。9. インドネシアで地震，M7.5，死者2000人超。12. インドネシアで津波，222人死亡 2019. 1. マレーシア国王，独立以来初の任期途中退位。3. ニュージーランド，クライストチャーチのモスクで銃乱射。49人死亡	2016. 1. 中国，南沙諸島の飛行場で初の試験飛行。中国，2015年GDPが25年ぶり低水準。台湾総統，南沙訪問。2. 台湾で地震，手抜き工事ビル倒壊。中国が西沙に戦闘機配備との報道。3. 中国，無戸籍者解消策。5. 台湾，蔡英文が史上初の女性総統に就任。7. 南シナ海での海洋進出をめぐり中国の国際法違反との判決。12. 台湾総統，米次期大統領と電話協議，米台国交断絶後初。中国，米潜水機を奪取 2017. 1. 台湾，脱原発法可決へ。4. 米大統領，国家主席会談。5. 米中両政府，貿易不均衡是正へ向け「100日計画」。6. 中国チベット自治省で土砂崩れ，100人以上生き埋め。7. 劉暁波(1955〜，民主活動家，ノーベル平和賞)。10. 習政権2期目発足。習主席，軍事委を掌握 2018. 3. 金正恩朝鮮労働党委員長，初訪中。アメリカによる鉄鋼，アルミ製品への追加関税措置発動。中国の報復関税措置。○米中貿易戦争。9. 中国アフリカ協力フォーラム(北京)。11. 台湾統一地方選，与党大敗 2019. 1. 中国探査機が月裏側に初着陸。5. 米中貿易問題，米が追加関税。○香港で「逃亡犯条例」改正案の撤回を求めるデモ。7. 李鵬(中国，元首相，90)。○米中追加関税。10. 香港，緊急法を発動，覆面禁止法を施行。デモ拡大。12. 米	2016. 1. 朝鮮，水爆実験成功を表明。2. 日韓，対朝鮮制裁を決定。朝鮮，拉致調査中止。4. 韓国総選挙。与党セヌリ党第一党転落。5. 朝鮮，36年ぶり労働党大会。○朝鮮のミサイル発射が相次ぐ。9. 朝鮮核実験，規模最大。**○韓国大統領，側近国政介入共謀疑惑**。12. 韓国，日本総領事館前の慰安婦少女像設置に関する問題 2017. 1. 韓国，職権濫用容疑などで文化相ら逮捕。2. 朝鮮，金正男毒殺される。3. 韓国，朴大統領罷免。5. 文在寅，韓国大統領就任。○朝鮮のミサイル発射が相次ぐ。11. 米大統領，韓国初訪問。韓国「慰安婦記念日」可決。北朝鮮，ICBM「火星15」初発射 2018. 4. 北朝鮮，核・ICBM発射実験中止を決定。南北首脳会談，板門店宣言。6. 米朝首脳会談。8. 韓国，「慰安婦の日」初式典。9. 3回目の南北首脳会談，平壌共同宣言。10. 韓国最高裁，徴用工への賠償支払いを命じる判決が確定 2019. 4. 北朝鮮金委員長，露大統領，初会談。北朝鮮の非核化を協議。○韓国で日本商品の不買運動。8. 韓国，日本とのGSOMIA破棄を通告(11月に継続)。10. 韓国法相が娘の不正入学疑惑などで辞任	2016. 1. 日銀，マイナス金利を初導入。4. 熊本地震。5. 伊勢志摩サミット，オバマ大統領広島訪問。6. 高浜原発，初の運転延長認可。東京都知事，政治資金の私的流用問題で辞職。7. **天皇，生前退位の意向を表明**。中央卸売市場移転延期。10. 大隅良典，細胞の自食作用解明でノーベル医学生理学賞。12. 露プーチン首相来日，日露首脳会談 2017. 2. 安倍首相，米トランプ大統領，初の首脳会談。3. サウジアラビア国王，46年ぶり来日。○南スーダンPKOから陸自撤収。7. 日本とEUのEPA交渉，大枠合意。8. 第3次安倍第3次改造内閣。11. トランプ大統領，初来日。第4次安倍内閣 2018. 7. オウム真理教の教団元代表ら7人の死刑執行。西日本豪雨，死者200人以上。日欧EPA署名。カジノ実施法可決・成立。10. 本庶佑にノーベル医学生理学賞（がん免疫療法）。第4次安倍改造内閣 2019. 5. **明仁天皇退位し上皇に。徳仁天皇即位，令和に改元**。9. 第4次安倍再改造内閣。台風15号で千葉県大規模停電。10. **消費税率10%**。○台風19号で首都圏全面運休。東日本各地で河川決壊	

大勢	年代	国際関係(国際機構含む)	南北アメリカ大陸	西ヨーロッパ				東ヨーロッパ	
			アメリカ合衆国	イギリス	フランス共和国	ドイツ連邦共和国	南欧北欧諸国	東欧諸国	ロシア連邦・CIS
コロナ感染拡大／ロシアのウクライナ侵攻	2020	COP25，排出権ルール見送り 2020. 1. イギリスが欧州連合(EU)離脱。○**新型コロナウイルスCOVID-19世界各国で感染拡大**。WHO，新型コロナはパンデミックと表明。7. 米，WHO脱退。EU，7500億ユーロのコロナ基金創設で合意。10. 国連世界食糧計画(WFP)にノーベル平和賞 2021. 1. 核兵器禁止条約発効。米，WHO脱退を撤回。2. 米ロ，新START(戦略兵器削減条約)の5年延長合意。3. 中国・イラン25年間協定。4. 米中，温暖化協力で共同声明。6. G7サミット(英，コーンウォール)。8. 米軍，アフガニスタンから撤収完了。9. 日米豪印4カ国(クアッド)首脳会議(米，ワシントン)。G20サミット(イタリア，ローマ)。11. COP26。米中，気候対策共同宣言。12. G7 (英，リバプール) 2022. 2. 米英豪ほか，中国の少数民族弾圧に抗議し北京冬季五輪をボイコット。ウクライナをめぐり情勢緊迫。米仏独仲介，米欧日，経済制裁。**露，ウクライナ侵攻**。3. 米英，ロシア原油禁輸を発表。NATO，G7首脳会議。4. G7，露産石炭禁輸。5. G7，露産石油禁輸。クアッド首脳会談。対中国で連携。6. G7サミット，発展途上国への食糧支援。11. G20首脳会議(インドネシア・バリ島)。12. ベネディクト13世(1927～，前ローマ教皇)。○世界人口80億人到達，中国人口61年ぶり減，インド人口世界一へ 2023. 2. 国連総会が露軍即時撤退などの要求を決議。3. 国際刑事裁判所よりプーチン露大統領らへ逮捕状発行。4. NATO，フィンランド加盟を決定。5. G7サミット(日本，広島)。WHO，新型コロナウイルスの緊急事態解除。6. 国連経済社会局がインドの人口が世界最多に達したとの推計を発表。7. TPP，イギリス加入を承認。8. BRICS首脳会議でエジプトほか6ヵ国の新規加盟を合意	2020. 4. 失業率14.7％の戦後最悪水準。5. リトル・リチャード(1932～，ロック)。○警察官による黒人暴行死でBLM運動起こる。11. 大統領選。▽ペルー大統領交替相次ぐ。▽ディエゴ・マラドーナ(1960～，サッカー，アルゼンチン) 2021. 1. 連邦議会にトランプ派が乱入。バイデン大統領就任，副大統領に初の黒人女性カマラ・ハリス。4. ロバート・マンデル(1932～，国際通貨理論)。▽キューバ，ラウル・カストロ退任表明。▽ペルー大統領選，無名のペドロ・カスティジョが勝利。5. アジア系住民への反憎悪犯罪法が成立。7. ▽ハイチ大統領暗殺。8. ▽ハイチで地震M7.2，1200人超死亡。11. バルバドス，立憲君主制から共和制に移行。12. ホンジュラス初の女性大統領 2022. 3. M・オルブライト(女性初の米国務長官)。5. 武器貸与法が復活し，ウクライナや近隣諸国への軍事物資手続きを開始。▽6. コロンビア大統領に左派のグスタボ・ペトロ。8. ニューヨークでNPDI会合。10. ブラジル大統領選，ルラ大統領当選。12. アルゼンチン，サッカーWCで36年ぶり優勝。ペレ(1940～，サッカー，ブラジル) 2023. 1. ブラジル，ルラ大統領就任，前大統領支持者ら連邦議会襲撃。中南米・カリブ海諸国33ヵ国首脳会議。3. 米シリコンバレー銀行が経営破綻。連邦大陪審がトランプ前大統領を起訴。4. ハリー・ベラフォンテ(1927～，歌手・俳優・社会活動家，米)。8. ハワイ州マウイ島で山火事。ロビー・ロバートソン(1943～，ミュージシャン，加)。9. フェルナンド・ボテロ(1932～，芸術家，コロンビア)	2020. 1. EU離脱。3. ヘンリー王子夫妻王室離脱。10. ショーン・コネリー(1930～，俳優) 2021. 3. グローバル・ブリテン構想発表。4. エディンバラ公フィリップ王配(1921～)。8. チャーリー・ワッツ(1941～，ドラムス) 2022. 7. ジェームズ・ラブロック(103，ガイア理論)。9. トラス首相就任。エリザベス女王(1926～)死去，チャールズ3世即位。10. トラス首相辞任，スナク首相就任 2023. 2. スコットランド自治政府のスタージョン首相辞任。4. マリー・クワント(1934～，ファッションデザイナー)。7. スコットランド，ユスフ首相就任	2020. 4. 都市封鎖措置。TGVによる患者移送。9. ジュリエット・グレコ(1927～，シャンソン)。12. ピエール・カルダン(1922～，服飾デザイン) 2021. 8. ジャン=リュック・ナンシー(1940～，哲学)。9. ジャン=ポール・ベルモンド(1933～，俳優) 2022. 4. マクロン大統領再選。6. ジャン=ルイ・トランティニャン(1930～，俳優)。9. ジャン=リュック・ゴダール(1930～，映画監督) 2023. 1. 国防費3割以上増額。年金制度改革に反対する大規模ストライキ。6. 警官が17歳少年を射殺した事件をめぐり各地で抗議デモ	2020. 7. 新型コロナに関連する景気回復のため，付加価値税の引き下げ 2021. 3. ヘルムート・ヴィンシャーマン(1920～，バロック演奏)。7. ドイツ西部で洪水，130人超死亡。9. ドイツ総選挙，社会民主党が第一党に。12. 独，ショルツ政権発足 2022. 2. ロシアに対する経済制裁として，天然ガスパイプライン事業の承認を停止。11. ミヒャエル・ハンペ(1935～，オペラ) 2023. 5. メナヘム・プレスラー(1923～，ピアニスト)。4. ベルリン市でやり直し選挙の結果，キリスト教社会同盟と社会民主党による連立新政権発足。6. 政府が初の国家安全保障戦略を策定	2020. 3. イタリアで医療崩壊。7. エンニオ・モリコーネ(1928～，作曲，イタリア)。スウェーデン集団免疫でコロナ対策 2021. 1. ポルトガル大統領選，現職レベロデソウザ大差で再選。○地中海沿岸の熱波で南欧や北アフリカで山火事相次ぐ。9. ミシェル・コルボ(1934～，指揮者，スイス) 2022. 7. フィンランド・スウェーデンのNATO加盟議定書調印。9. スウェーデン政権交代。10. イタリア，初の女性首相に極右党首 2023. 1. スウェーデンで欧州最大のレアアース鉱床発見。6. フィンランド，オルポ首相就任。シルビオ・ベルルスコーニ(1936～，元イタリア首相)。7. オランダのルッテ内閣，難民政策を巡る対立により総辞職	2020. 11. モルドバ大統領選。親欧米派のマイア・サンドゥが初の女性大統領に 2021. 4. バイデン米大統領，オスマン帝国のアルメニア人殺害をジェノサイドと正式認定。6. ハンガリーで反LGBT法可決 2022. 1. ○ウクライナ国境で情勢緊迫。4. キーウ周辺で民間人の遺体。4. セルビア大統領再選。10. ベラルーシ活動家・ロシア・ウクライナ2団体にノーベル平和賞 2023. 1. チェコ，パベル大統領就任。6. ルーマニア，チョラク首相就任。ブルガリア，デンコフ内閣発足。9. スロバキア議会の解散総選挙，「方向党―社会民主主義」が第一党に	2020. 1. ロシア内閣総辞職。8. ベラルーシ大統領選，現職ルカシェンコが圧勝。11. EU，ベラルーシ大統領のデモ弾圧に制裁。10. アゼルバイジャン・アルメニア停戦 2021. 1. キルギス，ジャパロフ大統領就任。2. ロシアで反体制派指導者ナワリヌイ，刑務所に移送。4月ナワリヌイの釈放を求める全国的デモ。8. ベラルーシ活動家死去，当局関与か 2022. 2. 露大統領，ウクライナ東部の独立承認，派兵指示。露，ウクライナ侵攻。ザポロジエ原発・チェルノブイリ原発制圧。8. ミハイル・ゴルバチョフ(元ソ連大統領，91)。9. 露大統領，ウクライナ4州編入宣言 2023. 2. 露大統領，米露間の「新戦略兵器削減条約」履行停止を表明。6. 露民間軍事会社ワグネルのプリゴジンが武装蜂起を宣言するも，翌日撤収を表明。8. プリゴジン死去

〔50〕

中東(西アジア)	アフリカ	南アジア	東南アジア・オセアニア	東アジア 中華人民共和国	東アジア 朝鮮・韓国	東アジア 日本	年代	大勢
2020. 1. 米，イラン司令官殺害，情勢緊迫化。3. シリア内戦でトルコが停戦合意。5. イスラエル新政権発足。7. UAE火星探査機打ち上げ。8. レバノン，ベイルート港爆発事故。イスラエル，UAE・バーレーンと国交正常化。11. バーレーン首相死去 2021. 1. サウジ・カタール国交回復。4. ヨルダンで前皇太子軟禁。5. イスラエル政府とイスラム組織ハマス，停戦で合意。6. イスラエル新政権発足。8. イラン，ライシ新大統領就任。アフガニスタンでタリバンが首都制圧。ガニ政権崩壊。10. 2020年ドバイ国際博覧会。G20，アフガン人道支援につき一致 2022. 1. IS，シリアで大規模攻撃。2. バイデン大統領，IS指導者死亡を発表。6. アフガニスタンで地震M5.9。1000人超死亡。7. 米，アル・カーイダ指導者ザワヒリを殺害。12. イスラエル，ネタニヤフ政権発足 2023. 2. パルヴェーズ・ムシャラフ(1943～，パキスタン元大統領)。トルコ・シリアで地震，M7.8。10. イスラエル・ハマス衝突	2020. 2. ホスニ・ムバラク(1928～，エジプト元大統領)。11. エチオピア首相，北部州の対立勢力を空爆。政府軍とティグレ人民解放戦線との武力衝突が続き，難民6000人にのぼる 2021. 4. チャドのデビ大統領，反政府勢力との交戦地帯で死亡。5. 仏大統領，ルワンダ大虐殺の責任認める。独外相，ナミビア集団虐殺の責任認める。7. 南アで経済格差を背景に大規模暴動。12. 南ア，ツツ元大主教死去 2022. 2. ブルキナファソで国軍クーデター，政権掌握 2023. 5. ナイジェリア，ティヌブ大統領就任。6. シエラレオネ，ビオ大統領再選。9. モロッコで地震，M6.2。リビアで大洪水が発生	12. インド，全土で改正国籍法をめぐる抗議デモ 2020. 11. 東アジアを中心に15カ国が参加する地域的な包括的経済連携協定(RCEP) 2021. 3. インド・パキスタン，関係正常化へ。名古屋出入国管理局に収容されていたスリランカ人女性死亡。4. インドで変異型コロナウイルス流行，コロナ1日35万人感染で医療崩壊 2022. 7. スリランカでデモ隊が大統領公邸を占拠。ラジャパクサ大統領が国外脱出，スリランカ新大統領選出。12. ミャンマー，スーチー氏に有罪判決 2023. 1. インド，途上国サミット。ネパールで航空機墜落	2020. ○オーストラリアで大規模な森林火災。○タイで反政府デモ，地方都市に拡大。11. ミャンマー総選挙，アウン・サン・スー・チー率いる国民民主連盟(NLD)が勝利 2021. 1. インドネシアで地震，M6.2。2. ミャンマー国軍がクーデター。スー・チーら政権与党のNLD幹部が拘束される。各地で抗議デモ。9月時点で市民の死者1000人超。11. アジア開発銀行，東南アジアCO2排出削減に2500万ドル出資へ。12. ミャンマー，スー・チー氏に禁固4年判決 2022. 1. トンガ近海で海底火山噴火。5. オーストラリア政権交代。6. フィリピン，マルコス大統領。7. ミャンマーで76年以来の政治犯死刑 2023. 1. ベトナム，グエン・スアン・フック国家主席辞任	中貿易協議，部分合意に達したと発表 2020. ○武漢から新型コロナウイルス発生。中国GDP，1992年以来初のマイナス成長。5. スタンレー・ホー(1921～，実業家，マカオ)。6. 香港国家安全法成立。7. 李登輝(1923～，台湾元総統) 2021. 3. 全人代，香港選挙制度変更を決定，民主派排除へ。4. クロエ・ジャオ監督の「ノマドランド」オスカー3冠。7. 中国共産党結党100周年。12. 米，新疆ウイグル製品禁輸 2022. 2. ○北京冬季五輪。北京パラ，ロシア・ベラルーシ除外。8. 米下院議長，25年ぶりの台湾訪問。中国，日米と対立先鋭化。10. 習近平，総書記として異例の3期入り。11. 江沢民(1926～，元中国主席) 2023. 1.「ゼロコロナ」終了。3.習近平国家主席の3選が決定。8. 中国政府，日本産水産物輸入の停止を発表	2020. 2. 映画「パラサイト」(ポン・ジュノ監督)アカデミー賞。6. 北朝鮮，南北共同連絡所を爆破。7. ソウル市長，セクハラ疑惑で自殺。10. 韓国，李明博元大統領実刑確定 2021. 1. ソウル地裁，元慰安婦訴訟で日本に賠償命令。北朝鮮金正恩，総書記就任。4. 北朝鮮，東京2020五輪への不参加を表明。12. 韓国，朴元大統領に恩赦 2022. 3. 北朝鮮，ICBM発射。5. 金芝河(1941～，民主化象徴の詩人，韓国)。野党の尹錫悦，韓国大統領就任。6. KPOPグループのBTS，活動休止を発表。10. ソウルで梨泰院圧死事故。12. 韓国，インド太平洋戦略発表 2023. 2. 北朝鮮がＩＣＢＮ発射。これ以降、断続的に弾道ミサイル等を発射	2020. 3. 東京五輪1年程度の延期に。4. 新型コロナ感染対策として全国に緊急事態宣言発令。8. 安倍首相辞任，菅内閣成立 2021. 4. 政府が福島第一原発の処理水海洋放出を決定。6.公文書改ざん問題で国が大阪地裁に「赤木ファイル」提出。7. **東京2020オリンピック・パラリンピック**。10. 岸田文雄内閣発足 2022. 7. 安倍元首相，銃撃により死去。8. 第２次岸田改造内閣。9. 安倍元首相国葬。○政党と宗教団体との関係が問題に。約32年ぶりの円安 2023. 5. 新型コロナウイルス感染症の分類を「５類」に引き下げ。8. 東京電力，福島第一原発処理水の海洋放出を開始	2020	中国牽制の動き

系図 1 朝鮮（新羅・高句麗・百済・高麗・李朝）

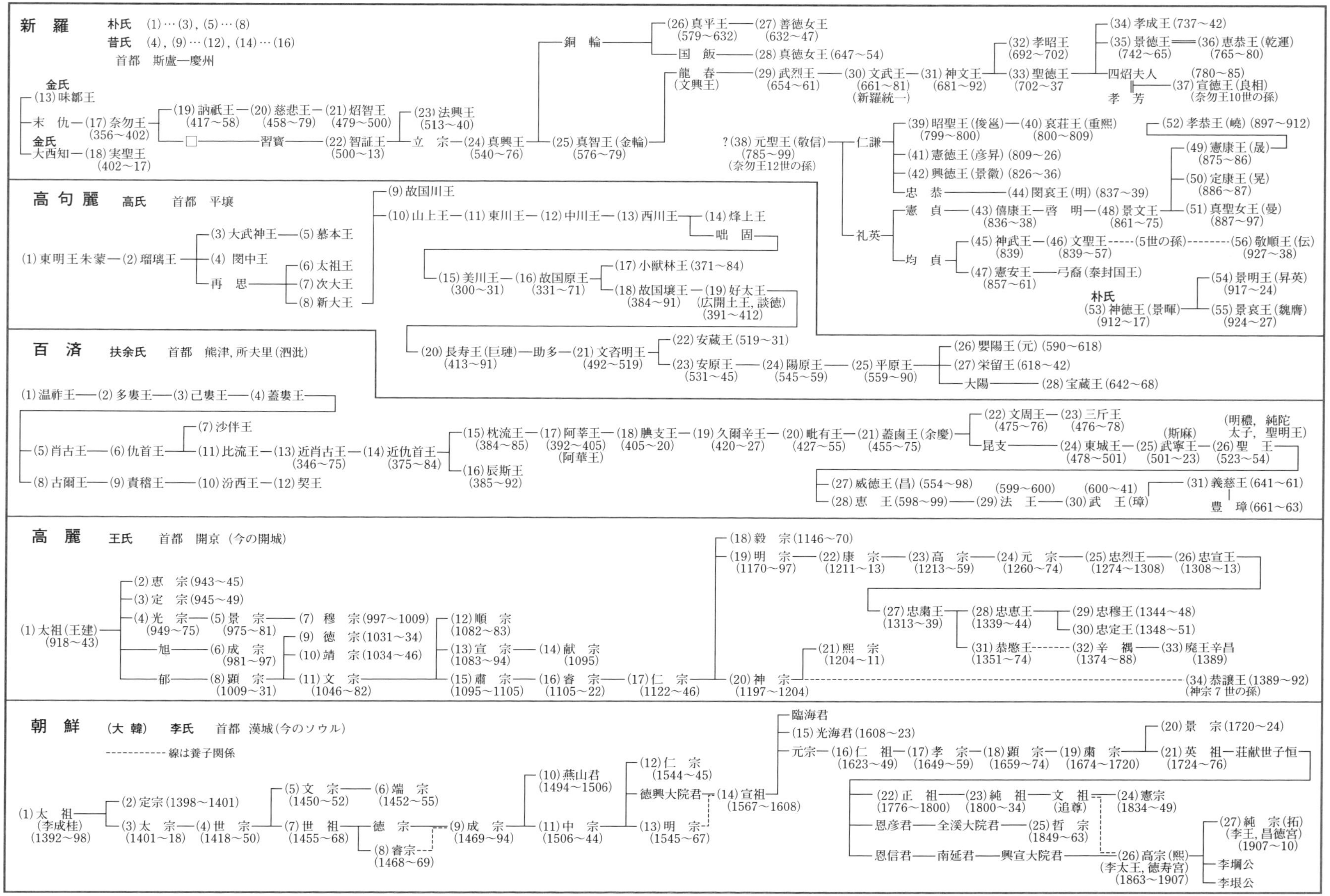

系図〔2〕

中国（周・秦・前漢・後漢・三国・晋・北魏・五胡十六国）

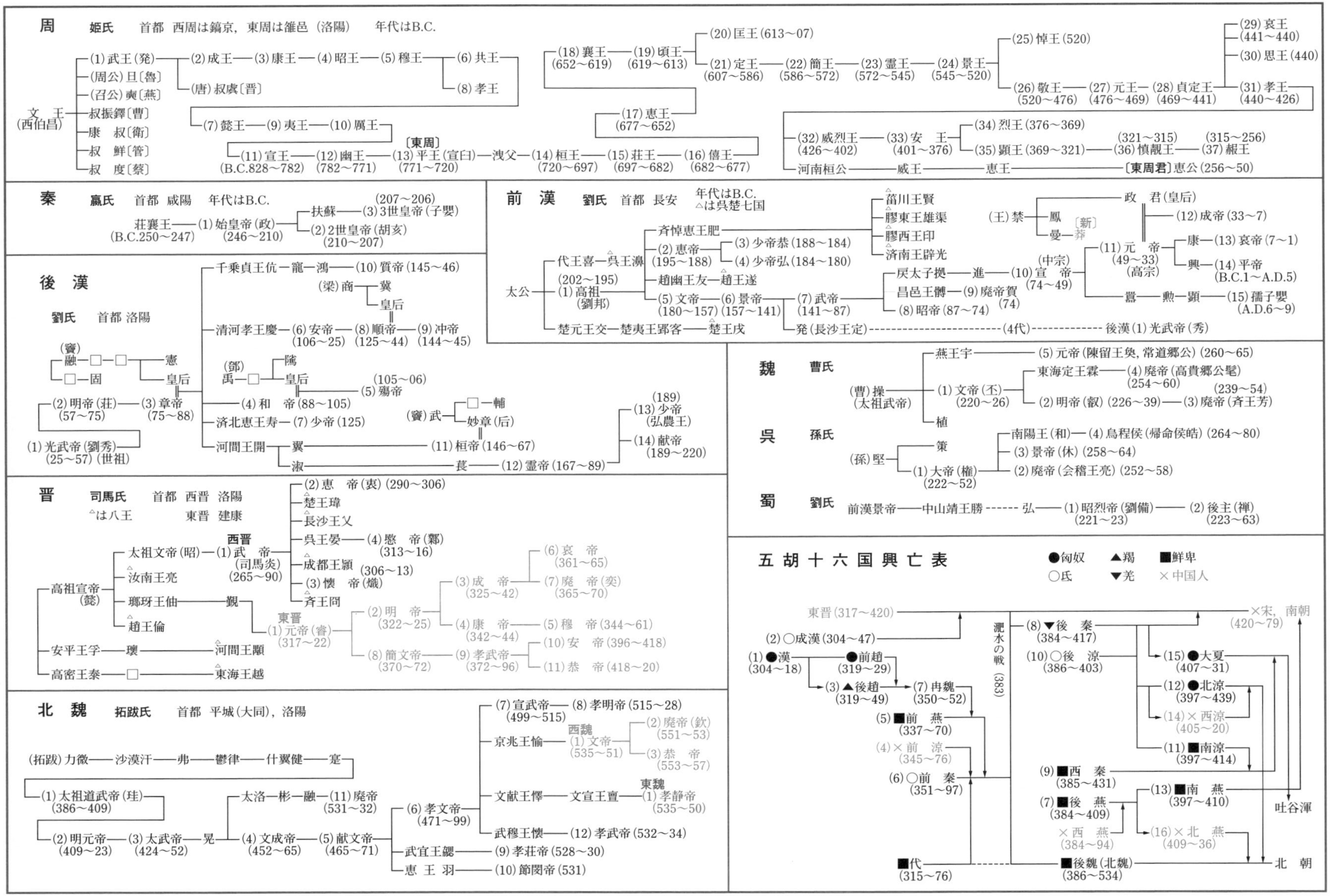

系図〔3〕中国（隋・唐・宋・遼・金・元・明・清）

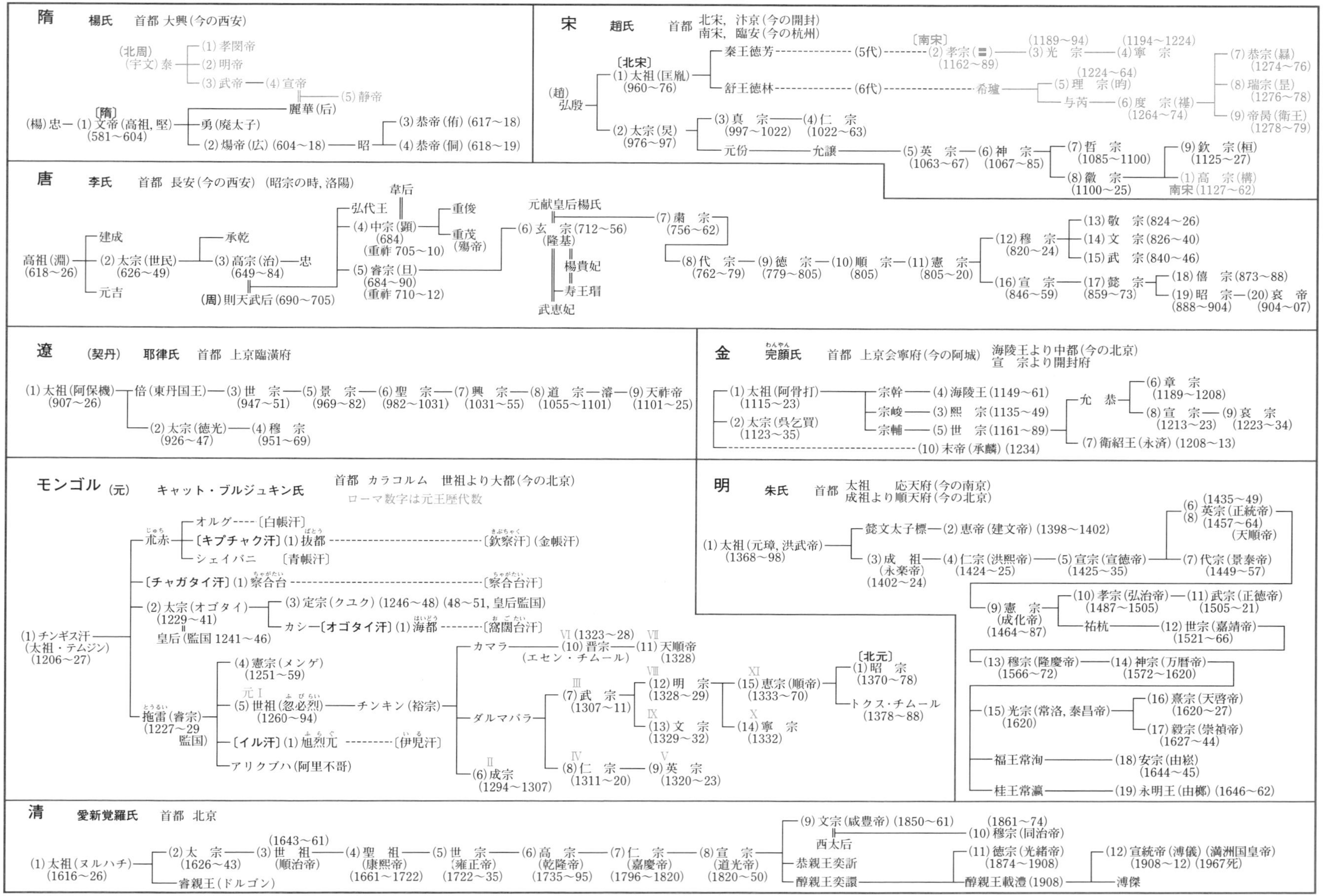

系図〔4〕 ペルシア(アーケメネス・ササン)・サラセン・チムール・ムガール・トルコ(オスマン)

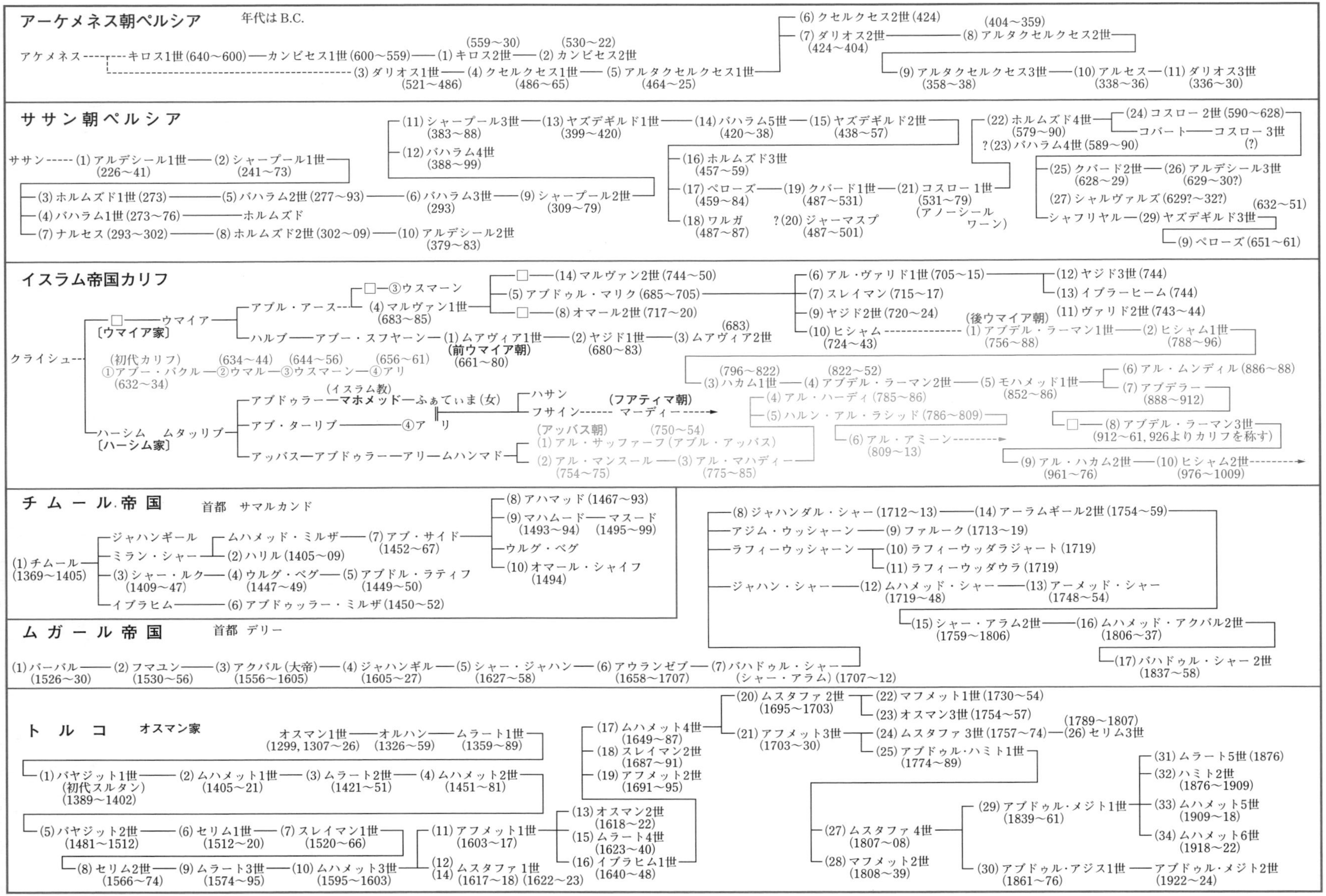

系図〔5〕 フランク（メロヴィング・カロリング）・フランス・イスパニア（ブルボン）

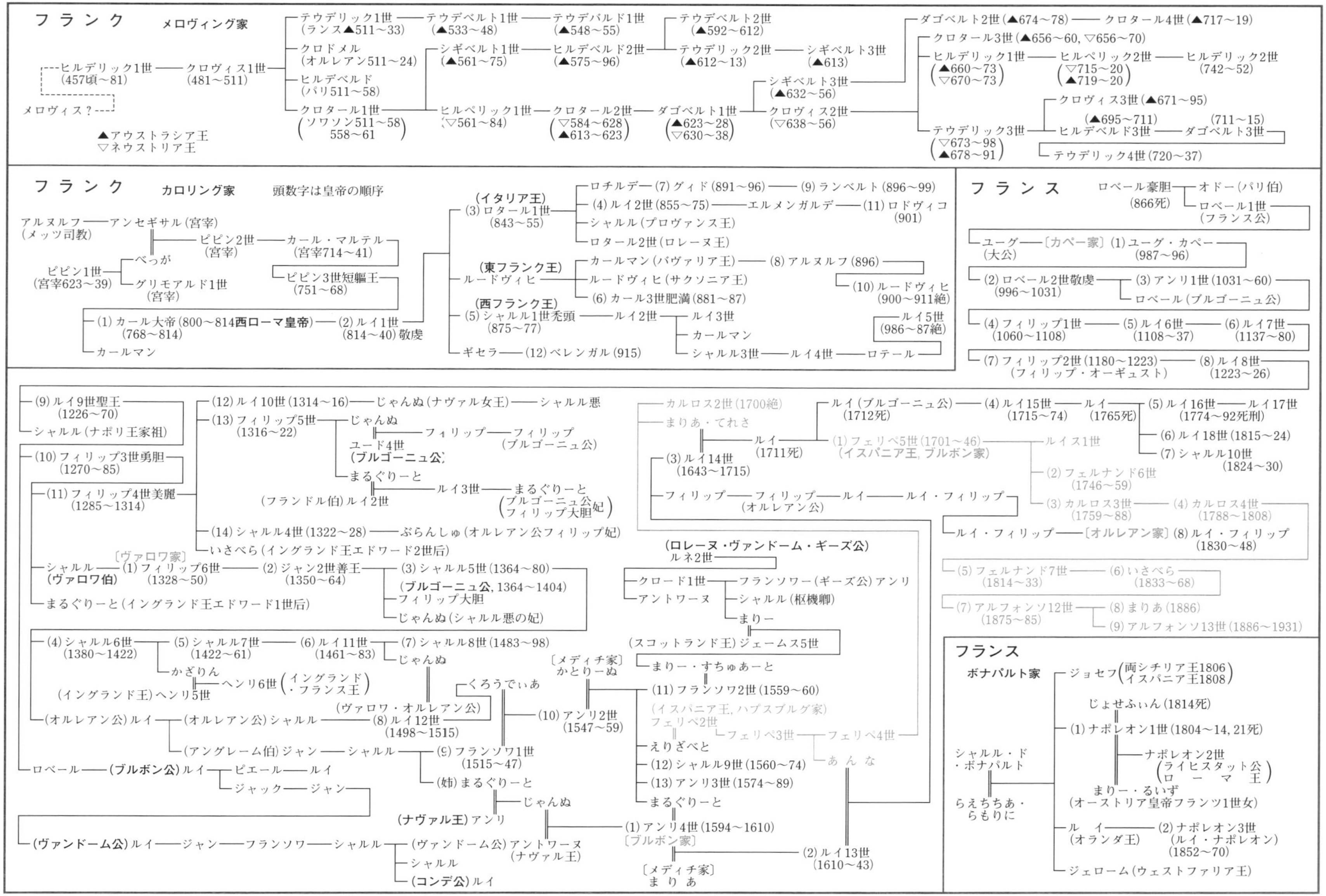

系図〔6〕イギリス・イタリア（メディチ・サヴォイ・サルディニア）・オランダ

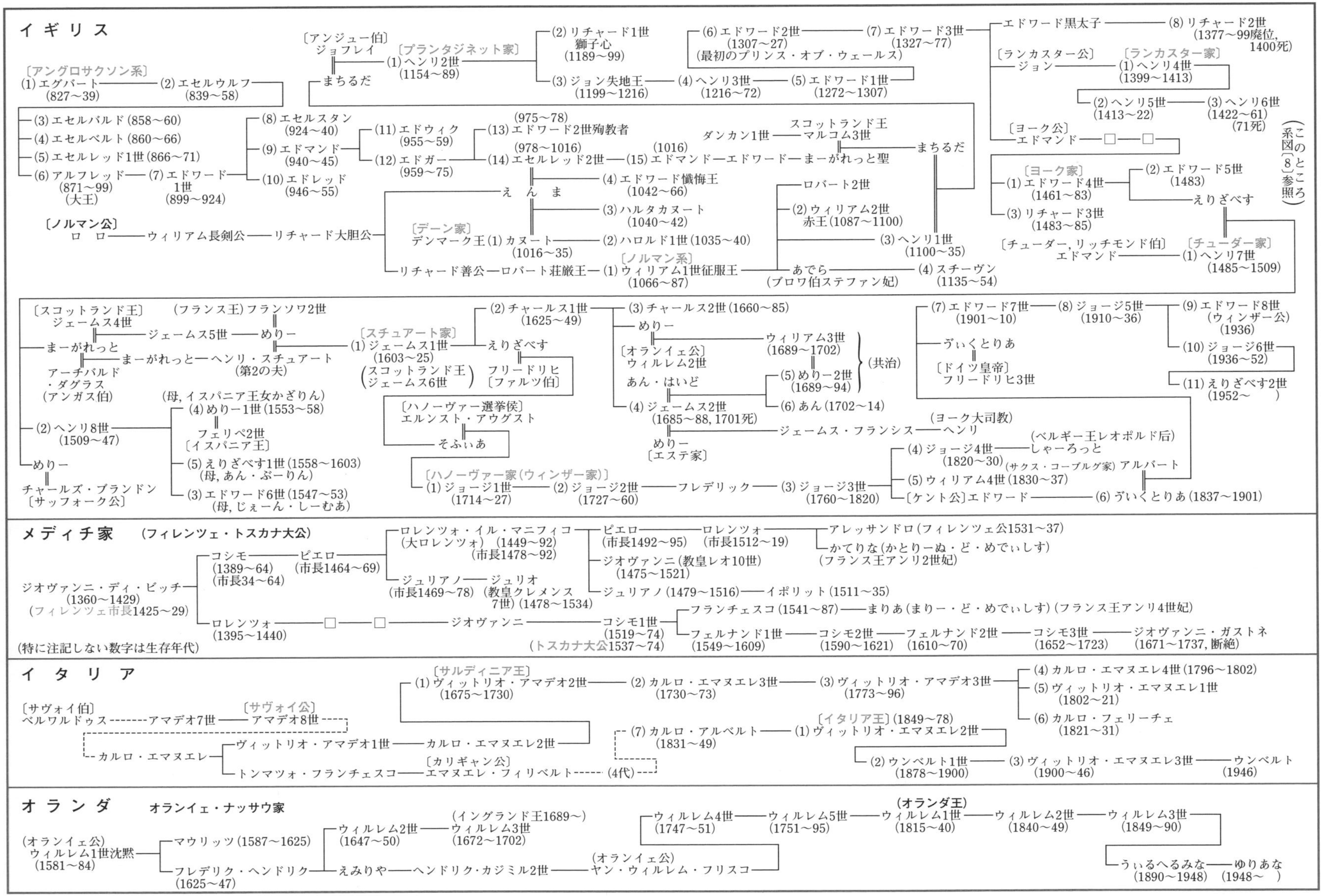

(このところ系図〔8〕参照)

系図〔7〕

ドイツ（神聖ローマ帝国）・プロシア・ロシア・イスパニア（ハプスブルグ）

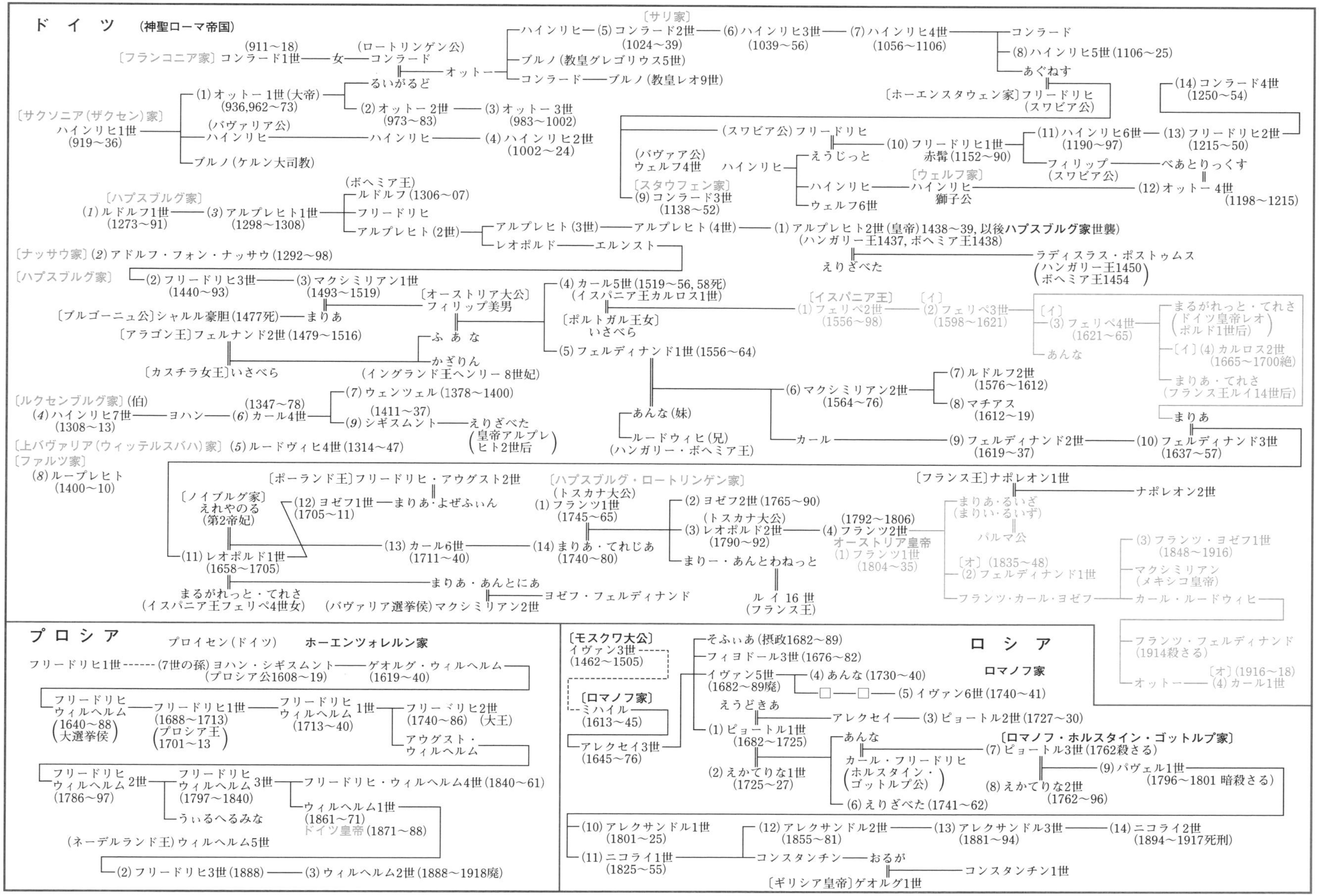

系図〔8〕

百年戦争・ばら戦争・ルイ十四世の外征・イスパニア継承戦争・オーストリア継承戦争・第一次大戦・近代アラブ

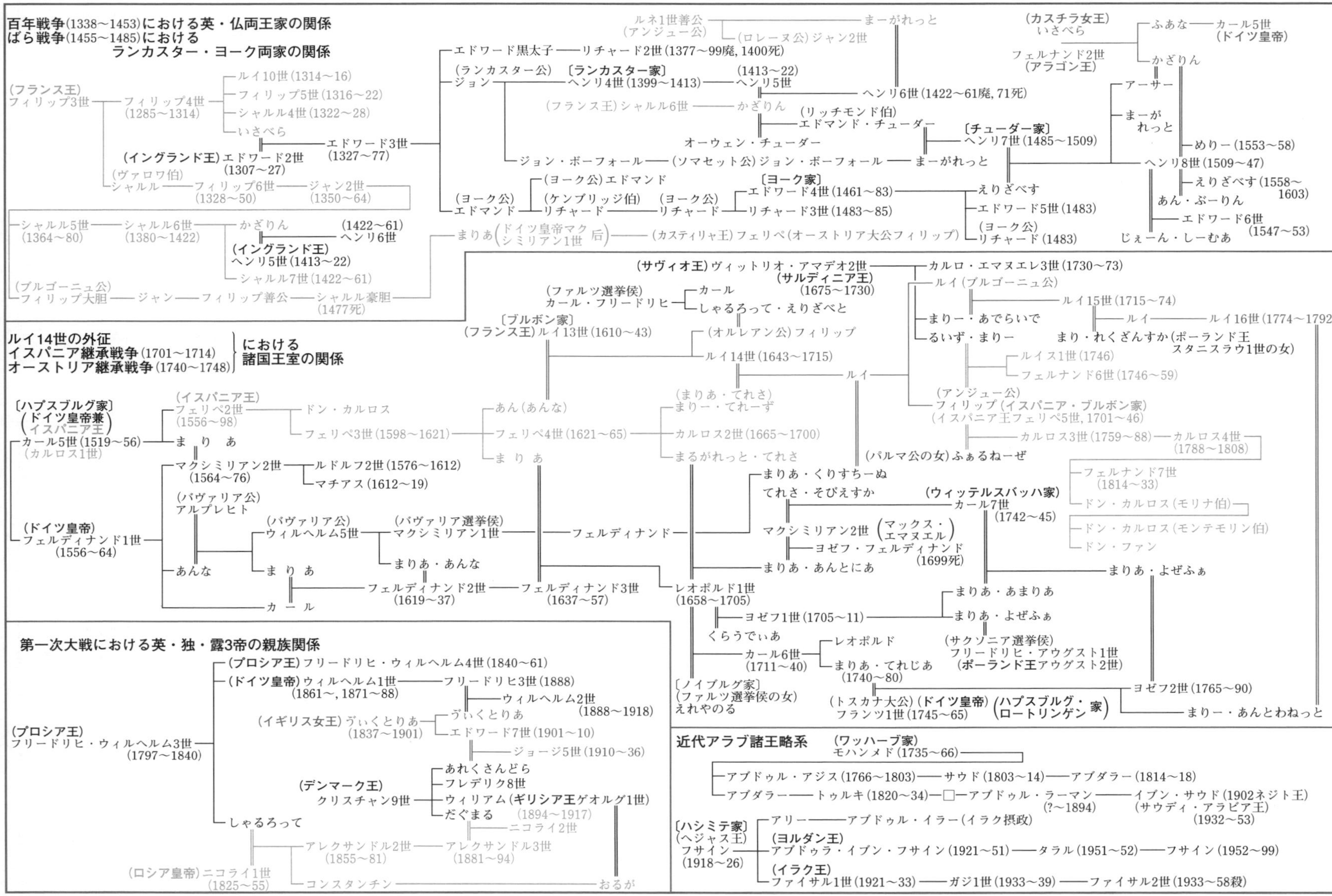

西洋文化史年表

A アメリカ	D オランダ	I イタリア	R ロシア
Au オーストリア	De デンマーク	No ノルウェー	Sp イスパニア
B イギリス	F フランス	P ポルトガル	Swe スウェーデン
Be ベルギー	G ドイツ	Pol ポーランド	Swi スイス

時代

古代：ギリシア文化／ヘレニズム文化／ローマ文化（1 A.D）

中世：ビザンツ・イスラム・西欧文化（400／800／1200）／前期ルネサンス文化（1400）

近世前期（1600）

一般事項

ギリシア文化の興起(7世紀)

アテネ文化全盛

アレクサンドル大王

ローマ帝国成立

キリスト教開創

民族大移動(375)

ベネディクト教団

チャールス戴冠(800)

神聖ローマ帝国(962)

十字軍時代(1096～1291)

各地大学の創立

ルネサンス始る

百年戦争(1338～1453)

東ローマ帝国の滅亡 (1453)

地理上の発見

ルターの95ケ条(1517)

エリザベス女王(1558～1603)

美術

ギリシア建築…{ドーリア式(荘重)／イオニア式(優美)／コリント式(豪華)} 石造神殿

建築家 カリマコス／イクチノス (5世紀頃)

彫刻(大理石像)

フィディアス(5世紀)

ポリクレイトス(〃)

プラクシテレス(4世紀)

スコーパス(〃)

リシッポス(〃)

ローマの大土木工事

(コロセウム　円柱碑／パンテオン　凱旋門／各地の水道及び円形劇場跡)

キリスト教建築

ビザンツ式……537 サンタソフィア寺

バシリカ式……380 サンピエトロ大寺

モザイク工芸

中世の建築

ロマネスク式(10～12世紀)

ゴチック式(13～15世紀)

イタリア・ルネサンス

彫刻 ドナテロ(1386～1466)

ロッピアー家

建築 ルネサンス式

ブルネレスキ(1377～1446)

ブラマンテ(1444～1514)

絵画

〔フィレンツェ〕

チマブエ(1240～1300)

ジョットー(1276～1337)

ボチチェリ(1444～1510)

ダ・ヴィンチ(外諸芸)(1452～1519)

ミケランジェロ(外諸芸)(1475～1564)

〔ペルジア派〕

ラファエロ(1483～1520)

〔ヴェネチア〕

チチアノ(1477～1576)

〔ボロニヤ〕

コレジヨ(1494～1534)

イタリア以外 絵画

〔ネーデルランド〕

ファン・アイク兄弟(1370～1426)(1380～1441)

〔ドイツ〕

デューラー(1471～1528)

ホルバイン(1497～1543)

文学

詩○叙事詩

ホメロス(8世紀)

ヘシオドス(7世紀)

○抒情詩

サッフォー(612～570頃)

ピンダロス(522～442)

三大悲劇作家

エスキロス(525～456)

ソフォクレス(495～405)

エウリピデス(480～406)

喜劇

アリストファネス(448～385)

新喜劇

メナンドロス(342～291)

寓話

イソップ(7世紀)

歴史家

ヘロドトス(484～425)

ツキディデス(5世紀)

クセノフォン(4世紀)

ラテン文学

ヴィルギリウス(70～19 B.C)

オウィディウス(43～17 A.D)

ホラチウス(65～8 B.C)

歴史家

リヴィウス(59 B.C～17 A.D)

プルタルコス(40～120)

タキツス(55～120)

古典学術の保存

イスラムの文学

アブ・アタヒア(748～828)

マアー・ルソー(973～1057)

中世の文学

(11・12世紀)

ローランの歌(北フランス)

ニーベルンゲンの歌(ドイツ)

アーサー王物語(ブリトン→フランス)

トルバドゥール(吟遊詩人)(南フランス)

トルヴェール(北方詩人)(北フランス)

イタリア人文主義

ダンテ(1265～1321)(神曲)

ペトラルカ(1304～1374)

ボッカチヨ(1313～1375)(デカメロン)

ボッジヨ(1380～1459)

マキアヴェリ(1469～1527)(君主論)

アルプス以北の人文主義

〔ドイツ〕

ロイヒリン(1455～1522)

〔ロッテルダム〕

エラスムス(1465～1536)

〔フランス〕

ラブレー(1484?～1553)

モンテーニュ(1533～92)

〔イスパニア〕

セルバンテス(1547～1616)

〔イギリス〕

トーマス・モーア(1478～1535)

イギリス文学

チョーサー(1340～1400)

スペンサー(1552～1599)

シェークスピア(1564～1616)

思想

ギリシア哲学

○ミレトス学派

タレース(6世紀)

アナクシマンドロス(6世紀)

アナクシメネス(6世紀)

ヘラクレイトス(〃)

○ソフィストの一派

プロタゴラス(5世紀)

○ソクラテス(469～399)

プラトン(427～347)

アリストテレス(384～322)

○ストア学派

ゼノン(335～263)

○エピクロス派

エピクロス(342～271)

○懐疑派 ピュロン(4～3世紀)

哲学

○折衷派 キケロ(106～43 B.C)

○ストア派

セネカ(4 B.C～65 A.D)

エピクテトス(55～138頃)

皇帝マルクス・アウレリウス

○新プラトン派 プロチノス(205～269)

キリスト教

キリスト(4 B.C～30?)

ペテロ／パウロ (?～65)

アタナシウス(296?～373)

アウグスチヌス(354～430)

ベネディクツス(480～543)

法学

ガイウス(?～180頃)

パピニアヌス(145～212)

中世の哲学

○スコラ哲学

アンセルムス(1033～1109) B

アベラール(1079～1142) F

アルベルツス・マグヌス(1206～1280) G

トーマス・アクィナス(1225?～1274) I

○名目論

ウィリアム・オッカム(1300～1349) B

○神秘主義

エックハルト(1260頃～1327) G

宗教改革

ウィクリフ(1320～1384) B

ルター(1483～1546) G

ツウィングリ(1484～1531) Swi

カルヴィン(1509～1564) F

改革の反動

ロヨラ(1491～1556) Sp

ザビエル(1506～1552) Sp

フランスの哲学

ボーダン(1530～1596)

イタリアの哲学

ジョルダノ・ブルーノ(1548～1600)

科学

ギリシア自然科学及び植民市の哲学

ピタゴラス(582頃～497)(数学, 哲学)

ヒポクラテス(460頃～377頃)(医学)

デモクリトス(460頃～370頃)

○エレア学派 パルメニデス(5世紀)

アレクサンドリア学派

○数学 ユークリッド(4～3世紀)

アルキメデス(287頃～212)

アポロニウス(295～215頃)

ヘロン(130頃～75頃)

○地理学 エラトステネス(275～194)

○天文学 アリスタルコス(217頃～145頃)

ヒッパルコス(190頃～?)

○医学 ヘロフィロス(3世紀)

ローマ時代の科学

ルクレティウス(100～55 B.C)

ケーサル(102～44)(ユリウス暦)

ストラボン(68 B.C～19 A.D)(地誌・歴史)

プリニウス(23～79)(博物)

ガレノス(129頃～199頃)(医学)

○アレクサンドリア

プトレマイオス(2世紀 A.D)(天文・地理)

イスラムの自然科学

〔アラビア〕

ゲーバー(8世紀頃)(錬金術)

アル・キンディ(810～873)(数学)

アル・クァリズミ(9世紀)(〃)

アル・バッタニ(850～929)(天文学)

アルハゼン(965～1038)(天文・数学・光学)

アヴィチェンナ(980～1037)(医学・哲学)

〔イスパニア〕

イブン・ロシュド(1126～98)(哲学)

イブン・ハルドゥン(1332～1406)

東方旅行

1271～95 マルコ・ポーロ(1254～1324) I

1325～49 イブン・バトゥータ(1303～77) アラビア

三大発明

1310頃 羅針盤

1350頃 火薬(シュワルツ) G

1450 活版印刷術(グーテンベルグ) G

近世科学

フィボナッチ(1174頃～1250頃) I

ロージャーベーコン(1214～1292) B

天文学の進歩

―― 地球球体説…トスカネリ(1397～1482) I

1543 地動説…コペルニクス(1473～1543) Pol

―― 天体の観測…ティコ・ブラーエ(1546～1601) De

1582 太陽暦…グレゴリウス13世(1502～85) I

1583 振子の等時性…ガリレイ(1564～1642) I

地理上の発見

1487 喜望峰発見…ディアス(1450頃～1500) P

1492 アメリカ発見…コロンブス(1446～1506) I

1498 インド航路…ガマ(1469～1524) P

1519～22 世界周航…マジェラン(1480～1521) P

西洋文化史年表〔2〕

時代	一般事項	美術	文学		思想	学術	自然科学	
1600 近世前期	三十年戦争 商業の発展 マニュファクチュアの形成 名誉革命(1688) ルイ14世親政 (1661~1715)	**後期ルネサンス** **バロック式** (16・17世紀) **絵画** 〔イスパニア〕 グレコ(1541~1614) ベラスケス(1599~1660) ムリリョ(1617~1682) 〔フランドル〕 ルーベンス(1577~1640)	**ルイ14世時代フランス文学**(古典主義) ○悲劇 コルネイユ(1606~84) ラシーヌ(1639~99) ○喜劇 モリエール(1622~73)	**イギリス文学** シェークスピア (1564~1616) ミルトン(1608~1674) バンヤン(1628~1688) ドライデン (1631~1700)	**イギリス哲学**(経験論) フランシス・ベーコン (1561~1626) ホッブス(1588~1679) ロック(1632~1704) ヒューム(1711~1776) **大陸哲学**(唯理論) デカルト(1596~1650)F パスカル(1623~1662)F スピノザ(1632~1677)D	**国際法学** グロチウス (1583~1645)D **経済学** トーマス・マン (1571~1641)B コルベール (1619~1683)F ケネー (1694~1774)F	**近代科学の起源** 1609 天体望遠鏡の発明(ガリレイ 1564~1642) I 1609 天体の法則(ケプラー 1571~1630) G 1628 血液循環の法則(ハーヴェー 1578~1657) B 1660 ボイルの法則(ボイル 1629~91) B 1678 光の波動説(ホイヘンス 1629~95) D 1687 **万有引力の法則**(ニュートン 1643~1727) B	
1700 (絶対主義)	近世的諸国家の対立 英仏植民地戦争 アメリカの独立 (1776) フランス大革命 (1789)	ヴァン・ダイク (1599~1641) 〔オランダ〕 レンブラント(1606~69) ロイスダール(1628~82) **ロココ式**(18世紀) **絵画**〔フランス〕 ワトー(1684~1721) **音楽**〔ドイツ〕 バッハ(1685~1750) モーツァルト(1756~91) ベートーヴェン (1770~1827)	○喜劇〔イタリア〕 ゴルドーニ(1707~93)	**18世紀イギリス文学** ポープ(1688~1744) スウィフト(1667~1745) ゴールドスミス (1728~1774) ジョンソン (1709~1784) **ドイツ文学** レッシング (1729~1781) ヘルダー(1744~1803) ゲーテ(1749~1832) (ファウスト)	ライプニッツ (1646~1716)G **フランス啓蒙思想** モンテスキュー(法の精神) (1689~1755) ヴォルテール(1694~1778) ルソー(1712~1778) ○百科全書派 ディドロー(1713~1784) ダランベール(1717~1783) **近世哲学** **ドイツ哲学**(観念論)	アダム・スミス (国富論) (1723~1790)B **歴史学** ギボン (1737~1794)B **教育学** ペスタロッチ (1746~1827)Swi フレーベル (1782~1852)G **経済学** 〔イギリス〕	**自然観の変革** 1735 自然の体系(リンネ1707~78)Swe 1749 博物誌(ビュッフォン1707~88)F 1792~98 地球子午線の長さの測定…F 1796 カント、ラプラスの星雲説 1812 古生物学の創始 (キュヴィエ 1769~1832)F **電気学** 1750 雷の本性(フランクリン 1706~1790)A 1799 電池(ヴォルタ 1745~1827)I **数学** 1801 整数論(ガウス 1777~1855)G 1821 近代解析学(コーシー(同下))	**熱学** 1724 華氏寒暖計(ファーレンハイト 1686~1736)G 1742 摂氏寒暖計(セルシウス 1701~44)Swe 1763 比熱の定義(ブラック 1728~99)B **イギリス産業革命** 1765 **蒸気機関**(ワット1736~1819)B 1768 **水車紡績機**(アークライト 1732~1792)B **化学の革命** 1788 新元素観の確立(ラヴォワジェ 1743~1794)F 1803 分子説(ダルトン1766~1844)B
1800 近世後期 (自由主義・国民主義) (帝国主義)	ナポレオン1世 (1804~15) ウィーン体制 南米諸国の独立 産業革命の進行 資本主義の発展 南北戦争 (1861~65) ドイツ・イタリアの統一 帝国主義政策の緊張 日清戦争	**建築** シンケル(1781~1841)G ガルニエー(1825~98)F **彫刻** 〔デンマーク〕 トルワルゼン (1768~1844) 〔ドイツ〕 シャドー(1764~1850) シワンターレル (1802~1848) 〔イタリア〕 カノヴァ(1757~1822) **絵画**……写実主義 自然主義 〔フランス〕 ダヴィード(1748~1825) ドラクロワ(1798~1863) ミレー(1814~1875) 〔イスパニア〕 ゴヤ(1746~1828) 〔イギリス〕 ターナー(1775~1851) **音楽** 〔イタリア〕 ロッシーニ(1792~1868) 〔オーストリア〕 シューベルト (1797~1828) リスト(1811~1886) 〔ポーランド〕 ショパン(1810~1849) 〔ドイツ〕 ワグナー(1813~1883) **絵画**〔フランス〕 マネ(1832~1883)	**ローマン主義運動**〔ドイツ〕 〔イギリス〕 スコット(1771~1832) **新ローマン主義** (→自然主義) **19世紀フランス文学** スタンダール (1783~1842) シャトブリアン (1768~1848) バルザック (1799~1850) フロベール(1821~80) ユゴー(1802~1885) モーパッサン (1850~1893) ゾラ(1840~1902) **童話・寓話** 〔デンマーク〕 アンデルセン (1805~1875) 〔ノルウェー〕 イプセン(1828~1906) 〔スウェーデン〕 ストリンドベリー (1849~1912) **ロシア文学** プーシュキン (1799~1837) ドストイェフスキー (1821~1881) ツルゲーネフ (1818~1883) チェホフ(1860~1904) トルストイ	シラー(1759~1805) シュレーゲル兄弟 (1767~1845) (1772~1829) グリム兄弟 (1785~1863) (1786~1859) **詩** 〔ドイツ〕 ノヴァーリス (1772~1801) ハイネ(1797~1856) 〔フランス〕 ボードレール (1821~1867) ヴェルレーヌ (1844~1896) 〔イギリス〕 ワーズワース (1770~1850) バイロン(1788~1824) テニソン(1809~1892) 〔アメリカ〕 ホイットマン (1819~1892) 〔ベルギー〕 マーテルリンク (1862~1949) **評論** 〔イギリス〕 カーライル (1795~1881) ラスキン(1819~1900)	カント(純粋理性批判) (1724~1804) フィヒテ(1762~1814) ヘーゲル(弁証法) (1770~1831) シェリング(1775~1854) ショーペンハウエル (1788~1860) **イギリス哲学**(功利主義) ベンサム(1748~1832) スチュアート・ミル (1806~1873) **空想的社会主義**〔フランス〕 サン・シモン(1760~1825) フーリエ(1772~1837) プルードン(1809~1865) 〔イギリス〕 ロバート・オーウェン (1771~1858) **科学的社会主義**〔ドイツ〕 ラサール(1825~1864) マルクス(1818~1883) エンゲルス(1820~1895) **過激派**〔ロシア〕 バクーニン(虚無主義) (1814~1876) クロポトキン(無政府主義) (1842~1921) **イタリア革命運動** マッチーニ(1805~1872) **19世紀哲学** コント(社会学) (1798~1857)F スペンサー(1820~1903)B キェルケゴール(実存哲学) (1813~1855)De	マルサス(人口論) (1766~1834) リカード (1772~1823) 〔ドイツ〕 リスト (1789~1846) シュモラー (1838~1917) **法学**〔ドイツ〕 サヴィニー (1779~1861) イェリング (1818~1892) **比較言語学** フンボルト (1767~1835)G **地理学** リヒトホーフェン (1833~1905)G ルクリュ (1830~1950)F **歴史学** 〔ドイツ〕 ランケ (1795~1886) ブルクハルト (1818~1897) モムゼン (1817~1903) ランプレヒト (1856~1915) 〔フランス〕 ギゾー (1787~1874) テーヌ(1828~1893)	1825 函数論(コーシー 1789~1857)F 1854 非ユークリッド (リーマン 1826~1866)G 1883 集合論(カントル 1845~1918)D **電気学** 1831 誘導電流(ファラデー 1791~1867)B **冶金術** 1855 製鋼法(ベッセマー 1813~98) B 1861 ガス発生炉(ジーメンス 1816~1892)G **爆薬** 1867 ダイナマイト(ノーベル 1833~1896)De **天文学の転換** 1847 海王星(アダムス 1846~1892)B 1846 〃(ルヴェリエ 1811~1877)F 1859 スペクトル分析(キルヒホフ 1824~1887)G 1930 冥王星(トンボー 1906~)A **電信技術** 1837 有線電信機(モールス 1791~1872)A 1876 電話機(ベル 1847~1922)A 1895 無線電信機(マルコーニ 1874~1937)I ○諸種の発明(エジソン1847~1931)A **原子力の導入** 1864 電磁場の方程式(マクスウェル 1831~1879)B 1869 元素の週期律(メンデレフ 1834~1907)R 1870 同上(マイヤー 1814~1878)G 1898 ラジウム発見(キューリー夫妻 1859~1906, 1867~1934)F 1900 量子論(プランク 1858~1947)G	1832 有機化合物分析(リービッヒ 1803~1873)G 1865 化学構造式(ケクレ1829~96)G **蒸気交通機関の発明** 1082 蒸汽車(トレヴィシック 1771~1833)B 1807 **汽船**(フルトン1765~1815)A 1814 **蒸気機関車**(スチヴンソン 1781~1848)B **熱力学** 1842 **エネルギー恒存の法則** (マイヤー 1814~1878)G 1847 同上(ヘルムホルツ1821~94)G **病理学と細菌学上の発見** 1858 細胞病理学(フィルヒョー 1821~1902)G 1857 醗酵(パスツール1822~1895)F 1882 結核菌(コッホ 1843~1910)G 1883 コレラ菌(同上) 1894 ペスト菌(エルザン 1863~1943)F **進化論** 1859 種の起原(ダーウィン 1809~82)B **遺伝学** 1865 メンデルの法則(メンデル 1822~1884)Au 1934 ルイセンコ学説(ルイセンコ 1898~1976)R **内燃機関** 1883 ガソリン機関(ダイムラー 1834~1900)G 1893 ディーゼル機関(ディーゼル 1858~1913)G **極地の征服** 1909 北極到達(ピーリー 1856~1920)A
1900 現代	第一次世界大戦 ロシア革命 世界的経済恐慌 全体主義の台頭 第二次世界大戦 ユネスコの創設 原子力時代	セザンヌ(1839~1906) ルノワール(1841~1919) モネ(1840~1926) マチス(1869~1954) ピカソ(1881~1973) **彫刻**〔フランス〕 ロダン(1840~1917) マイヨール(1861~1944)	(1828~1910) ゴーリキー (1868~1936) **20世紀フランス文学** ロマン・ローラン (1866~1944) アナトール・フランス (1844~1924) アンドレ・ジイド (1869~1951)	**イギリス文学** バーナード・ショー (1856~1950) **ドイツ文学** ハウプトマン (1862~1946) トーマス・マン (1875~1955)	ニーチェ(1844~1900)G ヴント(心理学) (1832~1920)G **20世紀哲学** ディルタイ(1833~1911)G ベルグソン(1859~1941)F ジェームス(実用主義) (1842~1910)A デューイ(1859~1952)A	ラヴィス (1842~1922) 〔イギリス〕 トレヴェリアン (1876~1962) トインビー (1889~1975) 〔イタリア〕 クローチェ (1866~1952)	1905 特殊相対性理論(アインシュタイン 1879~1955)G 1916 一般相対性理論(同上) 1919 原子崩壊(ラザフォード 1871~1937)B 1932 中性子の発見(チャドウィック (1891~1974)B 1932 陽電子の発見(アンダーソン 1905~)A 1938 原子核分裂(ハーン(1879~1968)G	1911 南極到達(アムンゼン 1872~1928)No **航空機** 1903 最初の飛行(ライト兄弟 1867~1912 1871~1948)A 1927 大西洋横断(リンドバーク 1902~1974)A 1944 ロケット機の実用……………G **人工衛星** 1957 ソ連成功

東洋文化史年表

東洋の宗教	年代と王朝	一般事項	中国 儒学	中国 文学	中国 歴史学	中国 学術	中国 美術	日本	日本
バラモン教(インド) **仏教の成立**(インド) シャカ(565～478) **ジャイナ教の成立**(インド) ヴァルダマーナ(5世紀) **ゾロアスター教の成立**(ペルシア) ゾロアスター(5・6世紀) **仏教の発展** アショーカ王(273～233) **儒教の発展**(中国—漢武帝時代)	周 秦 前漢	鉄器使用始まる 諸子百家の説 スキタイ文化の伝播 群県制度の成立 万里長城の完成	**儒家** 孔子(552～476) 顔回(521～490) 孟子(372～289)性善説 子思(492～431) 荀子(315～236)性悪説 董仲舒(179～93) 劉向(77～6)古文学 劉歆(53B.C～23A.C)	**道家** 老子(?) 荘子(?) 列子(?) 屈原(?～290)楚辞 淮南王安(?～122)淮南子 司馬相如(179?～117) 楊雄(53B.C～18A.D)	**墨家** 墨翟(?)兼愛説 **楊家** 楊朱(?)自愛説 司馬遷(145～92)史記	**法家** 商鞅(?～338) 申不害(?～337) 韓非(?～233) 李斯(284～208)	**縦横家** 蘇秦(?～317)(合従策) 張儀(?～309)(連衡策) **陰陽家** **兵家**	縄文式文化 弥生式文化	鄒衍(?) 孫子(?) 呉子(?)
キリスト教の成立 キリスト(4B.C～30?) **大乗仏教の発生** 龍樹(～250頃) カニシカ王(144～173)時代 **マニ教の成立**(ペルシア) マニ(215～273) **仏教の東伝** 仏図澄(232～348) 道安(312～385) 鳩摩羅什(?～413)	I.A.D 後漢 六朝 400	仏教の伝来 漢字,楷書体うまる 紙の発明(蔡倫) 五胡十六国の興亡 清談の流行	**訓詁学** 馬融(79～166) 鄭玄(127～200) 王弼(226～249) 何晏(?～249) 王粛(195～256) ○竹林の七賢	諸葛亮(181～234)出師表 曹植(192～232) 陸機(261～303) 陶淵明(365～427) 謝霊運(385～433)	班固(32～92)漢書 陳寿(233～297)三国志 裴秀(?)(地図) 范曄(398～445)後漢書	蔡倫(1・2世紀)(製紙法) 張衡(78～139)(地震測定法) 許慎(?)説文 張華(232～300)博物志 何承天(370～447)(数学) 祖沖之(429～500)(数学)	**書** 王羲之(321～379) 王献之(344～388) **画** 顧愷之(392～467)	弥生式文化 古墳文化	
慧遠(334～416)白蓮社 法顕(338～422)仏国記 **道教の確立** 寇謙之(?～448) **イスラム教の成立**(アラビア) ムハンマド(570～632) **中国の仏教** 玄奘(602～664)大唐西域記 義浄(635～713) **ラマ教の成立**(チベット)(8世紀後半)	隋 唐 800	雲岡石窟の開鑿 大運河通ず 西域文化の流入 道教尊崇 仏教思想の発達 宮廷工芸の盛行	孔穎達(574～648) 五経正義 王績(?～644) 顔師古(581～645) 〔・印は唐宋八大家〕	昭明太子(501～531)文選 **詩文盛行** 李白(701～762) 杜甫(712～770) 白居易(楽天)(772～846) ・柳宗元(773～819)	沈約(441～513)宋書・四聲譜 魏収(506～572)北魏書 魏徴(580～643) 隋書,群書治要 劉知幾(661～721)史通 賈耽(730～805)(地図)	宗懍(6世紀)荊楚歳事記 賈思勰(6世紀)齊民要術 酈道元(?～527)水經注 王和淑(6世紀)傷寒論	**書画盛んとなる** 虞世南(558～638)書 欧陽詢(557～641)〃 褚遂良(596～658)〃 閻立本(?～673)画 李思訓(651～718)〃 顔真卿(709～785)書 王維(701～761)画	古墳文化 飛鳥 白鳳 天平	聖徳太子(574～622) 太安麻呂(?)古事記 山上憶良(660～733)歌人 大伴家持(729～785)歌人 最澄(767～822)天台宗 空海(774～835)真言宗
イスラム教の発展 ペルシアへ進出(642) 中央アジアへの発展 インド進出(11世紀) **道教の改革**(全真教) 王嘉(1113～1170) 丘處機(1148～1227)	宋 1200	印刷術の発達 火薬の発明 羅針盤の発明 大蔵経の印行 道蔵の編纂	**宋学(朱子学)** 復古主義 周敦頤(1017～1073) 程明道(1032～1085) 程伊川(1033～1107) 朱熹(1130～1200) 通鑑綱目 陸九淵(1139～1192)	・韓愈(768～824) ・欧陽脩(1007～1072)(新唐書と新五代史) ・蘇洵(老泉)(1009～1066) ・曽鞏(1019～1083) ・王安石(1021～1086) ・蘇軾(東坡)(1036～1101) ・蘇轍(栾城)(1039～1112) 黄庭堅(1045～1105) 范成大(1126～1193) 文天祥(1236～1282) 正気歌	杜佑(735～812)通典 司馬光(1019～1086)資治通鑑 鄭樵(1104～1162)通志 〔高麗〕 金富軾(1075～1151) 三国史記	畢昇(10世紀)(印刷術) ○指南車の発明 李冶(1178～1265)(数学)	**彫刻** 六駿馬(?) **書** 蘇東坡・蔡襄 米芾・黄庭堅 袁枢(1131～1205) **画** 米芾(1051～1107) 徽宗(1082～1135) 李公麟・黄居寀・李唐・馬遠・夏珪	平安文化	紀貫之(?～946)歌人 紫式部(975～1031)小説 清少納言(?)随筆 法然(1133～1212)浄土宗 運慶(?)仏像彫刻 栄西(1141～1215)臨済宗
ラマ教のモンゴル進出 パスパ(1239～1280) モンゴル文字 **キリスト教の東洋伝来** プラノ・カルピニ(1182～1252) ウィリアム・ルブルック(1215～1270) モンテ・コルヴィノ(1247～1328)	元 明 1600	文人画の盛行 洪武帝(1368～98) 永楽帝(1402～24)四書大全 新長城の築設 新運河の開鑿	**古文** 劉基(1311-1375) 宋濂(1310-1381) 方孝孺(1357-1402) **陽明学** 王守仁(陽明)(1472～1528) 李攀龍(1514～1570) 唐詩選	**北曲**○漢宮秋・西廂記 **南曲**○琵琶記 湯顕祖(1550～1617)還魂記 **小説**○西遊記・金瓶梅・水滸伝・三国志演義 **詩** 高啓(青邱)(1336～1374)	一然(1206～1289) 三国遺事	王恂(1234～1280)(数学) 郭守敬(1231～1316)(天文学・暦学) 朱思本(?)(地理学) 朱震亨(1281～1358)(医学) 茅元儀(?)武備志(兵学)	**書** 趙子昂(1254～1322) **元末四大画家** 黄公望(1269～1354) 呉鎮(1280～1354) 倪瓚(1301～1374) 王蒙(1308～1385) **明四大画家** 唐寅・沈周(石田) 仇英・文徴明	鎌倉 東山文化 桃山	道元(1200～1253)曹洞宗 親鸞(1173～1262)真宗 日蓮(1222～1282)日蓮宗 吉田兼好(1283～1350)文学 宗祇(1421～1502)連歌 雪舟(1420～1506)水墨画 狩野元信(1476～1559)絵画 林羅山(1583～1657)儒学
オドリック(1265～1331) ザビエル(1506～1552) Sp マテオ・リッチ(1552～1610) I アダム・シャール(1592～1666) D フェルビースト(1623～1688) Be ブーヴェ(1656～1730) F カスチリヨーネ(1688～1766) I	清 1800	ムガール帝国の成立(1526) 康熙帝(1661～1722)康熙字典 乾隆帝(1735～96)四庫全書	張居正(1525～1582) **考証学** 顧炎武(1613～1682) 黄宗羲(1610～1695) 閻若璩(1636～1704) 恵棟(1697～1758) 戴震(1723～1777)	銭謙益(1582～1664) 朱彝尊(1629～1709) 王子禎(1634～1711) 趙翼(1727～1814) 段玉裁(1735～1815) 金聖歎(?～1661)(文学評論) **戯曲**○長生殿 **小説** 蒲松齢(1640-1715)聊齋志異 曹雪芹(1724?～63) 紅樓夢	顧祖禹(1624-1680)読史方輿紀要 万斯同(1638-1702)明史稿 王鳴盛(1720-1797) 章学誠(1738-1801) 李兆洛(1769-1841)(地図)	李時珍(?)本草綱目 徐光啓(1562～1633)農政全書・崇禎暦書 宋応星(?)天工開物 趙子禎(?)神器譜 褚華(?)木綿譜 王昶(1724～1806)金石萃編	**画** 董其昌(1555～1636) 王鑑(1598～1677) 王時敏(1592～1680) 惲恪(1633～1690) 王原祁(1642～1715) 呉歴(1632～1718) 王翬(1632～1717)	江戸文化	井原西鶴(1642～1693)小説 松尾芭蕉(1644～1694)俳諧 水戸光圀(1628～1700)儒学 尾形光琳(1658～1716)絵画 近松門左衛門(1653～1724)劇作 新井白石(1657～1725)歴史 池大雅(1723～1776)南画 本居宣長(1730～1801)国学 杉田玄白(1733～1817)蘭学
	1900	インド,英領となる(1858)	銭大昕(1728～1804) 曽国藩(1811～1872)	魏源(1794～1856) 阮元(1764～1849)					頼山陽(1780～1832)儒学 滝沢馬琴(1767～1848)劇作
	(現代)	日露戦争 辛亥革命 文学革命(1916) 中国の近代化 アジア諸民族の独立	王闓運(1832～1916) 王先謙(1842～1918) 厳復(1853～1921) 康有為(1858～1927) 廖平(1852～1932) 章炳麟(1868～1936)	兪樾(1822～1907) 張之洞(1837～1909) **現代文学** 魯迅(1881～1936) 胡適(1891～1962)(哲学) 郁達夫(1896～1945) 林語堂(1895～1976) 茅盾(1896～1981) 謝冰心(1903～)	楊守敬(1839～1915) 王国維(1877～1927) 梁啓超(1873～1928) 羅振玉(1866～1940) 郭沫若(1891～1978)(文学) 顧頡剛(1893～1980)	**社会思想家** 黄興(1873～1916) 孫文(1866～1925) 李大釗(1888～1927) 陳独秀(1880～1942) 李済(1895～1979)(考古学) 董作賓(1898～1963)(甲骨学)		近代文化	新島襄(1843～1890)教育 福沢諭吉(1834～1901)思想 正岡子規(1867～1902)詩 尾崎紅葉(1867～1903)小説 野口英世(1876～1928)医学 内村鑑三(1861～1930)宗教

年代の異説・異同について

まえがき

年表をつくることはかなりむずかしい仕事である。事実を事実として記すにすぎないようではあるが，その年代の確定に意外な困難を伴う場合が少なくない。この年表を世に出してから十数年，多くの方々の御愛用をいただいたが，教科書やその他の参考書との関係でいつも問題になるのが年代のくいちがいということであった。そこで，本書で採用した年代の根拠を明らかにし，それを一覧できるようにして付録とすることにした。

年代の相違の生じる理由

年代の相違で問題となることがらにはいくつかの類型がある。

まず第一には少い断片的な史料をつなぎ合わせて推定年代を推算する先史時代や初期古代の年代である。つまり後の世のように明らかに“書かれた歴史”によってではなくて，考古学上の成果によりながら，限られた僅少の史的資料を積み重ね，隣接地域との前後関係を考え合わせて構成される年代であって，古代オリエントや，殷代の中国の場合などがそれにあたる。従ってエジプトやメソポタミアの初期王朝以下の年代は考古学の発展に伴って，いくたびかの変動があり，しかもその場合，推算の仕方によっていくつかの説が分れるのであって，そのどれをとるかはにわかに決めがたい。ただエジプト・メソポタミアおよび中国では，幸い，かなり古くから暦法が発達しており，殊にエジプトのそれは今日の太陽暦にも近いものなので，その研究の進展によって近似値も出せるようになってきている。しかしいずれにしても紀元前6世紀頃より前の年代はほとんどすべて推定年代の域を出るものではない。

なお，これより以前の先史考古学上の年代は一様に推定年代であることはいうまでもない。けれども近年研究が開発された放射性炭素(ラジオカーボン）による測定法やその他の測定法の応用によって年代の推測がかなり確実になりつつある。ただし，これによっても年代の振幅は大きく，極端な場合は±(プラス・マイナス)500年にもなるから，前後1000年の開きを生じうる。また地域によっては信頼度のうすいところもある。

第二には事件や事象の初めと終りを，どの時点でとらえるかということである。建国とか戦争とかいうようなものが，国家的法制の上からいって厳密に規定し得るのは，せいぜい最近2・3世紀のことであって，法秩序の整備されていないそれ以前の時代においては，これを近代的規準をもって割切ることができない場合が少くないのである。

近代史においてはまた条約や宣言など，その調印と批准または発効などがそれぞれ時点を異にし，しかも多国間の場合は国々によっても異なることが多いので注意を要する。

第三には著作物や芸術作品などの場合，その完成の時点というものが，実は容易に決めがたいということである。常識的に考えても，著作の完成と公表もしくは書物の刊行とは同一の時点ではあり得ないし，制作終了後において原作者が最終的に手を加えることもあり得るのである。

次に第四には中国や朝鮮などの帝王の在位年代についてである。いわゆる踰年法（ゆねんほう）と継年法（けいねんほう）との違いであって，前王の死没年次そのものを次王の第1年と数えるかどうかということで差異が生じる。中国では前王の死を忌んで，その死んだ年を新王の即位第1年とはせず，その翌年をもって新王の第1年とするならわしがあった。そこで新王の第1年を実質的に即位した年，つまり前王の死没年から起すやり方と，次の年を第1年として数える方法とでは，1年のくいちがいを生じてくるのである。前者の場合を継年法，すなわち年を継いでの数え方，後者の場合を踰年法，すなわち年を踰（こ）えての数え方と呼ぶのである。本書では原則として前者の継年法によった。

これとケースは異なるけれども，アメリカ合衆国の大統領は4年毎の11月の選挙で事実上決定するが，実際の就任は翌年の3月で，これによって新大統領が正式に誕生する。そこでこの両者のいずれをとるかによって1年の差が生ずる。

さて，このような前提の下に，以下順次解説を加えて行くこととするが，いま第一にあげた先史時代と初期古代に関するところは，便宜上地域別に分けてまとめ，それ以後については年代順に並べることにした。

【エジプト】

エジプトの古代王朝の年代は，時とともにかなり引き下げられてきた。古代エジプトでは第1王朝からペルシアに滅ぼされた第26王朝まで，26の王朝の存在が知られるが，それぞれの王朝の存在期間を集計すると第1王朝の創始は紀元前3000年以前にさかのぼることになっていた。ところが研究が進むにつれて，王の空位や複数の王の並立，あるいはいくつかの王朝のある期間中の併存といった事実などが明らかにされ，重複部分の控除が必要となってきた。エドゥアルト・マイヤーらが，この研究を押し進めて以来，最近ではその基礎の上に新しい年代の確定がつづけられている。以下の年代は主としてK.クレーマーのGeschichtstafel 2. Aufl. 1950.によった。しかしなお異説が多いので主要なものを注記することとした。(以下の年次は紀元前であるが,まぎらわしくない限り,「紀元前」または「B.C.」はつけないこととする)。

2850頃　メネス王，上下エジプトを統一

上記のような事情から，この年次が最も新しい説として支持されており，これがエジプト第1王朝の創始とされる。クレーマーは2900頃～2800頃としており，2850頃はその中間をとったものである。第1王朝の年代が引き下げられたために，それ以後の年代も旧説よりも下げられるようになったことはいうまでもない。

〔エジプト諸王朝の時代区分〕

古代エジプトの諸王朝は古王国・中王国・新王国に分類されるが，最近ではこれをさらに細分化する考えが有力で，それを示すと次のようになる。

2850頃～2650頃　早（初）期王朝(チス時代)，第1～第2王朝

2650頃～2200頃　古王国時代（メンフィス時代，いわゆるピラミッド時代)，第3～第6王朝

終末を2190とする説もある。

2200頃～2050頃　第1中間期，第7～第10王朝

以上をひっくるめて2850頃～2050頃を古王国と呼ぶこともある。

2050頃～1778頃（または1792）　中王国時代，第11～第12王朝

1778頃～1570頃　第2中間期，第13～第17王朝

2050頃～1570頃　を中王国とする説もあり，また第2中間期の末尾を1610年頃とする説もある。

1570頃～715　新王国時代，第18～第24王朝

ただし，第18～第20王朝(1570頃～1085頃)を新王国前期，第21～24王朝（1085頃～714）を新王国後期とすることがある。

715～332　後期王朝または末期王朝

332年はアレクサンドル大王によるエジプトの征服年で，これ以後エジプトの歴史は形式的にはファラオ時代の継続の形をとるが，実際にはギリシア・ローマ世界に組み込まれて行くのである。

【メソポタミア】

2800頃　メソポタミア初期王朝起る

エジプトと同じくメソポタミアの年代も最近は徐々に引き下げられてきた。メソポタミア最古の都市文明を形成した民族はシュメール人で，その文明の始源はB.C.3000年以前にさかのぼるであろうことは確かである。楔形文字の原形である絵文字の粘土板が出土したウルク遺跡の第4層はB.C.3000年頃と推定されている。しかし初期王朝は2800頃～2350年頃というのが最近の説で，この場合には初期王朝といわれるいくつかの王朝すべてを含んでおり，このうち確実に知られる最初の王朝（第11王朝）ということになると，その創立はB.C.2500年頃といわれるようにもなった。

次に最近の説によるメソポタミアのその後の諸王朝の編年を掲げておく。

2350頃～2180頃　アッカド王国時代

2350頃～2294頃　サルゴン1世

（一説に2371頃～2316頃）

2270頃～2233頃　ナラムシン

（一説に2291頃～2255頃）

旧説ではアッカド王朝は2580頃～2420頃であった。またアッカド王朝の末尾を2150頃とし，その後の約80年間，すなわち2070頃までをグチウム族の支配期とする説がある。ただし，グチウム族の支配期を2270頃～2145頃または2150頃～2050頃とする場合もあり，これはその期間を

年代の異説・異同について

100年以上とする説である。

2060頃～1950頃（2064頃～1955頃）ウル第3王朝
また一説には2140頃～2030頃，2113頃～2006などともする。なおこの時代には神官グデアが地上の権力を握り，大きな勢力があった。

1950頃～1830頃　イシン・ラルサ王朝
一説では，イシン王朝を2017頃～1763頃，1970頃 ～1732頃，1960頃 ～1735頃などとし，ラルサ王朝を1961頃～1700頃，1960頃～1698頃などともする。

ハムラビ王の治世の諸説（カッコ内は提唱者）
1840頃～1820頃（S.スミス）
1792頃～1750頃（M.B.ロートンおよびE.パローダ）
1748頃～1716頃（W.F.オールブライト）
1726頃～1694頃（A.ペーベル）
1728頃～1686頃（F.トゥローダンガンおよびK.クレーマー）

ハムラビの在位年代ぐらい，異説の多いのもまれである。王の治世が43年であったことはその「年名表」(年毎に固有名をつけた治世編年表を刻んだ粘土板)によってほぼ明らかであるが，従来はB.C.2300もしくはB.C.2100あたりと考えられていた。ところが周辺諸部族に関する遺存史料，たとえば「アッシュール王名表」，マリ遺跡出土の「マリ文書」などとの比較検討や，考古学上の層序時代の研究が進むにつれて，その年代が下げられてきており，最近では最後者が最も有力視されている。なお，E.ワイドナーはさらに下げて1704頃～1662としている。クレーマーによればバビロン第1王朝は1830頃～1530頃だという。

【パレスチナ】

1020頃～932　ヘブライの王国
ヘブライの最初の王サウルの治世年代にはいくつかの説があり，従ってこの王国の創始年代にも数説がある。サウルの治世については，1044頃～1029頃，1020頃～1012頃，1020頃～1004頃，1010頃～1006頃などがある。次のダヴィデ王については，1012頃～972頃，1004頃～965，1006頃～966などがあり，その次のソロモン王は，その後を受けて彼の死を932頃とする説と，926頃とする説がある。この932または926年はすなわちヘブライの国がイスラエル・ユダ両王国に分裂した年である。

【ハッチ】（ヒッタイト）

ハッチ＝(イコール）ヒッタイトとされていたが，最近は研究が進んで，インド・ゲルマン系（アーリア系）の部族が原住のハッチ人を滅ぼして建てた王国およびその部族をヒッタイトと呼び原住民をハッチと呼んで区別するようになった。しかしヒッタイト王国をハッチ王国と呼んでも間違いではない。ヒッタイトというのは英語読みであるが，厳密にハッチと区別する場合にはヒッティトと呼ばれている。ヒッタイト王国の創建は前19世紀と考えられ，普通には1900頃とするが，1670年頃まで引き下げる説もある。

1580頃　ハッチ全盛（古王国）
1400頃～1300頃　ハッチ全盛（新王国）
ハッチ王国（ヒッタイト王国）は古王国と新王国とに分けられ，その全盛期をとる場合，前者はハムラビ王朝（バビロン第1王朝）を滅ぼしてその勢威をメソポタミアに及ぼした時期をいうのであり，後者は新王国の第2・第3代諸王の時期で，バビロニア・エジプトと並び当時のオリエントを三分したのである。

なお，古王国と新王国との交替の時期は大体1460年頃，または1380年頃とされている。

【エーゲ海とギリシア】

エーゲ文明についても各時期の厳密な絶対年代を算出することはむずかしい。

3000頃　エーゲ文明はじまる
この年代は大体承認されているが，文明の始まりを何年からということはできないから，あくまでもこれはおおよその年数である。

1600頃～1400頃　クレタ文明の極盛
始期を1800頃としてもよい。また最近では1570頃～1425頃などとする説もある。

1600頃～1100頃　ミケーネ文明
ミケーネの破壊の年1150頃を終末期とする見方もある。
いずれにしてもエーゲ世界の年代の割出しは隣接オリエントとの相対的な比較によって行われるだけで，将来線文字などの十分な解読が行われない限り，厳密なことは期しがたいのである。

1500頃　ギリシア人のエーゲ海進出はじまる
これはギリシア人が原住地ドナウ中流域あたりを動き出した時期を示している。従ってエーゲ海進出が支配の意味をもつものとすれば，それは1200頃～1100頃をとるのがよいであろう。すなわち1200頃前後，まずテッサリア人・エオリア人（アイオリス人）がギリシアの地に入り，1世紀ほど遅れてドーリア人が進入してきたのである。
なお，ギリシアの地に定住したギリシア諸部族は，やがて地中海上で活躍を始めるが，彼らの地中海域における植民活動は800頃～600頃または750頃～550頃とみられている。

【インダス文明とアーリア人】

2500頃～1500頃　古代インダス文明
1500頃　アーリア人の西北インド進出さかんとなり，定住化が始まる。
1000頃　アーリア人，ガンジス流域にうつる
これらはインダス文明およびアーリア人の移動の年代に関する通説である。インダス文明の年代はメソポタミア文明の年代との関係の下に決定されることが多い。アーリア人の西北インド侵入を2000頃とすることがあるが，それは誤りである。またこれらに関する正確な年代は不明で，大体500年を尺度に考えるしかなく，従ってアーリア人のガンジス移住を，たとえば1100頃としてみても，それは特別強い根拠もないものである。

【中　国】（殷・周）

1400頃／1300頃～1027頃　殷王朝
ここでは，殷王朝の創始を1400頃または1300頃という意味で示している。つまり，
1400頃　は鄭州期の殷文化（～1300頃）
1300頃　は安陽期の殷文化（～1000頃）
のそれぞれの大体の始期をとったもので，そのどちらをとってもよい。殷王朝の創建は安陽期に先立つであろうことは間違いないが，伝承による殷王歴代の系譜をたどって，これと考古学上の成果とを結びつけることは困難である。
次に殷の滅亡年代については，いくつかの説がある。ここにあげた1027頃は陳夢家・丁山らの説によったが，かつては「漢書」律暦志によって1122年とされていた。新城新蔵氏の説によると1066年とされる。

1027頃～256　周王朝
前記のように殷の滅亡年代が数説あるから，周の創建年代もさだかに決めがたいのである。決定的な年代を出すことができないから，簡単な年表などでは「このころ」という意味で下1けた，または下2けたの数字を0で示すこともある。

【紀元前】

特に必要のない限り，B.C.などはつけない。

771　東周興る
771年に幽王が殺され，平王が即位した。770年を採るのは平王元年であるからだが，既述の継年法によって771年とする。

770～403　春秋時代
平王元年以後を春秋時代とする。722～403とするものがあるが，722年は「春秋」という書物の書き始められた年（執筆の初めでなく，内容の史実の起筆）であって正しくない。

670　アッシリア，エジプトを征服
671年とするものもあるが，670年の方がよい。

625（大）メディア王国建国
建国を前7世紀前半に上げるものがあるが正しくない。ただしメディアそのものの創建は2世紀以上も前にさかのぼる。

620頃　ドラコンの法律
620年頃であるから，621頃でもよい。また624年説もある。

612　アッシリア滅亡
600年滅亡とするものがあるが誤りである。恐らく概略年代のつもりであろう。

566頃～486頃　シャカ
一説として466頃～386頃（宇井伯寿氏説），463頃～383頃（中村元氏説）も有力であるが，なお数説があって決定しがたい。ただその生涯が80年（81歳）であったことはほぼ間違いがない。セイロンなどでは544年死説をとっている。

551～479　孔　子

この年代は「史記」の説による。552〜479年説は「公羊・穀梁」によるものである。

525　ペルシアのオリエント統一
アケメネス朝ペルシアのオリエント統一は525年で，その滅亡は330年である。ただしアケメネス朝の創始は558年，キロス2世の即位を基準とする。559年がペルシアの独立の年という説もある。

509　（ローマ）共和政治のはじめ（伝承）
753年のローマの建国とともにこれは伝承であるから，必ずしも正確な年代ということはできないが，ふつう509年または510年といわれて両説がある。どちらとも可能である。

500〜479　ペルシア戦争
ペルシア戦争のはじめを492年とするものがあるが，これはペルシア軍の第1回ギリシア侵入から数えたもので，500年からはじまったイオニアの反乱はアテネの支援を受けて起ったのだから，やはり，500年から数える方がよい。

451　（ローマ）十二表法成る
450年説もあるが451年でよい。あるいは451／450としてもよい。

443〜429　ペリクレスの執政
444〜429とすることもあるが，443がよい。

372頃〜289頃　孟　子
明代の通俗書「孟子譜」によってこれが通説となっている。実際のところは明らかでないが，銭穆は390頃〜305としている。

317頃〜180頃　マウリア朝
マウリア朝の創始および滅亡の年代は明らかでない。かつては，323頃〜185頃，321頃〜184頃などとされていたが，最近，中村元氏は317頃〜180頃とした。滅亡については157年まで下げる説もある。

305〜64　セレウコス朝
セレウコス1世ニカトールがシリアを中心に東西に所領を確立したのが312年で，彼が王号を称したが305年であるから，後者からはじめるのがよい。王号を称したのを304年とする説もある。

305〜30　プトレマイオス朝
プトレマイオス朝の創始者プトレマイオス1世が，エジプトに覇権を確立したのは，アレクサンドル大王の死んだ323年だが，彼がエジプト王を称したのは305年である。301年のイプソスの戦いののち，トラキア王リシマコス，シリア王セレウコス1世，マケドニア王カッサンドロスと並んで四者対立の形勢が生み出された。

273頃〜232　アショーカ
マウリア朝アショーカ王の在位年代には数説がある。上にあげたもののほか269頃〜232などは有力である。なおアショーカのカリンガ討伐は即位後第9年目と伝えられるから，即位年をどこに置くかによってカリンガ討伐の年も違ってくる。

250頃（247頃）　パルティア自立
次のバクトリア自立年代とともに，実は正確なことはわからない。一説として247頃のほか248頃もある。

250頃　バクトリア自立
250頃とするのは中村元氏の説，ほかに247頃，248頃という説もあり，またW.W.ターンは255年頃とする。

230頃　B.C.〜230A.D.頃　アーンドラ朝
建設・滅亡とも正確な年次は不明である。

139頃〜126　張騫，西域に遣使
張騫が月氏へ出発したときは明らかでない。ただ帰省が126年（元朔3）で，これより13年前に出発したのであることはほぼ間違いないから，そうだとすれば138年（建元3），あるいはその前年139年と思われる。

133〜121　グラックス兄弟の改革
兄はティベリウス，弟ガイウス。133年，ティベリウスが護民官となり，ガイウスとともに土地配分委員会の委員の1人となった。ティベリウスは翌年殺され，ガイウスものち遺業を継いで次々と改革を計った。ガイウスが護民官に選ばれたのは123年であったが，彼もまた反対派のために121年に殺された。

127　武帝の匈奴攻撃はじまる
武帝の積極的な対匈奴攻撃の時点としてこの年を採った。実はこれより2年前の129年に匈奴が上谷に侵入し，これに対して衛青を派遣し龍城まで進んで匈奴を撃退したことはあった。また翌年にも匈奴が北辺を脅かし，武帝はこれに対して攻撃を加えようとしたが，その挙を諫めるものがあって取止めとなった。しかし翌127年，匈奴はさらに激しく侵寇したので，武帝は重ねて衛青を差し向け，大いに匈奴を破り，オルドス地方を奪取し，その地に朔方・五原2郡を設置したのである。

97　「史記」成る（司馬遷　145〜92）
「史記」の成立年代について，梁玉縄は97年（天漢4）とし，趙翼は91年（征和2）とする。なお司馬遷の生没年についてはいくつかの説がある。まず生年については，王国維は145年説，桑原隲蔵・郭沫若や山下寅次氏は135年説である。1956年中華人民共和国では司馬遷生誕2100年祭を行ったが，それは145年説による。また没年については王国維は86年であろうとし，劉際銓・郭沫若らは93年とする。斉思和・翦伯賛ら編著の「中外歴史年表」では，92年の条に，大体この年前後に死んだとしている。

45　カエサル，ユリウス暦を作る
作製命令は46年，完成と実施は45年1月からである。なおカエサルの生年は前100年というのが伝承であったが，T.モムゼンの研究により前102年と改められた。

2B.C.頃　仏教，中国に伝わる（一説，67A.D.）
2年は前漢元寿元年で「魏略」の伝えるところであり，これが学界でも重んぜられている。従来は紀元後67年（後漢，明帝永平10年）が通説であったが，永平8年（65）にはすでに仏教に関する記事が見られるところから，67年でないことははっきりしてきた。また68年には洛陽に白馬寺が建てられている。

4頃　キリスト生誕（一説，6A.D.頃）
西暦紀元はキリスト降誕の年を元年と決めたものだが，これは5世紀のローマ教皇庁が採用した暦がヘロデ王の在位年代を誤って計算したため，実際にはキリストはヘロデ王没年以前に生れたものとされる。前者は「マタイ伝2」にみえるヘロデ王の嬰児殺しを典拠とし，ヘロデ王没年が前4年であるから，それ以前と考えるもの。後者は「ルカ伝2」にある人口調査を典拠とするもので，これは紀元後6／7年に行われたので，これをキリストの誕生年とするもの。

【紀元後，1000年まで】

45　クシャナ朝成立
クシャナ（クシャン）侯は月氏五王国の一つで，そのヘラウスによる統一事業は紀元前20年頃から始められた。次の侯カドフィセス1世が，カーブル・タクシラを占領した時点をクシャナ朝の成立の年とみるのが妥当で，44年頃にはタクシラはまだパルティア人の支配下にあったのだから，成立は45年とするのがよい。

55〜120　タキトゥス
タキトゥスの正確な生没年代は明らかでない。55〜120とするのが通説だが，異説も多い。

114〜117　（ローマ）メソポタミア遠征
トラヤヌス帝のパルティア攻撃は113年から始まっており，ここに示した期間を第5パルティア戦争とする。また114年からとするものもあり，権威あるいくつかの年表もそれに従っている。

144頃〜173頃　カニシカ
クシャナ朝のカニシカ王の即位年代には，前80年説から後278年説までさまざまだが，ギルシュマンが144年説をとり，これが最近の説となった。その治世年代についても24年説から29年説まであり，最大値をとれば173年となる。

193〜284，または，235〜284　（ローマ）軍人皇帝時代
セプティミウス・セウェルスが軍隊に擁立された193年をもって軍人皇帝時代の初めとする考え方が以前からとられた。ただ235年に至るまでセウェルス家出身の皇帝がつづいているので，最近は真の軍人皇帝時代を235年からとする考え方が一般的である。またディオクレティアヌス（284〜305）も軍隊に擁立された皇帝であるから，彼の治世を含めて305年までとする考え方もあるが，これは形式主義に傾いた考え方である。

239　倭の邪馬台国の女王卑弥呼の使者，魏に至る
「三国志」魏志東夷伝に景初2年（238）とあるが，この記事は「梁書」やわが「日本書紀」神功皇后紀に引かれた「魏志」では景初3年となっており，従って239年が通説となった。

286　ディオクレティアヌスの分国統治

293　ディオクレティアヌスの帝国四分統治策
ディオクレティアヌスが副帝マクシミアヌスを西方の正帝とした年が286年，東西両皇帝がそれぞれ副帝を定め後継者に決めたのが293年である。それゆえ分国統治の開始は286年，その制度的完成が

293年である。ただしこれはディオクレティアヌス一代のものである。なお，ディオクレティアヌスの即位は284年である。

316～439　五胡十六国時代

西晋が滅びた316年から数えるのが常識で317年は晋室南渡（東晋復興）の年であり，317年からとするのは正しくない。また東晋を318年から数えるのも誤りである。

375頃～413　チャンドラグプタ2世（超日王）

死没年を413年とするのは通説で，414年とするのは根拠不明。

391　（ローマ）キリスト教を国教に昇格させる

ローマの伝統的信仰の禁止が391年（異教の神殿閉鎖），392年には家庭内の私的な祈りも禁ぜられた。393年にはオリンピア競技が廃止された。要するにキリスト教の国教化としては391年をとるのが無難で，392年のそれは391年の禁令の強化徹底である。なお380年を採る説もあるが，これはキリスト教の信仰の奨めであって，他宗教の禁圧は含まれていないから国教化ということはできない。

399～412　法顕のインド旅行

法顕は412年（義熙8）に山東に到着帰国した。そうして414年に「仏国記」（「法顕伝」ともいう）を筆録した。

418　南ガリアに西ゴート王国を建つ

西ゴートの事実上の建国は415年であるが，ローマの認証を得たのが418年であった。ただしこれはトロサ（トゥールーズ）に都したトロサ王国であって，その年代は，415（418）～507であり，イスパニアの西ゴート王国は507～711年である。

486～751　メロヴィング朝

始祖クロヴィスの即位年からすれば482～751年ということになる。しかしクロヴィスは486年シアグリウスを倒して初めて北ガリアに覇をとなえたので，これをメロヴィング朝のはじめとするのがよい。

520　グプタ朝分裂

分裂という言葉だけからすればこの520年が特に画期的というわけではなく，すでに，470年頃からグプタ朝の支配権の分裂は始まっている。けれどもエフタルの攻撃を受けてグプタ朝が分裂崩壊するのは520年である。

535　北魏，東西に分裂

たしかに北魏が滅びたのは534年（宇文泰，孝武帝を殺す）で，その年に高歓が孝静帝（孝武帝の従兄弟[いとこ]の子）を擁立したのだが，対立者として宇文泰が文帝（孝武帝の従兄弟）を擁立したのは535年だから，実際には535年とすべきである。なお，孝静帝を東魏とし，文帝を西魏と呼ぶ。

528　東ローマ，ペルシア軍を破る

549～62　ペルシア，東ローマと戦う

581～91　東ローマ，ペルシアと戦う

東ローマとササン朝ペルシアとは何度も戦争が行われたので，この小年表にその一々を記すことはできないから，特に重要と思われるものをあげたにすぎない。

552　突厥帝国成立

突厥帝国の成立を553年とするものがあるが誤りである。トメン（イリ可汗）は552年に立ち，翌年には死んでいる。

571～632　マホメット

生れた年については570年とする説もある。

622　ヒジュラ

事実を誤ってヒジュラを630年とすることがあるがそれは全く誤りである。マホメットがメディナに逃れた（聖遷）のは622年で，これがイスラム暦の紀元元年とされるものであり，630年はマホメットがメッカに帰還した年である。

642　ササン朝ペルシア滅ぶ

イスラム軍のために滅ぼされたのは642年である。ただし，末帝ヤズデギルド3世が殺され，名実ともに消滅したのは651年だが，それをとる必要はない。

690～705　則天武后，実権を握る（周）

則天武后は684年高宗が死んだとき，自分の生んだ中宗を立て，同年中宗の弟睿宗を立てて，背後からこれを操ることになったが，590年睿宗を廃して実権を握り，国号を周と称した。武后の政権掌握を684年からとしてもよいが，唐室が中断されたこの期間をとる方がより合理的であろう。

698　靺鞨人大祚栄，震国を建つ，後渤海と改む

これは渤海国の建国を示している。大祚栄が自立したのは698年で，のち713年に至って唐から「渤海郡王」に封ぜられ，国号を渤海と改めたのである。713年を建国とするのは誤りである。

701頃～761　王維

王維の生没年ははっきりしないが，「新唐書」その他により，生れたのは大足元年（701），その死は上元2年（761）7月，歳61とする（趙殿成・小林市太郎氏説）。「旧唐書」に乾元2年（759）死（顧玄緯説）とあるがそれは採らない。

751～843　カロリング朝

カロリング朝のフランク王国は843年に3つに分れるが，王国としての一体性はなおつづいていた。しかし統一王国としての実質は乏しい。東フランク王カール肥満王（881～887）の下に，偶然，一時全王国の統一が成ったが，その死後全く分裂した。以上よりしてカロリング朝は三分国のそれぞれでその継続を示した方がよく，カロリング朝フランク王国は一応843年までとするのがよい。三分国のうち中フランク（イタリア）のそれが最も早く断絶して875年，次が東フランク（ドイツ）で911年である。987年は西フランクで最後のカロリンガーがなくなった年であるが，887年以降はカペー朝君主の祖先と約1世紀の間交替に王位についたのだから，カロリング朝を751～987とするのは厳密には正しくない。

756～1031　後ウマイヤ朝

750年にウマイヤ朝が滅びたとき，果敢に危地を脱したアブデル・ラーマン1世が，北アフリカを流浪後，イスパニアに逃れたのが755年で，コルドバで支配権を確立したのが756年である。従って後ウマイヤ朝は755年からとするよりも756年とする方がよい。

875～884　黄巣の乱

王仙芝が長垣に兵を起したときは明らかでないが，874年という説もある。（「資治通鑑」）。ただし実録には875年と記されていたらしい（「通鑑考異」）。

936　（高麗）朝鮮半島を統一

高麗の起ったのは918年である。935年に新羅を滅ぼし，936年に後百済を滅ぼして半島を統一した。

962　ガズニ朝興る

ガズニ朝は997年頃から最盛期を迎え，サーマン朝との従属関係を断絶している。創始年を997年とするのは誤りで962年の方がよい。

993頃　カラハン朝はじまる（～1132）

カラハン朝の創始者サトゥク・ボグラハンは940年ごろベラサグンに都した。4代目のナスル・イリクハンの時（992／993～1012），西トルキスタンに進出し，サーマン朝を滅ぼし（999），大体の領域を定めた。従ってカラハン朝の創始を940年としてもよい。ただしカラハン朝は一名イリクハン朝ともいうようにイリクハンの即位年をもってしてもよいわけである。終末は1132年ないし1140年ごろ，カラキタイの進出のときをもってするのがよさそうである。

【1001年～1500年】

1097　コラズム・シャー国起る

始祖アヌシテギンがセルジュク朝トルコからコラズムの太守に任ぜられたのが1077年で，この年をもってコラズム国の初めとすることができる。ただしコラズム・シャー国という場合，2代クトゥブ・ウッディン（1097～1127）がコラズム・シャーを称した1097年を始まりとしてもよい。

1119　（金）女真文字の創製

1119年（天輔3）というのは「金史」の記載による。ただし小字（小文字）は1138年（天眷元）である。

1048　ゴールにゴール朝興る

1148　ゴール朝自立

1163～1202　ジハーブ・ウッディン

1186　ガズニ朝滅ぶ（ゴール朝が滅ぼした）

1187　ゴール朝盛んとなる

1193／97　ゴール朝，北インド征服

ここにゴール朝関係のものをまとめてみたのは，ゴール朝の創始年代について書物によってとり上げ方がまちまちだからである。しかし先のコラズム・シャー国の場合にも似て内陸アジアのイスラム王朝の創建をどの時点でとるかはむずかしい。ここにあげたように1048と1148とではその見方がちがうだろうし，前王朝を継承したとみれば1186でもよい。事実上の創始期として1048年をとっておくのが無難だが，政治的にはさして力はなく，結局その時点ではなお一地方政権に過ぎなかったのである。

1170　パリ大学起る

中世の大学の創立年を定めるのはむずかしい。パリ大学がパリ警備総監の裁判権から除外され，ノートルダム寺院のそれに専属することが認められたのが1200年で，これが今日もパリ大学が創立の年としているものである。しかし大学が教皇権下における完全な自治に達したのは

1213～1215であり，最も正式なのは1231年である。他方，1170年にはパリのノートルダム司教寺院付属学校は大学としての内容を有していた。それはおそらく1150年頃からといってよい。一応1150／1170年頃から“大学おこる”としておくのは妥当である。しかし“大学の創立”という限り，1200年または1215年とするのがよい。

なおヨーロッパ最古の中世大学の一つといわれるボロニヤ大学の始まりについてもはっきりした年代はわからない。1088頃，1185頃などいくつかの説がある。

(1215／)1223　フランチェスコ修道会成る

フランチェスコがインノセント3世に会見して認可を願いでた正確な年は1209年か1210年かのいずれかできめかねる。そして1215年には修道会の認可を得たものと推測される。しかし会則の正式承認は1223年である。

なお，ドミニクス修道会の成立は1216年でよい。

1224　オゴタイ汗国の初め

この項は今版で新しく挿入した。というのは実は見易いようにモンゴルの四汗国を並べておいたところ,「オゴタイ汗国」という赤い見出し国名の下の「1261?～1301　ハイドゥ」という，その1261?年がオゴタイ汗国の創始年代のように見誤られていたからである。オゴタイが汗に封ぜられたのは1224年で，これがオゴタイ汗国の始まりである。しかしオゴタイは1227年にチンギス汗が死んだあと，推されて1229年その後を襲った。そうしてオゴタイの汗位は子のクユクが嗣いだ。ところが，クユクもまた1246年に本国の大汗の地位につき，クユクが1248年に死んだあとはオゴタイの汗位をめぐって争いが生じた。その結果，1261年頃ハイドゥが優位を占めて，元朝のフビライと争うことになったのである。このように四汗国の1つとはいわれているが，オゴタイ汗国そのものは極めて不安定な存在であった。

1250～1517　（エジプト）マメルク朝スルタン

創始を1252年とするものがあるが誤りで，アイバクの即位は1250年が正しい。

1256～73　（ドイツ）大空位時代

コンラート4世の没年は1254年だが，対立王ホルランド侯ウィルレムは1256年に没した。以後ハプスブルグ家のルドルフの登位(1234)までは，イギリスのリチャードとカスティリャのアルフォンソが国王に選ばれたが，ともに名目にとどまった。そこで大空位時代は1254年よりも，1256年から1273年までとするのがよい。

1257　モンゴル軍，安南に侵入

これはモンゴル軍の安南侵入の初めで，その後1284～85年，1287～88年にも侵入した。1288年には安南軍がモンゴル軍を打ち破っている（白藤江の戦い）。

○十字軍終る

前版まで「1291　アッコン失陥，十字軍終る。イェルサレム王国滅亡」としておいたが，今版で「十字軍終る」の字句を削除した。それは誤解を避けるためで，実際の十字軍の行動は1270年のルイ9世の第7回（または第8回）が最後であったから，実際行動の終りは1270年とする方がよいと思われるからである。アッコンの失陥はシリアにおける十字軍の拠点の喪失だが，キプロス・ロードス等に拠点が移ったのだから，アッコン失陥をもって十字軍の終りとする必要はない。他方十字軍の企図はなお中世末までつづいている。

なお，十字軍は普通7回と数えるが，第4回（1202～04）と，第5回（1228～29）との間にあった1217～21の十字軍を数えてこれを第5回とし，以下を第6・第7・第8回とする説もある。

1293　ジャワにマジャパヒト王国興る

ヴィジャヤがジャヤヴァルダナとして王朝を開いたのは1293年らしい（セデスの説）。また滅亡は1513／18年と考えられている。

1299　オスマン・トルコ建国

オスマンの創業は1291年，1299年の両説があるが，現代トルコの歴史家の大部分は1299年をとっている。また1300年説，1308年説もあることを付け加えておく（三橋冨治男著「オスマン＝トルコ史論」）。

1328～1498　ヴァロワ朝

ヴァロワ家の直系はシャルル8世の死（1498）をもって断絶した。傍系のヴァロワ＝オルレアン，ヴァロワ＝アングレーム両家まで含めるとすれば1589年までとなる。

1338～1453　百年戦争

百年戦争の開始年については，1337年英の対仏挑戦状，38年英軍ノルマンディ上陸，39年の戦闘開始の諸説がある。

1347～51　全ヨーロッパにペスト流行

ペストがクリミアに発生してイタリア（メッシナ）に伝播したのが1347年で，その翌年から英・独・仏等にひろまった。

1368～1644／62　明

ここでは明の滅亡をどの時点にとるかということである。明の毅宗崇禎帝が李自成の軍に北京を占領され万寿山で縊死(いし)したのが崇禎17年（1644）5月19日。これで明の中国支配は終了した。その後次の18代安宗を経て，19代永明王がビルマで捕えられたのが1661年で，永明王は清側に渡され，清の康熙元年（1662）に殺されて，明の残党も全く滅んでしまう。

1378　ウィクリフ，聖書を英訳

1378年英訳をはじめ，死(1384)後の1400年頃に完了した。ただし聖書の口語訳の最初は，異端ワルドー派の始祖ピエール・ワルドーが12世紀末に行ったものである。

1402～24　成祖（永楽帝）

燕王が挙兵して靖難の師と号したのが1399年。1402年（建文4）6月，燕王が南京占領，恵帝（第2代建文帝）は行方不明になり，燕王が即位した（成祖）。翌年改元して永楽元年（1403）となるので，成祖の即位は1402年が正しい。

1428～1527　安南黎朝

この黎朝は981～1005の黎朝に対して後黎朝と呼ばれるもので，1428年，黎利（太祖）が明より独立して開いた。9代恭帝のとき莫登庸に位を奪われて1527年に滅びた。1533（または1532）年に復興したが，愍帝のとき倒れた（1789）。1428～1527（前期）と1533（または1532）～1789（後期）とに分けるべきで，1428～1789（1791は誤り）とつづけるのは正しくない。

1443　（朝鮮）ハングル成る

李朝世宗の25年(1443)に創製され，同28年（1446）に「訓民正音」として発布した。

1445ころ　グーテンベルグ，活版印刷術を発明

1445年ないし1450年頃で，正確な年はわからない。ストラスブルグでの構想のはじめは1438年頃といわれる。しかしグーテンベルグが最初に印行したのは有名な42行聖書で，その着工は1452年，その完成は1455年末であった。

1480　キプチャク汗国の支配終る

1502　キプチャク汗国滅ぶ

1480年頃実質的支配権を失って，自立したモスクワ公国にとって代られたが，他方クリミア・カザン両汗国も自立し，キプチャクの汗位は名のみとなった。1502年，モスクワ公国と結んだクリミア汗が，キプチャク汗国の首都サライを占領破壊し，ここに全く滅亡した。

1482頃～1524頃　タタールのダヤン汗活躍時代

ダヤン汗が汗位についたのは1482年頃，1524～25年頃まで在位した。正確なところは明らかでない。佐口透氏は1480～1524とされる(「ロシアとアジア草原」)。

1488　バーソロミュー・ディアス，喜望峰に到達

正確な日付はディアスの航海日誌が失われたため判明しない。1487年8月に出航，1488年1月に喜望峰へ到達，同年12月に帰港したとされる。以前は1487年とされていたが，これは基づいた史料が年を1年間違っていたことが判明した。

【1501年～1800年】

1531　シュマルカルデン同盟

1530年にシュマルカルデンで会議，翌31年に同盟が成立した。

1532　ピサロ，ペルー征服

ピサロのペルー征服完了は1532年であり，翌1533年にインカ帝国が滅亡した。インカ最後のアタワルパ帝はピサロに捕われ，イスパニアに対する反逆罪をもって1533年8月29日絞首刑に処せられた。

1541　ジュネーヴにおけるカルヴァンの宗教改革（神裁政治）

カルヴァンは1536年，フランスでの迫害を逃れてバーゼルに行き，そこで「神学綱要」を著わし，一旦帰国ののち，さらにジュネーヴに行って教会改革を指導することになった。しかしこのときは成功せず，38年に追放された。1541年になって懇請によりジュネーヴに至り，ジュネーヴを教会都市とすることに成功した。

1542～82　タタールのアルタン汗活躍時代

アルタン汗の弟バヤスカルが明の北辺を荒らし，山西省に入り大侵略をしたのが嘉靖21年(1542)から翌年にかけてであり，以後も侵入を繰返した。隆慶4年（1570）明との和議が成立し，明はアルタン汗を順義王に封じた。アルタン汗の死んだのが万暦9年12月であるが，万暦9

年は西暦では1581年，ただしこの12月は陰暦だから，太陽暦に換算すれば1582年となる。

1555 倭寇，南京に迫る

倭寇のように断続的な事象を年表に示すことはむずかしく，従って本書中に掲げたように「○モンゴル族と倭寇の中国への侵略盛んとなる(北虜南倭)」として時代の大勢を示すか，または特別の事件をいくつか挙げるかなどするしかない。ここに挙げた事件もその一例である。倭寇は一般に1500年頃を境として前期と後期とに分けられ，前期が主として朝鮮および北部中国沿岸を対象とされていたのに対し，後期はもっぱら中国沿岸が対象となり，特に中部・南部に力が注がれた。明の世宗の嘉靖30年（1549），勘合貿易が杜絶するとともに，日本商人の武力による侵略がはじまり，嘉靖30年以降ますます倭寇の侵入が盛んとなった。嘉靖34年（1555）になると，倭寇の一隊が浙江省沿岸に上陸し，安徽省徽州より揚子江岸に出て南京に迫り諸方を荒らしたのである。同年には倭寇はまた朝鮮をも荒らしており，朝鮮史の上で「乙卯の倭変」と呼んでいる。

1557 ポルトガル人のマカオ居住を許す

明の世宗嘉靖36年（1557），付近の海賊平定の条件のもとに居住を許可されたものである。年代をさかのぼらせようとするポルトガルの所伝もあるが根拠がない。

1573〜82 張居正の改革

穆宗の隆慶元年(1569)，張居正は吏部左侍郎兼東閣大学士となり，隆慶6年（1572）神宗が即位すると首席大学士として高拱・高儀らと政治をとった。万暦元年(1573)より10年間政局を担当（高儀死に，高拱隠退），万暦10年（1582）に死んだ。

1576 画家ティツィアーノ死（1477〜）

生年については異説がある。1477年生れでは100歳になるわけで多くの疑問が持たれているが，なお1476／77年説，1485年説，1490年説などもある。

1582 マテオ・リッチ，マカオに上陸

マテオ・リッチは1578年，インドのゴアに到着，1582年(万暦10年）ヴァリニャーノの招きでマカオに到着，翌年広東省城の肇慶にミケーレ・ルッジェーリ（羅明堅）とともに入った。「東洋史統」巻4に1580年とあるのは間違いである。

1580 モンテーニュ「随想録」

最初の2巻が1580年に出，1588年に第3巻が出た。前者が重要だから1580年でよい。

1582 コザック首長イェルマクのシベリア進出はじまる

イェルマクがシベリア遠征隊を組織したのが1581年であり，遠征隊がウラル山脈を越えてシビル汗国を滅ぼしたのが1582年である。

1584 （イギリス）ヴァージニア植民の初め

ウォルター・ローリーが女王エリザベス1世の寵を得て騎士（ナイト）を授けられ，北米に植民を行ったのは1584年で，処女王にちなんで「ヴァージニア」と名づけた。しかしこの植民計画は失敗した。ここで「植民の初め」としたのはその意を含ませている。なお1581年とするのは根拠のない誤りである。

1589〜1830 ブルボン朝

1589年アンリ3世が暗殺されてヴァロア朝が絶え，ナヴァル王アンリが後継者として即位した。これがブルボン朝の始祖アンリ4世であるが，彼を認めないものがあり，1594年に至ってようやくパリに入り戴冠した。法的には1594年が正式だが，ブルボン朝としては1589年としてもさしつかえない。

1596 オランダ人，ジャワに達す

1595年4月，ファンフェレル会社の船隊がオランダのテクゼル港を出帆し，1596年，西ジャワのバンテンに入港，翌年テクセルに帰着した。

1603〜88 スチュアート朝

終末を1714年とすることもある。そのどちらでもよい。名誉革命(1688)以後の王室もスチュアート家との血縁関係で王になったので，スチュアート朝のつづきと見てよいが，一応名誉革命をもってスチュアート朝の終りとするのが常識的であろう。

1624〜61 オランダ，台湾を占拠

オランダが台湾を占拠したのは1624年（天啓4）で安平港にゼーランジア砲台を築いたときに始まる。そうして1661年（順治18）に鄭成功がアモイ（厦門）より台湾に侵入し，安平城を占拠したときをもって終る。鄭成功の台湾占拠により，その大陸反攻を防ぐために，清ではその年「遷界令」を出した。鄭成功は翌年ほぼ台湾全島を占領，その年に死んだ。1664年には成功の子経がアモイを放棄して台湾城に入っている。

1648〜53 （フランス）フロンドの乱

乱の発端は1648年からであるが，全面的な乱になったのは翌年である。だから1649〜53としてもよい。

1661〜1722 聖祖（康熙帝）

1662〜1722とするものもあるが，要するに踰年法と継年法との違いでどちらでもよい。1661年(順治18）に世祖順治帝が死んで，子の玄曄が即位した。これが聖祖康熙帝で，翌年改元し康熙元年（1662）となった。康熙帝は1722年(康熙61）11月死去した。

1661〜83 鄭氏，台湾占領

1661年に鄭成功，台湾に侵入（前出），1662年にオランダ人は完全にバタビヤに退去した。成功の子の経，孫の克塽があとをついだが，1683年に至って清に降り，鄭氏は滅びた。

1665〜67 第2次オランダ・イギリス戦争

1664年から両国間の戦いはアメリカにおいて始まっているから，1664〜67としてもよいが，正式開戦は1665年だから，1665〜67とするのがよいであろう。1667年にブレダ条約が結ばれた。

1672／74 フランス，ポンディシェリー市建設

1672年，フランソワ・マルタンは土侯シャー・カン・ロディよりアリアンクーポム河口の土地を買受け，74年にサン＝トーメから60人のフランス人が移住したのに始まる。

1682 フランス，ルイジアナに植民

フランス人ラサールは1679年から83年にかけてミシシッピ川の中下流域を探検した。この間1682年に最初の植民が行われた。

1690 イギリス，カルカッタ市を建設

1686年からジョブ・チャーノックが商館建設の努力をはじめ，90年に商館が建設された。96年に要塞建築の許可が下りたので，この年という説もある。1702年にそこのウィリアム要塞が完成した。

1692 フランス，シャンデルナゴルに商館設置

1674年，フランスの東インド会社がベンガル副王からこの地を購入し，92年に商館を設置した。

1701〜14 イスパニア継承戦争

戦争の終りを1713年とみるか1714年とみるべきかということである。1713年にユトレヒト和約が成立し，大部分の国が停戦したが，オーストリア（ドイツ皇帝）だけはなお戦争を継続した。そして翌1714年にラシュタット・バーデン和約が成り，オーストリアがユトレヒト和約を承認し，フランスと和したのである。1714年とみる方がよい。

1721〜42 （イギリス）ウォルポール内閣（責任内閣制度の初め）

ウォルポールは1715年に最初に首相になっているが，1717年にやめた。1721年に再び首相になったときが，ふつう責任内閣制度の初めといわれる。

1723 （清）キリスト教禁止，宣教師をマカオに追放

1723年(雍正元)，雍正帝は禁教の請をいれて，宣教師に対し，清朝廷に奉仕するか，マカオに退去するか，そのいずれかにすべきことを命じた。この結果，12月に宣教師を北京に送るか，またはマカオに追放した。翌1724年に「聖諭広訓」を発してキリスト教の入らないように教えた。清国におけるキリスト教の禁止は数回にわたっている。

1725 （清）古今図書集成成る

1725年(雍正3）に蒋延錫らが命を受けていた撰定を終わり，1727年に銅活字で出版された。

1735〜95 高宗（乾隆帝）

雍正13年（1735）8月，雍正帝の死後即位。乾隆60年(1795）の翌年(1796)元旦に位を仁宗に譲った。1796年は仁宗の嘉慶元年に当る。従って乾隆帝の治世の末年は1796年の方が正しいが，ふつうは1795年としている。

1736 サファヴィ朝滅ぶ

1720年，アフガン族であるギルザーイ朝のマハムードがイランに侵入したが撃退された。1722年にマハムードはグルナバードの戦いでサファヴィ朝の軍（フサイン1世）を大いに破り，イスパハンを占領した。これによってサファヴィ朝は事実上滅亡したのである。しかしフサイン1世の後を受けたタハマスプ2世（1722〜31）・アッバス3世（1732〜36）の残存勢力があり，他方ナーディル・クリーが1729年以来イラン西北部に起って，しきりにアフガン族を駆逐し，イスパハンを奪還，1736年アフシャール朝を興し，こ

こにサファヴィ朝は名実ともに消滅した。

1742　英仏植民地攻争起る
オーストリア継承戦争の最中である1742年にデュプレックスがフランスのインド総督になってから，イギリスとの攻争が起った。インドおよびアメリカにおける戦争は次のように繰返された。
1744～48　第1次カルナティック戦争
1744～48　ジョージ王戦争
1748　ハイデラバード継承戦争
1750～54　第2次カルナティック戦争
1756～63　七年戦争
1757　プラッシーの戦い
1758～63　第3次カルナティック戦争
1763　パリ条約（英仏の和）
1775～82　第1次マラータ戦争
1780～84　第2次マラータ戦争
1783　パリ条約（英仏の和）

1743　大清一統志成る
編纂命令は1686年(康熙25）に発せられたが，完成は1743年(乾隆8）で，のちに増補された。現行本の完成は1763年（乾隆28）である。

1774～85　初代ベンガル総督ヘースティングス
1773年にインド整理法を定め，ベンガル総督を置いてマドラス・ボンベイ両管区などを統轄することなどが決定し，1772年来ベンガル知事であったヘースティングスが，74年に初代総督となった。

1793～97　第1回欧州同盟
フランスに対する欧州同盟はプロシア・オーストリア間のピルニッツ宣言（1791年8月）にはじまるが，1793年2月1日イギリスの対仏宣戦，ロシア・イスパニアの加盟によって確定した。欧州同盟は対仏大同盟とも呼ばれる。

1796～1820　仁宗（嘉慶帝）
乾隆60年(1795)の翌年(1796)の元旦に位を乾隆帝から譲られたのだから，1796年からとするのが正しい。1820年(嘉慶25)まで在位。

1796～1804／05　白蓮教徒の反乱
一般に1796～1804でよいが，この時期には苗族の乱などもあり，平定の時期を確実に示すことは困難である。従って1806年までとみてもよい。

【1801年～1913年】

1816　オランダ，ジャワを回復
ナポレオン戦争中の1811年，イギリスはオランダ領であるジャワを占領していた。1814年ナポレオン没落後のロンドン条約で，オランダ旧植民地の多くは返還することが決定され，オランダは1816年にジャワを回復した。

1820～27／28　回教徒ジャハンギルの乱
ジャハンギルが捕えられたのは1827年であるから，1820～27とするのがよいが，しかしその家族や残党が捕えられて乱の鎮まったのは1828年であるから，～28でもよい。

1822　ギリシア独立宣言
独立宣言は1822年1月である。ただトルコによってギリシアの独立が承認されたのは，1829年のアドリアノープル和議によってであった。独立宣言と独立承認とはおのずから別のものである。

1831　ベルギー王国成立
ベルギーがオランダから分れて独立したのは1830年10月（独立宣言）で，王国になったのは1831年である。

1834　ドイツ関税同盟
1833年12月，ドイツ関税同盟条約成立，34年1月から発効した。

1843ごろ　リヴィングストンのアフリカ探検始まる
リヴィングストンは1840年アフリカに向けて出発し，41年に到達したが，はじめは探検は行わなかった。探検を始めた年は明らかでないが，1843年頃からであろう。49年にはナイル川の上流ヌガミ湖に到達，51年ザンベジ川，55年ヴィクトリア瀑布を発見，翌年アフリカ東岸に至った。

1842　マイヤー，エネルギー恒存の法則
1840年に考えついて，42年に論文を発表した。なお，ヘルムホルツは1847年にこの法則の数学的表現に寄与する力の保存に関する説を発表した。

1850～64　太平天国の戦乱
洪秀全は1850年(道光30)広西省桂平県金田村で反乱ののろしをあげ，翌51年(咸豊元）広西省永安州を占拠して太平天国と称した。

1854～56　クリミア戦争
始まりを1853年とみるか，1854年とみるかということであるが，この場合どちらでもよい。ロシアとトルコとが開戦したのは1853年で，同年英仏艦隊もダーダネルス海峡に出動，翌54年，英仏が参戦した。

1861～65　（アメリカ大統領）リンカーン
アメリカ大統領の任期については初めに注意事項を示しておいた。リンカーンの場合も1860～65とするものと1861～65とするものがあるわけだが，結局そのどちらでもよい。リンカーンの選挙は1860年で，就任は1861年である。要するに任期としては1861～65が正しい。

1862～74　同治中興
同治帝即位の翌年1862年の洋務運動の開始の年より，同治年間の終了時（1874）までを指すのが無難である。

1870. 9.　（フランス）第三共和制宣言
第三共和制宣言が発せられたのは1870年9月4日。第三共和国憲法の成立は1875年2月である。

1873　三帝同盟
ドイツ・オーストリア・ロシアの三帝は1872年9月ベルリンに会合したが，これを三帝会同または三帝会盟と呼んでいる。しかし三帝同盟に発展成立したのは1873年6月である。

1889　イタリア，ソマリランド領有
1887年イタリアはエチオピアに戦争をしかけ，1889年ウチアリ条約によってエチオピアを保護国化し，ソマリランドを領有した。

1891　露仏同盟
1891年とするものと，1894年とするものとがあるわけだが，これは実はむずかしい。なぜならば1891年は政治協定の成立であり，軍事同盟は92年からいろいろな形でできあがり，最終的決定は94年だからである。しかし1891年でよいだろう。なおこの同盟は秘密にされており，1895年になって公表された。

1894　孫文，ハワイで興中会を起す
1894年ハワイで革命秘密結社興中会を組織したが，このとき応ずるものは少数であった。翌95年1月，香港で拡大改組された。

1895　マルコーニ，無線電信を発明
発明は1895年で，翌96年その電信装置を携えてロンドンに渡りイギリスで特許権を得た。

1895　キール運河開通（ドイツ海軍拡張の初め）
ドイツ海軍拡張に重点をおくとすれば，それは1897年ティルピッツの海相就任以来のことであるが，ここではキール運河開通が，海軍拡張の前哨であることを示唆しておいたものである。

1898　米比戦争（フィリピン，米領となる）
フィリピンがアメリカ領となったのは1898年か1899年かということであるが，これは条約締結の時点と条約批准の時点との相違問題に過ぎない。近代史の場合往々にしてこのくいちがいがあるから注意を要する。批准後，さらに条約発効の時点ということもある。米比戦争（米西戦争の継続）の結果のパリ条約の締結は同年(1898）で，その批准が翌年(1899)である。

1906　（インド）反英運動起る
インド総督カーゾンの政策に対する反感が高くなったのは1905年で，その年のベンガル州分割問題をきっかけとして反英感情が爆発，1906年のインド会議派のカルカッタ大会では「インドの自治」をスローガンとして穏健派も反英運動に入った。インドの部分的反英運動の始まりなら1905年がよく，イギリスが組織させたインド会議派の穏健派まで含む全インド的反英運動ならば，1906年がよい。

1909　（イラン）立憲君主制の採用
以下に経過を記しておく。
1905　立憲運動ののろしがあがる
1906　暴動後，国民議会開催の承認
　　8月5日　仮憲法発布
　　10月7日　国民議会の召集
1908　6月　国王ムハマッド・アリ・シャー，武力で議会を包囲，憲法を破棄
1909　7月　国民軍の蹶起により国王退位亡命。新王アハマッド・ミルザ即位して立憲君主制となる。

1912　イタリア，トリポリタニア・キレナイカ領有
1911年，イタリアはトルコと開戦（トリポリ戦争），トリポリタニア・キレナイカを占領，翌年10月ローザンヌ条約を結んでトルコから割譲を受けた。

1913～20　（フランス大統領）ポワンカレ
大統領の任期はこの通りで，彼はこの前（1912～13）に首相になっている。

1913～21　（アメリカ大統領）ウィルソン
任期はこれでよい。リンカーンの項参照。

【1914年～1960年】

年代の異説・異同について

1914〜18　第1次世界大戦

大戦の終末を1919年とするものがある。法的には1919年のヴェルサイユ条約で終ることになるが，しかし実際の戦闘は18年に終ったから，ふつうは1914〜18としている。

1915　文学革命はじまる

1915年（民国4）夏，アメリカ留学中の胡適が留学生の永叔らと中国の将来の文学・文字問題を論議したのが最初であるが，その胡適の意見が1917年，「新青年」誌の2巻5号に「文学改良芻議」として発表されたときを始まりとすることもある。後者の方がふつうは採られているが，見方の問題であってどちらでもよい。

1922. 12.　ソヴィエト社会主義共和国連邦成立

1922年12月30日の第1回全ソヴィエト大会で決定成立した。1923年憲法案発表。24年批准された。

1922　ローザンヌ会議（〜23）

ローザンヌにおける会議はこの頃3回行われた。1922年11月〜23年2月の会議はバルカン・ブロックの結成とセーヴル条約の改訂とが決められた。1923年6〜7月9日の会議はドイツの賠償問題に関する協定で，さらに7月24日にはギリシアとトルコとの間の講和が取りきめられた。なお1932年6月にも賠償会議が開かれ，7月9日協定調印が行われた。

1923　トルコ共和国成立

ムスタファ・ケマル・パシャが独立戦争を展開してギリシア・トルコ戦争（1920〜22）となったが，彼はイスラムの因襲を打破するためにスルタン制廃止を宣言（1922.11.1）した。国民議会によってスルタンは退位させられた。こうしてオスマン帝国は滅亡した。1923年7月24日のローザンヌ会議（前出）によってトルコの独立が認められ，10月13日，アンカラを首府と定め，同29日共和国宣言，ケマルが初代大統領に選出された。これらのことから法的にも実質的にも，共和国の成立は1923年とすべきである。

1923　カジャール朝廃止決議

カジャール朝の終末をどこにとるかということで，それが1923年か，1925年かというのは，要するに王朝終了についての史実の解釈の問題である。イランは第1次大戦中形式的には中立を守ったけれども，その国土はトルコ・イギリス・ロシアに占領されて国情は不安定であった。そこへ新しく起ったソヴィエト軍の侵入に見舞われた。これを撃退するために立ったのがイラン・コザック兵団の一将校レザー・カンで，たちまち首府テヘランを占領，クーデターに成功した（1921.2.21）。彼は国王アハマッド・シャー（カジャール朝最後の王）に迫って新内閣を組織し，自らは陸相に就任した。ついで1923年，レザー・カンが首相に進むと，国民議会はカジャール朝廃止を決議し，国王アハマッド・シャーは脱国してヨーロッパに亡命した。1925年11月臨時政府の首班に推されたレザー・カンは，12月16日レザー・シャー・パフラヴィーの称号を得て国王となった。現王朝パフラヴィー朝の創始がこれである。

1929. 8.　ヤング案調印

1929年2月11日からドーズ案再検討のための7カ国会談が開かれ，6月7日，司会者であったアメリカのヤングの名をとったヤング案が成立，8月6日から開かれた第1回ハーグ会議（12カ国）で，同月31日採択・調印された。しかし翌1930年1月3日〜20日の第2回ハーグ会議で若干修正され，正式に発効をみたのである。

1930　第1回英印円卓会議

第1回は1930年11月〜31年1月。インド国民会議派が不参加のままロンドンで開催，英首相マクドナルドは終了の際，インド政治犯特赦を発表した。

第2回は1931年9月〜12月。

第3回は1932年11月〜12月。

1932　サウジアラビア王国成立

第1次大戦中，トルコはドイツ・オーストリアに同盟したが，背後ではアラブ民族主義者の独立気運が高まっていた。1916年メッカの大シェリフ＝フセインが，イギリスと組んで反乱を起し，18年ヘジャス王国を建てたが，別にイブン・サウド家のアブドル・アジスが発展してヘジャス王国を降伏させ，1927年に「ヘジャスとネジト及びその属地の王」となり，1932年国号を「サウジアラビア王国」（正しくは「サウド家のアラビア王国」）と改称した。

1946. 10.　フランス第四共和制・フランス連合の発足

1946年10月13日，新憲法の施行により発足した。オリオール大統領は1947年1月16日に当選就任した。

1948. 2.　セイロン自治国成立

1946年，イギリスはセイロンに憲法を与え，完全自治を認め，1948年2月，イギリス連邦内での自治国となった。

1953. 1.　（中華人民共和国）第1次5カ年計画

1952年秋に大規模な建設計画案が作成され，1953年から第1次5カ年計画が実施にうつされ，建設期に入った。

1958. 1.　欧州共同市場（EEC）発足

1957年3月に調印された欧州経済共同体条約（欧州共同市場，EEC）は，1958年1月1日から発足した。ただし1年間の過渡期間がおかれたから，正式発足は1959年1月で，これを発足とみてもよい。

1959. 1.〜69　（フランス大統領）ド・ゴール

ド・ゴールが大統領に選出されてフランス第五共和制が発足したのは1958年10月4日だが，ド・ゴールが大統領に就任したのは1959年1月である。

歴史年表欄外事項索引（80ページ以降）

アフリカ諸国の独立……85
アフリカ連合……99
アラブ共和国連邦……89
アラブ連盟……81
ヴェトミン（越盟）……81
エジプト・アラブ共和国……89
国際刑事裁判所……98
国際連合……80
コソボ問題……98
コミンフォルム……83
コメコン……83
コロンボ・プラン……83
三大陸人民連帯会議……86
三反・五反運動……83
三風整頓……81
G20首脳会合……102
上海協力機構……99
自由貿易協定……101
植民地の独立……87
真珠湾攻撃……80
スミソニアン体制……88
世界銀行……98
世界労働組合連盟……80
1947年2月のパリ平和条約の相手国……82
ソマリア沖海賊対策……103
中東戦争……89
独立国家共同体……95
200カイリ問題……91
東アジア外交構想……99
フク団……81
ベネルックス……82
ユネスコ……80
ラホール宣言……99
〔欧文略語〕
APEC……97
BRICs……102
CENTO……84
CEPA……102
CIO……80
COCOM……82
COP……103
CTBT……102
EC……86
ECAFE……82
ECM……84
ECSC……82
EEC……84
EFTA……84
EURATOM……86
GATT……82
IAEA……102
ICBM……84
IMF……86
IPCC……100
IRBM……84
I'SAF……102
MD……102
METO……84
NATO……82
NGO……96
NPT……103
OECD……84
OPEC……88
PLO……90
SALT……88
SDR……86
SEATO……83
UNCTAD……90
WTO……96